On the road again

Christel Kalunder Landolt
und Hardy Landolt

On the road again

Simowa Verlag AG Bern • 2002

© Christel Kalunder Landolt und Hardy Landolt, Glarus • 2002

Verlag und Vertrieb: Simowa Verlag Bern
Druck: Stämpfli AG, Grafisches Unternehmen, Bern
Printed in Switzerland

ISBN 3-908152-10-0

Vorwort

Hardy Landolt, seit 1979 querschnittgelähmt (Tetraplegiker C 4/5), hat von Juli 1999 bis zum August 2000 im Rahmen eines zweijährigen Nationalfondsstipendiums ein Nachdiplomstudium (LL.M.) in den USA absolviert. Begleitet wurde der Student von seiner Ehefrau Christel und einem Betreuer.

Wenn einer eine Reise tut, dann kann er was erzählen! Das vorliegende Reisetagebuch ist bester Ausdruck dieser Redewendung. Die Erlebnisse sind natürlich vielfältiger, wenn man 14 Monate im Ausland weilt und erst noch auf Grund einer Behinderung benachteiligt ist. Das Tagebuch will deshalb nicht nur privates Archiv sein, sondern auch und vor allem den Leser erheitern und ermuntern, selbst in die Ferne zu ziehen. Für die behinderten Globetrotter wurden nützliche Informationen mitverarbeitet, damit der eine oder andere vielleicht Reiseunerfahrene seine Hemmungen verliert und vom Reisefieber gepackt wird.

Allen, die zum Gelingen des Reisetagebuches beigetragen haben, sei herzlich gedankt. Namen gäbe es viele zu nennen. Doch sei an dieser Stelle keine Oscar-Preisverleihung vorgenommen. Der Leser wird die mitwirkenden Protagonisten und ihren Beitrag an der Story selber feststellen können. Dank für den grosszügigen Druckkostenbeitrag gebührt der *Schweizerischen Stiftung für das cerebral gelähmte Kind*, Bern, der *Schweizerischen Paraplegiker Stiftung*, Basel, der *Crédit Suisse*, St. Gallen, und der *Rentenanstalt/Swiss Life*, Zürich, und allen weiteren Spendern.

Glarus, im Frühjahr 2002

Christel Kalunder Landolt

Hardy Landolt

VORWORT

INHALTSVERZEICHNIS

VORWORT V

INHALTSVERZEICHNIS VII

HINREISE VON GLARUS NACH SAN DIEGO 1

WEEK 26/1999 3
    Montag, 28. Juni 1999: Hinflug – Glarus – Zürich – New York 3
    Dienstag, 29. Juni 1999: New York (NY) – Allentown (PA) – New York 5
    Mittwoch, 30. Juni 1999: New York 8
    Donnerstag, 1. Juli 1999: New York (NY) – Washington (D.C.) 9
    Freitag, 2. Juli 1999: Washington D.C. 10
    Samstag, 3. Juli 1999: Washington D.C. – Blue Ridge Parkway – Buena Vista (VA) ... 14
    Sonntag, 4. Juli 1999: Blue Ridge Parkway – Blowing Rock (NC) 17
WEEK 27/1999 19
    Montag, 5. Juli 1999: Blowing Rock – Cherokee Reservat (NC) 19
    Dienstag, 6. Juli 1999: Cherokee-Reservat – Obergatlinburg(TE) 21
    Mittwoch, 7. Juli 1999: Cherokee-Reservat – Sweetwater (TE) – Nashville 22
    Donnerstag, 8. Juli 1999: Nashville 24
    Freitag, 9. Juli 1999: Nashville – St. Louis (IL/MO) 26
    Samstag, 10. Juli 1999: St. Louis 28
    Sonntag, 11. Juli 1999: St. Louis – Fort Scott (KS) 30
WEEK 28/1999 32
    Montag, 12. Juli 1999: Fort Scott – Dodge City 32
    Dienstag, 13. Juli 1999: Dodge City – Denver (CO) 35
    Mittwoch, 14. Juli 1999: Denver – Mount Evens – Vail 37
    Donnerstag, 15. Juli 1999: Vail – Moab (UT) 39
    Freitag, 16. Juli 1999: Arches- und Canyonlands-Nationalpark 40
    Samstag, 17. Juli 1999: Moab – Mesa Verde N. P. (CO) – Durango 44
    Sonntag, 18. Juli 1999: Ausflug mit der Dampfeisenbahn Durango – Silverton – Durango ... 46
WEEK 29/1999 48
    Montag, 19. Juli 1999: Durango – Monument Valley (AZ) – Cameron 48
    Dienstag, 20. Juli 1999: Cameron – Flagstaff – Grand Canyon 50
    Mittwoch, 21. Juli 1999: Grand Canyon – Christels Geburtstag 51
    Donnerstag, 22. Juli 1999: Grand Canyon – Bryce Canyon (UT) 55
    Freitag, 23. Juli 1999: Bryce Canyon – Zion N. P. – Las Vegas (NV) 58

INHALTSVERZEICHNIS

Samstag, 24. Juli 1999: Las Vegas	61
Sonntag, 25. Juli 1999: Las Vegas – Death Valley (CA)	64
WEEK 30/1999	**67**
Montag, 26. Juli 1999: Death Valley – Mono Lake – Lee Vining	67
Dienstag, 27. Juli 1999: Mono Lake – Tioga Pass – Yosemite N. P. – Coarsegold	69
Mittwoch, 28. Juli 1999: Coarsegold – Sequoia National Park – Lemoore	72
Donnerstag, 29. Juli 1999: Lemoore – San Francisco	73
Freitag, 30. Juli 1999: San Francisco	74
Samstag, 31. Juli 1999: San Francisco	77
Sonntag, 1. August 1999: Ausflug ins Napa Valley	79
WEEK 31/1999	**82**
Montag, 2. August 1999: San Francisco – Redwood City	82
Dienstag, 3. August 1999: Redwood City – Morro Bay	83
Mittwoch, 4. August 1999: Morro Bay – San Diego	85
Donnerstag, 5. August 1999: San Diego – Frusttag	88

WOCHENTAGEBUCH SAN DIEGO   91

WEEKS 31 UND 32/1999: ALLER ANFANG IST SCHWER!	92
WEEK 33/1999: BACK TO SCHOOL AGAIN	98
WEEK 34/1999: GEBEN IST SELIGER DENN NEHMEN	103
WEEK 35/1999: ZUERST DIE ARBEIT, DANN DAS VERGNÜGEN	105
WEEK 36/1999: TEMECUELA – NO TUSCANY VALLEY	109
WEEK 37/1999: FREUDE HERRSCHT	114
WEEK 38/1999: COWBOYBOOTS AND RODEO	117
WEEK 39/1999: OKTOBERFEST IN LA MESA	122
WEEK 40/1999: ERFREULICHE POST	127
WEEK 41/1999: ÜBERLEBENSTRAINING	131
WEEK 42/1999: STUDENTENLEBEN IM GASLAMP QUARTER	135
WEEK 43/1999: WAS IST HALLOWEEN?	139
WEEK 44/1999: SOZIALVERSICHERUNG UND STRAFPROZESS	145
WEEK 45/1999: USA CONTRA HELVETIA	149
WEEK 46/1999: WEHWEHLI UND BOBOLI	154
WEEK 47/1999: THANKSGIVING	158
WEEK 48/1999: HARDYS SCHLUSSSPURT IM ERSTEN TRIMESTER	163
WEEK 49/1999: SANTA CLAUS AND LIGHT PARADE	165
WEEK 50/1999: BEHINDERTENBONUS UND ÖFFENTLICHES TRANSPORTSYSTEM	168
WEEK 51/1999: WEIHNACHTSZEIT IN JULIAN	173
WEEK 52/1999: MILLENNIUMSWECHSEL – MOUNT SOLEDAD	178
WEEK 01/2000: BLUMIGE NEUJAHRSGESCHICHTEN	183
WEEK 02/2000: ENGEL- UND BENGELCHEN AM GOSPELHIMMEL – BIRCH AQUARIUM	189

WEEK 03/2000: MARTIN LUTHER KING JUNIOR-DAY	194
WEEK 04/2000: HARDY SCHLÄGT DIE AMIS	197
WEEK 05/2000: WÜSTEN-WEEKEND IN PALM SPRINGS	200
WEEK 06/2000: „WE DID IT!" – DISKUSSION MIT EINER PATRIOTIN	205
WEEK 07/2000: VALENTINE'S DAY	207

HAWAII — 209

Donnerstag, 17. Februar 2000: Hinflug zur Insel Maui	211
Freitag, 18. Februar 2000: Organisieren und Flanieren	215
Samstag, 19. Februar 2000: Vulkan Haleakala und prächtige Strandpromenade in Wailea	216
Sonntag, 20. Februar 2000: Hana und Luau	219
Montag, 21. Februar 2000: Helikopter für Gehbehinderte und Strandpromenade in Kaanapali	222
Dienstag, 22. Februar 2000: Rückflug nach Los Angeles	225

WOCHENTAGEBUCH SAN DIEGO (FORTSETZUNG) — 227

WEEK 08/2000: WIEDER ZUHAUSE	229
WEEK 09/2000: UNGEZIEFER IN DOWNTOWN AUF VORMARSCH	231
WEEK 10/2000: LIEB UND LEID	235
WEEK 11/2000: DER WURM IST DRIN!	238
WEEK 12/2000: TIERISCHE UND NASSE HAFTPLICHTFÄLLE	241
WEEK 13/2000: HOCHSPANNUNG IM STROMSALAT	244
WEEK 14/2000: TISCHLEIN DECK DICH – SÜSS, SALZIG ODER SAUER	248
WEEK 15/2000: ÜBERALL LAUERN GEFAHREN!	250
WEEK 16/2000: ÜBERRASCHUNGEN VOR OSTERN	253
WEEK 17/2000: ACHTUNG, GLARNER OLDIES IM ANFLUG!	256

RUNDREISE — 265

Sonntag, 30. April 2000: San Diego (CA) – Los Angeles – Hollywood	267
Montag, 1. Mai 2000: Hollywood – Universal Studios – Buena Park	269
Dienstag, 2. Mai 2000: Buena Park – Disneyland – Indio	274
Mittwoch, 3. Mai 2000: Indio – Grand Canyon N. P. (AZ)	276
Donnerstag, 4. Mai 2000: Grand Canyon	277
Freitag, 5. Mai 2000: Grand Canyon N. P. – Monument Valley – Page	279
Samstag, 6. Mai 2000: Page – Lake Powell – Bryce Canyon (UT)	281
Sonntag, 7. Mai 2000: Bryce Canyon – Las Vegas (NV)	283
Montag, 8. Mai 2000: Las Vegas	285
Dienstag, 9. Mai 2000: Las Vegas – Death Valley (CA)	287
Mittwoch, 10. Mai 2000: Death Valley – San Diego	289

INHALTSVERZEICHNIS

WOCHENTAGEBUCH SAN DIEGO (FORTSETZUNG)	**291**
WEEK 19/2000: GOODBYE – TAKE CARE	293
WEEK 20/2000: KATASTROPHENWOCHE	295
WEEK 21/2000: THE WEDDING – EINE AMERIKANISCHE HOCHZEIT	297
WEEK 22/2000: JOSHUA TREE NATIONAL PARK	303
WEEK 23/2000: ZWEI BERNER IN SAN DIEGO	309
WEEK 24/2000: STOPFE EINEN TEDDYBÄREN!	319
WEEK 25/2000: AUSZUG AUS DEM CITYFRONT TERRACE	324
HEIMREISE VON SAN DIEGO NACH GLARUS	**327**
WEEK 25/2000	329
Freitag, 23. Juni 2000: San Diego (CA) – Parowan (UT) (Zeitzone: Mountain Time)	329
Samstag, 24. Juni 2000: Parowan – Salt Lake City	330
Sonntag, 25. Juni 2000: Salt Lake City – Idaho Falls (ID)	332
WEEK 26/2000	336
Montag, 26. Juni 2000: Idaho Falls – Jackson (WY) – Grand Teton N. P.	336
Dienstag, 27. Juni 2000: Jackson – Jenny Lake – Yellowstone N. P. (Mammoth Hot Springs/Grant Village)	338
Mittwoch, 28. Juni 2000: Yellowstone N. P. – Cody	341
Donnerstag, 29. Juni 2000: Cody	343
Freitag, 30. Juni 2000: Cody – Buffalo	345
Samstag, 1. Juli 2000: Buffalo – Devil's Tower – Keystone (SD)	346
Sonntag, 2. Juli 2000: Keystone – Mount Rushmore – Custer State Park – Wall	348
WEEK 27/2000	350
Montag, 3. Juli 2000: Wall – Badlands – Mitchell (Central Time) – Sioux Falls	350
Dienstag, 4. Juli 2000: Sioux Falls	352
Mittwoch, 5. Juli 2000: Sioux Falls – Bloomington (MN) – Mall of America	353
Donnerstag, 6. Juli 2000: Bloomington – New Glarus (WI)	354
Freitag, 7. Juli 2000: New Glarus	356
Samstag, 8. Juli 2000: New Glarus – Chicago (IL)	358
Sonntag, 9. Juli 2000: Chicago	360
WEEK 28/2000	364
Montag, 10. Juli 2000: Chicago – Tuscola	364
Dienstag, 11. Juli 2000: Tuscola – Arthur – Arcola – Sikeston (MO)	365
Mittwoch, 12. Juli 2000: Sikeston – Memphis (TN) – Hernando (MS)	368
Donnerstag, 13. Juli 2000: Hernando – New Orleans (LA)	371
Freitag, 14. Juli 2000: New Orleans	372
Samstag, 15. Juli 2000: New Orleans	374
Sonntag, 16. Juli 2000: New Orleans	379
WEEK 29/2000	382
Montag, 17. Juli 2000: New Orleans – Pensacola (FL)	382

Dienstag, 18. Juli 2000: Pensacola – Tallahassee – Waycross (GA)	385
Mittwoch, 19. Juli 2000: Waycross – Savannah	386
Donnerstag, 20. Juli 2000. Savannah – Charlston (SC)	389
Freitag, 21. Juli 2000: Charlston	392
Samstag, 22. Juli 2000: Charlstons Plantagen – Brunswick (GA)	396
Sonntag, 23. Juli 2000: Brunswick – Daytona Beach (FL)	400
WEEK 30/2000	**403**
Montag, 24. Juli 2000: Daytona Beach – Miami Beach	403
Dienstag, 25. Juli 2000: Miami South Beach	405
Mittwoch, 26. Juli 2000: Miami Beach	406
Donnerstag, 27. Juli 2000: Bettruhe	407
Freitag, 28. Juli 2000: Miami	408
Samstag, 29. Juli 2000: Bettruhe	410
Sonntag, 30. Juli 2000: Miami – Glarus	410

KULTURGRAMM — 413

WILLKOMMEN	415
HINTERGRUND	415
Land und Klima	415
Geschichte	415
VOLK	416
Bevölkerung	416
Sprache	417
Religion	417
Generelle Einstellung	418
Persönliche Erscheinung	418
SITTEN UND HÖFLICHKEITEN	419
Begrüssung	419
Gestik und Kommunikation	419
Besuche und Einladungen	419
Essen	420
Auswärts essen	420
LEBENSSTIL	420
Familie	420
Verabredung und Heirat	421
Kost	421
Freizeit	421
Feiertage	422
Einkauf und Ladenöffnungszeiten	422
Geld	422
GESELLSCHAFT	423

Regierung	423
Wirtschaft	423
Transportsystem und Kommunikation	423
Masse	424
Bildungswesen	424
Gesundheit	425
Reisen	425

INFORMATIONEN 427

Chronologie der Ereignisse — 429

Januar 1998: Surfen im Internet	429
Februar 1998: Visabestimmungen abklären	429
März 1998: Englischkenntnisse/TOEFEL-Test, Dokumente übersetzen	429
Juni 1998: Visabestimmungen	429
Mai 1998: TOEFEL-Test und Anmeldung für LL.M.-Programm	430
Dezember 1998: Wir werden nach San Diego gehen!	430
Weihnachten/Neujahr 1998/1999	430
Januar 1999: Heirat, Wohnungssuche, Betreuungsdienste, Autoerwerb	430
Februar 1999: Stellenausschreibung, Pflegematerial, Fluggepäck, Wohnungssuche	431
März 1999: Gesundsvorkehrungen, Arbeitsvertrag mit Betreuer	433
April 1999: Anfordern der Visa	433
April/Mai 1999: Reisebürobestätigung und Autokauf	433
Mai/Juni 1999: Autoversicherung und Registrierung	434
Juli 1999: Erledigungen während der Hinreise nach San Diego	434
August 1999: Erste Erledigungen in San Diego	434
September 1999: Autorabatt anmelden	436
Februar 2000: Ferien auf Hawaii	436
Mai 2000: Versicherungen, Verträge, Konzessionen regeln und Speditionsfirmen suchen	436
Juni 2000: Besuch, Packen, Auszug aus Wohnung	437
Juli 2000: Erledigungen während der Heimreise	437

Reiseinformationen für behinderte Touristen in den USA — 438

Gesetzliche Ausgangslage	438
Fortbewegung	439
Fliegen	439
Amerikanische Fluggesellschaften	439
Andere Fluggesellschaften	441
Behindertenfahrzeuge	441
Reisebüros und Organisationen	442
Staatliche Reisebüros	442
Nationalparks (N.P.)	446
Motels und Hotels	447
Ketten und Betten	447

INHALTSVERZEICHNIS

Handicapped Rooms oder Facilities for disabled People	448
Hotel- und Motelverzeichnisse	450
Vergünstigungen	451
Öffentliche Toiletten	451
Reiseliteratur	451

INDEX — **455**

Inhaltsverzeichnis

HINREISE VON GLARUS NACH SAN DIEGO

WEEK 26/1999

28. Juni bis 4. Juli

Montag, 28. Juni 1999: Hinflug – Glarus – Zürich – New York

Nach langer, langer Vorbereitungszeit war es am Montag endlich so weit. Die erste Reise nach den USA stand bevor. Der lang ersehnte Flug mit der Swissair von Zürich Kloten nach New York wurde Wirklichkeit. Die Wohnungstür fiel hinter dem aufbrechenden jungen Paar ins Schloss. Die Spuren der vergangenen hektischen Tage mussten nicht einmal beseitigt werden. Eine gute Fee erklärte sich bereit, später dafür besorgt zu sein. Die Fahrt nach Zürich war ein Strassenhorrortrip. Dem stockenden Kolonnenverkehr folgte ein Stau durch ganz Zürich. Die anfängliche, von Vorfreude geprägte Scherzerei im Auto verstummte bald. Eine lähmende Ungewissheit, ob das Flugzeug nicht ohne die Glarner abheben muss, zeichnete die Gesichter von Hardy, seiner Frau Christel und ihren Schwiegereltern. Diese hatten sich bereit erklärt, Hardys Rollstuhlfahrzeug wieder ins Glarnerland zurückzunehmen – hoffentlich leer ...

Mit mehr als einer halbstündigen Verspätung traf das Quartett schliesslich total gestresst vor dem Terminal A ein. Gottlob! Der Behindertenparkplatz war frei. Christels Family und zahlreiche Freunde warteten bereits äusserst nervös. Andreas, der zukünftige Abenteuergefährte des Glarner Paares, war fahrplanmässig mit dem Zug angereist. Er blieb cool und war einzig damit beschäftigt, die blank liegenden Nerven der Wartenden zu beruhigen. Dank der Bekannten Marianne, einer Swissair Angestellten, und ihrem Support verlief das Check-in trotz beträchtlichen Übergepäcks reibungslos. Nach einem kurzen, aber heftigen Abschied erfolgte vom Gate 81 der übliche Rollifahrer-Transfer mit der schmalen Behindertenschubkarre in die Boeing 747.

Mit rund einstündiger Verspätung hob der Vogel (SR 100) um 14 Uhr endlich ab. Es schien, als ob der Pilot die Ostroute rund um den Erdball nehmen wollte. Über dem Bodensee besann er sich eines Besseren und wendete. Die Fütterung am Himmel erfolgte für die drei Hungermägen leider viel zu spät, weshalb die Speisen schon nach wenigen Flugsekunden vertilgt waren. Nun galt es, den siebenstündigen Flug über den Atlantik hinter sich zu bringen. Alles schien normal zu verlaufen. Einzig eine Jungmannschaft, die nach New York ins Sommercamp flog, sorgte für Betrieb und noch grössere Unordnung. Das Bordkino mit Shakespeares oscargekrönter Liebesstory sorgte für den beruhigenden Ausgleich. Hardy gelang sogar ein kleines Nickerchen in liegender Position; in weiser Voraussicht waren nämlich drei nebeneinander liegende Sitzplätze gebucht worden.

Gegen 16 Uhr Local Time (= 22 Uhr Schweizer Zeit) landete die Boeing mit einem harten Aufsetzer auf dem *John F. Kennedy International Airport*. Die für einmal sehr zuvorkommende Swissair Crew half mit, den Transfer von Hardy, dem Big Boss, aus dem Flugzeug zu organisieren. Erleichtert stellte Christel fest, dass der Rolli wirklich im Bauch des Flugzeuges mitgeführt worden war. Seit sie einmal Augenzeuge gewesen war, wie ein Rollstuhl unbemerkt vom fahrenden Gepäckwagen gefallen war, bangt sie bei jedem Flug um das Fortbewegungsmittel. Der zu spät eintreffende Assistenzdienst war sichtlich um eine Entschuldigung bemüht. Die zwei Männer zerrten Hardy mehr schlecht als recht von seinem Sitz in die Schubkarre und schoben ihn durch den schmalen Korridor zum Flugzeugausgang, wo ein nicht besserer Transfer in den Rollstuhl passierte. Tja, man sollte eben wissen, wie man einen 1,83 m langen Volllahmen zu packen hat! Da es die Supermänner sowieso immer besser wissen, mischte sich das reiseerfahrene Paar nicht ein. Wie üblich gab Christel nur Acht, dass ihrem Mann keine Verletzung zugefügt wurde. Im Übrigen ist es ihr mit den Jahren gleichgültig geworden, ob sich die ständig übereifrigen oder ungeduldigen Möchtegernmuskelprotze einen Hexenschuss oder Leistenbruch einfangen. Schliesslich würde ein simples Nachfragen ja nichts kosten!

Zu Christels Unbehagen mussten sie und Andreas als Fussgänger getrennt von Hardy zum Einreisebeamten gelangen. Der Assistenzdienst schob Hardy auf verschlungenen Pfaden zu diesem Kontrollposten und duldete keine weiteren Begleitpersonen. „I'm sorry, ma'am, you can't follow me!" Der Immigration Officer studierte oberflächlich die Visa und wollte Christel und Andreas zuerst nur einen befristeten Aufenthalt erlauben. Der Globetrotter und Abenteurer Andreas musste einmal mehr erklären, warum er bei einem seiner früheren USA-Trips zu lange im Land gewesen sein soll, wie das der fehlerlose Computer aufblinkte. Die Missverständnisse waren bald einmal geklärt. Christel, the Student's Wife, erhielt das F2-Visum und damit einen unbefristeten Aufenthalt bestätigt. Andreas jedoch wurde unverzüglich in ein Büro zitiert, wo er knapp erreichte, überhaupt einreisen zu können. Der Officer knallte ihm wortlos einen Aufenthaltsstempel mit drei Monaten Gültigkeitsdauer in den Pass. Diskutieren war zwecklos. Er müsse halt innerhalb dieser Zeit eine Verlängerung beantragen. Im Übrigen hätte nicht das Heimatland der Einreisenden, sondern AMERIKA das letzte Wort bezüglich der Visa.

Manhattan begrüsst die Glarner

Nun, das war knapp! Die weiteren Zollformalitäten mit dem Vorweisen der ordentlichen Einwanderungserklärungen gingen dagegen problemlos über die Bühne. Der schweisstriefende Gepäckträger führte das Trio anschliessend nach draussen, wo das Rollstuhltaxi sofort angebraust kam. Was für eine Schweizer Pünktlichkeit! Das dachten die Helvetier jedenfalls. Es stellte sich aber heraus, dass der Fahrer schon etliche Kreise um dem Flughafen gezogen hatte, weil ein generelles Warteverbot auf dem ganzen Areal herrscht. Muffie B. Levy von der Personal Mobility Inc., Allentown, die Verhandlungspartnerin von Hardys Autoumbaufirma, hatte den Abholservice in die Wege geleitet. Die 17 Meilen lange Fahrt vom südöstlich liegenden Queens nach *Midtown Manhattan* ins Hotel Edison (228 West 47th Street, Nähe Broadway) erlaubte den staunenden Glarnern ein erstes Mal einen Rundumblick auf die Skyline von Manhattan.

Ismael lädt Hardy beim Hotel aus – geschafft

Da The President, kurz Bill genannt, am Abend erwartet wurde, musste Ismael, the Taxi Driver, ein paar Extrarunden durch die abgesperrten Strassen drehen, bis er seine leicht mitgenommene Fracht endlich am Hintereingang des Hotels absetzen konnte. Kaum angekommen, gab es für die Glarner nur noch eines: ab ins Zimmer (Handicapped Room 549) und nichts wie schlafen. Denn mittlerweile war es 20 Uhr Local Time, also 2 Uhr Schweizerzeit.

Dienstag, 29. Juni 1999: New York (NY) – Allentown (PA) – New York

Entgegen aller touristischen Gepflogenheiten stand nicht die Erkundung des „Big Apple" auf dem Programm. Hardys Behindertenfahrzeug musste in Empfang genommen werden. Angesichts der horrenden Mietpreise (rund 2500 Dollar pro Monat) hatte Hardy ebenso gut ein Auto kaufen können. Muffie hatte sich für den frühen Morgen, so gegen 8.30 a.m., angemeldet, um das Fahrzeug zu bringen bzw. das Trio für Anpassungsarbeiten abzuholen. Wegen der Zeitverschiebung waren die Schweizer um 6 a.m. nach erholsamem Schlaf bereits wach. Das erste American Breakfast war nicht schlecht. Andreas stürzte sich in eine für die Glarner unbekannte Frühstücksvariante: Blueberry Pancake mit Maple Syroup (ein undefinierbares süsses Gebäck mit Ahorn-sirupverschnitt). Anschliessend trafen die Gesättigten Muffie in der Lobby. Nach einer herzlichen Begrüssung führte die sympathische Frau die erwartungsfreudigen drei nach draussen.

Der Van steht vor dem Hotel – wow!

Da stand er: der Chrysler Town und Country, 3,8 l, Apple Candy Red (kandiertes Apfel-Rot). Wow, was für ein cooles Auto! Das erste Mal in Hardys zwanzigjähriger Tetra-Karriere war es ihm vergönnt, mit dem Rollstuhl auf der Beifahrerseite eines Autos Platz zu nehmen, und zwar via die seitliche Schiebetür über eine flache Rampe mit sich automatisch absenkender Karrosserie. Vorerst musste Hardy noch mit den althergebrachten Bodengurten an allen vier Rädern befestigt werden. Ein straffer und korrekter Dreipunkte-Bauch-Brust-Gurt fehlte selbstverständlich auch nicht. Sichtlich zufrieden verfolgte der stolze Autobesitzer den New Yorker Stadtverkehr und das hektische Treiben hautnah. Schliesslich hatte er seit einer Ewigkeit keine solche Panoramasicht mehr geniessen können. Muffie führte den Minivan auf verschlungenen Irrwegen aus Manhattan heraus und durch den Lincoln Tunnel zur I-95, die man vorerst in der verkehrten Richtung befuhr.

Rollstuhlbefestigungssystem – easy und bequem

Die liebe, aber eben – wie die Frauen nun einmal sind – etwas schwatzhafte Muffie merkte schliesslich doch noch, dass etwas nicht stimmte. Die Fahrt durch den Staat New Jersey auf der I-78 nach Allentown, im Bundesstaat Pennsylvania, führte durch ein nichts sagendes, schwülheisses Gebiet. Angekommen in der Garage bemühte sich John, the Master Mechanic, nach Kräften, den EZ-Lock, ein automatisches Rollstuhlblockierungssystem, zu montieren.

Am unteren Rollstuhlrahmen musste der Bracket angebracht werden. Dies ist ein Eisengestänge aus zwei Querstreben, die in der Mitte durch eine Platte verbunden sind. Aus ihr führt eine ca. 10 cm lange, dicke Messingschraube, die wie ein senkrecht zum Boden hängender „Goldfurz" aussieht. Im Auto war das Gegenstück, eine Bodenplatte, bereits angebracht; diese weist eine Führungsschiene auf, in die der „Goldfurz" eingeführt und automatisch arretiert wird. Die Schraube musste ein kurzes Stück verlängert werden, dann passte alles prima. Christel freute sich sehr. Endlich nicht mehr auf dem Autoboden herumkriechen und sich die Hände an den straffen Gurten wundscheuern. Endlich, endlich!

Während der Montagedauer frönten Hardy – in seinem mitgeführten Zweitrollstuhl –, sein Weib und Andreas, der Knecht, einer Garlic Pizza in Muffies Büro. Nach einer etwas zerfahrenen, aber überaus lieb gemeinten Totalerklärung aller Knöpfe und Hebel des neuen Automatikvehikels begaben sich die Schweizer wieder auf den Weg nach New York. Andreas fuhr mit der Zielsicherheit eines Radars über die Highways (Hwy), weshalb die Rückreise nur halb so lange dauerte.

Nicht jeder Kunde wird so verwöhnt

Während Andreas, der sich neuerdings Andrew nannte, das Auto versorgte, schob Christel ihren Mann zum Hotel. Ein niedriges Gehsteigabsätzchen entpuppte sich als Grund für eine Beinahe-Katastrophe. Hardys goldene Schraube blieb hängen und katapultierte den gelähmten Oberkörper nach vorn. Gerade noch rechtzeitig vor dem Herausfallen zog Christel Hardy am Jackenkragen nach hinten. Beide realisierten, dass gerade mal drei Zentimeter das untere Schraubenende vom Boden trennten. Von nun an erfordern bereits grössere Kieselsteine oder Bodenunebenheiten eine erhöhte Aufmerksamkeit. Zudem bemerkte Hardy bei einem kleinen Selbstmanöver in der Hotelhalle das zusätzliche Gewicht des neuen eisernen Rollstuhlbegleiters. „Tja, und zusammenfalten lässt sich der Rolli nun auch nicht mehr ohne weiteres", fügte Hardy an. Alles hat eben zwei Seiten. Trotzdem war das Glarner Paar froh, dass alles so gut geklappt hatte.

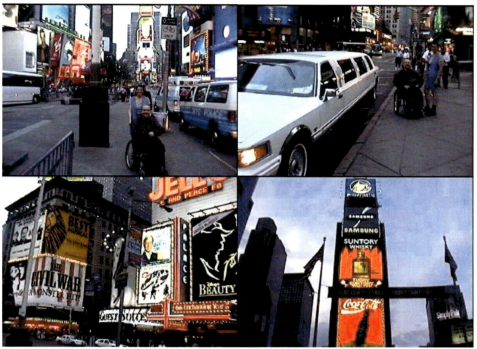

Die beiden Glarner auf dem Broadway

Da Hardy in gewissen Zeitabständen seinen durch das lange Sitzen strapazierten Rücken und Hintern in liegender Position wieder entlasten bzw. strecken muss, war eine Ruhepause auf den transferfreundlichen, hohen und auch breiten Ami-Hotelbetten angesagt. Die Siesta wurde aber durch ein völlig unerwartetes Eintreten eines hirnlosen Members of the Security Staff jäh gestört, der sich das falsche Zimmer für eine Razzia ausgesucht hatte. Action pur! Nach diesem Schreck flanierte das Schweizer Trio auf dem leuchtreklameschwangeren Broadway entlang Richtung *Empire State Building* (42nd Street).

Empire State Building und das nächtliche Lichtermeer von Manhattan

Die 86 Stockwerke bis zur Aussichtsterrasse bewältigte der Expresslift magenschonend in wenigen Sekunden. Gemäss Colibri-Taschenreiseführer misst der Wolkenkratzer 381 m, mit Antenne 449 m. Glücklicherweise mussten die Bergler nicht wie einst King Kong die Aussichtsplattform erklimmen, bevor sie den phänomenalen Rundumblick auf die nächtliche Stadt geniessen konnten.

Mittwoch, 30. Juni 1999: New York

Frisch gestärkt gings zu Fuss Richtung Pier 83, wo die Circle Line Cruises dreistündige *Hudson-River-Rundfahrten* anbietet. An einem windgeschützten Ort auf Deck liessen Christel und Hardy die Skyline von Manhattan und Brooklyn sowie Liberty Island mit der Freiheitsstatue und Staten Island bequem an sich vorübergleiten. Über Lautsprecher folgte ein kontinuierlicher Kommentar zur Uferkulisse. Andrew, der sich fortan unter dem Kurznamen Andy vorstellte, filmte gekonnt (mit dem zuvor auf dem arabischen Basar um 5/6 runtergehandelten Breitwinkelobjektiv) alle möglichen und unmöglichen Attraktionen. Zwischendurch gab er Einführungslektionen über die unbekannten kleinen Imbisse an der Snackbar. Wegen der wenigen Leute auf Deck konnten Hardy und Christel den Standort nach Belieben wechseln. Das war natürlich super, weil Hardy den Kopf kaum drehen kann und nur eingeschränkt über die Schultern zu gucken vermag.

Das Wetter liess zu wünschen übrig – die Skyline aber nicht

Als die Statue of Liberty in seinen Blickwinkel gelangte, ermahnte er sein Weiblein sofort, das Wahrzeichen auch ja fotografisch festzuhalten. Als Tetraplegiker mit der Lähmungshöhe C4/C5 reicht die Fingerfertigkeit der rechten Hand nur gerade zum Führen eines griffigen Kugelschreibers oder zum Halten von Essbesteck. Sowohl Knipsen als auch Filmen sind für ihn unmöglich. Rollifahrer können die *Freiheitsstatue* von innen besichtigen. Die über Rampen zugängliche und mit Wheelchair Lock-downs versehene Fähre Staten Island Ferry legt jede halbe Stunde vom Battery Park in Downtown Manhattan ab. Ein Lift erschliesst die Aussichtsterrasse im dritten Stock. Auf die restlichen 354 Stufen bis zur Krone wird wohl jeder Rollifahrer freiwillig verzichten.

Statue of Liberty – Helvetia der Amis

Nach der Wasserexkursion führte der Heimmarsch beim Ticketcorner des Broadways vorbei. Drei Augenpaare studierten die Plakate und hielten auf der elektronischen Infotafel Ausschau nach verfügbaren Plätzen für eines der vielen Musicals. Für „Les Misérables" waren tatsächlich noch Karten für die Abendvorstellung erhältlich. Nach Hardys obligater Liegepause trollte das Grüppchen zum nahe liegenden *Theatre District*. Die Aufführung war ein Erlebnis. Leiden und Sterben rund um Valjeans Lebensweg vom Gefängnis bis zum Tod inmitten der französischen Revolution waren ergreifend inszeniert. Christel fröstelte nicht nur deswegen. Zum ersten Mal spürte sie die Kehrseite der Klimaanlage. Andrew fror wohl kaum. Er schnitt nämlich trotz Filmverbot einige Bühnenszenen heimlich mit. Christel wollte sich anschliessend mit einem feurigen Schlummertrunk aufwärmen und lud ins Drehrestaurant des 37-stöckigen *Mariott Marquise Hotels* ein. Der mitternächtliche atemberaubende Blick auf die Stadt, die niemals schläft, nahm einen unweigerlich gefangen.

Chistel lädt zu einem Mitternachtsdrink ein

Donnerstag, 1. Juli 1999: New York (NY) – Washington (D.C.)

Der Big Apple erwachte in einem schwülheissen, regnerischen Morgengrauen. Gehetzt vom Bellman überstürzten die drei ihre Abreise so sehr, dass eine tags zuvor gekaufte Ersatzbatterie für die Kamera liegen blieb. Dieser Umstand bescherte dem fliessend Englisch sprechenden Andy am Abend mehrere telefonische Erklärungsversuche gegenüber dem Hotelmanager in New York. Schliesslich war der Zahlungsmodus für das Nachsenden per UPS an das bereits bekannte Motel im Grand-Canyon-Nationalpark geklärt. Ob das wohl klappt?

Das nächste Reiseziel war Washington D.C., notabene Wohnort des guten alten Freundes Bill. Andreas kurvte zielsicher zum Zubringer der I-95 south nach Baltimore. Sonnenschein und zunehmend ergiebige Regengüsse wechselten sich auf der rund vierstündigen Fahrt durch das Niemandsland der Staaten New Jersey, Delaware und Maryland ab. Als das Auto bei einer Tanksäule stehen blieb, nestelte Christel in ihrer Tasche nach dem Nummerncode der Kreditkarte, während Andreas diese schnell durch den Kartenschlitz zog. Der Apparat wollte gar keine Geheimzahl wissen. Er verlangte nur, dass der Einfüllaufhänger nach oben geschoben wurde. Gut zu wissen! Während die zwei Männer vorne im Cockpit interessiert die viel versprechende Automatik des neuen Strassenflitzers ausprobierten, versuchte Christel, sich die Neuigkeiten im US-Strassenverkehr einzuprägen. Signalisation sowie Standortwahl von Ampeln und Schildern entsprachen nicht unbedingt den heimischen Vertrautheiten. Christel fühlte sich wie ein blindes Huhn, da sie wichtige Hinweise nur verzögert oder gar nicht wahrnahm. Sie kam mit Schauen kaum nach und war froh, als Mitfahrerin vorerst eine „Gnadenfrist" zu haben. „Ich werde das auch auf die Reihe kriegen", ermunterte sich Christel in Gedanken. „Jedä Tubäl cha hüt autofahrä!"[1]

„Muss ich die nächste Ausfahrt nehmen?", rief Andy fragend nach hinten. „Keine Ahnung", dachte Christel und beugte sich eifrigst über ihr Kartenmaterial, um sich im Schnellstudium einen Überblick über die Hieroglyphen des USA-Reiseatlas zu verschaffen: south north, east, west, NW, NO, SW, SE, 1st St., 2nd Ave – 4400 Connecticut Ave NW? Nicht ganz einfach, wenn man sich vorher noch nicht damit auseinander gesetzt hat. Vor allen wie hier, wenn die Stadt mehrere „4th" und „D" hat. Andy erklärte kurz die Grundsätze des Kartenlesens: Autostrassen werden nach ihrer Verlaufsrichtung benannt. In der Regel verlaufen Interstates und Highways mit ungeraden Zahlen von Nord nach Süd. Gerade Ziffern bezeichnen die Richtung Ost-West. Nicht die kurzfristigen Schlaufen sind richtungsweisend, sondern der Hauptverlauf der gesamten Strasse auf der US-Karte. In den schachbrettartig angelegten Städten sind meistens die Nord-Süd-Strassen nummeriert, die Ost-Weststrassen benannt. In Washington D.C. sind sie mit dem Buchstaben des Alphabets bezeichnet. Ein Feld des „Schachbretts" nennt sich Block. Alles klar?

Im Schummerlicht kann der Koch gut schummeln

Christel bemühte sich, den Fahrer durch den US-Schilderwald zu lotsen. Dank sechs Augen und drei Mäulern erreichte der Chrysler die richtige Zufahrtsstrasse und war nach rund 7000 Strassennummern im Zentrum von Washington. Aus unbekannten Gründen konnte Andreas nicht in die Strasse abbiegen, wo das im Fodor's Reiseführer für Behinderte angegebene rollstuhlgängige Days Inn Hotel vermutet wurde. Dank den Adleraugen der Männer und Christels Angaben war ein Ersatz schnell gefunden. Das Romantikhotel Morrison Clark Inn erwies sich als eine kleine Perle, gebaut im 19. Jahrhundert, nicht barrierefrei, dafür mit einer wechselvollen Geschichte. Die Suite 108 war lieblich eingerichtet. Nützlich war vor allem Hardys Jump-in-and-wieder-out-Bett mit einer Doppeltrampolinmatratze (Queen Size). Christel heisst neuerdings Crystal (= Kristall). Ihr Gluscht[2] nach einem Glas Rotwein führte im hoteleigenen Restaurant zu einem der französischen Haute Cuisine nachempfundenen US-Dinner. Dieses überzeugte nicht in allen Teilen, besonders Crystal's Vorspeise mit Shrimps auf Blätterteig verursachte bei ihr am nächsten Morgen ein scheissiges Kotzerlebnis mit einem ganztägigen Unwohlsein. Immerhin waren Chardonnay und Zinfandel aus dem Napa Valley erste Klasse.

Freitag, 2. Juli 1999: Washington D.C.

Gehetzt vom Reiseplan begann der Freitag mit einem frühen schrillen Weckerpiepen. Es hiess, die geplanten *Sehenswürdigkeiten der Hauptstadt* in einem Tag zu besuchen. Ganz nach japanischer Art begab sich das Trio in das Visitor Center, das einen Block vom Weissen Haus entfernt liegt, um einerseits die Einladungskarten des guten alten Freundes Bill Clinton abzuholen und andererseits die schönsten Sights zu erfahren. Bestückt mit einem detaillierten Stadtplan und einem Fahrplan für die durchgehend rollstuhlgängige Metro klopfte das Grüppchen natürlich als Erstes an die Türe des *White House*, um Bill zu besuchen.

Bills Absteige könnte grösser sein

Komischerweise öffnete nicht er, sondern seine Bediensteten in Uniform, Pistole und goldenen Abzeichen. Sie führten die vorgängig eingehend kontrollierten Besucher geradewegs durch den unteren Stock durch blaue, grüne und rote Zimmer, die mit allerlei schönen Antiquitäten bestückt waren. Eine Spezialbegleitung, an der emsig arbeitenden Küchencrew vorbei, wurde Hardy und Christel zuteil, damit sie per Lift in den 1. Stock gelangen konnten. Aus nachvollziehbaren Gründen sind nur wenige der insgesamt 132 Zimmer für das schaulustige Publikum zugänglich. Da Bill gerade im Oval Office im ersten Stock mit Monica (?) beschäftigt war und Hillary in ihrem Zimmer schmollte, fiel der geplante Lunch trotz des stilvoll gedeckten Tisches leider aus, weshalb sich die Schweizer anschliessend mit der Metro ins Regierungsviertel aufmachten, um einige der klassizistischen Prachthäuser zu besichtigen. Dort stehen für einmal keine Wolkenkratzer, denn solche sind in Washington D.C. nicht gestattet.

Obwohl auf dem Stadtplan die herzigen Häuschen nahe beieinander liegen, werden in Wirklichkeit die monumentalen Bauten trotz Metrozubringer durch beträchtliche Distanzen und sichtbare Höhenunterschiede verbunden. Hinzuzufügen ist, dass die Stadt auch mit Metrobuslinien der WMATA durchkreuzt wird. Wer weder mit dem eigenen Auto herumkurven möchte noch die WMATA-Busse bezüglich ihrer Hebebühnen abchecken will, der meldet sich am besten am Vortag bei der *Tourmobile*, die über rolligerechte Wagen verfügt. Eine der angebotenen Touren führt an 18 Sehenswürdigkeiten vorbei. Die wanderfreudigen Schweizer hatten sich für die Variante Metro-Schusters Rappen entschieden – das gab vielleicht Durst.

Zum ersten und zum letzten Mal mit der Metro unterwegs

Keuchend erreichte das Trio den Hügel mit der *Library of Congress*, der umfangreichsten Bibliothek der Erde, im imposanten Thomas Jefferson Building. Die klassizistische Bauweise dieses Machtzentrums war äusserst beeindruckend.

The Library of Congress – etwas grösser als sonst üblich

Hardy gefiel natürlich vor allem der *Supreme Court* (Oberster Gerichtshof) nebenan. Im gerichtseigenen Souvenirladen erstand der Lawyer eine bronzene Lady of Justice und liess sie nach San Diego verschiffen (die Amis nennen den Postversand wortwörtlich Shipping).

Der Glarner Jurist und der altehrwürdige Gerichtshof

Nach einem kühlenden Getränk und mit einem Imbiss im Bauch wechselten die Schweizer über die 1st Street zum *U.S. Capitol*. Sie glitten dem Gemäuer entlang zur Westseite, von wo sich ein toller Ausblick bietet. Am Fusse des Capitol Hill waren Vorbereitungen für ein Riesenfest im Gange. Zelte wurden aufgeschlagen. Na klar! Deshalb war wohl auch das Capitol nicht zu besichtigen. In zwei Tagen ist der 4th July, an dem die Amis ihren Independence Day (Unabhängigkeitstag) feiern und ihrem gelebten Patriotismus die Krone aufsetzen. Die Glarner mussten Andreas' Vorfreude auf eine wilde Fete trüben. Der Reiseplan lud nicht zu längerem Verweilen in der Regierungshauptstadt ein.

Das Capitol für einmal von hinten

Mit der Metro, die übrigens über spezielle Rollstuhlplätze mit Radverankerungseisen verfügt, gelangte man anschliessend nach *Arlington* zum Soldatenfriedhof. Alle drei stiegen in den geführten Friedhofbus (mit Hebebühne und Fixationsgurten für Rollstuhlfahrer) und liessen sich den Hügel hinauffahren. Behinderte können am Informationsschalter als Alternative zum Bus eine Fahrbewilligung für ihr Auto beziehen. Ein Meer von über 200 000 Gräbern von Gefallenen der US-Armee tat sich vor den Augen der Besucher auf. Gewaltig, beinahe unfassbar! Andrew, wie der schwatz- und kontaktfreudige Begleiter der Glarner mittlerweile vor allem von älteren Damen (die jungen nennen ihn Andy – Randy Andy) genannt wird, vergoss eine stille Träne ob all diesen persönlichen Schicksalen.

Da liegen sie – die für Freiheit und Ehre starben

Die Eindrücke waren wohl Grund dafür, dass sein quirliges Naturell während der mehr als nur perfekt getimten Wachablösung einigermassen im Zaume blieb. Das roboterhafte Gehen und Salutieren, begleitet von einem patriotischen Habitus, löste bei den Schweizern eine Mischung von Faszination, Ehrfurcht und Belächeln aus. Letzteres Gefühl war den Amis natürlich fremd; sie standen wie patriotische Salzsäulen da und langten bei der Hymne zur Ehre der Toten mit der flachen Hand an die Brust, gerade so, als ob sie Herzbeschwerden hätten. Einstimmigkeit herrschte bei den Besuchern aus dem fernen Europa: Wer die Honour Gard nicht etwas komisch findet, der muss entweder Armeefanatiker oder Ami sein.

Wachablösung – ein heiliger Akt für jeden Ami

Christel schlug vor, von Arlington aus über die Brücke des breiten Potomac Rivers zu marschieren. Angesichts des einsetzenden Sommerregens und der fortgeschrittenen Zeit entschlossen sich die müden Häupter zur Rückkehr ins Hotel, wo sie der Schlaf des Gerechten sehr bald ereilte.

Potomac-Brücke Richtung Arlington

Samstag, 3. Juli 1999: Washington D.C. – Blue Ridge Parkway – Buena Vista (VA)

Nach einem etwas mageren Frühstück musste Andi den schönen Van ordern, da ihm das Holen aus der Garage untersagt blieb. Sofort stellten die Männer fest, dass so ein anonymer Schweinekerl den rechten Kotflügel geküsst hatte. Andreas reklamierte bei der Hotellobby und erreichte immerhin, dass sich die hoteleigene Versicherung (der Van war in der Garage für gute Bucks parkiert gewesen) mit den Leichtgeschädigten in Verbindung setzen wird. Wers glaubt, wird selig! Doch wer weiss, vielleicht erhalten die Schweizer 386 Millionen Dollar Schadenersatz für ihren Kummer – Hardy bleibt sicher am Ball.

Bevor die Reisevögel die I-66 west und hernach die 81 south begrüssen durften, begaben sie sich mit dem Auto erst auf eine kurze Besichtigungstour von Washington. Hardy äusserte bald einmal den Wunsch, die Denkmäler der Präsidenten aus der Nähe zu begutachten.

Der gute alte Ab sitzt da und denkt sich seine Sache …

Das *Abraham Lincoln Memorial* und das *Thomas Jefferson Memorial*, gebaut zu Ehren der Gründerväter in klassisch antiker Bauweise, konnten hindernisfrei angeschaut werden. Beide waren gut besucht, vor allem von amerikanischen Touristen. Behindertenparkplätze waren zur Genüge vorhanden. Da Hardys Auto erst ein provisorisches Nummernschild hatte, das keinerlei Hinweis auf einen Rollifahrer enthielt, klebte Christel fürs Erste ein Abziehbildchen mit dem Schweizer Rollisignet aufs Auto. Als sie zurückkamen, schlich bereits ein Police Officer um den roten Van. Nur wegen des lebenden Beweises im Rollstuhl verzichtete der Gesetzeshüter auf eine Busse oder – noch schlimmer, aber gut sichtbar angedroht – ein kostenfälliges Abschleppen.

Dann aber ging's zügig Richtung Appalachen-Gebirge durch den Staat Virginia entlang dem *Shenandoah Park*. Dieser Nationalpark umfasst einen ca. 80 Meilen langen, schmalen Abschnitt der Blue Ridge Mountains (so werden die östlichen Bergzüge der Appalachen genannt). Die berg- und waldgewohnten Schweizer verzichteten auf die Durchfahrt des zu 95% aus Mischwald bestehenden Parks via die Panoramastrasse *Skyline Drive*. Der zwischen 700 und 1000 m Höhe verlaufende Skyline Drive hatte zwar mit einigen Aussichtspunkten geworben. Hardy und Christel wollten aber erst auf der parallel verlaufenden Autobahn I-81south ein Stück vorankommen und später auf die Fortsetzung der Panoramastrasse, auf den *Blue Ridge Parkway*, wechseln. Schliesslich reicht diese 546 Meilen lange Panoramastrasse mit etlichen Besichtigungsmöglichkeiten und Overlooks ab Südende des Shenandoah Parks (Rockfish Gap) bis nach North Carolina zum Cherokee-Indianerreservat.

Schwülheiss draussen, klimatisiert angenehm drinnen, frass der Minivan – begleitet von Musik aus dem CD-Player – Meile um Meile. Dem Pfadibueb[3] Andreas entgingen die zahlreichen Werbetafeln am Strassenrand natürlich nicht, die allesamt zu Besichtigungen von Caverns einluden. Bereits etwas zappelig vom langen Fahren war daher der Besuch einer dieser Tropfsteinhöhlen für ihn geradezu ein Muss. Bei der nächsten Ausfahrt, ca. 25 Meilen vor Harrisonburg, wurden die drei von den *Shenandoah Caverns* magisch angezogen. Für Hardy war es das erste Mal, dass er eine Tropfsteinhöhle im Rollstuhl besichtigen konnte.

Eigenartige Kombination: Tropfsteinhöhle und Touriverarschung

Die im gleichen Gebäude untergebrachte Ausstellung mit Puppen und sonstigem Allerlei war nur deshalb sehenswert, weil das Ganze purer Amikitsch war. Eine Mannsgöggeliparade[4] in der einen, der Samichlaus[5] in der zweiten und eine Menge von rosarot und golden glänzenden Aschenbrödels in der dritten und den folgenden Vitrinen. Den Abschluss machte ein überlebensgrosser Stoffgrizzly, der Furcht erregend seine Pranken auf und nieder bewegte. Nach dem Kauf der ersten Briefmarken im integrierten Post Office (noch wie früher mit zahlreichen „Wanted"-Plakaten des FBI versehen) jagte man wieder über die Interstate. Andreas fuhr das nächste Visitor Center an und besorgte diverse Broschüren, eine detaillierte Karte vom ganzen Blue Ridge Parkway sowie einen vorbildlichen Behindertenführer von Virginia. In ihm werden auch die Panoramaroute mit ihren Attraktionen und die zwei mehr oder weniger zugänglichen Natur-Nachtlager aufgelistet. Angeblich stehen nur in vier Orten entlang der Strasse Betten zur Verfügung. Die Peaks of Otter Lodge (mit zwei Handicapped Rooms) schien eine Nachfrage wert zu sein. Der erste Versuch, mit dem Schweizer Mobiltelefon ein solch lauschiges Plätzchen zu reservieren, misslang wegen fehlender Netzverbindung gründlich. Andrew versuchte es mit einem öffentlichen Telefon, was aber auch nicht auf Anhieb klappte. „Aha", erinnerte sich Andrew wieder, „wechselt die Vorwahl, wird dieser eine 1 vorangestellt und nicht wie bei uns eine Null!" Nun klappte die telefonische Verbindung; leider waren aber die Zimmer der Lodge bereits besetzt. Eine vorzeitige Reservation wäre von Vorteil, hiess es.

Mister Unrat liegt im Bett

So fuhr das Trio noch ein ziemliches Stück auf der I-81 south, an der verschiedene Motelketten mit ihren Schildern warben. Christel nahm sich vor, die einzelnen Motelverzeichnisse zu besorgen und sie auf ihre Angebote bezüglich der Behindertenzimmer zu prüfen. Angesichts der fortgeschrittenen Zeit und der Tatsache, dass Hardy nicht unbedingt ein Rollizimmer braucht, entschied man sich, nicht an der Autobahn zu nächtigen und sich von den Schlafstätten in Buena Vista überraschen zu lassen. Trotz des Wochenendes des Unabhängigkeitstages erhaschte Andrew ein Motelzimmer. Dieses stank zwar ekelhaft, was Christel umgehend an eine Zeitungsmeldung erinnerte, wonach ein Touristenpaar in einem Motel in Kalifornien eine Leiche unter dem Bett fand. Dies war für die einzige Frau im Team Anlass genug, einen Kontrollblick unter die Betten zu werfen. Eine Leiche fehlte zwar, nicht aber anderer Unrat!

Sonntag, 4. Juli 1999: Blue Ridge Parkway – Blowing Rock (NC)

Der Nationalfeiertag der Amis startete für die Reisenden im verschlafenen Kaff Buena Vista. Sie begaben sich nicht etwa zur nächstgelegenen Stadt, um eine Parade geniessen zu können, sondern direkt und ohne Frühstück zum Naturwunder *Naturel Bridge of Virginia* über die Strässchen 501 south und 130 west. Die Steinbrücke musste in den kriegerischen Anfangsjahren einen besonderen Wert gehabt haben, da sie jedenfalls 50 Jahre lang Thomas Jefferson gehörte. Etwas weiter westlich befindet sich das *Natural Bridge Wax Museum*, in dem sich über 125 Persönlichkeiten von Virginia und Amerika in Lebensgrösse vorstellen. Das Wetter versprach Regen. Die drei verzichteten wieder auf die Panoramastrasse. Es entging ihnen nicht nur die Fahrt über den 3907 Feet hohen Pass zwischen Otter Creek und Peaks of Otter, sondern auch die Besichtigung von *Virginia's Explore Park*, einem geschichtsträchtigen Ort mit historischen Bauten, Ausstellungen und Vorführungen über die Pionierzeit bei Roanoke. Verpasst wurde auch die *Mabry Mill*. Ein Verbindungsweg führt von dieser alten Mühle zu einer Sägemühle, einer Schmiede und anderen Ausstellungsobjekten vergangener Zeiten; jeweils im Sommer und Herbst werden dort die alten Handwerksbräuche zur Schau gestellt.

Man wählte stattdessen erneut die I-81south, die über die I-77 south verlassen wurde, um den ersten Zubringer zum Blue Ridge Parkway zu nehmen und so nach North Carolina zu gelangen. Breakfast und Lunch – Texmex-Food bester Qualität – offerierte der Taco Bell irgendwo auf der I-81, für einmal war nur Barbezahlung möglich! Christel und Hardy wurden durch Andrew in die kulinarische Welt der Burritos eingeführt. Mmmhhh, lecker! Im Laden nebenan wurde noch eine Kühlbox erstanden, die via Zigarettenanzünder im Auto mit Strom betrieben werden kann. Vor der Kasse war die Kiste leer, nachher aber gar nicht mehr (es reimt sich).

Kurz vor dem Abzweiger I-77 steuerten die drei einen Wal Mart an. Nicht schlecht staunten die Glarner, als sie diese riesige Einkaufshalle betraten. Die europäischen Grossmärkte sind ja auch nicht ohne. Aber im Vergleich zu diesen Giganten sind auch sie nur kleine Geschäfte. Alles war einfach um einen Faktor grösser. 1-Liter-Milchtüten sind hier Gallonenflaschen mit 3,78 l Inhalt. Hardy benötigte eine Klappliege, damit er sich zwischendurch strecken kann. Zudem brauchte er einen elektrischen Haarschneider. Wegen der anderen Stromspannung hatte er seinen von Zuhause gar nicht erst mitgenommen. „Ach, gut, dass du einen kaufst", meinte Andreas, „dann muss ich mir keinen zulegen. Ich brauche nämlich auch einen!" Endlich auf dem Blue Ridge Parkway begann es plötzlich zu regnen. Intermittierende überfallartige Himmelsbäche liessen das Auto zeitweise kriechen oder stillstehen. Von Aussicht keine Spur. Als das Trio am Ort *Blowing Rock* vorbeikam, fragte der Fahrer im New River Inn, einem hellblauen Holzmotel, nach freien Zimmern. Das einzige noch freie, enge und deshalb rolliuntaugliche, dafür wenigstens überaus heimelige[6] Zimmer konnte nur über drei Stufen erreicht werden. Christel und Hardy kamen sich wie in einer Berghütte vor. Die kühle Temperatur liess den Glarner die Bettdecke bis zur Nase ziehen.

Nachdem der Regen aufgehört hatte, wurde das hübsche Dörfchen Blowing Rock erkundet. Es wies eine adrette Main Street mit allerlei kleinen, einfachen Läden und Beizen auf. Mittlerweile nachtete es ein. Den Weg zum sagenumwobenen Felsen mit seiner spektakulär angelegten Aussichtsterrasse nahm das Grüppchen deshalb nicht mehr unter die Füsse. Andis Neugierde liess ihn unverzagt nach einem Special Event nachfragen. Schliesslich wollte er unbedingt vom 4th July noch etwas haben. Kurz darauf schon waren die Schweizer mitten im Stau und genossen vom Auto aus das fulminante Feuerwerk zu Ehren des Unabhängigkeitstages. Es war unglaublich, dass dieser Lichtzauber in einem abgelegenen 1260-Seelen-Ort so viele Leute anzog. Niemand regte sich über den erlahmten Verkehr auf. Die Leute stiegen einfach aus und suchten sich einen guten Standort, von wo aus jeder Feuerwerksfunke als der schönste bezeichnet wurde. So sind sie halt, die Amis, bis zum Gehtnichtmehr stolz auf ihre grosse Nation – nicht zu vergleichen mit dem schlichten helvetischen Patriotismus am 1. August, der sich nur in gefühlsschwangeren Reden, millionenteuren Feuerwerken und besinnlichen Höhenfeuern äussert.

Überall auf der Welt immer dasselbe ...

WEEK 27/1999

5. bis 11. Juli

Montag, 5. Juli 1999: Blowing Rock – Cherokee Reservat (NC)

Während Hardy seiner morgendlichen Bauchlage frönte, um seinem Kreuz eine andere Biegung zu gönnen, musste Andreas wohl eine Erleuchtung gehabt haben. Er verwandelte sich in einen anderen Menschen. Seine dunklen Strubbelhaare und der Abenteurerbart mussten weg. Hardys frisch erworbener „Hundescherer" kam zum Einsatz. Kurze Hosen im eleganten Stil waren angesagt. Die neumodische Erscheinung wurde nur durch die neu erstandene Spiegelbrille übertroffen. „So, wie sehe ich aus?", fragte Andreas erwartungsvoll. „Gut", meinte Hardy, „gut bis zu den Waden!" Andreas' Füsse steckten nämlich in ein paar erbärmlichen Heilandsandalen[7], die den Weltenbummler schon über den ganzen Erdkreis getragen hatten. „Nein, von diesen werde ich mich nie trennen", ereiferte sich Andreas, „wenn sie durch sind, werde ich sie an die Wand hängen!" „Hier hats einen Nagel", meinte Hardy, dem die Vorstellung ganz und gar nicht geheuer war, dass er von einer Person mit abgelatschten und profillosen Schuhen geschoben oder, schlimmer noch, gebremst werden sollte.

Nach einem kleinen Imbiss aus der Kühlbox setzte sich der coole Driver ans Steuer. Er chauffierte den Minivan mitsamt Maxiinhalt zu Blowing Rocks *Tweetsie Railroad*, dem ersten Erlebnispark von Carolina. Im Mittelpunkt steht Engine No. 12, die Dampflokomotive, die nach der Stilllegung der 66-Meilen-Strecke über die Blue Ridge Mountains von Jonson City (Tennessee) nach Boone (North Carolina) für den ersten historischen Park 1956 erworben worden war. Nun dampft sie gmögig[8] durch den „spielerischen" Wilden Westen und erfreut vor allem kleine Besucher mit spannenden Attraktionen, abenteuerlichen Erlebnissen, einem Tierpark und vielen Parkangestellten in Originalkostümen. Auf Grund der langen Warteschlange, die sich hauptsächlich aus quirligen Dreikäsehochs zusammensetzte, bekamen die Schweizer den Eindruck, womöglich für diesen Full Day of Fun zu alt zu sein. Sie entschieden sich stattdessen für den Besuch der *Linville Falls*, eines weiteren Sights auf der Panoramstrasse Blue Ridge Parkway.

Bei diesem Wasserfall handelt es sich um ein grösseres Rinnsal, das sich von einer Felsenplatte rund acht Meter in die Tiefe stürzt. Vom Parkplatz, wo sich das Visitor Center befindet, führt ein stufenfreier, jedoch steil ansteigender und stark bewurzelter Waldweg zum Wasserfall. Andy, der sein neues Outfit mit ein paar Kilos weniger perfektionieren wollte, sah in der unverhofften Fitnessmöglichkeit seine Chance. Er hechtete auf Hardys Rollstuhl, kippte diesen wegen des ominösen Goldfurzes auf die Hinterräder und stiess Hardy aufwärts, wobei die Heilandsandalen immer wieder an ihre Grenzen gelangten und von Andy alles abverlangten. Ein Ende der Steigung war nicht in Sicht, weshalb es den Glarnern vernünftiger schien, den Filmer alleine zum Aussichtspunkt joggen zu lassen.

Ganz so schlimm war es allerdings mit dem Weg nicht bestellt, denn Christel schob den Inhalt samt Rollstuhl ohne Schweiss auf der Stirn an den staunenden, keuchenden fetten Amis (die mageren staunten nicht) vorbei zurück zum Eingang. Nassgeschwitzt und sichtlich irritiert, die Glarner nicht mehr gefunden zu haben, erreichte Andrew wenig später das Karten schreibende Paar. Erhitzt rapportierte der Sklave, dass er unter Einsatz seines Lebens (Kampf mit einer 1,5 m langen, schwarzen Schlange, die er mit einer Videokameraattacke in die Flucht geschlagen hatte) den Dschungel nach seinen Brötchengebern abgesucht hatte, und forderte ein erstes Mal, dafür umso heftiger, seine Menschenrechte ein. Er schwafelte zudem etwas von SUVA-Normen[9], die beim Schleppen des 42 kg schweren Koffers verletzt würden, und verlangte, mindestens einmal pro Tag Wasser und Brot zu erhalten. Allerdings vergass er dabei, dass er ja seiner Attraktivität zuliebe abspecken wollte. Unter Andrews Gejammer trotteten die drei zum Auto zurück. Während Hardy ein paar pfiffige Bemerkungen zum Besten gab, dachte Christel stirnrunzelnd: „Der Koffer hat doch Rollen!"

Das Trio steuerte das nächstbeste Restaurant an, wo Andrew einmal mehr darum kämpfen musste, ein leidlich vegetarisches Meal zu erhalten. Frisch gestärkt flüchteten die Schweizer anschliessend vom kurvenreichen Parkway, nicht zuletzt auf Grund der vielen Sonntagsschleicher, die mit 25 statt den erlaubten

45 m.p.h. die Nerven der anderen Fahrer strapazierten. Erst beim späteren Kartenstudium wurde bemerkt, dass man das Örtchen *Little Switzerland* verpasst hatte. Nach Linville Falls führte die schnellere Variante über die 221 south und I-40 west nach *Asheville*, das ebenfalls am Panoramaweg liegt. Dank des kleinen Stadtplans im Reiseatlas fanden die drei das märchenhafte Anwesen *Biltmore Estate* auf Anhieb. Georg Vanderbilt hatte mit weiss was für einem Business im 19. Jahrhundert einen Haufen Kohle gemacht und diese in den Bau eines den Loire-Schlössern nachempfundenen Schlosses mit Weingut und Wäldern investiert. Im Empfangshaus orientierten sich die Besucher anhand eines Reliefs und eines Informationsvideos über die Grösse des Anwesens und die Person seines Erschaffers. Angesichts der fortgeschrittenen Zeit begnügte man sich mit dem ersten Eindruck. Eine Besichtigung des etwas entfernt gelegenen Schlosses oder des Weingutes hätte auf den nächsten Tag verschoben werden müssen. Der Gedanke, für dieses gloriose Europaimitat einen Extratag einzulegen, verursachte keine entzückten Gefühlswallungen, und so liess man es halt bleiben. Die innere Unruhe, nach Westen zu gelangen, drängte die drei vielmehr beständig weiter westwärts Richtung *Cherokee- Indianerreservat*, das sich am Ende des Blue Ridge Parkways befindet.

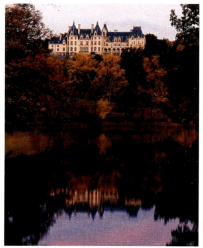

Biltmore Estate – so sieht es im Herbst aus

Wie in den Tagen zuvor auch begann es kurz darauf heftig zu regnen. Der rote Van verliess die Interstate. Der Hwy 19 diente als Zubringer zur Panoramastrasse, auf der die letzten Meilen bei nasskaltem Wetter keine Ende nehmen wollten. Endlich im Cherokee-Dorf angelangt, das nur aus Souvenirläden zu bestehen schien, wieselte Andreas von Motel zu Motel. Er erkundigte sich im Visitor Center an der Hauptstrasse nach Behindertenzimmern. Die Lokalbroschüre listete 17 Adressen mit Handicapped Facilities auf. Gegen 6.30 p.m. zogen die müden Reisenden schliesslich in das wohl billigste und schönste Cabin des Ortes ein. Während Hardy sich im „Ferienhäuschen" ausruhte und mit Christel zusammen die Flyers studierte, besorgte Andi Lebensmittel im IGM-Supermarkt. Der Kühlschrank wurde gefüllt, dass es eine helle Freude war.

Freilichtaufführung „Unto these Hills"

Das Grüppchen beschloss jedoch, auf ein ausgedehntes Abendessen zu verzichten und sich dafür der Cherokee-Kultur zu widmen. Gegen 9 p.m. fand die *Freilichtaufführung „Unto these Hills"* statt. Hardy konnte von einem guten Rollstuhlplatz aus die Show geniessen, die darum bemüht war, ein geschichtstreues Bild zu zeichnen. Die Story nahm dann allerdings ein hollywoodmässiges Happy-End, das so nicht der Wirklichkeit entspricht, wenn man das Schicksal der Cherokees nüchtern betrachtet. Auch filmreif war die Leistung des Wetters. Kein einziger Regentropfen zerstörte die Hoffnung auf ein ungetrübtes Erlebnis unter freiem Himmel.

Dienstag, 6. Juli 1999: Cherokee-Reservat – Obergatlinburg(TE)

Wegen des am Vorabend erworbenen Dreifachtickets besuchten Christel, Hardy und Andreas das *Oconaluftee Indian Village* in Cherokee-Downtown. Das Freiluftmuseum à la Schweizer Ballenberg[10] befindet sich in einem Waldstück und weist mehrere Stationen auf. Die Guides führten die Besuchergruppen von jeweils um die 20 Personen beredt von Station zu Station, bei denen die Kultur der Indianer nachgestellt werden. Der Alltag der Cherokee war geprägt von Frauenarbeiten, die aus Flechten, Handweben etc. bestanden. Die Männer kümmerten sich ums Kriegshandwerk, fertigten Messer, Tomahawks, Pfeile für Blasrohr und Bogen an. Ganz besonders beeindruckend war aber der Maisposten, der mit einer etwas mehr als nur gut genährten Squaw besetzt war. Ihre Aufgabe bestand darin, den Touristen einen nicht sonderlich komplizierten Dreifachschlag in den Maiskornmörser vorzumachen. Lehrreicher hingegen waren die Ausführungen im Town Center und auf dem Secret Square. Die Führer erzählten von den Riten und der Sozialordnung der Cherokees, die notabene Waldindianer ohne üppigen Federschmuck waren und in Hütten, nicht Zelten, wohnten. Wie geschmacklos waren im Vergleich dazu die Kitschstände in Downtown, die vom typischen Bild der in Zelten lebenden und Büffel jagenden Indianerstämme des mittleren Westens, eben vom kriegsbeilschwingenden Federschmuckindianer, geprägt waren.

Nicht alle Indianer lebten in der Prärie

Anschliessend lotste Christel die zwei Männer nach dem bereits in Tennessee liegenden *Obergatlinburg*, dem angeblichen Oberbayern der USA mit der längsten Seilbahn der Welt. Was für ein Lug und Trug! Die hoch gepriesene Bergstation der rollstuhlgängigen Seilbahn entpuppte sich gar nicht als adäquate Umgebung für rollende Bergfreunde. Kaum der Gondel entstiegen, konnten sich die Amis Schlittschuhe mieten und auf der künstlichen Eisbahn im Innern des Gebäudes herumwabbeln – natürlich in T-Shirts und kurzen Hosen! Kleinere Jahrmarktsattraktionen, Lädeli[11] und spärliche Verpflegungsmöglichkeiten führten nahtlos zum Unterhaltungspark im Freien mit Betonrodel- und Wasserrutschbahn sowie einer Bungie-Jumping-Einrichtung. Ein Sessellift führte sodann auf einen bayrischen Gipfel und lud zu einem angenehmen Abstieg zu Fuss geradezu ein. Doch nichts da! Die Amis kamen per Sessellift wieder herunter. Ob sie das im Winter mit den Skiern genauso handhaben?

Für einmal lockte nicht das Weib, sondern ein tuntiger Affe

Obwohl sich Andrew den zynischen Bemerkungen seiner Reisegenossen herzhaft anschloss, erwachte in ihm – dem Mann mit Bart und Heilandsandalen – das Kind. Von der Idee besessen, an einem Spielstand das heimtückische Strickleiterhindernis zu besiegen, stürzte er sich mehrmals ins schwankende Abenteuer und bezahlte dafür jedesmal einen Dollar. Erst nach mehreren Anläufen gelang es ihm, den Preis, einen riesengrossen, rosaroten Gorilla, in die Arme zu schliessen. Ab jetzt war also ein Quartett auf Reisen. Mit dem Vierten im Bunde genossen die Schweizer die Rückfahrt mit der natürlich in der Schweiz (wo sonst?) hergestellten Gondel, die ihnen einen schönen, wenngleich nicht sensationellen Ausblick auf die Great Smoky Moutains ermöglichte.

Auf der Übelkeit hervorrufenden, sehr kurvenreichen 441 north gelangte man zurück zum Cherokee-Reservat, wo das dritte Billett für das *Cherokee Heritage Museum and Gallery* eingelöst wurde. Die Cherokees waren und werden wieder bekannt für ihre Handarmalsprodukte. Ein Besuch der *Qualla Arts & Crafts* gehörte daher einfach zum Abschluss des Sightseeings mit. Entgegen den Kitschläden im Zentrum bot man hier echte handgefertigte Erzeugnisse an, die zum Teil im Indian Village selbst hergestellt worden waren. Körbe, Puppen, Masken, gewobener Schmuck, Schnitzereien ... und vieles mehr konnte bestaunt, begutachtet und gekauft werden. Der Abend war schliesslich dem gemütlichen Essen und Trinken in den eigenen vier Wänden gewidmet. Christel zauberte aus dem eingekauften Gemüse diverse schmackhafte Gerichte, die jeden Gaumen, auch einen vegetarischen, verwöhnten. Satt und zufrieden sanken die vollen Bäuche ins Bett.

Mittwoch, 7. Juli 1999: Cherokee-Reservat – Sweetwater (TE) – Nashville

(2. Zeitzone/Central Time)

Weder das Befahren des Blue Ridge Parkways noch der Besuch des *Great Smoky Mountains National Parks* am Ende der Panoramastrasse sind kostenpflichtig. Das dort angrenzende und in die bewaldeten Hügel eingebettete 23 000 ha grosse Cherokee-Reservat wird heute ausschliesslich als Feriendestination angefahren. Geprägt von den Erlebnissen der vergangenen Tage sahen die drei die Umgebung mit anderen Augen. Kein Wunder, dass die dichten Wälder des Great Smoky Mountains N. P. Hollywood geheimnisvolle Kulissen bieten, wie das etwa für den Film „Nell" mit Jodie Foster der Fall war. Wer erinnert sich nicht an das Naturkind, das weit ab von jeglicher Zivilisation in der Wildnis und trotzdem im Paradies lebt? Keine künstlichen Nebelschwanden vor der Linse, sondern die „rauchenden Berge" der Smoky Mountains mit ihren Nebelschleiern waren die eigentlichen Erschaffer der faszinierenden Bilder des Films.

Ebenfalls ruhig und entspannt passierte das Trio den waldigen Nationalpark über die Strasse 19 south und bog alsbald in die 28 west ein, die mit Kurven auch nicht geizte, aber wenigstens sonntagsfahrerfrei war. Die Route brachte die drei zum Fontana-Stausee, dessen Damm eine Möglichkeit für Wanderer darstellt, auf den berühmten *Appalachian Trail* zu gelangen. Dieser 2100 Meilen lange Wanderweg war 1937 fertig erstellt worden und reicht von Maine bis Georgia. Eine komplette Begehung des Trails dauert vier bis sechs Monate. Er kreuzt 14 Staaten, acht Nationalwälder, zwei Nationalparks und 15 grössere Flüsse. Die Höhe variiert zwischen 2024 im Great Smoky Mountains N. P. und null Meter, genannt Sea Level, beim Hudson River in New York. Jedes Jahr marschieren gegen 100 Wandervögel, hier nennt man sie Hikers, erfolgreich die gesamte Strecke ab. Ein Blinder mit seinem Hund ist jeweils auch dabei – ob er wohl die schöne Aussicht geniessen kann?

So schnell wechseln Staatsgrenzen

Die Strassen 72 west und 322 west führten aus den Wäldern heraus, wo in der Nähe von *Sweetwater* ein Halt eingeschaltet wurde. Geplant war die Besichtigung des *Lost Seas*; des grössten unterirdischen „Verlorene Sees" der Welt. So aufgemotzt äusserte sich jedenfalls die Werbung, die auch über den Eintrag ins Guinessbuch zu berichten wusste. Nach einer Irrfahrt durch und um Sweetwater fanden die Suchenden schliesslich den Eingang zur mystischen Unterwelt. Unter der Leitung einer jungen Angestellten begab sich die Gruppe über stufenlose und breite, jedoch empfindlich abfallende Pfade an den See. Andis Schlarpen versagten total. Auch Christels Wanderschuhe konnten ein Wegrutschen nicht immer verhindern. Sie begann sich um Hardys Sicherheit zu sorgen. Die Tourführerin sah sich genötigt, die Bremsmanöver tatkräftig zu unterstützen. Das eher waghalsige Manöver dämpfte die Freude darüber, dass Hardy zu einer solchen Grotte überhaupt Zutritt hatte. Unten angekommen hatten die Fussgänger die Möglichkeit, mit einem Floss lautlos über den See zu gleiten und die eigens für sie ausgesetzten Fische zu be-aaahen und zu be-ooohhen. Der Rückweg führte zum Leidwesen der Schweizer und zahlreicher übergewichtiger Einheimischer über denselben steilen Weg. Das Guide Girl wies die Keuchenden ihrer Gruppe an, sich auf den speziell für solche Notfälle eingerichteten Sitzbänken auszuruhen oder dann auf eigene Gefahr mit oder ohne Herzpille bis zum Umfallen weiterzuschwabbeln. Schliesslich schafften es alle irgendwie bis zum Ausgang und wurden von der auf steten Witz bedachten, dafür aber im schlechtesten Kaugummitennesseedialekt sprechenden Führerin verabschiedet. „So, das war nun meine zweite, bestimmt aber die letzte Höhlenbesichtigung meines Lebens!", stellte Hardy sauer fest. Gleichzeitig war er ungemein erleichtert darüber, noch unversehrt in seiner Karre zu sitzen und nicht von einem Stalagmiten durchbohrt worden zu sein.

Eine kraulende Ehefrau – Wunsch- oder Albtraum?

Die noch verbleibenden 185 Meilen auf der I-75 north und der I-40 west bis nach Nashville legte der Van geduldig zurück. Bei einem Truck Stop bahnte sich der Minivan scheu einen Weg durch die mönströsen

Strassenkumpel. Diese imposanten Vehikel waren, einer Parade gleich, in Reih' und Glied parkiert worden. Unbedeutend kamen sich die drei Schweizerlein vor, als sie den Parkplatz abschritten und den Truckers bei ihren Kontroll- und Putzarbeiten zusahen. Ein ganz eigener Menschenschlag! Im Schatten der Bäume eines angrenzenden Anwesens ruhte sich Hardy auf dem Liegebett aus.

Nach der willkommenen Pause war das Trio „On the Road again". Bald glänzte die Skyline der Countrystadt Nashville im Sonnenuntergang. Wie gewohnt fand Andreas schnell eine Bleibe in der Nähe des Broadways. Der Handicapped Room 915 im Hotel Crowne Plaza bot Hardy zum ersten Mal die Gelegenheit einer wohltuenden Dusche. Christel wies Andy an, das grosszügige Badezimmer mit der tollen Rollstuhldusche zu filmen. „Für was?", erkundigte sich Andy, als er sich an der Linse zu schaffen machte. „Für wen wäre besser gefragt", antwortete Christel, „für ungläubige Bauverantwortliche in der Schweiz." Trotz der neuen Zeitzone und der dadurch gewonnenen Stunde war es bereits spät geworden. Die Stadtrundfahrt für den nächsten Morgen konnte nicht mehr gebucht werden. Die Beinahe-Höhlenbewohner gingen deshalb erst einmal schlafen.

Donnerstag, 8. Juli 1999: Nashville

Das Frühstücksangebot im Crowne Plaza war erbärmlich und hätte zudem mit einem Türhänger am Vorabend schriftlich bestellt werden müssen. Alle drei schleppten deshalb ihre Hungermägen ein paar Blocks weiter, wo sie sich in einer Sandwichbar leckere Brote zusammenstellen liessen. Christel musste sich von Andi zuerst die Speisekombinationen auf den Schildern über der Verkaufstheke erklären lassen. Mit den Ausführungen kaum angefangen, wurden sie vom Angestellten mehrmals höflich aufgefordert, die Bestellung aufzugeben. „Sehen die denn nicht, dass man noch überlegt?", fragte sich Christel etwas genervt. Andi nahm seinen sofort bestellten Vegifood entgegen, trug das Tablar zu Hardys Tisch und liess Christel alleine mit dem Sandwichmacher zurück.

Nashville – nicht nur wegen der Country-Musik bekannt

Wie befürchtet reichten die von Christel genannte Menünummer und das Fingerzeigen nicht aus. Ohne klar verständlichen Auftrag des Kunden wurden weder Finger gekrümmt noch Messer geschärft. „Was meint er denn bloss?" Christel hielt Hilfe suchend nach ihren zwei Männern Ausschau. Ganz nach Amiart glotzten sie mit den übrigen Gästen in die zwei Fernsehapparate, in denen man eine Lektion Golf und parallel dazu CNN-Nachrichten verfolgen konnte. Mit vollen Backen gab der mampfende Andi lauthals seinen Kommentar zum Besten und hatte Christel schon völlig vergessen. Ihr blieb nichts anderes übrig, als jede Frage des Brötchenschmierers einfach mit Yes zu beantworten, da ihre Englischkenntnisse in der Bakery bzw. der Bagel-Kunst völlig unbrauchbar waren.

Eine Rundfahrt in der Hauptstadt von Tennessee war für Freitag vorgesehen und wurde telefonisch reserviert. Danach schlenderten die Schweizer Touristen durch die ruhigen Strassen von Nashville Downtown. Sie besuchten auf dem Broadway das *Nascar Café* mit integriertem kleinem Museum der Autorennenhelden und anschliessend das *Planet Hollywood*, um schliesslich in einer *Music Bar* John & Lois Shepherd zu treffen. Das Seniorenpaar spielte und sang auf Wunsch der Barbesucher aus seinem Countryrepertoire vergangener Zeiten. Dies bereitete Alt und Jung sichtliches Vergnügen, denn die Stimmbänder waren immer noch intakt!

John und Lois singen – aber nicht im Altersheim

Der Spaziergang wurde schliesslich trotz brütender Tennessee-Hitze fortgesetzt. An weiteren Bars mit Livemusik wurde nun aber vorbeigegangen. Dafür durchstöberten die drei das Sammelsurium von geschichtsträchtigen kleinen Läden. Punkto Mode muss jeder Nashville-Besucher ein Bekleidungsgeschäft mit Countryklamotten von innen gesehen haben. Nicht etwa schmuddelige Farmerware wird feilgeboten. Stilvolle und qualitative Artikel für Männ- und Weiblein können erstanden werden. Andi studierte die wetterfesten Regenmäntel. Natürlich wurde er zu einer Anprobe genötigt. Mit dem richtigen Hut ergänzt kam er dem Fernsehstar aus der Serie „Walker-Texas Ranger" recht nahe. Hardy kaufte sich einen gegerbten Lederhut mit breiter Krempe als besseren Sonnenschutz. Seine weisse Haut vertrug einfach gar nichts. Sogar seine Hände musste der Rollifahrer in die Jackentaschen stecken, wollte er am Abend keine knütschroten[12] Handrücken. Weiter dem Cumberland River entlang, wo gerade für ein musikalisches Wochenendfestival aufgerüstet wurde, endete der Rundgang beim Hotel.

Grand Ole Opry Hotel

Am Nachmittag wollte Christel unbedingt zum *Nashville's Music Valley*, das 15 Autominuten nordöstlich von Downtown liegt. Die riesige Anlage mit diversen verstreuten Attraktionen sowie Konzert- und Unterhaltungsmöglichkeiten umfasst auch das *Opryland Hotel Convention Center*. Ein angebliches Must See. Tatsächlich sah man schon von weitem ein riesiges Glasdach, das zum sehenswerten gigantischen Hotel mit knapp 3000 Zimmern gehört. Durch das besagte Glasdach geschützt liegt mitten im Hotel eine Landschaft mit Wasserfällen, Häusern, Boulevards, einem Fluss und Brücken. Überall waren Restaurants und Bars, weshalb die zwei durstigen Männer Christel, sie hatte die Dollars in Besitz genommen, inständig um einen Drink baten. Dieser überzeugte allerdings gar nicht. Es stellte sich heraus, dass solche farbenfrohen Erfrischungen in grossen Gläsern mit Trinkhalmen eigentlich nur aus zerhacktem Eis bestehen, über das noch irgendein undefinierbarer künstlicher Saft zwecks Aromagebung geleert wird. Nur zu verständlich war nach dieser Erkenntnis der verdutzte Gesichtsausdruck des Kellners, als Christel einen Ananasdrink „ohne Eis, bitte" bestellte.

Wieder im Auto fuhren die beeindruckten Touris einmal um den ganzen Hotelkomplex herum. Die Abendshows verschiedenster Stars der Countryszene finden vor allem im *Grand Ole Opry*, einem kleineren Gebäude nebenan, statt. Wer Musik auf andere Art geniessen möchte, begibt sich auf die Raddampfer *General Jackson* (Rampen und Behindertentoilette) oder *Music City Queen* des Cumberland Rivers, der dem Music Valley entlang verläuft. Dieser Ort mit vielen Übernachtungsmöglichkeiten machte nicht den Anschein, seine endgültige Grösse erreicht zu haben. Grossflächige Baustellen und einige Rohbauten zeugten von nimmermüdem Ausbaudrang.

Auf dem Rückweg machte der Driver Jagd auf die untergehende Sonne. Er wollte den glühenden Ball am Horizont zusammen mit der Silhouette der Stadt unbedingt fotografisch sowie filmisch festhalten. Wegen dieser fixen Idee drückte Andrew mächtig aufs Gaspedal, wobei er das Steuerrad mitunter mit dem Knie fixierte, um beide Hände für den Shot freizuhaben.

Der Durst schlug Hardy bereits aufs Hirn

Christel traute ihren Augen nicht, als sie dieses Gebaren wahrnahm. Schliesslich raste man(n) mit 110 Stundenkilometern und einem der Konzentration nicht eben förderlichen Jagdeifer über die Autobahn. Da sich die Augen des Chauffeurs mehr auf die Sonne als auf die Strasse konzentrierten, reklamierte Christel von hinten lauthals, dass sie schon noch heil aus dem Auto aussteigen wolle. Der ausgeprägte Jagdtrieb von Andrew wurde diesmal nicht von der erhofften Beute belohnt. Die rote Scheibe war schneller als alle Pferdestärken des Town & Country. Das Sujet war zwar weg, die ungehobelte Fahrweise änderte sich aber trotzdem nicht. Christel war froh, unbeschadet im Hotelzimmer angekommen zu sein, und widmete sich Hardy. Andi wollte wohl den Frust der beutelosen Jagd nicht auf sich sitzen lassen. Er begab sich auf anderweitige Pirsch im *Wildhorse Saloon*, wo er Nashvilles Line Dancerinnen traf und bis zum Morgengrauen nicht mehr gesehen wurde.

Auf der Jagd nach dem Sonnenuntergang

Freitag, 9. Juli 1999: Nashville – St. Louis (IL/MO)

Der Wecker schrillte früh – für die einen recht früh, für die anderen nach kurzem, dafür umso intensiverem Schlaf viel zu früh. Es hiess zusammenpacken und um 8.30 a.m. bereit für die *Stadtrundfahrt* sein. Mit einiger Verspätung traf der rollstuhlgängige Tourbus der *Gray Line Tours* doch noch vor dem Hotel ein. Hardy durfte, was anscheinend in Amerika einfach üblich ist, als Erster an Bord. Der Fahrer bemühte sich nach Kräften, die Vorzüge von Nashville hervorzuheben. Trotz des etwas provinziellen Charakters der Countrymusik sei Nashville eine prosperierende Stadt. Die Printindustrie stehe an erster Stelle, gefolgt von Banken, Versicherungen, Musik und Tourismus. Nirgends in der Welt würden derart viele Bibeln für derart viele Kirchen (es sollen mehrere hundert sein) gedruckt. Und nirgendwo sonst lebe pro 800 Einwohner ein Millionär, meinte er mit dem Brustton eines stolzen Nashvillianers.

Die Tour führte durch die Innenstadt zum *Ryman Auditorium and Museum*, dem eigentlichen Mekka der Countrymusik. In der ehemaligen Kirche wurde in den Anfängen bescheidene Unterhaltung geboten; diese wuchsen allmählich zu eigentlichen Shows der *WSM Radio's Grand Ole Opry* heran. Diese den Insidern bestens bekannte Showbühne aus den 20er Jahren des vorigen Jahrhunderts wurde 1976 aus der Innenstadt in den Amusement Park Opryland (Music Valley) verlegt. Nachher führte die Tour am Capitol, am Supreme Court, an den Denkmälern (Andrew Jackson war einer der zwei US-Präsidenten aus Tennessee) und am Panteon (die einzige Originalnachbildung des antiken Vorbilds) vorbei zur *Country Hall of Fame*.

Alt und Jung genossen die Stadtrundfahrt

Das Museum der Countrymusik ehrt seit 1961 berühmte Sänger, Liedtexter und Geschäftsleute der Branche. Hardy konnte sich unter anderem über den *Solid Gold Cadillac* von Elvis, einem seiner Lieblinge, freuen. Mit besonderem Stolz wird dem Besucher die Zeit der ersten Tonaufnahmen näher gebracht. Nach der Besichtigung der vielen und zum Teil unbekannten Köpfe und Originalmusikinstrumente verliess die Gruppe den Ort wieder. Den Abschluss der dreistündigen Tour machte eine Rundfahrt vorbei an Häusern und Parkplätzen, wo Grössen der Countrymusik einmal gelebt, gestritten, gesoffen, randaliert und geschieden haben. Die Tour führte am *Wachsfigurenmuseum* nicht vorbei, was die wenigen ausgesprochenen Countryfans im Bus, nicht aber die Glarner geärgert haben dürfte. Gegen 1 p.m. wurde Hardy per Lift wieder aus dem Kleincar gehoben.

Hardy mit seinen ihm unbekannten Ur-Urgrosseltern

Das Schweizer Trio bestieg das Auto, das in der Hotelgarage abgestellt war. Bevor es Richtung St. Louis losging, schauten sich die drei noch im Tower Records, einem Musikgeschäft, um. Das Sortiment war riesig; trotzdem wurden passende CD für die vielen, noch bevorstehenden Autostunden gefunden. Zu Gitarrensound und heiterem Mundharmonikagedudel ging die Reise weiter. Nach einem Weilchen reckte Andrew den Kopf nach hinten zu Christel: „Fährst du einmal? Ich bin hundemüde!" Bei der nächsten Tankstelle hielt er, kroch auf den Hintersitz, verpflegte sich kurz aus der Kühlbox, um kurz darauf in einen Tiefschlaf zu fallen. „Die ganz Nacht herumhühnern[13] und am Tag auf der Schnorre[14] sein und andere für sich arbeiten lassen!", ärgerte sich Christel im Stillen über die zu ihrer Entlastung mitgenommene Arbeitskraft. Es blieb ihr nicht viel anderes übrig, als sich mit dem Automatenfahren und den vielen Knöpfen anzufreunden. Hardy gab seiner Maid Schützenhilfe, hatte er doch mittlerweile die Funktionsweise der Hebel vom Zuschauen kennen gelernt. Auf über 313 Meilen der I-24 west, I-57 north und I-64 west durchfuhren die Meilenfresser in der schwülheissen Hitze Tennessee, Kentucky und Illinois. Dank dem Campingbett konnte Hardy zwischendurch ausruhen und frisch gestärkt gegen Abend einen Supermarkt erstürmen. Christel war erneut von den Milchgallonenflaschen fasziniert, und zwar nicht nur wegen ihrer Grösse, sondern auch deshalb, weil die Milch je nach Produzent mit allerlei Zusatzstoffen versehen wird. Eine Coca-Cola-Milch gab es allerdings nicht.

Etwa 50 Meilen vor St. Louis, das vom Mississippi geteilt wird und sowohl in Illinois als auch in Missouri liegt, verdunkelte sich der Himmel plötzlich und liess Unheil erahnen. Bald entluden sich die ersten Blitze in den Ebenen des mittleren Westens mit einer Wucht, die den gemäss Wahrsagern im August bevorstehenden Erduntergang erahnen liess. Das darauf folgende Gewitter war eine Vorstufe eines Tornados, was Andrew, der wieder am Steuer sass, höchst erregt als „affenrattentittengeil" bezeichnete. Einmal mehr griff er zur Kamera, um das Toben der Naturgewalten aus dem fahrenden Van zu filmen und dabei, erneut zum Schrecken der anderen, partout nicht an den Strassenrand fahren und beten wollte, so wie es viele Amis vormachten. Die himmlischen Sturzbäche verschlechterten zudem die Sicht. Andrew meinte aber nur, dass die Amis das Autofahren bei Regen nicht beherrschen und deshalb den Strassenrand säumen. Urplötzlich fuhr der Van in eine völlig regenfreie Zone. „Seht ihr", meinte der vorgängig zurechtgewiesene Arbeitnehmer, „ist ja gar nichts passiert!"

Das Reisetagebuch entsteht

Um 8.30 p.m. war St Louis' Vorort Collinsville erreicht. Eine freundliche Tankstellenbesitzerin wies den Weg zum Motel Travelodge. Hardy verzichtete auf eines der geräumigen und adaptierten Rollstuhlzimmer zu Gunsten einer Fussgängerunterkunft mit Kühlschrank, um Andis aufgeweichte Schokoladentafeln aus der Schweiz wieder zum Leben zu erwecken und die zuvor gekauften Fresswaren zu kühlen. Zu Hardys Unmut wurde seine Wassermelone aber nicht in den Fridge gestellt.

Samstag, 10. Juli 1999: St. Louis

Nach der langen Reise vom Vortag wollten die müden Glieder einfach nicht wach werden. Erst um zehn Uhr begrüssten Andi und Christel etwas widerwillig den bereits seit langem angebrochenen Morgen und den – wie immer – seit Stunden wachen Hardy. Sein einziger Trost war das Breakfast mit zuckerarmen Flöckli[15] aus dem Müesliregal des Supermarkts. Die Bissen blieben aber im Hals stecken, als das Telefon urplötzlich schrillte. Die Moteldame erkundigte sich, wann das Trio auszuchecken gedenke, da es doch schon elf Uhr sei. Notgedrungen willigte man einer zweiten Übernachtung zu, nur schon, um das feine Beeren-Frühstück beenden zu können.

Wieder mit den besten Lebensgeistern versehen machten sich die Helvetier daran, *St. Louis* zu erkunden, das 1803 nach dem Lousiana Purchase unter amerikanischen Einfluss geraten und zum wichtigsten Ausgangspunkt der westwärts drängenden Siedler geworden war. Die in die nunmehr grösste Stadt von Missouri führenden I-55 und 70 liessen schon von weitem das Wahrzeichen der City erkennen: *Das Tor zum Westen*, der so genannte *Getaway Arch*, ist ein 190 m hoher und 54 000 t schwerer parabolischer Bogen aus rostfreiem Stahl, der von 1957–1965 nach Entwürfen des Architekten Eero Saarinen erbaut worden war. Andi war mehr als nur fasziniert von der grazilen Ästhetik. Am liebsten wäre er in St. Louis als Architekt geblieben und hätte einen Zwillingsbogen erstellt. Auch die Glarner bestaunten das Unding ehrfürchtig. Unter dem Bogen befindet sich das *Visitor Center* mit der interessanten Filmdokumentation über das phänomenale Bauprojekt, das *Museum of Westward Expansion*, das der Erschliessung und Besiedlung des Westens gewidmet ist, und der Zugang zu den raffiniert konstruierten, jedoch rolliuntauglichen Spezialschrägliften, die zur schmalen Aussichtsplattform im Innern der Bogenspitze führen.

Schon von weitem begrüsst einen das Tor zum Westen

Da Hardy leider nicht in den Genuss dieses Schwindel erregenden Abenteuers kam, schickte er seinen Knecht mit der Kamera hinauf. Andrew kam dieser Aufforderung nur zu gerne nach, musste sich jedoch in lange Warteschlangen einreihen und in grosser Geduld üben. Christel schob derweilen ihren Mann im beeindruckenden Museum umher, das sich hauptsächlich mit der legendären Lewis & Clark-Expedition befasst. Diese Expedition ebnete den ersten Weg nach Westen. Sie wurde im Juli 1803 in Washington gestartet, nach dem Winterlager in St. Louis fortgesetzt und endete dort schliesslich im Herbst 1806. Nach einem ergreifenden Film über die Eroberung des Westens schlenderten die Glarner den Souvenirläden entlang. Sie benutzten zudem die Gelegenheit zum Kauf eines Golden Eagle Passports, einer Eintrittskarte für sämtliche US-Nationalparks.

Eine Telefonkarte war auch von Nöten. Die Phone Card versprach problemloses, günstiges Telefonieren innerhalb der USA und in mehr als 250 Länder. Angesichts der hohen Gesprächs- und Internetgebühren in den Hotels schien der Kauf eine vernünftige Sache zu sein. Die Glarner erhielten sogar ein Exemplar mit deutscher Bedienungsanleitung. Gemäss dieser muss der Anrufer die angegebene, gebührenfreie 800er Nummer eintippen. Eine (natürlich Englisch sprechende) Stimme fordert einen auf, die auf der Kartenhinterseite befindliche Kennnummer einzugeben. Die Stimme erklärt daraufhin die verschiedenen Optionen. Drückt man die Nummer für Gespräche und tippt anschliessend die gewünschte Telefonnummer ein, erläutert die Stimme das noch vorhandene Guthaben und die für die gewählte Telefonnummer verbleibende Gesprächszeit. Ist das Geld bald aufgebraucht, warnt die Stimme vor dem bevorstehenden Gesprächsabbruch.

Hardy geniesst den Ausblick auf den Mississippi

Der atemberaubende Ausblick über St. Louis liess den Kameramann ausnahmsweise seinen Hunger vergessen. Hell begeistert zeigte er Hardy und Christel, die mit knurrendem Magen auf der Wiese beim Stahlbogen das Steamboot auf dem Mississippi betrachteten, seine spektakulären Aufnahmen. Christel lobte Andrew. Er kannte sich wirklich schon sehr gut aus mit den Tücken und Möglichkeiten der Kamera. Hardy freute sich ebenfalls über die Aufnahmen, die ihm einen Einblick in das Architekturwunder ermöglichten. Der Hunger trieb die drei in die Strassenschluchten Downtowns. Schon bald betrat man das einladende Café de France. Ein vornehmer Garçon eröffnete dezent, aber unmissverständlich, dass hier eine Dressing Order herrsche. Personen in Shorts, wie Christel sie trug, sei das Dinnieren in diesem Etablissement untersagt. Punktum!

Nach einem Marsch um den Block landete das Trio schliesslich beim Chinesen, wo das Essen günstiger und anscheinend auch besser war als dasjenige an der ersten Adresse. Der Beweis lieferte der fragliche Kellner, der hier ebenfalls seinen Pausenhunger stillte. Nach Reisgerichten und Nüdeli[16] zog es Hardy zu seiner Gilde im Old Courthouse. Dieses hatte seine Pforten leider schon geschlossen. Im dahinter liegenden Park wurde dafür *das* Foto- und Filmmotiv gefunden. Über dem in der abendlichen Sonne erstrahlenden alten Gerichtsgebäude erhob sich majestätisch der Silberbogen. Mit einem letzten wehmütigen Blick auf die Stadtkulisse überquerten die Schweizer den Mississippi River und fuhren zum Motel zurück nach Illinois. In den Pausen von Hardys Abendpflege widmete sich das Glarner Paar dem Reisetagebuch. Mit spätabendlicher Tipperei schaffte es Christel unter dem Diktat ihres Sweetheart-Darlings, diesen Bericht à jour zu bringen, damit er endlich das erste Mal auf die Reise im Internet geschickt werden konnte.

Das Old Courthouse mit dem Tor zum Westen

Sonntag, 11. Juli 1999: St. Louis – Fort Scott (KS)

Natürlich hätte es auch in dieser Stadt dies und anderes zu besichtigen gehabt. Als Durchreisender hat man immer die Qual der Wahl und muss Prioritäten setzen. So auch die lieben guten Schweizer. Sie beschlossen, nur noch die Cahokia-Museumsanlage aufzusuchen, die sich südwestlich von Collinsville zwischen der I-255 south und 70 east befindet. Das *Cahokia Mounds State Historic Site* informierte die drei aufschlussreich über das prähistorische Indianervolk, das von 800-1200 n. Chr. seinen Höhepunkt erlebt hatte. So wussten die Besucher nach dem Rundgang endlich, was die Erdaufschüttungen (mounds) mit den Treppen zu den Hügelplateaus links und rechts der Strasse bedeuten. Ausserhalb des Museums sind drei Informationswege angelegt, die je 30 bis 45 Marschminuten in Anspruch nehmen. Tafeln oder gemietete Kopfhörer und Kassettengeräte erklären den staunenden Besuchern alles über das damalige Leben der Frühzeitindianer.

Die Schweizerlein verzichteten auf die Erkundung der immensen Anlage. Mit vielen neuen Eindrücken machten sie sich wieder auf den Weg. Die Fahrt führte ein zweites Mal ins Stadtzentrum von St. Louis und damit erneut nach Missouri. Hardy wollte das alte Courthouse nicht mehr besichtigen, weshalb die 255-Meilen-Reise auf der I-70 west mit flottem Tempo Richtung Kansas City fortgesetzt wurde. Die Doppelstadt, die sich an den Hochufern des Missouri- und des Kansas-Flusses erhebt und für ihre Steaks und ihren Jazz bekannt ist, liegt inmitten eines weitläufigen landwirtschaftlich genutzten Umlandes. Im vorigen Jahrhundert war Kansas City eine Zeit lang der vorläufig östlichste Endpunkt der ersten transkontinentalen Eisenbahnlinie und hatte sich so zu einem wichtigen Handelsplatz entwickeln können. Aus den Grossmühlen und -schlachthöfen der Vergangenheit sind hocheffiziente Betriebe der Nahrungsmittelindustrie entstanden, zu denen sich allmählich auch Fertigungsstätten anderer Branchen gesellt haben. Da die Stadt gemäss Dumont-Reiseführer den durchreisenden Touristen nicht viel zu bieten hat, wurde sie umfahren und der Weg auf der I-435 south und 69 south fortgesetzt.

Der Van sucht sich seinen Weg in Fort Scott ...

... und findet ein Nachtlager

Die Abendsonne tauchte die vielen Maisfelder und Viehweiden, die sich endlos bis zum Horizont zu wiederholen schienen, in ein besonders warmes Licht. Vorbei an kuriosen Siedlungen, deren Häuschen sich wie ein Ei dem anderen glichen, und an fruchtbaren, nicht enden wollenden Feldern glitten die Reisevögel einsam auf dem Hwy 69 südwärts bis zum *Fort Scott*, das sich rund 80 Meilen vom südlichen Kansas City befindet. Beim Einfahren ins Dorf umgab sie das Ambiente einer Westernstadt, wie man sie von Filmen her kennt. Kaum eine Menschenseele war auf den staubigen Strassen anzutreffen. Die Geschäfte und Häuser besassen den Charme vergangener Zeiten, obwohl sie nicht etwa museumsartig für Touristen rekonstruiert, sondern ganz einfach für den Alltag gebaut waren. Das am Dorfeingang befindliche Motel der Best-Western-Kette gewährte ein Nachtlager, worüber besonders Hardy froh war, da er an diesem Tag seinen Allerwertesten stark strapaziert hatte.

WEEK 28/1999

12. bis 18. Juli

Montag, 12. Juli 1999: Fort Scott – Dodge City

Während Christel und Hardy die morgendliche Waschstreckmassieranziehzeremonie durchführten, hechelte Andreas im Fitnessraum, um danach im heissen Whirlpool seinen schweissnassen Traumkörper (mit den angeblich immer noch vorhandenen 4 kg schweren Ballastringen, die die Schönheit abdunkeln) zu relaxen. Derweilen wurden seine ebenso verschwitzten Klamotten in der vorsintflutlich anmutenden Waschmaschine vom Motel wieder aprilfrisch und porentief. Damit der Saubermann überhaupt aktiv werden konnte, mussten alle Geldseckel[17] umgestülpt und auf das nötige Münz[18] untersucht werden. Verlangt wurden Quarters, die 25-Cents-Stücke, und zwar deren vier pro Waschgang. Da das mitgeführte Kleingeld hauptsächlich aus Dimes (10 Cents) und Nickels (5 Cents) bestand, reichte es gerade für einen Waschgang, inklusive Wäschetrockner und Waschpulverbeutel.

Wenig später marschrollte das Trio zum nahen Visitor Center, um sich mit Kartenmaterial und Infos einzudecken. Vor dem Gebäude stand ein nostalgischer Trolleybus der *Trolley Tours*, der jeweils seinen Rundkurs dort startet. Zu Christels Freude konnte man erkennen, dass der alte, schmale Bus zu Gunsten von Rollifahrern mit einer Hebebühne umgerüstet worden war. Wie? Man schneide ein Loch aus der Hinterwand, entferne die hinterste Sitzreihe, integriere eine Hebebühne und bringe Bodengurten an – voilà! Nur zwei Blocks weiter war der Eingang zum wieder aufgebauten *Fort Scott*. Stolz wurde der in St. Louis erstandene Golden Eagle Passport dem freundlichen Ranger unter die Nase gehalten, um allsogleich durch die prinelle (Wortschöpfung von Andreas mangels gleichwertiger bekannter Umschreibung) Anlage zu flanieren. In der Mitte des Quadrats war der Exerzierplatz und der Pulverturm. Darum herum gruppierten sich meist zweistöckige Häuser im Kolonialstil, in denen Soldaten- und Offiziersquartiere, Lazarett, Waschküche und Ähnliches zu beschauen waren. In unmittelbarer Nähe liegt der älteste Nationalfriedhof der USA, eine Miniausgabe des Arlington-Friedhofes. Natürlich waren an dieser historischen Stätte keine Lifte für die Besichtigung der oberen Stockwerke vorhanden. Andrews Filmkünste gaben Hardy aber gute Einblicke. Hardy, der als Knabe entweder Cowboy oder Anwalt werden wollte, hatte natürlich seine helle Freude an den alten Requisiten, die er für einmal hautnah begutachten konnte. Eigentlich hätte er eine Woche früher kommen sollen. Gewöhnlich wird der Unabhängigkeitstag in den historischen Forts mit Kostümierten und Kanonendonner gefeiert. Doch Hardy war auch so zufrieden. Er verliess als rollender Clint Eastwood den Ort der Blauröcke.

HINREISE VON GLARUS NACH SAN DIEGO

Impressionen von Fort Scott

Das Fehlen jeglicher Kurven auf den nächsten 152 Meilen bis *Wichita*, der grössten Stadt Kansas, verlangte Andreas alle Fahrkünste ab. Er hatte nicht nur mit wiederkehrenden Gähnanfällen zu kämpfen, sondern musste auch unzählige Male die CDs wechseln. Der im Sternzeichen des Löwen geborene Driver litt nicht nur körperlich, sondern auch mental solchermassen unter dem schnurgeraden Hwy 54 west, dass er sich seinen Ausführungen nach sogar einen Meridian verstauchte (keine Ahnung, wie das geht) und seither unter einem punktförmigen Schmerz an der Fusssohle litt. Christel, die verständnisvolle Krankenschwester, löste Andrew natürlich ab und fuhr die letzten Meilen, während der Löwe im Hintern des Wagens mit sattem Magen vor sich hin knurrte. Die verschlungene Beute bestand aus einer in Eureka beim Pizza Hut, eine der zahlreichen Schnellimbissketten, erworbenen dicken, saftigen, scharfen Amipizza.

So wird das Doppelkinn aber nicht kleiner ...

Christel wünschte, das *Historic Old Cowtown Museum* zu besichtigen, das man über den Hwy 54/400 west und die Ausfahrt „University Wichita" erreicht. Beim „Western-Ballenberg" endlich angekommen, musste sie dann aber enttäuscht feststellen, dass die Anlage nur bis 5 p.m. offen war. So hetzte das Trio um zehn vor fünf zum Eingang und begehrte Einlass, der den dreien mit der sanften, aber doch bestimmten Aufforderung, sich zu beeilen, gewährt wurde (natürlich nur der guten Bucks wegen). Das nach historischem Vorbild nachgebaute, einst vom Viehhandel lebende Westernstädtchen mit einer etwas ausserhalb gelegenen Farm ist wirklich sehenswert und lässt die Besucher überall hineinblicken. Angestellte in Nostalgieklamotten üben verschiedene Handwerke aus. Der Zahnarzt in seiner mehr als nur bescheidenen Praxis wird wohl kaum zu Versuchskaninchen kommen. Gerne wäre Christel noch länger geblieben, doch die einsetzende Abenddämmerung und der Reiseplan verlangten erneut einen Aufbruch in Richtung Westen.

Gerne wäre man länger im Historic Old Cowtown Museum geblieben

Dodge City war das nächste Ziel. Die 154 Meilen bis dorthin hätte der Van, nicht aber seine müden Insassen geschafft, weshalb in Greensburg, einem kleinen Ort draussen in den Pampas von Kansas, die Nachtlagersuche begann. Die Reisevögel fanden erneut in einem Best-Western-Motel ein gemütliches Zimmer, dessen Fernseher nicht nur, wie üblich, vom Driver, sondern auch von der Nurse in Beschlag genommen wurde. Beide schmachteten bei „Sabrina" mit Bogart und der rehäugigen Audrey, während Hardy, verkehrt im Bett liegend, von all dem Gesülze nicht viel mitkriegte und seine eigene Love-Story träumte. Andrew erwies sich als Softy und summte mit geheimnisvoll wässerigen Augen zu „La vie en rose". Der Film muss wohl einen ungeheuer süssen Nachgeschmack hinterlassen haben. Wie sonst liesse sich die Tatsache erklären, dass Andreas am nächsten Morgen seine heissgeliebten Schokoladen im Kühlschrank liegen liess? Oder war es die Strafe dafür, dass die Wassermelone des Big Boss vor Tagen nicht gekühlt wurde?

Dienstag, 13. Juli 1999: Dodge City – Denver (CO)

(3. Zeitzone, Mountain Time)

Nicht nur der Driver hatte Mühe mit der topfebenen[19] Strasse 400 west. Auch Hardy verhielt sich dementsprechend. Er konnte der flachen weiten Landschaft einfach nichts abgewinnen. Die einzige, die es nicht langweilig fand, musste sich einer bleiernen Müdigkeit ergeben. Schliesslich hatte Christel jeden Morgen schon einige Stunden Pflege- und Zusammenpackarbeit hinter sich und betrachtete die regelmässigen Nickerchen als eine Art verdiente Znünipause[20]. Alle drei wurden allerdings hellwach, als gewaltige Rinderherden die Strasse links und rechts flankierten. So weit das Auge reichte und die Nase riechen konnte: Nur lebendige Hamburger! Kein einziger Grashalm war auszumachen. Wovon diese Rindviecher lebten, machte der elende Gestank klar, der sich über Meilen dahinzog. Jede Schweizer Silosiedlung ist ein Dreckhäufchen dagegen. Es roch fürchterlich! *Dodge City*, die von Westernfilmen bekannte Stadt, in der Wyatt Earp mehrere seiner legendären Schiessereien gehabt hatte, präsentiert sich heute als eine Schlachtfabrik ersten Ranges. Mehrere Grossmetzgereien bemühen sich während sechs Tagen die Woche, möglichst viel atmendes Beef zu Hamburger zu verarbeiten. So schafft eine derartige Metzgerei pro Tag locker 5500 Tiere, die von überallher mit Trucks herangekarrt werden.

Lebende Hambis so weit das Auge reicht

Im Zentrum von Dodge City kann der zum Vegetarismus bekehrte oder immer noch Hamburger mögende Tourist eine Nachbildung der früheren *Front Street*, dem damaligen Geschäfts- und Vergnügungsviertel für Händler, Büffeljäger und Cowboys, besichtigen. Im Vergleich zu dem tollen Freiluftmuseum in Wichita schnitt diese Hauptstrassenattraktion schlecht ab. Vor allem die gestellte Rauferei und der Gunfight von kostümierten Cowboys war mehr als peinlich. Dem Unmut von Hardy ist es wohl zuzuschreiben, dass in der alten Druckerei ein „Wanted-Plakat" angefertigt wurde, das dem Überbringer des „Grössten Lügners von Dodge City" – egal, ob tot oder lebendig, mit oder ohne Rollstuhl – eine Belohnung von 120 Dollar in Goldmünzen in Aussicht stellt. Oberhalb der geschichtsträchtigen Strasse befindet sich das kleine *Boot Hill Museum* mit dem gleichnamigen Friedhof. Christel schob ihren Mannoggel[21] über die lang gezogene Rampe hinauf und liess sich anhand der Fotos, Pistolen und dem sonstigen Allerlei in die gesetzlose Zeit von damals zurückversetzen.

Die alte Front Street von Dogde City

Ganz in der Nähe von Old Dodge City kann ein romantischer grüner Nostalgie-Trolleybus bestiegen werden. Der behindertengerechte *Dodge City Trolley* verbindet auf lehrreicher Fahrt viele legendäre Stationen des einstigen Mekka der Gesetzlosigkeit. So kann beispielsweise eine *Tour* ins östlich gelegene *Fort Dodge* mit seinen Militäreinrichtungen von 1860 gebucht werden. Wem die Ausführungen des Tramfahrers zu Englisch oder zu schnell sind, kann im Visitor Center Kassettengerät und Kopfhörer mieten oder kaufen und sich in eigenem Tempo durch die Stadt arbeiten.

Dodge City war früher ein wichtiger Meilenstein des Santa Fee Trail. Bekannt als der erste und exotischste Handelsweg der USA war er 1821 von sechs Männern eröffnet worden, die Waren von Franklin (Missouri) nach Santa Fe (New Mexiko) transportiert hatten. Mehr als sechzig Jahre lang hatte dieser Weg abenteuerliche Händler, aber auch neue Siedler durch fünf Staaten geführt. Auch andere wichtige Verbindungsrouten führten durch Kansas. So waren beispielsweise 300 000 neue Siedler zwischen 1842 und 1860 über den Oregon Trail immigriert. Unter der Mithilfe von 1000 Indianern waren Franzosen auf dem Smoky Hill Trail bis nach Denver vorgestossen. Der Chrisholm Trail diente dem Rinderhandel und war mitunter zwei Meilen breit, wenn Millionen von Longhorn Cattles auf ihm getrieben wurden. Etwas schmaler war der Western Cattle Trail, auf dem von 1874 bis 1890 Langhornrinder von Texas nordwärts zu neuen Farmen nach Montana und Dakota gebracht wurden. Und natürlich ist an dieser Stelle auch die *Pony-Express-Route* zu erwähnen, die im April 1860 ihren Anfang und 18 Monate später ihr Ende nahm. Nimmermüde Reiter waren von St. Joseph quer durch Kansas bis nach Sacramento (Kalifornien) galloppiert. Diesem, damals gefährlichen, zehntägigen Ritt kann man heute noch auf dem Hwy 36 west ab St. Joseph nachspüren. Wer im späten August unterwegs ist, kann das *Pony Express Festival* in Hannover miterleben, wenn das Pionierleben bei Essen und Musik nachempfunden wird.

Selbst in der Einöde wurde man gestoppt ... warum?

Die Schweizer hatten nicht vor, auf den Spuren der ersten Siedler und Händler, des Militärs oder der berittenen Postboten zu wandeln. Ihr Pferd war rot und hatte vier Gummihufe, die gar nicht so übel durch die Steppen stoben. Das Trio wollte möglichst schnell auf die I-70 west gelangen. Eine Möglichkeit bietet die Strasse 283 north. So auf die Interstate gelangt, kann man bei der Ausfahrt Collyer die Schlaufe durch die eigenartigen *Castle-Rock-Kalkformationen* abfahren und sieben Ausfahrten später, in der Nähe von Quinter, wieder auf die I-70 west gelangen. Die drei entschieden sich anders. Der Van brauste über die Scenic Route 400 west und 83 north, die übrigens auch Kalkpyramiden anzubieten hat. Meile um Meile führten die Strassen durch die flache, sich immer in den gleichen Varianten abwechselnde Prärie. Je nach dem Gusto des Ranchers wird sie mit riesigen, sich im Kreis drehenden Anlagen bewässert und mit Mais bepflanzt oder als Weideland für die Aufzucht der künftigen Hamburger verwendet. Nach langem wurde die I-70 erreicht, eine ebenso gerade Unendlichkeit, die jedoch mit einer Geschwindigkeitsbegrenzung von 75 m.p.h. gegenüber den üblichen 65 oder 55 m.p.h. befahren werden durfte. Christel gab mächtig Gas und brauste in eine neue Zeitzone. So schaffte sie die letzten 150 Meilen bis Denver noch vor dem Sonnenuntergang.

Mit einer gewonnenen Stunde erreichte das Trio die erste grosse Stadt von Colorado. Andrews Hotelsuche in Downtown verlief nicht so flink, da Denver offensichtlich im Sommer stark frequentiert wird. Das mit Handicapped Rooms ausgerüstete Holiday Inn am Glenarm Place half jedoch gerne weiter. Die Nachtstätte lag strategisch ideal und war nur zwei Blocks vom Infocenter an der Colfax Ave entfernt. Die Schweizer freuten sich auf den nächsten Tag, den sie per pedes verbringen würden. Ein Riesenhunger führte dazu, dass Papa John's zwei Megapizzen ins Hotelzimmer liefern musste. Andreas wollte sich als Mundschenk betätigen. Sein im Hotelrestaurant besorgter Merlot war zwar traubenmässig nicht schlecht, dafür aber viel zu warm und daher für besonders empfindliche Weinlippen zum Trinken ungeeignet. Das ganze Team ging daher mit übervollem Magen, aber nur mit einem halben Rausch schlafen.

Mittwoch, 14. Juli 1999: Denver – Mount Evens – Vail

Denver, die Metropole am Fusse der Rocky Mountains, verfügt über eine zwei Kilometer lange, Fussgängern vorbehaltene *Einkaufszone*, auf der lediglich Gratis-Pendelbusse in kurzen Abständen verkehren. Diese zentrale Achse befindet sich an der 16th Street Mall, zwischen Civic Center Plaza, dem Broadway und dem Larimer Square. Mangels Reserven in der Kühlbox entschloss man sich deshalb für ein Breakfast in der nahen Fussgängerzone. Beim Schlendern bemerkte Christel sehr schnell, dass die Trolleybusse allesamt für Rollstuhlfahrer zugänglich sind. Einmal mehr zollten die drei den Amis Respekt für ihre behindertenfreundliche Verkehrskonzepte, die sich meilenweit von denjenigen der Schweiz unterscheiden. Die rollitauglichen US-Busse mit dem Rollstuhlsignet sind mit besonderen Lifts ausgerüstet, die unsichtbar im Boden „versteckt" sind. In Anlehnung an Asterix und Obelix muss man sich in der Tat fragen, ob nun die Amis oder die Schweizer mit den Römern gleichzusetzen sind und spinnen!

Wer die Wahl hat, hat die Qual. So erging es dem Trio bei der anschliessenden Suche nach einer geeigneten Frühstücksumgebung. Nach mehreren Anläufen landeten die Stadtbummler schliesslich in einem Einkaufszentrum, das in der unteren Etage eine Coffee Bar und in der ersten Etage eine Fast Food Mall aufwies. Die Gelüste waren derart verschieden, dass man sich zuerst bei den zahlreichen Fressständen im Obergeschoss mit Süsswaren eindeckte. Andreas hatte einen brutalen Schokohammer in Form mehrerer Fudges (kleine Ziegelsteine aus Schokoladengebäck) nötig, während Hardy, zwanghaft wie immer, nach Ice-Cream lechzte, um hernach dem dringenden Koffeinwunsch von Christel nachzugeben. So landete der Suchthaufen schliesslich in der europäisch anmutenden Coffee Bar, wo es zu Hardys Überraschung wunderbaren Espresso gab. Christel qualifizierte den Coffee Latte ebenfalls als delicious, weshalb sich die beiden Fast-Italiener, entgegen ihrer Befürchtung, nicht mehr aus dem Kaffeehimmel vertrieben fühlten.

Typisch Touris – verloren ohne Plan

Denver, das rund 503 000 Einwohner aufweisende urbane Zentrum von Colorado, wird auch Mile High City genannt, da es etwa auf 1600 Meter (eine Meile über Meereshöhe) liegt. Denver zählte in den vergangenen Jahren zu den am schnellsten wachsenden Grossstädten der USA. Im Stadtkern steht das nach 22-jähriger Bauzeit im Jahre 1908 fertig gestellte *State Capitol*. Das imposante Regierungsgebäude mit 130 Zimmern besteht, mit wenigen Ausnahmen, aus Baumaterialien von Colorado. So auch die 5,6 Kilogramm Blattgold, mit denen die 83 m hohe Kuppel des Turmes gedeckt ist. Die Entdeckung des Edelmetalles durch einen Goldwäscher vor knapp 150 Jahren war der Grund gewesen, dass sich überhaupt eine Siedlung gebildet hatte. Nahe liegend ist deshalb das Vorhandensein der *U.S. Mint*, eine der beiden grossen Münzprägeanstalten des Landes, in der täglich 20 Millionen Münzen hergestellt werden. Wer mehr über diese Pionierzeiten erfahren möchte, kann sich das *Denver History Museum* mit den sehenswerten Dioramen zu Gemüte führen. Es liegt in umittelbarer Nähe des Capitols. Ein paar architektonische Zeitzeugen sind erhalten geblieben. So trotzen mehr als 20 historische Plätze zwischen den Wolkenkratzern, worunter *LoDo* (Lower Downtown) und *Larimar Square* hervorzuheben sind. Als Vergnügen besonderer Art präsentieren sich Vostellungen auf der grossartigen, etwas ausserhalb liegenden Freilichtbühne, genannt *Red Rock Amphitheater*, die zwischen roten Felsformationen liegt mit Denver im Blickfeld. Diese spektakuläre Theaterkulisse erreicht man über die Strasse 26.

Nach einer kurzen Stadtbesichtigung verliessen die Schweizer Denver westwärts. Sie wählten den direkten Zugang zur I-70 west und verzichteten so auf den Panoramaausblick des *Lookout Mountain* mit dem Grab von Buffalo Bill. Die letzte Ruhestätte der Westernlegende, der schon mit 15 Jahren als Reiter der berühmten Pony-Express-Postlinie bekannt geworden war, befindet sich westlich von Golden auf der Strasse 6 west. Der Dumont-Reiseführer empfahl einen kleinen Umweg auf den 14 263 Feet (1 Foot = 30,48 cm) hohen *Mount Evans*. Bei Idaho Springs verliess Andreas die I-70 west und folgte dem Rundkurs 103, der das Trio kurvenreich himmelwärts brachte.

Es war saukalt auf dem Gipfel des Mount Evans

Nach mehreren Meilen kamen die Glarner schliesslich nach einer schickanösen, sadomasohaften unangepassten Fahrt des Chauffeurs auf der schmalen ungesicherten Passstrasse der wahren Identität ihres Räubers Hotzenplotz auf die Spur. Unbelehrbar lenkte dieser das Auto zum höchsten befahrbaren Gipfel der USA. Hardy stellte auf dem Boardcomputer mit Schrecken die stetig sinkende Aussentemperatur fest. Sie blieb schliesslich auf einem Tief von 40 °F (= 4,5 °C) stehen. Bei diesem Tiefschlag blieb es nicht. Hardy wurde zusätzlich mit einem beginnenden Eisregensturm beehrt. Christel reagierte reflexartig und zückte behände die eigens für solche arktischen Notfälle mitgenommenen Winterklamotten aus dem Gepäck. Christel und Hardy sahen beim Verlassen des Autos (auf einem Behindertenparkplatz!) wie zwei Yetis aus.

Entgegen Andreas' Überzeugung, dass nur der Körper friere, Geist und Seele aber nicht, stellte auch er kleinlaut fest, dass diese Polartemperatur durch Mark und Bein ginge. Selbst der angeblich allwettertaugliche Regenschutz hinderte den Oberpfadfinder (mit Diplom) nicht am Schlottern, was er natürlich vehement bestritt. Doch nichts hinderte Andreas, einem Japaner gleich, mit total abgelatschten Ledersandalen (der geneigte Leser erinnert sich) den Gipfel zu erklimmen und sogar den Weg zu verlassen, um den beiden Polarziegen nachzukraxeln. In jedem Fall genossen die drei Reisevögel, nun eher Bergdohlen, die raue Gipfelwelt. Einmal mehr philosophierten sie über die im Vergleich behindertenfeindliche Schweiz: Wie viele Viertausender des Alpenlandes sind barrierefrei zugänglich und weisen erst noch Behindertentoiletten auf?

Die anschliessende Fahrt zurück nach Idaho Springs stellte für die Bremsen des Chryslers einen ersten Härtetest dar. Wohlbehalten und ohne nachziehende Rauchschwade bog der Van wieder in die I-70 west ein. Nach Massgabe von Hardys Reiseplan hätte eigentlich noch nach Grand Junction gefahren werden sollen. In Anbetracht der fortgeschrittenen Zeit beeilte man sich jedoch nicht mehr sonderlich, sondern genoss die im Gegensatz zu den letzten 1500 km abwechslungsreichere Strasse. Bei einer der Ausfahrten bemerkte Hardy das Schild zum berühmten *Wintersportort Vail*. Das Trio entschied spontan, im St. Moritz der USA zu nächtigen. Das sonst so problemlose Aufsuchen eines geeigneten Motels erwies sich diesmal als etwas schwieriger. Im Zentrum von Vail gibt es zwar viele Hotels, unter anderem auch ein Schweizer Hotel mit einer bayrischen Empfangsdame in einer Dirndlattrappe. Ganz dem Schweizer Vorbild entsprechend wies dieses Chalet keinen Lift auf.

Die Schweizer sind überall – auch in Vail

Die weitere ergebnislose Zimmersuche im Zentrum fand ausserhalb des Ortskerns ein glückliches Ende. Im Hotel Evergreen bezog Hardy ein Behindertenzimmer mit Badewannenvariante. Während Hardy das nasskalte Wetter ganz und gar nicht gefiel, freuten sich Andreas und Christel über die angenehm kühle Bergluft. Christel war zudem froh, endlich wieder einmal ein Fenster ganz öffnen zu können, um das Zimmer zu lüften, was bis anhin wegen der Hitze, den Klimaanlagen oder den oft zugeschraubten Fenstern nicht möglich war. Vor dem Zubettgehen merkte die Krankenschwester erstaunt, dass Hardys ROHO-Kissen praktisch keine Luft mehr aufwies. Aha, klar! Während der Bergfahrt hatte Luft abgelassen werden müssen, weil das Sitzkissen wegen des geringeren Luftdrucks zunehmend härter geworden war. Offensichtlich war der Höhenunterschied vom Mount Evans zu Vail derart gross, dass das Kissen mit dem abnehmenden Luftdruck nun zu weich geworden war.

Donnerstag, 15. Juli 1999: Vail – Moab (UT)

Seit der Wegfahrt von Denver wieder mit Fressalien eingedeckt, gönnten sich die drei Unternehmungslustigen ein herzhaftes Bergfrühstück. Hardy konnte es trotz der feinen Flöcklimischung kaum erwarten, in die Wüste weiterzureisen. Als verhinderten Sportler drängte es ihn, die für ihn eher unattraktiven Erholungs- und Freizeitgebiete in den Rocky Mountains hinter sich zu wissen. Deshalb war der beliebte, nordwestlich von Denver liegende *Rocky Mountain Nationalpark* gar nie zur Diskussion gestanden. Nach einem kurzen Rundgang durch das tirol- bzw. schweizerisch anmutende Vail mit gepflasterten Gassen, einem autofreien Zentrum, einer Kirche in der Mitte und Speisekarten mit Fondue- und Racletteangeboten brannte Hardy darauf, nach den nunmehr über 3500 zurückgelegten Meilen anderen Landschaften zu begegnen.

Am Colorado River entlang vorbei an bizarren Landschaften

Die Fahrt auf der I-70 west verlieh einen tollen Vorgeschmack. Vor allem der Rundkurs 340, der so genannte *Rim Rock Drive*, bei Grand Junction wusste die Blicke der Reisenden zu fesseln. Die gelbroten Felswände des *Colorado National Monument*, einer grandiosen Canyonlandschaft, bildeten den Auftakt zu bisher unbekannten Naturschönheiten. Im Visitor Center informierte man sich über die Sehenswürdigkeiten rund um *Moab*, dem ersten Reiseziel im Mormonenstaat Utah. Zwei freundliche ältere Damen, die in den USA noch Freiwilligenarbeit leisten, während dieselben in der Schweiz in einem Altersheim dahindarben würden, rieten dem Reisetrio, kurz nach der Staatsgrenze die Strasse 128 zu nehmen. Dieser Tipp erwies sich als ein sensationeller Zubringer nach Moab, der durch eine bizarre Steinwüstenlandschaft und anschliessend am Ufer des Colorado River entlang durch ausgewaschene Canyons zum Reiseziel führte. Hardy war froh, dass die Aussentemperatur wieder auf für ihn angenehme 90 °F (= 32 °C) stieg. Seine Knechtschaft war da dezent anderer Meinung.

Der 4000-Seelen-Ort Moab ist Ausgangspunkt für den Besuch des *Arches* und des *Canyonlands National Parks* und erwies sich als relativ ausgebucht. Nicht nur der Durchschnittstourist, sondern auch Biker, Hiker, Freaks und Freizeitsportler wählen Moab als Ausgangspunkt für ihre Abenteuer. Mit Hilfe des örtlichen Motelverzeichnisses, in dem sämtliche Behindertenzimmer aufgelistet waren, fanden die drei eine nette Suite im Motel Super 8. Christel verspürte Nachwirkungen der vergangenen Berg- und Talfahrten in Form eines hartnäckigen Kopfwehs. Sie liess sich für den Abend entschuldigen, der zuerst für eine Nachtfahrt auf dem Colorado River vorgesehen war. Da das Boot bereits ausgebucht war, machten Andreas und Hardy einen Bummel durch die Mainstreet und kauften Christel ein kleines Geschenk zum kommenden Geburtstag. Den Ausklang bildete für die beiden männlichen Krönungen der Schöpfung ein Drink, der ihnen nur auf speziellen Wunsch und nur am Tisch, nicht an der Bar, und sodann nur gegen Bestellung einer kleinen Nachtspeise serviert wurde. So streng und unnötig sind die Alkoholgesetze im Mormonenstaat, denn bei der zwar verbotenen, aber trotzdem gelebten Vielweiberei sieht man die Ehefrau auch ohne Schnaps mehrfach!

Freitag, 16. Juli 1999: Arches- und Canyonlands-Nationalpark

Ein kurzes Stück der Durchgangsstrasse 191 north folgend, um dann rechts abzubiegen, bahnten sich die Schweizer den Weg zum Arches-Nationalpark. Dank dem Golden Eagle Passport konnten sie sich den Eintritt von 10 Dollar sparen. Da der Eingang unten im Tal ist, der Nationalpark sich aber auf einer oberen Terrasse ausbreitet, musste das Trio zunächst den Höhenunterschied überwinden. Bereits die ersten Meter auf der geteerten Strasse liessen die Schönheit der auf 1200 bis 1700 Höhenmeter liegenden Parklandschaft erahnen. Der Baedeker-Reiseführer meint dazu: „Mehrere hundert, teilweise gigantische Sandsteinbögen, pilzförmige Felsgebilde, hohe Sandsteinwände, spitze Felsnadeln, -zinnen, -kuppen und –grate haben diesem Nationalpark zu Weltruhm verholfen. Die bizarren Gesteinsformationen sind in erster Linie durch Wind und Wetter entstanden. Der im Erdmittelalter (vor ca. 150 Mio. Jahren) abgelagerte rötliche Sandstein wurde von tektonischen Bewegungen der Erdkruste erfasst und ist seither in besonderem Masse der chemischen bzw. physikalischen Erosion ausgesetzt."

Impressionen aus dem Arches N.P.

Gemäss dem beim Eingang abgegebenen Plan und den Erläuterungen im Visitor Center über die Rollstuhlzugänglichkeit dirigierte Hardy den Driver zu den einzelnen Natursights. Dabei lernten die Glarner (der USA-Kenner Andrew wusste es natürlich schon lange, aber sagte vorgängig nichts), dass ein so genannter Arch durch eine Wind-, eine Bridge hingegen durch eine Wassererosion in Millionen von Jahren entsteht. Nach den ersten beiden Arches, vorbei am Balanced Rock (ein riesiger Stein, der auf einer minimalen Auflagefläche auf einer Felsensäule thront und dabei jeden Moment abzustürzen droht), suchten die drei die weiteren Gesteinswunder. Leider war es nicht möglich (oder nur unter grossen Anstrengungen), den Rollstuhl auf den von der Teerstrasse wegführenden Naturpfaden näher an die View Points zu schieben. Andreas gab sich deshalb alle erdenkliche Mühe, die Naturschönheiten aus nächster Nähe mit der Kamera einzufangen. Teilweise legte er dafür steinige Wege von bis zu zwei Meilen in der sengenden Sonne zurück, während Christel und Hardy beim Auto blieben und ebenfalls schwitzten. Dennoch war Hardy ob dem Gesehenen mehr als zufrieden. Nachdem alle im Plan bezeichneten Aussichtspunkte angefahren worden waren, kehrte man zum Ausgang zurück und besorgte im Visitor Center Ansichtskarten. Andreas wusste noch zu erzählen, dass eine Sequenz eines Indiana-John-Films in der Nähe des Double Arch gedreht worden sei. Die Parkzeitung berichtete ausserdem, dass 1997 die Rettungsmannschaften 57 Mal ausrücken mussten, um erschöpfte und dehydrierte Parkbesucher wegzukarren. Der Hinweis, dass Wasser nur am Eingang und – ausgenommen während der Wintermonate – auch im nördlichen Zeltplatz erhältlich ist, wird demzufolge munter ignoriert. Empfohlen wird eine Gallone Wasser pro Person und pro Tag, was bei Temperaturen von bei 38 °C und mehr ohne weiteres vernünftig ist.

Hardy geniesst die Hitze?!

Der Hwy 191 north und die Dead End Road 313 brachten die staunenden Glarner zum nahen *Canyonlands-Nationalpark*, einer riesigen Canyonkette, die man von oben herab besichtigen kann. Die zusammenfliessenden Green und Colorado River hatten über eine lange Zeit tiefe Furchen ins Gestein gegraben und so das Gebiet dreigeteilt. Die Schweizer gelangten zum nördlichen Plateau, Island in the Sky genannt, und genau „wie im Himmel" kam es ihnen auch vor.

Impressionen vom Canyonlands NP.

Die im Plan verzeichneten View Points wurden erneut angefahren und gewährten faszinierende Ausblicke auf und in die Schluchten aus eisenhaltigem, daher rotem Gestein. Da es bereits etwas spät geworden war, machte Hardy beim schönsten Aussichtspunkt (selbstverständlich mit Behindertenparkplatz und –toilette) eine Liegepause, während sein risikoliebender Begleiter einen Rim Walk machte, der ihn entlang des Abgrundes führte. An Hardys Seite sitzend genoss Christel ebenfalls die sagenhafte Aussicht auf die Canyonlandschaft. Das Farbenspiel entlang der Schluchten und Felswände wechselte in eindrücklicher Weise unter dem einsetzenden Sonnenuntergang und füllte die wasserlosen Canyons mit warmem Abendlicht. Eine ganze Weile liess das Glarner Paar diese einmalige Pracht auf sich wirken. Wie klein und unbedeutend ist doch der Mensch!

Die Benzinanzeige drohte das baldige Ende des Treibstoffes an. Da es in dieser abgeschiedenen Gegend weder Wasser noch Tankstellen gibt, bemühte sich der Driver, den Van samt Inhalt mit den wenigen noch verbleibenden Tropfen zurück nach Moab zu bringen. Er stellte dabei mit Erstaunen fest, dass der Automat viel sparsamer gefahren werden kann, wenn die Cruise-Steuerung nicht benützt wird. Angetan von der Idee, die am Vortag verpasste *Colorado River Bootsfahrt* nachzuholen, fuhr das Trio direkt zur nördlich von Moab gelegenen Schiffsstation. Kurz bevor das Boot ablegte, trafen die drei dort ein und erhielten mit viel Glück noch Tickets. Da der Weg zum Boot überhaupt nicht rollstuhlgängig war, wurde Hardy von vier starken Cowboys gepackt und mit seinem Gefährt den steilen Steg hinab über die Reling ins Boot gehievt.

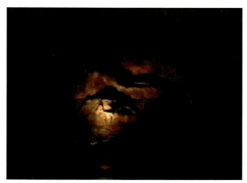

Nächtliches Spektakel auf dem Colorado River

Nach ein paar einleitenden Bemerkungen erzählte der Guide von der Entstehung der Canyons und allerlei über den Colorado River, der von Frühling bis Herbst Sedimente mit sich führt und darum ganz braun ist. Während der rund vier Meilen langen Fahrt erklärte der Mann Fauna und Flora der kargen Uferlandschaft und zauberte aus den Gesteinsvorsprüngen mit seiner Taschenlampe Tier- und Menschengestalten. Inzwischen hatte die Nacht ihren schönsten Sternenhimmel über das Touristengrüppchen ausgebreitet. Seit Tagen zum ersten Mal zeigte sich die zunehmende Mondsichel und schuf eine märchenhafte Atmosphäre. Auf der Rückkehr wurden die Canyonwände vom Ufer aus abwechslungsweise mit einem 40 000-Watt-Scheinwerfer beleuchtet. Diese Lichtsinfonie wurde begleitet von Musik und Text zur Entstehungsgeschichte. Als die Bootsfahrt um 11 p.m. zu Ende ging, zeigte sich die Touristenschar aus den USA und der Schweiz von diesem nächtlichen Erlebnis sichtlich erfüllt. Der Tag nahm kurz vor Mitternacht sein Ende, nachdem in Moabs City Market der Proviant für die nächsten Tage besorgt worden war.

Samstag, 17. Juli 1999: Moab – Mesa Verde N. P. (CO) – Durango

Das nächste Etappenziel hiess Durango, ein netter Ort am Fusse des San Juan Gebirges im Südwesten von Colorado. Noch etwas müde vom langen Vortag startete Andeas die Tagesreise in Moab auf der Strasse 191 south und verpasste glatt den Abzweiger zum östlich verlaufenden Hwy 46/90/145, der das Trio zu den *heissen Quellen von Ourey* hätte bringen sollen. Die Glarner, keinesfalls aufmerksamer als ihr Chauffeur, verzichteten jedoch auf eine Umkehr. So verpassten sie – gemäss Reiseführer – ein Bad im grossen öffentlichen Badebecken mit unterschiedlichen Wärmebereichen und am Südende des sehenswerten Örtchens mit seinen städtisch wirkenden viktorianischen Häusern die tosenden Wasserfälle des Uncompaghre River. Schnell war der Tagesplan umgekrempelt. Da man Durango nun von Westen her anfuhr, konnte man ja gleich dem *Mesa-Verde-Nationalpark* einen Besuch abstatten.

Die nächste Kreuzung wurde nicht mehr übersehen. Die Strasse 666 east führte durch einfachste Dörfer mit vielen Feldern, die durch kuriose lange Schlauchverbindungen auf Rädern bewässert wurden. Christel fragte sich, ob diese Gegend auch schon zum Ute-Indianerreservat gehört. In Cortez bog das Auto in die 169 east ein. Nach 16 Meilen passierte das Trio den Eingang zum Nationalpark, der sich auf einem ordentlichen Hochplateau befindet. Cortez liegt auf 1890 Höhenmetern, der Mesa Verde N. P. weist nach wenigen steilen Meilen Höhen bis 2621 Meter auf. Die Situationskarte wies mit Rollstuhlsigneten auf die zugänglichen Aussichtspunkte hin. Beim ersten Overlook stieg Hardy noch ziemlich motiviert aus. Er, wegen der hereinbrechenden Schlechtwetterfront hundemüde geworden, und Christel, die wegen den zurückgelegten Höhenmetern ebenfalls mit bleiernen Augenlidern kämpfte, entwickelten sich zunehmend zu Kulturmuffeln. Das Verhalten der Glarner war von einem angesichts der gut erhaltenen Funde der prähistorischen Anasazi-Indianerkultur geradezu unerhörten Desinteresse geprägt. Der umtriebige Zappelphilipp[22] Andrew musste sich wohl heimlich über die Antriebslosigkeit seiner Brötchengeber aufregen, als er nach 15 Meilen im Far View Visitor Center dem Auto etwas zu trinken gab. Nach weiteren 6 Meilen parkten die Schweizer vor dem Museum von Chapin Mesa, wo sie sich einen Infofilm über diesen historischen Ort ansahen.

Seit etwa 100 v.Chr. sind in diesem Gebiet die Anasazi-Indianer nachweisbar und haben, wie sonst keine der damaligen Indianerzivilisationen, spektakuläre und gut erhaltene Spuren hinterlassen. Die Wissenschaft gab diesen Indianern den Namen Anasazi, der aus der Sprache der Navajo stammt und so viel wie „die Alten" oder „die Ahnen" bedeutet. Die Behausungen der Anasazi veränderten sich im Laufe der Zeit. Aus so genannten Pit Houses (in Erde eingelassene Kuhlen, über denen mit Lehm verkleidete Holzdächer errichtet wurden) entwickelten sich ab 700 bis 800 n. Chr. steinerne Wohnhäuser und Zeremonienstätten, die in der Nähe der Mais-, Bohnen- und Kürbisfelder errichtet wurden. Schon auf dieser Entwicklungsstufe taten sich die Anasazi durch ihre handwerklichen Fähigkeiten hervor. Die Blütezeit erlangten die Anasazi etwa zwischen 1100 und 1300. Damals verliessen sie ihre Wohnungen auf den Hochflächen und zogen aus bislang unbekannten Gründen in die tief eingeschnittenen Canyons von Mesa Verde, um in den senkrechten Wänden so genannte Cliff Dwellings zu errichten. Diese steinernen Klippenwohnungen waren häufig so unzugänglich, dass kleine Trittstufen und Haltegriffe in die Felsen eingeschlagen werden mussten. Warum sich die Anasazi dazu entschossen, so „unbequem" zu leben, ist bis heute unbekannt. Aus dem Fehlen von Kampfspuren leitet die Wissenschaft ab, dass das Volk nicht zum Zwecke der Verteidigung so lebte. In der zweiten Hälfte des 13. Jahrhunderts verliessen die Anasazi ihre Klippenwohnungen und die auf dem Plateau liegenden Felder mit unbekanntem Ziel, vermutlich wegen einer 30-jährigen Dürreperiode.

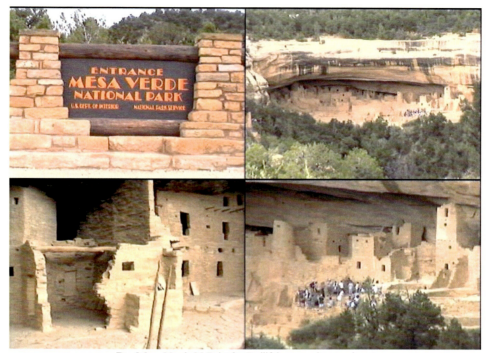
Der Mesa Verde N.P. ist für Rollifahrer weniger geeignet

Inzwischen haben die Forscher in Mesa Verde über 600 Ruinenanlagen entdeckt. Noch lange nicht alle sind näher untersucht worden. Den Besuchern, die gut zu Fuss sind, stehen jedoch eine Reihe der schönsten und grössten Anlagen zur Besichtigung offen. Da heisst es schon mal schwindelfrei über Leitern gehen oder auf allen Vieren durch enge Löcher kriechen. Doch auch Rollifahrer haben die Möglichkeit, einige Anlagen aus etwas Entfernung zu bestaunen. So konnte Hardy beispielsweise beim Museum auf einer zugänglichen Aussichtsplattform die gegenüberliegende Seite der ockerfarbenen Schlucht und die Spruce-Tree-House-Ruinenanlage betrachten. Bis Andrew von dieser antiken und gut getarnten Wohnsiedlung wieder aufgestiegen war, vertrieben sich Christel und Hardy die Zeit im Museumsshop, der jedoch nur über zwei oder drei Stufen nach unten erreichbar war.

Das immer schlechter und kühler werdende Wetter gab Hardy den willkommenen Anlass, seinen Driver zur Weiterfahrt zu drängen. Da letzterer mittlerweile auch müde geworden war, versuchte er im Hinterteil des Wagens zu schlafen, während Christel sich mit den Tücken der Technik auf dem steil abfallenden Rückweg herumschlug. Das mit der zweistufigen Motorenbremse hatte sie eigentlich im Griff. Dennoch hielt sie plötzlich an und stieg aus und drehte eine Runde um den Wagen. Sie wollte sich selber davon überzeugen, dass ihre von den Männern bestrittene Behauptung richtig war: Sie war vorher ohne Licht durch den Tunnel gefahren. Von nun an verzichtete sie auf den Automatik-Lichtschalter, der sich den Lichtverhältnissen angeblich selber anpasst, und ging auf Nummer sicher, egal, welche Überredungskünste die Herren anwandten. Wieder auf der Strasse 160 east war Durango das Ziel, der Ort am Fusse der San Juan Mountains.

Völlig unerwartet mussten die Durchreisenden erkennen, dass sie in einem beliebten Touristenort gelandet waren, dessen historisches Zentrum viele Häuser des ausgehenden 19. Jahrhunderts aufweist. Keine Frage, der Ort war gut besucht. Andreas musste einmal mehr seine ganzen Register der Überredungskunst ziehen, bis sich endlich am Stadtrand ein Zimmer im Motel Travelodge fand. Andis überdurchschnittliche Kontaktfreudigkeit verhalf zweifelsohne dazu. Geschwätzig, wie er ist, hatte er alle Wortfetzen der ihm mehr oder minder geläufigen Sprachen auf den Hausabwart niedergehen lassen. Bei den polnischen Brocken war ein Zimmerbezug sicher, denn der Mann stellte sich schliesslich als Pole und Motelbesitzer vor. Bereits während der Zimmersuche hatten die drei die alte Lokomotive schnauben gehört und sich im nostalgischen Bahnhof nach der Rollstuhltauglichkeit erkundigt. Mit drei Tickets in der Tasche freuten sie sich auf die bevorstehende Dampflok-Fahrt.

Sonntag, 18. Juli 1999: Ausflug mit der Dampfeisenbahn
Durango – Silverton – Durango

Abfahrtszeitpunkt der Schmalspurbahn war 8.15 a.m., was für Christel und Hardy ein Aufstehen in der Nacht zur Folge hatte. Bereits um 7.45 a.m. mussten sich alle Passagiere im Bahnhof einfinden. Die Lokomotiven stammen aus den 20er Jahren des 20. Jahrhunderts, während die meisten Waggons dem Stil des späten 19. Jahrhunderts entsprechen. Während heute rund 200 000 Leute jährlich aus purem Vergnügen die 45 Meilen lange Strecke nach Silverton, einem ehemaligen Bergbaucamp, zurücklegen, war die Linie früher nicht für den Personenverkehr. Rund 300 Millionen Dollar in Form von Edelmetallen soll die Oldtimer-Bahn nach Durango geschafft haben. Mit dem Niedergang des Silberpreises im Jahre 1893 sah sich auch Durango gezwungen, nach anderen Einnahmequellen Ausschau zu halten. Wegen der topographischen Vorzüge und durch den immer bekannter werdenden Mesa Verde N. P. wurde Durango zunehmend zu einem Touristenzentrum im südwestlichen Colorado.

Hardy durfte als Erster einsteigen. Im gelben Wagen direkt hinter der Lokomotive wurde seitlich eine Hebebühne heruntergelassen. Trotz Sitzplatznummern gab es anschliessend eine kleinere Verwirrung, da sich zwei Rollstühle einen Platz hätten teilen sollen. Die Lösung bestand im Entfernen einer Sitzbank. Eine Behindertentoilette war ebenfalls in nächster Nähe. Weder Hardy noch der Rollstuhl wurden jedoch fixiert, was unangenehme Reisebegleiterscheinungen erahnen liess. Christel setzte sich direkt hinter ihren Mann, um ihn besser halten zu können, wenn die Steigung den Rollstuhl zum Kippen bringen sollte. Natürlich sass sie so nicht auf ihrem Platz. Zum Glück waren die anderen Passagiere verständnisvoll. Der Schaffner wäre es nicht gewesen! Jeder Zug verfügt über fünf Begleiter. Der Ingenieur und der Kohlenschaufler sind in der Loki[23], die anderen drei sind im Zug selbst tätig. Es war für alle sehr amüsant zu beobachten, wie sich der Conductor, ein sich wichtig machender grosser Bub in einer alten Bähnleruniform[24], als Chef gebärdete.

Auf der dreistündigen Fahrt nach dem nördlichen Silverton kämpfte sich der schnaubende Tross langsam, aber sicher das Bergmassiv hinauf. Wie in einem Westernfilm zog die Dampflokomotive an Wiesen, Wäldern, Felsen und Schluchten vorbei. Viele schauten aus den Festern und betrachteten in den Kurven das Ende des schnaubenden Dampfrosses. Die Hauptattraktion war das Überqueren einer alten Brücke, die wenige Zentimeter breiter als der Zug war und die Passagiere in eine Schlucht mit einem wild tobenden Fluss hinabsehen liess. Mit zunehmender Höhe wurde es immer kälter. Trotz des wohlweislich mitgeführten Pullovers war Christel froh, in einem Wagen mit Fensterscheiben zu sitzen. Es gab da nämlich noch die Gondola Cars mit nur einem Dach drauf. Zwischendurch spuckte die alte Dampflady Schulklassen aus und liess diese ohne Erbarmen in der Wildnis zurück. Neben Hardy war ein spastisch gelähmtes Kind im Rollstuhl platziert worden. Die Eltern hatten sichtlich Mühe, das von Streckzuckungen geplagte Mädchen im Gleichgewicht zu halten, zumal eine Kippgefahr wegen der fehlenden Verankerung bestand. Irgendwie verkeilten sich die zwei Rollstühle ineinander, was sich als günstig erwies. Trotzdem war brachiale Gewalt der Eltern und von Christel weiterhin erforderlich. Mit geringer Geschwindigkeit mühte sich die Lock den Berg hinauf, bis sie schliesslich kurz vor dem Ziel ihre Seele aushauchte. Aus unerklärlichen Gründen war der Dampfdruck nicht mehr ausreichend, weshalb vom Bahnhof in Silverton eine Hilfslok angefordert werden musste. Dieser Zwischenfall führte dazu, dass die Passagiere mit einer zweieinhalbstündigen Verspätung im alten Silberdorf ankamen.

HINREISE VON GLARUS NACH SAN DIEGO

Spektakulär war die Fahrt nach Silverton

Die Sonne liess die Reisevögel an diesem Sonntag immer mehr im Stich. Ein kalter Wind blies. Die Bekleidung entpuppte sich grösstenteils als beruntauglich oder ungenügend. Sämtliche Passagiere stürmten in die nächste Nostalgie-Beiz, um sich aufzuwärmen oder der unterkühlten Blase zu widmen. Auch Christel suchte das „Töpfchen" auf und erzählte danach belustigt, dass die einzelnen Toilettenabteile sowohl am Boden als auch an der Decke offen sind, was es den Damen erlaubt, jeweils Kopf und Schuhwerk der Wasserlassenden zu beobachte, was nach Andreas' fachkundiger Meinung halt so ist im Ami-Land (woher weiss der Man was bei den Women in der Toilette abgeht?). Insgesamt blieben für einen Bummel durch die Häuserreihen des alten Silverton wegen des Zeit raubenden Zwischenfalls nur noch fünf Viertelstunden übrig. Da Hardy unbedingt einen alten Silberdollar aus dem 19. Jahrhundert erwerben wollte, hetzte Andreas von Gift Shop zu Gift Shop, bis Hardy sich durch einen herzhaften Biss in die Münze von deren Echtheit überzeugen konnte. Es brauchte nicht viel Fantasie, um sich die Vergangenheit in Silverton vorzustellen. Kleine schräge Läden und grosse schräge Leute waren anzutreffen. Ein Reisebuch besagt, dass die Stadtväter einst den Sheriff von Dodge City abgeworben hatten, um das Alltagsleben in Silverton nicht ausser Rand und Band geraten zu lassen.

Die Rückfahrt verlief etwas schneller, dafür aber mit Regen. Einige Mitfahrer beliebten zu schlafen, andere machten auf Small Talk. Andrew erbettelte sich bei einer Gruppe Jugendlicher die Teilnahme am Galgenspiel[25], worin er sich erfolgreich behaupten konnte. Hardy konzentrierte sich auf seine Sitzbalance. Christel war mitunter damit beschäftigt, den Rollifahrer nicht vorwärts aus dem Stuhl gleiten zu lassen. Schliesslich gings empfindlich abwärts. Mit einigen Unterbrüchen, die dem Zuladen von Wanderern und Wasser dienten, kam die Gruppe schliesslich in der Abenddämmerung wieder in Durango an, wo ein Regensturm den Ausstieg total vernässte. So hatte natürlich niemand mehr Lust, das im Bahnhof untergebrachte *Durango & Silverton Narrow Gauge Railroad Museum*, so eine Art Schmalspur-Eisenbahnmuseum, zu besichtigen. Goldrausch hin, Silbertaumel her – ein warmes Bett und sonst nichts mehr!

WEEK 29/1999

19. bis 25. Juli

Montag, 19. Juli 1999: Durango – Monument Valley (AZ) – Cameron

Zu Hardys Missfallen präsentierte sich das Wetter nur leicht besser. Die tiefen Temperaturen (so um 55 °F), die an zu Hause erinnerten, liessen ihn Christel und Andi zu einem baldigen Aufbruch mahnen. Das Railroad Museum wurde nicht mehr berücksichtigt. Das Auto verliess die Berge und begab sich direkt wieder auf die Strasse 160 west zum *Four Corners Point*, wo Colorado, Utah, Arizona und New Mexiko zusammenkommen. Hier in der Wüste des Navajo-Indianerreservates gilt der Golden Eagle Passport nicht, weshalb die Indianerfrau am Eingang einen Eintrittszoll verlangte. Mittlerweile war die Temperatur auch für Hardy auf angenehme 80 °F und mehr gestiegen. Nach dem obligatorischen Touristenschnappschuss vom Grenzstein schlenderte das Trio durch die in der Einöde von den Indianern aufgestellten Schaubuden, die vorwiegend mit Schmucksachen aus Eigenherstellung bestückt waren. Sonderbar war, dass sich die Verkäuferinnen offensichtlich unterschiedlich mit ihren Produkten auseinander setzen, die angeblich mit so viel Mühe eigens von Hand angefertigt werden. So kicherten zwei Teenager verlegen auf die Frage nach der Steinart der Ohrringe, die Christel gleichwohl für wenige Dollars erstand.

Vier Staaten auf einmal

Der Hwy 160 west brachte die Schweizer durch die Wüste Arizonas nach Kayenta, von wo die Strasse 163 north an den Eingang des *Monument Valley* abbog. Auf dem Weg dorthin entbrannte zwischen Andreas und Hardy ein heftiger Streit (nur verbal natürlich – der eine hatte lahme Hände, der andere die seinigen für einmal am Lenkrad, so dass sie sich nichts antun konnten) darüber, ob sich das fragliche Tal in Arizona oder in Utah befindet. Des Rätsels Lösung gab schliesslich die Eingangstafel des Visitor Centers, die beide Staaten aufführte. Erneut zahlte Christel den Navajo einen Wegzoll für das Befahren der staubigen, roten Naturstrassen. The Driver führte das Gefährt trotz wenig Bodenfreiheit geschickt an Löchern und anderen Unebenheiten vorbei zu den mystisch anmutenden Felsmassiven, die in der heissen Nachmittagssonne rotgolden glänzten. Obwohl Christel die Skizze mit allen Namen der Felskolosse auf ihren Knien hatte, gestaltete sich die Zuordnung schwieriger als angenommen. Dabei wollte man doch denjenigen Felsstummel ausfindig machen, den die sattsam bekannte Zigarettenreklame auserkoren hatte. Ab und zu kreuzte der rote Van die Tourjeeps, deren fachkundige Leiter die zahlreichen Eigenheiten des Navajo-Reservates erklären. Ebenso waren reitende Touristen keine Seltenheit; diese passten natürlich besser in die Landschaft als die Abgasschleudern. Hardy wäre ebenfalls gerne mit einem Indianerpferd durch die Wüste galoppiert, doch war es ihm für einen Hippotherapieritt zu staubig und zu heiss an der Sonne.

Nach der einstündigen Rundfahrt kehrte Hardys Team mächtig beeindruckt zum Visitor Center zurück. Auf dessen phantastischer Aussichtsterrasse unter freiem Himmel – mit Fernrohr für Rollifahrer – schweiften die Besucheraugen nochmals zu den berühmten „Teekessel-Felsformationen", bevor sich die Blicke im Wüstenmeer ein letztes Mal verloren. Jeder Besucher war ergriffen von dieser geheimnisvollen, überwältigenden Landschaft. Gut nachvollziehbar, dass sich Hollywood der magischen Wirkung seit je nur zu bewusst ist. Wie oft wohl dienten die rotbraunen Sandstein-Monolithen des Monument Valley als Filmkulisse? Bestückt mit Ansichtskarten und mehr als nur zufrieden brachen die Schweizer wieder auf.

Impressionen vom Monument Valley

Da die Übernachtungsmöglichkeiten im Indianerreservat überaus gering sind, wurden noch 160 Meilen „gefressen". Die Strassen 163 south, 160 west und 89 south verwöhnten die Reisevögel auf der Fahrt zum westlichen Navajo-Gebiet mit weiteren farbenfrohen und formschönen Landschaften im Abendlicht. So spektakulär die Durchreise für einen Touristen ist, so erbärmlich und beschämend ist die Tatsache, dass die US-Regierung den Indianern praktisch nur unfruchtbare Gegenden und Wüstenlandschaften zugeteilt hatte. Sicher wurmt es die Amis heute, dass das Monument Valley ein Touristenanziehungspunkt geworden ist, der von den Navajos autonom verwaltet wird.

Zu ihrem Erstaunen wurden die drei in Cameron vom Cameron Inn, einem neu gebauten, stilvoll eingerichteten Motel, begrüsst. Besonders Hardy war erleichtert, in der Einöde eine derartige Unterkunft gefunden zu haben. Nach einem langen Tag sehnte er sich danach, endlich zu liegen. Ungewöhnlich für die Schweizer, aber wohl typisch für die arme Gegend war der Umstand, dass praktisch das gesamte Zimmerinventar mit dem Boden, den Wänden oder den Möbeln fest verschraubt war. Offensichtlich gibt es Gäste, die die Mitnahme von Gegenständen als im Preis inbegriffen betrachten.

Dienstag, 20. Juli 1999: Cameron – Flagstaff – Grand Canyon

Nach dem Morgenessen aus der Kühlbox, die dem Trio bislang mehrfach das Leben gerettet hatte, steuerte es kurz die alte Trading-Post neben dem Motel an. Der frühere Handelsposten war in ein Indianer-Souvenirmekka umfunktioniert worden. Bezeichnenderweise waren die Schweizer nicht die einzigen Touristen, die unbedingt ein Andenken mitnehmen wollten. Qualitativ ansprechende Artikel waren jedenfalls vorhanden; natürlich auch eine Menge Kitsch – wie leider überall. Getrieben von seinen Kindheitserinnerungen suchte Hardy verzweifelt nach einem Tomahawk, den er schliesslich fand und, wie es sich für einen Buben gehört, überglücklich in die Arme nahm. Das zweite Hochgefühl empfand das zum Mann gewordene Etwas, das bekanntlich früher einmal Cowboy oder Anwalt werden wollte, beim Kauf zweier Cowboyhüte. Weniger kaufwütig zeigte sich Christel, die sich für einen Ledergurt mit Indianermotiv entschied. Andi, der ganz dem Konsum abgeneigte Vegetarier, weigerte sich zu kaufen; komischerweise betrat er das Etablissement doch und suchte wie wild nach einem passenden Geschenk ...

Obwohl das nächste Ziel, der *Südrand des Grand Canyon*, von Cameron aus in gut einer Stunde hätte erreicht werden können, überzeugte Andrew die Glarner, den Weg über das südlich gelegene Flagstaff zu nehmen. Der ortskundige Driver wollte den Glarnern unbedingt die Vulkanlandschaft des *Wupatki Sunset Crater Volcano* östlich des Hwy 89 south zeigen. Nach knapp 20 Meilen wurde das Trio beim Vistior Center von einem heftigen Gewitter überrascht. Andrew prahlte noch vor dem Verlassen des Vans, so ein paar Regentropfen würden *ihm* gar nichts ausmachen. Er wollte unbedingt den Info-Pfad, den so genannten Interpretiv Trail, zu den Wupatki Ruinen begehen. Dort angekommen musste er sich aber vor den Wasser- und Hagelfluten in eine Felsspalte retten. Christel und Hardy wählten den besseren Part und konnten mit einer kleinen Schadenfreude im Wageninnern das Gewittertoben und die roten Bäche beobachten. Doch war auch für sie der plötzlich einsetzende Hagelschauer ungemütlich, da zu befürchten war, dass er den Wagen beschädigte.

Ein ehemaliger Vulkan posiert für ein Erinnerungsbild

Die anschliessende Weiterfahrt auf dem geteerten 36 Meilen langen Rundkurs durch ungewohnte Lavalandschaften war zum Glück wieder von blauem Himmel und Sonnenschein begleitet. Hardy stieg beim Aussichtspunkt des Cinder Hills aus und genoss den Blick auf den 2447 m hohen Sunset Crater. Angesichts der durchnässten, ansonsten aber teilweise für einen Rollstuhl zugänglichen Naturpfade (mit Behindertentoiletten) verzichtete er auf deren nähere Erkundung. Dafür konnte er sich ungehindert und ohne Dreckräder in den zwei Besucherzentren der Geschichte der Sinagua-Indianer widmen, die vor 800 Jahren wegen des Vulkanausbruches ihre Farmen im Wupatki-Tal hatten verlassen müssen und sich später, zusammen mit Anasazis von Kayenta und den westlichen Cohonina-Indianern, dort erneut niederliessen.

Der Rundkurs brachte die mit vielen neuen Eindrücken beseelten Touristen wieder auf die Strasse 89 south nach Flagstaff. Dort verkaufte ein grosser Supermarkt nur zu gerne Lebensmittel. So gut die Kühlbox im Auto funktionierte, so verloren war sie ohne Strom des Zigarettenanzünders. Christel fragte sich, warum denn die Kühlbox nur im Auto, nicht aber an einer gewöhnlichen Stromquelle angeschlossen werden kann. Anschliessend zeigte Andrew dem Glarner Paar das Back-Packer-Motel, wo er 1993 gearbeitet hatte. Leider war der Chef nicht da. „Auf zum Grand Canyon!", rief Hardy seinem Knecht aufmunternd zu, dem die Enttäuschung ins Gesicht geschrieben stand. Sehnsüchtig blickte Andreas zurück, nicht ohne festzuhalten, dass er in diesem Städtchen leben könnte. „Häsch dänk ä Chatz gha"[26], kombinierte Hardy scharfsinnig, ohne vom Driver eine Antwort zu kriegen. Wie sagten die alten Römer schon: Wer schweigt, stimmt zu!

Die nördlich verlaufende Strasse 180 liegt in einem Waldgebiet, das ab Flagstaff über 80 Meilen um rund 1000 Feet kontinuierlich bis zum South Rim (= Südzugang, 2100 m.ü.M.) des grandiosen *Grand Canyon* ansteigt. Beim Parkeingang erhielten die Schweizer zur normalen Übersichtskarte des gesamten Canyongebietes die offizielle Parkzeitung „Accessibility Guide" für behinderte Parkbesucher. Die Strasse führte geradeaus zum South Rim Village, dem eigentlichen Touristenzentrum mit einer Handvoll Übernachtungsmöglichkeiten, Restaurants, Post, Bank, öffentlich zugänglichen Toiletten, Tankstelle, Miniklinik und Bahnstation. Von überallher waren Scharen angereist, um eines der Naturweltwunder zu bestaunen. Zum Glück hatte Hardy schon vor Wochen zwei Nächte in der Maswick Lodge reservieren lassen. Handicapped Rooms lassen sich dort (12 Behindertenzimmer), im Hotel El Tovar (3), in der Thunderbird Lodge (2), im Best Western Grand Canyon Squire (3), in der Moqui Lodge (2) sowie dem Quality Inn Grand Canyon (3) finden. Ausser der Maswick Lodge und dem El Tovar haben diese Motels auch Zimmer mit Rollstuhlduschen anzubieten. Hat man trotz Saison keine Zimmer vorbestellt, ist das kein Grund zu verzweifeln, reiht sich doch ausserhalb des Parkes auf dem Hwy 89 Motel an Motel.

Andreas kehrte vom Anmeldehäuschen der Maswick Lodge zu den Wartenden im Auto zurück. Erfreut wie ein Kind unter dem Weihnachtsbaum zeigte er seine mit eingegangener Post vollbeladenen Arme: Aus der Schweiz erhielten die drei Schoggi[27] und die Verbindungskabel für die Videokamera, während die UPS die im New Yorker Hotel vergessene Batterie geliefert hatte. Muffie schickte Christel Geburtstagswünsche und für das Auto das zweite befristete Nummernschild; ein ab dem 28. Juli 1999 für 30 Tage gültiges Papier für die Heckscheibe, die das bald ablaufende Nummernschild aus Pappkarton ergänzte. Der Inhalt der übervollen Kühlbox verlangte nach einem Kühlschrank, den Andrew nur deshalb erschwindeln konnte, weil er vorgab bzw. vorgeben musste, dass darin lebenswichtige Medikamente für den disabled Hardy gekühlt werden müssten. Gute Nacht, sleep well!

Mittwoch, 21. Juli 1999: Grand Canyon – Christels Geburtstag

Obwohl es ja fast jeder Erwachsene bestreitet, ist der Geburtstag meistens doch etwas Spezielles. So auch für Christel. Nach erholsamem Schlaf, wieder einmal bei geöffnetem Fenster, begrüsste der Morgen das Geburtstagskind mit einem kleinen Geschenk von ihrem Mannöggeli[28]. Zur vereinbarten Zeit erschien auch Andrew zum Müesli-Food. Statt der gewohnten Gemütlichkeit entwickelte sich eine zunehmende Nervosität bei den Männern, was beim Geburtstagskind ein Gefühl des Gehetztwerdens auslöste – und das um 8.45 a.m. und erst noch am Geburtstag! Es blieb ihr aber nichts anderes übrig, als sich zu fügen und dem besten Geschlecht mit einer leichten Vorahnung zum Auto zu folgen. Der rote Blitz jagte zum Park hinaus und hielt nach kurzer Fahrt auf einem Platz, wohl in der Absicht, dort einstweilen auch stehen zu bleiben. „Wo sind wir denn da gelandet?", fragte sich Christel ungläubig.

Christel geniesst ihr Geburtstagsgeschenk in vollen Zügen

Der unverwechselbare Lärm gab die Antwort. Über dem Kopf von Christel hinweg starteten und landeten sie – die Metallvögel mit Propellern. Was, ein *Helikopterrundflug*?! Andreas peilte zielstrebig die Anmeldung an. Zu Christels nächster Überraschung eröffnete er, dass er die Glarner Täubchen alleine in die Höhe ziehen lassen wolle. Nach dem Kurzfilm rund um Sicherheit und Anschnallpflicht im Helikopter (das Band wurde dafür extra in Deutsch abgespult) gelangten die Schweizer mit einer Französisch sprechenden Familie zum Hangar. Anhand des Sitzplans wurden die Kilos der sechs Personen gleichmässig verteilt. Der Transfer vom Rollstuhl aus verlief erwartungsgemäss schlecht bis sehr schlecht, doch holte Hardy sich keine Schürfungen oder blauen Andenken, was bei dieser unprofessionellen Morkserei[29] schon fast wieder professionell war. Andi kümmerte sich um den verwaisten Rollstuhl und musste dem lärmenden und Turbulenzen erzeugenden Vogel aus sicherer Distanz zusehen.

Das Birthday Child durfte zwar nicht neben ihrem Sweetheart sitzen, doch kam ihr dafür die Ehre zu, neben dem Piloten Platz zu nehmen. Kaum hatten alle den Kopfhörer auf, begrüsste der Pilot seine Passagiere und wollte (musste) sich vor dem Helikopterflug nochmals vergewissern, ob auch wirklich alle den Kurzfilm gesehen hatten. Er bemühte sich sichtlich, seine paar Brocken Deutsch und Französisch an den Mann bzw. die Frau zu bringen, was er aber nach einem kurzen Verzweiflungsanflug aufgab und Hilfe suchend seine Copilotin anfragte, ob sie ihm wohl aus der Patsche helfen könne. Nicht ohne ein Fünkchen Stolz meisterte sie diese „Riesenaufgabe" und erhielt die Anweisung, für die allgemeine Kopfhörerlautstärke verantwortlich zu sein. Danach hob der Vogel ab. Sofort erinnerte sich Christel an die Videokamera, die ihr Andy noch schnell zugesteckt hatte und dabei keinen Zweifel hatte aufkommen lassen, ein professionelles Filmprodukt zu erwarten. Kaum in der Luft drückte Christel das Aufnahmegerät fest an die Fensterscheibe, damit es ja nicht blendete. So kämpfte der Copilot mit der Fokussiererei, vergass aber nicht, den Flug zu geniessen.

Der Helikopter überflog den Wald und näherte sich dem Grand Canyon. Die Passagiere wurden während des ganzen Fluges mit Musik beschallt. Den Anfang machten Indianerflöten-Meditationsklänge. Bevor sich der Vogel elegant über die ersten Abgründe des riesigen Grand Canyons aufschwang, stellte der Pilot die Musik auf Klassik um, was den ersten, wunderbaren Ausblick auf diese unermessliche Naturschönheit unterstrich und Raum und Zeit für einen Moment stillstehen liess. Die Sonne ihrerseits verstand es, den klaren Morgenhimmel mit dem Dunkel der tiefen Schluchtenwindungen zu verschmelzen und die ganze Herrlichkeit in einem rotgoldenen Licht erstrahlen zu lassen.

Noch ganz benommen von diesem phantastischen Erlebnis verliessen die Glarner den Hangar, ohne das vor dem Abflug vom Personal routinemässig geschossene Foto zu kaufen. Das kitschig retouchierte Bild wurde aber trotzdem Hardys Eigentum, was wohl seinen Hundeaugen und der Barmherzigkeit der Verkäuferin zu verdanken war. Eine Wiederholung des Canyonflugs bot der Film im *IMAX-Cinema*, das sich wenige Strassen vom Flugplatz entfernt befindet. Das Leinwanderlebnis, das die Geschichte des Canyons mit wunderbaren Landschaftsbildern verband, wurde ebenfalls von der typischen Canyon-Musik mit den eigenartig mystischen Klangbildern umrahmt. Der Streifen[30] endete mit einem Gleitschirmflieger, der abenteuerlich über die Canyons ins Abendrot tauchte. Wenn nicht alles täuschte, war das Andrew …

Nun wollten Christel und Hardy die Pracht natürlich noch an Ort und Stelle bestaunen. Da Andi sich im Grand Canyon bereits von früheren Reisen her auskannte, fuhr er wieder ins Parkzentrum zurück und steuerte schnurstracks die *Yvapai Observation Station* an. Der herrliche Rundumblick durch die Scheiben des Observatoriums wurde anhand von Panoramatafeln erklärt. Eifrig suchte Andy darauf die Wanderwege Bright Angel Trail und South Kaibab Trail, über die Leute mit gutem Schuhwerk und körperlicher Kondition 1350 Meter zum Colorado River hinabsteigen können. Andy berichtete, dass sowohl masslose Selbstüberschätzung der ungeübten Hikers als auch die extremen Temperaturunterschiede zwischen der Canyonkante und der Flusshöhe (+/- 40 °C) immer wieder Rettungsaktionen erforderlich machen. Bestückt mit einer „Träumer-CD" und einem heimlich erstandenen Abenteuerbuch für Andys bevorstehenden Geburtstag traten die Glarner wieder an die Sonne.

Christel und Hardy geniessen den Rimwalk

Andy empfahl dem Paar, ein Stück des geteerten dreieinhalb Meilen langen *Spazierwegs* westwärts zu marschieren, während er im Visitor Center Hardys Fahrbewilligung für den Westrand holte. Gesagt, getan. Christel schob ihren Mann dem Abgrund des Grand Canyons entlang. Dort, wo der Spazierweg zu schmal oder zu steil wird, zeigen Rollstuhltafeln einen rollstuhlgerechten Umweg an. Die Aussicht war sagenhaft. Beim Abzweiger zum Amphitheater verliessen die beiden den Panorama-Weg, der bis über das Dorfzentum hinaus führt (dann allerdings schmaler und holpriger wird) und trafen sich vereinbarungsgemäss mit Andrew beim Parkplatz.

Sonnenaufgang im Grand Canyon

Dank des „Geheimcodes" auf der Fahrbewilligungskarte passierten die drei die Abschrankung zum *West Rim Drive*. Diese acht Meilen lange Strassenerschliessung westlich des Dorfzentrums weist – gemäss Führer – die tollsten Aussichtspunkte auf und ist nur zu Fuss oder mit Parkbussen zugänglich, darf aber nicht mit dem PW befahren werden. Zwischendurch verspürten die Schweizer deshalb neidische Blicke, vor allem dann, wenn sie an hochroten Hitzköpfen vorbeirauschten, die an der Sonne auf den Shuttle Bus warteten. Am Ende der Westrand-Strasse genehmigte sich das Trio einen kühlen Trunk und suchte die Chemical Toilets auf, die, wie könnte es in den USA anders sein, rollitauglich waren. Anschliessend war eine Ruhepause im Motel angesagt, wo sonderbarerweise aus einer Stunde gleich zwei wurden. Andreas stellte nämlich richtig fest, dass sich Arizona nicht an der Sommerzeit (Daylight Saving Time, D.S.T.) beteiligt und man sich zwar in der Zeitzone Mountain Time befand, jedoch die Uhrzeit der Zeitzone Pacific Time hatte.

Erholt und herausgeputzt fuhren Hardy, Christel und Andreas zum *Hotel El Tovar*, das die Glarner gerne wegen seiner Lage und eleganten Einrichtung der Maswik Lodge vorgezogen hätten. Leider war es fünf Monate vorher schon komplett ausgebucht gewesen. Das 1904 aus Urgestein und schweren Kieferbalken erbaute historische Hotel ist selbst eine Besichtigung wert, lädt aber auch, da es direkt an den Abgründen des Grand Canyon liegt, zum Overlook ein. Vom Vor- bzw. Parkplatz aus eröffnet sich ein Ausblick sondergleichen. Manch einer wartet hier, oft in trauter Zweisamkeit auf dem Mäuerchen sitzend, den Sonnenuntergang bzw. –aufgang ab. Wer weniger an Love und Emotion interessiert ist, positioniert Linse und Stativ, damit der Schnappschuss des Lebens gelingt. Via den stufenlosen Nebenzugang erreichte Hardy mit seinen Begleitern die Hotelhalle, die bestückt ist mit Vitrinen eleganten Inhalts und vom Staub der Vergangenheit heimgesuchter Jagdtrophäen. Trotz einer Tischreservierung musste sich das Trio noch einige Zeit gedulden. Die netten Damen an der Reservation Desk lassen, wie das in den USA üblich ist, selbst Gäste mit einer Reservierung nicht einfach durch die Essenden huschen und sich selber einen Tisch erobern. In der Regel wird man höflich an die Bar oder in den Salon gebeten, wo man das Freiwerden „seines" Tisches abwartet und hernach auch zum Tisch geführt wird.

Happy Birthday Christel! Alles Gute, mein Schatz!

Nach dem Studium der Menükarte, das nicht ohne Schmunzeln abging, wurde die Bestellung aufgegeben. Alle drei waren gespannt auf das Essen. Andrew fragte den geschäftigen Kellner, weshalb die Amerikaner die Hauptspeise „Entrees"[31] nennen, wenn sie doch voll auf Cuisine française[32] setzen. Hardy und Andrew mutmassten, dass wohl einmal ein besserwisserischer, nicht Französisch parlierender Europäer dies so den lerneifrigen Amis eingeimpft hatte – und nun sind diese immun gegen jeden Korrekturversuch, da sie alles wissen und können. Die Weinseligkeit schien ansteckende Wirkung zu verbreiten. Der Speiseraum erhielt Besuch von putzigen kleinen, waschbärartigen Tierchen, die über den essenden Köpfen hinweg ihre Spielereien auf den Dachbalken trieben. Nicht nur Japaner liessen Besteck und Serviette fallen, um die Wuscheldinger auf Fotopapier zu bannen; es schien, dass die Kamera des Menschen liebstes Ding ist. Nach zwei Flaschen Wein durfte der Kellner zu Ehren des Geburtstagskindes sogar Sekt servieren, was ihm ein erneutes, viel sagendes Lächeln entlockte. Christel hegte den Verdacht, dass er sich vom Lächeln ein noch besseres Trinkgeld erhoffte oder Freude hatte, den Weinkeller zu Gesicht bekommen, den er wegen der Trinkgewohnheiten der Amis oder der gesalzenen Preise zu selten zu Gesicht bekam.

Wegen der lauthals Happy Birthday singenden Männern am Tisch wurde die peinlich berührte Christel vom Nachbartisch ebenfalls beglückwünscht – auf Schweizerdeutsch. Die Familie staunte nicht schlecht, als Andreas, der Menschenkenner, der Vermutung Ausdruck verlieh, dass sie alle aus Dübendorf kämen. Weniger great war der Versuch des deutschstämmigen Familienoberhauptes, eine Konversation zu starten. Als Auch-schon-in-den-USA-sesshaft-Gewesener interessierte er sich als Erstes – monetenbezogen, wie die Deutschen und nur wenige Schweizer sind – für den Mietzins des zukünftigen Appartements in San Diego. Leider sah sich Hardy veranlasst, die Neugierde nicht zu stillen. Entweder hat man Geld oder dann schweigt man darüber … Dafür rächte sich der Patriarch beim Thema Motorräder. Auf die von ihm als pure Provokation aufgefasste Bemerkung von Töfffahrer Andy, dass er nie eine Harley kaufen würde, weil er gerne Motorrad fahre statt es ständig zu reparieren, outete sich der unbekannte Tischgenosse als Harley-Liebhaber und entgegnete harsch und bandwurmartig: Klein-Andreas habe ja keine Ahnung! *Er* (der Deutsche) sei viertausend Meilen, viele Wochen und selbstverständlich mit der Harley in den USA unterwegs gewesen; ausser den üblichen kleinen Sachen sei nie etwas an seiner, ja an keiner seiner *drei* Höllenmaschinen kaputt gegangen, und nachdem die Familie wieder in der Schweiz sei, werde er mit seinem Kumpanen wieder auf der Harley die guten alten Zeiten und die verflossene Jugend auf den endlosen Highways aufleben lassen! (Der weinbedingt etwas undeutliche und lallende Wortschwall wurde ungefähr so verstanden).

Donnerstag, 22. Juli 1999: Grand Canyon – Bryce Canyon (UT)

Immer noch überwältigt von dieser unglaublichen Canyonlandschaft und beeindruckt von der beispielhaft rollstuhlgerechten Infrastruktur, verabschiedeten sich die Schweizer mit der Besichtigung des *East Rim Drive* vom Grand Canyon. Die rechts vom Dorfzentrum beginnende, 40 km lange Ostrandstrasse 64 ist mit zahlreichen View Points bestückt und für alle Autos zugänglich. Der East Rim Drive passiert den östlichen Parkausgang und mündet schliesslich automatisch in den Hwy 89. Auf diesem Weg kamen die

Reisevögel erneut durch Cameron und fuhren nordwärts Richtung Pale beim Powell-See. Dabei erhaschten sie zwischendurch einen Blick auf den höher gelegenen Nordrand des Grand Canyons (2400 m ü. M., nur von Mai bis Oktober zugänglich), der 29 Kilometer Luftlinie vom Südrand entfernt und nur durch einen Umweg von ca. 200 Meilen erreichbar ist.

Driver Andrew empfahl, den Highway vorzeitig zu verlassen, um auf der reizvollen *Alternativeroute* Alt 89 north den Vermillion Cliffs entlang und durch den Kaibab-Wald nach Kanab zu gelangen. In diesem kleinen Nest, bereits in Utah, wollte Andi einen Archäologieprofessor treffen, der „zu seiner Zeit" ein Motel geführt hatte. Das Motel stand zwar immer noch, doch der Professor hatte es offenbar inmitten der Mormonen, die laut Reiseführer Andersgläubige nicht an die Macht lassen, nicht ausgehalten und war weggezogen. Da man in der Nähe des Bryce Canyon nächtigen wollte, entschied sich das Trio, die bis dahin zurückgelegten 210 Meilen um weitere 62 Meilen auf der 89 north bzw. 14 Meilen auf der 12 east Richtung Bryce Canyon zu „fressen".

Irgendwo im Nirgendwo Richtung Kanab

Mit zunehmender Höhe wechselte die rotgelbbraune Landschaft in ein sattes Grün. Bald grasten Kühe auf saftigen Matten, umgeben von felsigen Höhen. Es kam ein seltsames Heimatgefühl auf. Und irgendwie verstanden die Bauern aus der Schweiz die Mormonen, die sich in dieser fruchtbaren Gegend niedergelassen hatten. Wären sie in der Schweiz gewesen, sie hätten dort das verheissene Paradies entdeckt geglaubt und sich beheimatet. Heul, schluchz, trän … Das Abendrot kündigte sich an. Andrew hetzte deshalb die letzten Meilen hinauf. Dank gutem Timing gelangten die drei zum *Red Canyon*, der sich wenige Meilen vor dem Bryce Canyon befindet, um dort ein paar Sunset Shots vom roten Canyongestein zu machen.

Kurz vor dem Eingang zum *Bryce-Canyon-Nationalpark* auf der Strasse 63 south befindet sich *Rubys Inn*. Dieser kleine Ort ist sehr darum bemüht, die durchreisenden Touristen zu unterhalten. So können sich die Besucher im Old Bryce Town Shop einem „Westernbummel" widmen, reiten, Pferdeshows beiwohnen, in einem Planwagen das Abendbrot einnehmen, mit dem Helikopter abheben oder einem Rodeo zusehen. Auf der anderen Strassenseite befindet sich das gut besuchte Best Western Motel. Das Behindertenzimmer Nr. 009 im Hauptgebäude (es gibt noch sechs Nebenhäuser mit naturverbundenen Namen) war glücklicherweise frei und wies ein grosszügiges Bad mit einer Badewanne und Sitzbrett auf. „Glück gehabt!", sagte sich Christel, als sie die Unterlagen genauer studierte. Im Nationalpark gibt es nämlich nur eine Übernachtungsmöglichkeit. Etwa drei Kilometer vom Visitor Center entfernt bietet die Sunset Unit von der Bryce Canyon Lodge einige Handicapped Rooms mit Parkplätzen an. Ansonsten wird auf Behindertenzimmer der Motels in der nahen Umgebung ausserhalb des Parks verwiesen, allerdings ohne dabei konkrete Namen zu nennen.

Der Van braust am Red Canyon vorbei

Hardy, entkräftet von den Tagesstrapazen, fiel sofort in einen Tiefschlaf. Derweilen braute sich Christel mit der Kaffeemaschine des Zimmers einen feinen Muntermacher und verkürzte sich die Wartezeit bis zu Hardys Abendpflege mit einem Richard-Gere-Film. Es ärgerte sie etwas, dass sie immer noch nicht viel mehr als am Anfang der Reise verstand. Andrew hatte ganz andere Sorgen. „Ich gehe jetzt und komme erst am Morgen zurück", meinte er mit der ihm eigenen Selbstverständlichkeit, als er den Kopf kurz zur Tür hereinstreckte. Mit der Videokamera der Glarner bewaffnet, drängte es ihn, irgendwo im Wald zu nächtigen, um die aufgehende Sonne anderntags zu filmen. So blieben die beiden im Hotelzimmer hokken, ohne Auto, Betreuer und Kamera; ihnen blieb einzig die Hoffnung, den Dritten im Bunde am anderen Tag wieder zu sehen.

Morgenstimmung im Bryce Canyon

Freitag, 23. Juli 1999: Bryce Canyon – Zion N. P. – Las Vegas (NV)
(4. Zeitzone, Pacific Time)

Der Bryce Canyon ist streng genommen kein Canyon, sondern eine bizarre Kalksteinlandschaft der auserodierten Kante des Paunsaugunt Plateaus, eines Teil des Colorado Plateaus. Die 33 km lange, stetig ansteigende Parkstrasse 63 verläuft auf dem Westrand des „Canyons". Alle paar Kilometer zweigen Zubringer zu View Points ab, wobei der erste (Fairyland Point) auf 2365 m, der letzte (Rainbow Point) auf 2778 m liegt. Ein Zusatzblatt zur offiziellen Situationskarte enthält spezifische Informationen für behinderte Parkbesucher. Für einmal haben Rollifahrer und Kinder im Kinderwagen Pech, weil sie diese wunderschönen, ausgewaschenen rotgelben Felssäulen meist nur eingeschränkt bewundern können. Praktisch überall bestehen die Abschrankungen aus drei dicken Holzbalken, deren Zwischenräume so klein sind, dass man in sitzender Position kaum etwas sieht.

Die Aussicht war wunderbar, hätte man sie nur sehen können!

Für Rollstuhlfahrer besondes geeignet ist der geteerte Höhenweg zwischen den Aussichtspunkten Sunset Point und Sunrise Point, der einen grandiosen Blick über das goldene Zinnenmeer eröffnet. Christel und Hardy genossen den nicht alltäglichen Spaziergang unheimlich. Das schöne Wetter liess an die Sonnencreme mit hohem Schutzfaktor mahnen. Bleichgesicht Hardy war wie immer äusserst gefährdet. Andi filmte fasziniert und selbstvergessen von den unmöglichsten Orten aus, so dass gar mancher der Touristen insgeheim um das Leben des Kameramannes mit den Japanersohlen fürchtete.

Die Ausicht war beim Sunset Point und Sunrise Point viel besser

Kurz nach dem Mittag machte sich das Trio auf den Rückweg. Dabei lief dem Glarner Paar zum Abschied noch eine Rotwild-Dame vor die Linse. Andi tankte beim Best-Western-Motel, bevor er den Van auf den Strassen 12 west und 89 south zur Kreuzung Mount Carmel Junction lenkte, von wo aus man auf dem Hwy 9, dem so genannten Zion Mount Carmel Highway, den ca. 20 km breiten südöstlichen Zipfel des *Zion National Park* durchqueren kann. Die schmalen Strassen- und Tunnelverhältnisse erlauben grossen Wohnwagen keine Durchfahrt. Dessen wird man sich spätestens beim ersten Tunnel gewahr, bei dem nicht wenige Touristen mit ihren Gefährten wenden mussten. Der südliche Teil des Parks wird durch hohe Berge und steil abfallende Klippen geprägt, die über Jahrmillionen vom Virgin River freigesetzt wurden. Da der Reiseatlas einen Abstecher dem Fluss entlang als sehenswert bezeichnete, folgte der Fahrer diesem 6 Meilen langen Scenic Drive. Im *Zion Canyon* gibt es für Rollifahrer dem Fluss entlang zwei geteerte Spazierwege: den Riverside Walk am Nordende (3,3 km) und den Parus Trail am Schluchteingang (5,6 km), der den Zeltplatz und das Visitor Center verbindet, die rollstuhlgerecht eingerichtet sind. Gemäss Parkzeitung ist auch die einzige Zion Lodge für Behinderte zugänglich. Detailinfos sind im Visitor Center erhältlich.

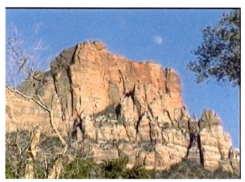
Der Mond schien helle im Zion Canyon

Die berggewohnten Schweizer, ganz besonders die Glarner, konnten weder der schmalen Uferstrasse des klaren Virgin-Flusses noch den mächtigen, schroffen Felskolossen, die sich unmittelbar vor ihrer Nase auftürmten, etwas Aussergewöhnliches abgewinnen. Der Zion National Park ist vor allem für Bergsteiger etwas Besonderes. Es erstaunte denn auch nicht, dass man den einen oder anderen „Verrückten" in den senkrecht abfallenden Wänden sehen konnte. Schlechtes Zeitgefühl und Überschätzung der eigenen Kondition sowie Unterschätzung des Steilheitsgrades führen auch hier wie andernorts oft zu Helieinsätzen, wie dem Reiseführer zu entnehmen war. Wer nicht ganz versteht, weshalb diese zerklüftete Landschaft jedes Bergsteigerherz höher schlagen lässt, der sieht sich am besten den IMAX-Film „Treasure of the Gods" im *Zion Canyon Cinemax Center* in Springdale an. Im Gegensatz zum Film im Grand Canyon fielen die Bilder etwas weniger gewaltiger, dafür umso mormonengetränkter aus (der liebe Gott kam ziemlich oft vor). Nach dem Kinobesuch pflegte Hardy im Schatten des Gebäudes seine obligate Ruhepause. Er und Christel nutzten die Zeit, um das Reisetagebuch nachzutragen. Als Andreas vom zweiten Fim, einer Dokumentation über Wale, zurückkehrte, fand er einen konzentriert diktierenden Chef und eine bei ihm sitzende Sekretärin vor, die wild auf dem Laptop tippte, das sich auf den Knien befand. Dem Virgin River westwärts folgend verliess man die Zion-Bergwelt, um nach gut 33 Meilen auf die I-15 south einzubiegen.

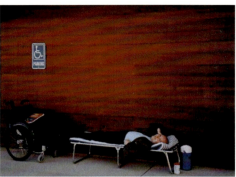
Zuerst erholen, dann diktieren

Mit flotter Fahrt liess der Van Utah hinter sich, streifte kurz Arizona, um sich daran zu machen, in Las Vegas einzufallen, das in Nevada und gleichzeitig der vierten Zeitzone liegt. Im Osten erhoben sich die kahlen Berge der Muddy Mountains, im Westen die Spring Mountains. Je näher die in der fahlbraunen Wüstenlandschaft liegende Spielerstadt kam, desto höher wurde das Tempo auf der Interstate. Alle befanden sich in einem Wettlauf mit der Zeit. Obwohl das Speed Limit angenehme 75 m.p.h. betrug, hetzte man mit 90 Sachen durch die Wüste dem stark blendenden Sonnenuntergang entgegen, gerade so, als ob das dahinter liegende Las Vegas unermesslichen Reichtum verspricht, den man nur zu erspielen braucht. Nach langer Fahrt tauchte der hell erleuchtete Inbegriff aller Wünsche endlich am Horizont wie eine Fata Morgana in der Abenddämmerung auf.

Las Vegas – wir kommen, mit Vollgas!

Wegen einer mehr zufälligen Entdeckung einer Quelle wurde Las Vegas (= die Wiese) 1842 zu einem Rastplatz für Händler und Goldsucher. 1905 dampfte die erste Lokomotive durch die kleine, mitten in der Einöde liegende Bahnarbeitersiedlung mit Spielhallen, Saloons und Geschäften. Der Aufschwung setzte 25 Jahre später ein, als das Glücksspiel in Nevada legalisiert wurde. Die Kleinstadt brauchte Wasser und Energie. Man staute den Colorado River. 1935 wurde der 221 m hohe Hoover-Staudamm eingeweiht, an dem bis zu 5000 Arbeiter gearbeitet hatten. Der daraus entstandene Lake Mead mit einer Uferlänge von 1300 km ist der grösste künstliche See der USA und mittlerweile ein begehrtes Freizeit- und Feriengebiet geworden. Las Vegas zählte 1950 etwa 25 000 Einwohner. Heute beherbergt der Vergnügungsmoloch 450 000 Leute und schleust jährlich über 20 Millionen (!) Besucher durch seine Strassen.

Mit dem für einmal funktionierenden Mobiltelefon reservierte Andrew während der Fahrt ein Hotelzimmer. Gemäss Christels Angaben vom Fodor's Behindertenreisebuch verfügt das *Imperial Palace Hotel* über 37 Behindertenzimmer mit Rollstuhlduschen. Von Norden her kommend suchte Andy die Ausfahrt zum parallel verlaufenden Las Vegas Boulevard, der eigentlichen Hauptstrasse 604. Ein dreieinhalb Meilen langes Stück von ihr nennt sich *The Strip*, wo sich die berühmten Hotelkomplexe und deren berüchtigte Spielhöllen aneinander reihen. Kein Hotel an dieser Strasse übersieht man. Dafür sorgen phantastische architektonische Aufmachungen sowie Leuchtreklamen. Als Tourist muss man am Strip übernachten; die Motels ausserhalb dieses ruhelosen Ballungszentrums bieten nicht das gleiche Feeling. Die Stadt ist bekannt für verhältnismässig tiefe Zimmerpreise und billige (Fr)essbüffets. Damit will man die Leute in die Kasinos locken. Die Hotels weisen Tiefgarage und natürlich ein Kasino auf, dessen Eingänge sich am Strip befinden, damit ankommende Gäste schon vor der Anmeldung mit den einarmigen Banditen in Berührung kommen.

Die Ankunft der Schweizer verlief hektisch. Es blieb nur gerade Zeit zum Ausladen. Andrew musste den roten Blitz auf Geheiss des Personals umgehend wegfahren. Ein Gepäckträger lud die Sachen wortlos auf ein Wägeli[33]. Christel schnappte sich ihren Rucksack und die Laptop-Tasche und stolperte mit Hardy dem Mann hinterher, der sich durch das Gewühl und Geklimper des Kasinos einen Weg zum Gepäckschalter bahnte. Inzwischen war Andi wieder da. Dank Hardy konnten alle drei am „Spezialschalter" einchecken und so mehrreihige Warteschlangen umgehen. Beim Baggage Office gab Andrew die Zimmernummern bekannt. Zuerst schien es, als kämen die Schweizer nicht zu ihrem Gepäck, da sie eine entsprechende Bestätigung nicht vorlegen konnten, die sie als rechtmässige Eigentümer identifiziert hätte. Andrew gelang es aber, den in der Hektik des Ausladens von Christel dem Bellman nicht abgerungenen Gepäckschein zu organisieren.

Endlich auf dem Strip – nicht in Venedig …

Ohne den Situationsplan hätten die drei tapferen Schweizerlein den Weg in das zweite Stockwerk nicht gefunden. Das mehrstöckige Imperial Palace weist mehrere Restaurants, zwei Büfetts, eine eigene Hochzeitskapelle, die Oldtimer Sammlung *„Antique & Classic Autocollection"*, Shops, Fitnesscenter, einen Schwimmbadlift für Gehbehinderte und ein spezielles „Kasino-Hilfsmittel" für Behinderte beim Blackjack und an anderen Spieltischen auf. Von den rund 2600 Beschäftigten des Hotels, das schon diverse Auszeichnungen für seine Bemühungen, behinderten Leuten Arbeit zu geben, erhalten hat, sind 13% Behinderte. Schreibtelefone, Blinklichtklingel und Vibrationskissen für Hörbehinderte gehören genauso zur Ausstattung der 115 Handicapped Rooms wie die Blindenschrift in den Aufzügen und an den Zimmertüren. Blindenhunde sind selbstverständlich erlaubt.

Die Uhr zeigte schon 9.15 p.m. Während das Glarner Paar nicht mehr in den Ausgang ging, fieberte Andrew bereits einem Millionengewinn entgegen, der ihn, den armen Büezer[34], von seinem Boss unabhängig machen würde. „Ja, doch! Nach San Diego würde ich euch in diesem Fall wahrscheinlich noch bringen", erläuterte Andreas gnädig, bevor er von Vorfreude beseelt auf den Absätzen kehrte. „Träume sind Schäume", meinte daraufhin Hardy schmunzelnd und wollte für handfestere Unternehmungen besorgt sein. Er studierte das hoteleigene Unterhaltungsangebot und erkundigte sich im gegenüberliegenden Hotel Mirage telefonisch, ob noch Tickets für die Siegfried & Roy Show erhältlich wären. Keine Chance, hiess es, man müsse mindestens zwei Monate vorher buchen. – Träume sind eben Schäume!

Samstag, 24. Juli 1999: Las Vegas

Die Pacific Time schenkte eine Stunde mehr Schlaf. Ausgeruht und sonnengeschützt wagte sich das Trio in die erbarmungslose Mittagshitze von Las Vegas. Auf dem Strip schob der ortskundige Andi seinen Boss von Hotelkasino zu Hotelkasino, deren kühle Spielhallen jedesmal gerne betreten wurden. Andi zeigte den Glarnern, wie und wo Geld gewechselt werden kann. Er besorgte Hardy wunschgemäss sogar einen Spieldollar als Andenken. Christel und Hardy mussten sich zuerst an die unterschiedlichsten Leute an den Automaten gewöhnen. Junge, alte, reiche, arme Männer und Frauen fütterten die Maschinen oder sassen an den Spieltischen. Alle trugen einen grossen Plastikbecher in der Hand, in dem sie die Nickels, Dimes und Quarters aufbewahrten, die ihnen immer wieder aufs Neue Glück versprachen. Christel hatte bei diesen vielen unbekannten Eindrücken unheimlich Mühe, die Orientierung nicht zu verlieren. Weder sind die Wege der Spiellabyrinthe beschildert noch weisen sie Fensterfronten oder Uhren auf. Tag und Nacht wird nicht unterschieden. Es herrscht ein strenges Foto- und Filmverbot. Andrew machte, wie meistens, was er für richtig hielt. Er schlenderte mit der auf Aufnahme eingeschalteten Kamera, die er lässig in einer Hand hielt, gerade so, als würde er sie bloss mittragen, durch die Menschenmenge und setzt ein unschuldiges Gesicht auf. Das Bengelchen hätte glatt mit einem Engelchen verwechselt werden können!

Jedes grössere *Hotel am Strip* widmet sich einem besonderen Thema. Phänomenale Aussenanlagen ergänzen in der Regel die monumentalen Komplexe, die allesamt besonders behindertenfreundlich gestaltet sind. Wo sonst bieten Hotels teilweise über hundert Handicapped Rooms an? Gemäss einem älteren Beschrieb sind portable Schwimmbadlifte in den Hotels Tropicana, Flamingo Hilton und Caesars Palace vorhanden, wo sie auf Voranmeldung hin installiert werden. Das Excalibur würde mit einem Lastenzug arbeiten, meinte die Broschüre ergänzend. Inzwischen dürften sich bezüglich Pool-Lifts einige Veränderungen ergeben haben, sind doch neue Luxusabsteigen wie Pilze aus dem Boden geschossen. Die Besichtigung der Hotelgiganten war für Hardy und seine Maid eine aufregende Sache. Christel kam mit dem Schauen kaum nach und musste Andy öfters zu einem langsameren Tempo mahnen.

Bellagio und Sphinx

Hotels Mandalay Bay und New York

Hollywood in Paris

Heirat im Garten des Caesar's Palace und Decke im Venetia

Einarmige Banditen und andere Piraten im Treasure Island

Die bekanntesten Hotels sind *Circus Circus* (im Innern dem Thema Zirkus gewidmet), *Treasure Island* (vor dem Kasino findet regelmässig eine Seeschlacht zwischen Engländern und Piraten statt, die nach einem gegenseitigen Kanonengefecht mit dem Sinken des englischen Segelschiffs endet), *Caesar's Palace* (ein teures, dem antiken Rom nachempfundenes Hotel, das sich über zwei Blocks hinzieht), *The Mirage* (dort, wo Sigfried & Roy ihre Zauberkünste zelebrieren und draussen am Abend ein Vulkan wütet), *MGM Grand* (das grösste Hotel der Welt mit Amüsierpark, der Alice im Wunderland nachempfunden ist), das *Luxor* (ein Riesenhotel, das sich in einer Pyramide befindet, deren Eingang von einer Sphinx bewacht wird. Die Gäste werden mit einer Barke über den künstlichen Nil zu den Aufzügen gebracht) oder das *Excalibur* (nach der Sage von König Artus und mit mittelalterlich gekleideten Angestellten). Neueren Datums sind das *Venetia* (eine perfekte Nachbildung von Venedig mit Dogenpalast, Markusplatz, Campanile, Rialtobrücke und zahlreichen Gondeln mit Gondolieri), das *Bellagio* (ein mediterranes Dorf mit einem riesen Hotelkomplex, umgeben von einem immensen Pool, in dem jede halbe Stunde eine Wassershow zu altbekannten Klängen von Frankyboy oder Italoschnulzen stattfindet) und das *New York* (eine getreue Kopie von Manhatten, die im Innern eine laute Spielhalle und draussen einen Roller Coaster als Attraktionen enthält). Im Bau befand sich *Paris*; der Eiffelturm stand bereits, wirkte aber im Vergleich zur gegenüberliegenden Skyline von Manhatten etwas klein und vereinsamt. Selbstverständlich gibt es neben diesen grossen Hotels kleine Kasinos und Vergnügungslokale, die nicht nur Spielen, sondern auch Fressen ohne Ende in Form von billigen Büfetts anbieten. Unvorstellbar, welche Unmengen von Lebensmitteln und Getränken jeden Tag durch die Wüste nach Las Vegas gekarrt werden müssen!

Wegen der glühenden Wüstensonne und des Spieltriebs von Andreas befanden sich die Sightseeer recht häufig in den teuflischen Hallen. Obwohl es den Anschein machte, dass heute ein Glückstag war – alle anderen Spieler klaubten pausenlos ihre gewonnenen bzw. noch übrig gebliebenen Geldstücke aus den klimpernden Rachen der Maschinen – wollten Andrews Apparate einfach nicht so recht. Das arme Knechtlein wurde wieder nicht zum Millionär! Das Einzige, was ihn und die anderen abertausend Kasinoritter verband, war die berühmte Pechsträhne, die immer nur einen selbst, aber nie die anderen trifft. Nach Hardys Liegepause verbrachte das Trio den Abend im *Hotel Harra's* bei einer der vielen Abendshows auf dem Platz. Ein eitler mexikanischer Zauberkünstler führte mit viel Eigenlob seine biederen und mit lauter Musik begleiteten Zauberkünste vor, die durch andere Artisten und Tanzshoweinlagen begleitet wurden. Das ganze Spektakel trug den Namen „Spellbound". Solches und anderes Entertainment ist geradezu geschaffen dafür, dass der spielsüchtige Touri seinen Geist zwischendurch mit etwas Glitzer und Glamour durchlüften kann. Der verkannte und frustrierte Las-Vegas-Starzauberer zwang einen scheuen Japaner unhöflich zu sich auf die Bühne, wo er ihn kurzerhand in Pedro umbenannte. Der in seiner Beklommenheit zu einem unfreiwilligen Fotoobjekt gewordene Japs wollte schnellstens zurück auf seinen Stuhl, als er bei einem Trick (Zerschneiden der Jungfrau) hätte assistieren sollen. Der arme Kerl hatte einen ziemlichen Gagg[35] in der Hose und fürchterliche Angst, er könnte der Frau weh tun; so jedenfalls mussten seine rudernden Handbewegungen verstanden werden. Der ungehobelte Magier hielt ihn aber zurück und schimpfte „don't be a chicken". Andere Länder, andere Sitten!

Sonntag, 25. Juli 1999: Las Vegas – Death Valley (CA)

Gegen den heftigen Widerstand von Christel (immer diese ängstlichen Rippenkreaturen) wollten die beiden Mitfahrer unbedingt ins Tal des Todes. Das *Death Valley* besteht aus einer teilweise unter dem Meeresspiegel liegenden Wüstenebene mit Sanddünen, Vulkankrater, ausgetrockneten Salzseen und mehrfarbigen Felsformationen und wird umringt von bis zu 3300 m hohen Bergspitzen. Da diesen Bergen gegen den Pazifik hin weitere Ebenen und Bergketten vorgelagert sind, kann praktische keine feuchte Luft ins Tal gelangen; dementsprechend wenig regnet es. Es verwundert darum nicht, dass das Tal einer der heissesten und trockensten Plätze der Welt ist. Allerdings gibt es jede Menge Quellen im Tal, deren Wasser jedoch in der Hitze verdampft. Zurück bleiben Salzfelder. Im Sommer kann die Temperatur bis zu 50 °C im Schatten steigen, was nicht nur den Touristen, sondern auch den Autos zusetzt.

Christel war nicht tot, sondern verschlief die Fahrt ins Death Valley

Viele Autovermieter verbieten darum eine Durchquerung des Death Valleys. Die Autohersteller demgegenüber benützen die extremen Bedingungen (im Autoinnern kann die Temperatur bis 80 °C ansteigen) für Härtetests. So wird beispielsweise geprüft, ob die Kunststoffverkleidung am Armaturenbrett wegschmilzt oder Lüftungs- und Kühlsysteme versagen. Die Parkverwaltung empfiehlt daher dringendst, sich nur mit einem gut funktionierenden Vehikel (in jedem Fall voller Tank und genügend Kühlwasser) in den Glutofen zu begeben. Im Situationsplan sind die wenigen Orte eingezeichnet, an denen Benzin und Kühlwasser bezogen werden kann. Die meisten Sehenswürdigkeiten können auf geteerten Strassen erreicht werden, gleichwohl bestehen aber auch einige Naturstrassen, die nicht für alle Fahrzeugtypen geeignet sind, weshalb eine besondere Routenwahl sorgfältig geplant werden sollte.

Die zwei Männer verstanden es ausgezeichnet, Christels Bedenken mit den fatalsten Pannenmöglichkeiten auszumalen und darauf hinzuweisen, dass die Wettervorhersage Temperaturen bis zu 130 °F in Aussicht stellte. Nur widerwillig fügte sich die Nurse der männlichen Mehrheit und spielte bereits in Gedanken die erforderlichen medizinischen Schritte im Kampf gegen den Hitzetod durch. Nach unbestätigten Berichten der zahlreichen Undertakers soll man im Death Valley nur überleben können, wenn man täglich mindestens eine Gallone Wasser zu sich nimmt. Da die drei Reisenden seit Las Vegas mit dem Spiel des Lebens noch nicht abgeschlossen hatten, wurde der Van mit mehreren Kanistern Trinkwasser bestückt. Andreas sorgte für einen vollen Tank und checkte das Kühlwasser. Anschliessend ging die Reise ins Tal des Todes los. Willig fuhr der Van auf der I-15 south über die kalifornische Grenze nach Baker. Zeitweise mussten sich die drei im Stau gedulden, der auf Grund der spielsüchtigen Kalifornier entstand, die am Montag wieder zur Arbeit mussten. Während eines längeren kompletten Stillstandes unter der sengenden Hitze stieg der zappelige Andrew aus und fing mit dem vorderen Fahrer zu quatschen an. Es stellte sich heraus, dass der feine Mister Ayub aus San Diego kam und dort in der Tourismusbranche tätig war. Es ging daher nicht lange, bis Hardy durch das geöffnete Wagenfenster vom geschäftigen Business Man Reklamebroschüren in eigener Sache zugestreckt erhielt. Das war also der erste Kontakt mit dem Zielort San Diego!

Ein Spaziergang unter Wasser auf einem ausgetrockneten See

In Baker bog das Auto in den Hwy 127 north ein, wo es nach 60 Meilen beim Versorgungsort Shoshone in die Strasse 178 fuhr und in den Nationalpark von Süden her gelangte. 75 Meilen gleissende Wüste galt es zu bewältigen, bevor man in der Oase Furnace Creek auf Nachtlagersuche gehen konnte. Die Fahrt führte zunächst über eine 1010 m hohe Hügelkette zum tiefsten Punkt des Death Valley *(Badwater)* mit 86 m unter dem Meeresspiegel. Dort liessen es sich die drei Mutigen nicht nehmen, einen Spaziergang auf dem ausgetrockneten Salzsee zu machen. Dies nur deshalb, weil es bereits 7 p.m. und nur noch 115 °F (= 46 °C) warm war. Dennoch spürten sie das Salz auf der schwitzenden Haut brennen. Der Weg wäre noch weiter über den ausgetrockneten See gegangen. Vorsichtshalber kehrten die drei Reisevögel aber wieder zum Behindertenparkplatz zurück, wo Christel das Toilettenhäuschen mit dem „chemischen Thron" inspizierte und erstaunt feststellte, dass das Scheisshaus sogar unter dem Meeresspiegel für Rollstuhlfahrer zugänglich ist.

Unendliche Hitze und Trockenheit

Froh, wieder im kühlen Auto zu sitzen, holperten die Wüstenmäuse der untergehenden Sonne entgegen, vorbei an bizarren Landschaften und farbigen Gesteinsformationen. Kaum zu glauben, dass mehr als 900 Pflanzenarten den Park beleben. Einige davon haben angeblich bis zu 170 m lange Riesenwurzeln. Der aufgehende Mond kündigte eine sternenklare Nacht an. Er mahnte die zweibeinigen Wüstenbesucher, sich vor den vierbeinigen Wüstenbewohnern in Sicherheit zu bringen.

Irgendwo im Death Valley auf der Suche nach einem Bett ...

... das man mit Glück in der Oase Furnace Creek erhielt

Die Schweizer Tuareg kämpften sich durch die letzten Wüstenmeilen bis zur ersehnten Oase *Furnace Creek*. Sofort steuerten sie das am Hang gelegene Hotel Furnace Creek Inn an, ein zwar seit 73 Jahren bestehendes, aber erst seit drei Jahren auch im Sommer geöffnetes, daher in älteren Reiseführern nicht vermerktes Hotel. Das historische Gebäude mit wunderbarem Blick ist nicht zu verwechseln mit der grossen Motelanlage Furnace Creek Ranch, die zusätzlich Restaurants und Einkaufsmöglichkeiten bietet.

Das Trio hatte mehr als nur Glück. Als einziges war nur noch das Behindertenzimmer 323 (mit Badewanne) frei. Auch die Motelalternative im Tal war vollkommen ausgebucht – und das im Hochsommer! Es ist daher ratsam, Zimmer zu reservieren, will man nicht auf einem der neun Campgrounds den Morgen abwarten. Vor allem Hardy war dankbar, dass er seine von der Wüstensonne ausgedorrten Glieder bald in die kühlen Bettlaken stecken konnte. Für die Glarner kam ein Nachtessen im vornehmen Dining Room (mit Kleiderorder) nicht mehr in Frage. Ob sich Andrew noch in Schale und Krawatte stürzte, ist unbekannt. Hardys Knecht beliebte vorerst im Pool zu baden, um sich anschliessend irgendwo in der Wüste schlafen zu legen. Nach Einsetzen der Morgenhitze und einem Besuch eines Fliegenschwarms wollte Andrew doch noch die Annehmlichkeiten des klimatisierten Zimmers mit Dusche in Anspruch nehmen. Hardy meinte nur trocken: „Macho sein ist schon schwer, Tuareg noch viel mehr."

WEEK 30/1999

26. Juli bis 1. August

Montag, 26. Juli 1999: Death Valley – Mono Lake – Lee Vining

Als sich Christel am Morgen ins Bad begab, staunte sie nicht schlecht. Die ersten Sonnenstrahlen hatten die Hausmauer schon so erhitzt, dass sich die Wandkacheln wie die eines brennenden Kachelofens anfühlten. Unglaublich! Vor der Abfahrt wollten Christel und Hardy noch die ganze Aussicht von der Westfassade aus geniessen. Dabei stiessen sie aber auf bauliche Hindernisse und beschränkten das sich lohnende Unternehmen darauf, nur die Stufen zur Terrasse zu bewältigen. Der Blick durch die Palmen auf die Wüste wirkte eigenartig. Die Sicht auf die Wüste war klar, und die Berge waren zum Greifen nah. Christel rann der Schweiss vom blossen Nichtstun. Unbegreiflich erschien ihr die Tatsache, dass Hotelgäste extra hierher kommen, um dem Golfsport zu frönen. Eine ähnliche Spezies wie die Golfer sind die wüstensüchtigen Biker, die unter sengender Sonne einen Bergpreis nach dem anderen erstrampeln. Golfen und Biken an einem der heissesten Orte des Globus – Wahnsinn pur, oder?

Trockene Einöde überall ...

... auf dem Weg nach Lone Pine

Die Schweizer verzichteten auf die Besichtigung des nahen *Zabriskie Point*, den mindestens die Liebhaber des gleichnamigen Films von Antonioni besuchen müssen, der die Reise eines jungen Pärchens ins Death Valley schildert. Das Trio drängte westwärts. Die 110-Meilen-Fahrt auf der 190/136 nach Lone Pine führt aus dem Death Valley über den 1511 m hohen Towne Pass. Wie bei allen anderen Pässen zuvor erlebte Christel auch diesen nur schlafend. Bevor sich der Van der Kraftprobe stellte, verwöhnte ihn das Death Valley mit der erwarteten Hitze, den eigenartigen Gesteinswüsten und Sanddünen, in denen giftiges Kriechzeug und heulende Kojoten vor sich hindarben. Zumindest entnahm man das den Bitte-nicht-streicheln-Tafeln am Strassenrand. Unvorstellbar, dass sich im letzten Jahrhundert einige Pioniere, oder wohl besser Spinner, dem Glauben hingaben, in diesem Glutofen ein Auskommen zu finden. Zeugnisse dieses Wagemuts bilden verrostete Schürfmaschinen, eine Geisterstadt und die geschichtliche Dokumentation im Furnace Creek Visitor Center: Nach dem ersten Silberfund anno 1873 waren Tausende in die Panamint Mountains geströmt. Ein ganz „wilder Hund" hatte sogar ein Schlösschen in die Wüste gebaut. Maultiere hatten Lebensmittel in die Stadt geschleppt und Silber abtransportiert – ohne Teerstrassen und ohne Restaurants!

Wegen der Mittagshitze und des Gewichts mühte sich der Chrysler sehr mit der geraden, dafür umso steileren Passstrasse ab, weshalb die Klimaanlage auf den letzten Meilen ausgeschaltet und die Insassen der Hitze ungeschützt ausgesetzt werden mussten. Während Andi vor sich hinschwitzte, quietschte Hardy vergnügt ob der Hitze, die Christel, zusammen mit dem Höhenunterschied, sanfte Träume auf dem Hintersitz bescherte. Hitze und Landschaft veränderten sich nach dem Verlassen des Death Valleys nur wenig. Meile um Meile Wüstengebiet. Endlich tauchte die letzte grosse Kette der Rocky Mountains, das Sierra-Nevada-Massiv mit dem höchsten Berg Kaliforniens (Mount Whitney, 4418 m), gleichsam drohend wie befreiend vor den Alpenbewohnern auf. Das nächstgelegene Visitor Center in *Lone Pine* informierte über die Sehenswürdigkeiten bis zum Tagesziel Mono Lake. Andrews Ortskenntnissen war ein kleiner Drive in den *Alabama Hills* zu verdanken. Diese geteerte Rundstrecke mitten durch ein Gesteinsmassiv, bestehend aus übergrossen abgerundeten Felsen, ist zur Fantasieanregung gedacht. Ausgerüstet mit einer Skizze vom Informationszenter zirkelte das Auto durch die Steinhaufen, wobei drei Augenpaare die versteckten Fratzen und Gestalten in den Felskombinationen zu erkennen versuchten. Schmunzeln verursachte der Steinname „Big Bertha". War sie wohl der Grund dafür, dass Hardys Jugendfreund, John Wayne, auch schon mit seinem Hengst durch diese Wildnis ritt?

Ob John Wayne in den Alabama Hills auch herumritt?

Auf direktem Weg ging es hernach auf dem Hwy 395 nordwärts. In Bishop wurde im Vons-Supermarkt für neuen Proviant gesorgt, den man etwas ausserhalb an einem lauschigen Plätzchen testete und dabei von neugierigen Pferden beobachtet wurde. Andrew sammelte gleich ein paar Grasbüschel und streckte sie den Tieren entgegen. Diese fanden nicht nur am Grünzeug, sondern an Andrews ganzem Unterarm Gefallen. Mit speichelüberzogenen Händen machte sich der grosse Pfadibueb[36] anschliessend sofort an der Kühlbox zu schaffen, wo er in verschiedenen Zutaten herumwühlte. Der von den Pferden immer noch faszinierte Driver biss in der Zwischenzeit herzhaft in seinen Burrito, setzte sich zum liegenden Hardy und streckte ihm wohlgesinnt seine mexikanische Omlette vor den Mund: „Wötsch au än Biss?"[37]

Mono Lake im Abendlicht

Noch gut sechzig Meilen waren bis nach Lee Vining zu bewältigen. Andreas und Christel atmeten sichtlich auf, als die Strasse 395 mehr und mehr in die Höhe stieg und sich die Temperatur merklich abkühlte.

Entgegen des in der Schule gelernten Biogrundwissens verhält sich die Waldgrenze in den USA anders als in der Schweiz: Während die Bäume in der Schweiz ab etwa 2000 m Haarausfall bekommen, beginnen sie hier erst so richtig zu wachsen. Die Mär von der dünnen Luft kann also nicht stimmen, liebe Biolehrer! Wieder einmal erwachte der Jagdtrieb des Andi-Löwen, der mit der Kamera unbedingt den Sonnenuntergang im *Mono Lake* bannen wollte. Leider war die Sonne schneller als Hardys roter Pfeil.

Dennoch präsentierten sich die geheimnisvollen Kalksäulen, die sich im übersauren Mono Lake (1,5 Mal salziger als das Meer) gebildet hatten und mit dem zunehmenden Wasserverbrauch von Los Angeles über die Wasseroberfläche gelangt waren, im besten Dämmerlicht. Zusammen mit dem aufgehenden Vollmond verwandelte sich die verwunschene Wasserlandschaft in die perfekte Fotokulisse für die Daheimgebliebenen. Endlich konnten die Leute hinter ihren schon längst aufgestellten Stativen zur Tat schreiten. Unklarheit herrschte darüber, ob die deutsche Touristengruppe, der mangelhaft recherchierte Reiseführer oder die unbekümmert reisenden Helvetier Schuld daran waren, dass sie ihre Prachtskörper in einer engen Drittklassabsteige im übervollen Lee Vinin niederlegen mussten.

Der Mono Lake ist bekannt für die Kalksäulen

Dienstag, 27. Juli 1999: Mono Lake – Tioga Pass – Yosemite N. P. – Coarsegold

Nachdem Hardy unversehrt über die Stufen aus dem engen Schlag[38] evakuiert worden war, fuhren die drei Reisevögel ins nahe Informationszentrum. Dort erfuhren sie eine Menge über das Ökosystem des Mono Lakes und die Folgen, die seine Veränderung für die Indianer hatte. Die Aussenterrasse bot einen letzten Blick über den See, dem angeblich zukünftig weniger Wasser abgezapft werden soll.

Heidi hätte sich auch hier Zuhause gefühlt

Lee Vining liegt östlich der letzten Bergkette, die der Westwärtsreisende überqueren muss, wenn er ins Herz des gelobten Staates California gelangen will. Die 17 Meilen lange Fahrt über den nur im Sommer geöffneten *Tioga Pass* (3031 m) bietet auf einer Strecke von mehreren hundert Meilen die einzige Möglichkeit. Dies hatte Andrew einmal im Winter schmerzlich erlebt, als er wegen eines aufkommenden Schneetreibens eineinhalb Tage bis zur nächsten, im Süden gelegenen Überfahrtsmöglichkeit auf dem Motorrad verbringen musste. Wohl oder übel schickten sich die Schweizer dran, einen weiteren Pass zu bezwingen. Wie im Heidi-Film, sahen sie schöne Matten und Nadelwälder. Doch halt: Von Bärenwarntafeln haben weder das Heidi und der Geissenpeter noch der Alpöhi[39] je gesprochen. Es ist eben alles etwas anders, vor allem toleranter, in den USA! Während in der Schweiz die Ansiedlung und der Abschuss von Wolf und Luchs wegen ein paar dummen Schafen, die sich ihnen zum Frasse anbieten, zum allerhöchsten Politikum werden, dürfen sich die Touristen in den USA dem Black Bear und dem Mountain Lion oder Cougar, wie man ihn auch nennt, ungehindert als Beute präsentieren.

Andrew versperrt den Harleys den Weg …

Driver Andrew ist ein Harley-Davidson-Hasser. Er empfindet diese dumpf röhrenden heissen Öfen als mehr oder eher minder gut funktionierenden Schrott und träumt stattdessen von einem geländetauglichen Motorrad japanischer Provenienz. Gleichwohl konnte er es nicht unterlassen, die Harley-Gang, die den Tioga Pass heraufknatterte, zu filmen. Kaum diesen Entschluss gefasst, wurde der Van auf dem Pannenstreifen der gegenüberliegenden Strassenseite abgebremst und geparkt. Andrew schnappte die Kamera mit einem eleganten fernöstlichen Schwung, den man oft bei japanischen Touristen sehen kann, und postierte sich tatsächlich in der Mitte der Gegenfahrbahn. Die Glarner konnten kaum glauben, was sie durch die Wagenscheiben mitansahen. In Kauerstellung und mit der Kamera in Schussposition erwartete der lebensmüde Andrew die heranbrausende Harley-Brut. Für ihn war sonnenklar, dass sich die Meute fernsehgerecht vor seiner Kamera teilen und erwartungsgemäss stilvoll nach links und rechts ausweichen wird.

Aber eben: Der Krug geht zum Brunnen, bis er bricht. Einer der letzten Harleyfahrer war entweder schnauzbärtig böse oder des ausweichenden Lenkens unfähig, als er das filmende Schwiizermännli[40] mitten auf seiner Fahrbahn hocken sah. Der Lederunhold verpasste Andrew einen „Streifschuss", der ihn zu Boden warf. Glücklicherweise hatte Andi in der Jugendriege den seitlichen Wegrollindiebüsche-Sprung eingeübt, weshalb er sich in letzter Sekunde vor dem herannahenden Pickup retten konnte. Dessen Fahrer war sichtlich irritiert, dass ihm für einmal ein Bartmensch und nicht ein Waldtier die Fahrbahn streitig machte. Humpelnd und mit schmerzunterdrücktem Gesicht kam Andi zum Auto zurück und tat so, als ob ein Pfader keinen Schmerz kennt. „Habt ihr den Sauhund gesehen?", klagte das Unfallopfer nur, als es sich auf den Fahrersitz quälte.

Nach dem Tioga Pass fuhr das Trio durch den Parkeingang Ost des *Yosemite-Nationalparks*. Das Auto glitt über die auf 2600 m liegenden Tuolumne Meadows, den höchsten Almen der Sierra Nevada, dort, wo der Pflanzenwelt nur gerade vier Monate frostfreie Zeit zur üppigen Entfaltung bleiben. An Picknickplätzen und Wegweisern für Campgrounds entlang schlängelte sich der Van durch das amerikanische Heidiland Richtung *Yosemite Valley*, dem eigentlichen Zentrum und Ausgangspunkt des 1189 Quadratmeilen grossen Nationalparks. Er ist vier bis fünf Autofahrstunden von San Francisco und deren sechs von Los Angeles entfernt. Verständlich ist daher, dass der Park für die Städter – vor allem im Sommer – ein viel besuchter Naherholungsraum ist. Jährlich statten vier Millionen Wanderfreunde dem Naturparadies einen Besuch ab. Verkehrszusammenbrüche und Staus sind deshalb in dieser Einöde keine Seltenheit. Die im Yosemite Valley zwischen Village, Camps, Sights und den Ausgangspunkten zu den Wanderwegen kostenlos verkehrenden Busse (teilweise mit Lift und Rollstuhlverankerungen) lösen das Anfahrtsproblem nicht. Einzelne Strassen im Zentrum sind für den Individualverkehr gesperrt. Für Behinderte sind beim Eingang oder im Visitor Center Ausnahmefahrbewilligungen und detaillierte Info-Unterlagen erhältlich. Letztere führen nicht nur die drei rollstuhlgängigen Kurzwege auf, sondern enthalten auch viele spezifische Angaben zu den von Rangers durchgeführten Tagesprogrammen und Abendanlässen. Gehörlose kommen beispielsweise in den Genuss von geführten Wanderungen mit einer Rangerin, die die Gebärdensprache beherrscht.

Wer im Park selber nächtigen will, muss frühzeitig, bis zu einem Jahr vorher, reservieren. Insgesamt drei Behindertenzimmer (Roll-in Shower) hat das 1990 renovierte und regelmässig lange Zeit im Voraus ausgebuchte Ahwahnee-Hotel. Äusserst beliebt ist die Yosemite Lodge mit 495 Betten, von denen ein Hotelzimmer und 16 Hütten behindertengerecht sind und insbesondere ein eigenes Bad (Roll-in Shower) aufweisen. Vier Handicapped Cabins teilen sich ein rollstuhlgerechtes Zentralbad (Roll-in Shower). Das Redwoods Guest Cottages am Südeingang offeriert sechs Accessible Cabins. Alternativen ausserhalb des Parks finden sich in den Orten El Portal (14 Meilen), Midpines (36 Meilen) und Mariposa (43 Meilen, mit den meisten Schlafmöglichkeiten).

Der Mirror Lake tat seinem Namen Ehre

Hardy hatte für einmal keine solchen Sorgen, da er – als Nichtwanderer – bloss Durchreisender war. Anhand der Unterlagen war eine Besichtigungsroute schnell zusammengestellt. Nach dem Besuch des Visitor Centers mit seiner Ausstellung zur Gletscherzeit folgte ein Marsch zum *Mirror Lake*, an dessen Ufer Hardy unter schattigen Bäumen eine Liegerast machte. Ein neugieriger blauer kleiner Vogel blieb die ganze Zeit in seiner Nähe. Vorbei an den berühmten Wasserfällen verliessen die Schweizerlein das Zentrum und fuhren eine Stunde aufwärts zum *Glacier Point* (2200 m), wo man über das ganze Tal staunen und filmen kann. Vom Parkplatz zum Aussichtspunkt steigt die Strasse steil an. Mit vereinten Kräften schoben Andreas und Christel ihren Boss auf die Spitze mit der phantastischen Rundumsicht. Viele Augenpaare suchten dort oben nach den Wahrzeichen des Parks, nämlich dem El Capitan und dem Half Dom.

Die Aussicht vom Glacier Point

Pelzige Berühmtheiten bekam das Trio nicht zu Gesicht. Der Braunbär, auch Grizzly genannt, soll jedoch ab 10 p.m. aus seinem Versteck kriechen und nach Essbarem suchen. Selbstverständlich öffnen die putzigen Bärchen problemlos auch ein Auto, und zwar ohne Dosenöffner. Wenn der dumme Tourist seine Kühlbox im Wageninnern lässt, genügt ein sanfter Schranz[41] der Bärentatze, und das Fenster ist offen. Info-Zettel mit Fotos von grausamen Nachttaten und der mit Parkregeln bespickte „Yosemite Guide" warnen die Besucher und machen gleichzeitig auf richtiges Verhalten aufmerksam. Auf dem kurvigen Hwy 41 south Richtung Fresno verliessen die Helvetier das kalifornische Heidiland. Beinahe 2000

Höhenmeter werden bei der Talfahrt nach Fresno bewältigt. Von der Müdikeit übermannt nächtigten sie kurzentschlossen beim nächsten Vacancy-Schild an der Strasse in Coarsgold, wenige Meilen vor Fresno.

Mittwoch, 28. Juli 1999: Coarsegold – Sequoia National Park – Lemoore

Etwas müde startete das Trio den Tag. Fresno liegt auf knapp 100 m im Herzen des San Joaquin Valley und ist bekannt für seine Weinbeerenkulturen und blühenden Sträucher im Februar und März. Da Hardy unbedingt die Sequoia-Riesenbäume sehen wollte, zweigte der Chauffeur in Fresno auf den empfohlenen Kings Canyon Scenic Byway 180 east ab. Dieser brachte sie schliesslich nach einer langsamen, stetig ansteigenden Fahrt, zuletzt mit hunderten von Kurven, zum *Sequoia National Park* auf 2000 Meter. In diesem Nationalpark und dem nördlich angrenzenden *Kings Canyon National Park* können die Riesenbäume bestaunt werden. 20 weitere Sequoia-Mammuts kann man auch im Yosemite N. P. (Mariposa Grove of Big Trees) besichtigen. Die Sequoia-Baumbestände (rund 75) wachsen ausschliesslich an den feuchten Westhängen des Sierra Nevada Gebirges zwischen 1500 m und 2100 m. Die Dinger sind wirklich riesig! Höhe: 95 m, Alter: 3200 Jahre, Gewicht: 1215 t, Rinde: 77 cm, Äste: 2,44 m, Basis: 12 m Durchmesser – das sind lediglich die durchschnittlichen Masse, es gibt noch grössere, höhere, dickere etc. Die Sequoia sind zwar die stämmigsten Bäume der Welt, nicht aber die höchsten. Das sind die etwas „zierlicheren" Redwood-Bäume, die durchschnittlich 17 m höher werden und nur auf einem schmalen Streifen entlang der Pazifikküste vorkommen. Wer sich diese Giants ansehen will, der begibt sich am besten zum *Muir Woods National Monument* in der Nähe von San Francisco. Dort stehen sechs Meilen geteerte Fusswege zur Erkundung bereit.

Mit Muskelkraft über Stock und Wurzel

Die Waldfahrt bot einige Filmstopps, wobei für Hardy nicht alle Wege geeignet waren. Die wichtigsten Sights waren aber gut zugänglich, wenn auch mitunter nur über steilere Wege. Da trockenes Wetter herrschte, waren die Naturpfade gut zu berollen. Ab und an führten feste Wege zu den „Attraktionen". Dazu zählen nicht nur die Bäume, sondern auch zahlreiche Umweltsünden. Da Waldbrände von den Menschen unterdrückt und zahlreiche Riesenbäume gefällt wurden, um die Hütten und Gebäude im Park zu schützen, ist der natürliche Regenerationsprozess gestört worden. Die Parkverwaltung liess mittlerweile einige Häuser wieder entfernen, was einen Teil des Rettungsplanes für beide Nationalparks ausmacht, die vor kurzem eine neue Lodge erhalten haben. Im Sommer 2001 wird das zu einem *Museum* umfunktionierte historische Marktgebäude im alten Giant Forest Village seine Tore öffnen und dem Besucher alle Geheimnisse und Bemühungen rund um die Sequoia-Riesen kundtun. Bauarbeiten und Strassensperren begleiten deshalb die Besucher.

Nach einem kurzen Infostopp im Visitor Center folgten die Schweizer dem geteerten Generals Hwy 198 zum südlichen Giant Park, dort wo die grössten der Riesen anzutreffen sind. Es bot sich bald einmal die Gelegenheit für Hardy, das Auto zu verlassen und über ein paar Wurzeln zu holpern, um sich mitten in eine Baumgruppe zu begeben. Was für ein Bild! Die mächtigen Stämme schienen das kleine Rollimännchen geradezu verschlucken zu wollen. So winzig waren die Besucher im Vergleich zu den Waldgiganten. Ausgehöhlte Stämme konnten bequem aufrecht durchschritten werden. Der absolute Fotoliebling soll der *General Sherman Tree* sein, der pro Jahr schneller als alle anderen wächst. Er legt in einem Jahr so viel mehr Holz zu, dass daraus ein 60 Fuss hoher „Normalbaum" gemacht werden könnte. Für den Betrachter sehen diese Dinosaurier von unten alle gleich mächtig aus. Interessant war zu erfahren, dass die Sequoia über eine hitze- und pilzresistente Rinde verfügen. Ihre Lebensdauer hängt mit der hitzeresistenten Rinde zusammen, die sie vor Waldbränden schützt. Da die anderen Bäume, insbesondere die Redwood-Tannen, verbrennen, haben die Sequoia nach einem Brand zudem mehr Luft zum Atmen und Raum zur Entfaltung. Wird die rund 70 cm dicke Rinde aber beschädigt, dann kann das Feuer im Innern des Baumes sein Unheil anrichten.

Für einmal ein hölzerner Tunnel

Mächtig beeindruckt von diesen Waldgreisen verliessen Hardy und sein Team den eindrücklichen Ort. Andreas, der nichts mehr hasst als Eintönigkeit, begann, die Kurven zu zählen. Über sicher mehr als tausend solche teilweise engste Windungen brachte er seine Fracht auf der Panoramastrasse 198 hinab ins Tal, dem Kaweah River und dem gleichnamigen See entlang. Bei der ersten sich bietenden Gelegenheit musste getankt werden, wollte man weiter vorwärts kommen. Das Ziel hiess San Francisco, das allerdings noch zu weit weg war. Kurz vor der I-5 beendete das Trio die Tagesetappe. In Lemoore besorgten sie im Save Mart Supermarket frischen Proviant und fanden im Motel Vineyard Inn (Best Western) einen Handicapped Room.

Donnerstag, 29. Juli 1999: Lemoore – San Francisco

Bereits tags zuvor auf dem Weg nach Lemoore fielen die zahlreichen Zitrus-, Tomaten-, Zwiebeln- und Knoblauchplantagen auf. Auf dem Weg nach San Francisco ging die Ackerpracht weiter. Der I-5 entlang schlängelt sich das breite California Aqueduct, *das* Bewässerungssystem schlechthin. Es ist schon ein Wunder, wie sich die Natur verändert, wenn sie mit Wasser in Berührung kommt. Nur mit dem hier spärlich fallenden Niederschlag ist die Erde mit einem strohfarbigen Gras bedeckt, das gerade mal ausreicht, um genügsames Vieh zu verkösten. Mit der Bewässerung entstehen aber endlose Felder, auf denen sich wohl nicht wenige illegale Mexianer abrackern, um hernach in der Anonymität zu verschwinden. Die allgegenwärtigen Trucks passen sich der Landschaft an. In Kansas waren es typische Rindertrucks – hier prägten Lastwagen mit Tonnen von Tomaten oder Knoblauch den Highway und verströmten, zusammen mit den Plantagen, die verschiedensten Düfte. Hardy bemerkte kurz vor dem Ziel, dass das brave Auto die 6000. Meile zurückgelegt hatte. Dementsprechend sah der Van mittlerweile auch aus – eine dicke Dreckschicht hatte sich über das schöne Rot gelegt.

Wasser – der Lebensnerv der Metropolen

Nach einer gut dreistündigen Fahrt auf den I-5 north und I-580 west war der vierräderige Dreckspatz in Oakland angelangt und setzte auf der gebührenpflichtigen Bay Bridge (I-80 west) nach San Francisco über. Christel hatte auf dem Weg die Reiseliteratur studiert und Hinweise gegeben, wo man am besten ein Hotel finden könnte. Hardy funkte[42] ihr dazwischen und meinte, rund um den Union Square, dem Herzen Downtowns, seien gemäss Reiseführer die meisten Hotels vorhanden. Wie immer fiel die Orientierung in dem einfachen Strassennetz leicht. In Downtown fuhr Andreas ein paar Hotels an. Einzelne Gebäude schreckten mit ihrem ungepflegten Äusseren sogar den anspruchslosen Driver ab. Am Ende entschied man sich für das Hotel Ramada Plaza International an der ebenen Market Street. Entgegen der anders lautenden Hinweise von Hotelführer und -lobby verfügte das Haus über eine grosszügige Roll-in-Shower (Zimmer 303).

San Francisco – wir kommen

Nach einer kurzen Ruhepause machte man sich „friscowürdig" rauf und runter durch das nahe liegende China Town. Hardy wollte unbedingt ein Harakiri-Messer erwerben, damit er seine heissgeliebten Wassermelonen hätte köpfen können. Doch die Souvenirshops offerierten kein ihm passendes Instrument. „Keine Bange", meinte daraufhin Hardy betont locker, „ich finde sicher irgendwo einen geeigneten Totschläger". Vorbei an den (zu) zahlreichen Obdachlosen ging es zu nächtlicher Stunde zurück ins Hotel. Hardy war froh, wieder im Zimmer zu sein, da San Francisco auch im Sommer von einem durch Mark und Bein dringenden „Polarwind" regiert wird. Angeblich soll San Francisco im Winter wärmer sein. Da verstehe einer noch die Welt!

Freitag, 30. Juli 1999: San Francisco

Die räumlich stark eingeengte Stadt am nördlichen Ende einer schmalen Halbinsel breitet sich über rund 40 Hügel aus, die vom Meeresufer bis zu 300 m aufsteigen und teilweise traumhafte Ausblicke bieten. Über dieses wellige Relief legten die Stadtplaner – wie andernorts üblich – ein rechtwinkliges Strassensystem. Das führte dazu, dass die Strassen oft halsbrecherisch steil ansteigen, was das Autofahren zu einem besonderen Erlebnis werden lässt. Steigungen von 30% sind nichts Aussergewöhnliches. Da kommen dem Besucher die bekannten *Cable Cars* gerade recht. Die drei Linien sind nicht rollstuhlgängig. Gleichwohl muss sich der Rollifahrer in dieser relativ kompakten Stadt nicht unbedingt in den Stossverkehr stürzen, da die Buslinien der San Francisco Municipal Railway *(MUNI)* zur Verfügung stehen. Im Gegensatz zu den rund 20 Trolleybuslinien, die Stadt und Region versorgen, verfügen knapp 40 der Buslinien, die den grössten Teil der Stadt abdecken, über Wheelchair Lifts und Lock-downs. Die MUNI-Metro verläuft vom Embarcadero unterirdisch der Market Street entlang, wo sie anschliessend unter freiem Himmel die Nachbarschaft erschliesst. Die neun Untergrund-Stationen sind für den Rollifahrer via Lift und ebenerdigem Einstieg zugänglich. Der überirdische Zugang hingegen ist limitiert, obwohl viele Haltestationen auf der Market Street eine Betonrampe aufweisen. Die Bahn, Bay Area Transit *(BART)*, fährt ab der Market Street unter der San Francisco Bucht hindurch nach Oakland und Berkley und erschliesst ferner südliche Stationen. Alle BART-Stationen sind für Rollifahrer zugänglich. Der Zug selber hat keine Verankerungsvorrichtungen, bewege sich aber, gemäss Behindertenführer, sehr smooth fort. Detaillierte Informationen für behinderte Passagiere enthält die MUNI-Karte, die an Zeitschriftständen und in Bücherläden erhältlich ist.

Die Cable Cars – Wahrzeichen von San Francisco

Die verschiedenen Stadtführer weisen darauf hin, dass quer durch San Francisco ein mit dem Auto abzufahrender *Scenic Drive* führt. Das Trio entschloss sich daher, Friscos Sehenswürdigkeiten so zu erreichen. Da man in der Market Street stationiert war, fuhr man als Erstes bei der *Cable Car Barn* (das Cable Car Zentrum, wo alle Zugkabel zusammenkommen) vorbei zum *Embarcadero Center*, dessen Drehrestaurant im 18. Stock des Hyatt Regency Hotel leider erst ab 5 p.m. geöffnet ist. Den blauweissen Strassenschildern des Scenic Drive folgend führte die Tour weiter zum *Coit Tower* auf dem Telegraph Hill. Von dort können zwar die Fussgänger einen Rundumblick auf die Stadt geniessen, nicht aber ein Rollstuhlfahrer, da ihm üppiges Gebüsch vor das Gesicht gepflanzt ist. Der Coit Tower selber ist nur über 32 Stufen zu bewältigen.

Die Aussicht vom Coit Tower, wie sie sich Fussgängern präsentiert

Die in unmittelbarer Nähe liegende berühmte *Lombard Street* schlängelt sich in zahlreichen engen Kurven den Hügel hinunter. Jeder Tourist, der mit einem Auto hier ist, will die krümmste Strasse der Welt natürlich befahren. Ein Rasen ist unmöglich, lediglich Schritttempo ist angesagt. Kaum war der rote Van unten angekommen, hetzte der Driver die Frau seines Bosses ein zweites Mal durch die blumengesäumte Schlangenstrasse, damit er die Fahrt filmen konnte.

Die Lombard Street – ein Muss für jeden Touri

Um die Mittagszeit erreichte man das vergnügliche Hafengelände, die *Fisherman's Wharf*, wo das Franciscan Restaurant köstliche Fisch- und Vegimenüs auftischte und im 1. Stock eine nette Aussicht bott. Der

Waiter stempelte sogar den Parkschein der gebührenpflichtigen Hafenanlage ab, was den dreien die Parkgebühr erliess. Der Verdauungsspaziergang führte den Läden und Souvenirständen entlang zum Unterhaltungssteg *Pier 39* mit dem Cinemax Theater, Unterwasseraquarium, Läden, Beizen und stinkenden, nicht mehr gar so gesunden Seehunden, die sich vom Abfall der umliegenden Restaurants ernähren.

Ein buntes Treiben am Pier – Firefighters ziehen ab – Fehlalarm ...

... die stinkenden Seehunde bleiben

Da es bereits wieder gegen den späteren Nachmittag ging, kürzten die drei den Rundkurs etwas ab. Sie fuhren beim *Ghirardelli Square*, *Maritim Museum*, *Viktorianischen Wohnviertel*, *Palace of Fine Arts* sowie *Presidio Park* vorbei zum *Fort Point*. Dieses befindet sich direkt unterhalb der Auffahrt zur *Golden Gate Bridge*, weshalb die Besucher einen imposanten Ausblick auf die rostrote Megabrücke und Downtown San Francisco geniessen können. Hardy war überaus happy und liess sich stolz unter dem Wahrzeichen dieser Stadt ablichten, verzichtete jedoch gerne auf die Erkundung der dreieinhalb Meilen langen, teilweise geteerten *Golden Gate Promenade*, die zum *Fort Mason* führt. Der kalte Wind setzte ihm arg zu, weshalb er es nicht zu lange aushielt und bald einmal den Scenic Drive fortsetzen wollte.

Hardy fror im Sommer

Dieser führte weiter an die Küste des Pazifiks, wo das hindernisfrei zugängliche Restaurant *Cliff House* zum Verweilen einlädt. Südlich dieser Aussichtsterrasse und oberhalb des umtriebigen Ocean Beach lockt ein 700 m langer geteerter Spazierweg. Die Besichtigungsfahrt ging weiter durch den hügellosen, spazierfreundlichen, überaus grünen *Golden Gate Park*, wo vereinzelte Papierdrachen in den rauen Pazifiklüften herumtanzten. Auf dem Retourweg zum Hotel überquerte das Grüppchen schliesslich noch den *Twin Peaks Hill*, den höchsten Hügel, um den sich die ganze Stadt ausbreitet. Typisch für San Francisco schickte so ein böser Wettergott gerade in dem Moment, als Hardy draussen war, die kältesten Nebelwinde vom Pazifik. Der Ausblick war trotzdem phänomenal. Vorbei an traditionellen Wohnhäusern im viktorianischen Stil, die kontrastreicher zu den Wolkenkratzern im modernen Geschäftsviertel nicht hätten sein können, ging die erlebnisreiche Tour zu Ende. Vor dem Zubettgehen genehmigten Hardy und Christel sich noch einen warmen Kaffee im hoteleigenen Starbucks. Der überzeugte Milchtrinker Andreas kam ebenfalls auf seine Kosten und packte die Gelegenheit beim Schopf, mit einer gescheiterten Strassenexistenz am Nachbarstisch über Gott und die Welt zu quatschen.

Aussicht vom Twin Peaks Hill – schön, aber saumässig kalt

Samstag, 31. Juli 1999: San Francisco

Christel und Hardy verbrachten den Tag getrennt von Andrew. Er hatte am Vorabend gewisse Erschöpfungssymptome gezeigt und einen freien Tag begehrt. „So, so", dachte Christel, „nun gehen wir ihm schon auf die Nerven!" Hardy freute sich auf den geruhsamen Tag allein mit seiner Maitä[43]. So sah er eine gute Gelegenheit, seine Nase einmal in eine Buchhandlung zu stecken und dabei nur sein geduldiges Weib um sich zu wissen. Christel schob Hardy der Market Street entlang. Ab und zu wurde ein Shop von innen besichtigt. Ein eigentlicher Einkaufsbummel war jedoch nicht vorgesehen, obwohl sich der Union Square dafür ausgezeichnet eignet. Ziel war der Pier 41, dort wo die Blue & Gold Fleet nach *Alcatraz* ablegt. Die lange Market Steet zog sich dahin. Christel fühlte sich fit und war mit Hardy einer Meinung, den Tag auf Schusters Rappen zu verbringen. Mit durstigen Kehlen erreichten sie das Hafengelände. Leider waren alle Fahrten nach Alcatraz bis zum Donnerstag ausgebucht. Anscheinend wollen in der Ferienzeit derart viele Touris nach der ehemaligen Gefangeneninsel, wo einst der Mafioso Al Capone einsass, dass eine frühzeitige Reservierung unumgänglich ist. Alcatraz ist für den Rollifahrer ohnehin nur teilweise zugänglich. Können einzelne Stufen oder der Steilhang zum Cell House nicht überwunden werden, gibt das Easy Access Programm, ein interaktives Computerprogramm, Einblicke in das Innere. Verbesserte Zugänge sind geplant. Hardy tröstete sich damit, dass auch noch andere Leute anbrannten und mit dummen Gesichtern dastanden.

Stattdessen machte das Duo eine hundskomune[44] *Schifffahrt auf der Bay*; an Alcatraz vorbei, unter der Golden-Gate-Brücke hindurch und wieder zurück. Hardy hatte nur die Möglichkeit, sich im Innern des Schiffes aufzuhalten. Die hohen und zugleich schmutzigen Fenster am Bug verübelten dem Passagier die Fahrt. Er schickte seine Frau deshalb aufs Oberdeck, damit sie die klare Sicht auf die Sights filmisch festhalten und ihn hernach am Monitor zeigen konnte.

Die Schifffahrt nach Alcatraz fiel leider aus …

… herausgeworfenes Geld – Ersatzfahrt zur Golden Gate Bridge

Der anschliessende Bummel führte unter anderem durch das gefällige Einkaufshaus *Ghirardelli Square*, das in einem alten Fabrikgebäude untergebracht ist. Der Name stammt von einer Schokoladendynastie, die den Geschmack der Amis voll getroffen hat, den langen Schlangen vor dem Schoggiladen[45] nach zu beurteilen. Mit dem geübten Schweizer Schoggiblick war aber unschwer zu erkennen, dass es sich bei diesem hauptsächlich braunschwarzen Zeug, entschuldigt bitte, liebe Amis, um süssen Zuckerschrott handelt. Auf einer oberen Etage setzten sich die Glarner gmögig[46] auf eine windgeschützte Terrasse einer Imbissecke und genossen die wärmenden Sonnenstrahlen und den Blick aufs Meer.

Aussicht vom Einkaufszentrum Ghirardelli Square

Christel schlug vor, mit dem MUNI[47] zurückzureiten, was Hardy nicht ganz nachvollziehen konnte. Als er endlich verstand, dass ihm keineswegs ein Ritt auf einem Stier drohte, war er trotzdem nicht sonderlich begeistert. Hardymann hatte keine Lust, die Buslinien zu studieren und womöglich im Feierabendverkehr stecken zu bleiben. Wie es sich für einen despotischen Sklaventreiber gehört, trieb er sein armes Eheweib auf die Powell Street. Per pedes und nur mit einer halben Pferdestärke (Christel ist sonst ein ganzes Ross) keuchte der arme Thurgauer Gaul hinter dem Rollstuhl die steil ansteigende Strasse hinauf. Mit hochrotem Kopf, aber einem Gefühl der Stärke, drehte sich Christel auf dem höchsten Punkt siegessicher um und verspottete die eben erklommene Steilheit. Wie für das geistige Auge des San-Francisco-unkundigen Lesers festgehalten werden muss, führte dieser Kraftakt quer durch China Town, was gar manchem schmächtigen Schlitzauge chinesisch vorkam. Vor lauter Höflichkeit merkten die Chinaboys aber nicht, dass sie ohne weiteres hätten helfen können.

Christel verliess allerdings beim anschliessenden Strassengefälle der Mut. Sie wählte einen Umweg, der den Rollstuhl schliesslich auf weniger anspruchsvoller, aber immer noch kurvenreicher Slalomfahrt zur Market Street führte. Dabei fiel der Blick immer wieder auf die nahegelegene, einst sehr umstrittene, unverkennbare und 260 m hohe *Transamerica Pyramid*. Leicht erschöpft verzichteten die Stadtwanderer auf den Besuch der sagenhaften Aussichtsterrasse im 27. Stock und begaben sich ins Hotel.

Sonntag, 1. August 1999: Ausflug ins Napa Valley

Hardys Verwandte Graziella wohnt in Redwood City, ganz in der Nähe von San Francisco. Er freute sich sehr auf ein Wiedersehen, hatte er doch seine Coucousine[48] seit ihrem Wegzug nach dem fernen Amerika nie mehr getroffen. Da Grace mit ihrer Familie einige Ferientage und insbesondere das Wochenende im Norden von Kalifornien verbrachte, nutzte Hardy die Gelegenheit, seinen beiden Reisegefährten einen Abstecher in die Weintäler *Napa Valley* und Sonoma Valley schmackhaft zu machen. Das Trio verliess das Stadtzentrum auf dem Hwy 101 north über die Golden Gate Bridge, um in gut einstündiger Fahrt über die Strassen 37 und 29 north nach Napa zu gelangen.

Über die goldene Bridge nordwärts ins Napa Valley

Im erstbesten Visitor Center besorgte Andreas detaillierte Unterlagen zu den verschiedenen Weingütern und Degustationsmöglichkeiten. Angetan von einem netten Schlangenfängerbeschrieb dirigierte Hardy den Van nach Yountville zum *Vintage 1870*. Was für eine Touristenfalle für stilgewohnte, europäische Weinliebhaber! Derselbe Prospekt schwärmte auch vom Weingut *Sattui* in St. Helena, in dem angeblich mehr als 100 verschiedene Käsesorten zum Verzehr vor oder nach dem Degustieren angeboten werden. Wohlbemerkt eine Besonderheit in Amerika! Die ganze Mannschaft war, von einem immer stärker werdenden Chäsgluscht[49] getrieben, schnell einig, dass diese Schenke angefahren werden sollte. Es war erneut eine Touristenfalle mit überteurem Wein und ungewohnter, beinahe ungehobelter Degustationssitte. Dafür aber mundete der hauptsächlich aus Europa importierte Käse wunderbar im einladenden Picknickgarten.

Picknick im Freien – der Käse war spitze!

Nach dieser positiven Erfahrung mit der Infobroschüre vertrauten ihr die Schweizer blindlings ihre käseschwangeren Mägen an. Das nächste zur Besichtigung ausgewählte Weingut, *Sterling Vineyards*, Calistoga, das als ein Must See bezeichnet wurde, war den Besuch nicht wert. Immerhin konnte Hardy mit dem Rollstuhl in die zweiplätzige Gondel (Schweizer Fabrikat) einsteigen und die knapp 300 Feet auf das Hügeli[50] hinaufschweben. Ein rollstuhlgängiges Touristenmobil brachte Gehfaule und andere Marschuntüchtige zum nahen Château[51].

Eine rollstuhlgängige Gondel – in den USA selbstverständlich

Als Hardy oben angekommen war, verunmöglichten ihm Mauern die zwar sehenswerte, aber keinesfalls spektakuläre Aussicht über die bescheidenen Rebhügel. Der übliche Souvenirladen mit dem angegliederten Weinprobierraum war das Ticket ebenfalls nicht wert. Es fiel schwer, keinen Vergleich zu den bekannten europäischen Weingebieten zu machen. Unter der brütenden Sommerhitze Kaliforniens kann der Besucher bestenfalls vom warmen herbstlichen Licht über den Rebstöcken und von den alten Gemäuern der europäischen Weingüter träumen. Irritierend, wenn nicht sogar schamlos, ist aber der hauptsächlich herzlose Umgang mit dem edlen Tropfen. Sowohl Anbieter als auch Besucher verfügten offensichtlich nicht über das stille, geniesserische Gen zur Huldigung einer jeden Flasche. Es wurde schnell und konzeptlos ausgeschenkt, durchprobiert und in lieblosem Tempo über die Theke verkauft. Irgendwie leidenschaftslos – amerikanisch?

Das Napa Valley

Wer will, der kann trotzdem der Kunst des Geniessens frönen. Im Napa Valley verkehrt eine gemütliche *Museumseisenbahn*. Zwischen Napa und Calistoga verwöhnt der Nostalgiezug Wine Train seine Gäste in gehobenem Ambiente mit kulinarischen Köstlichkeiten. Während die Gaumen von einem Höhepunkt zum nächsten Genuss geführt werden, bahnt sich der Zug seinen Weg durch die Reblandschaften, parallel zur Strasse 29. Im kalifornischen Weinanbaugebiet kann das „Geniessen" sogar gekauft werden, indem man eine Stretchlimousine chartert und nobel von Degustation zu Degustation chauffiert wird. Was für ein Unterschied zum Jahr 1836, als in diesem klimatisch güstigen Tal erstmals Weinreben erfolgreich angebaut wurden und danach immer mehr Winzer aus Deutschland und Italien hierher kamen. Aus diesen einfachen Anfängen im Napatal entwickelten sich 170 Kellereien, die mit ihren Besichtigungsprogrammen alljährlich mehr als drei Millionen Besucher anziehen. Das Hauptanbaugebiet des kalifornischen Weins ist heute ca. 50 km lang. Napa bildet mit seinen 68 800 Einwohnern das südliche Einfallstor, St. Helena die zentrale Siedlung und Calistoga mit dem kalifornischen *Geysir Old Faithful* den nördlichen

Abschluss. Gerade rechtzeitig, kurz vor dem Ende der Öffnungszeit, gelang es Andreas, die 20 m hohe Wasserfontäne des alle 40 Minuten eruptierenden Geysirs zu filmen – und erst noch mit einem Regenbogen! Die Gegend um den im Hintergrund zu sehenden, erloschenen Vulkan St. Helena gilt als eine der schönsten im Napa Valley. In Calistoga gibt es zahlreiche heisse Quellen, die seit über 100 Jahren für Kuranwendungen, Schlammpackungen und Heilbäder genutzt werden.

Geysir Old Faithful (Napa Valley)

Die Rückreise führte durch das nördlich der San Francisco Bay liegende und parallel zum Napa Valley verlaufende *Sonoma Valley*. Auch in diesem Weingebiet luden zahlreiche Werbetafeln zu Degustationen und Besichtigungen in die verschiedensten Kellereien ein. Für fahruntüchtig gewordene Weinkoster stehen in diesem Tal ebenfalls einige Übernachtungsmöglichkeiten zur Verfügung, die in Broschüren aufgelistet werden. Christel zählte ungewollt auch zu den untauglichen Autofahrern. Nicht der Wein, sondern die Hitze liess die Gute auf dem Hintersitz in einen tiefen Schlaf versinken. Als sich ihre Lider endlich hoben, befand sie sich schon im südlichen 8000-Seelen-Ort *Sonoma*, das sein spanisches Aussehen bewahrt hat. Wieder über den Küstenhighway 101 south und über die gebührenpflichtige Golden Gate Bridge brachte der Chauffeur sich und die beiden anderen Ausflügler wohlbehalten nach Frisco zurück. Im Hotel investierte Hardy manchen Dollar in den Internetbetrieb seines Power-Books und hinterliess Grace die Mitteilung, sie am kommenden Tag, dem Geburtstag des Pfaders, heimzusuchen.

WEEK 31/1999

2. bis 8. August

Montag, 2. August 1999: San Francisco – Redwood City

Das Cousinchen war vom bevorstehenden Besuch derart angetan, dass sie die Glarner frühmorgens aus den Federn klingelte und den Weg beschrieb. Andi musste trotz Wiegenfest wieder in die Büezerhosen[52] steigen und das Gepäck im Van verstauen. Hardy und Christel begriffen nicht so recht, ob ihr kleines Buchgeschenk nun wohlgefiel oder nicht. Doch wieso sich lange darüber den Kopf zermartern? Hardy hatte sich bei Grace gegen 5 p.m. angemeldet, weshalb genügend Zeit blieb, die kurze Wegstrecke auf der I-280 south von San Francisco nach Redwood City zurückzulegen. Schnell war dort ein Motel besorgt, das dem Geburtstagskind Gelegenheit zu einem Fernsehnachmittag und den Glarnern zu einem Bummel in der nahe gelegenen Mall gab.

Grace freut sich über die Geschenke aus der Heimat

Gegen Abend wars dann endlich so weit. Mit der berühmt-berüchtigten Zielsicherheit eines Radars fand der Van die Adresse. Im Übrigen half das Nummernschild von Graziellas Volvo mit der sinnigen Abkürzung LUGANO 6, nicht am Haus vorbeizufahren. Es folgte ein herzlicher Empfang. Da Hardy Grace vor gut 20 Jahren das letzte Mal gesehen hatte, war es für ihn spannend festzustellen, was aus dem ehemaligen Schweizer-Maiteli[53] geworden ist. Grace spricht zwar immer noch perfekt Schweizerdeutsch, lässt aber keinen Zweifel daran aufkommen, dass sie seit Jahren in den USA lebt. Christel und Hardy hatten für die Cousine diverse typische Schweizer Geschenke mitgebracht, die voll ins Schwarze trafen: ein Abtröchnitüechli[54] mit Edelweissstickereien, zwei Glarner Tüechli und Schweizer Offiziersmesser. Grace entpuppte sich als Heimwehschweizerin und freute sich riesig über die Mitbringsel. Die Kinder Stefanie und Gregory schnappten sich Edelweiss-Sonnenkappen und Sackmesser, die offensichtlich eine wahnsinnige Faszination ausübten. Zudem outete sich die Heimwehschweizerin als eine Kochbuchfanatikerin. Mehrere Dutzend Kochbücher sind wie ein wertvoller Schatz im Essraum versteckt. Die Betty-Bossi-Literatur[55] ist in Redwood City lückenlos vorhanden! Dieser Passion entsprechend entschuldigte sich das zur Buchhalterin gewordene Meitschi[56] für die durch die Ferienheimkehr bedingte Unmöglichkeit, Gäste zu bewirten. Dafür lud sie das Trio zum Nachtessen bei Chevy's – einer mexikanischen Imbisskette – ein.

Ganz Ehefrau mit Schweizer Wurzeln wurde der Ehemann mit einem knappen Telefonanruf herbeigeordert. Willig, wie Ehemänner nun einmal sind, wenn sie nur lange genug abgerichtet werden, war Marc innert Minutenfrist zuhause. Völlig unwissend erfuhr Hardy, dass das Familienoberhaupt seine Wurzeln im zürcherischen Uster hat und Schweizerdeutsch versteht, ja sogar gut mit dem einen oder anderen Amiholperer sprechen kann. Mehr noch: Marc outete sich als ein grosser Migros- und Servelatsfan. Gerne erinnerte er sich an seinen mehrmonatigen Aufenthalt in der Ostschweiz, wo er in Gossau als Unterhund[57] in der Lebensmittelbranche bei der Migros gearbeitet hatte. Während sich die Familie für den Ausgang herrichtete, überprüfte Christel die vorausgesandten und bei Grace zwischengelagerten Aluminiumkisten mit Pflegeutensilien, Lagerungsmaterialien und Kleidern. Die leichtgewichtigen Kisten waren allesamt in Kalifornien, wenn auch mit einigen Beulen, angekommen. Der Zoll hatte der Nurse keinen

Strich durch die Rechnung gemacht, worüber sie mehr als nur froh war. Vielleicht hatten die lückenlos, zweisprachig erstellten Inhaltslisten zum problemlosen Transport beigetragen. „Wie auch immer", dachte die Krankenschwester und wurde schon zur ersten Triage aufgerufen. Da das Auto eh schon übervoll war, konnte das ganze Materiallager nie und nimmer bis nach San Diego mitgenommen werden. Schnell war eine Lösung gefunden: Die UPS kam erneut zum Zug.

Grace erklärt den Glarnern, was im Teller ist

Gemeinsam zog die Grossfamilie hernach zur mexikanischen Imbissstube, die sich als eine Superfressbeiz herausstellte. Graziella empfahl, die Fajitas zu probieren. Dazu kriegt jede Person heisse kleine Maisomletten, die mit den reichlichen Zutaten aus dem riesigen Beilagenteller nach Belieben selber gefüllt, gerollt und verschlungen werden können. Wer einmal Gelegenheit hat, bei Chevy's zu tafeln, der sollte dies unbedingt tun! Während der Nachspeise begann es am Nebentisch zu singen. Das Bedienungsteam sammelte sich und bot ein fröhliches „cumpleños feliz" dar. Das Geburtstagsständchen auf Spanisch liess Andrew aufhorchen. Als er sah, dass der Knabe am Nebentisch einen Sombrero geschenkt kriegte, konnte sich der grosse Schweizerbube nicht mehr zurückhalten. Er selber erstattete dem Camarero Meldung über sein Wiegenfest und liess keinen Zweifel darüber aufkommen, dass er ebenso musikalisch erhört werden wollte. Als sich die Singcrew nach dem Happy-Birthday-Lied zum Gehen abwandte, ohne dem glücklich strahlenden Geburtstagskind einen mexikanischen Riesenhut übergestülpt zu haben, wehrte sich Andrew erfolgreich. Nebst dem übergrossen rosa Plüschaffen von Obergatlinburg gilt es, nun auch noch diese Supermütze im Auto zu verstauen. Nach einem Abschiedskaffee bei Graziella liess die Familie das Trio wieder von dannen ziehen. Ob man sich während des Aufenthaltes in San Diego wohl einmal wiedersehen wird?

Dienstag, 3. August 1999: Redwood City – Morro Bay

Vollbepackt und immer noch mit sattem Bauch vom köstlichen Mexican Food brachen Hardy, Christel und Andreas zur zweitletzten Reiseetappe Richtung Südkalifornien auf. Die Distanz bis San Diego war unmöglich an einem Tag zu schaffen. Kalifornienkenner schwärmen vom malerischen, direkt der Pazifikküste folgenden Hwy 1. Dieser verläuft bald auf Meereshöhe, bald auf hohen Felsklippen. Selbstverständlich wollten die Schweizer diese kurvenreiche, nicht allzu breite Strasse auch erleben und die viel gepriesene landschaftliche Schönheit erfahren. Gemeint sind damit abwechslungsreiche Ausblicke auf schroffe Felsküsten sowie reizvolle Buchten.

Dem Rat von Marc folgend, den das Trio wie versprochen vor der Weiterreise noch in seiner Gärtnerei besucht hatte, nahm Driver Andrew den Weg an die Küste über die Strassen 101 south und 156 west nach *Monterey*, der geschäftigen Hafen-, Handels- und Fischerstadt. Das bekannte Aquarium mit dem einzigartigen Ozeanum in der Montereybucht lockt mit über 6500 Meereskreaturen. Berühmtheit hatte die Stadt durch ihre von John Steinbeck beschriebene Cannery Row, auch Strasse der Ölsardinen genannt, erlangt. Heute werden in der bekannten Fisherman's Wharf allerdings keine Fische mehr in Dosen abgefüllt, dafür aber Touristen verköstigt und Souvenirs verkauft. Aus den ehemaligen Fisch verarbeitenden Wellblechhallen unmittelbar am Wasser sind Restaurants und Verkaufsgeschäfte geworden. Geführt vom ortskundigen Andreas schlenderten Christel und Hardy dem Pier entlang.

Der Hunger liess das Grüppchen dann aber nicht so schnell um-, sondern einkehren in eine Beiz[58], die von einem Italo gegründet worden war und heute von dessen Sohn mit stolzem Pastabauch weitergeführt wird. Dies alles konnte der viel versprechenden Menükarte entnommen werden. Andreas wollte unbedingt die Artischockenspezialität kosten. Er musste sich dann aber mit halb essbaren Blättern begnügen, während Christel unerwartet in ihrem Gemüseteller ein lecker frittiertes Artischockenherz vorfand, das wohl den Andi servierten Artischocken entnommen worden war. Hardy freute sich am frittierten und fein zubereiteten Seafood. Er liebt diese Gummiringe und das Meeresgschluder[59] über alles.

Der Pier in Monterey

Der Hwy 1 liess keine Erwartungen unerfüllt. Einmalig präsentierte sich der abzweigende, 17 Meilen lange *Panoramaweg* zwischen Monterey und Carmel, der jeder Küstenwindung folgt und für traumhafte Filmmotive sorgt. Auf dem Hwy 1 kommt man nicht so schnell wie auf der Interstate voran. Zum Glück waren die Schweizer nicht unter Zeitdruck und konnten daher immer wieder stoppen, um die malerische Kulisse gebührend auf sich wirken zu lassen. Gleichwohl lag eine gewisse Nervosität in der Luft. Der Gedanke, nach fünf Wochen bald in San Diego, dem Endziel, zu sein, verstärkte bei allen den Vorwärtsdrang. Die Lust, alle Sehenswürdigkeiten zu besichtigen, schrumpfte empfindlich. Auch verlangten die gefahrenen Meilen ihren Tribut. Trotz aller Schönheit der Landschaft war Christel zudem froh, als die Kurven weniger wurden und sie wieder magenschonender mitreisen konnte.

Der Highway 1 – kurvig, aber sehr schön …

… schroffe Felsen und Klippen überall

Hinreise von Glarus nach San Diego

Es begann zu dämmern. Angesichts der fortgeschrittenen Zeit ignorierte das Auto den Wegweiser zum legendären *Hearst Castle*. Das durch einen Zeitungskönig in den 30er Jahren erbaute Schloss mit phantastischen Wasserbecken, Gärten und Terrassen thront hoch über der Küste bei San Simeon und lädt romantisch veranlagte Besucher zum Träumen ein. Träumen wollte man allerdings lieber auf einem Nachtlager. Die Zimmersuche glich einer Lotterie. Da viele Touristen unterwegs waren und in dieser Gegend die Betten rarer als anderswo sind, liessen die schönen Motels mit Meeresblick bereits die frustrierenden Tafeln „no vacancy" aufblinken.

Morro Bay im Abendlicht

Im Kaff Morro Bay war das Days Inn mit Behindertenzimmern ebenfalls ausgebucht, weshalb sich die müden Strassenbezwinger wohl oder übel mit einer anderen Bleibe begnügen mussten. Das kleine Fischerdorf rühmt sich, beste Vogelbeobachtungsgebiete zu haben, und lädt zum Verweilen ein. Hardy konnte sich dafür nicht erwärmen, da das Wetter ganzjährig vom kalten Pazifik geprägt wird und eine Weiss-was-für-eine-drei-Kamin-Fabrik das Erscheinungsbild des Ortes dominiert und dabei mit ihren Abgasen das Ihrige zum Dauernebel beiträgt. Während er – gut zugedeckt – in gestreckter Rückenlage seinem Körper Erholung gönnte, tippte Christel gehorsam die Anweisungen ihres Chefs ins Reisetagebuch. Andrew ging miniaturegolfen, eine Mischung zwischen Golf und Minigolf. Alle freuten sich auf den nächsten Tag – auf San Diego!

Mittwoch, 4. August 1999: Morro Bay – San Diego

Der Riesenmoloch Los Angeles (L. A.) war noch rund 250 Meilen entfernt, weshalb im Team Unsicherheit darüber entstand, ob San Diego oder nur L. A. am Abend erreicht würde. Meilen fressen wurde von allen gewünscht. Zu gross war die Ungeduld auf San Diego, als dass man nochmals genügend Musse für langsame Küstenwege aufbrachte. Zügig erreichte der rote Blitz auf dem Hwy 101 south bald L. A. Die Durchquerung dieser Metropole auf der I-405 south ist ein Erlebnis, besonders wenn die bis 28 Spuren aufweisenden Strassen verstopft sind, was dem Trio natürlich nicht erspart blieb. Da das Auto drei Personen mitführte, freute sich Andi bereits auf die Car Pool Line, eine separate Autobahnspur für Autos mit mehreren Personen (kein Swimming-, sondern eben ein Car-pool). Er freute sich bereits darauf, an dumm dreinschauenden Einzelfahrern, die sich im kilometerlangen Stau befinden, vorbeizurauschen.

Zu dritt auf der Car Pool Line durch L. A.

Pech gehabt! Weder waren die Strassen vollends verstopft noch war die Extraspur so viel schneller. Bemerkenswert war die Disziplin der Einzelfahrer, die die Car Pool Line nicht benutzten, wohl nur deshalb, weil sie durch die Kameras am Himmel abgeschreckt wurden. Immerhin brauchte Andrew für die Durchquerung der grössten kalifornischen Stadt eine gute Stunde, wobei er so mir nichts dir nichts die Strecke Zürich-Bern zurücklegte. Es ist halt alles etwas anders, vor allem grösser hier in den USA. Der Smog rundete das Bild von L. A. als einer zumindest auf den ersten Blick unsympathischen Metropole ab. Dennoch werden die Schweizer den Moloch erneut aufsuchen, nur schon wegen der Filmstudios, insbesondere der *Universal Studios*, des Vergnügungsparks *Disney World* und – natürlich – der Oscarverleihung an Christel im nächsten Jahr.

Hardy drängte es dermassen nach San Diego, dass er Christels Vorschlag, doch zu ruhen, in den Wind schlug. Er freute sich, den Weg nach San Diego noch vor Einbruch der Dunkelheit zu schaffen. Getrieben von Neugierde näherte sich das Trio auf der I-5 Richtung *Downtown*, wo ihnen schon bald der Wegweiser zu Hardys Schule, der California Western School of Law (CWSL), die richtige Ausfahrt signalisierte. Christel erspähte die Schule als Erste. Ihr sprang das Signet an der Mauer sofort ins Auge. Schliesslich hatte es ihr in den vergangenen Monaten oft genug von den Briefköpfen der Schulkorrespondenz entgegengelacht. Natürlich war um 9 p.m. alles geschlossen. Dafür buchte man gleich um die Ecke in der 2nd Ave im Motel 6 einen Handicapped Room mit einer Rollstuhldusche. Die Mietwohnung war noch unmöbliert und deshalb als Übernachtungsmöglichkeit ungeeignet.

Mit Hab und Gut San Diego entgegen

Mittels markiertem und vorgängig studiertem Stadtplan gelangte Andreas anschliessend zum Wohnungsblock, Cityfront Terrace, dem zukünftigen Heim, das sich als eine Erstklassabsteige entpuppte. Andrew hechtete hoch motiviert zur Empfangshalle und erhielt tatsächlich so spät noch die Erlaubnis, die Mietwohnung zu beziehen. Ernüchterung überschattete die Vorfreude, als die drei sichtlich schockiert feststellen mussten, dass der durch den Umbau tiefer gesetzte Autoboden nicht in die Tiefgarage kam. Die leichten Bodenwellen bei der Ein- und Ausfahrt konnten nicht ohne gut hörbare Kratzgeräusche überwunden werden. In der Tiefgarage war zudem der unmöglichste Platz reserviert worden. Na, ja, vielleicht hatte das Haus ja noch Aussenparkplätze zu vergeben. Eines war sicher: Das Auto war das erste und gleichzeitig letzte Mal in dieser Tiefgarage!

Trotz Müdigkeit und der ersten Enttäuschung kämpften sich die drei tapfer durch die Nummernschilder und Stockwerke zur Wohnung 11 im 12. Stock. Der erste Blick war atemberaubend. Downtown San Diego by Night bot die Kulisse der grossen Fensterfront im Wohnzimmer. Unglaublich – der helle Wahnsinn!

Aussenansichten des neuen Zuhauses

HINREISE VON GLARUS NACH SAN DIEGO

Innenansichten von Cityfront Terrace

... Die Aussicht war auch nicht schlecht ...

... der Blick aus der Wohnung Richtung Hafen ...

... Downtown vom Wohnzimmer aus ...

... und ganz nach links

Schnell wurden Christel und Hardy auf den Boden der Realität zurückgeholt. Das angeblich super behindertengerechte Appartement verfügte nicht über einen mit dem Rollstuhl zugänglichen Bade- und Duschraum. Man debattierte, ob Andrew wunschgemäss auf dem Hochflorteppich nächtigen oder auch ins Motel mitkommen soll und ob es besser wäre, die Wohnung einstweilen nicht zu benützen, damit ein Wohnungstausch besser möglich sei. Da der übermüdete Hardy nur noch ins Bett wollte, zottelte man mit gesenktem Haupt zum Auto zurück und fuhr zum Motel. Andreas brauste mit dem Auto und dem ganzen Inhalt in die erste Nacht von San Diego hinaus.

Donnerstag, 5. August 1999: San Diego – Frusttag

Etwas mitgenommen von den nächtlichen Diskussionen, was wohl am besten sei, verrichtete Christel die morgendliche Pflege. Hardy blickte hellwach und zuversichtlich in den neuen Tag. Andreas erschien ebenfalls quicklebendig und half bei Hardys Mobilisation. Mit den Müesliflocken aus dem Auto war schnell ein Kraft spendendes Frühstück zubereitet und ebenso schnell vertilgt. Ein kurzer, steiler Weg führte um den nächsten Häuserblock zur California Western School of Law (CWSL).

Das alte Gebäude der CWSL und ...

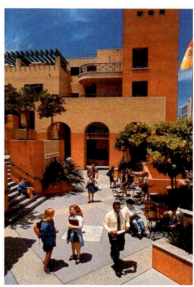

... das neue Vewaltungsgebäude

Erwartungsvoll erkundigte sich Hardy im Verwaltungsgebäude nach Frau Professor Slotkin. Via Lift wurde er ins Obergeschoss verwiesen, wo Hardy eine sprachlose, weisshaarige und bebrillte Dame so überraschte, dass sich die Gute die Hände vor den erstaunt geöffneten Mund schlug. Es folgte eine herzliche Begrüssung mit Wangenkontakt zwischen Jacky, so der Vorname, und dem zukünftigen Studenten. Trotz der haufenweise erfolgten Korrespondenz zwischen beiden in der Vorbereitungsphase hatte sich die Verantwortliche ihren vermeintlichen Schützling im Rollstuhl nicht so recht vorstellen können. Hardys kraftloser Händedruck erstaunte die euphorisch gestimmte Dame etwas. Sie musste leicht ungläubig erkennen, dass der Doktor der Rechtswissenschaft aus Beautyful Switzerland, über den sie schon die ganze Schulverwaltung informiert hatte, viel lahmer als angenommen war. Doch trübte das den Umgang keineswegs. Denn die Amis sind diesbezüglich vorbildlich – unbekümmert, stets hilfsbereit und zuvorkommend!

Hardy hatte Jacky scherzhaft mit der Hiobsbotschaft konfrontieren wollen, mangels einer tauglichen Unterkunft wieder abzureisen. Schliesslich hatte sie ihm ja mitgeteilt, eine rollstuhlgängige Wohnung gefunden zu haben. Doch unterliess Hardy eine allzu übersteigerte Dramatik nach dieser freudigen Begrüssung der sichtlich redegewandten Professorin. Gleichwohl wollte er wissen, warum denn das Bad ganz und gar nicht seinen Bedürfnissen entsprach. Prof. Sklotkin äusserte sich dahingehend, dass ihr der Leasing Manager des Cityfront bestätigt habe, dass das gesamte Appartement ADA-konform sei und insbesondere über einen rollstuhlgängigen Badetrakt verfüge. Man solle ruhig die Managerin zur Rede stellen, meinte sie mit überzeugtem Brustton. Die ganze Geschichte tönte dann allerdings aus dem Kaugummi kauenden Munde der blondhaarigen Jungmanagerin mit dem selbstbewussten Bikinibody total anders. Sie habe klar festgehalten, dass das Gebäude, nicht aber die Wohnungen ADA-konform seien, und lediglich hinzugefügt, dass schon Personen im Rollstuhl hier gewohnt hätten. Da alle Wohnungen in etwa gleich konzipiert seien, komme ein Wohnungstausch nicht in Frage. Charmane, so der Name des hoch motivierten Kaliforniengirls mit der sexy belegten Stimme, sicherte aber – mit Hundeaugen – zu, sich sofort um eine Lösung zu bemühen. Ihr Verwaltungs-Oberguru in San Francisco liess sich am Telefon aber dahingehend vernehmen, dass die Wanne des kleineren Badezimmers nicht entfernt werden dürfe, weshalb sich erneut Frust breit machte. Charmane und Prof. Slotkin hatten mittlerweile ebenfalls miteinander telefoniert, und – siehe da – konnten sich plötzlich nicht mehr so recht erinnern, was gesprochen worden war. Das Glarner Paar glaubte Charmane. Man war überzeugt, dass Jacky einem Irrtum erlegen war und Stufenlosigkeit mit Behindertengerechtigkeit verwechselte. Eigentlich ein sattsam bekanntes Thema in der Rolliszene. Die Managerin blieb bei ihrer Version, nie etwas von ADA-Konformität des Badezimmers gesagt zu haben. Schuldzuweisungen nützten in diesem Fall herzlich wenig.

Die böse Überraschung wäre dann die absolute Katastrophe gewesen, wenn Hardy als selbständiger Paraplegiker Toilette und Dusche absolut gebraucht hätte. Wegen seiner instabilen und schlaffen Sitzlage wird Hardy vorwiegend im Bett versorgt. Christel erkundigte sich, ob es im Haus vielleicht öffentlich zugängliche sanitäre Einrichtungen, insbesondere Duschen, gibt. In der Tat, im Erdgeschoss des Nebentrakts ist der Fitnessraum mit angegliederten Sanitäranlagen. Die dortigen Duschen sind zwar rollstuhltauglich, befinden sich aber in einem Raum mit den Toilettenkabinen. Die Managerin erklärte sich damit einverstanden, an der Tür zur Damentoilette ein Schloss anzubringen und Hardy einen Schlüssel zu geben, damit der Raum von innen abgeschlossen werden kann. Diese Lösung für die Dusche zwischendurch hat den Nachteil, dass die Damen, wenn sie im Fitnesscenter ihre überflüssige Pfündchen abtrainieren, rund 20 Minuten warten müssen, bis sie entweder aufs Töpfchen oder eine Shower nehmen können. Mit dieser Lösung konnte man leben, wenngleich sie auch bedeutete, dass der Adonis jedesmal halb nackt von der Wohnung im 12. Stock ins Nebengebäude gebracht werden muss. Charmane war erleichtert. Sie versprach zudem abzuklären, ob auf dem gegenüberliegenden Parkplatz des leerstehenden Lagergebäudes noch ein Parkfeld für das Auto zu haben ist. Anschliessend ruhte Hardy im Motelzimmer etwas aus, während Andreas das Telefon rege benutzte. Er beorderte das von Prof. Slotkin organisierte Pflegebett in die Wohnung, informierte die Front Desk des Cityfront und verglich voller Eifer und konzentriert die vielen Telefonanbieter und deren Gebührentarife für interkontinentale Gespräche. Andrew hörte sich schon wie ein richtiger Ami an. Eine leere Wohnung wartete ungeduldig darauf, sich in ein warmes Nestchen zu verwandeln. Die drei Schweizer spuckten sich motivert in die Hände. – San Diego, wir kommen!

WOCHENTAGEBUCH SAN DIEGO

WEEKS 31 UND 32/1999:
ALLER ANFANG IST SCHWER!

6. bis 15. August

Nach dem Check-out im Motel 6 begaben sich Hardy und Christel zu Fuss zur Bank of Amerika. Hardy wollte ein Konto eröffnen, damit er sich von der Schweiz Geld überweisen lassen konnte. Lange Schlangen vor den Schaltern appellierten an die Geduld, von der die Amerikaner, sogar die vielen Mexikanisch Parlierenden, offensichtlich alle im Überfluss hatten. Endlich an der Reihe wurde Hardy in die südlichere Hälfte der grossen Halle verwiesen, wo solche administrativen Sachen erledigt werden. Dort durfte man in bequemen Sesseln Platz nehmen und mitanhören, was jeder Kunde auf dem Herzen hatte und wie solvent er war (für Bankgeheimnis-verwöhnte Schweizer unvorstellbar). Fünf Bankangestellte sassen hinter ihren PC, ein jeder an einem Pult. Keine Trennwand, keine Schalteratmosphäre. Es machte eher den Eindruck, als befinde man sich in einem Grossraumbüro. Die Wartenden wurden mit Namen aufgerufen. Wie das? „Aha", erkannte Christel „schau, auf dieser Tafel muss man sich eintragen!" Name und gewünschtes Geschäft wurden verlangt. „Tja", rätselte das Paar, „mmhhh, to open a saving account?" Alma, eine sympathische sicher fünfzigjährige Schwarzhaarige mit mexikanischen Wurzeln erbarmte sich der Glarner. Sie schien alle Zeit der Welt zu haben – der total veraltete Computer ebenfalls. Zum guten Glück konnte der schräg gestellte Bildschirm von den Glarnern eingesehen werden. Statt Switzerland klickte Alma nämlich Swasiland als Heimatland an, nachdem sie bei Sweden gezögert hatte. Alma kicherte genüsslich, als die Schweizer protestierten, um zu verhindern, dass die zukünftigen Kontoauszüge in das schwarze Königreich von Südafrika gelangen. Alma hatte keinen blassen Schimmer, wo alle drei Länder liegen. Nachdem sie gemächlichen Schrittes verschiedene Zettel und Formulare drei oder vier Mal von Punkt A des Gebäudes nach Punkt B verteilte hatte, wurden die Glarner nach zweieinhalb Stunden mit einem Scheckbuch und dem Antragsdoppel für zwei Kontokarten mit Pin Code entlassen. Puh, geschafft!

Beim Ausgang standen zwei Bankomaten. Einer war auf Rollstuhlhöhe eingebaut worden. Beispielhaft? Nein, furznormal! Die Bank of America offeriert ihren behinderten Bankkunden sogar einen Spezialservice. Der so genannte Access Loans ist ein günstiger Kredit für behindertenbedingte Anschaffungen oder bauliche Anpassungen. „Die kennen dafür keine IV-Stellen oder Sozialversicherungen", holte Hardy seine von der Idee begeisterte Ehefrau auf den Boden der Tatsachen zurück. „Zudem", meinte Hardy, den Farbprospekt mit dem gut gekleideten Business Man im Rollstuhl betrachtend, „glaube ich nicht, dass mittellose Behinderte auch einen Kredit kriegen."

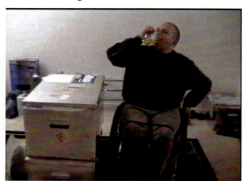

Die Alukisten dienen als Tisch in der noch fast leeren Wohnung

Andrew war in der Zwischenzeit im Lebensmittelmarkt Ralph's gewesen, der an derselben Strasse wie die Wohnung liegt. Drei Minuten zu Fuss, wenn alle Ampeln grün leuchten. So muss für den Alltagseinkauf nicht auf das Auto zurückgegriffen werden, was für amerikanische Verhältnisse eher die Ausnahme bedeutet. Andreas teilte mit, dass er auf Hardys Name eine Mitgliedschaft bei Ralph's erworben hatte und sich gleich drei Kundenkarten hatte ausstellen lassen. Damit könne bei jedem Einkauf massiv gespart werden. Zudem wusste er, dass die Quittungen mitunter Gutscheine enthalten oder auf Sonderangebote hinweisen. Der Rest des Tages galt der Wohnungseinrichtung. Man war sich einig: zweckmässig und möglichst billig. Andreas hatte schon einen Heilsarmeeladen in Downtown ausfindig gemacht und war mit ein paar Trinkgläsern zurückgekommen. Zudem hatte er in der Law School auf einem Aushang eines bald scheidenden arabischen Studenten einen guten Fang entdeckt. Die Besichtigung der Möbel führte aber noch zu keinem Kauf. Hardy wollte erst noch Preisvergleiche anstellen. Mittlerweile war auch das Pflegebett geliefert worden, damit Hardy wenigstens einigermassen gut nächtigen konnte.

Am späteren Nachmittag fädelte sich Andreas gekonnt in den San Diego Verkehr ein und fuhr das Trio zum Möbelladen Jerome's, wo man das Ausschusslager unter die Lupe nahm. Dieser Tipp war von Hardy gekommen. Nein, eigentlich von einer kostenbewussten Hausfrau aus San Diego, die ihr ganzes Wissen in einem Buch festgehalten hatte. Eine ganze Reihe gelber Notizzettel hatte Hardy darin schon platziert. Das Möbelhaus verscherbelte einen langen ausziehbaren Holztisch, der ein paar Kratzer aufwies. Der Tischkranz war hoch genug, damit Hardy darunter fahren konnte. Ausgezeichnet! Zwei Vorleger für den weissen Hochflorteppich der Wohnung wurden ebenfalls eingepackt. Andi wollte einen billigen schwarzen Kunststofftisch für sein Zimmer und fand zudem an einem dickgepolsterten grünen Bürostuhl und einer Tischhalogenlampe Gefallen. Wenigstens hatte er Licht. Ausser dem Badezimmer- und dem Küchenlicht existierten in der Wohnung keine Lampen. Zurück in der Wohnung rang Andreas seinem Boss, der ja nun eine Preisvorstellung hatte, die Zustimmung ab, dem Araber sein Couchbett und den grossen Fernseher abkaufen zu dürfen. Eine Stehlampe und die Musikanlage kamen ebenfalls mit. Sein Zimmer war zum Bewohnen bereit und der Riesenkühlschrank randvoll, das freie Wochenende stand zudem vor der Türe – Andreas war zufrieden.

Horton Plaza – Einkaufsmekka vor der Haustüre

Am Samstag schliefen die Glarner erst mal richtig aus. Hardy genoss es, wieder einmal mit richtigem Lagerungsmaterial und der Bettwäsche von Zuhause eingebettet zu sein. Christel hatte eben an alles gedacht. So nach dem Motto: Hauptsache, es mangelt Hardy an nichts. Die Nurse begnügte sich demgegenüber mit einem Campingbett und der Autodecke. Da das Telefon noch nicht funktionierte, wurde die Schweiz mit dem Natel[60] kontaktiert. Beide Elternpaare freuten sich riesig, dass ihre „Kinder" gut angekommen waren. Am Nachmittag erkundeten Christel und Hardy den unter freiem Himmel stehenden, mehrstöckigen, farbenfrohen und architektonisch verspielten Einkaufskomplex *Horton Plaza*. Die unterschiedlichen Stockwerkshöhen der Ost- und Westfassaden bescherten den unkundigen Landeiern erst ein Rätsel. Nach und nach begriffen sie, wohin die jeweiligen Lifte führen und dass die Querverbindungen Rampen und nicht Treppen sind. Ein Aufzug befindet sich an der Südwestseite gleich gegenüber dem Lebensmittelmarkt und entlässt die Fahrgäste ins Bekleidungsgeschäft Macy's. Ein Prospekt für behinderte Ladenbesucher informierte über rollstuhlgängige Anprobierkabinen, Toiletten, zugängliche Drinking Fountains (Wasserhähne), Niedertelefone und Shoppingassistenz. Vorbildlich, nicht wahr, ihr Schweizer Warenhäuser?

Aussicht vom Horton Plaza auf Downtown und das nahe Zuhause

Das Horton Plaza beherbergt gegen hundert verschiedene Geschäfte, Haarsalons, Restaurants, Schnellimbisslokale und Kino. Gut, dass Situationspläne aufliegen! Auf der Aussichtsetage wanderte der Blick entweder südlich zum Cityfront und dem dahinter liegenden unübersehbaren Hotelturm des Hyatt oder nördlich zum Hauptplatz beim Broadway mit dem Springbrunnen, wo auch das Planet Hollywood zu finden ist. Christel freute sich vor allem am Disney Store, genauer gesagt an Schneewittchens kindgrossen Sieben Zwergen. Da sie bald wieder Tante wurde, sammelte sie vorsorglich Geschenksideen. Hardy kümmerte sich im Bücherladen zuerst um den Thomas Guide 1999/San Diego County – ein dickes Strassenverzeichnis mit detaillierten Plänen. Hardys absoluter Lieblingsladen war aber Brookestone mit allerlei Schrägem. Hardys sesselverwöhnter Vater würde sich glücklich schätzen, wenn er den vollautomatischen Rüttelstuhl sein Eigen nennen könnte. Wie wunderbar wäre das für ihn, wenn er sich in liegender Pose alle nur erdenklichen Muskelpartien mit 110 Volt wild durcheinander zucken lassen könnte. Ein Mister Dickbauch zeigte, wies funktioniert – wabbelmässig geil!

That's great! In den USA sind am Sonntag die Läden geöffnet, wenn auch nur bis zum späten Nachmittag. Haushaltssachen mussten her! Christel brütete über dem gelben Branchentelefonbuch, den Yellow Pages, und suchte vergebens nach Warenhäusern. „Wie heisst denn bloss der Überbegriff?", fragte sie Hardy. Seine Ideen waren nicht aufschlussreicher, dafür die gelben Klebezettelchen im „Sparbuch". Andreas verspürte wohl ebenfalls das Einrichtungsfieber, als er sich am Nachmittag zu den Glarnern gesellte und trotz seines freien Sonntags vorschlug, doch gemeinsam auf Schnäppchenjagd ausserhalb von Downtown zu gehen. Christel fiel insgeheim ein Stein vom Herzen: „Wow, sehr gut. Dann muss ich doch nicht Auto fahren!" Auf der I-94 ost erkämpfte sich Andreas den Weg zur links liegenden Auffahrt I-15 north. Über die Ausfahrt Aero Drive erreichte man in östlicher Richtung den Wal Mart, wo man alles ausser Lebensmittel kaufen kann. Selbstverständlich kann der Kunde seinen Hunger beim integrierten McDonald's oder mit Snacks stillen, die in der Nähe der Kasse angeboten werden. Eine ganze Armada von Behindertenparkplätze befand sich in nächster Nähe des Eingangs. Wie Wirbelwinde rasten Andreas, Hardy und Christel mit zwei hypermegagrossen Einkaufskarren durch die Regale (den ebenfalls beladenen Rollstuhl nicht mitgezählt). Küche und beide Badezimmer wurden mit dem Nötigsten bestückt. Duvet, Kissen und Bettwäsche wurden günstig im Set für alle drei Bettgrössen (King, Queen und Twin Size) angeboten. Zwei Ständerlampen kamen noch dazu – voilà! Die freundliche Dame an der Kasse dankte jedenfalls Mister Landolt mit besonderer Betonung für den Einkauf. Im grossen Elektrofachmarkt Fry's (vergleichbar mit Multi Media) gleich nebenan las Hardy einen kleinen Fernseher aus. Auf dem

Postizetteli[61] waren Telefon, das Hardy bedienen konnte, am besten mit Kopfhörer, Staubsauger, Bügeleisen, Radio und Stabmixer vermerkt.

Wegen des bevorstehenden Einführungskurses drängte Hardy am Montag seine Crew, ihn in einen Büroartikelladen zu bringen, um sich mit den allernötigsten Schulsachen einzudecken. Gemäss Prof. Slotkins Hinweis dirigierte der Boss seinen Knecht zum Office Depot etwas ausserhalb von Downtown. Hardys Augen strahlten, als er ein überaus praktisches Eckpult sah. Natürlich wurde es umgehend geordert. Christel probierte die Bürostühle aus, stellte aber fest, dass keiner so bequem war, wie er hätte sein sollen. Sitzgelegenheiten in der Wohnung boten daher bis auf weiteres nur Hardys Zweitrollstuhl, Andreas' grüner Polstersessel und drei Campingstühle.

Am Dienstag begab sich Andi zum Strassenverkehrsamt (Department of Motorvehicles, DMV). Da das Arizona-Nummernschild nur noch bis zum 28. August gültig war, musste Andreas den erforderlichen Papierkram erledigen. Er überbrachte Christel die Hiobsbotschaft, dass sie beide, weil in den USA wohnhaft, die Autofahrprüfung (Theorie- und Fahrprüfung) ablegen müssten. Er schmiss ein Theoriebüchlein vor die sitzende Christel, während er aus dem seinen die eine oder andere lustige Regel lauthals kundtat. Christel verstand nur Bahnhof. Und nun sollte sie darüber eine Prüfung ablegen – Horror! Einmal mehr war Andi nach dem Vorhandensein einer Social Security Number (vergleichbar mit der AHV-Nummer) gefragt worden, die jeder anständige, in den USA wohnhafte Mensch haben muss, um überhaupt wahrgenommen zu werden. Man solle sich schleunigst eine beschaffen, hatte es geheissen.

Den Mittwoch verbrachte das Trio, bestückt mit sämtlichen Dokumenten, daher vor allem mit Schlangestehen bei der Social Security Administration im roten, ein paar Strassen entfernten Verwaltungsgebäude. Nach stundenlangem Warten inmitten von Sozialfällen beschied die Beamtin, dass Hardy und sein Team keine derartige Nummer bekämen. Die Gründe sind bis heute unbekannt geblieben. Immerhin wurde allen dreien ein nicht unterzeichneter kopierter Zettel in die Hand gedrückt, worauf attestiert wird, dass der namentlich genannte Legal Alien (so werden Ausländer mit gültigem Visa hier genannt) keiner SSN bedürfe. Selbstverständlich wird trotzdem und überall nach der SSN verlangt, die offenbar zur Identifikation von Personen wichtiger ist als die ID-Card.

Am Donnerstag war allgemeiner Anliefer- und Installationstag. Als Erstes kamen die Männer von Jerome's und stellten den Tisch in seiner vollen Länge zusammen. Imposante Erscheinung! Das Pult konnte erst nach einigen Problemen geliefert werden, weil die registrierte Schweizer Adresse auf der Kreditkarte nicht mit der Lieferadresse Cityfront Terrace übereinstimmte. Die Ami-Computer geben anscheinend nur dann ein OK, wenn Wohn- und Lieferadresse identisch sind. Hardy musste daher umgehend eine Adressänderung via Schweizer Hausbank veranlassen. So wurde das Pult bei einem zweiten Anlauf nur gegen Übergabe von Barem ausgehändigt. Kurz darauf kam die Fernsehdame von Cox Cable vorbei, um die rund 70 Kanäle zu installieren. Hardy verzichtete – zum Leidwesen von Andrew – auf die zusätzlichen gebührenpflichtigen Privatsender. Christel wunderte sich im Stillen darüber, dass Andi Pay-TV als Selbstverständlichkeit von seinem Arbeitgeber erwartet hatte, nicht aber selbst in die Tasche greifen wollte. Beim Pflegebett stellte sich heraus, dass es die liebe Frau Slotkin, wie aufgetragen, in Hardys Namen gemietet hatte, jedoch zum Wucherpreis von notabene 200 Dollar pro Monat! Andi telefonierte deshalb engagiert herum, um schliesslich in der mittlerweile abonnierten Tageszeitung Union Tribune fündig zu werden. Ein gewisser Robert bot gebrauchte Pflegebetten zum Kauf an, und das zum Preis von 600 Dollar. Merke: Kaufen ist billiger als Mieten! Robert und sein Sammelsurium wurden begutachtet. Hardy war schnell handelseinig, vor allem auch, weil Robert sich bereit erklärte, für ein kleines Draufgeld ein Brett auf dem durchhängenden Federgestell zu montieren. Der eingewanderte Schwede versicherte sogar, am Abend noch zu liefern, was er, zum Entsetzen des Pförtners des Cityfront Terrace, auch machte.

WEEKS 31 UND 32/1999

Das Pult von Hardy wird zusammengesetzt ...

Am Freitag musste Hardy die Anmeldeformalitäten für die Law School zu Ende bringen. Christel beabsichtigte, ihren Mann zur Schule zu schieben, damit Andreas nochmals zum DMV fahren konnte. So trat das Glarner Paar unter die Sonne Kaliforniens. Gerade mal zehn Querstrassen mussten sie in gerader Richtung nordwärts passieren. „Etwa zwanzig Minuten Fussmarsch", schätzte Hardy. Christel, in kurzen Jeans und leichten Trekkingschuhen, sah nach der fünften Strasse nur noch ansteigende Trottoirs. Die Schule an der Cedar Street lag eben auf einem Hügel! Das sich aufwärts kämpfende Paar wurde von den Passanten verhohlen gemustert. Wohl nicht gerade ein ladyhafter Anblick, vermutete Christel, was ihr aber egal war. Dasselbe dachte sich vielleicht auch Prof. Slotkin, die sich die Anwaltsgattin wohl ganz anders vorstellte und Christel musterte. „Es ist wirklich ein heisser Tag. Da fühlt man sich in Shorts sicher am besten!", wurde Christel von der Dame im Deux-Pièces begrüsst. Hardy gab seine Fächerwünsche bekannt. Seine berufliche Erfahrung und der fachliche Sprachschatz imponierten der Lady sichtlich. Ihr wurde wohl erstmals bewusst, dass das im Vergleich zum durchschnittlichen Studenten schon ältere Semester trotz Rollstuhl keine Mutterbrust zum Ausweinen benötigt.

... um am Abend endgültig betriebsbereit zu sein

Andi war am Wochenende mit seiner Gotte unterwegs, die gerade Ferien in Kalifornien machte. „Braucht ihr das Auto?", hatte Andreas am Vorabend gefragt. Da der Van Hardys Beine sind, stellte er ohne Umschweife nüchtern und unmissverständlich fest: „Das Auto steht, wo ich bin!" Am Samstag wagte sich Christel hinters Steuer. Sie wusste, sie musste! Übung macht bekanntlich den Meister. Über die Hwy 163 north und I-8 east, verbunden mit ein paar Stresssituationen im Spurenwechsel, konnte Christel (nicht nur sie) auf dem Parkplatz des *Mission Valley Center*, einem kleineren Ladenkomplex, aufatmen. Entlang der das Center umgebenden Strasse Camino de la Reina befinden sich grössere Fachgeschäfte. Christel musste sich so auf den Verkehr konzentrieren, dass sie keinen Überblick kriegen konnte. Dafür war ja Hardy da. Er half, den Weg über den San Diego River zu finden, um via das andere Ufer ins benachbarte Einkaufsmekka *Fashion Valley* zu kommen. In diesen zweistöckigen Einkaufstempel verliebten sich die Glarner geradewegs – alles vorhanden, was man braucht, einfache Orientierung und gelungene Architektur. Im JC Penny deckten sie sich mit ein paar Sommerklamotten ein. Eine Kundenkarte – eine Selbstverständlichkeit im kaufwütigen Amiland – konnte das Fräulein an der Kasse aber nicht ausstellen – es fehlte die Social Security Number!

Am Sonntag besuchten Hardy und Christel den berühmten, 67 Hektaren grossen San-Diego-Meerestierpark in der Mission-Bucht. *Sea World* ist wegen der eindrucksvollen Darbietungen dressierter Wale, Delphine, Seelöwen und Otter sehr beliebt. Christel grauste es zwar schon wieder vor der Fahrt dorthin. Nachdem sie zweimal um einen Häuserblock kurven musste, weil man sie nicht in den Zubringer zur I-5 north einfädeln liess, glückte es ihr schliesslich doch noch. Sie teilte Hardys Meinung keinesfalls, wonach sie einfach aggressiver vorzugehen hätte. „Wo kein Platz ist, ist kein Platz!", rechtfertigte sie sich. Hardy blieb bei seiner Meinung und meinte, dass man sich auch Platz verschaffen kann. Nett, wie er ist, half er seinem etwas (unnötig) gestressten Weib zum Sea World Drive. Voller Erwartungen entfernten sich die beiden von den 70 (!) blauen Behindertenparkfeldern. Einen weiteren Behindertenbonus erhielt das Glarner Chrüppeli[62] an der Kasse und durfte etwas weniger bezahlen. Sea World ist primär auf junge Besucher ausgerichtet. Die beiden Erwachsenen hetzten gleichwohl wie erwartungsfrohe Kinder mit Hilfe des illustrierten Situationsplanes von der Killerwal- zur Delphin- und zur Wassersport-Stuntshow, um trotz eines genauen Timings die Vogelshow zu verpassen.

Killerwale – die Hauptattraktion von Sea World …   … das auch andere Shows präsentiert

Hardy genoss dank der allerorten gut sichtbaren Rollstuhlplätze immer freie Sicht auf das Geschehen. Oft erhielt er sogar eine Spezialbegleitung zum Platz. Gehörlose können sogar auf Personal zurückgreifen, das der Gebärdensprache mächtig ist. Selbstverständlich waren auch die Toiletten rollstuhlgängig. Der Nachmittag reichte nicht, um alle Attraktionen, insbesondere das Marine Aquarium, zu besuchen. Der die Bucht auf 30 m überspannende, 1000 m lange Bayside Skyride kam für Hardy ausnahmsweise nicht in Frage. Die Gondeln waren nicht zugänglich; hätte man am Eingang danach gefragt, wäre man nicht enttäuscht gewesen. Den Abschluss des Besuchs im Sea World machte die Fahrt im Drehlift des hohen Turms im Herzen des Parks, der einen atemberaubenden Rundumblick auf Innenstadt und Vororte, die bereits im milden Abendlicht glänzten, erlaubte. Wonderful!

WEEK 33/1999:
BACK TO SCHOOL AGAIN

16. bis 22. August

Irgendwann hat alles einmal ein Ende, so auch das Herumvagabundieren und Nichtstun. Brutal schrillte am Montag der Wecker um 5.30 a.m. Christel schrak aus dem süssesten Tiefschlaf auf und torkelte zum ihr mehr als nur verhassten Gerät, um es wieder abzustellen. Gleichwohl hatte sie keine Wahl: Heute war der erste Tag von Hardys Academic Success Programs. Diese Einführung war für die ausländischen LL.M.- Studenten und diejenigen Amistudenten gedacht, die nicht allzu gute Qualifikationen mitbringen. Trotz der frühen Morgenstunde war Hardy motiviert, da es endlich wieder etwas zu tun gab. Die bittere Erkenntnis holte ihn aber bald ein: Alle sprachen nur noch Englisch, und dann erst noch schnell und zum Teil slangy. Die Professoren gaben sich wenigstens sehr entspannt und brachten den armen Studis die Grundlagen eines erfolgreichen Bestehens der Law School bei. Die Teilnehmer lernten im Schnelldurchgang die Besonderheiten der Amerikanischen Rechtssprache und die Eigenheiten des Casebriefings. IRAC(P) hiess die Zauberformel.

Der Student lächelt zufrieden – alles im Griff?

Die California Western School of Law befindet sich in zwei Gebäuden nahe am Hwy 5. Im neuen Gebäude an der 250 Cedar Street sind Verwaltung, Professoren, Cafeteria und Bücherladen untergebracht. Im alten Gebäude auf der gegenüberliegenden Strassenseite sind Library und Schulräume zu finden, die Hardy mit einem altertümlichen Lift erreichen kann. Der vierte Stock ist allerdings nicht erreichbar. Das ist aber nicht weiter schlimm, da sich dort nur der Aufenthaltsraum befindet, der unter anderem den Brünstigen für den Aufriss dient. Zwischen den beiden Gebäuden wird emsig am Bibliotheksneubau gewerkelt. Gemäss Bauplan sollte der Gipsplattenbau im Dezember bezugsbereit sein. Hardy ist sich aber noch nicht sicher, ob er jemals im neuen Prestigebau ein Buch ausleihen kann. Trotz der etwas ältlichen Erscheinung der alten Library ist sie mit den gängigen Büchern bestückt. Die Bibliothek hat in ihren unterirdischen Eingeweiden tatsächlich mehr als 10 000 Einzelbände voller Case Law. Es wird einem fast schlecht bei dem Gedanken, dass man in diesem Meer einzelne Urteile suchen muss. Um die Studis mit der Library vertraut zu machen, bekamen sie eine Abklärungsaufgabe. Hardy musste alle Entscheidbände der US-Gerichte seit 1789 aufsuchen, die von der West Publishing Company herausgegeben werden.

Bücher, Gerichtsentscheide, Bücher und nochmal Gerichtsentscheide

WOCHENTAGEBUCH SAN DIEGO

Die ganze Woche verging wie im Flug. Erste Hausaufgaben wurden bis abends spät gemacht. Hardy tröstete sich darüber hinweg, dass die anderen LL.M.-Studenten, in der Regel viel jünger als der altgediente Anwalt aus dem Glarnerland, auch ihre Startschwierigkeiten, und nicht nur betreffend Sprache, hatten. Überrascht war Hardy, als er die vermeintliche Studentin Andrea aus der italienischen Schweiz mit Bart und männlichem Anhängsel kennen lernte. Der Tessiner Andrea hatte in Bern studiert und vor dem Beginn des Anwaltspraktikums noch einen Auslandaufenthalt eingeplant. Typisch italienisch hielt Andrea verzweifelt nach einem Italo-Food-Laden Ausschau, da er ohne Parmiggiano das Jahr in den USA nicht überstehen wird. Immerhin lebt der Ticinese noch, was bedeutet, dass er sich widerwillig dem eigenartig gummigen Hartkäse aus der Plastikdose von Ralph's unterwirft. Die beiden Schweizer bilden nun eine mitteleuropäische Phalanx gegenüber Indien, Libanon, Thailand, Japan, Marokko und sonst noch ein paar anderen Ländern.

Wie der geflissentliche Leser des Reisetagebuches weiss, hat Andrew noch eine kleine Pendenz mit dem Immigration Office zu erledigen, weshalb er sich eines frühen Morgens mit Campingstuhl in eine bereits unendlich lange Schlange einreihte. Nach Stunden war es ihm vergönnt, mit dem zuständigen Beamten zu sprechen. Der gab dann allerdings einen unverbindlichen bis schlechten Bescheid und bemerkte beiläufig, dass der gute liebe Andi sehr wahrscheinlich nach sechs Monaten in die Schweiz zurückkehren müsse, um dort ein neues Visum zu beantragen. Immerhin war der Officer so nett, diese Auskunft nicht als verbindlich zu bezeichnen. Stattdessen lud er das „Visumopfer" ein, um den 15. September herum noch einmal vorbeizukommen, wenn der Chef da sei. Wenn das mal gut geht! Prof. Slotkin, die Studentenmutter, die inzwischen vom offenen, spontanen und redeseligen Andreas sehr angetan ist, hatte in der ihr eigenen schwatzhaften Unbekümmertheit bereits mehrmals versprochen, mit dem bösen Beamten zu telefonieren. Mmhh, ein Mann ein Wort – eine Frau ein Visum?

Wer kennt Dr. Zirpolo? Damit Hardys Auto ein kalifornisches Nummernschild mit Behindertenparkerlaubnis erhält, musste ein hiesiger Doktor bestätigen, dass Hardy nicht nur zum Plausch im Rollstuhl sitzt. Diesem Umstand verdankten die drei eine mehrstündige Warterei im Vorzimmer der Praxis mit übertriebenen Anmeldeformalitäten. Die lange Wartezeit wurde immerhin mit Health-TV (eine Soap-Opera mit Gesundheitstipps) verkürzt. Was konnte man da anderes machen als auch zu glotzen? Andrew hatte als Erster das Vergnügen, sich ein paar Sekunden lang von Dr. Zirpolo untersuchen zu lassen. Ein kurzer Blick über den Brillenrand reichte dem alten, etwas zerfahrenen und erschöpft wirkenden Halbgott in Weiss offenbar aus, um Andi sofort als flugtauglich (Andi will Fliegen lernen) einzustufen. Ein paar Sekunden mehr benötigte der gestresste Arzt, Hardy als nicht simulierenden Quadriplegic zu erkennen. Das typische Tetrapfötli[63], das Hardy dem Mediziner-Opa hinstreckte, war Beweis genug. Immerhin hatten sich die Warterei und der vorgängige Schreibkram gelohnt. Dank der unleserlichen Bestätigung des alten Fliegerarztes prangt nun ein blauer Plastikanhänger mit Rollisignet und Ablaufdatum am Rückspiegel und ist für jeden Cop gut sichtbar. Falls Dr. Zirpolos Sauschrift auch im Spital akzeptiert wird, kann Hardy bald seinen wöchentlichen Dehnübungen nachgehen. Private Therapiepraxen gäbe es keine, meinte der Arzt, was der Glarner ihm nicht ganz glaubte.

Hardy leidet! Er hat seit einer Ewigkeit kein geordnetes Gekreische namens Oper mehr gehört und ist auf Entzug. Christel suchte auf Hardys Bitte hin das Opernhaus auf, um nachzufragen, ob ein Rollstuhlfahrer für die kommende Saison noch Tickets erhalten kann. Das Haus am Civic Plaza an der 3rd Street war zu. Auf der gegenüberliegende Seite des Platzes erspähte sie eine Billetkasse, wo ihr erklärt wurde, dass das geschlossene Gebäude kein eigentliches Opernhaus, sondern das *Civic Theatre* sei, in dem alle möglichen Aufführungen stattfinden. Das Büro der San Diego Opera befinde sich im 18. Stock des Hochhauses nebenan. Dort schlug sich Christel sprachlich tapfer durch und präsentierte dem Verdi-Süchtigen zuhause die Unterlagen. Zusammen gingen sie abermals ins Opernbüro, wo es dem Geplagten möglich war, ein schönes Sitzplätzli für alle ihn interessierenden Vorstellungen, darunter Il Trovatore und Don Giovanni, zu ergattern. Hardys Vorfreude war so gross, dass er sogar Mitglied der San Diego Opera Familiy wurde und seither wie wild auf der Homepage herumsurft. Dies verschaffte aber den Qualen des Arienentzuges keine Linderung. Mittlerweile hat sich der arme Kerl sogar eine kleine Stereoanlage für 49 Dollar gekauft und wartet sehnsüchtig, bis die Amazon.com die bestellte Oper-CD liefert. Christel und Andreas werden dann sicher bemüht sein, dass ihr Brötchengeber nicht zu viel Musik hört und stattdessen intensiv studiert.

Der Fernsehapparat offeriert mehr als 70 Stationen. Doch Quantität bedeutet noch lange keine Qualität. Für die Verbesserung der Sprachkenntnisse reicht zwar die dümmste Soap Opera aus, doch so ein richtig schöner Film ohne nervige Werbeblöcke wäre zwischendurch auch mal nett. Deshalb lud Christel ihren Bachel[64] am Freitag ins Horton-Plaza-Kino ein, das selbstverständlich gute Rollstuhlplätze für Gäste bereithält. Die Glarner Turteltäubchen sahen sich am neuen Kinohit Runaway Bride mit Richard Gere und der Schönen mit dem Schmollmund satt (äh, wie heisst sie schon wieder, diejenige, die aussieht wie die hässlichere Ausgabe von Brigittli[65]?). Hardy fragte sich während des Films mehrmals, ob es wohl Ehemänner gibt, die froh wären, wenn damals ihre Gattinnen kurz vor dem Ja-Wort davongerannt wären. Christel demgegenüber stellte keine derartigen Gedankenspiele an, sondern freute sich einfach über den Superfilm und kann ihn, nicht aber das Wegrennen (?!), nur empfehlen.

Mission Beach und Mission Bay Park

Am Samstag wollten Christel und Hardy an den Strand. Sie fuhren zuerst via I-5 north und Clairmont Drive zum Visitor Center des dem Pazifik vorgelagerten *Mission Bay Park*. Das seit den 30er Jahren systematisch entwässerte Sumpfgebiet ist heute ein 1886 ha grosser Lagunen-Freizeitpark mit Bademöglichkeiten, Spielwiesen, Picknickplätzen und Wegen, die zum Rollschuhfahren und Joggen einladen. Darüber hinaus bietet er Gelegenheit zum Segeln, Wasserskifahren oder Fischen. Kurzum ein Sonntagsparadies für Familien und andere Ausspanner. So schön es hier war und so freundlich die Auskünfte im Infocenter erteilt wurden, so unbändig drängte es die Glarner an die Südwestecke der Bucht zum Meer. Sie folgten der Parkgrenze entlang der Grand Ave bis zu deren Ende. Ein Behindertenparkplatz war schnell gefunden. Dann endlich war man da, am beliebten und belebten Mission Beach mit dem kilometerlangen geteerten Strandweg. Während der Mission Bay Park eigentlich nur ein „Salzwasserkörper" ist, der spielerisch von Land und Brücken umgeben wird, ist der *Mission Beach* ein eigentlicher Strand direkt am Pazifischen Ozean. Freie Strände, freie Sicht, sonniges Wetter – ein Traum!

Auf dem Pier am Mission Beach

Viele Kilometer marschrollte das Glarner Paar dem Strand entlang. Es war herrlich, obwohl das Teersträsschen zuweilen recht eng wurde, weil es von zahlreichen Skatern, Bladern, Velofahrern und Joggern mit oder ohne Kinderwagen mitbenützt wird. Die meisten von ihnen taten alles, um aufzufallen. Das Strandvolk reihte sich in diesen Balzhabitus ein und zeigte sich ebenfalls exzentrisch, vor allem die Gruppe junger Leute mit den farbigen Perücken waren in dieser Hinsicht top. Doch es gibt auch noch die Normalos, die einfach nur flanieren oder auf dem Sitzplatz vor ihrem Strandhäuschen sitzen und den Tag geniessen. Wie sich das für einen anständigen Beach gehört, kann sich Jung und Alt mit diversen Attraktionen vergnügen. Besonders der kleine Rummelplatz, Belmont Park, mit der alten, aber modernisierten

Holz-Berg-und-Tal-Bahn aus der Jahrhundertwende bringt die Mitfahrenden zum Kreischen. Wie es sich im Amiland gehört, kann man überall seinen Hunger stillen, sei es bei Mc Donald's, in strandnahen Beizen oder bei den zahlreichen Picknickplätzen, die allesamt scharf von der Polizei auf Rollschuhen und Velos bewacht werden. Im Sand selber werden die Cops höchstens dann aktiv, wenn sie jemanden mit Alkohol erwischen. Der Beach gehört sonst den Baywatchern, die man vom Fernsehen her ja bestens kennt (Hasselhoff und Busenwunder Pam und Co. – der Leser wird wohl wissen, wer gemeint ist). Kurz vor Sonnenuntergang mussten diese sonnengebräunten Jungs und Girls in knapper Rettungsmontur kurz zeigen, was sie drauf haben, zum Glück war es ein Fehlalarm.

Baywatch lässt grüssen – es fehlte nur Pam

Von der Sonne gezeichnet kehrten die Glarner nach Hause zurück. Christel war froh, das Auto wieder heil auf dem Parkplatz im gegenüberliegenden Areal zu wissen – das Parkproblem war zwischenzeitlich gelöst worden. Das Paar wollte den schönen Tag im *Seaport Village*, einem künstlich angelegten Souvenirdörfchen mit nostalgischem Charme und einem geschichtsträchtigen Karussell, ausklingen lassen. Dafür mussten sie nur über den breiten West Harbour Drive hinter dem Cityfront Terrace spazieren bzw. wegen des mörderisch kurzen Ampelintervalls regelrecht rennen. Der Übergang von der Hyatt Hotelanlage mit dem Marina-Hafen zum autofreien Seaport Village passiert gleitend. Christel und Hardy genossen den Sonnenuntergang, während sie auf der Promenade schlenderten, die sich direkt an der San-Diego-Bucht nach Norden entlangzieht und bis über die Schiffsstation am Broadway Pier hinausreicht. Ganz so weit gings aber nicht mehr. Ein Abendessen lockte im Fish Market, einem gemäss Reiseführer guten Seafood Restaurant. Die zahlreichen Wartenden liessen denn auch auf Qualität hoffen, doch der nachträglich servierte Fisch bekräftigte die Vorschusslorbeeren nicht unbedingt. In Bella Italia wäre es ohne Ketchup zu den Shrimps und ohne rohe Brokkoliköpfchen sicherlich tausendmal besser gewesen. Der Abend war jedoch nur schon deshalb gerettet, weil auf der gegenüberliegenden Bayseite das Feuerwerk zu sehen war, das während der Sommerzeit täglich um 10 p.m. im Sea World stattfindet. Um 11 p.m. bzw. 8 Uhr morgens Schweizer Zeit telefonierte Hardy seinen Eltern, worüber sich das Rosemarili und der Kummerbub sehr freuten.

Seaport Village

Am Sonntagnachmittag fuhren die Glarner via I-5 north und San Diego Ave nach *Old Town*. Wie der Name verrät, handelt es sich dabei um den alten Stadtkern, weshalb mit baulichen Hindernissen gerechnet werden muss. Das zugängliche Visitor Center gibt gerne Auskunft über Führungen und mögliche Sehenswürdigkeiten. Im Old Town State Historic Park sind sieben der 20 Gebäude noch in ihrem ursprünglichen Zustand vorhanden, die übrigen wurden nachgebaut. Die vergangenen Zeiten werden augenfällig, wenn Parkangestellte in Rüschenröcken umhergehen. Oberhalb von Old Town befindet sich der *Heritage Park*, wohin sieben prächtige Originalhäuser aus dem 20. Jahrhundert von anderen Orten „verpflanzt" wurden und nun als Bed & Breakfast-Haus, Puppenladen, Souvenirshop oder Synagoge ein neues Dasein fristen.

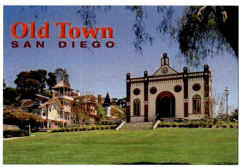

Für einmal: Postkartenansicht

Old Town hatte sich nach 1820 erst allmählich zu Füssen des Hügels ausgebreitet, auf dessen Spitze 1769 die erste Mission gebaut worden war. Das 1929 errichtete kirchenähnliche Gebäude beherbergt heute das *Junípero Serra Museum*, das die Besucher zu den spanisch-mexikanischen Anfängen Kaliforniens zurückführt. Für amerikanische Verhältnisse ein gewaltiger Zeitsprung! Bevor sich die Glarner auf den Heimweg machten, besuchten sie in Old Town den *Bazaar del Mundo*, das viel gelobte, lebendige und mexikanische Einflüsse aufweisende Einkaufszenterchen, was immer noch eine zu grosse Umschreibung ist. Hufeisenförmig und auf engstem Raume reihen sich ein paar Shops und Restaurants aneinander. Hardy kämpfte sich wacker durch die engen Passagen mit eingezogenen Ellbogen. Als Belohnung setzte sich das Paar schliesslich an einen Gartentisch des Restaurants, das gegenüber der ehemaligen Exerzierwiese liegt, auf der heute viele mexikanische Feste stattfinden. Hardy schlürfte genüsslich eine Margaritha und liess Christel, seine immer noch unsichere Chauffeuse, nur ungern davon kosten.

Impressionen vom mexikanisch anmutenden Old Town

WEEK 34/1999:
GEBEN IST SELIGER DENN NEHMEN

23. bis 29. August

Hardys zweite Einführungswoche bescherte noch zwei Tage harte Theorie, bevor die Studenten das individuelle Anmeldeprozedere (Dokumente, Finanzen, Fotos für Ausweise etc.) zu absolvieren hatten. Die beiden letzten Tage kosteten die Professoren voll aus, um den unwissenden Studenten die Geheimnisse des US-Rechts vorzuzaubern. Viele der US-Studenten, die vorher noch nichts über das Recht gehört hatten, staunten nicht schlecht über die Tricks der Professoren, den Unterschied des Denkens in juristischen Kategorien anhand von treffenden Beispielen klarzumachen. Hardy machte besonders das technische Equipment Eindruck. Einer der Professoren benützte Computer, Fernseher und Fernbedienung in derart gekonnter Weise, dass Hardy mit einer Nachahmung liebäugelt für die beiden Vorträge, die er im ersten Semester halten muss. Mittwoch und Donnerstag waren den zahlreichen Anmeldepflichten und dem Bücherkauf gewidmet. Seither ist Hardy um einige Bücher und einen Studentenausweis reicher, aber um einige hundert Dollar ärmer. Immerhin tröstet er sich damit, dass sein Pult wie in den guten alten Studententagen aussieht.

Christel will ihre Englischkenntnisse schnellstens verbessern, und zwar in einer Schule, die zu Fuss zu erreichen ist. Nachdem die Nurse die Sprachschulen Berlitz (225 Broadway) und ELS Language Center (1200 3rd Ave) aufgesucht hatte, entschied sie sich für die Letztere. Das gewählte Intensivprogramm von täglich sechs Stunden hatte am Montag mit einem Einstufungstest sowie einer Kurzinformation über die Schule und San Diego begonnen. Die ELS kennt 12 verschiedene Schwierigkeitsstufen, wovon die letzten drei Master-Degree-Stufen sind. Christel war gespannt zu erfahren, in welchen Level sie mit ihren Englischkenntnissen, die sie sich vor Jahren in der Sekundarschule angeeignet hatte, eingeteilt würde. Zusammen mit den rund 20 anderen neu eintretenden Schülern war Christel überaus kribblig, bis der Programmleiter endlich die Katze aus dem Sack liess. Entgegen ihrer Erwartung vernahm Christel ihren Namen erst bei Level 8. Umso ehrgeiziger schlägt sich seither das Sprachen liebende Weiblein durch Grammatik und Disskussionsthemen (Immigration, Kindererziehung, Haustiere, Sekten und andere Wirrnisse, die dem Hirn des jeweiligen Lehrers entspringen). Alles in allem ist Christel jedoch froh, dass sie sich nur für einen Monat verpflichtet hat. Hardys Morgenpflege, die sechs Stunden Schule, die Hausaufgaben danach sowie Hardys Betreuung nach 16 Uhr (Schichtende von Andi) mit der Abendpflege machen mehr als zwei volle Arbeitsschichten aus. Oft legt Christel den Schreibstift nach Mitternacht weg und steht um fünf Uhr morgens wieder mit dem Waschlappen in der Hand an Hardys Bett. Trotzdem freut sie sich über das Gelernte sehr und hat ihren Mann zudem gebeten, via Internet Grammatikbücher zu bestellen, da die ELS-Schule nicht bereit ist, weitergehendes Lernmaterial gegen Entgelt abzugeben.

Die ersten Rechnungen flattern ins Haus! Die Amis sind sich daran gewöhnt, Rechnungen mittels Check zu bezahlen. Ständig Checks ausfüllen, Couverts zukleben und Postbote spielen – das erinnert böse an die Steinzeit des Zahlungsverkehrs, weshalb Hardy unbedingt über die Annehmlichkeit des Internet-Bankings verfügen wollte. Dies bedeutete ein erneut stundenlanges Warten in der Bank of America. Nachdem der Papierkram dort erledigt war, musste Hardy nur noch ein paar Arbeitstage warten, bis er endlich homebanken konnte. Es ging dann allerdings nicht problemlos. Mehrmals tippte Hardy seine Kontokartennummer ein und fügte den per Post zugestellten Geheimcode an. Hardy verzweifelte schon fast, als Christel die Idee kam, dass vielleicht die Nummer ihrer Kontokarte gefragt war. Sie wars! Die Bank hatte dieses Detail glatt unterschlagen. Der Zahlungsverkehr verläuft seither einfacher, obwohl das Einrichten eines Payee jeweils ein paar Tage dauert. Diese Bankgeschichte verursachte Hardy schon Bauchkrämpfe. Ein Magengeschwür kriegte er aber wegen der Schweizer Kreditkarten, die im Zürcher Kartenzentrum immer noch nicht auf die San-Diego-Adresse umcodiert worden sind. Entspannung und Zerstreuung waren also dringend nötig. Andreas fuhr Hardy, Ticino-Andrea und eine weitere Studentin in den Hillcrest-Kinokomplex, wo der deutsch gesprochene Film „Lola rennt" gezeigt wurde. Christel blieb zuhause und rannte mit der Wäsche um die Wette. Ebenfalls gereinigt wurde Hardy am nächsten Tag unter der Dusche. Wegen des neuen Schlosses kamen die holden Schönheiten vom Fitnesscenter (leider) nicht in Versuchung, Hardy im Adamskostüm zu begegnen. So konnte Hardy ungestört und quietschend vor Freude seinen Beinahe-Adonis-Körper von Christel abschrubben lassen. Diese erschrak, als sie den weissen Naturzustand nach langem wieder einmal sah.

Vergangenen Freitag hatte Andi die Theorieprüfung für Auto und Töff abgelegt. Am Mittwoch dieser Woche musste er sodann die Praxis als Autofahrer unter Beweis stellen, wozu auch ein Augentest im Strassenverkehrsamt gehörte. Er bestand beides, Theorie und Praxis. Dennoch musste er sich 10 Strafpunkte von insgesamt 15 erlaubten Fehlern attestieren lassen, was ihn sichtlich irritierte. Andreas ist der festen Überzeugung, dass der Experte viel zu viele Fehler, ja gar solche gesehen haben will, die sich gar nicht zugetragen haben können. Christel ist jetzt sehr motiviert, mit weniger Fehlern auf dem Zettel nach Hause zu kommen. Sie lernt eifrig Theorie und wird irgendwann einmal, vielleicht auch nie, zur Prüfung antreten. Mit dem provisorischen Fahrausweis in der Tasche ging Andreas im DMV einen Schalter weiter: Autoregistrierung auf Hardys Name. Vorher musste er noch einen Abgastest machen lassen. Das blecherne Nummernschild wird in ein paar Tagen per Post zugestellt. Schon jetzt sinniert Hardy darüber nach, ob er ein Fantasienummernschild beantragen soll. Die Unterlagen betreffend die verschiedenen Schildertypen hatte Andi schon besorgt. Die Aufschrift „I ♥ Hardy" ist gemäss DMV schon vergeben. Kein Wunder, denn Hardy ist ein bekannter Nachname in den USA.

Das Schreiben des Reisetagebuchs ist eine Qual. Hardys Hirn qualmt, Christels Finger schmerzen – und das alles nur, damit die armen Daheimgebliebenen Neugierde und Fernweh stillen können. Es wäre nett, wenn jeder, der das Tagebuch liest, pro Woche genauso viel schreiben würde. Wie sagt ein altes Sprichwort: Geben macht seliger denn nehmen. Wer also etwas für sein Seelenheil oder auch nur für die San Diegans machen möchte, sollte jetzt aufhören mit Lesen und sofort mit Schreiben beginnen! Für alle anderen sei festgehalten, dass nach der Rückkehr der Autoren ein individuelles Reisetagebuchentgelt geschuldet wird, denn Schreibfaulheit darf nicht belohnt werden. Tja, manchmal muss man eben Klartext sprechen. Wie beispielsweise am Sonntagabend, als die Glarner mit Andreas ein Hühnchen rupfen[66] mussten. Sie wollten wissen, wieso da am Morgen ein wildfremdes Girli genüsslich frühstückte. Offenbar ein Partygast einer Fete, an der auch Andrew gewesen war. Andreas verstand nicht, weshalb er nicht einfach nach Lust und Laune irgendwelche Leute in die Wohnung schleppen und übernachten lassen kann.

WEEK 35/1999:
ZUERST DIE ARBEIT, DANN DAS VERGNÜGEN

30. August bis 5. September

In der zweiten Woche im Englischkurs 108 erkannte Christel das wahre Wesen der Sprachschule, was erste kritische Kommentare nach sich zog. Es schien, dass finanzielle Aspekte wichtiger als eine aktive Unterrichtsgestaltung waren. Christel ärgerte sich besonders über die schlecht vorbereiteten Lektionen in den Fächern Idioms (Redewendungen), Reading (Lesen) und Writing (Schreiben). Da der Teacher des erstgenannten Faches der Programmleiter der Schule selbst war, dauerte es doch ein ganzes Weilchen, bis Christel die Teilnahme an seinen Spielchen mit Kindergartenniveau verweigerte. Ami-like, kritikunfähig, meinte er nur: „O.K., the next please!"

Lesen und Schreiben war nach der kurzen Mittagspause angesagt. Leider passierte hauptsächlich nichts anderes, als im Selbststudium einen Artikel zu lesen (erste Stunde) und an irgendeinem Thema für sich zu schreiben (zweite Stunde). Während sich die Schüler selbst beschäftigten, schlürfte die unzimperlich auftretende Lehrerin, eine Mittevierzigerin, hörbar ihren Kaffee, schichtete ihre Papierstapel auf ihrem Pültchen zigmal um und stellte urplötzlich in die stille Runde sehr persönliche Fragen an einzelne Students – einfach so! War trotzdem einmal Conversation angesagt, endete die Discussion spätestens nach fünf Minuten in einem Lehrer-Monolog, der die Zuhörenden mit Privat-Infos überschüttete. Also: Die dickliche burschikose Dame ist geschieden, der Teenager-Sohn lebt nur zeitweise mit ihr (?), sie hat eine Vorliebe für jüngere Männer (nach dem Klassengekicher unterstrich sie, dass sie eben viel jünger geschätzt würde und ihr letzter Verlobter zehn Jahre jünger war). Die Themen für Diskussion und Aufsatz leiteten sich aus ihrem Psychogramm ab: „Was machen gute Eltern aus?", „Erziehungsfragen", „Wie soll der Ehepartner sein?", „Hunde als Partnerersatz?" etc. Christel fragte sich insgeheim, wie ihr Köter wohl aussieht, wenn man bedenkt, dass sich Hund und Meister gleichen. Die Antwort blieb sie sich schuldig, da sie keine Hunderasse kannte, die gepasst hätte.

Gefängnis (hellbraunes Gebäude) und Courthouse (davor)

Die Grammar-Stunden bei Diana sind demgegenüber spitze. Die Power-Frau behandelt nebst den Grammatikregeln Themen wie Immigration, Death-Penalty (Todesstrafe) und Homeless (Obdachlosigkeit) und gibt gute Hintergrundinformationen. Zu den beiden ersten Themen zeigte sie zudem einen Videofilm. Der Film „Born in East L. A." zeigte auf humorreiche Art die doch sehr ernste Lage der vielen illegalen Mexikaner in Südkalifornien. Viele soziale Zusammenhänge wurden den aufmerksamen Studenten aus den verschiedensten Ländern näher gebracht. Diese Thematik konnte Christel auf ihrem Schulweg, der beim Immigrations-Office vorbeiführt, konkret erleben. Nicht selten sieht sie die vergitterten Busse, die die illegal eingewanderten Mexikaner nach ihrer Registration wieder ins Heimatland zurückfahren. Einmal war die Menschenschlange um 8.30 a.m. so lang, dass sich diese in zwei Reihen um das rote Gebäude wand und sogar von einem japanischen Touristen (wie könnte es auch anders sein) fotografiert wurde. Was war los? Christel wunderte sich über die vielen kleinen USA-Fläggli[67] in den Händen der Anstehenden. Das Rätsel wurde ein paar Minuten später in der Schule gelüftet. Die heutige Menschenansammlung bestand nicht aus Asyl suchenden Mex, sondern hatte einen anderen Grund: Den wartenden Ausländern wurde der Citizen-Status verliehen, was das hörbare Gejohle und energische Fähnchenschwenken nachträglich erklärte.

Mit der Zeit bekamen die verschiedenen *Gebäude von Downtown*, die täglich in die Wohnung gucken, ein Wesen. Christels Schulweg führt am historischen Jacob-Weinberger-Gerichtshaus vorbei, das einst das erstes Postbüro war und heute das Konkursgericht beheimatet. Dahinter erhebt sich ein mächtiger schmaler Turm mit auffallend vielen kleinen Fenstern. Das Metropolitan Corrections Center ist ein Gefängnis „für leichtere Fälle". Nach dem roten Federal Courthouse & Office Building, in der sich die Einwanderungs- und Sozialbehörde sowie das FBI befinden, überquert Christel jeweils den Broadway, wo sie am Superior Courthouse vorbeikommt. Unter der Verbindungspassage des Stadtverwaltungsgebäudes mit seinem kleinen Souvenirshop hindurch gelangt sie zum Civic Plaza, wo sich, wie bereits erwähnt, das Civic Theater, das San Diego Concourse Convention and Performing Art Center sowie das Hochhaus mit dem Opernbüro im 18. Stock und die ELS-Sprachschule im Erdgeschoss befinden. Die Studenten der ELS verbringen die Pausen deshalb oft beim Kaffeestand auf dem Civic Plaza mit dem eigenartigen Bow-Waves-Brunnen auf Rädern, der jeweils regelrecht belagert wird.

Was für einen Schweizer sehr ungewöhnlich ist, ist für einen Amerikaner selbstverständlich. So begegnen Christel jeden Morgen die unterschiedlichsten Leute, die alle dieselbe Angewohnheit zu haben scheinen: Sie tragen einen grossen Pappbecher voll Kaffee ins Büro. Es scheint, dass hier die Zigarette-am-Morgen durch den Pappbecher Kaffee ersetzt wird. In Kalifornien herrscht denn auch ein strenges Rauchverbot in sämtlichen öffentlichen Gebäuden und an vielen Arbeitsplätzen. Die Kalifornier behandeln Raucher schon fast wie Aussätzige und greifen auch mal zu eher unkonventionellen Methoden. Die Message eines Antiraucher-Plakats lautete unmissverständlich: Smoke kills you and me! Was in keinem Stadtführer verzeichnet ist, sind die verschiedenen Public Restrooms (öffentliche Sanitäranlagen), um die sich in den frühen Morgenstunden die Obdachlosen gruppieren. Christel erfuhr, dass es unter den Homeless eine klare Rangordnung gibt. Leute mit Einkaufswagen, in denen die wenigen Habseligkeiten mitgeführt werden, gelten beispielsweise als „reiche" Obdachlose. In der Nähe der Schule befindet sich eine WC-Anlage, weshalb Christel jeden Morgen immer etwa die gleichen Gesichter begegnen. Die meisten MitschülerInnen verurteilen die Obdachlosen. Es herrscht die Meinung vor, dass im Land der unbegrenzten Möglichkeiten immer Arbeit gefunden werden kann, vorausgesetzt, man will arbeiten. Der Einwand der Lehrerin, dass oft eine Entlassung und die unerhört hohen Mieten, vor allem in San Diego, innert kürzester Zeit ganze Familien auf die Strasse bringen, vermochte an dieser Einschätzung nichts auszurichten. Diane versuchte es mit einem neuen Gegenargument. Sie wies daraufhin, dass das monatliche „Arbeitslosengeld" lächerliche 100 Dollar ausmacht und nur über einen ungefähren Zeitraum von einem halben Jahr bezahlt wird. Aber auch das nützte nichts, Arbeit finde sich immer, war der Schlusskommentar der Klassenmehrheit.

Ability Center – alles kann der Rollifahrer kaufen

Nach Hardys Schulende am Freitag fuhen alle drei – via Hwy 163 north und Clairmont Mesa Blvd east – zum *Ability Center* in der Ronson Road. Das Hilfsmittelzentrum ist eine von sechs Firmen in San Diego, die Autos für Rollstuhlfahrer umbaut sowie Hilfsmittel verkauft und repariert. Die Gebäulichkeiten umfassen einen Bürotrakt, in dem man sich anhand von Prospekten und Katalogen informieren oder mit einem Sachbearbeiter sprechen kann, und eine Werkstatt, in der Rollstuhlprobleme gelöst und Anpassungen an Autos und anderen Hilfsmitteln vorgenommen werden. Ein Nebengebäude beherbergt sodann eine Ausstellung mit umgebauten Autos, die diverse Lift- und Rampenmodelle aufweisen und viele Möglichkeiten bieten, den Rollstuhl mechanisch in das Autoinnere, den Kofferraum oder auf das Autodach zu transportieren. Das Rollimekka musste natürlich gefilmt werden, was die tüchtige Geschäftscrew ausserordentlich freute. Hardy erkundigte sich nach der Möglichkeit, ein EZ-Locksystem bei seinem Reserve-Rollstuhl anzubringen. Zudem wollte er eine straffere Rückenlehne für eine bessere Sitzhaltung. Hardy erhielt ebenfalls weiterführende Adressen bezüglich eines Stehbarrens, da die im Geschäft vorhandenen eher für Paraplegiker mit Oberkörpermuskulatur geeignet waren. Die Bestellung einer ganz normalen Haarwaschcuvette auf Rollen (wie beim Coiffeur) erwies sich überraschenderweise als unmöglich. Weder der superdicke Hilfsmittelkatalog noch Christels Zeichnung führten zum Ziel. So etwas hatte man vorher noch nie gesehen. Das nette Gegenüber identifizierte sich im Verlauf des Gesprächs als Ehefrau von Robert, dem Bettverkäufer. Tja, die Welt ist mitunter auch in Amerika klein.

Nahe der Ronson Road (4885 Ronson Court, Suite B), ebenfalls im Gewerbegelände, suchte Hardy anschliessend die Firma J. Figueroa Co. auf, die Lederjacken, Filzblousons, Sportwäsche und vieles mehr auf individuellen Wunsch hin anfertigt. Hardy kreierte auf dem Bestellzettel eine zweifarbige Jacke mit zwei Schriftzügen. Er ist glücklich, dass im Amiland Jacken (eine der spezifischen Bezeichnungen lautet Letter Jacket) erhältlich sind, die von einem sitzenden Menschen gut getragen werden können. Wieder auf dem Clairmont Mesa Blvd wurde dieser aus Gwunder[68] abgefahren. Die lange mehrspurige Hauptstrasse wird flankiert von Gewerbegebäuden und – in regelmässigen Abständen – Einkaufsstrassen bzw. grösseren Shoppingkomplexen mit Parkplätzen. Shoppingcenter sind im Thomas-Strassenverzeichnis mit einem roten Stern gekennzeichnet. Meistens finden sich überall in etwa die gleichen Laden- und Imbissketten. Am Samstag war Hardy mit Christel unterwegs und suchte einen vom Schnäppchenführer empfohlenen Laden mit gebrauchten Möbeln. Christel erstand einen fast bis an die Decke höhenverstellbaren Bürosessel. Nicht schlecht! Denn so kann Christel auf dem „Barhocker" Hardy Gesellschaft leisten, wenn er auf seinem mittlerweile gelieferten Easy Stand sein tägliches Stehtraining absolviert.

Zuerst die Arbeit, dann das Vergnügen. Nach diesem Motto funktionierte das Wochenende: Zuerst die Ufzgi[69], dann das Kino. Der Filmtitel „The 13th Warrior" mit Antonio Banderas löste bei Christel die Vorstellung eines Ritterfilmes oder eines sonstigen Streifens à la „Die drei Musketiere" aus. Das Gebotene knebelte dann aber sämtliche Erwartungen aufs Schauerlichste nieder. Blutige Köpfe rollten und heidnische, überaus barbarische Rituale liessen Christel zur Gänze und Hardys Icecream wieder erstarren. Der technisch perfekt inszenierte Streifen schenkte zarten Zuschauerseelen keinen einzigen Augenblick an Harmonie. Schwer verwundet schleppten sich die beiden anschliessend aus dem Kino im Horton Plaza. Nur ein Lebenselixir konnte ihnen noch helfen: eine Margaritha im Seaport Village. Bevor jedoch Hardy seine Bitte am Fenster der Tex-Mex-Bude formulieren konnte, gab ihm eine Küchenmagd unmissverständlich zu verstehen, dass „man" schliesse. Und das um 11 p.m.! Die Ritterromantik war endgültig dahin. Hardy regte sich zum ersten Mal über die Engstirnigkeit der Amis auf. Abgesehen vom Gaslamp Quarter mit seinen nicht gerade zahlreichen Möglichkeiten, draussen zu sitzen, war Downtown um diese Uhrzeit wie ausgestorben. Mit einer innerlichen Wut schrittrollte das Paar zur Wohnung und befragte den Kühlschrank nach einem Trösterli[70]. Der Fridge hat seither immer fertige Margaritha-Flaschen in seinem Bauch …

Am Sonntag chauffierte Christel ihren Schatz gekonnt auf Downtowns Strassen via Park Blvd north zum nahe gelegenenen *Balboa Park*, der vor allem am Wochenende mit Spaziergängern, Strassenkünstlern und Sportlern gefüllt ist. Der schöne, 485 ha grosse Balboa Park mit seinen üppigen Grünflächen, Freizeitanlagen und autofreien Promenaden weist ein Zentrum mit historischen Gebäuden und Plätzen im spanischen Kolonialstil auf. In den prächtigen Häusern sind elf Museen untergebracht, die der Besucher mit einem für eine Woche gültigen 20-Dollar-Pass besichtigen kann. Beliebt sind vor allem das Automuseum und das Aerospace Museum mit einer A-12 Blackbird von 1962 am Eingang. Das OMNIMAX-Kino im Reuben H Fleet Space Theater & Science Center ist ebenso eine Attraktion wie das Old Globe Theater, das für seine anspruchsvollen Aufführungen geschätzt wird. Das Botanische Haus bildet den Auftakt zu weiteren Naturschönheiten wie der Palmengarten oder der Japanische Friendship Garden. Der Spreckels Organ Pavilion lädt jeden Sonntag um 2 p.m. zu einem kostenlosen Orgelkonzert unter freiem Himmel ein. Alle Gebäude sind für Rollifahrer zugänglich. Die meisten davon bieten Behindertenparkplätze und Toiletten in der Nähe an. Die Verbindungswege im weit angelegten Zentrum sind alle gut und auf ebenem Niveau zu bewältigen. Ausserhalb gehen die Wege schon mal rauf und runter. Im Park selber zirkulieren Trolleybusse, von denen jeder zweite mit Hebebühnen ausgestattet ist. Ein geteerter Weg verbindet das nördliche Parkzentrum mit dem San Diego Zoo, dessen grosser Parkplatz wohl die meisten Möglichkeiten für behinderte Autofahrer bietet. Apropos Zoo, vor kurzem wurde ein Pandabär geboren; die Leute sind ob diesem Fact geradezu aus dem Häuschen, da der Panda die Attraktion des Zoos ist. Wie gut unterrichtete Quellen wussten, sei diese Nachricht auch in der heimatlichen Presse erwähnt worden.

Balboa Park

WEEK 36/1999:
TEMECUELA – NO TUSCANY VALLEY

6. bis 12. September

Am Montag war Labor Day: Tag der Arbeit bzw. Feiertag für die einen, schulfrei für die anderen. Andi kompensierte Überstunden von der Hinreise. Die Glarner widmeten diesen Tag der Erkundung des Umlandes von San Diego. Wer Hardy kennt, weiss um seine Vorliebe für den edlen Tropfen und die Bereitschaft, dem Weingott Bacchus wann immer möglich zu huldigen. Christels Bachel, wie sie deswegen ihren Mann auch nennt, zog es wie magisch ins Traubenparadies Temecula. Eintauchen wollte er ins verheissene Rebental. Um dieser göttlichen Leidenschaft gerecht zu werden, fehlte es nur an einem gleichgesinnten Weinfreund. Wer schwärmt melancholischer vom Vino als ein Italiener im Ausland? Hardy brauchte seinen Tessinerfreund überhaupt nicht vom geplanten Ausflug zu den goldenen Weinstöcken zu überzeugen. Mit vollem Herzen war Andrea dabei. Er erzählte, dass er mindestens vier Mal im Jahr seinen Vater in die Toscana begleite. Heimweh schwang in seiner Stimme. Die Toscana war ein weiteres verbindendes Zauberwort für den Fastitaliener und den Siener Bürger. Kein Zweifel – er war Hardys gewünschter Begleiter. Während der erwartungsfrohen Fahrt schwärmten die Männer von bella Italia, bel piatto di pasta, buon vino und belle bambole (oder war es doch eine andere Reihenfolge?). Dass letzteres Thema nicht allzu sehr ausuferte, dafür war Christel besorgt, die die Männer chauffierte.

Besuch des Temecula Wine Valley ...

Nach gut einer Stunde auf der I-15 north erreichte sie die Ausfahrt *Temecula* und fuhr anschliessend auf der Rancho California Road in östlicher Richtung weiter. Diese ist eine Art Hauptstrasse, an der sich links und rechts die verschiedenen „Weinschlösser" befinden, wenn man diesen Weingütern überhaupt so sagen kann. Anfänglich sah man ausser wüstenartigen Hügeln, die zum Teil spärliche Rebstöcke aufwiesen, nicht viel.

Hätten die in grosser Vorfreude schwelgenden Helvetier die Broschüre vorgängig gelesen, wären sie vielleicht nicht so über die strassensäumenden Golfmöglichkeiten erstaunt gewesen. Irgendwo stand nämlich geschrieben, dass in Temecula 99 herausfordernde Löcher vorhanden seien. Nach dieser ersten, für einen richtigen Traubenliebhaber doch ungewohnten Kombination fuhr das Trio auf besagter Strasse weiter. Bei der *Thornton Winery* bogen die neugierigen Besucher rechts ab. Die Besichtigung des Weinguts fiel äusserst kurz aus. Ein Innenhof heisst die Leute mit einer gedeckten Laube willkommen, wo zu einer Mahlzeit natürlich die verschiedenen Weine gleich mitgekostet werden können. Gegenüber durchschreitet man den Eingang zu den Verkaufsräumen. Wer darin eine traditionell europäische Kellereieinrichtung mit währschaften Eichenfässern vermutet, liegt falsch. Der Laden befand sich im Hochparterre und bietet nicht nur ein paar Flaschen, sondern zusätzlich noch viele andere Artikel feil, die irgendwie etwas mit Wein oder mindestens mit Essen zu tun haben. Wieder auf der „Hofterrasse" ermunterte der Ausblick, die Entdeckungsfahrt fortzusetzen.

Die Rebhügel auf der gegenüberliegenden Strassenseite versprachen, den Anfang des Erhofften zu sein. Kaum diesen nähergekommen merkte man aber bald, dass die Hügel zum Teil künstlich aufgeschichtet worden waren. Einige Plätze glichen eher einer Baustelle denn einem romantischen Weinanbaugebiet.

Die Rebenfelder sind zudem scharf abgegrenzt. Es grünt und wächst dort, wo bewässert wird, sonst besteht nur ödes Wüstenland. Auf Hardys Wunsch erklomm Christel über unbedeutende Nebenstrassen weitere kleinere Hügel, auf denen imposante Ami-Villen thronten. Die ungeteerten Zubringerstrassen waren teilweise so steil, dass sie der Van nie und nimmer geschafft hätte. Der eher langweilige Blick über karge Hügelketten hinaus bewog zur Umkehr auf die Hauptstrasse.

... mit caro amico Andrea

Dort staunten Andrea, Christel und Hardy nicht schlecht, als sie die zweite exotische Kombination antrafen: Von rechts kamen sie aus den Trauben heraus und fuhren links geradewegs in die Orangen hinein. Das hat nun wirklich nicht jedes Weinland! Das Trio fuhr die Rancho California Road wieder retour und nahm einen erneuten Anlauf, ein vielleicht doch noch romantisches Weingut zu finden. Die Männer dirigierten ihre Chauffeuse rechts den Berg hinauf zur *Callaway Vineyard & Winery*. Die Eintrittsallee mit den sie säumenden Blumen und Pflanzen versprach einiges. Oben auf dem Plateau angelangt, genossen die drei zuerst die Aussicht. Sie schenkte den Betrachtern ein ähnliches Bild: Reben, Wüste und Bauindustrie am Werk. Die Weindegustation fand im Innern des Hauses statt. Auch hier vermissten die Schweizer die stilvolle Trinkkultur. Keine Eichenfässer, nur sommerlich knapp bekleidete Besucher von nah und fern. Um Wein zu kosten, musste man Schlange stehen. Zudem wurden einem zwischen den Proben kein Brot, dafür immerhin ein übervolles Glas gereicht. Ein Schild oberhalb der Theke warnte die Besucher mit eindrücklichen Worten vor den gesundheitsschädigenden Folgen des Alkohols (der Tod wurde auch erwähnt), was den zwei Vinologen aus Europa nun statt den Gläsern den Kragen vollständig füllte und sie in die Flucht trieb. Wenn schon sterben, dann nicht in dieser Umgebung.

Der Hauptstrasse westwärts folgend erreichte das Auto das Altstädtchen von Temecula. Das historische *Temecula Old Town* begrüsste die Glarner mit einer ausgeprägten WildwestKulisse, die besser als andernorts gepflegt war. Andrea erlebte zum ersten Mal einen solchen Nostalgie versprühenden Ort und war besonders angetan von den vielen Antikläden im Innern dieser geschichtsträchtigen Gebäude. Ab und zu erspähte man sogar Personen in historischen Gewändern. Ansonsten ist die Stadt vom modernen Leben stark gekennzeichnet. Die hungrigen Mägen mussten schon bald mit einem mexikanischen Menü beruhigt werden. Die Bierbestellung von Andrea verlief nicht unproblematisch. Er musste erst beweisen, dass er wirklich schon 21 Jahre alt ist. Zum Glück akzeptierte die Servierdüse[71] den Schweizer Fahrausweis. Christel gefielen die kaktusähnlichen Margarithagläser ausserordentlich. Andrea beschloss deshalb, ganz Gentleman, ein Glas zu erwerben. Christel fand nach dem Verlassen des Restaurants sogar zwei dieser Trinkgefässe in ihrem Rucksack vor. Grazie!

Temecula Old Town

Die Weiterfahrt führte an die Meeresküste. Über den Hwy 74 gelangten die Ausflügler via Oceanside nach *Carlsbad*, wo sie eine kurze Strandbesichtigung dem geteerten Fussweg entlang absolvierten. Man kam zur übereinstimmenden Auffassung, dass es wohl erholsamere Strandabschnitte als diesen gibt, grenzt er doch unmittelbar an die rege befahrene Küstenstrasse. Weiter südlich der Küste entlang gelangte der Van nach *La Jolla*, einem idyllischen Vorort von San Diego. Der fast dörflich anmutende Ort ist durch die hier angesiedelte University of California San Diego (UCSD) und andere Forschungseinrichtungen zu einem bevorzugten Wohnort von Akademikern, Künstlern und Literaten geworden. Als Erstes führte Andrea die Glarner zum Haus der Uniprofessorin. Jacky hatte sämtliche Studenten über ihren bevorstehenden Hausverkauf und die damit verbundene Züglerei[72] informiert. Ihren überzähligen Hausrat verteilte sie an „bedürftige" Studis.

Der ortskundige Tessiner dirigierte die Chauffeuse zum zweiten Sight, zu den Seehunden am eleganten Strand mit schroffen Klippen und schönen Buchten. In den Medien wurde davon berichtet, dass sich diese Tiere vor kurzem auf dem öffentlichen Strand niedergelassen hatten, was die Bevölkerung unterschiedlich goutiert. Die einen tolerieren die Standortwahl der Tiere. Die anderen wollen die drolligen Schwimmer entfernt wissen und den Badestrand Zweibeinern vorbehalten. Vorbei an ausgefallenen Designerboutiquen, Kunstgalerien, Antikgeschäften und gemütlichen Restaurants der Prospekt Street und Girard Ave wurden die Glarner heimwärts gelotst. Dabei zeigte ihnen Andrea die Konkurrenz von Ralph's Supermarkt. Henry's soll angeblich frischeres Gemüse und Obst anbieten. Die inzwischen hereingebrochene Dunkelheit begleitete die Ausflügler anschliessend nach Hause, wo zwei Schulranzen ohne gemachte Hausaufgaben gepackt wurden.

La Jolla

Hardy nahm die zweite Studienwoche in Angriff. Der Ablauf eines Studientages ist unterschiedlich, weist aber ein paar Fixpunkte auf. Andrew bringt Hardy mit dem Auto zur Schule. Ist die Pause zwischen zwei Lektionen länger, fahren die beiden wieder nach Hause, weil Hardy dort besser eingerichtet ist. Andreas drückt dann die Schulbank mit, wenn ihn ein Fach interessiert, knackige Mädels anwesend sind oder die Schule Pizza offeriert. Ansonsten erledigt er für Hardy Dinge in der Bibliothek, im Kopierraum oder sonstwo, was ihn schon mit vielen meist weiblichen Angestellten und Studenten zusammengebracht hat. Wie es scheint, kennt Andrew schon alle Klassen der Law School – und umgekehrt. Der umtriebige Schwafli[73] fühlt sich jedenfalls sehr wohl und integriert sich bestens ins Uni-Umfeld, gerade so, als wäre er selber ein Student. Party hier – Einladung da. Da sollte man natürlich mobil sein. Deswegen machte sich Andi auf die Suche nach einem gebrauchten Motorrad. Die Zeitungsannoncen weckten im freiheitsliebenden Züri-Leu noch ein anderes Interesse. Wieso nicht auch ein Segelboot? Inzwischen ist der Töff[74] da und ein Boot schon besichtigt. Wenn Christel von der Schule heimkommt, wird Hardy zu zweit in den Easy Stand transferiert, wo er stehend das Mittagessen einnimmt. Der anschliessende Transfer ins Bett zum Klopfen der Blase geschieht auch noch zu zweit – nachher hat Andrew frei. Seine Person ist erst wieder am nächsten Morgen gefragt, wenn er den fertig angekleideten, bereits wartenden Chef in den Rollstuhl transferieren und ihm beim Frühstück helfen muss.

Christels einzige Sorge in dieser Woche war der zweite Aufsatz. Nach dem ersten Thema „Vergleiche und unterscheide die Muttersprache mit Englisch" wurde eine Überzeugungsrede mit freiem Inhalt verlangt. Das gab Arbeit! Im Rahmen eines Probeinterviews beim ungeliebten Lehrer knüpfte Christel erste Kontakte mit einer Mitschülerin aus Vietnam. Rose ist eigentlich eine Nun (Nonne) und arbeitete als Social Worker (Sozialarbeiterin) in Minnesota für obdachlose und bedürftige Frauen. Das vom Lehrer geforderte Interview verlief nicht so ganz nach seinem Sinn, da die zwei Frauen sehr verwandte Berufe haben und deshalb persönliche Fragen nicht relevant waren. Dem missgelaunten Lehrer teilte Christel daraufhin ruhig mit, dass es sie nie interessiere, ob jemand ledig oder geschieden ist, Geld hat oder keines und eheliche Kinder oder keinen Anhang sein Eigen nennt.

Das Weekend nahte diesmal besonders schnell. Ein Musikzückerchen erwartete die schulgeknebelten Glarner. Hardy hatte via Internet Tickets für das Sarah-Brightman-Konzert organisiert. Glücklicherweise vergewisserte sich Christel auf dem grossen Stadtplan, in welcher Universität von San Diego diese Freiluftaufführung stattfand. Die erste Annahme war nämlich total falsch. Vor der Abfahrt fragte sie noch sicherheitshalber den Parkplatz-Wächter, der schon glaubte, Hardys Parkplatz vermieten zu können, da seit Freitagabend im angrenzenden Gaslamp Quarter ein Dreitage-Strassenfest stattfand, weshalb in Downtown zu wenig Parkmöglichkeiten vorhanden waren und nicht benutzte Privatparkplätze vorübergehend an die Festbesucher vermietet wurden. Christel konnte den Herrn überzeugen, dass der Parkplatz 34 wirklich ihnen und nicht einer Melissa Sowieso gehört, wie die in seinen Händen befindliche Liste des Cityfront Terrace behauptete. Dann gings los zur San Diego State University (SDSU). Via die den Glarnern unbekannte College Ave und ebensolches Stadtgebiet fuhr Christel zur fraglichen Uni und hätte, weil sie sich wieder einmal grundlos verkrampfte, beinahe die Parkplatzeinfahrt verpasst. Christel erwischte die richtige Spur nur dank einer groben Missachtung des Vortritts eines anderen Autos, was das Opfer natürlich und völlig zu Recht mit einem vorwurfsvollen Gehupe quittierte. Schliesslich sass man auf den richtigen Plätzen. Der individuelle Rollstuhlbegleitservice hatte die beiden auf Umwegen durch die Eingeweide der Uni geführt, da die normalen Eingänge nicht rollstuhlgängig waren. Die Stimme der lieblichen Sarah und die anmutige Choreographie entführten das Publikum in eine mystische Welt. Wallende Stoffe umhüllten zart sowohl Körper als auch Bühne. Bald melodische, bald transzendente Klänge prägten die Musik. Die feenhafte Sängerin wurde am Schluss von den Fans drei Mal herausgeklatscht. Christels Sister Brigittli wäre über alle Massen begeistert gewesen. Serious, she would have been very, very exited!

WEEK 37/1999:
FREUDE HERRSCHT

13. bis 19. September

Freude herrscht hoch drei! Die grösste Freude ereignete sich genau genommen schon in der vergangenen Woche und liess vor allem das Herz der frisch gebackenen Tante Christel höher schlagen. Es hat Familienzuwachs gegeben. Das Sonnenscheinchen Lorena Bruna wird bereits wackere Gehversuche unternehmen, bis die zwei Glarner die neue Erdenbürgerin das erste Mal zu Gesicht bekommen. Dieses Ereignis hat bei Christel das erste Mal Heimweh hervorgerufen. Sie fragte sich, ob ihr jüngster Bruder – wie Christel für ihn – wohl auch zuerst einen Nuggi[75] organisieren musste für die Kleine. Die ältere Schwester war seinerzeit nämlich vom Chindszgi[76] nach Hause gekommen und hatte einen schreienden roten Glatzkopf vorgefunden, für den sie null-komma-plötzlich in den Dorfcoop hatte rennen müssen, um ihren Batzen gegen einen Gummizapfen einzutauschen.

Der iMac – die grosse Liebe von Hardy

Hardy kriegte endlich auch „sein Baby". Er und das himbeerrote iMäcli sind nun seit dem Tag der Ankunft unzertrennliche Freunde. Jeden Morgen wäggelet[77] Hardy zuerst zu ihm und erkundigt sich via E-Mail-Druck und Faxpuls nach seinem Wohlergehen. Nächtliche Nervenstörungen werden umgehend behandelt. Sorgfältig dosiert tröpfelt Dr. Landolt dem Kleinen wirksame Softwaremedikation ein, um die gefürchteten allergischen Reaktionen zu vermeiden. Während des Tages kann da iMäcli nur schlafen, wenn Hardy in der Schule ist. Abends gibt man sich gerne und geübt mit der roten Maus ab – schliesslich hat man ja für den richtigen Rhythmus zu sorgen. Nur das Wickeln bleibt an Christel hängen, was ja andere Frauen auch zu beklagen haben. So musste sie am Samstag den ungeheuren Kabelsalat des iMäcli entwickeln, neu aufwickeln und frisch verwickeln. Wenn wunderts, dass ihr diese Wicklerei stank.

Die dritte Freude wurde Andi zuteil. Eigentlich waren es ja drei freudige Neuigkeiten für ihn. Erstens wird ihm via Uni-Anwältin und auf Kosten seines Bosses das Immigrationsproblem abgenommen. Die Lawyerin verfasste ein Einspracheschreiben und sagte Andi, dass sicher ein paar Monate vergehen würden, bis eine Antwort auf ihrem Tisch liegen werde. Im Falle eines negativen Bescheides würde sie diesen selbstverständlich anfechten und einen definitiven Entscheid nicht vor dem nächsten Juni erwarten. Man spielt also auf Zeit, was bei einem befristeten Aufenthalt nur gut sein kann. Bis der Entscheid gefällt ist, ist man längstens ausser Land! Andis zweite Freude kam per Post: die definitive Driver License. Er kann sich jetzt wie ein richtiger Ami mit dem kreditkartengrossen Fahrausweis mit Foto ausweisen. Andis grösste Freude war aber die Registrierung als Segelbootbesitzer bei der Motorfahrzeugkontrolle, deren Büro er mittlerweile im Schlaf findet. Wie es sich für einen richtigen Naturburschen gehört, müssen nach den Land- eben auch die Wasserwege erobert werden. In Kalifornien braucht es keine spezielle Bootsprüfung, und so wurde er von einem Nachbarn an der Bootsanlegestelle in die neue Freizeitbeschäftigung eingewiesen. Hundemüde und mit Schwielen an den Händen, aber überglücklich kehrte Andreas am Samstagabend vom ersten Segelturn zurück.

Hart im Wind segeln Tessa und Andrea – der Kapitän filmt

Am Dienstag lud Mutter Slotkin ihre Uniküken zu einer Mittagspizza ein. Hardy und Andreas liessen sich das natürlich nicht zweimal sagen. Sie stopften ihre Mägen voll. Der Einzige, der es nicht so toll fand, war der Deutsche Thomas, der Käse und Fisch, besonders Meeresfrüchte, verabscheut und sonst einen empfindlichen Gaumen hat, was die Menüauswahl dramatisch verschmälert. Thomas und Ticino-Andrea besuchen einige Lektionen mit Hardy und helfen ihm, wenn er Hilfe braucht. Eine Studentengruppe bot in einer Randstunde eine weitere Gratismahlzeit an und warb gleichzeitig für neue Mitglieder. Hardy und der Ticinese wurden sofort Teilhaber, aber nur vom Bierfässchen. Christel gesellte sich dazu, als sie von der Schule gekommen war, um Hardy mit nach Hause zu nehmen. Es dauerte nicht lange, bis sich eine lebhafte Studentin zu den dreien setzte. Im Handumdrehen entbrannte eine Diskussion über Law und Order in den verschiedenen Herkunftsländern; Dorina investierte ihre ganze Energie ins Thema Todesstrafe, über die sie eine Arbeit schreiben will. Ein heisses Thema in den USA!

Nichts da von sunny California

Wer glaubt, dass in San Diego immer die Sonne scheint und angenehme Temperaturen herrschen, der irrt. Die Abende werden zunehmend kühler. Sogar der Ex-Pfader trägt immer öfters lange Hosen. Schon seit mehreren Tagen regiert der Morgennebel den ganzen Tag und löst sich je länger je weniger auf. Ja, liebe Daheimgebliebene, es gibt sie hier in Sunny California ebenfalls, die sonnenlosen Tage mit dicken drückenden Wolkendecken, die einem einen blöden Grind[78] bescheren.

Christels letzte Schulwoche forderte Abschlusstests. Der faulen Lehrerin kam es Anfang Woche in den Sinn, dass sie eine „Kleinigkeit" vergessen hatte, weshalb die Klasse 108 neben den Prüfungsvorbereitungen noch einen weiteren Aufsatz schreiben musste. Dies war dann doch heavy für die Nurse. Da Christel keine halben Sachen liebt, legte sie sich natürlich wieder so ins Zeug, dass es Hardy schon mit der Angst zu tun kriegte, in Vergessenheit zu geraten. Um das zu verhindern, schob Christel kurzerhand Nachtschichten. Für die schriftliche Arbeit „Ursachen-Wirkungen" wählte sie ein medizinisches Thema. Da sich die Fachausdrücke in beiden Sprachen gleichen, brauchte die Nurse den Dictionary kaum. Die möglichst schonungslose Beschreibung, wie ein Herzinfarkt entsteht, schien Christel perfekt, denn dies beschäftigt die Amis ungemein. Abschliessend absolvierte die Schülerin noch eine Grammatikprüfung, einen Vokabulartest und schrieb einen Aufsatz zu vorgegebenem Thema. Letzteres hasste die Schreiberin besonders, weil sie ein kreativer, geduldiger Ausdauer-Typ ist.

Der von den Lehrern enthusiastisch heraufbeschworene Zeugnistag entpuppte sich für die bodenständige Thurgauerin als richtigen Flop. Die amerikanischen Lehrkräfte waren bestrebt, so etwas wie eine Abschlussfeier zu veranstalten, was angesichts der vier Schulwochen eher lächerlich war. Christel ärgerte sich zudem darüber, dass man die Schüler für 10.30 a.m. bestellte, obwohl diesen erst um 11.30 a.m. im Klassenzimmer ein goldenes Zertifikat überreicht und um 12.00 a.m. (High Noon) im Aufenthaltsraum eine grosse Pizza serviert wurde. So leicht lässt sich Geld verdienen! Übrigens: Top-Student des Monats wurde Roland aus Bern, was Christel und ein paar weitere Schweizer bewog, doch noch so etwas wie einen Begeisterungsschrei von sich zu geben.

Ohne Pizza, no Graduation

WEEK 38/1999:
COWBOYBOOTS AND RODEO

20. bis 26. September

Für Hardy und Christel beginnt der Tag um 5 a.m. Zu dieser Zeit ist es auch in San Diego noch dunkel. Obwohl Hardys Classes nur am Montag und am Mittwoch schon um 8 a.m. beginnen, steht Christel auch an den anderen Tagen früh auf. Schwerstarbeit für einen Morgenmuffel, der zudem noch jeden Morgen das schreckliche Weckergehupe und -geklingel über sich ergehen lassen muss. Manchmal klingelt auch noch das Telefon in aller Hergottsfrühe, wenn Hardys Bürocrew in Glarus – öfters, als einem lieb ist – beglückende Faxmitteilungen schickt, wohl während der Zvieripause[79], wenn es in der Schweiz wegen des Zeitunterschieds nicht mehr früh am Morgen ist. Obwohl Hardys Computer über allerlei technischen Schnickschnack verfügt, ist die mitgelieferte Faxsoftware leider nicht in der Lage zu unterscheiden, ob ein Fax oder nur ein Telefonanruf in der Leitung wartet. Dies führt regelmässig dazu, dass Andreas noch vor Dienstantritt mit dem Computer kämpft, bis dieser die eingehenden Mitteilungen frisst. An sich wäre es so einfach: Wer einen Fax schicken will, sollte vorher anrufen, damit die Maschine umgestellt werden kann. Wer nicht schwatzen will, sollte sich mindestens vorgängig vergewissern, ob der Fax eingeschaltet ist (knurrendes Brrrr-Zeichen). Für die technisch nicht so Versierten: Wenn der Telefonbeantworter antwortet, dann ist der Fax bestimmt nicht eingeschaltet! Und nur so nebenbei für ganz Begriffsstutzige: Bitte auf die Uhr schauen und neun Stunden abziehen; ergibt diese Rechenoperation eine Uhrzeit, zu der man selbst schläft oder noch nicht gestört sein möchte, dann einfach den Hörer nicht in die Hand nehmen.

Nach den morgendlichen Faxwirrnissen werden die Magennerven mit einem Knusperfrühstück beruhigt. Ein durchschnittlicher US-Supermarkt verfügt über eine Riesenauswahl von Cereals und dergleichen. Die von Natur aus süssen Schweizer mussten aber leider feststellen, dass der crunchy Staff praktisch immer stark gezuckert oder – noch schlimmer – zusätzlich mit Honig überzogen ist. Nach eingehenden empirischen Studien fand das Trio schliesslich heraus, welche Getreideflöckli einigermassen ungesüsst und geniessbar sind. Die Verkäufer von Ralph's kennen die kritische Schweizer Stammkundschaft inzwischen bestens. Es sind keine misstrauischen Blicke mehr nötig, wenn die Helvetier verdächtig lange das Gestell mit den Diät- und Gesundheitsprodukten studieren. Hauptsache ist, dass man die praktisch ungesüssten Vollkornwürmli entdeckt hat, die wie gestanzte Nägel ohne Köpfe aussehen. Well, so ganz ohne Zucker gehts natürlich nicht. Andreas liebt die süssen Mandel-Crunchies, während sich Hardy unsterblich in die Raisin Brans (dunklere Flocken mit Weinbeeren) verliebt hat. Den im wahrsten Sinne des Wortes krönenden Suppentellerabschluss machen Strawberries, Blueberries, Raspberries oder Blackberries. Diese Beeren sind in kleinen Schachteln erhältlich und zeigen nach dem ersten Öffnen dem erstaunten Käufer nicht selten ihre schimmligen Schätze.

Der Stundenplan von Hardy gleicht einem Zufallsprodukt: Am Montag sind zwei Kurse angesagt, nämlich Legal Skills II und Negotiation. Das erste Fach vermittelt Grundkenntnisse und methodologisches Know-how, während die andere Stunde der Verhandlungstechnik gewidmet ist. Am Mittag ersetzt Hardy seine Stehübungen durch Physiotherapiestunden im Hospital. Der Montagnachmittag steht Hardy somit ab 3 p.m. zur freien Verfügung, wird aber vom Streberchen für Hausaufgaben und Computerrecherchen benützt.

Der Dienstagmorgen gehört dem Fach Human Rights, das von einem jungen Professor doziert wird. Die Vorlesung vermittelt den Studenten einen Überblick über die internationalen Verträge, die Menschenrechte schützen. Am Dienstagnachmittag gibt sich Dean (Dekan) Smith mit dem Health-Law-Seminar die Ehre. Ziel dieses Seminars ist es, den Studenten einen Überblick über aktuelle Probleme im Kranken- und Unfallversicherungssystem der USA zu geben. In diesen beiden Fächern muss bzw. kann Hardy ein Research Paper schreiben. Diese schriftliche Arbeit umfasst rund zwanzig bis dreissig Seiten und wird in der Regel anstelle einer schriftlichen Prüfung abgefasst. Der bereits eifrigst forschende Hardy vergisst dabei völlig, dass er verheiratet ist und seine Liebe nicht nur dem iMac zuwenden sollte. Christel zeigt sich extrem geduldig, muss aber gelegentlich doch ein Machtwort sprechen. Immerhin, das Stromkabel hat sie bis anhin noch nicht als Notlösung herausziehen müssen.

Am Mittwoch besucht Hardy die Vorlesung Constitutional Law II. Prof. Ireland, eine etwas füllige Dame mit einer bittersüssen Ausstrahlung, führt die Studis in die Geheimnisse des Verfassungsrechts ein, wobei primär die verfassungsmässigen Freiheitsrechte behandelt werden. Als Erstes wurde die Rechtsgleichheit der Rassen abgehandelt, was Hardy sehr interessant fand. Frau Ireland löst kurz vor Mittag Prof. Slotkin ab, die sich grosse Mühe gibt, den ausländischen Studenten einmal mehr Legal Skills beizubringen. Zusammen mit Gastprofessoren wird das US-Recht in Grundzügen dargestellt.

Bis zum Donnerstagmorgen ist der Student von weiteren Stunden befreit, muss aber oft Ufzgi machen. Am Donnerstagmorgen lässt Prof. Aceves erneut die Human Rights lebendig werden, was unter anderem bedeuten kann, dass die Studenten einen interessanten Dokumentarfilm über Milosevic und andere Schlächter ansehen können.

Am Freitag drischt Prof. Ireland nochmals auf die Wissbegierigen ein und scheut auch nicht davor zurück, den einen oder anderen Studenten herauszupicken und vorzuführen, wenn er dummes Zeug daherredet oder – noch schlimmer – von den Cases keine Ahnung hat. Den Abschluss der Woche hat sich der in Cowboystiefeln dozierende Prof. Ritter vorbehalten. Mit einer etwas schwer verständlichen Matschstimme will er den Anfängern die Geheimnisse des Legal Writings beibringen. Hardy schüttelt jedes Mal nur den Kopf, wenn Prof. Ritter mit einer Leidensfähigkeit sondergleichen die richtigen Zitier-, Schreib- und Abkürzungsregeln einer Messe gleich herunterleiert. Der Schweizer Student konnte nicht anders, als den Prof zu fragen, was denn der tiefere Sinn dieser modernen Sklaverei sei. Irgendwie irritiert gab der Professor zu verstehen, das sei halt nun mal so in den USA. Naja, für ein Jahr kann man sich anpassen. Diese Regeln rund um das juristische Schreiben müssen einem kranken Hirn entsprungen sein, das Befriedigung daran findet, wenn Bücher, Artikel und sonstige Dokumente unterschiedlich und erst noch in anderen Stilen und Formaten geschrieben werden müssen. Vollkrass!

Der Glarner Student versucht seit Schulbeginn, das Recht mit dem Computer zu zähmen. Dank einem Bibliothekarsprogramm (End Note) kann Hardy sogar via Internet die Vorzüge der verschiedenen Libraries voll ausnützen. Der anspruchsvolle Bücherwurm bringt die Bibliotheksangestellten der CWSL ab und zu an den Rand der Verzweiflung, da er mit seiner Software Bücher findet, die die Bibliothekarin gar nicht bestellen kann. Diese Titel existieren meistens nur in der Library of Congress und können nicht ausgeliehen werden. Genial findet Hardy die via Schulcomputer zugänglichen Datenbanken von West Law und Lexis. Die für den Computerbereich zuständige Bibliothekarin, Barbara, hatte Hardy frühzeitig beigebracht, wie man effizient nach Entscheiden, Artikeln oder sonstigen juristischen Fundstellen sucht. Im Übrigen weist die nicht allzu umfangreiche Schulbibliothek doch eine Fülle von Büchern, Periodicals und sonstigen juristischen Nachschlagewerken auf. Hardy ist gespannt, ob die neue, im Bau befindliche Bibliothek, die Ende Jahr eröffnet werden soll, über mehr Quellen verfügen wird. Da Hardy zuhause über ein eigenes Computerequipment verfügt, ist er sehr selten im Schullabor anzutreffen. Gut so! Denn die Computer sind meistens ausgebucht.

Aber es ist nicht alles Gold, was computermässig glänzt. Das Homebanking via AOL funktioniert an sich schon, wenn da nicht die allgemeinen Widerwärtigkeiten wären. Pacific Bell, die hiesige Telefongesellschaft, drohte Hardy an, die Telefonleitung zu kappen, wenn nicht bald die erste Telefonrechnung bezahlt würde. Der fragliche Betrag war im Zeitpunkt der Mahnung bereits seit mehreren Tagen vom Bankkonto abgebucht, aber auf wunderbare Art und Weise noch nicht bei der Telefongesellschaft angelangt. So musste sich Andreas notfallmässig in Hardy verwandeln und die Bank of America schlimm fluchend heimsuchen. Die Bank sollte wenigstens eine Bestätigung schicken, dass das Geld unterwegs sei und irgendwann sicher einmal bei der Telefongesellschaft ankommen würde. Der Computer kann beim besten Willen doch nicht alles. Denken und die richtigen Tasten drücken muss immer noch ein Mensch. Es macht den Anschein, dass die Bankers Mühe mit Denken und Drücken haben.

Obwohl Hardys Team denkt und die richtigen Tasten drückt, ist ihm der Autocomputer nicht gut gesinnt. Aussen- und Rückspiegel werden vollautomatisch gesteuert. Trotz genauem Studium des Benutzerhandbuches und richtiger Programmierabfolge wollen diese beiden einfach nicht richtig gehorchen: Der Innenspiegel verdunkelt sich automatisch, während sich der rechte Aussenspiegel, gerade so wie es ihm gefällt, nach oben oder unten bewegt, wenn der Zündschlüssel gedreht wird. Deswegen und weil das Auto vorne über keine Befestigungsplatte für das mittlerweile eingetroffene Nummerschild (mit blauem Rollstuhlsignet) verfügt, musste Andrew den sonst fahrwilligen roten Teufel in die Garage bringen.

Irgendwie schafften es die Jungs in der Garage, Andrews detaillierte telefonische Anmeldung und Problemschilderung einfach zu ignorieren. Mit der typisch schweizerischen Einstellung, dass das Problem gelöst worden war, nahm der Driver den Van in Empfang und machte sich nach drei Stunden Wartezeit auf den Heimweg. Andi merkte bald einmal, erst ungläubig, dann zunehmend konsterniert, dass die Garagenboys einfach den linken „gesunden" Aussenspiegel ausgewechselt hatten. Hardy und Christel verstanden erst nicht, weshalb Andreas schnaubend heimkehrte, mit gestellter Löwenmähne zum Telefon hechtete und tierisch in den Hörer brüllte. Seine Krallen hinterliessen kräftige Spuren auf dem Notizblock. Die zwei stummen Glarner in Hintergrund waren überzeugt, dass der Löwe am liebsten Prankenhiebe einem Telefonanruf vorgezogen hätte.

Der Van fährt jetzt offiziell behindert zur Uni. In der Nähe der Schule befinden sich drei Rollstuhlparkplätze. Obwohl Hardy der einzige Wheelchair User ist, sind die drei blauen Felder praktisch immer besetzt. Körperfülle gilt offensichtlich auch als Behinderung, was zur Folge hat, dass einige der nicht wenigen Dicken auch eine Rollstuhlparkerlaubnis besitzen. Es wäre wohl besser, wenn die Fatties zu Fuss oder mit dem Fahrrad zur Schule kämen. Auch für die anderen, nicht behinderten Fettleibigen hätte Hardy einen guten Tipp: Benützt doch bitte die Treppe und nicht immer den Lift. Rollstuhlfahrer und Hausabwart würden es zu schätzen wissen!

Niemand hälts für wahr! Am Dienstag hat es tatsächlich wieder einmal geregnet, und das nach Wochen. Die Wolken hier belieben aber nicht zu giessen, sondern nur zu tröpfeln. Dennoch holen die Mütter für ihre Knirpse Regenschirme von der Diele, die mit einem Lampion-Syndrom-Gefühl spazieren geführt werden. Der nasse Event wurde von den Zeitungen natürlich auch bildlich festgehalten und eingehend kommentiert. Andrew erhoffte sich vom kühlenden Nass ein sauberes Auto, musste aber feststellen, dass die Tropfen den Dreck noch mehr haben sichtbar werden lassen. Mit dem Regen schien der Herbst Einzug gehalten zu haben. Christel und Hardy diskutieren nämlich, ob das Fenster über Nacht geschlossen werden soll, was ein untrügliches Zeichen dafür ist, dass der Winter vor der Türe steht. Herbst und Winter bedeuten natürlich nicht Schneefall und Eisglätte, sondern nur etwas kühlere Temperaturen. Komischerweise richtet sich die Modebranche aber nicht nach dem Wetter, sondern nach den vier Jahreszeiten. Sommerlich gekleidete Touristen gucken nun im Horton Plaza durch Schaufenster, die mit Winterschuhen und dicken Strickklamotten bestückt sind.

Andreas ist nicht nur im Sternzeichen ein Löwe, sondern auch in der Freizeit. Es gibt wohl nichts, was er nicht bereits ausprobiert hätte: Skateboarden, Velofahren, Töffspeeden, Schwimmen und Tauchen, Salsa- und Tangotanzen, Segelschiff kommandieren, Ab-und-zu-schöne-Augen-machen, Soft- und Volleyball spielen und neuerdings sogar brennende Bäume löschen. Während eines gemütlichen Volleyballspiels sah Andrew pötzlich einen brennenden Baum. Eine Mitspielerin alarmierte mit ihrem Mobiltelefon Polizei und Feuerwehr. Wie es sich für eine Raubkatze gehört, rannte Andi zum Baum und kletterte den Stamm hinauf, um den unbekannten Pyromanen im Geäst davon abzubringen, einen zweiten Baum in Brand zu stecken. Der Wortwechsel konnte den betrunkenen Feuerteufel nicht von seinem Vorhaben abbringen, weshalb Andrew mit blossen Händen und Füssen versuchte, die bereits brennenden Äste zu kappen und so das Feuer zu löschen. Andrew gelang es schliesslich, den offensichtlich geistig Verwirrten vom Baum herunterzubringen, was allerdings bei diesem die Streitlust förderte. Zusammen mit einem anderen Mitspieler musste der wild um sich schlagende Unhold festgehalten und zu Boden gedrückt werden, bis ein Cop mit seinen Handschellen dem Treiben ein Ende setzte. Seither prahlt Andi damit, dass er sein letztes T-Shirt von „Up with people" einem echten Firefight geopfert habe. Dieses Abenteuer wird noch ein Nachspiel haben. Am Freitagmorgen wurde der Nothelfer bereits von der Polizei per Telefon darauf vorbereitet, als Zeuge in einem waschechten Strafprozess auszusagen.

Wieso haben diejenigen Leute, die mit Hardy und Christel verkehren, öfters irgendetwas mit den Cops zu tun? Ticino-Andrea, zum Beispiel, hatte sich mächtig Mühe gegeben, einen Bullenwagen beim Rechtsabbiegen trotz Rotlicht (was an und für sich erlaubt ist) abzubremsen, und wurde dafür mit einer Busse von 271 Dollar fürstlich belohnt. Andrea ist aber bis heute der festen Ansicht, dass ihm Unrecht widerfuhr, da der Bullenwagen seiner fachkundigen italienischen Verkehrseinschätzung zufolge zu keiner Zeit seinetwegen hatte abbremsen müssen. Der arme Kerl verdient nun seine Busse in der Unibibliothek mit dem Messen der Regallängen ab, die für den Umzug benötigt werden. Dafür hatte der Ticinese aber am Samstag einen Lichtblick. Zu seinem Geburtstag erhielt er vom Cityfront-Trio ein Trostpäckli. Kurz danach erfolgte jedoch ein erneuter Hammerschlag für die zwei Andreasse. Sie wollten für das bevorstehende Barbecue Bier einkaufen und erwarteten wohl keine Probleme, da es vor 22 p.m. war und beide das erforderliche Alter von 21 Jahren aufwiesen. Der jugendlich dreinschauende Ticino-Andrea war der Einkäufer und musste sich prompt ausweisen. Er hatte die Papiere nicht dabei, weshalb die Kassiererin den bärtigen Andreas als rechtmässigen Biererwerber auserkor. Der Ticinese wollte jedoch bezahlen, was die nette Dame aber nicht zuliess. Bereits leicht verärgert streckte Andrea Andreas Dollarscheine hin, damit dieser bezahlen soll. Die Verkäuferin war wieder anderer Meinung und verlangte ein Nötli[80] aus dem Geldbeutel von Andreas. So kriegte halt der Züri-Leu *nur* mit *seinem* Nötli das Bier. Das verschmähte Andrea-Geld kam nach dem Abschluss des Handels in die Brieftasche von Andreas, was die Kassiererin weiter nicht störte.

Echte Kerle waren angesagt! Wie am Dienstag befreite Christel auch am Freitagabend ihren geschundenen Ehemann aus den Fängen der Uni(kr)hallen. Der Wochenendanfang wurde diesmal speziell eingeläutet. Rodeo! (Anmerkung: unbedingt die erste Silbe betonen, very important, sonst meinen die Amerikaner, man spreche von der Rodeo-Strasse, die als Einzige auf dem „e" betont wird). Das Spektakel wurde im Ort *Poway* abgehalten, das sich ungefähr eine halbe Stunde nördlich von Downtown befindet. Das Paar gelangte auf der I-15 direkt in den Feierabendverkehr. Ein bisschen schadenfreudig flitzten Hardy und Christel auf der Car Pool Line an den stehenden Kolonnen mit Einzelfahrern vorbei. Die Car Pool Line scherte dann aber plötzlich von den anderen Spuren nach links weg und liess befürchten, in Poway keine Ausfahrt zu haben. Glück gehabt, der Zubringer zur Freilichtarena war da und bestens signalisiert. Auf dem Platz angekommen begrüssten Leute in Tierkostümen die Besucher. Christel freute dieser unerwartete Empfang der strassensäumenden Menge, merkte aber erst nach genauerem Hinsehen, dass es protestierende Tierschützer waren.

Hardys ausgelaugtes Hirn lechzte nach etwas Kohlenhydrat. Bei den Verpflegungsständen deckten sich die Glarner mit einer Cowboymahlzeit ein. Das Bier kriegte Christel am Zelt 2 erst, nachdem sie sich beim Zelt 1 mit der ID ausgewiesen hatte und ein Papierband ums Handgelenk montiert kriegte. Beim erneuten Becherkauf wird dieser Handgelenkschmuck erst auf seine Unversehrtheit hin kontrolliert. Yes, of course, man könnte ja das Bändeli vom Vater geklaut haben. Um 7.30 p.m. wurde das Rodeo eröffnet, das Hardy, Christel und andere Rollifahrer direkt hinter dem Maschendraht verfolgen konnten. Die Fussgänger sassen auf der unzugänglichen Tribüne. Christels anfänglicher Versuch, das Spektakel mit der über den Zaun gehaltenen Videokamera festzuhalten, wurde vom Aufsichtspersonal vehement unterbunden. Niemand durfte sich unmittelbar am Zaun aufhalten. So guckten die zwei Schweizer durch das Drahtgeflecht hindurch und freuten sich trotzdem über die Möchtegern-Cowboys und Machos. Ein berittenes Ballet und Werbeblöcke hoch zu Ross lockerten mit Darbietungen die „tierischen" Wettbewerbe auf. Letztere bestanden im Bereiten wilder Gäule und Bullen und dem Einfangen von Kälbern, sei es durch einen Sprung vom Ross, sei es mit dem Lasso. Hardy glaubte herausgefunden zu haben, dass den Tieren mit einem eng geschnürten „Intimband" absichtlich Schmerzen zugeführt wird, damit die an sich zahmen Tiere zu Wildwestbestien werden. In der Tat begaben sich nach jedem Ritt sofort zwei andere harte, berittene Jungs zum bockigen Tier und lösten das fragliche Band, was das Tier urplötzlich beruhigte. Erforderte es die Situation, wurde der durchgeschüttelte Zweibeiner, so er sich denn noch nach der abgelaufenen Zeitlimite oben befand, auf eines der Pferde gehievt.

Rodeo Time – Action, Versager und Showtime

Wie, wofür und warum genau Punkte verteilt wurden, war den Schweizern völlig unklar. Es interessierte sie auch nicht sonderlich, wer da in der Disziplin welchen Rang erkämpfte. Man schaute zu und freute sich am Spektakel. Die „Versuchstiere" wurden jeweils wieder in ihre Boxen zurückgetrieben, was vornehmlich auffallend hübsche Cowgirls mit eigenem Country-Outfit erledigten. Die Reiter/innen waren sich ihrer Person sehr sicher. Sie blickten cool unter den Hutkrempen zum Publikum, um allfällige Fans ausfindig zu machen. Das eine oder andere Weiblein erfreute sich denn auch am Buffalo-Bill-Schnauz der Kuhdreck-Gladiatoren. Männlein sabberten derweil den langen gewellten Blondschöpfen nach, die in hartem Galopp am „starken Geschlecht" vorbeiritten; gar manchem dürften darob tiefer liegende Regungen verursacht worden sein.

Die Pausen zwischen den eigentlichen Spielen wurden durch harmlose Attraktionen gefüllt. So wetteiferten berittene Damen etwa im Schnellritt über die Arena oder im Slalomritt um Fässer und gaben sich Mühe, dass ihr Vierbeiner die Kurve kriegte, was nicht immer geschah. Eine Kindereinlage fehlte natürlich nicht. Kleine zukünftige Rodeosternchen versuchten ihr Glück auf Schafen; natürlich nicht ohne aufmerksame Helfer in unmittelbarer Nähe. Weniger Mutige durften in einer Kutsche als kleine John Waynes und Scarlet O'Haras Zuwinkarbeit leisten. Schliesslich gab sich auch der obligate Clown – vergebens – Mühe, lustig zu sein und wurde dafür im Verlauf des Abends beinahe von einem Bullen bestraft. Entertainment pur!

WEEK 39/1999:
OKTOBERFEST IN LA MESA

27. September bis 3. Oktober

Es fand ein Kampf zwischen David und Goliath statt, wobei erwartungsgemäss Goliath dem Gefecht erlag. David erschien diesmal in unsichtbarer Gestalt als heimtückischer Nasenvirus und schlug innert kürzester Zeit Andrew k.o. Schwer geprüft schleppte sich der verwundete Löwe bereits am Wochenende in seinen Bau, den er bis zum Mittwochmorgen nur zwecks Beute schlagen (Kühlschrank) verliess. So war wieder einmal die Nurse zum noch früheren Aufstehen verknurrt; ihr Dienst am Wochenbeginn begann bereits um 4.30 a.m. Der einzigartige Ausblick auf die noch schlafende Stadt tröstete den Morgenmuffel. Während Hardys Gedanken seiner Büez[81] nachhingen, hielt sich Christel mit dem Fensterfilm „Über den Dächern von Downtown" wach.

So bemerkte sie zum Beispiel, dass der Zeitungsverträger seine Newspapers filmgerecht vor die jeweiligen Haustüren schmeisst. Was in den Filmszenen allerdings Velo fahrende Boten erledigen, wird hier aus dem vorbeirollenden Auto gemacht. Christel musste dann aber doch vernehmbar schmunzeln, als sie den Market Street-Act verfolgen konnte. So schleuderte der besagte Frühaufsteher cool seine Ware zwischen Bäumen und parkierten Autos hindurch zu den Hauseingängen. Bei einer Adresse bemerkte der Werfer in seinem ständig rollenden Pick-up, dass es diesmal überhaupt nicht der Wurf des Tages war – das unverzügliche Stoppen hingegen Klasse A. In der Annahme, dass man einen Kerl wie ihn auch zu dieser frühen Stunde beobachten würde, glitt er spektakulär lässig von seinem Sitz. Er näherte sich dem fehlbaren Objekt auf dem Trottoir. Innerhalb von Sekunden entschloss er sich zu einer anderen Sportart. Den Hauseingang kurz anpeilend und ohne flankierende Massnahmen, katapultierte er den Papierball in die rechte untere Ecke. Goal!

San Diego by Night

Die Sonne stand noch nicht am Himmel. Trotzdem waren schon einige Frühsportler auf der Piste. Dazu gehören Jogger älteren Semesters, auf deren offensichtlich geringes Schlafbedürfnis Christel unerhört neidisch ist. Die wanderenden gelben Lichter des Gerichtshauses und des Gefängnisses liessen die Krimiliebhaberin über mögliche Vorgänge in den Gebäuden spekulieren. Das Rot der Ampeln drang ebenfalls in den 12. Stock und färbte abwechslungsweise die kahlen Zimmerwände. Abwechslung boten auch die Lichter der nahen Hochhäuser, die ihre höchsten Erhebungen oft mit roten, teilweise blinkenden Lichtern markieren. Ein Building sieht so aus, als hätte man es auf fünf verschiedenen Höhen mit einem Messer schräg angeschnitten. Diese Schnittstellen werden mit einem grün leuchtenden Lichterkreis umrahmt und zwingen dem Nachthimmel eine eigenartige Geometrie auf.

Am Allerschönsten ist für die morgendliche Betrachterin jeweils der Sonnenaufgang, der sich in den hohen Glasfronten der Wolkenkratzer spiegelt. Die landenden Flugzeuge, die durch die Strassenschluchten zwischen den Buildings vom 12. Stock aus praktisch auf Augenhöhe vorbeischweben, verleihen dem Ganzen etwas Unwirkliches. Mit dem Hellerwerden können zudem oft neue Kreuzfahrtschiffe im Hafen ausgemacht werden, die in der Nacht angekommen sind. Das letzte vor Anker gegangene war so riesig, dass die angrenzenden grossen Wohnblöcke verschwindend klein erschienen. Das Schiffshorn dröhnte bis in die Stube hinein. Einmal zoomte Andrew via Videokamera das Leben an Deck heran und vergnügte sich an den spazierenden, quatschenden, schwimmenden oder joggenden Passagieren.

Allerlei Schiffe lagen im nahen Hafen vor Anker

Nicht nur Andi war krank. Auch im iMäcli war der Wurm drin. Hardys besorgte Zuwendung fruchtete gar nichts, was den Compibenützer in arge Not brachte. Er hatte eine Arbeit mit dringendem Abgabetermin in der „Kiste". Dieser bedrückende Umstand liess eine gehörige Portion Adrenalin in Hardys Kreislauf bringen. Nachdem sämtliche Kabel, Hebeli[82], Knöpfe, Tasten und Stecker minutiös auf Unregelmässigkeiten geprüft worden waren, baten die Glarner den fiebrigen Andi um Hilfe. In seinem Fast-Delirium hatte er wohl einen speziellen Draht „nach oben" und brachte den Compi, wie weiss niemand, zum Laufen.

Der Physiotherapietermin wurde am Montagmittag wahrgenommen. Hardy lotste seine Frau die 5th Ave north hinauf zum Spital nach Hillcrest (Uptown San Diego). Um 1900 residierten hier vornehmlich San Diegos „weisse Hemdkragen", weshalb der Stadtteil auch „Bankhügel" oder „Pillenhügel" hiess. Hillcrest war 1920 der erste selbständig funktionierende Vorort. Trotz der geschätzen Lage mit den Museen im nahe gelegenen Balboa Park fiel Uptown 40 Jahre später Gleichgültigkeit und Vernachlässigung zum Opfer. Initiativen Bewohnern, besonders vielen Homosexuellen, ist es zu verdanken, dass Hillcrests Charme wieder zum Leben erwachte. Heute lockt der zentrale Stadtteil mit Kinos, vielen Restaurants, Kneipen und Avantgarde-Boutiquen. Die überaus aktive und trendbewusste Gay Community bringt „den letzten Schrei" an die Kundschaft. Hillcrest offeriert zudem billigere und individuellere Wohnmöglichkeiten als die anderen Stadtteile.

Der gen Himmel Fahrende – gutes Omen für Spitalbesucher?

Nach 20 Minuten Fahrt war das Auto im Parkhaus des Scripps Mercy Hospitals versorgt. Hardy führte seine Frau durch die andächtig ruhige Eingangshalle, die von einer hölzernen Jesusfigur und vielen Wandportraits von grosszügigen Gönnern dominiert wird. Mit dem Lift gings ins Untergeschoss. In der Warteabteilung (Stühle entlang des Korridors) musste sich Hardy in eine Liste eintragen, obwohl der Termin telefonisch auf 1 p.m. angesetzt worden war. Da sassen die Glarner nun und beobachteten das emsige Treiben in der Physical Therapy. Man witzelte über die Lohnleichen, die an den Wartenden vorübergingen und dieselben Akten von A nach B und wieder von B nach A trugen, miteinander herumschäkerten, im Rapportzimmer Hamburger assen oder sich selbstgefällig im Spiegel betrachteten – aber nur nicht produktiv arbeiteten.

Bald erspähte Hardy „seine" Physiotherapeutin Tiffany. Er erkundigte sich höflich, wann es denn endlich losginge, worauf diese erschrocken antwortete, dass sie über den Termin nicht informiert worden sei. Das passte ins Bild. Alle gucken in den Computer, führen parallel dazu Patientendossiers, tratschen herum, und die Zimmerwände quellen über mit Notizzetteln. Aber man bringt die Nachricht einfach nicht vom Fleck. Die Frage nach dem Vorhandensein eines Hirns drängte sich daher einmal mehr auf.

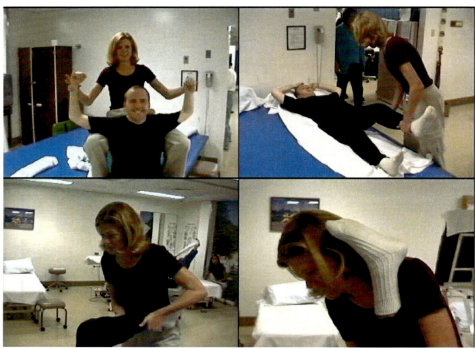

Hardy wird von seinem Physiomäuschen gefoltert

Auf Hardys Bitte hin zeigte Christel Tiffany ein paar Lockerungsgriffe, damit sich diese ein besseres Bild von seiner Konstitution machen konnte. Tiffany fasste Mut und packte fester zu. Die Wirbellockerung à la René im Glarnerland schien aber nur er zu beherrschen. Solche chiropraktischen „Knackereien" sind einem amerikanischen Physiotherapeuten ohnehin untersagt. So verwendete Tiffany für die Wirbelsäulendehnung einen grossen Plastikball und zog den sitzenden Hardy rückwärts darüber. Diese Alternative ist zwar weniger effektiv, doch tut sies zur Not. Nach der Turnstunde zeigte Hardy Christel den Anmeldeschalter, wo das Parkhausticket abgestempelt werden kann, da ambulante Patienten keine Parkgebühr entrichten müssen.

Hardys Arbeitswoche verlief ohne nennenswerte Ereignisse. Dies bedeutete allerdings nicht, dass der Schweizer Anwalt untätig blieb. Er merkte, dass das US-Sozialrecht etwas komplizierter als das schweizerische aufgebaut ist. Der viel gehörte Aussage, dass die USA ein Case-Law-Land (nur Gerichtsentscheide, keine Gesetze) seien, trifft in diesem Bereich ganz sicher nicht zu. Wegen der föderalistisch aufgebauten Rechtsordnung ist das Recherchieren überaus schwierig und verlangt einiges von einem unkundigen Studi ab. Die bei der Internet-Buchhandlung amazon.com bestellten dicken Schmöker versprechen Klarheit in das Paragraphendickicht zu bringen. Doch ist Hardy etwas mulmig zumute, wenn er an die nächste schriftliche Arbeit denkt, die er in Health Law zu schreiben hat. Das Thema „Paying for Long-Term Care under the Medicare and Medicaid Programs" (Finanzierung von Langzeitpflegekosten im Rahmen der Krankenversicherungs- und Krankensozialhilfeprogramme) ist Hardy von seiner Habilitationsschrift her an sich bestens bekannt. Doch leider ist das US-Recht eben nicht dasselbe wie in Europa. Und so sitzt der verwirrte Student vor dem Computer, surft von Datenbank zu Datenbank und glaubt, dort das Orakel von Delphi zu finden. Trösten kann ihn zwischendurch nur die E-Mail-Post, die er geflissentlich kontrolliert.

Andrews Gesundheitszustand besserte sich. Er konnte sich wieder um alle die Sachen kümmern, die er gerne tut. Zum Beispiel Englisch „schnurrä"[83]. Seine Telefonate sind gleichzeitig English Lessons für Christels Ohren. Wieder gesund zog es den ungeduldigen und unternehmungslustigen Züri-Leu hinaus in die freie Welt, weshalb er energiegeladene Leute für seine Freizeit suchte. Vermutlich übertrieb er es in seinem Eifer doch ein wenig. Beim Ballspiel hörte er ein untrügliches Knacksen im Oberschenkel, was ihn wieder in seine Cityfront-Terrace-Höhle zurückführte. Andis vie gelobter Tigerbalsam verfehlte offensichtlich seine Wirkung nicht. Denn am Wochenende wollte der Genesene mit Christel und Hardy zusammen zum *Oktoberfest* in La Mesa.

Das Oktoberfest lockt …

Die drei wurden von Ticino-Andrea und dem deutschen Mitstudenten Thomas begleitet. Über die Ausfahrt Spring Street auf dem Hwy 94 East brachte der Van die fünf gerade ins Herz des Quartierfestes. Dieser jährliche Event mutierte von einer einst eintägigen Block Party vor 26 Jahren zu einem dreitägigen Staatsfest. Obwohl das Fest als grösstes Oktoberfest westlich des Mississippi angepriesen wird, erfüllte es in keiner Weise etwaige Erwartungen von Münchner Oktoberfestkennern. Zuerst schlenderte das Grüppchen durch die Stände.

Diese boten ein buntes Durcheinander von Indianerkultur, Christkindelmarkt-Inspirationen, Essbarem, insbesondere Bratwürsten und anderem undefinierbarem Grillgut, Gesundheitsprodukten, Kleidern etc. Das Ganze vermittelte etwa das Bild: Ein waschechter Bayer heiratet Winnetous Schwester. Zusammen verkaufen sie an einer Gesundheitsmesse Fantasiewürste und Tomahawks. Weihnachtsgirlanden verzieren ihren Stand. Ein richtiger Holznussknacker steht neben der Registrierkasse. Die Frau trägt ein künstliches Dirndl aus synthetischem Gewebe und eine rote Rose im Haar, so wie es Spanierinnen zu tun belieben. Der Seppl tauscht seinen Filzhut gegen eine gelbe Narrenkappe, die unverkennbar eine Henne darstellt. Die Dudelsack-Band spielt zu einem Schuhplattler auf und alle Messebesucher tanzen wie auf Kommando und übereifrig den Ententanz, der eben zu jedem Oktoberfest in Europa getanzt wird.

... die Schotten spielen zu einem echt bayrischen Tanz auf ...

Vorbei an der spielenden Band (in der Schottenrocktracht!) brauchten die schockierten Europäer unbedingt ein kühlendes Hopfengebräu. Dieses wurde in kleinen Plasikbechern ausgeschenkt und war unverschämt teuer. Dass der grosse Durst angesichts des heissen Tages so nicht gestillt werden konnte, war schnell klar. Dennoch kippte man ein paar Becher. Christel genoss es ebenfalls, da ja Andreas der Chauffeur war, der praktisch nie Alkohol konsumiert.

... Prosit Münchner Oktoberfest – du fehlst uns!

Die typischen Oktoberfest-Wettbewerbe wie Äpfelschälen oder Steinehalten wurden darob zwar verpasst. Die Volkstänze mit der Ami-Trachtengruppe „The Geshundeit Dancers" (kein Tippfehler des Schreibers) und die Holzsägevorführung konnte zumindest Christel im Gewühl wahrnehmen, als sie kurz die Gruppe verliess. Gegen Abend gesellten sich Laurence, eine französische Mitstudentin, und ihre deutsche Wohnungsgenossin Rita dazu. Nun wars um den Züri-Leu geschehen. Da waren männerlose Frauen, mit Auto, es war Wochenende, es war Nacht – weg war er! Christel blieb nichts anderes übrig, als sich selber hinter das Steuerrad zu klemmen und sich darüber zu ärgern, dass der Mann primär nur an sich denkt.

WEEK 40/1999:
ERFREULICHE POST

4. bis 10. Oktober

Die Post ist da! – Dies war nicht etwa aus dem Munde des Postboten zu vernehmen, nein, Andreas bemüht diesen Spruch täglich. Sein Weg führt ihn geflissentlich beim Postfach in der Eingangshalle vorbei. Christel und Hardy sind hundertprozentig sicher, dass hinter dem besagten kleinen Fach kein Brief alt oder vergessen gehen wird. Andreas hat solche Freude an der eingehenden Post, dass Christel manchmal seine Briefe beim Leeren drin lässt, damit er bei den mehrfachen Tageskontrollen weniger enttäuscht wird. Diese Woche brachte den Andi beinahe zum Ausflippen, fanden da doch wirklich zwei Pakete den Weg vom Schwitzerländli in die USA. Schnaufend und höchst erfreut schleppte Andreas die erste Bescherung aus dem Glarnerland, eine schwere Aluminiumkiste, in die Wohnung. Gleichzeitig bedauerte er seinen gestressten Freizeitplan, der ihm nicht erlaubte, die Kiste auszupacken. Denn dies tut er extrem gerne und mit solchem Eifer und einer derartigen Vorfreude, dass Hardy und Christel jedesmal an ihre frühkindlichen Weihnachtsbescherungen erinnert werden.

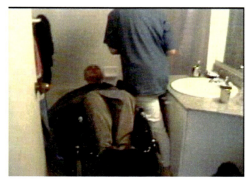

Dank Haarwaschschüssel war diese Prozedur Geschichte

So war Christel an der Reihe. Sie stellte zufrieden fest, dass der Inhalt mit der Beschreibung übereinstimmte. Anscheinend fand auch diesmal keine genaue Zollinspektion statt, obwohl die Kistenschlüsselchen unübersehbar neben der Anschriftsetikette klebten. Die Nurse atmete erleichtert auf, als sie die zerlegte Haarwaschschüssel erblickte. So kann nun Hardy zwischendurch in der Wohnung eine entspannende Kopfmassage geniessen, ohne seinen Prachtskörper spazieren führen zu müssen. Seine Mother Rose liess es sich nicht nehmen, „Aufmunterli" beizupacken. Seit dieser Paketsendung schwelgt Hardy in seiner geliebten klassischen Musik, Andreas' süsse Seite wird mit feiner Schweizer Schoggi noch klebriger, und Christel kann endlich gescheite Pestosaucen kochen und Hardys Verlangen nach Vanillepudding stillen.

Ticino-Freund Andrea erhielt am Wochenende Besuch von seiner Verlobten. Er beschloss deswegen, einen Schultag zu schwänzen und stattdessen die Universal-Filmstudios in Los Angeles zu besuchen. Hardys Knecht sah in diesem Unternehmen wohl so etwas wie eine Chance, der täglichen Sklaverei zu entkommen. Er wollte sich dem Tessiner Paar unbedingt anschliessen und pochte gegenüber seinem Boss auf das Recht, nicht kompensierte Überstunden von der Hinreise her einzuziehen. „Jetzt war er letzte Woche drei Tage krank und nun will er schon wieder frei", sagte Christel zu sich und bekam auf die Frage keine Antwort, wie es wäre, wenn sie einmal erkranken würde.

Während sich Hardys Betreuer um die Tessiner und die Französin kümmerte, half Christel ihrem Mann, seinen Stundenplan wahrzunehmen. Der Schulweg wurde regelmässig mit dem Auto zurückgelegt, da Strassensteigung und Distanz dem Schiebenden einiges abverlangen. Zudem führt Hardy auf den Kofferträgern am Rollstuhl jeweils seine dicken Bücher mit, was ein Kippen bei Trottoirabschrägungen zusätzlich erschwerte. Mit der Zeit entwickelte sich eine Hol- und Bringroutine. Christel fährt ihren Bachel zur Schule hinauf, bringt das Gefährt heim und kehrt per pedes zur Cedar Street zurück. Der Heimspaziergang bietet dem aus den muffigen Hallen entflohenen Studenten jeweils eine willkommene Abwechslung.

V.l.n.r: Tessa, Laurence, Thomas, Andrea und Jerome

So auch an diesem Abend. Die zwei beschlossen, endlich ein gutes, dickes Steak zu essen. Hardy hatte sich in weiser Voraussicht schon lange einen Gourmetführer von San Diego besorgt. Richtige Steakhäuser waren darin aber als solche kaum aufgeführt. Christel meinte, dass Barbecuehäuser sicher auch solche saftigen Dinger servieren würden. So machten sich die Hungrigen auf zum Kansas City Barbecue (610 West Market Str), das sich ungefähr 200 Meter vom Cityfront Terrace entfernt befindet. Die adrette Servierdüse belehrte die Unwissenden, dass keinerlei Steaks zubereitet würden. Die Empfehlung lautete, doch die Schweinerippli[84] zu versuchen. Das hörte sich lecker an. Die Beilagen bestanden je aus einem kleinen Plastiktöpfchen Böhnchen und Kartoffelsalat (à la American) sowie einer Ketchupmasse. Nach einem herzhaften ersten Biss in das Rippli, blieb es fast in den Hälsen stecken. 3/4 bestand aus Fett! So gut es ging, knabberte Hardy das wenige Fleisch aus dem Fett heraus. Christel gönnte sich sämtliche Knorpel. Diese Zerlegarbeit hinterliess einen für die Servierrin ungewohnten Fettberg auf dem Teller. Sie fragte sehr schüchtern, ob es geschmeckt habe und kriegte, als sie den leeren Kübel Bier wegräumte, zu ihrem Erstaunen eine Yes-Antwort. Ja, das Bier war schmackhaft!

Das besagte Restaurant rühmt sich, beim Film „Top Gun" (mit Tom Cruise) Drehort gewesen zu sein. Tatsächlich schmücken unzählige Fotozeugnisse die Wände. Hardy und Christel begnügten sich, von weitem einen flüchtigen Blick zu erhaschen, da der Weg zu den Bildern durch die enge Bar geführt hätte. Christel entdeckte, dass die vielen „Stoffhänger" über der Theke unverkennbar BH waren. Hardy war ob dieser Entdeckung sofort hellwach geworden und musterte die corpora delicti schmunzelnd. Bei jeder Körbchengrösse stellte er laute Vermutungen über die entsprechende Füllmenge der Ex-Besitzerinnen an. Christels Blick stiess derweilen auf ein angeblich echtes Autogramm des Renegade-Darstellers. Ach, wie war doch noch sein Name? Auf dem Heimweg wurden die beiden Gallenblasen beobachtet. Christel und Hardy waren überzeugt, dass sie den nächsten Steakversuch frühestens in drei Monaten wagen würden. Der Klumpen im Magen verlangte unverzüglich nach einer horizontalen Körperlage. Dabei widerfuhr Hardy doch noch ein Lichtblick. Beim Fernsehzappen stiess er auf den Internationalen Sender und liess sich vom RAI Uno mit etwas Italianità berieseln.

Christel wühlt sich einmal pro Woche durch die San-Diego-Unterhaltungsagenda und sucht nach Abwechslungsmöglichkeiten für den gestressten Ehemann. Dabei stiess sie auf die Voranzeige einer Aufführung von Verdis Requiem. Von diesem Vorschlag war Hardy begeistert. Er liebt den grossen italienischen Opernmaestro über alles und fühlt sich auf sonderbare Art und Weise mit ihm verbunden. Christel hält eine Seelenverwandtschaft durchaus für möglich, da sich die zwei Männer das Geburtsdatum teilen. Für die Ticketbestellung war Andreas zuständig. Er meldete sich mit „Hardy" an, was einen überraschenden Lachanfall am anderen Ende der Leitung auslöste. Da war selbst Andy sprachlos. Überaus erheitert und glucksend erkundigte sich die Dame nochmals nach dem Namen. „Hardy", wiederholte Andy. Nochmals brach die Frau in ein Gelächter aus. Andreas begann an sich zu zweifeln und wollte nun doch den Fall klären. Auf seine Frage, weshalb denn der Name Hardy so lustig sei, antwortete die gute Frau: Oh, you know, you are Hardy and my name is Laurel!

Das Glarner- und Tessinerpaar wohnten der Aufführung mit dem San Diego Master Choral und dem Moscow State Radio Symphony Orchestra and Chorus bei. Das Werk konnte gefallen, vor allem, wenn die Tatsache berücksichtigt wird, dass die Kalifornier und die Moskauer nur gerade zwei Stunden gemeinsam proben konnten. Der hiesige Kammermusikdirektor stockte nämlich den 60-Stimmen-Chor des auf Tournee befindlichen Moskauer Orchesters mit 125 San Diegans auf, weil die Uraufführung in einer Mailänder-Kirche, anno 1874, auch mit einem Chor von 120 Stimmen und einem 100-Mann-Orchester stattgefunden hatte. Die vier stimmsicheren Moskauer Solisten, zwei Frauen und zwei Männer, verdienten den Applaus.

Die Post ist da! Andrew überbrachte jubelnd Hardys erste Geburtstagspost, gleichzeitig das zweite Paket in dieser Woche. Die Freude war so gross, dass Hardy mit dem Öffnen nicht länger zuwarten wollte, obwohl das Wiegenfest erst in drei Tagen war. Christel kam Andi zuvor, der anstelle von Hardys lahmen Fingern das Geheimnis lüften wollte. Sie entfernte alle Kleber und lockerte das Verpackungspapier so, dass Hardy sehr wohl in der Lage war, sein Geburtstagspäckli[85] selber auszuwickeln. Die sitzfreundlichen Hosen (handmade by Ruth) verfehlten ihre Wirkung nicht. Der glückliche Hardy ernannte Christels Cousine mit sofortiger Wirkung zu seiner Hauptschnurpftante[86].

Mühelos fand der rote Van den Weg zur Garage. Andrew war überzeugt, dass die nervende Spiegelangelegenheit diesmal ein Ende finde. Die Garage bot einen stündlichen Heimbringdienst an. Somit musste Andy nicht auf das langsamere Bussystem zurückgreifen. Er schaffte es gerade noch, Hardy rechtzeitig zur Schule zu schieben. Andis telefonische Nachfrage ergab, dass die Monteure „nichts" gefunden hatten und um einen Tag Verlängerung baten. Am folgenden Tag fuhr Andreas mit seinem Töff zur Garage, um das Vehikel heimzubringen (einen umgekehrten Fahrdienst bietet die Garage eben nicht an ...). Christel und Hardy erwarteten einen zufriedenen Heimkehrer. Wie falsch sie lagen, wurde ihnen sofort bewusst, als ein vor Wut schäumender Andreas beinahe mit der Türe in die Wohnung stürzte. Zornig erzählte er den sprachlosen Zuhörern, dass man den Wagen nicht getestet hätte und nach einer Fahrt von 100 m genau die gleichen Spiegelprobleme aufgetreten seien. Eine unverzügliche Reklamation vor Ort habe überhaupt nichts gefruchtet. Darauf hätte er mit dem verantwortlichen Chris schimpfen müssen und gleichzeitig den Verdacht gehegt, dass ihn die offensichtlich technisch überforderten Mechaniker einfach nicht für voll nahmen. Andrew hatte mit einem Garagenwechsel gedroht und Chris angekündigt, dass er sich beim Chrysler-Kundenservice über diese unkompetente Garage beschweren werde. Kaum zuhause angekommen, griff der Erboste sofort zum Hörer. Am anderen Ende des Chrysler-Kundenservice vernahm Andi eine vertraute Stimme, die sagte: „Hello, this is Chris!"

Wie jeden Freitag raffte sich Hardy zur Nachmittagslektion um 4 p.m. auf. Genau eine Minute vor Unterrichtsbeginn setzte Christel ihren Mann in Windeseile über die Schwelle ins Klassenzimmer, wo der cowboymässig bestiefelte Dozent bereits Papier verteilte. Eine Mitstudentin informierte Hardy, dass er gar nicht zu kommen gebraucht hätte, da diese Stunde bereits in einem Gastreferat in einem anderen Fach gehalten worden sei. Christel ärgerte sich über die unterlassene Mitteilung. Hardy fand eine effizientere Antwort auf diesen Vorfall. Er strich das Fach kurzerhand aus seiner Agenda.

Nach dieser überflüssigen Bemühung gönnten sich die Glarner einen Kinobesuch. „Random Hearts" mit Harrison Ford und der Britin Kay Chandler war angesagt. Danach läuteten die zufriedenen Ford-Fans Hardys Geburtstag zu Hause ein. Nach längerem Ringen mit sich entschloss sich das Geburtstagskind zu einem Aufgabenwochenende. Das iMäcli beschenkte zwischendurch den armen Studenten mit Glückwunsch-E-Mails, das Brieffach doppelte mit Kartengrüssen nach. Es war Hardy so ernst mit seiner schriftlichen Arbeit im Fach Health Law, dass er sogar das Columbus-Fest am Wochenende in San Diegos Bezirk Little Italy sausen liess – und das als Fast-Italiener! Gemäss Zeitung war Little Italy in den 30er Jahren ein überdurchschnittlich wachsender Stadtteil mit vielen Bäckereien, Märkten und Restaurants. Die dominierende italoamerikanische Bevölkerung bestand vorrangig aus Fischern und ihren Familien, begann aber nachhaltig zu schrumpfen, als die Fischfangindustrie kriselte und und die Autobahn I-5 gebaut wurde. Erst in den letzten Jahren taten sich lokale Geschäftsleute zusammen, um die Nachbarschaft wieder zu beleben und heimatliche Kultur zu pflegen. Das Quartier wird von Ticino-Andrea geschätzt, weil es ihm die Möglichkeit gibt, Fussballübertragungen in einem Bistro mit Gleichgesinnten live mitzuerleben. Italia lässt grüssen!

Wie kommt es zu den jährlichen Columbus-Day-Festiviäten, die in San Diego zum 30. Mal zelebriert wurden? Der Lokalanzeiger beschrieb kurz und bündig: „Columbus entdeckte zwar Amerika für den König und die Königin von Spanien, da diese die Expedition finanzierten. Dennoch war Columbus ein italienischer Bursche (geboren in Genua, ca. 1451). Dies ist der Grund, weshalb die Feierlichkeiten zu seinen Ehren im Zentrum von Klein-Italien stattfinden." Gestartet wird jeweils mit einer Parade um 11 a.m. der Kreuzung Pazific Highway und Grape Street in Downtown entlang. Höhepunkt der diesjährigen „Prozession" war der Wettbewerb von verschiedenen High-School- Marschmusikbands und Reitereinheiten. Die Reiterparade schloss die Anwesenheit der Poway-Rodeokönigin, die Winchester Witwen von Poway, Bonita und Alpine, eine mexikanische Cowboygruppe, berittene Helfer und die San Diego Border Patrol (Grenzwacht) mit ein. Den Umzug führte the Marine Corps (Marineeinheit) an. Clowns, Oldtimer-Autos und Festwagen wirkten an der zweistündigen Vorführung ebenfalls mit, an deren Ende die Gewinner eine Trophäe auf dem Parkplatz des Verwaltungsgebäudes am Pacific Highway entgegennehmen konnten. Am Sonntag selber fand zwischen 10 a.m. und 6 p.m. die Hauptattraktion des Columbustages statt. Pasta, pizza, calzones, sausages (Würste), cannolis (kein Tippfehler, gemeint sind cannelloni) und andere italienische Köstlichkeiten wurden angeboten. Livemusik und andere Unterhaltungen wurden am Hauptplatz (Kreuzung Date Str/India Str) präsentiert, was eine Teilsperrung der India Street zur Folge hatte. Wie die Verkehrssituation angesichts der erwarteten 25 000 Besucher geregelt wurde, entzieht sich der Kenntnis der Tagebuchverfasser.

Am Sonntagmittag hatte schliesslich auch Hardy genug von seinem Computermarathon. Der Überraschungsbesuch der Tessiner Turteltäubchen und von Thomas kam ihm daher sehr willkommen. Erneut landeten Geburtstagspäckli auf dem Tisch. Damit alle an der Konversation teilnehmen konnten, einigte man sich auf die deutsche Sprache. Es war gut, feststellen zu können, dass die Europäer in Zeiten bitterster Not zusammenhalten und sich gegen alle Feinde wehren. Europa lebe hoch!

Happy Birthday Hardy – Tessa, der referierende Thomas und Andrea

WEEK 41/1999:
ÜBERLEBENSTRAINING

11. bis 17. Oktober

Eigentlich begann die Woche ganz entspannt. Hardy nahm am Montag seinen langen Schultag in Angriff. Christel beschloss, ihre Backkünste auferstehen zu lassen. Die Glarner hegten wie immer stressfreie Absichten. Und dann kam alles anders ... Christel verglich aufmerksam die Backzutaten in ihrem geliebten Betty-Bossi-Buch mit den Supermarktprodukten. Kuchenbacken entpuppte sich für einmal als eine mathematische, physikalische und chemische Herausforderung.

Mit Chemie wurde gestartet: Da Christel vorher nicht nachgeschaut hatte, dass Hefe auf Englisch Yeast heisst, stand sie vor dem Regal mit verschiedenen Pulvern, die alle rise (= aufgehen) versprachen. Tja, war das nun Trockenhefe oder Backpulver? Sie hatte schon eine grosse Büchse mit vermeintlichem Backpulver in ihrem Wagen, als sie merkte, dass unter dem gleichen Namen dünne Briefchen zu kaufen waren, deren Inhalt die Finger unverkennbar als Hefegranuli identifizierten. Klüger geworden glaubte Christel, das Backpulver entdeckt zu haben. Baking Soda war auf den kleinen und grossen Büchsen sowie auf dem 1-kg-Kartonpack in grossen Lettern zu lesen. Erst wunderte sich die Hobbybäckerin über die Grösse der Verpackung und noch viel mehr über die Gebrauchsanweisung, die den Verwendungszweck mit „zum Backen und Wäsche waschen" umschrieb. Das konnte unmöglich Backpulver sein! Christel erinnerte sich vage an ihre Chemiestunden während der Ausbildung und daran, dass man für einen Druchfallcocktail Natrium-Bikarbonat in Form von Backpulver hineinmixt. Da auf dem Beipackzettel nirgends diese chemische Formel zu finden war, schritt sie wieder einen Meter weiter und fand endlich das Baking Powder.

Kuchenzutaten standen auch nicht viele zur Auswahl. Günstig erhältlich waren eigentlich nur Baumnusshälften und Kokosraspeln. Etwas schockiert, aber was will man, beschloss die Hausfrau, die Mandelplättchen für 9 Dollar zu erstehen. Ja, sie kamen eben aus Spanien! Für 6 Dollar lag ein Döschen Vanillezucker im Wagen, da die richtigen Vanillestängel nur einzeln und wirklich zu teuer angeboten wurden. Apropos, Vanillezucker ist bei den (auch sehr teuren) Gewürzen zu finden, was diejenigen nicht erstaunt, die die Logik der hiesigen Einkaufshäuser zu kennen glauben. Später stöberte Christel beim Milchregal herum und suchte nach Quark, der auf Englisch Curd Cheese, Sour Skim Milk oder Quark heisst. Plastikbecher mit diesen Ingredienzien landeten schliesslich auch im Einkaufswagen und gelobten, sicher fett- und milchfrei zu sein. Tja, was isst man denn eigentlich, wenn man Quark isst?

Zuversichtlich und gut gelaunt zu Hause angelangt, wollte Christel den Backofen vorheizen. Aber oha! Mathematik war angesagt. Denn der Backofenbeschrieb äusserte sich natürlich nur in Grad Fahrenheit. Die Zauberformel Fahrenheit zu Celsius heisst: $C = [(F - 32) \times 5] : 9$. Das Schweizer Backbuch verlangte eine Temperatur von 180 °C. Ergo war F gesucht: $F = [(C \times 9) : 5] + 32$. Rechnet man hoffentlich richtig, so ergibt das für den mit 180 °C zu backenden Rüeblikuchen[87] 354 °F – kapiert?!

Nach dieser Prüfungsaufgabe wollte Christel nun endlich die Zutaten mischen. Mit Schrecken stellte sie fest, dass sie ja keine Waage hatte. Sie holte den Amerikanischen Massbecher hervor in der Hoffnung, dass er nebst der Bechermarkierung (= cup) und der Unzenangabe (= onze) vielleicht, wie in der Schweiz, Angaben zu Mehl, Reis oder Zucker enthält. Derartiges fehlte aber. Christel zückte darum siegesbewusst ihren Reiseführer mit den Massangaben und Umrechnungstabellen und wusste, dass eine Unze 28.35 Gramm bzw. ein knappes Pfund 16 Unzen entspricht. Christel merkt erst nach der ganzen Umrechnerei von Gramm in Unzen, dass die Sache umsonst war. Physikkenntnisse bitteschön! Ohne spezifisches Gewicht von Mehl, Zucker, Mandeln und Rüebli nützte die Unzenmarkierung herzlich wenig. So schüttete Christel „Handgelenk mal ∏" die Sachen in die Schüssel und schob das Ganze schliesslich etwas missmutig in den Fahrenheit-Ofen. Dieser hatte zudem eine Backverzögerung von gut und gerne der Hälfte – wenigstens ticken die Uhren in den USA im Sekunden-, Minuten- und Stundentakt! „Wie machen es denn die Amis?". Sehr einfach! Ihre Rezepte verweisen nur auf ein Bechermass und vier verschiedene Löffelgrössen. Die Löffel bestehen aus einem geeichten Quartett von tablespoon (Suppenlöffel), teaspoon (Teelöffel), 1/2 teaspoon und 1/4 teaspoon. Der Cup-Becher hat sechs Unterteilungen: 1/4, 1/2, 3/4, 1, 1/3 und 2/3. Die Unzenstriche der Massbecher gehen bis auf 8, und freundlicherweise weisen sie auch Milliliterstriche von 50 bis 250 auf.

Während der Kuchen so im Ofen vor sich hinschmollte, widmete sich die Hausfrau der Wäsche. Zahlenerprobt und selbstbewusst hielt sie ihr Cupmass für das Waschmittel in der Hand. Kein Problem schien ihr mehr unlösbar. Die angegebene Waschmitteldosierung führte dann aber doch noch beinahe zu einem Ohnmachtsanfall. Da stand doch tatsächlich: „Für normale Wäsche 1 Schaufel = 4/10 Cup und stark verschmutzte Wäsche 1 1/2 Schaufeln." An sich klar, doch sollte im Waschmittelpacket eine Schaufel sein!

Da Andi der Ausladung zur Gerichtsverhandlung (i.S. „Baumpyromane") im Stillen immer noch nachtrauerte, spielte er aus Spass selbst Polizist. Er meldete sich telefonisch bei einer Thai-Studentin als Police Officer Sowieso an und verlangte ihren sofortigen Rückruf unter der genannten Nummer. Als man gemütlich beim Mittagessen sass und nichts Böses dachte, schrillte plötzlich das Telefon. Andi sprang zum Apparat: „Hello?" Er wunderte sich sehr, dass die Prof. Slotkin persönlich am Draht war. Sie erkundigte sich sehr höflich, besorgt und sicherlich auch neugierig beim vermeintlichen Polizisten nach dem Verbrechen, das der armen und zitternd neben ihr stehenden Studentin vorgeworfen werde. Andrew verstand sofort und hatte die Situation unter Kontrolle. Er liess die Professorin noch etwas zappeln, bevor er das Geheimnis lüftete.

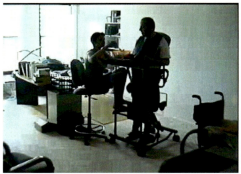

Der Mittagsstehtisch – keine Folterbank

Nach diesem Gespräch war das Thema am Mittagstisch natürlich gegeben. Man diskutierte über den erforderlichen Reifegrad der Studenten für einen Universitätseintritt. Hardy fühlte sich in seiner Meinung bestätigt, dass in der Uni vor allem weibliche Küken und Teeny-Hennen herumhüpfen, deren grösste Sorge dem Outfit der nächsten Wochenendparty gilt. Andreas fragte sich, wie das besagte „Polizeiopfer" wohl die schriftlichen Arbeiten verfasst, da das Mädchen Englisch schlecht artikuliere und noch schlechter schreibe. Hardy warf ein, dass man als LL.M.-Student durchaus die Fächer so wählen kann, ohne je einen Abschlusstest absolvieren zu müssen. Christel brachte erneut ihren Missmut darüber zum Ausdruck, dass offensichtlich „Papas Geld" regiert und zu einem ständigen Niveauabfall führt. Immerhin, ergänzte Hardy, müsse jeder LL.M.-Student eine abschliessende 30-seitige, veröffentlichungsfähige Arbeit abliefern. Zu diesem Thema passte ein Zeitungsartikel dieser Tage, wonach auch die Colleges und High Schools Mühe bekunden, schwache Schüler repetieren zu lassen. So kommt es immer wieder vor, dass schlechte Schüler guten Schülern (derselben oder einer anderen Schule) den Studienplatz wegnehmen, weil sich die Benotungen und Promotionen oft nach sachfremden Kriterien richten.

Auch der Dienstag begann unauffällig. Während des mittäglichen Stehtrainings vertilgte Hardy wortlos die Wassermelone und las. Christel assistierte ihm auf dem hochgeschraubten Bürostuhl. Sie hing ihren Gedanken nach. Andreas schob eine Pizza in den Ofen und las ebenfalls seelenruhig die Zeitung. Plötzlich bemerkte der Pizzaiolo, dass der Feuermelder an der Decke vor seinem Zimmer stumm und intermittierend rot aufblinkte. Christel gab sich mit seiner Vermutung eines wohnungsinternen Wackelkontaktes nicht zufrieden. Sie drängte Andrew, sich beim Hausdienst zu erkundigen. Die zuständige Person erklärte, dass das tonlose Aufblinken von „Fire" eine routinemässige Systemkontrolle bedeuten würde. Im Falle eines wirklichen Feueralarmes würde aus dem Feuermelder eine Stimme laut sprechen. Aha, alles klar! Ruhe kehrte wieder ein. Nachdem Andi einen ersten Kontrollblick in den Ofen geworfen hatte und ihm eine zünftige Rauchschwade entgegengeschossen kam, fing der Melder unverzüglich an zu heulen, was den dreien durch Mark und Bein ging. Andrew hastete ans Telefon und informierte das Personal der Front

Desk über den Fehlalarm. Christel riss Balkontüre und Fenster auf, um den Heuler zu beruhigen. Alle hofften, dass der Alarm nicht automatisch an die Feuerwehr weitergeleitet worden war, was der Hausdienst bestätigte. Man riet den Erschreckten, die Wohnungstüre nicht zu öffen, damit der entweichende Rauch die dortigen, direkt mit der Feuerwehr verbundenen Melder nicht aktivieren würde.

Am Mittwoch hatte Christel bereits die nächste Aufregung zu überstehen. Es war aber eine freudige Überraschung. Brigittli rief aus der Schweiz an. Die Schwestern liessen es sich nicht nehmen, die übliche Gesprächskultur zu pflegen. Voller Freude richtete Christel die Grüsse an Hardy und Andreas aus. Dieser wollte wissen, was denn bei den Kalunder-Sisters „üblich" bedeute. Hardy schloss seine Wissenslücke noch so gerne und erklärte, dass dies eher ein „unübliches" Telefonat gewesen sei. Denn diese zwei Wyber[88] hätten nämlich einmal den einsamen Rekord von sicher mehr als drei Stunden geschafft. In einem halbstündigen Intervall hätten sie jeweils kurz pausiert, da die eine oder andere schnell auf die Toilette gehen musste. Er habe sich damals gewundert, weshalb die Damen pausierten und nicht auf dem Thron weiterplapperten oder sich einen leeren Kübel unter den Hintern klemmten. Diese Offenbarung löste bei Andrew fast einen Schock aus – es gibt Leute, die genauso gerne wie er quatschen.

Am Donnerstag rührte Christel seelenruhig im Saucentopf. Sie genoss ihre schulfreie Zeit und köchelte den Männern etwas Feines aus der Schweizer Küche. Der Dampfabzug dröhnte wie gewöhnlich über ihrem Kopf. Sie war gerade dabei zu klagen, dass wohl sämtliche Haushaltsgeräte von untalentierten, koch-, putz- und waschunerfahrenen Männern konzipiert worden sein müssen, als sie ein plötzliches Sirenengeheul den Kochlöffel verwerfen liess. Von irgendwoher vernahm sie eine Frauenstimme und realisierte erst einige Schrecksekunden später, dass es diesmal dem Feuermelder äusserst ernst sein musste. Die Stimme wiederholte sich nicht mehr, dafür näherten sich die ersten Löschfahrzeuge mit einem Riesengeheul. Christel stürzte zum Kochherd und stellte ihn ab. Der erste Gedanke galt, wie schön für ihn, Hardy, der in der Schule weilte. Gottlob! Also keine Rollifahrer-Evakuation! Als Nächstes eilte die Hausfrau auf den Balkon, um sich einen Überblick über den Brandherd zu verschaffen. Welche Gebäudeteile standen schon in Flammen? Noch bevor sie sich richtig den Hals verrenken konnte, erspähte sie die Firefighters, die sich gemächlich an ihre Fahrzeuge anlehnten und den Befehl zum Abzug abwarteten. Fehlalarm!

Frühmorgens brachte Andrew den roten Van – nach den bisherigen Erfahrungen – in eine andere Garage mit der Zauberadresse: Dodge Town, 4910 Kearny Mesa Road, San Diego. Der Garagenfahrdienst chauffierte Andi wieder nach Hause. Er freute sich über den pensionierten Herrn am Steuer, den er zweifellos in ein heiteres Gespräch verwickelte. Zuversichtlich meldete Andrew seinem Boss, dass er sich ernst genommen gefühlt habe und das Programmierproblem seriös angegangen worden sei. Der Retired (Pensionierte) holte Andi für die Rückführung des Autos auch wieder ab. Die Garage bestätigte Andis Vermutung, dass die Elektronik beschädigt sei. Durch die Bodenabsenkungsarbeiten wären darunter - liegende Kabel beschädigt worden. Die Monteure mussten den Fahrersitz und den Boden entfernen, um überhaupt an die Fehlerquelle zu gelangen. Sichtlich zufrieden rapportierte Andi, dass nun die Autoeinstellungen seinem Schlüsselmemo einwandfrei gehorchten. Christels Schlüssel wird später einmal programmiert und getestet ...

Zusammen mit dem Tessiner Paar fuhren Hardy und Christel am Freitagabend nach Hillcrest. Andrea hatte einen Tisch in einem Thai-Restaurant reserviert. Kaum abgesessen konnte (musste) man die Bestellung aufgeben. Der letzte Happen von der Hauptspeise war noch nicht ganz verschlungen, als sich die Bedienung nach allfälligen Dessertwünschen erkundigte. Man verneinte. Sofort landete die Rechnung auf dem Tisch. Die Dollarscheine lagen erst ein paar Sekunden im Rechnungsetui, als dieses auch schon blitzschnell geschnappt wurde. Da Hardy sein Bierchen noch nicht fertig getrunken hatte und der volle Bauch nach Entspannung rief, blieb das Quartett sitzen. Da kam doch wirklich eine Kellnerin zackig angedüst und hiess die vier zu gehen. Der Tisch wäre ab 8 p.m. wieder reserviert, und zudem stünden die Leute Schlange! Fazit: Stehen Leute Schlange, müssen Gäste das Essen hinunterschlingen – eine eigenartige asiatische Gastfreundschaft.

Die mit den Füssen getretenen Schweizer Esseselen trösteten sich anschliessend im Gaslamp Quarter mit einem Kaffee. Hardy hatte einmal mehr das freudige Vergnügen, über den Sinn eines Konkubinats- oder Ehevertrages zu referieren. Natürlich unterliess es der Glarner Advokat nicht, seine Beispiele wirkungsvoll auszuschmücken. Alle möglichen Lebensereignisse wurden im Geist durchgespielt. Es verwunderte nicht, dass Unglücksfälle, Sterben und Erben beim verlobten Paar erwartungsgemäss Emotionen hervorriefen.

Dass die beiden letztgenannten Eventualitäten in der folgenden Nacht nur um Haaresbreite nicht wahr wurde, war reines Glück!

Christel schreckte um 2.50 a.m. wegen eines eigenartigen Zitterns auf. Es dünkte sie, als läge sie auf einem Motor, der sie durchschüttelte. Hellwach realisierte sie, dass nicht nur der Boden vibrierte, sondern sich auch die Wände hin und her bewegten. Innert Sekunden nahmen die Erschütterungen zu, wobei die begleitenden unheimlichen Knarr- und Rollgeräusche nichts Gutes verhiessen. Während Christel buchstäblich um ihr Leben zitterte, lag ihr Ehemann im Halbschlaf und interpretierte das Zittern als einen nächtlichen Beinspasmus. Erst als Christel, liebend, wie sie ist, aufsprang und sich schützend auf den Darniederliegenden warf, um ihn vor herabfallenden Gesteinsmassen zu schützen, realisierte Hardy, dass es sich wohl kaum um einen Spasmus handeln konnte. Während der langen bangen Sekunden im 12. Stock wurde es ihm aber warm ums Herz. Nun hatte er endlich die Gewissheit, dass ihn sein Eheweib nicht umbringen will und stattdessen bereit ist, sich selbst zu opfern. Er musste sich eingestehen, künftig die nicht ganz ernst gemeinte Mutmassung, dereinst eines nicht natürlichen Todes zu sterben, zu bannen. Dann versiegte das Erdbeben.

Das Haus schien unbeschadet. Die Nerven lagen trotzdem blank, weshalb Christel fast zu Tode erschrak, als es auch noch an der Wohnungstür klingelte. Durch den Türspion sah sie einen fast Ganznackten. Halb erstaunt und halb entsetzt dachte sie, dass sich der vermeintliche Exhibitionist wohl an der Tür geirrt haben musste. Das Korridorlicht warf einen Schatten aufs Gesicht, weshalb es die Schreckgeprüfte nicht identifizieren konnte. Wegen des beharrlichen Klingelns probierte Christel erneut, das Gesicht zu sehen. Und siehe da, ein bekannter Schnauzbart! Christel öffnete die Türe und ein totenblasser Andrew stürzte in die Wohnung, nur in Unterhosen und mit einem Kissen versehen. Christel dachte sich, dass der Züri-Leu wohl bei einer anderen Katze im Gebäude genächtigt hatte und den Glarnern zu Hilfe geeilt war. Wie falsch ihr Gedankengang war, zeigte Andrews Rechtfertigung bezüglich seiner hartnäckigen Klingelei: „Ich ha dänk kain Schlüssel mitgnoo, woni us mim Zimmär gflüchtät bi!"[89] Christel versuchte ihren dreifachen Schock durch eine einstündige Fernsehsession zu beruhigen. Dies gelang nicht schlecht, umso mehr, als CNN und andere Nachrichtensender keine nenneswerten Verluste meldeten, obwohl das Epizentrum (Nähe Ludlow, nördlich Joshua Tree National Park) eine Stärke von 7.1 aufwies. San Diego hatte „nur" Erdbebenausläufer zu spüren gekriegt.

Trotz oder vielleicht gerade wegen den Erfahrungen am La-Mesa-Oktoberfest liess sich Andreas von der deutschen Rezeptionistin der CWSL davon überzeugen, dass das Oktoberfest in El Cajon dem bayrischen Vorbild näher kommt. Es findet jährlich an zwei aufeinander folgenden Wochenenden jeweils samstags/sonntags statt und wird von der Deutsch-Amerikanischen Vereinigung organisiert. So fuhren die Französin Laurence (das Geburtstagskind), die Germanen Rita und Thomas, die Thailänderin Lisa und der Schweizer Andi am Sonntag hinaus an die Magnolia Ave 1110. Von weitem erklangen deutschstämmige Töne. Ein lange vermisster Bratwurstduft lag in der Luft. Frohen Herzens betraten sie das schon fast verlassene, kleine und überschaubare Festgelände. Die Gruppe steuerte geradewegs auf den Apfelstrudelstand zu, wo gedirdlte Frauen mit amerikanisch akzentuiertem Deutsch den späten Besuchern die letzten Stücke verkauften. Danach erhaschte man rechtzeitig die letzten Bratwürste, Wiener, Sauer- und Rotkraut sowie Kartoffelsalat. Andreas vergass für kurze Zeit, dass er Vegetarier ist. Wer kann zu einer Bratwurst mit viel würzigem Senf schon nein sagen? Nach einem schwung- und stimmungsvollen Tanz spielte die „Lederhosenband" leider schon zum finalen „Ein Prosit der Gemütlichkeit" auf. So nahm das Fest um 9 p.m. ein eher frühes Ende. Nächstes Jahr würden die fünf am Samstag hinausfahren, da ihnen versichert wurde, dass die Stimmung bis um 2 a.m. nicht nachlasse. Wieder einmal bewahrheitete sich die Redewendung: klein, aber fein!

Die „Schreckwoche" fand am Montagmorgen einen würdigen Abschluss. Andreas gellte durch das Zimmer „Hey, Christel, los ämol, häsch Ddu ächt nöimäds mis Portmonee gfundä... ?!"[90]

WEEK 42/1999:
STUDENTENLEBEN IM GASLAMP QUARTER

18. bis 24. Oktober

Nachdem die vergangene Woche die Nerven arg strapaziert hatte, blickte das Trio zuversichtlich in die neue Woche. Guten Mutes kümmerte sich Andreas um sein vermisstes Wallet. Er informierte sofort die Banken und Kreditkartengesellschaften, wartete auf den Rückruf der Polizei und gab auch der Motorfahrzeugkontrolle seinen Kummer bekannt. Diese jedoch verlangte mehr als nur eine telefonische Mitteilung und hiess den Geschädigten, auf ihr Office zu kommen. Noch bevor Andreas seinen Töff[91] satteln konnte, rief ein Unbekannter an und sprach mit unverkennbar asiatischem Akzent auf den Telefonbeantworter sinngemäss: „Hello, hab' etwas, was Du suchst – rückrufen – bitte – 3.p.m. – bitte!"

Es stellte sich heraus, dass Andreas' Geldbörse nicht etwa gestohlen worden, sondern verloren gegangen war. Der Finder, ein älterer Herr, fand anhand der Universitätsverwaltung die Wohnadresse und Telefonnummer heraus. Kritik am fehlenden Datenschutz wurde zwar kurz ausgeübt, aber als zweitrangig abgetan. Erleichtert konnte Andreas seine Brieftasche abholen. Andi rapportierte, dass dieser Herr in einem Seniorenwohnhaus lebe, wo der Schweizer von weiteren Blockbewohnern mit wohlwollendem Kopfnicken begrüsst worden sei. Christel meinte daraufhin scherzhaft, dass Andys Story für diese Leute wohl der Jahreshöhepunkt gewesen sei. Der ehrliche Finder lehnte den verdienten Lohn ab, erwähnte aber, dass er sich erlaubt hätte, den Sonder-Dollarschein herauszunehmen, den Andi in San Francisco gekauft hatte. Der fragliche Dollarschein bestand aus einem 6-Dollar-Schein, den es in Wirklichkeit gar nicht gibt. Neben der Zahl „6" (!) war Bill Clinton abgebildet und eine anzügliche Bemerkung zur Lewinsky-Affäre angebracht. Der Dollarschein erheitert nun vermutlich den ganzen Oldies-Wohnblock. Es sei ihnen gegönnt.

Prof. Slotkin, die inzwischen von Hardy und Ticino-Andrea inoffiziell nur noch „Mamma Slotkin" genannt wird, da sie sich wie eine solche aufführt, war sehr erstaunt über den glücklichen Ausgang der Geschichte. Sie sagte, dass auch auf dem Schulgelände viele Diebstähle geschehen und mahnte bei dieser Gelegenheit die Studenten zu besonderer Vorsicht. Die Diebe schreckten dabei sogar vor den Professoren nicht zurück, meinte sie und erwähnte, dass sie einmal ihr Büro nur kurz verlassen hätte, um eine Kopie zu machen, bei der Rückkehr wäre ihre Handtasche bereits weg gewesen.

Am Dienstagabend wartete Christel im 2. Stock des neuen Gebäudes auf Hardys Lektionsende. Um 6.03 p.m. verliessen beide das Klassenzimmer und begaben sich zum Aufzug. Aber oh weh! Der Lift war nicht zu bewegen. Zum zweiten Mal schon. Doch diesmal war kein Security Man zur Stelle. Christel eilte die Treppen hinunter zum Sekretariat in der Hoffnung, dort noch irgendjemand zu finden. Sie fragte zwei anwesende Schnattertanten nach dem Grund des Liftstillstandes. Etwas ungehalten teilten sie Christel mit, dass dieser eben täglich um punkt 6 p.m. abgestellt werde, wendeten sich wieder ihrem „Computerproblem" zu und hiessen die verärgerte Christel, draussen zu warten, bis der herbeigeorderte Sicherheitsmann komme.

Nach diesem Vorfall vergnügte sich das Paar im pulsierenden *Gaslamp Quarter*. Der historische Stadtteil in Downtown San Diego umfasst 16 1/2 kurze Blocks zwischen Broadway und L Street sowie der 4th und 6th Avenue. Unzählige Gaslampen entlang der Strassen kennzeichnen das Viertel, in dem sich viele historische Geschäftshäuser im viktorianischen Stil, erbaut in der Zeit zwischen dem Bürgerkrieg und dem 1. Weltkrieg, befinden. Der Reiseführer Kalifornien von Vis-à-Vis weiss noch mehr: „Um 1880 war das Gaslamp Quarter berüchtigt für seine Spelunken, Bordelle, Spielhöllen und Betrüger. Trotz starker Polizeipräsenz in den folgenden Jahrzehnten und der Entstehung einer engverbundenen asiatischen Gemeinde blieb die Gegend zwielichtig. Erst in den 70er Jahren bemühte man sich, das Viertel wiederzubeleben und die vielen historischen Gebäude zu erhalten. 1980 stellte man es unter Denkmalschutz. In der Folge wurde das Gaslamp Quarter zum neuen Herzen von San Diego, einem ausgezeichneten Ort zum Einkaufen, Essengehen und Tanzen. Es gibt viele Bauten des 19. Jahrhunderts zu bewundern, von der einfachen Bäckerei bis hin zu reichverzierten Bürogebäuden und viktorianischen Hotels. Besonders reizvoll ist der Bezirk nachts, wenn die Bürgersteige von den graziösen Gaslampen beleuchtet werden." Übrigens: Die

Stiftung Gaslamp Quarter Foundation (William Heath Davis House, 4th Ave/Island Ave) organisiert jeden Samstag um 11 a.m. einen zweistündigen geführten Spaziergang im angenehm flachen Viertel mit abgeschrägten Gehsteigen.

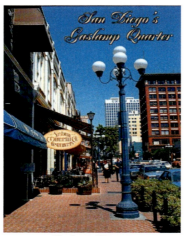

Gaslamp Quarter

Unter den Gaslampen vor den unzähligen Restaurants und Läden war zu der frühen Abendzeit nicht viel los. Hardy schlug vor, das Pacific Theater Gaslamp 15 (5th Ave/G-Street) zu erkunden. Dieser Kinokomplex beherbergt ebenfalls eine grössere Anzahl von Kinosälen. Auch hier war ein älterer Herr nach der Billetkasse anzutreffen, der die Leute in die richtige Richtung dirigierte. So funkte er dem Kollegen im ersten Stock und hiess ihn, das Paar beim Liftausgang abzuholen und an den Sitzplatz zu begleiten. Kein schlechter Service! Der Weg führte diesmal in die vordersten Reihen, was für Christels Augen und Hardys verschraubten Nacken nicht unbedingt eine Entspannung versprach. Die hinteren bzw. oberen Sitzreihen sind nur über Treppen zu erreichen, weshalb keine Möglichkeit für einen anderen Sitzplatz bestand. Man liess sich deswegen aber nicht die gute Laune verderben. Zusammen mit acht anderen Personen freuten sich Christel und Hardy auf den Movie „Double Jeopardy". Dieser Film mit Tommy Lee Jones und Ashley Judd handelt von einer Frau, die angeklagt wird, ihren Mann auf einer Segeljacht umgebracht zu haben. Unschuldig verbüsst sie sechs Jahre im Gefängnis und erhält dann die Chance, in ein externes Bewährungsprogramm zu wechseln. Sie macht sich auf die Suche nach ihrem Sohn und dem angeblich toten Exmann. Natürlich auf Rache sinnend, da ihr eine Gefängniskollegin gesagt hatte, dass man gemäss Constitution für die gleiche Tat nicht zweimal verurteilt werden könne (stimmt, siehe Amendment V: „nor shall any person be subject for the same offence to be twice put in jeopardy").

Der Film war so spannend, dass das Glarner Couple die ungünstige Kopfhaltung völlig vergass und bei Filmende dementsprechende rheumatoide und schwindlige Beschwerden hatte. Der liebenswerte kleine alte Herr nahm die Kinobesucher im Parterre wieder in Empfang. Sichtlich das Gespräch suchend, erkundigte er sich mitfühlend nach Hardys Wohlbefinden. Er meinte, dass er schon wisse, was es heisse, einen Rollstuhlfahrer zu betreuen, da seine Frau an MS gestorben sei. Mit seinen knöchrigen Fingern umspannte er Christels Oberarm und nickte anerkennend und zufrieden. Seinem Gesichtsausdruck zufolge fühlte sich Christel eher als Arnolda Schwarzenegger denn als normales weibliches Wesen. Der Umstand, dass sie noch um einen ganzen Kopf grösser war, unterstrich das unerwünschte Matronengefühl zu allem Übel noch.

Sichtlich mit sich und der Welt zufrieden pfiff Hardy gmögig[92] vor sich hin und meinte, dass ihn seine Prachtsarnolda sicher noch in eine Bierkneipe schleppen wird. Gesagt, getan! Gegenüber dem Kino erspähten die Durstigen die Rock Bottom Brewery (4th Ave/G-Street) und kriegten auf Anhieb Platz, denn nur am Wochenende ist Schlangestehen angesagt. Es gab sechs verschiedene Biersorten; fürs Erste wurden drei ausprobiert. Die Speisekarte liess den beiden das Wasser im Munde zusammenlaufen, und sie beschlossen, ein anderes Mal an dieser Adresse ein feines Steak zu vertilgen. Die Tafelrunde hinter den Glarnern bekam gerade das Dessert serviert. Derart hohe Kuchenstücke (es war irgendeine Nusstorte) hatte selbst Christel noch nie gesehen. An der Bar eiferten sich ein paar Baseballfans vor dem Fernseher. So auch die Ehemänner einer sechsköpfigen Geburtstagsrunde. Sie verrenkten sich alle den Hals Richtung

WOCHENTAGEBUCH SAN DIEGO

Fernseher und konnten ihr Mitfiebern nur schwer unterdrücken, während ihre Partnerinnern vor sich hinplapperten. Der junge Kellner freute sich über das bierexperimentierfreudige ausländische Paar und gab sich zuvorkommend. Die Glarner genossen die äusserst unkomplizierte Ambiance und waren sicher, nicht das letzten Mal hier gewesen zu sein.

Am Mittwoch begann Hardys Schlussspurt mit der schriftlichen Arbeit. Leicht ausgelaugt wollte er am Abend etwas frische Luft schnappen, sofern dies in einer Grossstadt überhaupt möglich ist ... Auf dem Weg zum Seaport Village machten Hardy und Christel diesmal einen Abstecher ins *Hotel Hyatt*. Der Aufzug brachte sie zum 41. Stock, wo sich einem eine wunderbare Rundumsicht erschliesst. Man hält sich entweder nur bei den Aussichtsfenstern in der Nähe des Lifts auf oder lässt sich in der gediegenen Bar nieder und geniesst die Aussicht. Wer Glück hat, ergattert ein freies Tischchen. Hardy und Christel begnügten sich mit dem Betrachten der herrlichen Kulisse in der Abendsonne. Froh, wieder festen Boden unter den Füssen zu haben, spazierten die beiden der Promenade des Seaport Village entlang und hielten Ausschau nach einem gemütlichen und sonnigen Platz. Sie steuerten schliesslich ins Restaurant Edgewater Grill (861 W. Harbor Dr). Die gegenüber dem Gehsteig erhöhte Sonnenterrasse ist via den hinteren Haupteingang stufenlos zugänglich. So turtelten die zwei Glarner Täubchen in den einmaligen, viel umschwärmten kalifornischen Sunset (Sonnenuntergang), wobei sie an ihren Margarithakelchen nippten und genüsslich die Abendhäppchen pickten, deren feine Zubereitung sie freudigst überraschte.

Am Wochenende musste Christel ausschlafen. Ihr Mann wollte seine Ufzgi machen. Das ist eben so eine blöde Sache. Hardy, dem fünf Stunden Schlaf ausreichen, muss jeweils am Morgen im Bett hellwach und untätig warten, bis Christel endlich aufsteht. Christel hadert darum oft mit dem ausgedehnten Schlafbedürfnis und fühlt sich schuldig, Hardys knapp bemessene Freizeit so noch zu verkürzen. Gibt es dafür eine Lösung? Wenn ja, please let us know! Der Franzose Jeromie lud am Samstagabend seine Mitstudenten zu seiner Geburtstagsparty in der Wohnung ein, die er mit Thomas teilt. Dieser hatte gerade Besuch von zwei Landsmänninnen erhalten. Andrea faulenzte bereits im einzigen weichen Lehnstuhl vor dem eingeschalteten Fernseher, als Hardy, Christel und Andrew antrabten. Mit der Zeit trudelten die verschiedensten Nationalitäten ein, so dass sich vier Deutsche, vier Schweizer, zwei Franzosen, eine Engländerin, zwei Pakistaner, ein Däne, ein Japan-Amerikaner und zwei Thailänder um einen riesigen Plasikbeutel, gefüllt mit Popcorn, setzten. Der Züri-Leu hatte diesen abends zuvor vor dem Kinoabfallcontainer gerettet. Andrews selbst gemachtes Garlic Bread, das einige noch gar nie gekostet hatten, stiess auf allgemeinen Gefallen. Einmal mehr wurden die vier Schweizer um ihre Sprachkenntnisse beneidet. Je nach Gesprächspartner wechselten der Zürcher, der Tessiner, der Glarner und die Thurgauerin von Deutsch zu Englisch oder Französisch und warfen zwischendurch sogar vertraute italienische Brocken ein. Obwohl Englisch durchaus Welten verbindet, bestanden zwischen den Anwesenden doch kulturelle Welten. So fand es ein Pakistani unbegreiflich lustig, die Deutschen mit dem Satz „Du siehst aus wie ein Nazi" zu konfrontieren und nachher ihre betroffenen Gesichter zu studieren. Kurze Zeit später wurde Hardy Opfer seiner islamistischen Zukunftstheorie. Christel musste zudem erkennen, dass sie als Frau und Hardys Gattin für den Pakistani als Gesprächspartner nicht in Frage kam.

Am Sonntagabend gönnten sich die Glarner nochmals einen Kinobesuch, aber im angenehmeren Horton Plaza. Der neue Film „For Love of the Game" mit Kevin Costner war angesagt. Sie wollten diesen Film, in dem Costner einen alternden Baseball-Profi spielt, schon lange einmal sehen und hatten grosses Glück, dass der Streifen noch lief. Christel amüsierte sich wieder über die Riesenportionen Popcorn, die von den Zuschauern verschlungen werden. Obwohl die Kritiker an den neuen Filmen herumnörgeln und den oft grossen Altersunterschied der Liebespaare missbilligen (dabei fressen doch alte Böcke gerne junge Gräser), verlor dieser Film dadurch nicht das Geringste. Er rührt Softies zu Tränen. Nach Filmende blieben die meisten Besucher bewegt sitzen. Hardy dirigierte Christels Blick mit dem Kopf auf die verschiedenen Nastuchschnupferinnen und konnte sich ein heimliches, schadenfrohes Lächeln nicht verkneifen. Christel stimmte dem Titel der Zeitungskritik zu: „A diamond in the nation's crown: that's baseball."

Für die ganz wenigen Leser, die nach San Diego schreiben (pfui ihr anderen, schämt euch!), sei festgehalten, dass das US-Postamt mit erhobenem Finger unter Androhung künftiger Nichtzustellung darauf hingewiesen hat, dass die richtige Postleitzahl neu 92101-7730 lautet. Wer sogar ein Päckli schicken will, muss wissen, dass es darin normalerweise Schweizer Schoggi (Haselnuss bitteschön) und einen feinen

Käse hat, der die Reise überlebt (vakuumiert heisst das Zauberwort). Es wäre doch wirklich schade, wenn der Vacherin Mont d'Or oder der Cœur de Lion nicht am West Harbor Drive ankäme! You've got it?

WEEK 43/1999:
WAS IST HALLOWEEN?

25. bis 31. Oktober

Eine neue Woche begann. Hardy nahm seinen langen Vormittag in Angriff. Christel sass entspannt am Schreibtisch und quälte den Laptop, als sie ein schriller Schrei aus ihrer Gedankenwelt aufschreckte. Sie schnellte ans Fenster und schaute auf die Market Street hinunter, wo ein betagtes Ehepaar am Trottoirrand stand. Der ältere Herr schrie wiederholt etwas, was Christel erst nicht verstand. Dann begann er plötzlich loszulaufen. Gleichzeitig spurtete ein junger Mann in einem blaugrünen T-Shirt über die Strasse. Nun verstand Christel die Schreie des Rentners: Stop him! Stop him! (Haltet ihn! Haltet ihn!). Christel fühlte eine ohnmächtige Wut in sich aufsteigen. Hätte sie Flügel gehabt, sie wäre wie ein Raubvogel auf den Dieb herabgeschossen und hätte ihn mit ihrem spitzen Schnabel und den scharfen Krallen aufs Übelste zugerichtet.

Alles geschah blitzschnell. Binnen Sekunden war der Räuber aus Christels Gesichtsfeld hinter den nächsten Gebäudekomplex verschwunden. Der Flüchtende war bei ein paar Strassenarbeitern vorbeigerannt, die die Situation sofort richtig einschätzten, ihre Hammer verwarfen und die Verfolgung aufnahmen. Christel erwartete den Flüchtenden, den alten Mann und die Jäger jeden Moment an der anderen Ecke des Gebäudes. Doch es passierte vorerst gar nichts. Dann sah sie ein Polizeiauto, das sich bei der Kreuzung geschickt durch zwei wartende Autos schlängelte und direkt hinter das Gebäude fuhr. Zwei weitere Männer in einer grünen Uniform versperrten gleichzeitig mit ihrem Auto den Weg zum Parkplatz. Christel befürchtete schon, dass sich der böse Bube im Gebäude verschanzt haben könnte, vielleicht sogar mit einer Knarre, und sich bald eine wilde Schiesserei mit den Cops liefern würde. Nach einem Weilchen zog das Auto auf dem Parkplatz wieder ab. Die Polizisten befragten Augenzeugen diesseits des Gebäudes und verliessen den Tatort ebenfalls. Zum Schluss tauchte auch das Ehepaar wieder auf.

Am nächsten Tag schlug Christel in der Tageszeitung zuerst die San-Diego-Seite mit der Spalte „Crime Watch" auf. Äusserst zufrieden nahm sie zur Kenntnis, dass der 29-jährige Downtown-Bösewicht von sechs Verfolgern gejagt, gefangen und bis zum Eintreffen der Polizei festgehalten worden war. Bemerkenswert war zudem, dass die Polizei für ihr Erscheinen nur gerade 90 Sekunden benötigt hatte (in unmittelbarer Nähe befindet sich eine Polizeistation). Es stellte sich heraus, dass die 78-jährige Frau kurz ihr Handtäschchen auf die Motorhaube des parkierten Autos gestellt hatte, um die Münzen in die Parkuhr zu stecken. Das alte New Yorker Touristen-Ehepaar lobte die San-Diego-Polizei und die schnellen Helfer in den höchsten Tönen. Gemäss Zeitungsbericht hätte es einen Überfall nur daheim im „Big Apple", aber nicht in den ruhigen Strassen von West Downtown San Diego für möglich gehalten.

In der Physiotherapie erzählte Hardy Tiffany vom Kinobesuch am Wochenende. Beim Namen Kevin Costner wurde die Gute ganz lebendig und wollte wissen, ob Hardy sie in dem Streifen nicht erkannt hätte. Hardy glaubte erst an einen Scherz. Doch Tiffany zückte eifrigst ein Foto, auf dem unverkennbar der Schauspieler mit ihr zusammen abgebildet war. Sie erzählte, dass sie zur Zeit der Dreharbeiten im berühmten Skiort Aspen gearbeitet habe. Dort hätte sie sich auf einen Aushang hin gemeldet, der Laiendarsteller für die Spitalszene mit dem verwundeten Baseballprofi Costner gesucht habe. Sie schwärmte dermassen von diesem Erlebnis, dass Hardy ein paar spitzbübische Bemerkungen nicht verkneifen konnte. Tiffany bejahte die Frage, ob sie ältere Herren bevorzuge, und fügte beiläufig hinzu, dass sie sich am Wochenende vom Freund getrennt hätte. Hardy könne ihr nun einen „richtigen" Mann von der Uni besorgen … Das Thema für die Physiodamen war gegeben: Sex und Stutz[93]. Sie schwärmte von ihren most famous Idolen, die man sicher nicht von der Bettkante stossen würde, selbst dann, wenn „sie Crackers essen würden" (?). Hardy rührte kräftig in der hormonschwangeren Gemütssuppe mit. Er amüsierte sich sehr darüber, dass sich die darniederliegenden kranken Herren von den leidenschaftlichen Ausbrüchen ihrer Peinigerinnen äusserst unwohl und übergangen fühlten. Hardy schmunzelte noch den ganzen Abend und meinte, dass dieses Weibergesülze auch eine Filmszene wert gewesen wäre.

Der Abgabetermin für Hardys schriftliche Arbeit im Fach Health Law stand bevor. Zusammen mit Andreas wurde daran noch zünftig herumgefeilt. Letzterer musste die Arbeit durchlesen und allfällige

Schreibfehler anstreichen und gab sich besondere Mühe, jeden Fehler zu finden, um dem Boss zu zeigen, wer der Boss ist. Kaum war die 44 Seiten umfassende Arbeit fertig, wurde Andreas zum Kopieren geschickt. Die 17 Exemplare wurden in einem der zahlreichen Copy-Shops in Downtown zuverlässig und schnell erstellt und gebunden. Hardy konnte so beruhigt sein, am kommenden Montagabend im Besitz genügender Exemplare zu sein. Bis zum Semesterende werden jede Woche zwei Arbeiten von ihren Verfassern der Klasse vorgestellt. Die schriftliche Arbeit macht 75% der Schlussnote aus, wobei der mehr oder minder definitive Entwurf bereits zur Hälfte zählt. Im Anschluss an den Vortrag wird vom Professor eine schriftliche Stellungnahme abgegeben und eine kurze Frist von einigen Tagen zur Korrektur des Entwurfs gewährt. Die anschliessend verbesserte bzw. endgültige Version zählt wie der Entwurf. Die restlichen 25 Prüfungsprozente setzen sich aus der Anwesenheit und der aktiven Teilnahme im Unterricht zusammen.

Hardy war mit seinem Werk zufrieden. Dem guten Gefühl wurde am Dienstag mit einer gehörigen Portion Italianità gehuldigt. Der Ticino-Andrea kündigte ein Risottoessen an. Er fragte die Glarner, ob er wohl in ihrer Küche hantieren dürfe, da seine Wohnung äusserst eng und nur über einige Stufen zu erreichen sei. Es erschien Christel eine Ewigkeit her zu sein, seit sie das letzte Mal für eine Tafelrunde Geschirr aufgetragen hatte. Das Pilzrisotto wurde vom Cuoco meisterlich zubereitet (der Kerl kann wirklich gut kochen), worüber sich auch Thomas, seine zwei Besucherinnen und die Französin Laurence freuten. Hardy entschloss sich zu chilenischem Rotwein, den Andrew theatralisch einschenkte. Die feuchtfröhliche Runde löste sich nur zähfliessend und irgendwie ungern auf. Auch das ist ein bekanntes Hardy-Phänomen!

Der Meisterkoch serviert den vorzüglichen Risotto den geladenen Gästen…

… um dann seiner heimgekehrten Tessa ewige Liebe zu trommeln

Am Samstag stand Halloween bevor. Die ganze Woche über lag denn auch ein Halloween-Fieber in der Luft. Bereits seit längerer Zeit flatterte unablässig Reklame ins Haus. Christel konnte beim besten Willen keinen Zusammenhang zwischen den angepriesenen Artikeln (Kürbisvariationen aller Arten, Fasnachtsgewänder, Schreckspielzeuge und morbide Dekorationsartikel) und Sujets (Totenmasken, Monsterfigürchen, Scarescrows [Vogelscheuchen] in Puppenform) erkennen. Am ehesten bestand ein solcher zwischen den Kürbissen und den Vogelscheuchen. Leider bestätigte sich die Vermutung, dass Halloween ein Erntedankfest ist, nirgends. Die CWSL führt traditionell vor Halloween eine Auktion durch, wozu alle Studenten und Freunde eingeladen werden. Der Erlös des heuer zum 10. Mal stattfindenden Anlasses war für das Rote Kreuz gedacht. Erwartungsfreudig machte sich Christel am Donnerstag gegen Mittag zur Cedar Street auf.

Christel und Hardy freuen sich an der verrückten Auktion

Die Auktion fand im Moot Court Room im 3. Stock der Schule statt. Der Gerichtssaal war schon voll, als sich Christel zu Hardy und Andreas gesellte. Und sie traute kaum ihren Augen, als sie sich genauer umsah. Der Auktionator (es war der Dean himself) trug eine Halbmaske und bot wie wild Kuchen zur Ersteigerung an. Sein Helfer, auch ein Uni-Professor, mimte einen der Marx-Brothers. Der aufgeklebte Schnauz[94] und die übertriebenen Augenbrauenkleber über der Brille passten hervorragend zu dem langen Zigarillo, mit dem er jeweils cool auf die bietenden Anwesenden zeigte. In den Geschworenenbänken sassen Verwaltungsangestellte, alle in einer geringelten Sträflingskluft. Dazwischen machte sich ein vollkommen maskiertes Ungeheur breit. Auch mitten im Publikum waren einzelne Gruselfiguren anwesend. Nebst den von den Lehrern gesponserten Gebäcken, die zwischen 20 bis 115 Dollar unter den Hammer kamen, wurde auch anderes versteigert, so zum Beispiel ein Aufenthalt auf Hawaii über den Millenniumswechsel und eine Harleyfahrt mit dem Cowboylehrer. Insgesamt kamen 2500 Dollar zusammen.

Am Freitagabend waren Christel und Hardy bei einer kanadischen Mitstudentin zum Abendessen eingeladen. Dank dem perfekten Strassenguide fanden die beiden das Haus auf Anhieb. Tara, die Gastgeberin, war äusserst angetan vom mitgebrachten Vanillepudding und der Swiss Chocolate. Hardy wurde zudem gebeten, einen Salat mitzubringen. Die für Schweizer Verhältnisse ganz normale Salatsauce wurde für very special befunden. Christel musste versprechen, das Rezept zu besorgen. Neben Tara und ihrem Ehemann waren noch zwei andere Jusstudenten mit Ehepartner anwesend. Das Gespräch beinhaltete vor allem Erlebnisberichte rund um die Uni. Taras verzweifelte Versuche, auf andere Themen zu lenken, schlugen allesamt fehl. Christel störte dies nicht im Geringsten. Auch die anderen Nichtjuristen schienen sich daran nicht zu stossen. Man liess es sich auf der wunderbaren Aussichtsterrasse gut gehen und genoss die erste Grillrunde inmitten von Real Americans.

In San Diego sind die Nächte kühler geworden. Bettdecken mussten her. Aber verflixt nochmal! Richtige Wolldecken liessen sich nirgends finden. Christel fiel ohnehin bereits früher auf, dass reines Naturgewebe in den Kleider- und Haushaltabteilungen spärlich anzutreffen ist. Mischgewebe wird kaum mit einer Prozentangabe versehen. So wird etwa höchstens erwähnt, dass ein Pullover cottonrich (baumwollreich) sei – was immer das auch heissen mag. Etwas betrübt musste Christel zudem feststellen, dass ihre im Cherokee-Reservat erworbene Decke (angeblich eine handgewobene Originialindianerdecke) keineswegs so speziell war. Der Wal Mart bot dieselben Waffeldecken aus Baumwolle zu Hunderten an. Mangels Alternativen entschloss man sich zum Kauf von zwei weiteren „Unikaten".

Auf der Heimfahrt durch Downtown begegnete den Glarnern emsiges Gruseltreiben. Eingefleischte Halloweener warteten auf das Hereinbrechen der Nacht. Die Pferdekutschen in Downtown boten in diesen Tagen morbide Touristenfahrten an. In der Abenddämmerung klangen die hallenden Huftritte schon gespenstig genug. Die Kutscher untermalten dies, indem sie alle als Henker verkleidet auf dem Bock sassen. Als Beifahrer sass ein unverhülltes Skelett beim Kutscher, während ein weiteres Skelett auf dem Pferderücken angebunden war und mit dem Pferderücken auf und nieder klapperte. Im Cityfront zurück fiel den beiden der Aushang zur Halloween Party am Abend auf. Als Christel und Hardy vor dem Lift zur Wohnung warteten, traten Dracula und sein Diener aus der Kabine und verschwanden in die Nacht. Die Neugierde war jetzt endgültig geweckt. Christel und Hardy entschieden sich, an der Party teilzunehmen. Bei der Rückfahrt zum Parterre machten die unkostümierten Glarner die Bekanntschaft mit zwei Prinzen. Einer wollte von Christel wissen, weshalb sie nicht kostümiert zur Party ginge. Der andere lieferte vorschnell die Antwort und meinte: „Siehst du denn nicht, sie geht als Rockerbraut!" (Christel trug ihre normale schwarze Lederjacke). Der ältere Prinz freute sich sehr über die Deutschschweizer. In einem sehr guten Deutsch erklärte er, dass er einen Teil seines Lebens in Deutschland verbracht hätte und nun in England leben würde.

Im kleinen Unterhaltungsraum angelangt mussten sich die Glarner bereits einen Weg durch die Verkleideten (Monster, Drakula und Opfer mit blutenden Halswunden, Hexchen, kleine Cinderellas, Piraten, Haitianer und andere Schönheiten) erkämpfen und erspähten in einer Ecke noch einen freien Stuhl, perfekt positioniert, nämlich tout juste in der Nähe zur Sandwichplatte. An der Bar besorgte sich Christel ein undefinierbares rosarotes Gesöff, das Hardy absolut ungeniessbar fand. Bald einmal flüchteten sich zwei ältere Hausbewohnerinnen ebenfalls in die Ecke. Die gut 60- bzw. 70-jährigen Witwen freuten sich sichtlich über die ausländischen Gesprächspartner. Gloria, die jüngere, gab zu verstehen, dass sie das erste Mal seit dem Tod ihres Mannes vor zwei Jahren wieder unter den Leuten sei. Die attraktive und agile Frau stiess sich sehr an einem Partyteilnehmer, der als Golfer verkleidet erschien. Gloria qualifizierte diese Verkleidung als geschmacklos und begründete dies damit, dass in der gleichen Woche ein berühmter Golfer bei einem Flugzeugabsturz ums Leben kam.

Halloween regiert auch im City Front Terrace

Die zwei Damen fanden Gefallen am Martini, der ihnen die Zungen aufs Erfreulichste lockerte. Hardy amüsierte sich köstlich daran, als die Witwen – vom Alkohol spürbar angeregt – die Karriereleitern ihrer verstorbenen Ehemänner verglichen. Wäre dies ein Wettkampf gewesen, er wäre unentschieden ausgefallen. So gut schlugen sich die Damen für ihre seligen Männer! Bei dieser Gelegenheit erkundigte sich Christel nach dem tieferen Sinn von Halloween. Entgegen einem Hinweis in der Zeitung, wonach Halloween das Fest der Hexen sei, meinten die Frauen, dass man der Toten gedenke – Allerheiligen. Christel wollte weiter wissen, was denn die Kürbisse mit Allerheiligen zu tun haben. Die ältere schon etwas beschwipste Ann sagte, dass Halloween in ihrer Kindheit nicht so wie heute gefeiert wurde. Das heutige Gehabe sei wohl eher nur aus Gründen des Kommerzes entstanden. Ann unterstrich ihre Meinung mit dem Hinweis auf das schon lästige Erbetteln von Candy durch die Kinder. Verweigert man eine Gabe, muss mit unverzüglichem Schabernack der kleinen Monster gerechnet werden. Die Partyrunde löste sich bald wieder auf

– natürlich erst nach der Prämierung der schönsten Masken. Während Hardy und Christel müde den Heimgang antraten, wollten sich die zwei unternehmenslustigen Witwen noch die Beine vertreten und die Musik geniessen, die von einem Nebengelände her laut dröhnte. In der Eingangshalle stiessen die Frühheimkehrer auf ausgehfreudige maskierte Damen, die einen (Typ Hollywood-Diva) waren zum Begrapschen sexy, die anderen (Typ Hollywood-Diva Ade) hatten mit ihrem Kostüm eher eine unglückliche Wahl getroffen. Mit Luftballons stiegen die Schönheiten und die, die es sein wollten, in eine Stretchlimousine und rauschten davon.

Am nächsten Tag erzählte Andrew, dass er ebenfalls an einer Halloween-Party gewesen war. Bei seinem Eintreffen hätte er kaum eine Menschenseele gesehen. Kurze Zeit später hätte sich das Lokal schlagartig gefüllt, weshalb niemandem mehr Tickets verkauft worden seien. Die Warteschlange wäre immens gewesen. Andi erzählte, alle möglichen Kostüme gesehen und den Eindruck gewonnen zu haben, dass die Amis diesen Anlass vor allem benützen, um aus ihrer „anständigen" Haut fahren zu können. Wie sonst liesse sich der Umstand erklären, dass unzählige in Lederkostümen eingekleidete Dominas mit unterwürfigen Sklaven und gleichgeschlechtliche Paare anwesend gewesen seien. Es habe auch harmlose „Träumer" gehabt, so etwa eine dicke Frau in einem Cheerleader-Kostüm, die sich wohl einen Kindheitstraum erfüllte.

Am Sonntag waren Christel und Hardy um 1 p.m. bei Gloria zu einem Gläschen Wein eingeladen. Es hatte sich nämlich am Vorabend herausgestellt, dass diese welterfahrene Dame nicht nur die Oper, sondern auch den roten Tropfen liebt. Als Freiwillige hilft sie im Opernhaus mit, den Kindern mittels Stabpuppen die Opernwelt näher zu bringen. Zudem verbindet sie tiefe Erinnerungen mit der Schweiz, wo sie mit ihrem Mann wunderbare Skiferien verbracht hat. Aber der eigentliche Auslöser für das Treffen war ihr Sohn, der als Anwalt in der Nähe von Hardys Uni tätig ist und, wie es scheint, eher einsam oder dann mit seiner Mutter die Freizeit verbringt. Sie war happy, dass die zwei Juristen austauschen konnten. Dem eher nicht gesprächigen Sohn half Gloria auf die Sprünge, indem sie von „seinen" erfolgreichen Fällen zu erzählen begann und ihn so sanft drängte, die Geschichten fertig zu erzählen. Vier Stunden später gelang es den Glarnern, sich ebenso nett aus der Gesprächsrunde zurückzuziehen, wie diese selbst war. Hardy hatte mit Ticino-Andrea noch eine Gruppenarbeit zu besprechen. Nach getaner Arbeit tischte Christel feine Spaghetti auf. Hardy organisierte für den heimwehgeplagten Strohwitwer extra einen Italo-Merlot. Hardy und Christel waren sich nicht sicher, ob ihre Trostbemühungen fruchteten. Immerhin unterstützten sie, die 8 bzw. 9 Jahre älteren und darum lebensklugeren Freunde, den Poverino nach bestem Wissen und Gewissen.

Andrea weiss es immer besser!

Nach all diesen Erlebnissen hatte Christel aber immer noch das gleiche Problem: Was ist Halloween? Zum Glück stiess sie in der Zeitung doch noch auf des Rätsels Lösung: Kürbisse sind zwar so amerikanisch wie Apple Pie (Apfelkuchen), die Jack-o'-lanterns (Kübislaternen) wanderten aber von Irland ein. Der Name wird auf eine irische Legende zurückgeführt, wonach ein geiziger Mann, namens Jack, dem Teufel Streiche spielte und zu schäbig war, um in den Himmel zu kommen. Jacks Busse war, auf der Erde herumzuwandern und eine geschnitzte und mit einem Stück Kohle beleuchtete Kohlrübe zu halten. Er wurde bekannt als „Jack of the Lantern" oder „Jack-o'-lantern" (Laternen-Jack). Die irische Tradition war, die aus Gemüsewurzeln geschnitzten Jack-o'-lanterns an Fenster und Türen zu platzieren, um den geizigen Jack oder andere Geister an Halloween oder All Hallows' Eve (am Tag vor Allerheiligen, wenn die

Kirche die Heiligen feiert) zu verscheuchen. Im Mittelalter gingen Kinder von Tür zu Tür, sangen und erbettelten Kuchen für die wandernden Seelen und Geister. Wenn keine Kuchen offeriert wurden, trieben die Bettler oder Seelen Schabernack. Irische Immigranten führten weltliche Halloween-Sitten im späten 19. Jahrhundert in die USA ein. Kürbisse ersetzten die Wurzelgemüse, und das Seelentreiben entwickelte sich zu Trick-or-Treating (Streich-oder-Spende-Kinderspiel). Die dekorativen Schnitzereien an den Kürbissen erinnern zudem an das alte Brauchtum.

WEEK 44/1999:
SOZIALVERSICHERUNG UND STRAFPROZESS

1. bis 7. November

Am vergangenen letzten Oktober-Wochenende wurde auch in Kalifornien die Sommer- wieder zur Winterzeit. Das Fernsehprogramm machte auf erzieherisch und zeigte den Zuschauern mittels einer Uhr, auf welche Seite der Zeiger gedreht werden muss. Die zurückgewonnene Stunde machte sich am Sonntagabend sehr bemerkbar. Es dunkelte bereits um 5.15 p.m. Dafür freute sich Christel auf den Montagmorgen, der ihr wieder natürliches Licht für das erste Tagwerk liefern würde. Christel wusste, dass es noch nicht Morgen sein konnte, als sie zur stockfinsteren Zeit ein Schrei aus dem Schlaf riss. Erst glaubte sie, geträumt zu haben. Doch dann vernahm sie ihn erneut, hell und schrill! Christel erschrak abermals gehörig; der Puls raste. Da, schon wieder ein Schrei, diesmal lauter. Christel befürchtete schon, dass da draussen irgendein Frauenzimmer um sein Leben kämpfen musste. Da, ein anderer, diesmal tiefer Ruflaut. Der Verbrecher! Beide Stimmen wurden immer lauter – und rhythmischer. Erst jetzt erkannte die angespannte Christel, dass sich das Gefecht nicht auf der Market Steet, sondern auf der Terrasse über ihr abspielte. Kaum hatte Christel den Grund der überlauten Laute erahnt, wurden die Leidenden auch schon von einem scheinbaren Todesstoss erlöst. Hardy war später enttäuscht, als ihm sein Weib von diesem lüsternen Zweikampf berichtete. Wäre er wach gewesen, er hätte laut mitgeschrien!

Fenster putzen in Downtown – nur für Schwindelfreie

Eine Arbeit bleibt den Bewohnern von Hochhäusern erspart: das Putzen der Aussenscheiben. Die Verwaltung des Cityfront Terrace hatte diesen Reinigungsservice zwar angekündigt. Dennoch erschrak Christel am selben Montag erneut, als sie ein Rumpeln an der Fassade vernahm und ein dickes Seil vor ihrer Nase am Fenster hin- und herschlug. Plötzlich kamen ein paar Schuhe zum Vorschein, dann zwei Beine, und ehe sichs Christel versah, grinste ihr ein Gesicht entgegen und grüsste freundlich. Sie eilte auf den Balkon und bemerkte, dass sich der Mann anhand eines auf dem Dach montierten kleinen Krans abseilte. So bewegte sich der Putzteufel um zwei Fensterbreiten von oben nach unten. Unten angekommen muss er erst wieder aufs Dach, um den Kran für eine neue „Putzbahn" auszurichten. Christel fragte den Mann, ob er eigentlich keine Angst habe. Zu ihrem Erstaunen meinte er, dass es ihm schon ein bisschen schwindlig wäre. Aber, doch, doch, er könne schon hinunterschauen. Mitleidig fragten sich die drei Schweizer zur Mittagszeit, wie freiwillig ein solcher Job wohl verrichtet wird. Christel mutmasste, dass diese Arbeit wohl kein Traumjob sei, der Verdienst vielleicht dafür umso verlockender. Bis jetzt hat Christel in Downtown nur Schwarze und Mexikaner in den Seilen hängen sehen. Vielleicht war es nur Zufall, vielleicht aber auch nicht, dass diese Arbeit nicht von Weissen ausgeführt wird. Tja, bleiben wir ehrlich! Ungeliebte Jobs, die man gerne anderen überlässt, gibt es auch in der schönen Schweiz. Wer scheuert denn bei uns für magere Fränkli[95] den Dreck der feinen Gesellschaft weg? Während man in einen bekömmlichen Mittagshappen biss, kämpfte sich der Fassadenfreund von Wohnung zu Wohnung. Christel wollte ihm eine kleine Aufmerksamkeit zukommen lassen und bat Andi, eine Schoggi abzuseilen. Sichtlich erfreut und überrascht steckte der Beschenkte die Schokotafel vom famosen Switzerland in seinen Kittel.

Hardy wusste zu berichten, dass in Amerika kein Kranken- und Unfallversicherungsobligatorium herrscht. Entweder kümmern sich die Leute privat darum oder haben das Glück, via Arbeitgeber versichert zu sein. Oft ist die ganze Familie durch ein arbeitendes Mitglied mitversichert. Verliert der Arbeitnehmer die Stelle, haben darum alle das Nachsehen. Der Boss kann den Versicherungsschutz jedoch auf freiwilliger Basis handhaben und seine Arbeitnehmer nicht oder nur teilweise versichern. Nach der Depression in den 30er Jahren hatte der neu gewählte Präsident Roosevelt den New Deal verkündet, so eine Art neuen Gesellschaftsvertrag. Nach langem Hin und Her wurde der Social Security Act vom Supreme Court doch noch gutgeheissen. Dieses Rahmengesetz regelt auf mehreren hundert Seiten verschiedene Sozialversicherungs- und Sozialhilfeprogramme. Obwohl die Gesetzgebung relativ umfangreich ist, ist die Bevölkerung schlecht gegen soziale Risiken geschützt.

Vereinfacht gesagt, bestehen fünf grosse Programme: 1. Veterans Benefits (obligatorische Unfall- und Krankenversicherung für das Militärpersonal), 2. Medicare (obligatorische Krankenversicherung/AHV für Pensionierte ab Alter 62, in der Regel erst ab Alter 65), 3. Medicaid (Kranken- und Unfallversicherung für Minderbemittelte), 4. Workers Compensation (Rahmengesetz für die Unfallversicherung bestimmter Arbeitnehmer) und 5. Unemployment Benefits (Arbeitslosenversicherung). Diese Programme beinhalten mehr oder weniger einen zwingenden Schutz bei Krankheit oder Unfall, wobei die Betonung bei weniger liegt. Daneben hat der Kongress zahlreiche andere Programme verabschiedet, die immer nach demselben Muster gestaltet sind: Wenn ihr lieben Einzelstaaten etwas für die Armen, Kranken, Verunfallten oder Behinderten tut, dann bekommt ihr aus der Dollarschatulle des Bundes Money. Ob dann die einzelnen Staaten ein Programm verwirklichen, ist ihnen überlassen. Selbstverständlich will der Gesetzgeber oft nur für solche Leute Geld ausgeben, die sich im Leben bewährt, d.h. gearbeitet, haben. Immerhin sei festgehalten, dass Kinder, Behinderte und zu einem gewissen Ausmass auch Andersrassige besonders geschützt sind. Der Schutz besteht bei diesen Personengruppen aber oft nicht in Geldleistungen, sondern in einem Schutz vor Diskriminierung.

Hardy ist verwundet! Nein, er fiel weder aus dem Rollstuhl noch misshandelte ihn sein Eheweib. Nein, er stiess sich auch nirgends. Weil es eben offensichtlich keinen Grund gegeben hatte, wodurch Hardy einen Schaden hätte erleiden können, war Christel sehr schockiert, als sie einen solchen ungläubig diagnostizierte. Hardy absolvierte sein Stehtraining, rücklings zu Christel gewandt. Dieser Blickwinkel erlaubte der Nurse eine freie Sicht auf die Ellenbogen. Und diese waren zutiefst rot! Nach anfänglicher Ratlosigkeit kam aber die Gewissheit, dass diese Druckstellen in der Physiotherapie entstanden sein mussten, als Hardy in Bauchlage auf die Ellenbogen abgestützt war. Die wenigen Minuten Wirbelsäulenentlastung auf dem eher harten Massagebett waren ausreichend, um einen Dekubitus zweiten Grades entstehen zu lassen, der am linken Arm schon eiterte. Da Hardy über keine Schmerzsensorik in den Armen verfügt, merkte er es nicht. Beide ärgerten sich, umso mehr, als Hardy seit seinem Unfall anno 1979 bis anhin druckstellenfrei geblieben war. Zum guten Glück war die Wunde nicht am Gesäss lokalisiert. Für einen Rollstuhlfahrer hätte das eine umgehende, andauernde und mehrmonatige Druckentlastung – notabene im Bett – bedeutet!

Am Dienstagabend suchten die Glarner etwas Zerstreuung im Einkaufszentrum Horton Plaza. Als Erstes steuerte man den Buchladen im dritten Stock an, der zu längerem Verweilen einlädt. Sämtliche Regale wurden unter die Lupe genommen. Christel hatte den dicken Schunggen[96], den ihr das Schwesterlein am Flughafen auf die Reise mitgegeben hatte, fertig gelesen. Nun war sie bereit, sich einer Lektüre in englischer Sprache zu widmen. Christel entschloss sich zu einem Buch über „The Phantom of the Opera" von Gaston Leroux. Sie hofft nun, dass sie das Buch mit Hilfe des Dictionarys bis zum 22. November durchgearbeitet haben wird. Für dieses Datum hatte sie bereits Tickets für das oben erwähnte Musical besorgt. Die Nurse hat mittlerweile ein knallhartes Selbststudium in Englisch begonnen. Sie liest täglich die Union Tribune und wählt dabei ein paar ansprechende Artikel aus, die sie dann wortwörtlich bearbeitet. Da Medienschwerpunkte oft parallel am Fernsehen behandelt werden, verfolgt Christel manchmal eine Sendung aktiv mit dem Wörterbuch mit. Ein spezielles Augenmerk beim Zeitunglesen gilt sozialpolitischen Themen, die Hardy in seinen Arbeiten weiterverwertet. Christel sammelt fleissig die Ausschnitte und hält Hardy zusätzlich auch über seichte Themen auf dem Laufenden. Denn der arme Student ist dermassen mit Arbeit eingedeckt, dass er es bis heute noch nicht geschafft hat, sich einmal eine Zeitung richtig zu Gemüte zu führen. So liest eben Christel für beide und freut sich über ihre Sprachfortschritte.

Sehr interessant findet Christel die Reportagen aus dem nahen Gerichtshaus. Mit einer grosser Genugtuung verfolgt sie die Strafmasse und kann sich mit dem US-Strafrecht viel mehr identifizieren als mit der helvetischen Gspürschmi[97]-Justiz. Auch die aktive Mitarbeit der engagierten und aufmerksamen Bevölkerung in der Verbrechensverhütung und –bekämpfung ist bemerkenswert. Kaum wird über ein Vergehen in der Grossstadt San Diego berichtet, sitzt die verdächtige Person auch schon hinter Gitter, nicht selten auf Grund von Hinweisen aus der Bevölkerung, die bewusster mit der Tatsache umgeht, dass Bad Guys überall zu finden sind. Dem Glarner Anwalt wird Christels Interesse an der Kriminalistik nur dann zu viel, wenn sie partout nicht verstehen will, warum die bösen Buben in der Schweiz so wenig zu befürchten haben. Ihrer Meinung nach gehören die Kriminellen, egal welcher Provenienz, möglichst lange weggesperrt und mit schweisstriefender Arbeit beschäftigt. Wenn wunderts, dass beide sehr gerne Gerichtsverhandlungen in Filmen und Serien verfolgen. Law and Order ist dabei die beliebteste Serie und geniesst bei den Glarnern schon fast Kultstatus.

Christel freute sich ob dieser Vorlieben ganz besonders, die LL.M.-Klasse ins San-Diego-Gerichtshaus begleiten zu können. Die Schule hatte den Besuch eines Strafprozesses über einen Drogendealer organisiert. Die Personenkontrolle an der Pforte flösste Respekt ein. In weiser Voraussicht hatten die Schweizer ihre Sackmesser zuhause gelassen. Auch mit den Sicherheitsleuten in jedem der vielen Gerichtssäle war nicht zu spassen. Leider war Christels Vorfreude umsonst. Der weisshaarige, ehrbare Judge eröffnete der Zuschauerrunde, dass die Verhandlung auf den Nachmittag verschoben werden müsse, da sich der Angeklagte bei einer Schlägerei im Gefängnis Verletzungen zugezogen hätte und diese nun erst ärztlich behandelt werden müssten. Der Richter stand dennoch eine längere Zeit den fragenden Studenten zur Verfügung. Christel und Andrew lernten, dass die 12 Geschworenen für jeden Strafprozess nach dem Zufallsprinzip anhand der Abstimmungs- bzw. Motorfahrzeuglisten ausgewählt werden und die Teilnahme eine Bürgerpflicht darstellt. Von den Parteien oder dem Richter können Personen abgelehnt werden, die früher verurteilt worden sind oder persönliche Verbindungen zum Fall haben.

Die Juroren werden vor der Verhandlung vom Staatsanwalt und vom Verteidiger befragt. Ziel dieser Befragung ist, die potenziellen Geschworenen kennen zu lernen und abzuschätzen, ob sie eher für oder gegen einen sind. Die Kunst dieses wirkungsvollen, gezielten Fragens muss freilich hart und intensiv geübt werden. So hatte eine Studentin aus einer anderen Klasse Hardy gefragt, ob er Zeit hätte, in einer Übungsstunde als fiktives Jurymitglied mitzumachen. Christel begleitete Hardy und blieb im Klassenzimmer, um sich über die frei erfundenen Identitäten der 12 Personen zu amüsieren. Hardy stellte sich als eher resignierten Musiklehrer vor, der der Auffassung nachhing, dass die jungen Leute ja keine Ahnung von klassischer Musik hätten. Der Reihe nach mussten die Studenten entweder den Ankläger oder den Verteidiger spielen. Die burschikose Dozentin mit grauem Kurzhaarschnitt und Jeansklamotten hörte konzentriert zu, deponierte ihre Füsse in Machostiefeln auf dem Pult und brachte die armen Geschöpfe mit ihrer stimmgewaltigen Kritik sichtlich ins Schwitzen. Eine zart besaitete Blondine fragte kurz vor dem Kollaps, ob sie sich vor der Jury setzen dürfe, was ihr mit einem Murren nur gewährt wurde. Die ganze Tortur dauerte volle drei Stunden! So trotteten Christel und Hardy am Donnerstagabend erst um 7.30 p.m. heimwärts und liessen die gemachte Erfahrung Revue passieren. Beide waren der Meinung, dass ein aktiver Miteinbezug der Bevölkerung in die Urteilsfindung überwiegend positive Auswirkungen hat. Das persönliche Interesse am Rechtssystem wird gefördert und trägt dazu bei, dass ein jeder sich seiner Verantwortung der Gesellschaft gegenüber bewusst wird.

Eine Interessengruppe fand sich am Freitag beim Gerichtshaus ein. Die Erschiessung eines verdächtigen Schwarzen durch zwei weisse Polizisten erhitzte die Gemüter und wurde dieser Tage von einem Strafgericht beurteilt. Der schwarze Athlet war mit 12 Schüssen, davon fünf in den Rücken (!), niedergestreckt worden, obwohl er keine Schiesswaffe getragen hatte. Diese Tötung war für die nichtweisse Bevölkerung ganz klar ein rassistisch motiviertes Verbrechen der Polizei. Der erste Verhandlungstag verlief gar nicht zur Zufriedenheit der Kritiker. Der angekündigte Protestmarsch verlief jedoch überraschend ruhig. Arm in Arm marschierten die Leute vom Polizeistützpunkt zum Gerichtshaus. Die Parade wurde mit musikalischen und tänzerischen Darbietungen bereichert, ohne dass deswegen der eigentliche Grund der Demo in den Hintergrund trat. Es gab keine Verhaftungen, obwohl die Leute zweifelsohne grössten Unmut in sich spürten. Eine ehemalige Stadtpräsidentin schloss sich der Bewegung an. Sie kritisierte (man staune!) die Abwesenheit der jetzigen Stadtratverantwortlichen: „Die Gemeindebevölkerung sagt, wir wollen einen Dialog, aber niemand will sich niedersetzen und mit ihnen reden." Der Polizeichef, der einen sehr kooperativen Eindruck macht, lud zu einer späteren Chropflääräta[98] ein. Der Zeitungsmeldung zufolge konnten sich dabei verschiedene Rassismusopfer zu Wort melden, während der Police Chief und zwei weitere Helfer, darunter ein Hispanico, das Protokoll führten.

Rockkonzert war angesagt! Hardys multitalentierte Turnlehrerin ist Schlagzeugerin in einer Band. Mit einer Schweizer Schoggi und einem Büchlein über den Hollywood-Schönling Brad Pitt bestückt fuhr das Alpenlandtrio am Sonnabend vor Tiffanys Haus. Ein paar Anwesende bedienten sich bereits von den bereitgestellten Snacks und den grossen Bierfässern. Die Band formierte sich in Tiffs Wohnstube, weshalb die Sofas auf dem Vorplatz frische Luft schnappten. Es kamen immer mehr Leute. Schliesslich strömten sie in Scharen herbei. Man stand hauptsächlich mit dem Becher in der Hand herum und betrieb Small Talk. Binnen kürzester Zeit sah sich Hardy in der Gartenecke eingeklemmt. Die Band konnte Hardy bei diesem Gewühl beim besten Willen nicht erreichen. Er schickte dafür Andi mit der Kamera vor, damit er die Rockgöre (und eventuell andere Girls) wenigstens filmisch festhalten konnte. Hardy genügte bald einmal die beengende Aussicht auf sämtliche Hinterteile der Herumstehenden. Andi, der am Morgen früh zu einer Wanderung aufbrechen wollte, und Christel hatten nichts gegen einen Rückzug einzuwenden.

Tiff trommelte, was das Trommelfell aushielt

Den Sonntag verbrachten die Glarner am Schreibtisch. Hardy arbeitete an seinem Comparative Law Paper, das er mit Ticino-Andrea zusammen schreibt. Christel ordnete Reiseunterlagen und Fotos ein. Das einzig Spätherbstliche in San Diego stellte das frühere Einnachten dar. Christel gefallen diese ruhigen Stunden zu Hause ausserordentlich. Nur mit grösstem Kraftaufwand, manchmal gar nicht, gelingt es Hardy, sein störrisches Eheweib zu einem kurzen Fussmarsch oder einem Schlaftrunk zu bewegen. Einmal mehr manifestierte sich Christels Sturheit am Sonntag. Hardy rächte sich dafür aber umgehend. Er schreckte Christel aus ihrer Versunkenheit auf, indem er aufgeregt zum Fenster zeigte und in die Nacht schrie: „Luäg ämol, hei, luäg ämol, was isch dänn das?!"[99] Ein beleuchtetes Riesenungeheuer schwebte direkt auf die Fensterfront zu. Statt einer Anteilnahme lachte dieser auf den Stockzähnen und meinte, dass dies die Frontansicht des Werbezeppelins sei, den er halt schon die ganze Zeit über beobachtet habe.

Plötzlich wird das Dunkel der Nacht gestört ... durch einen fliegenden weissen Werbewurm

WEEK 45/1999:
USA CONTRA HELVETIA

8. bis 14. November

Der Wochenbericht scheint inzwischen den Status eines unterhaltsamen Fortsetzungsromans erlangt zu haben. Die Verfasser schliessen dies aus den Reaktionen vom Heimatland. Ein eifriger Leser hatte Erbarmen mit den Glarner Hinterwäldlern, die anscheinend den Eindruck erwecken, dass sie sich nur über die Ami-Mentalität ärgern statt den Aufenthalt zu geniessen. Vom bereits angeschnittenen Chur erfolgte eine eindeutige Diagnose eines notfallerprobten Halbmediziners und Amerikakenners:

„1. Amerika ist das grösste und beste Land der Welt! 2. Also sind seine Bewohner die klügsten, schönsten, erfolgreichsten etc., etc. Menschen der Welt. 3. Amis haben immer Recht. 4. Amis sind Kapitalisten; sie bringen nur eine Leistung für Money! 5. Das ganze Leben ist ein von Hollywood inszenierter Film; somit „must the show go on!" Rezept: Sagt denen doch einfach, dass wir die Besten sind!?!?"

So schlimm sind die Amis und ihr Land gar nicht. Die drei Schweizer erleben durchwegs aufgestellte Leute und warmherzige Freundlichkeit. Die alltägliche Grussfloskel „Hallo, wie geht es dir? – Gut, danke, und dir? – Auch gut." hat überhaupt keine tiefere Bedeutung. Es ist nichts anderes ein erweitertes Grüezi[100], leitet aber oft über zu einem Friendly Small Talk. Weil die Amis so kontaktfreudig sind, braucht es spätestens nach der zweiten Begegnung nicht viel, und man wird zu einer Grillparty eingeladen. Hardy und Christel, typische Schweizer, bekunden natürlich mit oberflächlichem Small Talk eher Mühe, doch tut das der Qualität des spontanen Aufeinanderzugehens keinen Abbruch. Die Leichtigkeit des Daseins und Vergessens hat auch seine Vorzüge. Gewiss kann sich aus dem Gequatsche auch eine echte Freundschaft und Anteilnahme entwickeln, wie man das bei Leuten feststellen kann, die sich lange kennen und gemeinsame Interessen teilen. Doch dürfte der Kurzaufenthalt der Glarner wohl nicht ausreichen, um bis in die tieferen Schichten eines Amis vorzustossen. Gut Ding will eben Weile haben. Der freundschaftliche und hilfsbereite Umgang miteinander zeigt sich auch an der kleinen Uni, an der jeder einzelne Student ernst genommen wird und jedes noch so kleine Problemchen mit einem Professor oder einem Angestellten besprechen kann. Die zwischenmenschliche Distanz ist viel geringer. So kommts, dass Hardy und Christel von zwei Dozenten eingeladen worden sind. Zuerst wird der Dean seine Health-Law-Klasse mit Anhang zum mexikanischen Food ausführen. Bald darauf werden die LL.M.-ler bei Mamma Slotkin zuhause einen richtigen Truthahn zu Thanksgiving vertilgen.

Ganz besonders angenehm in den USA ist die Rollstuhlfreundlichkeit. Diese äussert sich zunächst in baulicher Hinsicht. Alle öffentlich zugänglichen Gebäude und Einrichtungen sind auf die Bedürfnisse von Behinderten abgestimmt. Allgegenwärtig sind Behindertenparkplätze, die diese Bezeichnung auch wirklich verdienen. In den Sanitärräumen werden Rollstuhlkabinen automatisch eingebaut. Das Ganze ist dabei so normal wie das Bauen selbst. Der Umgang zwischen Behinderten und Nichtbehinderten ist deshalb viel entspannter. Das normale Miteinander bedeutet aber nicht, dass den Behinderten nicht besonderer Respekt entgegengebracht wird. Wildfremde Personen eilen in der Regel voraus, um einem Rollstuhlfahrer die Türe zu öffnen, oder bieten ihre Hilfe an, ohne ein Gefühl der Barmherzigkeit zu verbreiten. Es gehört ferner zum guten Ton, einem Rollstuhlfahrer Vortritt zu lassen, sei es im Lift, sei es sonstwo. Davon könnte sich manch einer in der Schweiz eine dicke Scheibe abschneiden. Wie oft schon wartete Hardy vor dem vollen Lift, um Fussgängern, die zu faul waren, die Treppe zu benützen, eine bittersüsse Mischung von Lächeln und Kopfschütteln entgegenzubringen. Die USA sind ein wahres Paradies für Rollifahrer. Warum die Schweiz Vergleichbares bis heute nicht schafft, ist schleierhaft.

Anzumerken ist, dass in San Diego eine Gruppe aus 35 Freiwilligen existiert, die die Behindertenparkplätze kontinuierlich kontrolliert (Disabled Parking Enforcement Team). In dieser Gruppe sind 23 Personen pensioniert, 19 behindert und 13 Familienangehörige von Behinderten. Das letzte Jahr wurden insgesamt 4360 Parkbussen verteilt. Mehr als die Hälfte stammt von diesem Team. Permanent Behinderte werden anhand des Nummernschildes (ein Rollstuhlsignet vor der Zahl) kontrolliert. Vorübergehend behinderte Personen kriegen eine blaue Plakette mit Rollstuhlsignet mit „Ablaufdatum", die sichtbar am Innenrückspiegel montiert werden muss. Fehlt diese, wird der Halter gebüsst. Kommt dies mehr als zweimal pro

Jahr vor, muss sich der Gebüsste einem Verfahren unterziehen. Andrew bemerkte spöttisch, dass im Verlauf desselben wohl ein Gehirn-Check-up gemacht wird, um festzustellen, ob sich die Behinderung eventuell verschoben habe ...

Sehr angenehm sind auch die Ladenöffnungszeiten. Als Schweizer ist man sich gewohnt, dass die Geschäfte um 8 a.m. öffnen und um 6.30 p.m. schliessen. Berufstätige können ihre Einkäufe praktisch nur an den Wochenenden vornehmen, wenn die Ladenöffnungszeiten noch limitierter sind. Nicht so in Amerika. Die grösseren Lebensmittelmärkte haben einen 24-Stunden-Betrieb. Je nach Staat ist der nächtliche Verkauf von Alkohol verboten. Alles andere steht zur Verfügung. Das ist wirklich toll, wenn man abends auf dem Heimweg vom Kino noch schnell das Nötigste einkaufen kann, damit das Frühstück am Morgen superprima wird. Während sich Hardy über die nächtlichen Meloneneroberungen freut, geniesst Christel den Einpackservice an der Kasse. Es ist üblich, dass Angestellte für einen einpacken, und zwar in Plastik- oder Papiertüten. Oft begleiten die Angestellten Christel, die Hardy schiebt, zum Auto, um dort einladen zu helfen. Zwischendurch muss man aber aufpassen, dass alles eingepackt wird. Im Ralph's wird zum Beispiel ein psychisch auffälliger Packer beschäftigt, der gerne die Dinge vertauscht oder verwechselt. Doch ist Aufpassen immer noch angenehmer als selbst die Megapackungen zu stemmen. Zudem finden so soziale Randexistenzen einen Job, vor allem geistig Schwächere.

Als verkannte Krimitante studiert Christel nicht nur eifrig die Verbrechen, sondern auch die Todesanzeigen (eine wirklich morbide Tochter habt ihr, Helen und Franz). So kommt es, dass die Nurse jedes Mal ans Fenster eilt, wenn Feuerwehr oder Polizei vorbeiheulen. Christel ist ein grosser Fan von der spürbaren Präsenz der Ordnungshüter. Die nicht immer feine Art der Cops ist zwar bekannt, doch verfehlt sie die Wirkung nicht. Die Bevölkerung zollt den Firefighters und der Police grossen Respekt. Obwohl die Autobahnen mehrspurig sind, sieht man selten Drängeler oder Fräser[101]. Die tiefere Geschwindigkeit und das erlaubte Rechts- und Linksüberholen tragen dazu bei, dass es weniger Strassenrowdies gibt. Ist gleichwohl einmal ein solcher unterwegs, kriegen das die Streifenbeamten sehr schnell und gekonnt in den Griff. Rammen und Schusswaffeneinsatz gehören genauso dazu wie der Einsatz von Helikoptern. Autofahren in den USA ist deshalb viel angenehmer als in Europa. Wer einen Ami fragt, der schon in Europa war, kriegt immer die gleiche Antwort: Horror auf europäischen Strassen!

Generell ist der Fussgänger König im Strassenverkehr. Die Autofahrer sind verpflichtet, die Fussgänger passieren zu lassen, und halten, im krassen Gegensatz zur Schweiz, immer an. Sogar dort, wo kein Fussgängerübergang signalisiert ist, wird sofort angehalten, wenn ein Fussgänger Anstalten macht, die Strasse überqueren zu wollen. Die Bussen sind dementsprechend hoch. Widerrechtliches Parkieren auf einem Behindertenparkplatz kostet den Übeltäter in San Diego zum Beispiel 340 Dollar. Kurzerhand weggeschleppt werden parkierte Autos, die in sich in der roten (für Feuerwehr etc.) oder gelben (Warenumschlag) Zone befinden oder zu nahe an einer Kreuzung abgestellt sind. Verstellte Gehsteige existieren ebenfalls nicht. Christel konnte eine Abschlepp-Aktion vom Balkon aus beobachten. Sie fragte sich dabei, wie die Polizei, notabene ohne Schlüssel, so flink die Autotüre öffnen und den Wagen aus der Parkreihe in die Strassenmitte manövrieren konnte. Sind die toughen Cop Guys wohl heimliche Autoknacker?

Positives kann auch aus der Küche der Wohnung vermeldet werden. Hardy meint, dass der übergrosse Kühlschrank durchaus erwähnenswert ist. Darin können die Moms problemlos ihren Wocheneinkauf verstauen, sogar die Gallonenflaschen (3,78 l), die es übrigens meistens im Doppelpack billiger gibt. Andrew findet vor allem den Gefrierschrank toll, der gerade neben dem Kühlschrank steht und genau gleich hoch wie dieser ist, aber nur etwa zwei Drittel der Breite aufweist. Ein ganzer Truthahn hat darin locker Platz. Andi schätzt vor allem die automatische Eisproduktion. Schliesst man die Schublade nach der Entnahme eines oder mehrerer Eisstücke, die wie Halbmonde aussehen, werden sofort neue Eisstückchen produziert und in das Fach geworfen. Christel stimmt den beiden Männern zu, findet jedoch das zweite Abflussloch am Spülbecken besonders interessant. Darin befindet sich ein elektrischer „Alles-schnetzler", der durch einen Wandschalter aktiviert wird. So können Rüstabfälle direkt entsorgt werden. Ökonomie und Ökologie muss man natürlich bei all diesen Überlegungen ausklammern.

Hardy hatte per Internet ein Versandhaus ausfindig gemacht, das Dekorations-, Humor- und Gebrauchsartikel für Juristen und Ärzte vertreibt. Leider wählte der dortige Einpacker eine zu enge Schachtel, weshalb der Balken (Scale Beam) der bestellten Messingwaage (Scale oder Balance) abgewürgt geliefert wurde. Christels Zurechtbiegeversuche endeten noch schlimmer – der Balken brach ganz ab. Wie praktisch alle Firmen bot auch die besagte eine gebührenfreie 800er-Kontaktnummer an, was Hardy erneut sehr schätzte. Dank des Dictionarys glaubte der Apfikat[102], in der Sache verständlich gehandelt zu haben. Innerhalb von zwei Tagen war das Ersatzteil da. Christel war überzeugt, dass es sich um denselben Packer wie beim ersten Mal gehandelt haben musste – denn der vermeintliche Ersatz war leider eine Waagschale (Scale pan).

Der Feiertag beginnt immer in der 11. Stunde am 11. Tag des 11. Monats. Fasnacht? Nein. Veterans Day! „Das war dann, als der Waffenstillstand unterzeichnet wurde", gab Joe Brunner, ein ehemaliger Navi Master Chief and Commander of Veterans of Foreign Wars Post, der Presse zur Auskunft. Der Veteranentag war ursprünglich als Armistice Day (Waffenstillstandstag) bekannt und gedachte des Endes des Ersten Weltkrieges, als die Deutschen 1918 kapitulierten. Der Name wurde 1954 zu Veterans Day gewechselt, zu Ehren der amerikanischen Veteranen aller Kriege. Das Thema der diesjährigen San Diego Veterans Day Parade war die 100-Jahr-Ehrung des U.S. Navy Submarine Service (U-Boot-Einheit der Kriegsmarine). Persönlichkeiten von Rang und Namen nahmen an der Parade teil, die vor dem Bezirksverwaltungsgebäude am Pacific Highway um 9 a.m. begann und sich via Broadway und Harbor Drive zum Seaport Village bewegte. Vor der Parade konnte man einem richtigen Drill und Gruppenwettkämpfen im Naval Trainingscenter in Prebble Field beiwohnen. Nach der Parade folgten Empfänge und Picknicks von 1 bis 4 p.m. beim Veteranen-Denkmal, 2115 Park Blvd. Nebst dieser Zeremonie in Downtown fanden weitere Events in naher und ferner Umgebung statt. Zur Ehrung trugen auch Verwaltungen, Banken, Post und Schule bei und waren geschlossen – Hardy ging trotzdem zur Uni.

Gemäss Zeitungsmeldung nahmen ungefähr 2000 Veteranen und 112 Gruppen, inklusive Schulbands, teil. Was die Gemüter ziemlich erregt hatte, war die Präsenz von schwer motorisierten Sympathisanten. Die in Leder gekleideten Motorradfahrer waren nicht etwa heruntergekommene Vets der Hell Angels, sondern Veteranen aus verschiedenen Militärbereichen. Einige schlossen sich der Gruppe „Run for the Wall" an, die jährliche Konvois zu den Veteranendenkmälern in Washington D.C. organisiert und dort lebenden Mitgenossen hilft und Tote ehrt. Der 76-jährige Mister M., der von 1943 bis 1947 der Army Air Force diente, erzählte, dass er im Mai, zusammen mit 209 Höllenmaschinen, in San Diego gestartet wäre. Auf dem Weg nach Washington hätten sich immer mehr dazugesellt. Am Schluss hätte sich die Gruppe beinahe verdoppelt. Die Zweierkolonne sei gut und gerne zweieinhalb Meilen lang gewesen. Er und ein paar Kollegen würden jeweils für Minderbemittelte aufkommen, damit diese auch am Trip teilnehmen könnten. Auf die Frage, was er denn jetzt in San Diego vorhabe, meinte er: „Wir sind nicht hier unten, um die Hölle heraufzubeschwören. Wir sind hier, um unsere gefallenen Brüder zu ehren."

Die UPS-Speditionsfirma brachte Hardy am Veterans Day ein Päckli. Passend zum Tag kam eine Justiziabüste zum Vorschein – ohne Arme und Beine ... Noch etwas makaberer war der Kinobesuch dieser Woche. Der Titel hiess „The Bone Collector" (Der Knochensammler). Christel las eine Voranzeige, besser gesagt, überflog die Kritik und fokussierte stattdessen das Bild mit Denzel Washington, der einen Tetraplegiker spielt. Die naive Krankenschwester schloss daraus, dass es sich höchstens um einen herzigen Krimi handeln könne. Doch der „Jöh-der-arme-Lahme-im-Bett" entpuppte sich als Ex-Cop mit starken Intuitionen und noch schärferer Intelligenz, der den Kampf mit einem Menschenschlächter im New Yorker Untergrund aufnimmt. Brutale Horrorszenen und unerwartete Schockelemente liessen Christel des öfteren arg zusammenzucken. Die kühle Raumluft verschlimmerte das Ganze noch; Christel fühlte sich wie in einer Gruft. Nicht einmal das hervorragende Computerequipment des Tetras, der nur noch seinen Kopf und einen Finger bewegen konnte, vermochte die Nurse etwas zu ernüchtern. Sie war am Schluss nudelfertig, musste aber eingestehen, dass es „ein brutal guter Film war". Und so jemand will morbide sein?

Es regnete. Wirklich, die Strassen waren sogar einmal richtig nass. Die Häuser spiegelten sich darin. Leider reichte der Niederschlag nicht aus, um Hardys Van vom Dreck zu befreien. Andi bemühte sich deshalb um eine Autowaschanlage. Er musste aber zu seiner Überraschung feststellen, dass er beim besten Willen keine finden konnte. Er erkundigte sich deshalb beim Personal vom Cityfront Terrace. Dieses bestätigte ihm, dass er sich nicht täusche und man deshalb monatlich einen Autowaschservice organisiere. Andi inspizierte sodann die Tiefgarage genauer und musste erkennen, dass keinerlei Waschvorrichtungen vorhanden waren. Auch auf dem Aussenparkplatz war keine Wasserquelle vorhanden. Der rollende Dreckfink wurde deshalb in eine Garage chauffiert, die Autos nobler Leute auf Vordermann bringt. Andreas verspürte aber ein besonderes Unwohlsein, weil zwei Mexican Girls von Hand den Wagen schrubben mussten.

Ein Riesenpaket spuckte am Freitag Unmengen von Schoggi, vakuumiertem Käse und Guetzli[103] aus. Die unerwartet prompte Reaktion einer Leserin auf die eindringliche Ermahnung erschlug die Schweizer schier und liess in Christel beSchamgefühle aufkommen. Hardy erstickte solche Empfindungen sofort im Keim und meinte listig blinzelnd: „Häch, du biisch doch ää Babää! Das isch schuu rächt, diä söllid nuu nuch meeh schiggää!"[104] (Weichkäse bitte, Nussschokolade reicht über das Millennium hinaus). Der Proviant wurde aber nicht sogleich probiert.

Kein Wunder, dass man dicker wurde

Am Abend war nämlich Thai-Food im Restaurant Flavor Thai (4768 Convoy Street) angesagt. Ein thailändischer Mitstudent hatte geträumt, dass er mit der ganzen Klasse an einem Tisch sitze. Lieb, wie die Thailänder sind, organisierten er und drei weitere LandsmännInnen kurzerhand ein tolles Abendessen. Die anfängliche thailändische Schüchernheit wich bald einmal und passte sich dem überzeugenden Brustton der Europäer ein. Man überliess die Bestellung den Kennern, was diese ausserordentlich freute. So erhielten die vier Schweizer, der Deutsche (der mit dem grössten Brustton), die Französin, die Engländerin, der Japaner und die Mexikanerin einen umfassenden und überaus schmackhaften Einblick in die Thai-Küche. Sogar die Thai Students mussten eingestehen, dass die Speisen original zubereitet waren und sie gerne in diesem Lokal essen.

Ost, West, Nord und Süd beim Thai-Essen vereint

Thomas erwähnte beim einlässlichen Small Talk, dass der Ralph's neue Sorten von Ice Cream anbieten würde. Wer Hardy kennt, kann sich sehr gut vorstellen, wie er bei dieser Information die Ohren spitzte. Seine Äuglein begannen – trotz vollem Bauch – zu glänzen. Für Christel war klar, dass der nächste Tag mit hundertprozentiger Sicherheit in den besagten Supermarkt führen würde. Und so geschah es dann auch! Nachdem sich der erste dicke Novembernebel am Samstagmorgen allmählich und höchst widerwillig aufgelöst hatte, überkam Hardy mit dem ersten Sonnenstrahl auch schon der Glacégluscht[105]. Mit der Machobrille auf der Nase dirigierte er sein Weib zum Laden. Vor den Eisvitrinen mit den süssen Versuchungen wurde der harte Kerl dann aber zusehends schwächer und zerfloss beinahe vor Verlangen. Hardy erlag den süssen Verlockungen der rumgetränkten Weinbeeren und einer Baileys-Zartheit aus dem Hause Häagen Dazs, die, kaum zurück in der Wohnung, nachhaltig gekostet wurden.

Während sich Andi erneut einem Besuch aus der Schweiz widmete und die herrliche Natur- und Wettergegebenheiten voll ausschöpfte, war Hardy einmal mehr ein Wochenendsklave seiner Aufgaben. Am Sonntag verliehen Hardy und Ticino-Andrea der Teamarbeit (Vergleich der Schweizer mit der US-Verfassung) den letzten Schliff. Der pointierte Schlusssatz der Arbeit wird von einem Föteli[106] der beiden Schwerarbeiter angeführt und lautet: „Swiss Constitution: good and new – U.S. Constitution: old and bad". Ob das die Profs auch so sehen werden? Das Werk wurde gebührend gefeiert. Andrea, der begnadete Fünfsternekoch, kreierte erneut ein feines Pilzrisotto. Zusammen mit dem feinen Chianti Classico Villa Antinori, den er Hardy zum Geburtstag geschenkt hatte, war das Gericht eine vollendete Köstlichkeit. Hardy ermunterte den Koch, nochmals eine Portion herbeizuzaubern, und bewog ihn, es mit den getrockneten Chinapilzen zu versuchen. Obwohl es dem Tessiner wegen dieser kulinarischen Straftat fast das Herz im Leib umdrehte, machte er sich trotzdem an die Arbeit. Bald roch es aber nach Gummi in der Küche. Nicht nur Nase, sondern auch Gaumen attestierten den Pilzen eine gummige Eigenschaft. Der Menüfehltritt wurde umgehend mit einer feinen Weichkäseeinlage korrigiert, die die geschundenen Sinne der Italiener mehr als nur aussöhnten.

WEEK 46/1999:
WEHWEHLI UND BOBOLI

15. bis 21. November

U-ijuijuuii-juijuijuijui! Das Risotto-Gericht vom Sonntagabend lag schwer auf dem Magen. Die Gallenblasen drohten mit einem Streik. Dementsprechend träge und gar nicht arbeitswütig quälten sich Christel und Hardy am Montagmorgen aus den Federn. Beide schworen sich insgeheim, am Abend inskünftig jedem feinen Italian Food zu widerstehen. Das beeinträchtigte Wohlbefinden des Studenten erlitt zusätzliche Marter durch die Physiodame. Tiffany schien auch nicht in Superform zu sein. Sie erzählte dem Bauchkranken, dass ihr das Wochenende überhaupt nichts Aufregendes gebracht und sie sogar mit ihrem Ex-Freund hätte Vorlieb nehmen müssen. Gegen Abend schaute Thomas bei seinem Studienkumpel vorbei und liess Hardys Buuchweh[107] vergessen. Nachdem Thomas dankbar Hardys Computerscanner-Service für seine Arbeit in Anspruch genommen hatte, amüsierten sich die beiden prächtig mit der Software Kay Powers Goo. Mit diesem verunstalteten die beiden ein Foto von Thomas. Komisch war nur, dass das Bild, je länger die Verunstaltung voranschritt, immer mehr dem Original entsprach.

... du dir auch!

Am Dienstag war die Verdauungsmüdigkeit weg. Christel erwachte dafür mit einer Halscheri[108]. Das war vielleicht ein Bild. Unter unmöglichen Verrenkungen führte sie Hardys Pflege aus. Er konnte zwischendurch ein Lachen nicht verkneifen, zu komisch sahen die ungewollten Leibesübungen seiner Wife aus. Christel, angesteckt von den dummen Sprüchen, musste diese jedesmal mit einem unheimlichen Nackenzwicker büssen. Die beiden liessen daher das Dienstagskino aus. Christel hätte beim besten Willen nicht gewusst, welche Sitz- und Kopfhaltung sie hätte einnehmen müssen. Hardy tröstete den Steifhals und lockte ihn mit einem Geschenkversprechen in den CD-Shop im Horton Plaza. Da die nahende Weihnachtszeit für die Glarner dieses Jahr nicht in traditionellen Bahnen verlaufen wird, wählten beide dementsprechende Musik aus. Hardy erlag dem Cover von Louis Armstrong mit einer Samichlausmütze[109]. Christel erhoffte sich Entspannung für Nacken und Seele von Kenny G.s Saxophon. So werden die Glarner heuer in Sommerkleidern unter Palmen zu einem jazzigen „Stille Nacht" und einer Saxophoninterpretation von „Ave Maria" ihren kühlen Drink schlürfen und sich krampfhaft ein winterliches Weihnachtsfest vorstellen. Apropos Drink: Hardy machte seiner „Giraffe" den Vorschlag, Kummer und Schmerz in Alkohol zu ersäufen und schleppte sie in die geliebte Bierbeiz. Als grosser Margaritha-Liebhaber verzichtete er sogar auf das Hopfengebräu. Infolge einer unklaren Bestellung („frozen" statt „on the rocks") kam prompt das, was man eben nicht haben wollte: grobkörniges Margaritha-Softice. Den beiden wurde es zu blöd, das Schmelzen des Eises abzuwarten, weshalb sie den Eisberg zurückliessen, nachdem der Alk mit dem Strohhalm bestimmungsgemäss entsorgt worden war.

Andrew wollte unbedingt einen freien Tag, da sein Besuch aus der Schweiz noch bis zum Wochenende in San Diego weilte und man eine Fahrradtour unternehmen wollte. Er erzählte, dass sein Besuch ein Reiseklappvelo der Firma Friday gekauft habe, das sich relativ schnell zerlegen und in einem Samsonite-Koffer problemlos transportieren lasse. Das Gefährt verfüge zudem über ein gutes Rahmen- und Anhängergestell, an das man den Rollkoffer fest montieren könne. So war es einmal mehr an Christel, Hardy zur Schule zu bringen – was aber nicht geschah. Christel vertat sich in der Zeit. Der verärgerte Student wollte lieber nicht statt zu spät zur Schule gehen. Gegen Abend entschlossen sich die zwei verwundeten Seelen zu einem Kinobesuch. Der Film „Insider" mit Al Pacino und Russel Crow handelt von einem ehemaligen Laborangestellten eines Tabakimperiums. Dieser weiss um die Schädlichkeit der Zigaretten, darf aber nichts sagen, obwohl er gerne möchte. Al Pacino als Vertreter des Investigative Journalism versucht, den Insider zum Sprechen zu bringen. Nach langem Hin und Her scheint es zu gelingen, das Medienunternehmen aber … Der mit schnell wechselnden Sequenzen gefilmte Streifen wurde im Gaslamp Pacific Theater gezeigt. Nach fast dreistündiger Kopfschräglage war für die Versäumnisse des Tages genügend Busse getan.

Am Freitagmorgen fuhren Andi, Christel und Hardy nach dem Frühstück zum Flohmarkt auf dem Parkplatz der *San Diego Sports Arena*, die im Dreieck Hwy 5, Hwy 8 und Sports Arena Boulevard zu finden ist. Der Markt nennt sich *Kobey's Swap Meet* und findet wöchentlich von Donnerstag bis Sonntag von 7 a.m. bis 3 p.m. statt. Der Eintritt kostet für alle ab 12 Jahren 50 Cents, am Wochenende einen Dollar. Andreas kannte sich aus und war über die wenigen Stände sichtlich enttäuscht. Er sagte, dass der riesige Parkplatz am Samstag jeweils voll sei. Das war leider an diesem Morgen wirklich nicht der Fall. Andi erklärte, dass der Standort der einzelnen Stände nicht vorgegeben sei. Das Feilgebotene war nur teilweise gebrauchtes Warengut. Vom Kofferladen zu Kleidershops über Blumen bis zum Coiffeurservice liess sich alles finden. Hardy wühlte in den Kisten mit supergünstigen CDs und stiess zu guter Letzt noch auf ein grosses Marmorschachspiel für 20 Dollar. Glücklich über den guten Fang begaben sich Hardy danach direkt zur Schule und Christel nach Hause. Während man sich in der Schweiz bereits den ersten Schnee von den Schuhen putzte, sprang Christel kopfüber in den Swimming Pool des Cityfront Terrace und freute sich an der herabbrennenden Sonne. Die Länge des Beckens entspricht etwa der eines Hallenbades. Christel hatte die Bahnen einmal mehr für sich alleine und genoss das Bad in vollen Zügen. Die San Diegans haben trotz Sonne und Badetemperaturen eben auch Winter, weshalb es niemandem in den Sinn kommt zu baden.

Die Temperaturen haben schon etwas nachgelassen. Die Wohnung, die seit Wochen einer direkten Sonnenbestrahlung entgeht, muss ab und an auf 75 °F geheizt werden. Hardy, der bekanntlich friert, wenn die Temperatur unter 25 °C fällt, ist deshalb froh, diverse Rollkragenpullover und einen wärmeren Pyjama zu haben. Er hat sich eigens einen mit dem Logo der CWSL bedruckten Langarmpulli erstanden. Diese Sweat-Shirts werden im Uni-Buchladen neben weiteren (un)nützlichen Artikeln verkauft. Christel, die sich zu stark an die Bodenheizung in Glarus gewöhnt hat, kämpfte zunehmend mit kalten Füssen und badete deshalb ihre Flössli[110] des öftern heiss, um sie hernach sofort in handgestrickte Kniesocken und Fellfinken zu stecken. Hardy klagte, eine Grossmutter statt einer heissblütigen Ehefrau zu haben.

Am Samstagnachmittag hatten Andrea und Hardy noch Schulpendenzen zu erledigen. Während sich die beiden mit ihren Paragraphen herumschlugen, liess sich Christel in die literarische Welt von Gaston Leroux entführen. Sie hatte bis zur Musicalaufführung „Phantom of the Opera" noch drei Tage Zeit. Wegen des zeitlichen Engpasses konnte sich die Leserin nicht mehr allen neuen Wörtern widmen. Christel liebt die Story. Sie las vor ein paar Jahren die Fassung von Susan Kay, die das ganze Leben von Erik in ergreifender Weise schildert. Das Musical von Andrew Lloyd Webber basiert demgegenüber auf dem 1911 verfassten Buch von Gaston Leroux. Darin beschreibt er nur den letzten Lebensabschnitt des gesichtsentstellten Erik. Bekannt wurde das Werk von Leroux erst, als französische, englische und amerikanische Zeitungen Fortsetzungsgeschichten abdruckten. In der Mitte der 20er Jahre suchte Universal Pictures, eine amerikanische Filmfabrik, mögliche Rollen für den Schauspieler Lon Chaney Snr (A Blind Bargain 1922, The Hunchback of Notre Dame 1923, The Unholy Three 1923). Man grub die vergessene Geschichte von Leroux wieder aus, und Chaneys Film wurde bester Jahresfilm. Er blieb auch der Originalgetreuste im Vergleich zu weiteren Neuverfilmungen. Dank dieses Erfolges wurden „Dracula" und „Frankenstein" überhaupt erst auf die Leinwand gebracht – und berühmt.

Obwohl sich die Universal Pictures schon gewisse Freiheiten gegenüber der Originalfassung erlaubt hatten, wurde sie 1943 (Universal neu), 1960 (Spanische Filmkompanie), 1962 (Hammer, England) und 1974 (Twentieth Century Fox) an Ideenreichtum übertrumpft. Im Vorwort von Peter Hainings Werk meint er, dass diese Filmversionen Leroux sicherlich erschreckt hätten. Leroux war durch sein Werk nie reich geworden. Er starb 59-jährig an Urämie am 15. April 1927, kurz nachdem er sein 63. Buch (Les

Moicans de Babel) vollendet hatte. Doch die Legende ging mit Andrew Lloyd Webber weiter. Er war der bislang letzte von Leroux' Story faszinierte Schreiber. Seine Annäherung, Musik von „Faust" (Charles Gounod) mit anderen bekannten Opernthemen und seinen eigenen Kompositionen zu mischen, war erfrischend und führte zum Erfolg. Die Produktionskosten beliefen sich auf über eine Million Pfund. Doch dürfte dies nicht im Entferntesten an die Kosten herankommen, die der Bau der Pariser Oper verursacht hatte...

Weihnächtliche Impressionen im Viejas Outlet Center: Kommerz...

... Kitsch ...

... und Lebenslust

Am Sonntag konnte sich Christel von ihrer spannenden Lektüre befreien, um Hardy ins Viejas Indianerreservat bzw. ins *Viejas Outlet Center* nach *Alpine* zu begleiten. Das Einkaufszentrum der Indianer mit angegliedertem Kasino erreicht man über den Hwy 8 east, den man bei der Ausfahrt Willows Road nach einer dreiviertelstündigen Fahrt verlässt und der Beschilderung folgt. Mehr als 35 Läden, die primär Designer- und Markenartikel zu tieferen, aber trotzdem noch recht hohen Preisen anbieten, befinden sich in dem indianisch gestalteten Village und sind durch zahlreiche Wege miteinander verbunden. Die grosse Wiese wurde gerade für Tanzvorführungen genutzt. Es sah nach mexikanischem Vollblut aus und tönte dementsprechend temperamentvoll! Hardy und Christel beschlossen, Fressstände und Kasino ein anderes Mal unter die Lupe zu nehmen. Vor der Heimfahrt musste Christel einen typischen Amikulturmix unbedingt bildlich festhalten: Marterpfahl mit Weihnachtsdekoration, Christbäume und, irgendwo im Hintergrund, einen Samichlaus[111] als Fotosujet für ein weihnächtliches Familienbild – das alles begleitet von rhythmisch stampfenden Mexikanern!

Week 47/1999:
Thanksgiving

22. bis 28. November

Christel schaffte ihre Lektüre plus minus. Es fehlten nur noch drei Seiten. Optimal vorbereitet nahmen die Glarner den Weg zum Musical im Civic Theater unter die Füsse. Begleitet wurden sie vom Musical-Fan Andreas, der als ehemaliges Ensemblemitglied von „Up with People" selber ein Jahr als Showtalent Entertainmenterfahrungen sammeln konnte, und seiner Freundin. Andrew und Christel hatten sich vorgängig über die Zeitungskritik geärgert. Sie waren übereinstimmend der Meinung, dass es die gute Jennifer P. von der Kulturredaktion der San Diego Tribune überhaupt nicht gerafft hatte, als sie ausführte, dass das gesamte Stück eine Schlafpille sei, wenn überhaupt, nur von den Szenen mit dem Phantom lebe, ein schlechtes Bühnenbild aufweise, langweilige Musik biete und zudem schlecht gespielt (Phantom) und gesungen (Christine) werde. Zu guter Letzt liess es sich die anscheined frustrierte Patriotin nicht nehmen, einen Vergleich zum amerikanischen Walt-Disney-Märchen „Die Schöne und das Biest" anzustellen. Sie meinte: „Am Ende ist Christine gezwungen, ihren schattenhaften Liebhaber zu demaskieren. Sie ist unfähig, das hässliche Gesicht zu übersehen; das Phantom ist ein ‚Biest', das die ‚Schöne' nicht annehmen kann." Wie erwartet war die Vorstellung ein absoluter Höhepunkt.

In dieser Woche stand Thanksgiving bevor. Dass es sich dabei um einen Festtag handelte, war den Glarnern zwar bekannt, doch wussten sie nicht um seine genaue Bewandtnis. Wie gewünscht kam deshalb das dünne Monatsblatt der Hausverwaltung, das unter der Überschrift „Lasst uns danken" die Wissenslücke schloss: „1621 erklärte Governeur William Bradford einen Dankestag (Thanksgiving). Er und seine Gefolgschaft hatten als Einwanderer das erste Jahr in der Plymouth Colony überlebt. Es war an der Zeit, innezuhalten und für ihr Glück zu danken. – Heute gedenken auch wir der Anstrengungen der Siedler. Ihre Schwerstarbeit und Entschlossenheit verwandelten raue Wildnis in eine starke Nation. Dank dieser Beharrlichkeit leben wir in einem Land von Überfluss und erfreuen uns an zahllosen Freiheiten. Aufgebaut auf dem Rückgrat des freien Unternehmertums und mit unbeugsamem Geist begnadet, bietet unsere Nation das perfekte Beispiel für Thanksgiving. Wenn ihr am 25. November mit Freunden und Familie zusammentrefft und euch an einer köstlichen Mahlzeit erfreut, nehmt einen Moment Zeit, über das Thanksgiving der Vergangenheit nachzudenken. Über die vielen Leute und Dinge, für die wir dankbar sein können."

Schon seit geraumer Zeit flatterten Werbe-Truthähne ins Haus. Überall konnte Frau Kochtipps und Dekorationsvorschläge für die festliche Familientafel entnehmen. Wurde im Ralph's für 70 Dollar eingekauft, kriegte man sogar einen tiefgefrorenen Turkey gratis. Das Vogelvieh war unverkennbar die Verkörperung des Festtages, der Hardy ab Mittwochabend bis zum anderen Montag schulfrei bescherte. Der Zeitungsabschnitt „Food" aus der Union Tribune wusste Einzelheiten: „Der Truthahn ist mit Thanksgiving für immer verknüpft, seit Edward Winslow, ein Gründer von Plymouth Colony, einem englischen Freund über die Pläne des ersten Thanksgiving-Abendessens schrieb: ‚Unsere Ernte wurde eingebracht. Unser Gouverneur schickte vier Männer auf die Vogeljagd, damit wir uns nachher zusammen über die erfolgte Ernte freuen können.' – Da wilde Truthähne seinerzeit in der neuen Welt sehr zahlreich waren, können wir annehmen, dass Edward diese meinte. Aber wir können auch alles andere gelten lassen. Vielleicht war den Siedlern nach der Rückkehr von der Jagd eher nach Fisch zumute. Vielleicht wurde der Turkey am nächsten Tag serviert, weil die Indianer nicht sofort in ihre Camps zurückkehrten; die ersten Thanksgiving-Gäste blieben und blieben ... Und jemand musste geschäftig sein und alles Hirschfleisch braten, das die Indianer mitgebracht hatten."

Joyce R. erläuterte im Artikel, dass das Originalmenü nicht geschichtlich überliefert sei. Obwohl geschrieben stehe, dass der erste Thanksgiving 1621 in Plymouth Colony stattfand, erhebe ein Ort in der Nähe von Richmond (Va) den Anspruch auf das erste in der neuen Welt stattgefundene Erntedankfest. Thanksgiving bedeute nicht nur in den USA Feiertage. Kanadier würden Thanksgiving ebenso zelebrieren, nur zu einem früheren Zeitpunkt. „Deshalb", meinte Joyce R., „hat es genug Platz für die Vielseitigkeiten auf dem Thanksgiving-Tisch. Viele Köche lieben es, neue Dinge zu den alten Favoriten hinzuzufügen. Viele

Familien erweitern ihr Büfett zum Beispiel mit gefüllten Speisekürbissen, Äpfeln, Vollweizenbrotbrocken, gerösteten Walnüssen oder Sonnenblumenkernen, Zwiebeln oder in Butter angedämpftem und hernach mit Fleischbrühe angefeuchtem Sellerie. Auf einer Platte serviert, kann gefülltes Gemüse ebenso wie ein Turkey Tafelschmuck sein. Aber der Truthahn wird die Hauptspeise bleiben. Einer Studie gemäss kommt er zu 97% auf den Tisch. Die Truthahnfüllung kann sowohl salzig (Gemüse, Schinken, Gewürze, Pilze, Brot, Bouillon, div. Nüsse usw.) als auch fruchtig süss (gedörrte Früchte etc.) sein. Je nach Garmethode des Vogels wird externes Kochen der Füllung empfohlen …".

Thanksgiving bietet den Anlass, persönliche Dankbarkeit auszudrücken. So erschienen beispielsweise in den Medien Spendenaufrufe zu Gunsten der Obdachlosen. Eine Spielzeug-Sammelaktion fürs Kinderspital San Diego wurde ebenfalls gestartet. Leserbriefe in Zeitungen hatten Hochkonjunktur, und die Radiohörer schienen es gewohnt zu sein, spontan ihre Dankbarkeit in Worte zu fassen. Der Appell an die Grosszügigkeit der Leute wird und wurde seit je gehört. Zahlreiche Freiwillige betätigen sich an Thanksgiving in karitativer Weise. So verteilte eine Gruppe in San Diego über 400 Esspäckli an Obdachlose. Die Idee kam dem Initianten vor ein paar Jahren, als er an einem Thanksgiving-Abend allein durch die Strassen der Grossstadt schlenderte. Die Aktion wird nun von den Obdachlosen jedes Jahr sehnlichst erwartet. Eine Gruppe von Polizisten ging heuer mit Kindern armer Familien auf Weihnachtseinkauf. Jedes Kind durfte über 100 Dollar verfügen. Beispielhaft, oder?

Der Sozialhilfedienst des südlichen Stadtteils hatte anfänglich grosse Mühe, ein kostenloses Thanksgiving-Abendessen im Gemeinschaftszentrum durchzuführen. Vor noch nicht allzu langer Zeit mixten Freiwillige der „Casa Familiar" den Salat noch in einem Abfallkontainer (neu natürlich) mit Bootsrudern. Die Verbesserungen traten schrittweise ein. Erst schenkte die Border Police (Grenzwacht) ein Dutzend gefrorener Truthähne, die man für Thanksgiving zubereitete. Nach acht Jahren durften sich die Verantwortlichen das erste Mal über einen professionellen Turkey-Koch freuen. Die Organisatoren mussten fortan nicht mehr von Tür zu Tür gehen, um einen Ofen für ein paar Stunden zu erbetteln. Ein Restaurant heuerte den Meisterkoch an und stellte selbst zwei Angestellte zur Verfügung. So konnten sich 1999 erstmals 500 Arme und Obdachlose an einem richtigen Thanksgiving Dinner sattessen. Dazu wurden 60 Turkeys gegrillt, 30 Gallonen Preiselbeersauce (gehört zum Fleisch) benötigt, 30 Gallonen Bratensaft zubereitet, 70 Kürbiskuchen (Pumpkin Pie) gebacken, 300 Pfund Kartoffeln zu Stock[112] verarbeitet und unzählige Bohnen- und Maiskornbüchsen geöffnet. Die Direktorin des Sozialhilfedienstes, Andrea S., meinte, dass viele Klienten mexikanische Immigranten seien, die diese Tradition nicht kennen würden. So kämen jetzt die vielen Kinder doch noch zum Fest, dessen Bedeutung und Geschichte sie zwar in der Schule lernen, zuhause aber mit ihren ausländischen Eltern nicht zelebrieren können. Doch nicht nur die Mexikaner freunden sich langsam mit Thanksgiving an. Es wird von anderen Nichtamerikanern berichtet, die Parallelen zur historischen Siedlergeschichte ziehen. Da viele Immigranten ihr Heimatland – wie die Gründerväter – aus religiösen oder politischen Gründen verlassen mussten, erinnert sie Thanksgiving an ihren eigenen Neubeginn. Für den Sudanesen Majur S. bietet das Fest deshalb Gelegenheit, sich an das Heimatland zu erinnern und Dankbarkeit über die gewonnene Freiheit in einem neuen Land auszudrücken. Majur S. verarbeitet den Turkey jeweils zu einem Eintopfgericht.

Die Indianer haben ein zwiespältiges Verhältnis zu Thanksgiving. „Die Auswanderer hatten eine harte Zeit in ihrem neuen Land und wurden von Indianern gerettet, die sie mit allem vertraut machten. Anschliessend feierten sie ein grosses Erntedankfest zusammen, um Gott und ihren neuen Freunden für ihr Überleben zu danken." Während die Kinder in Rollenspielen federbeschmückt die Geschichte aufleben lassen, möchten einige Indianer ihre Geheimnisse teilen. Chet B. zitierte in einem Artikel in der San Diego Tribune Tobias Vanderhoop, einen Erzieher des Wampanoag-Stammes von Gay Head Aquinah (das ist der Massachusetts-Stamm, der in das legendäre Essen involviert gewesen war): „Thanksgiving war nicht so, wie ihn die heutige Gesellschaft darstellt. Er wurde über die Jahre romantisiert." Der unkundige Leser musste als Erstes lernen, dass der Anlass im Oktober und nicht im November stattgefunden hatte. „Obschon die Wampanoag mit den Neuankömmlingen freundlich gewesen waren – sie hatten ihnen geholfen und sich mit ihnen gegen einen beiderseitigen Feind, die Narragansetts, verbündet –, lud man sich nicht zu einem Abendessen ein. Ein Wampanoag-Häuptling und 90 Krieger tauchten unangemeldet auf, um Geschäftliches zu besprechen. Und die zahlenmässig unterlegenen Siedler (2 : 1) baten die Indianer wohlweislich zum Bleiben." Weiter fügte Vanderhoop, der seine Kenntnisse nicht nur von der Stammesgeschichte hat, sondern auch von Tagebüchern von Siedlern entnimmt, hinzu, dass die Indianer den Siedlern Todesangst eingejagt hatten.

Andere Kapitel der Geschichte bleiben weitgehend unerzählt. So etwa, wie die englischen Siedler Korn aus Indianergräbern stahlen oder die Wampanoags und andere Stämme durch Sklavenhändler und Krankheiten – in den Anfangsjahren des 18. Jahrhunderts um 80% – dezimiert wurden. Anders als für Amerikaner, deren Feiertag 1863 erstmals durch Präsident Lincoln eingeführt worden war, erinnert Thanksgiving die Massachusetts-Indianer an eine Zeit, in der man ihre Kultur zu bedrängen und zerstören begann. „Wir gehen jetzt durch die Läden und sehen Truthahnmotive mit kleinen Stirnbändern. Wir sehen sogar Kerzen mit Federschmuck", sagte eine Stammesangehörige, die amerikanisch-indianische Studien an einem College lehrt. Eine Cherokee meinte, sie und andere Indianer wünschten sich, dass ihre Vergangenheit nicht nur einmal im Jahr aufleben würde; wohlbemerkt ein kleiner Teil einer grossen und schmerzvollen Vergangenheit. Unter anderem wünschten sich die Indianer, dass die Öffentlichkeit um die Bedeutung der Adlerfeder (heilige Ehre) wüsste und es hunderte von Indianerstämmen in Amerika gab – und immer noch gibt -, die zudem einen unterschiedlichen Glauben, Sitten und Regierungen haben. „Thanksgiving. Let us remember to honor and protect Mother Earth. Future generations are depending on us." (Kumeyaay-People)

Die amerikanische Familie findet sich traditionellerweise zu diesem Fest- und Essanlass zusammen. Keine Distanz scheint zu gross zu sein. Tara, Hardys Mitstudentin, flog sogar „schnell" nach Kanada. Mitfühlend und besorgt wurde Hardy gefragt, ob er denn nach Hause fliege oder Besuch von dort erhalte, um Thanksgiving zu feiern. Die Amerikaner waren irritiert zu erfahren, dass die Schweiz keinen Thanksgiving kennt. Robin, eine andere Uni-Mitstreiterin, ertrug es kaum, dass der sympathische Schweizer Student im Rollstuhl keinen Thanksgiving feiern konnte und lud ihn zusammen mit Christel für den 26. November, also den Tag nach Thanksgiving, zu ihrer Familie ein. Das war vielleicht lustig! Obwohl sich im Laufe des Abends herausstellte, dass Robin die Familientradition mit der Einladung der Ausländer böse über den Haufen geworfen hatte, waren Christel und Hardy herzlich willkommen. Nebst den Eltern und dem Bruder von Robin nahmen auch der Ex-Mann ihrer Mutter und ein japanischer Sportstudent teil. Hiko war einst als Sprachschüler nach San Diego gekommen und hatte zu Beginn bei der Familie von Robin gewohnt. Trotz der ausgeprägten Tischkultur herrschte eine lockere Atmosphäre. Die Älteren gaben ein paar lustige Lebensanekdoten aus früheren Zeiten preis, allerdings erst, als sie Hardy auf Herz und Nieren „geprüft" hatten. Robin meinte schon, dass man den armen Kerl nicht mehr fertig essen lassen würde. Vor dem Auftischen der wunderbaren Köstlichkeiten (Turkey inklusive) wurde, dem Feiertag entsprechend, über den Sinn des Anlasses diskutiert. Zudem musste ein jeder offenbaren, wofür man speziell dankbar sei. Nach dem Hauptgang wurde Kaffee und Kuchen serviert. Christels mitgebrachter Rüeblicake[113] begeisterte. Der Höhepunkt für die ausgezeichnete Köchin und Herrin des Hauses aber war die in der Schweiz gängige individuell verlängerbare Cakeform, die – für amerikanische Verhältnisse – als geradezu revolutionär genial bezeichnet wurde. Robins Mutter witterte *das* Geschäft und bestürmte Hardy, die Patentfrage zu klären und sie mit weiteren potenziellen Backutensilien-Hits von Good Old Europe vertraut zu machen.

An Thanksgiving selbst besuchten Christel und Hardy die Truthahn-Party von Prof. Slotkin, die die LL.M.-Studenten und andere Freunde eingeladen hatte. Wie in Kalifornien üblich fand die Party in sehr ungezwungenem Rahmen statt. Man liess sich gerade dort mit Teller und Glas nieder, wo es einem gefiel, es hätte auch das Schlafzimmer der Slotkins sein können. Anders als bei Robins Familie sah die Professorin davon ab, selbst zu kochen, und hatte deshalb einen Partyservice kommen lassen. Eine „mitgelieferte" Dame kümmerte sich um alles und erntete grosses Lob für das tolle Büffett. Es war spannend zu beobachten, wie sich die Gäste zu einzelnen Gesprächsgrüppchen zusammenfanden. Man suchte eher seinesgleichen, als dass grosse Anstrengungen zu einem Nationalitätenmix gemacht wurden. Die Glarner waren mittlerweile klüger und wussten, den kalifornischen Besuchsknigge zu wahren, der im Kern besagt, nicht zu lange zu bleiben (Hardy fragte deshalb bei Robins Familientafel unverblümt nach, ob ihm mehr als eine Stunde Ess- und Sprechzeit zustehe … Ob das wohl höflich war?). Kaum war der letzte Bissen heruntergeschluckt und ein erlösender Rülpser getätigt, stand man auf, verabschiedete und bedankte sich höflich, um noch ein letztes Mal zu smalltalken, damit beim Gastgeber nicht die Meinung aufkommen konnte, der Gast habe sich unwohl gefühlt.

Der Turkey von Prof. Slotkin erwartet sein Ende

Nachdem sich die Glarner, Andrea und Thomas bei Prof. Slotkin und ihrer Familie verabschiedet hatten, lud Hardy die Männer noch auf einen Thanksgiving-Schlummertrunk ein. Diesen mussten sich beide jedoch erst durch den Transport der schweren Alkohollasten vom Laden in die Wohnung verdienen. Christel nutzte die Gunst der Stunde und füllte den Einkaufswagen mit weiteren Lebensmitteln, die sie selbst nicht schleppen wollte. Für gewöhnlich kümmerte sich der Züri-Leu um grössere Einkäufe. Doch dieser hatte sich über die Feiertage abgemeldet, um mit Freund(inn)en zu wandern. Den Gratis-Truthahn hatte er im Vorfeld behändigt und zu einer Wanderfreundin gebracht, damit diese den Vogel professionell zubereite und hernach – mit anderen Leckereien – für ein Thanksgiving-Picknick in Mutters freier Natur mitnehme. Am Vortag erhielt Andi ein Nottelefon von besagter Köchin. Die wohl eher ungeübte Köchin war sehr aufgeregt und wollte von Andi wissen, was sie tun solle. Der Turkey sei noch nicht durchgewesen, als sie dringend weg musste. Sie habe deshalb den Vogel aus dem Ofen direkt in den Kühlschrank gestopft, damit das Fleisch nicht schlecht werde, jetzt sei der Kühlschrank abgetaut und der halb gegarte Turkey nass-kalt ...

Für einmal blieben die Deutschen siegreich

Im Wissen, einen riesigen Biervorrat vor sich zu haben, der getrunken sein wollte, arbeitete sich die Männerrunde im Cityfront Terrace das erste Mal in Hardys Brettspiel „Sue you!" („Ich verklage dich") ein, so eine Art Monopoli für Möchtegern-Lawyers. Innert kürzester Zeit waren die Spielregeln klar: Man klagte, verklagte, betrieb oder schickte die Töggeli[114] ins Gefängnis. Die Verhandlungssituationen waren realistisch und wurden dementsprechend laut und energisch geführt. Der Deutsche zeigte es den eingebildeten Schweizern. Er schickte die beiden kurzerhand in den Konkurs, während sich die Dollarscheine vor ihm auftürmten. Auf Rache sinnend verabredeten sich die Helvetier zu einer Revanche am nächsten Tag. Andrea glaubte wohl, Thomas durch ein vorgängiges feines Spaghettigericht träge und schläfrig machen zu können. Aber weit gefehlt! Die himmlisch zubereitete Pasta erquickte den erwiesenermassen grössten Fan des Tessiners dermassen, dass er noch weniger Zeit brauchte, um seine Kontrahenden zu vernichten. Auf eine neuerliche Revanche wurde tunlichst verzichtet. Frust pur!

Am Sonntag erholten sich Hardy und Christel von der ereignisreichen (Ess)Woche. Den Auftakt zu den zwei erwähnten Einladungen hatte nämlich am Dienstag der Besuch des Old Town Mexican Cafes (eigentlich ein Restaurant) in Old Town gemacht. Wie zuvor schon angekündigt, hatten der Dean und seine Frau die Health Law Klasse zu einem Abendessen eingeladen. Während sich alle Gäste erst um Parkplätze in der Nähe der San Diego Av. bemühten, hatte der rote Van einmal mehr das Privileg, auf einem der zwei (noch) freien Behindertenparkplätze beim Restaurant auf Herr und Frau Meister zu warten. Der Abend war angenehm, natürlich kurz, da sich die Small-Talk-Runde kalifornisch schnell wieder auflöste. Die einen Schüler waren gar nicht anwesend, da sie bereits verreist waren oder letzte Reisevorbereitungen für Thanksgiving tätigen mussten. Hardy besuchte am Mittwoch, dem letzten Schultag vor den Thanksgiving-Ferien, noch als einer der wenigen die Schulstunde. Der Glarner belohnte sich nachher mit einem Bummel durch die Einkaufszentren Mission und Fashion Valley, wo man etwas Neues lernte: Richtige Wolldecken gibts im Sportgeschäft in der Abteilung „Hiking & Camping". Den Winter würde man nun sicher überleben.

WEEK 48/1999:
HARDYS SCHLUSSSPURT IM ERSTEN TRIMESTER

29. November bis 5. Dezember

Die Finals stehen vor der Tür! Wäre Hardy ein gewöhnlicher Student, so wäre er seit dem Montag ein Nervenbündel. In der Negotiation Class musste jeder Teilnehmer einen Gegner für die Abschlussprüfung auslosen. Natürlich wird die Suppe nicht so heiss gegessen, wie sie gekocht wird. Die Abschlussprüfung besteht nämlich darin, mit dem fraglichen Gegner einen Vertrag auszuhandeln. Das besondere Prüfungselement dabei ist die surrende Kamera und die anschliessende Selbstkritik. Hardy sieht der kommenden Prüfung gelassen entgegen. Nicht so beim Constitutional Law (oder Con Law, wie es im Studenten-Slang heisst) Exam. Normalerweise dauert diese Prüfung drei Stunden. Hardy wurde auf Grund seiner Behinderung die doppelte Zeit bewilligt. So wird er nun während sechs Stunden über dem Multiple-Choice-Test und dem Essay schwitzen. Natürlich dürfen die Studenten in den USA Bücher und Aufzeichnungen an die Prüfung mitnehmen!?

In der Physiotherapie musste Hardy feststellen, dass er langsam alt wird. Er hatte Mühe, sich mit der Praktikantin anzufreunden. Die Eifersucht nagte am Glarner, weil ihm die prüde Philippinin (jungfräuliche Betschwester?), die während drei Monaten im Hospital schnuppert, seine lebenslustige Tiffany vorenthält. Immerhin überwacht das Physio-Schätzli[115] die Bewegungen des armen Lüfis[116] und greift ein, wenn es muskelmässig zur Sache geht. Den Rücken streckt natürlich Tiff herself. Das freut nicht nur Hardy, sondern auch Christel, die sich, wie es sich für ein liebes Eheweib und eine strenge Nurse gehört, sehr um das Wohlbefinden ihres Mannes sorgt.

Der Dienstag war ein Freudentag. Es gibt tatsächlich Leute, die nicht nur lesend von den San Diegans Kenntnis nehmen, sondern ihnen sogar Weihnachtspäckli schicken. War das schööööön! Übrigens, Nachahmen ist schmerzfrei, kostet nur Porto und etwas guten Willen. Christel ist ebenfalls ins Weihnachtspäcklifieber geraten. Sie hält seit Wochen Ausschau nach geeigneten Karten und kleineren Geschenken, während Hardy, computerfixiert wie er ist, die Internetkartenpost bemühen wird, um allfällige Festtagswünsche zu „vermailen". Wer von ihm beglückt werden will, kann ihm entsprechende Wünsche zukommen lassen: dr.h.landolt@thelawfirm.ch.

San Diego ist seit einigen Wochen gefährlicher geworden, denn Andreas kann schon ganz allein mit der Cessna herumfliegen. Dave, sein Instruktor, hat die grosse Verantwortung auf sich genommen, ihm die Erlaubnis zum Solofliegen in der Nähe des Brown-Airfield zu geben. Bald stehen die ersten Cross-Country-Flüge sowie die theoretische Prüfung bevor. Dazu werden aus einem Katalog mit 713 Fragen 60 getestet, wobei die Trefferquote 70% erreichen muss. So ist Pilot Andy jetzt fleissig am Lernen. Er rechnet mit dem Gesamtabschluss im kommenden Februar. Hardy spöttelt jeweils leise vor sich hin, ob man hier im wetterstabilen Luftraum wirklich richtig fliegen lernen kann. Weit und breit ist nichts von Sturmböen, Regenschauern, grauschwarzen Wolken oder Bergturbulenzen zu sehen. Was geschieht mit dem Züri-Leu, wenn er zum ersten Mal die Alpen überqueren will? Hardy wünscht ihm auf alle Fälle eine sanfte Landung.

Computer sind manchmal richtige Wunderkisten. Am Mittwoch konnte Hardy erstmals mit dem Kanzlei-Laptop in Glarus kommunizieren. Das Programm Timbuktu erlaubt, einen anderen Computer zu kontrollieren, ja gar abzustellen. Nun ja, noch klappt nicht ganz alles. Vielleicht wird es irgendwann einmal möglich sein, via Internet, und nicht via teure Telefonleitung auf entfernte Maschinen zuzugreifen. Hoffen wir das Beste für den armen Computerfreak. Neuerdings kann der iMac sogar ab Videofilmkamera kopieren und bewegte Bilder via Internet verschicken. Wer möchte eine lebendige Kostprobe? Nacktbilder gibt es keine, denn das verbietet das prüde Amerika mit den vielen (il)legalen Pornoschuppen.

Hardy merkte plötzlich, dass er am kommenden Dienstag seine Health-Law-Arbeit der Klasse vorstellen muss. Wegen der Examensangst hatte er das glatt vergessen! So waren zwei Tage Computerarbeit fällig. Der Entwurf musste geringfügig verändert werden. Vor allem die annotated Bibliography beanspruchte noch etwelche Zeit. Wie von Zauberhand verwandelten sich die gut 40 Seitchen in etwas mehr als 90

Seiten. Der iMac ist halt schon schnell mit seinem 400 MHz-Prozessor! Am Wochenende wurde die fast schon fertige Thesis mit einem Glas Champagner gefeiert. Der Schämpis[117] wurde vom Cityfront Terrace gesponsert. Der Anlass war schlicht ergreifend. Die beiden Christbäume, die in der Lobby so schön kitschig vor sich hinstrahlen, wurden eingeweiht. Für die religiös Kundigen sei festgehalten, dass am selben Freitag Hanukkah begonnen hat. Mit diesem jüdischen Festtag assoziierte Hardy mehrere Supreme-Court-Entscheide, die er für die Con-Law-Prüfung lernen musste. Wovon handeln diese Fälle? Unter anderem davon, ob die Stadt San Diego berechtigt ist, nur einen Christbaum oder ein Kreuz auf dem Mount Soledad aufzustellen, ohne den ersten Verfassungszusatz zu verletzen.

Die Health-Law-Arbeit wird nächtens ausgedruckt

Nachdem Samstag und Sonntag zwei gewöhnliche Arbeitstage waren, spazierten Christel und Hardy mit Andrea und Thomas zum Pub „The Fields" im Gaslamp Quarter (544 5th Ave). Dort philosophierten die drei Students über das Verhältnis zwischen Gott und Todesstrafe. Das dauerte ein paar Pints. Die dank dem Alkohol immer tiefgründiger werdenden Argumente wurden von echt irischer Live-Musik begleitet (Christel benützte zum Entsetzen von Andrea den Begriff „Gefiedel"). Dabei musste Hardy erstaunt feststellen, dass Thomas, weil er vom Ticino-Freund mehrfach auf seinen Beer Belly (Bierbauch) angesprochen und in der Bibliothek vor Zeugen sogar mit „Schwein" betitelt worden war, ernst machte und nur noch Kaffee trank. Der Arme! Wer Andrea dafür beschimpfen will, kann ihm eine E-Mail-Bombe schikken. Die Mailadresse kann bei Hardy erfragt werden. Aus Gründen des Opferschutzes wird die Anschrift von Thomas nicht offenbart. Selbstverständlich ist Hardy bereit, allfällige gut gemeinte Trostmails an den geschundenen Deutschen weiterzuleiten. Immer diese rabiaten Tschinggen[118]!

WEEK 49/1999:
SANTA CLAUS AND LIGHT PARADE

6. bis 12. Dezember

6. Dezember – Samichlaustag! Der berühmte Bärtige fand doch tatsächlich den Weg aus den verschneiten Schweizer Wäldern nach San Diego. Ob er wohl an die verlockende Möglichkeit gedacht hatte, seinen Esel in ein Surfbrett einzutauschen? Was der Samichlaus nach Dienstschluss so alles getrieben hatte, wird wohl für immer ein Geheimnis bleiben. Sicher ist, dass der Rotrock keine klare und vor allem traditionsgemässe Vorstellung von einem Chlaussäckli[119] hatte, verwöhnte er die drei Schweizer unter anderem mit einem selbst gebackenen Tirolercake, mmhh! Dennoch hatte der Nikolaus ein Einsehen und brachte – vertreten durch den Postboten – einen richtigen Jutesack, bestückt mit Süssem, Traditionellem und Schweizerfähnli[120].

Hardy vertiefte sich bald einmal in die Vorbereitung der Prüfung vom 16. Dezember. Vorerst war da aber noch der Vortrag im Fach Health Law zu absolvieren. Da die Vortragsstunde gleichzeitig die letzte Stunde war, beschloss Hardy, seinen Auftritt mit Schoggistängeli[121] zu verstärken. Das Geschoss traf voll ins Schwarze. Flink wurde in die Kiste gegriffen. Da und dort wanderten Hamsterstücke in Hemd- oder Handtaschen. Nicht nur die Schokoladeüberraschung war ein voller Erfolg. Als Christel am Abend ihren Mann abholte, kamen ihr Hardys Mitstudenten mit beeindruckten Gesichtern entgegen. Diesmal rauschten die Studis auch nicht an Christel vorbei; für einmal erntete sie für die Fütterung und Pflege des Lahmen mit dem übergrossen Kopf Komplimente, die sie, brav wie immer, nickend zur Kenntnis nahm.

Auch Hardy war sichtlich zufrieden. Er belohnte sich mit dem neuen James-Bond-Film. Dieser passte wunderbar zum Fernsehprogramm. Auf einem Kanal wurden 15 Tage lang 007-Streifen gezeigt. Schon in der Woche zuvor hatten die beiden drei Bond-Filme geglotzt, alle drei nacheinander. Nach dem neusten Kinohit beendete der Double-O-Seven-Fan aus dem Glarnerland am Samstag seine Agentenwoche erneut mit einer Filmsalve, weil seine Gedärme streikten und nach Bettruhe verlangten. Nach diversen Tricks, unglaublichen Stunts und erfolgreichen Zweikämpfen überlistete Hardy schliesslich „bondmässig" seinen Bauch, wohlwissend um die Anwesenheit einer die männlichen Sinne stimulierenden Schönen…

Am Montag und am Dienstag widmete sich der Student ganz der Vorbereitung für die Negotiation-Prüfung vom Mittwoch. Wie im richtigen Leben schrieb der Anwalt seinem Kontrahenden einen Brief und äusserte sich zur bevorstehenden Verhandlung. Der andere Student war von diesem Manöver sichtlich irritiert, gab er doch Hardy keine Antwort. Dafür e-mailte das ängstliche Bürschchen dem Professor, er habe da eine komische Nachricht erhalten. Dabei wollte Hardy nur das richtige Leben simulieren. Andrew erinnerte Hardy mit beinahe väterlicher Stimme (trotzdem klangs unglaubwürdig) an die ernst gemeinten Prüfungstipps von Judy, der frisch gebackenen Dozentin, die man zu nichts brauchen kann, es sei denn als Witzfigur und Vorbild, wie man es nicht machen sollte. Judy hatte in ihrem Eifer der Klasse gesagt, es sei wichtig, vor einer Prüfung gut zu schlafen und zu frühstücken, die Bleistifte zu spitzen, vorher auf die Toilette zu gehen etc. – Kindergarten pur!

Die Prüfung lief wie folgt ab: Um 11 a.m. fand sich Hardy mit dem anderen Studenten in einem kleinen Zimmerchen ein, in dem bereits eine Videokamera installiert war, um die beiden Verhandlungskünstler auf Film zu bannen. Während gut einer halben Stunde gaben die beiden Gladiatoren ihr Bestes und versuchten, ein Partnership für eine gemeinsame Lawfirm auszuhandeln. Wie es sich für eine echte Verhandlungssituation gehört, waren die vordefinierten Interessen und Zielvorstellungen zwar nicht identisch, aber doch overlapping, weshalb es den beiden gelang, eine Vereinbarung zu erzielen. Die Kamera gab nach der Verhandlung ihren Geist gewollt auf. Die beiden konnten den zweiten Teil der Prüfung, die Selfcritic, schriftlich ablegen. Hardy bezeichnete die Prüfung im Verhältnis zu Schweizer Uni-Finals als easy. Jeff, der böse Gegner, brachte im Anschluss Videokassette und Prüfungsunterlagen zum Professor, weshalb Hardy am anderen Tag irritiert war, als ihm das Sekretariat mitteilte, er habe seine Prüfungsunterlagen nicht abgegeben. Es stellte sich aber heraus, dass Jeff nicht hinterhältig gehandelt hatte, sondern einmal mehr der für alle Sekretärinnen der Welt geltende Spruch galt: Lappi tuä d'Augä uuf![122]

So easy ist das Abschlussleben auch wieder nicht. Gewöhnlich kann der Student zwischen einer Prüfung oder einer schriftlichen Arbeit wählen. Der Health-Law-Abschluss war von vornherein vorbestimmt: Es gab keine Prüfung, dafür musste jeder Student eine Arbeit abliefern, die mindestens 15 Seiten aufwies. Diejenigen, die die früheren Berichte gelesen und auch verstanden haben, werden sich selbstverständlich erinnern. So musste Hardy seinen Entwurf umarbeiten und korrigieren. Der Freitag war dem Abschluss des nunmehr auf 90 Seiten angewachsenen kleinen Buches gewidmet. Andrew half erneut an den Korrekturarbeiten mit, es blieb ihm nichts anderes übrig. Er sass vor dem Compi und änderte die fehlerhaften Wörter und Satzteile, die das Korrekturprogramm anzeigte. Hardy sass daneben und bereitete bereits eine neue schriftliche Arbeit für das Fach Human Rights vor. Am Abend brauchte Hardys Hirn frische Luft. Die zwei Glarner streunten im Gaslamp Quarter herum und liessen sich schliesslich für eine Margaritha in einem mexikanischen Restaurant nieder. Obwohl eigentlich Essenszeit war, war die gute Stube beinahe leer. Die Konsistenz des Bestellten entsprach voll dem Gusto, wenig Eis und Salz, dafür umso mehr Zündstoff. So hat man es gerne!

Andi verfolgte am Samstagmorgen eine Schiffstaufe in San Diego, zu der die NASSCO-Schiffsbaukompanie via Medien eingeladen hatte. Er erzählte nach seiner Rückkehr, dass ein Kriegsschiff der U.S. Navy – das letzte von 17 Schiffen – zu Ehren der Landesstreitkräfte auf den Namen eines schwarzen Koreakriegshelden getauft worden sei. Gemäss Zeitung sind die Strategic Sealift Ships die grössten Schiffe, die den Panama-Kanal passieren können. Andi rapportierte, dass die Schwester des im Kriege gefallenen Sgt. Cornelius Charlton nach den obligaten Ansprachen endlich die Flaschentaufe vornehmen konnte. Wider Erwarten sei das Riesenschiff mitsamt Rollgerüst so schnell ins Wasser geglitten, das er kaum Zeit gehabt habe, die Kamera scharf zu machen.

Einem weiteren Zeitungsbericht war zu entnehmen, dass die Schwester die Ehrung als solche verstand, aber nicht das sagen konnte, was ihr auf dem Herzen lag. „Die Anwesenden wussten nur, dass er ein Held war", hatte sie nachher geäussert, „da wäre aber vieles, das ihm nach seinem Tod zustiess, zu erwähnen gewesen. Aber ich hielt meinen Mund." Sie hätte die Ehrung nicht mit der Schande überschatten wollen, die die sterblichen Überreste ihres Bruders erfahren hätten. Charlton hatte eine der zwei an Afroamerikaner überreichten Koreakrieg-Ehrenmedaillen erhalten. Überlebende Gefährten bestätigten Charltons selbstaufopfernden Kampf zum Schutz seiner Kameraden. In den USA sorgte aber die Bestattung des Kriegshelden für eine weniger ehrenhafte Aufmerksamkeit. „Präsident Truman wollte ihn als Helden auf dem Soldatenfriedhof Arlington in Washington D.C. begraben", sagte die Schwester. Die Beisetzung eines Schwarzen in Amerikas berühmtestem Friedhof versuchten einflussreiche Weisse in der Folge aber zu verhindern. Die Furcht vor Vandalismus veranlasste Charltons Familie, den Leichnam ohne Aufsehen nach West Virginia zu bringen und in einem Familiengrundstück zu begraben. Charltons Schwester sagte: „Im Leben war er ein Held. Im Tod? – In den Augen der Protestierenden war er ein Drittklassbürger."

Am Sonntag um 5.30 p.m. standen Christel und Hardy, wie viele andere auch, an den Ufern des Seaport Village. Die Nacht brach herein. Man starrte auf die stillen Wasser. Einigen Anwesenden reichte die ufernahe Promenade nicht aus, weshalb sie ihre Campingstühle auf die grossen, unebenen Ufersteine pflanzten, um einen Meter näher am Geschehen zu sein. Die *Parade of Lights* der weihnächtlich geschmückten Boote findet seit 28 Jahren jeweils an zwei aufeinander folgenden Sonntagen im Dezember statt. Bis es endlich losging, spielten die Kinder mit neonfarbenen Leuchtschlangen, die sie in den tollsten Formen und lustigsten Biegungen in der Dunkelheit schwenkten. Vereinzelte sassen beim Abendpicknick auf Wolldecken auf der Wiese. Ab und zu tuckerten einzelne lichtergeschmückte Gefährte vorbei und verliehen einen Vorgeschmack auf das kommende Spektakel. Die Weihnachtsparade startet traditionsgemäss in Point Loma, passiert Shelter Island, bevor sie sich ufer- und zuschauernah zum Convention Center schlängelt. Von dort zirkeln die Schiffe zurück nach Coronado in der Nähe der Anlegestelle der Fähre.

Die Lichterparade war kitschig schön

Nachdem die ufersäumenden Zuschauer zweimal durch auslaufende Passagierschiffe getäuscht worden waren, hallte schliesslich doch der Ruf durch die Menge: „Here we go! There we are!" Bevor man überhaupt einen Weihnachtsglanz auf dem Wasser erspähen konnte, vernahm man die jubelnden Zurufe der Zuschauer. Kapitäne und Crew, oft als Nikolaus, Engel oder sonstige Märchenfiguren kostümiert, sowie Zuschauer wünschten sich gegenseitig lautstark Merry Christmas und Happy Holidays. Es war wirklich eine Freude dabei zu sein. Die Motive der Lichterketten zeugten von Ideenreichtum und geduldiger Schwerstarbeit. Gelb, rot, grün oder in anderen Farben blinkende Engel, Nikolausfiguren, Rentiere und Sterne etc. sorgten für eine adäquate Weihnachtsstimmung. Viele der über 100 teilnehmenden Boote beschallten die klatschende und johlende Menge mit allbekannten Festtagsmelodien, in die der eine oder andere fröhlich miteinstimmte. Zwei Schiffe erfreuten die Menge sogar mit Pirouetten.

„Oh, wie haben sich doch die Zeiten geändert", meinte Duane C., die zusammen mit ihrem Mann seit 18 Jahren mitsegelt, zu einem Zeitungsreporter. Einst Zuschauer hatten sich die beiden entschlossen mitzumachen. „Wir hatten ein Boot. Wir hatten ein paar Lämpchen. – Wir fuhren mit!" Dieses Jahr hätten sie und acht Freiwillige vom Shelter Island's Silver Gate Yacht Club etwa 40 bis 50 Stunden gebraucht, um aus 1600 Lämpchen einen imposanten Weihnachtsbaum zu formen. „Wir haben zuoberst immer einen Stern, um jedermann daran zu erinnern, was Weihnachten überhaupt bedeutet", sagte ihr Mann Dottie. In den vergangenen Jahren hatte das Ehepaar acht Preise gewonnen, inklusive einen für die beste Segelbootdekoration (1991) und für spezielle Bemühungen (1995). Wohl zu Recht, wenn man den mannshohen Santa Claus am Schiffsende betrachtete, der den Zuschauern zuwinkte und die Vorfreude auf Weihnachten verstärkte.

Week 50/1999:
Behindertenbonus und öffentliches Transportsystem

13. bis 19. Dezember

Es scheint, dass die Leute in San Diego zur Adventszeit ebenfalls von einer richtigen Winterstimmung befallen werden. Nein, den Schnee konnten zwar auch die kreativsten Leute nicht herbeizaubern. Hardy und Christel wunderten sich bereits seit ein paar Tagen über die emsig voranschreitenden Installationsarbeiten auf dem Vorplatz des Horton Plaza. Das errichtete Gebilde war kein „Adventshäuschen", sondern beherbergte enorme Generatoren, mit denen offenbar ein Eisfeld – bei Temperaturen zwischen 20 und 25 °C ein besonderes Unterfangen – vor dem Schmelzen gehindert werden soll. Passanten bestaunen nun kleine Primaballerinas in rosaroten Tutus, die unter der Anleitung energischer Mütter wirblige Figuren auf dem Eis vollbringen (sollten) und amüsieren sich über die vielen Anfänger, die sich unsicher in kurzen Hosen und T-Shirts über die Eisfläche kämpfen und sich in Figure Skating üben. Einige „Wintersportler" tragen, wie es sich gehört, Wollschal, Kappe und Handschuhe oder Santa-Claus-Mützen, obwohl T-Shirt und Shorts ausreichen würden.

Babbo und Babba Natale

Santa-Claus-Mützen sind zurzeit top! Christel wunderte sich anfänglich über eine dreiköpfige Familie, die mit einem Christbaum auf der Ladefläche des Pick-up unterwegs war und einen solchen Kopfschmuck trug. Die irrige Meinung, dass die Kappen entweder mit dem Baum erstanden worden waren oder das Kind in der Schule einen entsprechenden Anlass gehabt hatte, wurde bald augenfällig korrigiert. Immer öfters kamen den Glarnern Leute jeden Alters entgegen, die rote Zipfelmützen trugen. In den verschiedenen Einkaufszentren sorgen entsprechende Dekorationen für eine vorweihnächtliche Stimmung. Angeboten wird aber nicht nur Kitsch, etwa zuckersüsse Engel, mit den Hüften wippende Nikoläuse, Weihnachtskugeln mit der US-Flagge oder patriotische Geschenksbändchen für die lieben Haustiere, sondern auch schöne und brauchbare Dinge. Geschmacksvolle Festtagstische, prächtige Blumenarrangements und stimmungsvolle Kerzenvariationen wechseln sich mit Dekorationsartikeln für Küche, Bad und Schlafzimmer harmonisch ab. Es macht den Anschein, als ob die San Diegans vorhaben, ihren Räumen über die kommenden Festtage einen Goldhauch zu verleihen und ihre Haushaltswäsche mit Festtagsstickereien zu bereichern. Warum auch nicht? Festliche Eingangskränze, wunderbare künstliche Nadelhölzer mit kleinen feinen Lämpchen oder stilvoller Weihnachtsschmuck verführen die Kundschaft zudem zum Eintreten. Die Angestellten begrüssen ihre Kunden herzlich, drängen sich aber nicht vor, und verabschieden einen ebenso freundlich mit einem „Thank you for coming in", selbst wenn nichts gekauft wurde. Die Weihnachtsambiance entfaltet sich aber erst nach dem Sonnenuntergang so richtig. Die beleuchteten Dekorationen verfehlen ihre Wirkung auf die Besucher ebenso wenig wie das Fotohäuschen mit dem Santa Claus, der mit den Kindern für einen (teuren) Schnappschuss posiert.

Die Wohnung 1211 wurde aber nicht weihnächtlich getrimmt, gleichwohl waren untrügliche Anzeichen feststellbar, dass den Schweizern die Zeit nicht ganz egal war. Andi und Christel widmeten sich der Weihnachtspost, während Hardy Weihnachts-CDs in das graue Tonkistchen schob. Der Duft von Christels frisch gebackener Öpfeltünnä[123] entlockte dem Züri-Leu sogar ein bisschen Wehmut: „Mmhh, das schmöckt fascht wiä dihai!"[124]. Unmerklich häufte sich ein Stapel mit Brief- und Kartenwünschen an, zu dem sich sogar kleinere Pakete gesellten. So ganz konnte man es eben doch nicht lassen. Christel und Hardy gingen am Mittwoch zum Post Office im Horton Plaza und freuten sich bereits daran, den Daheimgebliebenen eine Freude zu bereiten. Hardy hatte sich vor dem Gang zur Post auf seine bevorstehende praktische Prüfung vorbereitet, weshalb ihm der Spaziergang eine willkommene Gelegenheit bot, sein Hirn auszulüften.

Vorweihnachtszeit in San Diego – kein Schnee, dafür viel Licht

Gegenüber dem eigentlichen Postschalter befindet sich eine Verkaufsecke, die Briefmarken, Verpackungsmaterial, Geschenkpapier und -bändeli[125] sowie Adressaufkleber und weitere nützliche Artikel anbietet. Toll, was? Nach dem Besuch des Post Office schlugen die Glarner den Weg Richtung Coiffeursalon ein. Tags zuvor hatte Christel ihrer Coiffeuse, die, wie viele andere Amerikaner auch, zwei Jobs (Haarschneiderin und Nachtportier) nachgeht, um ihren Lebensunterhalt verdienen zu können, Schweizer Schokolade versprochen. Miah war nicht anwesend. Christel hinterliess deshalb eine vorsorglich angeschriebene, dick gefüllte Papiertüte im Geschäft.

Der hungernde Hardy dirigierte seine Maitä ein weiteres Mal zur Rock Bottom Brewery, wo er ein leicht bitteres Ale bestellte. Christel sah vom Genuss des dunklen Hopfengebräus lieber ab und zog stattdessen ein Pelican Light vor. Zudem beschloss sie, ihr erstes Steak in den USA zu vertilgen und orderte ein Pepper Steak. Dies kam auch gepfeffert – und wie! Hardy probierte die frittierten Tintenfische. Zwischendurch kratzte er von Christels Steak die dicht gestreuten Pfefferkörner ab, die er entweder mit der Kartoffelstockbeilage oder den Gemüsestückchen mischte. Zufrieden und mit vollen Bäuchen begaben sich die beiden schliesslich nach Hause. Hardy packte seinen Schulranzen, da er anderentags um 8 a.m. sharp zur Prüfung antreten musste.

Ausgerüstet mit einer Flasche Drinking Water und zwei Power-Getreideriegeln machte sich Hardy auf, um diese „Wahnsinnsprüfung" in Angriff zu nehmen. Prof. Ireland hatte sich einen hinterlistigen Multiple-Choice-Test und ein Essay ausgedacht. Der Test bestand aus dreissig Fragen mit je fünf möglichen Antworten, wobei jeweils nur eine Antwort richtig sein konnte. Hardy musste feststellen, dass diese Art von Prüfung nicht unbedingt sein Ding ist. Meistens sind zwei der Antworten fern von gut und böse. Von den übrigen drei könnten durchaus mehrere in Frage kommen. Ein Nachfragen würde oft helfen, da die Fragen selten präzise sind. Da man aber weiss, dass nur ein Kreuz gesetzt werden darf, gleicht es oft einer Lotterie, ob man nun das Richtige markiert hat oder nicht. Nach gut eineinhalb Stunden im Kämmerlein, in dem Andreas als offizieller Behindertenbetreuer anwesend sein durfte, gönnte sich der Kandidat eine erste Pause. Nach einer Erfrischung aus dem Habersack[126] – es war untersagt, den Raum zu verlassen – machte sich der Prüfling an die Essay-Frage, die in einer schriftlichen Stellungnahme zu einem Gesetzesentwurf bestand. Der fragliche Vorschlag war nur so vollgespickt mit verfassungsrechtlichen Problemen zu Rechtsgleichheit und Freiheitsrechten.

Der Tetraplegiker pflegt einen grosszügigen Schreibstil. Daher wurden ihm ausnahmsweise zwei Blue-Books zugestanden. Ein Blue-Book ist nichts anderes als liniertes Papier, zusammengehalten von einem blauen Umschlag. Darin müssen die Students ihr Prüfungsresultat festhalten. Am Beginn jeder Prüfung erhält man neben dem Blue-Book noch Scratch Paper (Notizpapier), das man am Schluss wieder zurückzugeben hat. So kritzelte der Glarner seine unleserliche Schrift nieder, die von Mamma Slotkin – immer diese Mütterreflexe – selbstverständlich als überaus schön und gut leserlich bezeichnet wird. Im

Gegensatz zu den nicht behinderten Prüflingen hatte Hardy mehrere Privilegien: doppelte Zeit, ein zweites Blue-Book, keine Aufsicht im Zimmer, ein Zimmer nur für sich, eine Vertrauensperson (die, wäre es nötig gewesen, jederzeit in der Bibliothek hätte Bücher holen können ...) sowie Ess- und Trinkerlaubnis. Kein Wunder, dass Hardy die Prüfung genossen hatte. Es wurde ihm noch nicht beschieden, was für ein Resultat er erzielt hatte. Die LL.M.-Studenten müssen nur 54 von 100 Punkten (die normalen Studenten demgegenüber 74 Punkte) erreichen, damit sie bestehen. Daher scheint es Hardy unmöglich zu sein, die Prüfung nicht bestanden zu haben. Im Übrigen ist es ihm egal, ob er ein gutes oder ein schlechtes Resultat erzielt hat. Denn er ist nicht nach San Diego gekommen, um im Constitution Law Exam von Prof. Ireland gut abzuschneiden, obwohl Hardy den unterhaltsamen Dickhäuter überaus sympathisch findet. Seine ganz grosse Liebe gilt (neben Christel, versteht sich) dem Disability Law (Behindertenrecht).

Nach der Prüfung und dem entspannenden Stehtraining zuhause belohnte sich Hardy mit einem Kinobesuch. Der Film „Green Mile" war gerade im Pacific Theater angelaufen. Eine Vorabklärung ergab, dass er um 5 p.m. im Saal Nr. 1 (mit Rollstuhlplätzen auf der Gallerie) gespielt würde. Zuversichtlich machte sich das Paar auf den Weg und freute sich, für einmal nicht in der Genickbrecher-Loge sitzen zu müssen. Das gekaufte Tickets nannte aber gerade dieselbe. Im Saal Nr. 1 lief die Filmpremiere von „Anna and the King". Enttäuscht mussten Hardy und Christel erneut weit vorne im Saal Platz nehmen und den Movie genickstrapazierend angucken. „Green Mile" gibt den Zuschauern Einblick in den Gefängnisblock E, in dem sich zum Tode verurteilte Häftlinge befinden. Tom Hanks als Gefängnisaufseher versucht mit drei weiteren Arbeitskollegen, Würde und Menschlichkeit aufrechtzuerhalten. Dabei spielt eine Maus als Zellengenosse ebenfalls eine wichtige Rolle. Zusammen müssen die vier Männer einen sadistischen Mitarbeiter disziplinieren und im Interesse aller wegmobben. Ein wegen Kindermordes verurteilter Schwarzer wird gebracht und sorgt wegen seiner ungeheuer riesigen körperlichen Erscheinung und seiner Heilkräfte für Aufsehen. John Coffeys (Michael Clark Duncan) ruhige und hilfsbereite Art lässt den Abteilungschef Paul Edgecomb (Tom Hanks) an der Richtigkeit des Urteils zweifeln. Er stellt Nachforschungen bei Johns Anwalt an und fasst Vertrauen zum verurteilten Riesen, was ihn und seine drei Arbeitskollegen zu einem aussergewöhnlichen Experiment innerhalb und ausserhalb der Gefängnismauern veranlasst.

Ergriffen von der unglaublichen Geschichte verliessen Hardy und Christel das Kino. Sie hatten sich nicht im Geringsten an den unrealistischen Elementen im Film gestört. Diese hatten gepasst und gehörten zur Story. Daher las Christel mit ungläubigen Augen die Filmkritik in der Zeitung: „The Green Mile, ein anderes Gefängnisdrama, ist eine stöhnende Qual, die drei Stunden dauert. Vor- und Nachwort hätten es verdient, bei der Herausgabe zu sterben ... Der Film leidet unter der fortgeschrittenen Stephen-King-Krankheit. Er hat den einzigartigen katastrophalen Mix des populären Drehbuchautors: wiederholter Sadismus, verdrehte Logik und übernatürliche Kunststücke. Religion und Glaube sind im Begriff, in modernen Filmen nichtige Rollen zu spielen. ... Und schliesslich ist da noch die Maus. Der Piepmatz wird ein Methusalem unter Nagetieren, ein starker Held der Langlebigkeit. Ihr fragt euch, welche Fast-Food-Kette helfen wird, dies alles zu verkaufen? Brauchen wir nicht alle einen ‚Green Mile'-Burger mit einem Mausschwanz aus Käse?" Der Miesepeter aus Deutschland setzte sogar noch einen drauf. Er verkündete lauthals, dieser Film sei absoluter Schrott und eine pure Zumutung. Am liebsten hätte er den Saal verlassen, nicht zuletzt wegen der heulenden Männer um ihn herum. Die hätten doch glatt wegen so einer fiktiven Geschichte ihr Gesicht und vor allem ihre Würde weggeträgt ... schrecklich! – Naja, Thomas, es gibt auch noch Leute, die nicht nur Hirn haben und zudem zur Tatsache stehen, praktisch nur aus Wasser und Gefühlen zu bestehen.

Hardys Energie ist unerschöpflich. Einen Tag nach dem Examen stürzte er sich voller Tatendrang in sein Forschungsprojekt: International Disability Law (Internationales Behindertenrecht). Wer die drei Schweizer telefonisch zu erreichen versuchte, brannte hundertprozentig an. Hardy hing im Netz und surfte herum. Am Nachmittag entführte ihn Christel zu einem kleinen Spaziergang zur Bank of America, wo die beiden sich wieder über die automatische Checkeinlösung am Geldautomaten wunderten. Es funktionierte auch diesmal problemlos. Am Abend holten die Glarner ihren Ticino-Freund und seinen Besuch aus der Schweiz (Mutter und Schwester) zum Thai-Essen ab. Der Suppenduft war so penetrant, dass Christels Pullover noch am Tag danach nach Bouillon roch. Lieber Bouillon als Zigarettengestank, sagte sich Christel, die sich über das kalifornische Rauchverbot freut.

Das Wochenende fiel geruhsam aus: ausgedehnte Pflege und leichter Bürodienst. Das gab Christel die Gelegenheit, das öffentliche Transportsystem von San Diego zu studieren. Vom Stubenfenster aus sieht sie nämlich immer zum *Santa Fe Depot*, dem 1915 erbauten Bahnhof im spanischen Kolonialstil mit Türmen und buntgefliestem Inneren. Dort führen die zwei Tramlinien (San Diego Trolley), der 36-Meilen-Küstenexpress (Coaster) und der die Grosstädte (L. A. und San Diego) verbindende Schnellzug (Amtrak) vorbei.

Die zwei Linien des *San Diego Trolley* sind mit Hebebühnen und Plätzen direkt hinter der Führerkabine für Rollifahrer zugänglich. Allerdings gibt es keine Befestigungsvorrichtungen. Die blaue Tramlinie führt südlich bis zur mexikanischen Grenze nach Tijuana. In nordöstlicher Richtung passiert sie Old Town, das Mission Valley, das Qualcomm Stadium und die Mission von San Diego. Die in Santee Town Center (östliches Hinterland) endende orange Linie fährt in Downtown ein Dreieck und führt direkt hinter dem Cityfront Terrace vorbei. Sie verbindet Gaslamp Quarter Süd, Convention Center und Seaport Village. Natürlich verfügen die Tramlinien noch über andere Haltestationen. Viele von ihnen haben Anschluss zu den Bussen der knapp 100 Linien des Metropolitan Transit Systems (MTS). San Diegos *öffentliche Busse* sind, abgesehen von ein paar wenigen Routen, alle rollstuhlzugänglich. Dafür sorgen die seitlichen Hebebühnen beim Fahrer und die aufklappbare Bank der ersten Sitzreihe, die an der Unterseite die Radfixierung aufweist. Eine Broschüre mit Hinweisen für Rollifahrer, ein Übersichtsplan und kleine Fahrpläne sind im Informationszentrum The Transit Store (102 Broadway) in Downtown erhältlich. Dort holt man sich am besten individuelle Auskünfte ein, denn wie sagt der Reiseführer so schön: „San Diego hat ein angepasstes, aber nicht bemerkenswertes Bussystem. Es bringt Sie dorthin, wohin Sie auch immer wollen – vielleicht."

Der North County Transit District (NCTD) betreibt den *Coaster Express Rail*, der zwischen San Diego und Oceanside verkehrt und Haltestellen in Old Town, Sorrento Valley, Solana Beach, Encinitas und zwei in Carlsbad aufweist. Der Rollstuhlfahrer kann via Rampen überall zu- und aussteigen. Eine Weiterfahrt per Bus sollte ebenfalls vorgängig sorgfältig geplant werden. Der *Amtrak* fährt acht Mal im Tag nach Los Angeles. Von dort unterhält der Schnellzug Direktverbindungen nach Chicago, Seattle, Albuquerque und San Antonio, jedoch nicht mehr zur Ostküste. Der Rollstuhlfahrer muss seine Reise anmelden, weil Behindertenplätze sehr limitiert sind (mind. ein Rollstuhlplatz und eine Behindertentoilette pro Zug; ein zugänglicher Schlafraum pro Schlafwagen in Nachtzügen). Ob Hilfe beim Ein- und Aussteigen benötigt wird, hängt vom Zugtyp sowie vom jeweiligen Bahnhof ab. Im Santa Fe Depot in San Diego muss man sich vorgängig anmelden, da eine Hebebühne erforderlich ist.

Coronado Bridge

Für eine bequeme Stadtbesichtigung von San Diego eignet sich *Old Town Trolley Tours*. Die nostalgischen orange-grünen Trolleybusse zirkulieren täglich auf ihren Runden (je 30 Meilen), wobei die Passagiere an acht Haltestellen nach Belieben zu- und aussteigen können, um die Sehenswürdigkeiten, Old Town State Park, Cruise Ship Terminal, Seaport Village, Marriot Hotel & Marina, Horton Plaza, Halbinsel Coronado, San Diego Zoo und Balboa Park, zu besuchen. Old Town Trolley Tours hat (nur) ein rollstuhlgängiges Gefährt, weshalb eine Reservation 24 h vorher nötig ist. Wer lieber mit dem Auto die Sehenswürdigkeiten abfährt, folgt einfach dem 59 Meilen langen *San Diego Scenic Drive*. Die blaugelben Wegweiser mit der weissen Möve fallen einem früher oder später sowieso auf. Selbst fahrende Rollifahrer können Mietautos mit Handgas (Hand Control Rental Cars) bei Hertz oder bei Avis Airport beziehen. Rollstuhlgängie Mietautos mit Rampen bietet, wie früher schon erwähnt, das Hilfsmittelzentrum Ability Center an. Behinderte Touristen können für den Flughafentransfer sodann den rollstuhlgängigen rund um die Uhr verkehrenden Airport Shuttle, *Cloud 9 Shuttle*, reservieren.

Die in der San-Diego-Bucht liegende Halbinsel Coronado kann über die imposante Brücke oder mit der via Rampe zugänglichen Fähre *Coronado Ferry* erreicht werden. Sie legt in der Nähe des Seaport Village ab und im Nordostzipfel von Coronado, dem Ferry Landig Marketplace, wieder an, wo viele Shops und Restaurants zum Bummeln einladen. Von dort fährt der *Coronado Shuttle 904* (Hebebühne und Verankerungsvorrichtung) zur Südseite des berühmten *Hotel Del Coronado*. Das 1888 eröffnete viktorianische Grandhotel ist 1977 zu einem nationalen Denkmal erklärt worden. Es ist das letzte der grossen Seaside-Hotels von Kalifornien. Viele berühmte Persönlichkeiten waren hier schon abgestiegen, darunter auch Thomas Edison, der 1887 persönlich die Elektrizität installiert hatte. Edward, Prinz von Wales, war 1920 zu Gast. Charles Lindberg wurde 1927 für seinen Transatlantikflug im Del Coronado geehrt. Auch Hollywoodstars, allen voran Greta Garbo und Charlie Chaplin, entspannten sich stets gerne im noblen Hotel, das zudem Hollywood öfters als Filmkulisse diente. „Manche mögens heiss" mit Marilyn Monroe und Jack Lemmon wurden unter anderem hier gedreht.

Imperial Beach

Südlich des gediegenen Komplexes reihen sich andere Motels und Hotels aneinander. Zwischen ihnen und dem angrenzenden langen Sandstrand (Imperial Beach, angeblich der schönste in San Diego) lockt eine geteerte Promenade mit einem wunderbaren Spaziergang.

WEEK 51/1999:
WEIHNACHTSZEIT IN JULIAN

20. bis 26. Dezember

Am Montag brannte die Sonne richtig sommerlich herunter. Andi und seine Freundin benützten dies, um das Boot für die geplante Weihnachtsfahrt klarzumachen. Die zwei wollten zur 50 Kilometer westlich vom Festland gelegenen Insel *Catalina Island* segeln. Christel und Hardy vermuteten die beiden eigentlich bereits auf hoher See, als die Hobbymatrosen nochmals gegen Mittag aufkreuzten. Am Abend entdeckten die Glarner ein für sie bereitgestelltes Weihnachtsgeschenk, das offensichtlich ein stiller Tausch für die mitgenommene Kühlbox, den Getränkekühler und noch so manche kleinen Sachen aus der Küche war.

Hardys „Ahoi" galt allerdings der Physiotherapie. Die Praktikantin Prima staunte über Christels Transfertechnik zum Gymnastikbett mit der für sie unbekannten Drehscheibe. Lernwillig und zuversichtlich kündigte Prima an, dass sie das nächste Mal Hardy gerne selber transferieren wolle, was Hardy nur ein mitleidiges Lächeln entlockte. Er raubte der kleinen Frau zwar nicht die Illusion, meinte aber doch, dass sie nicht gerade die Schwester von Arnold Schwarzenegger sei. Mit einem verstohlenen Blick auf Christels Oberarme und einem hilfesuchenden Lächeln zu ihrer Lehrmeisterin Tiffany erkundigte sie sich, ob Christel Krafttraining absolvieren würde. Nach der einstündigen Turnerei war Prima die einzige, die richtig schwitzte und wohl jeden Muskel spürte. Sie hatte deshalb auch nichts dagegen, dass Tiffany ihr befahl, Christels und Hardys Aufstehtechnik nochmals zu beobachten.

Wieder zufrieden im rollenden Gefährt schlug Hardy die Richtung zur Spitalkasse ein. Er wollte sich Klarheit über zwei zugestellte Rechnungen verschaffen. Man hatte Hardy anfänglich gesagt, dass ein Selbstzahler eine Preisreduktion erhalte. Der erste Rechnungsbetrag wurde deshalb auch um 10% gekürzt, die beiden folgenden Rechnungsbeträge aber nicht mehr. Drei Personen kümmerten sich um die unklare Situation. Nach 20 Minuten drückte man Hardy die zwei Rechnungen wieder in die Hand und versprach ihm eine Antwort bis zur nächsten Woche. Eine derartige Bürokratie mögen weder Hardy noch Christel. Sie heiterte aber Hardys Stimmung wieder auf, indem sie ihn in einen Hutladen schleppte. Hardy hat nämlich eine Schwäche für Kopfbedeckungen, kein Wunder, wenn einen die Haare verlassen! Christel wusste aus einem Zeitungsartikel von der Existenz der Hutboutique The Village Hat Shop (Hillcrest 4th Ave 3821), der sich in der Nähe des Spitals befindet. Die unmöglichsten Modelle setzten sich die Glarner probeweise auf, wobei sie sich vor dem Spiegel krummlachten. Mit zwei roten Santa Claus-Mützen verliessen die zwei das Geschäft und machten sich zum *Westfield Shoppingtown UTC* in La Jolla auf.

Das Shoppingcenter liegt an der Ausfahrtsstrasse La Jolla Village Drive im Autobahndreieck 5 north/805 north/52 west. Ein dichtes Verkehrsaufkommen behinderte die ortsunkundige Fahrerin. Der Stau vor den Parkplätzen zeugte von vielen bummelfreudigen San Diegans. Christel und Hardy schnupperten aber bald den mehr als 155 Läden entlang und freuten sich über die Weihnachtsdekorationen der Ladenmeile. Wäre da nicht eine kühlere Abendbrise gewesen, das Besucherpaar hätte sich draussen hingesetzt und der Live-Inkamusik zugehört. Aber um 7 p.m. zogen es die Glarner vor, in den gedeckten Marketplace-Food-Court zu gehen. Mit einem Burrito liess sich das Paar an einem Tischchen nieder, von wo aus beide einen herrlichen Blick auf die unterhalb gelegenen Eishalle genossen. Zuhause nippten Christel und Hardy gemütlich an einer Tasse echt schweizerischen Blüemlitees[127]. Nach einem kläglichen Zubereitungsversuch mit Leitungswasser war den Teetrinkern vorerst der Appetit auf das feine Getränk vergangen. Seit aber die Sonne merklich früher zu Bett geht, ist der heisse Schlummertrunk wieder sehr gefragt, aber nur mit Wasser vom Supermarkt. Von diesen Plastikbehältern hat Christel vorläufig genug in der Wohnung stehen, da Andi nämlich vor seinen Weihnachtsferien mehrere der 10-Liter-Kanister im Supermarkt gehamstert hatte.

WEEK 51/1999

Auf dem Weg nach Julian

Am Dienstagabend kam Thomas vorbei, um das bevorstehende Weihnachtsessen zu besprechen. Vorgängig war abgemacht worden, dass sich Ticino-Andrea und Thomas mit je ihrem Besuch im Cityfront Terrace für einen Truthahnschmaus einfinden würden. Zwei derartige Vögel liegen bei Christel und Andrea tiefgefroren bereit und warten darauf, vertilgt zu werden. Nach ein paar Überlegungen musste Christel aber feststellen, dass das notwendige Kochutensil für die Zubereitung eines ganzen Menüs nicht vorhanden bzw. unzureichend war. Zufällig sah sie ein Zeitungsinserat des Ralph's Lebensmittelmarktes, das ein vollständig vorgekochtes Truthahnmenü für acht bis zehn Personen für 39.95 Dollar anbot. Da die Tessinerfamilie zurzeit im Grand Canyon weilte und Christel sich voll Hardy widmete, war Thomas für Bestellung und Lieferung besorgt.

Am Donnerstag beschlossen Christel und Hardy, einen Tagesausflug zu machen. Über die I-8 east folgten sie dem Hwy 79 north, der sie nach einer einstündigen Fahrt durch die Berge des Cuyamaca Rancho State Park mitten ins Zentrum des historischen Bergortes *Julian* führte. Die auf 1295 m liegende authentische Stätte des einzigen Goldrauschs in Südkalifornien entstand im Jahre 1869, als Nuggets in Coleman Creek gefunden wurden. Der Goldabbau erlahmte gegen Ende des 19. Jahrhunderts, nachdem rund 15 Millionen Dollar in Gold gefördert worden waren. Die Siedler verliessen den Bergort aber nicht und fanden eine andere Beschäftigung im Anbau von Äpfel-, Birnen- und Pfirsichbäumen, die in Julians Viersaison-Klima prächtig gediehen. Später setzten die Siedler Flieder, Pfingstrosen und andere Kaltklima-Blumen, die wie die Obstbäume an keinem anderen Ort in Südkalifornien wuchsen. Während der letzten 50 Jahre trugen zudem die San Diegans zum Erhalt des Ortes bei, indem sie Wochenendhütten in diesen Eichen- und Pinienhügeln errichteten oder Ausflüge unternahmen. Ein Hotel dominierte denn auch das winzige Städtchen mit seiner über hundert Jahre alten Schule und den wenigen Läden mit westernstilmässigen Fassaden. Julian, heute ein bisschen grösser, wurde zu einem historischen Ort ernannt. Neuere Bauten sollen Nachbildungen von ehemaligen historischen Gebäuden sein. Im Oktober lockt die Apfelernte hunderte von Besuchern an. Man probiert den berühmten Apple Pie und kauft ländliche Souvenirs.

Die Oldies bei Kaffe und Kuchen in Julian

Die Ausflügler erhaschten den Behindertenparkplatz bei der Bank. Ein Polizist sah den beiden seelenruhig beim Ausladen zu und meinte dann (fies), dass hier einzig Bankkunden toleriert würden. Nach dem erzwungenen Umparken schlenderten die Glarner durch den kleinen Ort, der praktisch nur aus der Main Street besteht. Es ist verständlich, dass nicht alle Läden und Restaurants für den Rollstuhl zugänglich sind. Das Julian-Pioneer-Museum war geschlossen, weshalb keine Angaben zum Innenleben des Hauses gemacht werden können. Über den Rasen gelangte man jedenfalls stufenlos zum Eingang des kleinen Häuschens. Vorbei am niedlich verschnörkelten viktorianischen Julian Hotel (für Rollifahrer ungeeignet) spazierten die beiden zum empfehlenswerten Restaurant The Julian Grille, dessen Eingang stufenlos über eine Rampe erreichbar ist. Christel und Hardy bestellten je einen Apple Pie, der mit einem Berg Vanilleeis bedeckt für einen vollen Magen sorgte. Anschliessend fuhren die beiden über die C-Strasse den Hügel zur Eagle and High Peak Mines hinauf, wo sich Christel nach einer Führung durch die Goldmine erkundigte. Die Besichtigung erfordert aber ein Umsteigen auf ein rollstuhluntaugliches Gefährt und kam deshalb für Hardy nicht in Frage. So entging ihm u.a. die Besichtigung des 1000 feet langen unterirdischen Hard-Rock-Tunnels und der Maschinen aus der Goldgräberzeit.

Die Heimfahrt begann auf dem Aussichts-Hwy 78 west. In Santa Ysabel verzichtete das Paar auf den Besuch der Dudley Bäckerei, deren Erzeugnisse in San Diego County berühmt sein sollen, der Galerien (Kunst und handgewobene Kleider) und des Ladens The Wilds (Wildblumensamen, Bücher, handgemachte Dekorationen). Stattdessen fuhr der Van weiter den Hügel hinunter nach Ramona, wo die Strasse zum Hwy 67 wird. Ein paar Meilen nach Lakeside führt die Strasse zur I-8 west, auf der sich die beiden Glarner entschlossen, nicht sofort nach Hause zurückzukehren. Sie fuhren bis ans Ende der I-8 west und erreichten den Nimitz Blvd, wo sie rechts in den Chatsworth Blvd einbogen, der weiter südlich zum Catalina Blvd und später zum Hwy 209 south wird und die beiden Tagesausflügler direkt zum Aussichtspunkt auf dem südlichsten Zipfel der Halbinsel *Point Loma* brachte. Zu ihrem Erstaunen mussten die beiden feststellen, dass der Ort mit seinem 58 Hektar grossen Park, dem Cabrillo National Monument, dem Visitor Center und dem alten Leuchtturmhaus nur gegen Entrichten von fünf Dollar Eintritt oder dem Vorweisen des Eagle Passports möglich ist.

Point Loma, ein 128 m hoher und in die See vorragender Sandsteinwall, stellt eine Barriere des natürlichen Hafens von San Diego dar, der 1842 vom Seefahrer Juan Rodriguez Cabrillo entdeckt wurde. Point Loma bietet solchermassen gleichermassen Aussicht auf Hafen und Ozean. 1852 erkannte die US-Regierung die Wichtigkeit dieser Landmarke und erklärte das Gebiet zur militärischen Zone. 1854 wurde auf der Bergspitze das Leuchthaus fertig erstellt und mit der besten zur Verfügung stehenden Technologie ausgestattet. Am 15. November 1855 kam die Öllampe das erste Mal in den Einsatz. Bei klarem Wetter konnten die Seefahrer das Licht 39 Meilen entfernt sehen. Für die folgenden 36 Jahre (ausgenommen in nebligen Nächten) hiess das Licht die Segler im Hafen willkommen. Oft trübten aber Nebel und niedrige Wolken das Licht, weshalb der Lichthüter, Robert Israel, am 23. März 1891 die Öllampe zum letzten Mal anzündete und mit seiner Familie in den neuen Leuchtturm am Fusse des Hügels zog. 1899 widmete das Kriegsdepartement das Fort Rosecrans den Gefallenen, deren Zahl der Besucher beim Vorbeifahren am Friedhof mit den weissen Grabsteinen nur erahnen kann. Zu Ehren von Cabrillo wurde 1913 das Cabrillo National Monument errichtet: eine grosse weisse Figur, die auf die San Diego Bay herunterschaut.

Point Loma, dem natürlichen Hafen von San Diego vorgelagert

... mit Cabrillo National Monument und Downtown

Das alte Leuchtturmhaus kann nur über Treppen besichtigt werden. Es befindet sich wie der gut zugängliche Aussichtspunkt (Walbeobachtungsplatz) oberhalb des grossen Parkplatzes. Auf Anfrage können Behinderte das empfindlich ansteigende Strässchen hinauffahren. Auf der Höhe des Parkplatzes sind das Besucherzentrum, Filme und Ausstellungen mit dem Rollstuhl gut zugänglich. Flora und Fauna des Parks können auf Schusters Rappen erkundet werden.

Das Lighthouse im Abendlicht

Christel und Hardy studierten die Infobroschüre jedoch nicht eingehender, da sie der baldige Sonnenuntergang zum Aussichtspunkt drängte. Ein paar wenige Leute wohnten dem romantischen Naturschauspiel bei. Phänomenal! Wunderbar! Kein Besucher von San Diego darf je einen Sunset in einer Vollmondnacht auf Point Loma verpassen. Plötzlich durchbrach die energische Stimme einer Parkhüterin die Stille und mahnte zum Aufbruch. Die Frage, ob der Park nur in der Winterzeit um 5 p.m. schliesst, blieb unbeantwortet.

Sonnenuntergang auf Point Loma

Am Nachmittag von Heiligabend holte Thomas Hardys Auto, um damit den kalifornischen Führerschein zu machen. Wie einst der Züri-Leu nahm auch Thomas den Reserverollstuhl als Sitzgelegenheit für den Fahrexperten mit. Wider Erwarten war das DMV nicht willig. Man(n) diskutierte lange über die Zulässigkeit dieser Sitzmöglichkeit. Es machte den Anschein, als ob man der Sache nicht traute, sie aber ohne Bedenken einem Behinderten zumutet (ist ja auch nicht dasselbe?!). Der arme Prüfling zeigte sämtliche Knöpfe und Techniken rund um die Rollstuhlverankerung und versuchte so zu überzeugen. Thomas' Prüfer hätte sich schliesslich in den Rollstuhl gesetzt – hätte er hineingepasst. Er war aber (leider) zu dick. Die anderen Experten weigerten sich und holten den Obermacker, der die Situation als inakzeptabel abtat. Punkt, aus!

In der Hitze des Gefechts liess Thomas die Autotüre zufallen, was zu einer für ihn unerwarteten automatischen Verriegelung führte. Der Schlüssel steckte, das Geld war auch drin. Thomas bat das DMV-Sekretariat um ein Telefongespräch. Der gebührenfreie Lokalanruf wurde ihm aber nicht gewährt. Der arme Tropf musste sich deshalb wie ein Homeless 35 Cents pumpen, um Väterchen Hardy sein Leid zu klagen. Zum guten Glück hatte Hardy einen Reserveschlüssel. Er beauftragte ein Taxi und erwähnte, ein Thomas würde vor dem DMV in Hillcrest warten. Das Taxi hielt zwar vor Thomas' Füssen. Es liess ihn aber nicht einsteigen, da die Reservation auf den Namen Tom notiert war. Es nützte alles nichts. Der Fahrer suchte erst das ganze Areal ab, bevor er sich entschloss, den mittlerweile sehr mitgenommenen Thomas einsteigen zu lassen. Vor dem Cityfront Terrace schnappte sich Thomas den von Christel bereitgehaltenen Schlüssel und befahl den irritierten Taxifahrer wieder zum Ausgangsort zurück. Happy End? Thomas fuhr anschliessend zum Ralph's, um das bestellte Truthahndinner abzuholen. Dort fiel er erneut beinahe in Ohnmacht, als ihm eröffnet wurde, dass keine Bestellung unter diesem Namen eingegangen und ausgeführt worden sei. Irgendwie lösten sich die Irrungen und Wirrungen auf – es war ja schliesslich Heiligabend. Geschafft schleppte sich der gebeutelte Deutsche zu Hardys Wohnung, wo er sich – für einmal kleinlaut – auf einen Stuhl fallen liess. Thomy fragte sich, wie er das wohl alles verdient hätte. Hardy wusste selbstverständlich unverzüglich eine Antwort darauf!

Tier und Beilagen kamen ofentauglich verpackt und mussten nur noch aufgewärmt werden. Dazu brauchte es natürlich eine mehrseitige „Kochanleitung". Die ebenfalls mitgelieferte Kalorientabelle für sämtliche Speisen war ebenfalls richtig amerikanisch. Die angegebene tiefe Kalorienzahl pro Schöpflöffel betraf Tee- und nicht Esslöffel. Es wurde trotz der Kalorien ein netter Abend zu acht. Der Besuch aus Deutschland klärten die Schweizer über das wahre Wesen von Thomas auf. Sie konnten es kaum fassen, dass wirklich von der anwesenden Person gesprochen wurde. Thomilein soll ein extremer Morgenmuffel sein, egoistisch, Fussfetischist, ja sogar ein Schnöder, der nur Mamas Wildgerichte isst und das Daseinsrecht von Frauen (zwei Beine mit Pulsschlag) mit Sex und Putzarbeit begründet. Hochzeitsfeierlichkeiten von Verwandten verlässt Thomy einfach so nach der Kirche. Am liebsten sind ihm geile Schlampen, die halbnackt aus der Torte springen! – Was sind die Schweizer doch für naive Leute. Da guckt einer lieb und unschuldig drein, und schon meinen sie, das Teufelchen sei ein guter Mensch.

Am Stefanstag wurde der Ticino-Andrea zu Stefano umgetauft. Andächtig schritt man vom Cityfront Terrace über die Strasse zu den würdigen Hallen der Karl Strauss Brewery & Restaurants (1157 Columbia). Ein heilig gesprochener Hopfentropfen besiegelte die Umbenennung. Stefano ist des Ticinesen wirklicher dritter Vorname. Alle Trinkpaten befanden die Taufe für sinnvoll, wenn nicht sogar für unabdingbar, da im Moment höchste Verwechslungsgefahr besteht. Neben dem Ticino-Andrea besucht seit kurzem ein Andreas die CWSL. Dieser stammt aber aus Italien und ist nicht mit dem Zürcher-Andreas oder mit Andrea und Andreas, dem Besuch aus Deutschland, zu verwechseln. Die Taufe musste sein! Auf diese Weise kam die Gruppe doch noch zu einem Christkind.

WEEK 52/1999:
MILLENNIUMSWECHSEL – MOUNT SOLEDAD

27. Dezember 1999 bis 2. Januar 2000

Da war sie nun, die letzte Woche in diesem Jahrtausend. Der bevorstehende Millenniumswechsel sorgte für hitzige Gemüter. Während die Schweiz ihre Landsleute höchstens mit Hinweisen auf eine vernünftige Telefon- oder Computerbenützung auf den Jahrtausendwechsel vorbereitete, waren die Notfalldirektiven in den USA dramatischer. Da den kanadischen Zöllnern ein mit Sprengstoff bepackter Algerier ins Netz gegangen war, wurde das Computerproblem Y2K sofort von einer neuen Bedrohung überschattet: hinterhältige Attacken auf die USA! Die Zeitung war gefüllt mit Panikmacherei. Besonders detailliert geschildert wurden die geplanten Sicherheitsvorkehren auf Flughäfen und an den Landesgrenzen. Der Leser halluzinierte fast schon und sah Sprengstoff unter jeder dicken Jacke. Die Zeitung sorgte sich so sehr um das Überleben der treuen Abonnenten, dass sie ihnen sogar Überlebenstipps für die bevorstehende Jahrtausendkatastrophe gab. Man solle doch bitte unbedingt Folgendes besorgen: 1. genügend Medikamente für alle Leiden sowie Alternativenergiequellen für elektrische Hilfsmittel und Behandlungsgeräte, 2. Wasser- und Lebensmittelvorrat für 3-5 Tage, 3. eine alternative Kochmöglichkeit, in jedem Fall aber genügende Kohle oder Gas für den Grill, 4. Kopien von persönlichen Dokumenten und Sicherung der Computerdaten, 5. Extrabargeld, falls Bezugsautomaten streiken, 6. Autotank mindestens halbvoll machen, 7. Taschenlampen und Batterien bereithalten und 8. Extra-Webseite der Stadt San Diego besuchen!

Sonderbar! Trotz dem bevorstehenden Weltuntergang waren die Zeitungen voll von Menüvorschlägen für ein feines Silvesterdinner. Dass aber die Köpfe der armen Hobbyköche doch gelitten haben mussten, schloss die kritische Rezeptleserin Christel aus dem Artikel „Fondue wärmt die Seele" von Jane S., die hell begeistert meinte: „Ich kam wirklich nie mehr vom Fondue weg, und zwar seit dem Moment, als ich meinen ersten avokadogrünen Topf hatte. Das Ritual des gemeinsamen Essens mit Freunden, bei dem man sich in gebeugter Haltung einen Topf teilt, muss wohl tief in unsere DNA eingeprägt sein. ... Ich hing so an meiner Fonduepfanne[128], dass sie bei jeder Party zum Einsatz kam. Ich füllte sie mit Chilikäse und umgab sie mit Tortilla Chips. Oder ich füllte sie mit Schokolade und offerierte frische Früchte und Küchenstücke zum Rühren. Ich konnte mit dem Käsefondue nicht aufhören, sogar als es passé war, und begann, es als Aperitiv zu servieren. Praktisch jedes Partybuffet hatte als Mittelpunkt einen Topf mit blubberndem Käse. Mehrere Male in den vergangenen Jahren erschreckte uns das Fondue mit einer Comeback-Meldung. Die Küchenmagazine berichteten über die neuen Edelstahlpfannen mit eingebautem Wärmer und kündigten die Wiederbelebung des Trends an. Leider war alles nur falscher Alarm. Niemand weiss im Moment Bescheid. Aber das ist okay. Man muss seine Art selber herausfinden. Als erfahrene Fonduemacherin kann ich sagen, dass man eigentlich alles dazumischen kann. Vom gehackten Rindfleisch über Sauerkraut bis hin zu Tomatensauce, Oregano oder Würsten – wie wären Pizzastücke? Und bitte nicht vergessen: Wer einen Brotwürfel in der Pfanne verliert, muss die Gastgeberin küssen!"

Ungeachtet der spürbaren Silvesterhysterie begab sich Hardy ganz gewöhnlich in die Physiotherapie. Wie abgemacht setzte die Praktikantin zu ihrem „Lupf"[129] des Jahres an – sie kriegte Hardy aber keinen Zentimeter hoch. Immer wieder ging sie in die Ausgangsstellung und zerrte an Hardy herum. Tiffany musste einschreiten und die kleine Prima erlösen. Nach der Therapie erkundigte sich Hardy abermals bezüglich der offenen Rechnung. Erneut wurde man auf die kommende Woche vertröstet, weil dann die Zuständigen Zeit hätten. Ein älterer Herr wurde Zeuge des Gesprächs. Als die Glarner sich zum Gehen abwandten, schüttelte er nur stumm den Kopf und warf Christel einen alles sagenden Blick zu.

Dem Spital entronnen überraschte Christel ihren Musik liebenden Mann. Sie fuhr mit ihm nach La Jolla zu Tower Records (8657 Villa La Jolla Drive). Gemäss Zeitung ist das Geschäft am La Jolla Village Square mit seinen 4000 Klassik-CD das grösste in San Diego. Gebrauchte Artikel und Sammlerobjekte findet man in Hillcrest's Off the Records, Normal Heights' Benedikt und Salmon Record Rarities. Glücklich über dieses Angebot schwebte Hardy zwischen den Regalen, zwischen Mozart und Verdi, hin und her. Die Schweizer wunderten sich über die Unmengen von Andrea-Boccelli-CD. Der Zeitungsbericht half den Erstaunten mit der Erklärung, dass die Leute nach jedem Konzert am Fernsehen in Scharen die Plattengeschäfte heimsuchen würden. In der Tat, Boccelli wurde am 2. Januar ausgestrahlt.

Nach dem Einkauf fuhren die Glarner den Villa La Jolla Drive wieder zurück, bogen links in den La Jolla Village Drive (Verwechslungsgefahr!) ein, um ihn kurz darauf wieder nach links zu verlassen und in den *La Jolla Scenic Drive* südwärts einzubiegen. Dieser mündet in die Ardath St, die nach kurzer Fahrt links verlassen werden muss, wenn man in die Hidden Valley Road einbiegen will. Über die anschliessende Via Capri und Soledad Road erreichten Christel und Hardy den 360°-Aussichtsspunkt von La Jolla, den *Mount Soledad*. Auf der Spitze des Hügels befinden sich ein paar Parkplätze, wenige Sitzgelegenheiten und ein eingezäuntes, nur über Treppen zugängliches weisses Kreuz. Viele Fussgänger lassen sich auf diesen Stufen nieder und versuchen, die Aussicht zu optimieren. Auf dem Hügelplateau konnte der Rollifahrer die eindrucksvolle Rundumsicht in vollen Zügen geniessen. Der Sonnenuntergang war fantastisch. In der Dämmerung glich die mehrspurige I-5 einem zweifarbigen Tatzelwurm, der schliesslich auch die fröstelnden Besucher wieder nach Hause brachte.

Blick vom Mount Soledad landeinwärts

Am Dienstag klingelten der frisch getaufte Stefano, Thomas, Andrea und Andreas an der Wohnungstüre im Cityfront Terrace. Gemeinsam mit den Glarnern machten sie sich zu Fuss auf den Weg zum Hafen, um sich danach zu erkundigen, ob die Whale-Watching-Schiffe für einen Rollstuhl zugänglich sind. Beide Passagierschiffe der Hornblower Flotte lagen vor Anker, weshalb eine Inspektion von fern erfolgen konnte. Die Billettverkäuferin bestätigte, dass der *Lord Hornblower* rollstuhltauglich sei. Es wurden deshalb sechs Tickets für den Mittwoch, für die zweite Fahrt (1.30 p.m.), reserviert. Danach trennte sich die Gruppe. Zurück in der Wohnung trafen die Glarner überraschend auf die zwei Hobbysegler. Die zwei sonnengebräunten Gesichter zeugten vom Segelabenteuer. Andi berichtete, dass er wegen einer Windflaute 15 Stunden gebraucht hätte, um der Küste nordwärts entlangzusegeln. Die Überquerung zur Catalina Island hätte weitere fünf Stunden gedauert. Informationen über die genaue Segelroute hätte er sich bei Fischern und einem Ranger besorgt, der ihm, wegen Unerfahrenheit, dringendst von seinem Vorhaben abgeraten hätte. Die Fischer hätten jedoch den Amateur-Seebären in seinem Vorhaben bestärkt. Es grenzte für die Glarner an ein Wunder, dass der Grosse und die Kleine gesund und wohlbehalten wieder auf dem Festland angelangt waren, wo sie die Rucksäcke packten und für den Rest der Woche in die Berge verschwanden.

Andrea, Andreas, Thomas und Andrea beim Whale Watching

Am Mittwoch war also Whale Watching angesagt. Zwischen Dezember und März wandern die Grauwale von den kalten Gewässern in Alaska zu den warmen Buchten von Baja California (Mexiko), wo die Jungen geboren werden. Auf der Hin- bzw. Rückreise legen die Wale ungefähr 6000 Meilen zurück. Da man die gekauften Tickets am Vortag nicht ausgehändigt gekriegt hatte, mussten sich die sechs Walfreunde frühzeitig am Hafen einfinden. Wider Erwarten fand kein Preboarden des Rollstuhlfahrers statt. Erst nachdem sich alle Fussgänger bestimmt und mit strenger Miene (da bin ich, da bleib ich) auf die besten Sitzmöglichkeiten gestürzt hatten, durfte Hardy über eine steile Rampe an Bord. Der die Ticket kontrollierende „Schiffsanimator" fragte die Gruppe, ob er Hilfe organisieren müsse. Die Gruppe verneinte einstimmig, was den Herrn in der weissen Uniform zur allgemeinen Bodymusterung veranlasste. Da Christel hinter Hardy stand, blieben die prüfenden Blicke einmal mehr auf Christels Oberarmen hängen. Der schwatzhafte Seebär erlaubte sich zudem, Christels Mäuse[130] zu begrapschen und ihr anerkennend auf die Schulter zu klopfen. Christel fand dies ganz und gar nicht gentlemantlike. Obwohl Hardy ihr versicherte, dass diese Männergeste eine Höchstauszeichung für ein Frauenzimmer darstelle, fand Christel, nicht auf derartige Zärtlichkeiten erpicht zu sein.

Hardy und Christel konnten ihre Hüte ob der niederbrennenden Sonne gut gebrauchen. Vom Schiff bot sich den Passagieren eine andere Ansicht von San Diego. Inbrünstig willkommen geheissen wurden die Whale Watchers von den Seehunden, die sich munter um die Bohlen tummelten. Vorbei an Point Loma glitt die Lord Hornblower auf die hohe See hinaus. Sie war nicht alleine auf dem blaugrünen Gewässer. Die Passagiere wurden informiert, dass das Schiff nicht mit elektronischen Walsuchgeräten ausgerüstet sei und man sich daher anhand anderer Schiffe zu orientieren habe. Es sah aus, als würden die Boote mit einer Horde filmwütiger Passagiere den Tieren hinterherjagen. Bald verlauteten die ersten Ohhh- und Aahhh-Rufe.

Die Wale zierten sich ein bisschen

Je nachdem, auf welcher Seite des Schiffes die Jagdschreie ausgestossen wurden, rannten die Passagiere entweder nach rechts, links, vorne oder hinten und zückten die Kameras. Diese waren aber meistens erst dann in Position, wenn die gesichtete Walflosse bereits wieder untertauchte. Anhand der Anzahl Wasserausstossungen kann vorausgesagt werden, wie lange das Tier abtauchen wird. Eine Austossung bedeute eine Minute, zwei würden zwei Minuten bedeuten etc. Da Christel selber gerne schwimmt, sah sie den Riesen beinahe sehnsüchtig nach. Das aufgeregte Getue machte den Anschein, als gehöre ein Foto von einer Walflosse ebenso wie vom Matterhorn (wenigstens bei den Japanern) in das Album. Anfänglich musste Hardy seinen Meeresausblick gegenüber Kindern verteidigen, die sich, verständlicherweise, zwischen den Leuten durch die engsten Schlupflöcher hindurch ganz nach vorn drängten. Walflossen und Wasserfontänen sah man aber nur mit „Sekundenglück" und zudem nur aus grosser Distanz, was dazu führte, dass das allgemeine Beobachtungsfieber schnell gezügelt wurde. Christel fragte sich, ob die Wale durch solche Touristenfahrten nicht gestört würden und man diese nicht besser verbieten sollte, zumal bei der Rückkehr Jungwale an der Seite ihrer Mütter schwimmen.

Zurück von dem wunderschönen Tag fanden die Glarner eine Nachricht in ihrem Brieffach vor, wonach „grössere Dinge" abzuholen wären. In der Tat warteten zwei verspätete Weihnachtspakete darauf, geöffnet zu werden. Zudem stand ein prächtiger Strauss gelber Rosen auf der Front Desk. Hardy orderte Christel unverzüglich an, die Identität des Absenders zu checken. Ob ihm Christel den Namen eines allfälligen Nebenbuhlers verraten hatte, entzieht sich der Kenntnis der Schreiber. Auf alle Fälle behändigte Hardy in der Wohnung sofort das riesige Samuraischwert und fuchtelte, rasend vor Eifersucht, wild in der Luft herum, wie das Tetraarmen überhaupt möglich ist, und schrie: „Wo ist er?! Wo ist der Saukerl?! Ich schneide ihm die Eier ab!"

Hardy versucht sich kläglich als Othello

Donnerstags und freitags arbeitete Hardy an seinem Forschungsauftrag. Christel buk einen Meranercake für die Silvestereinladung. Hardy und Christel waren gespannt, wie sich die Tischrunde diesmal bei Susan zusammensetzen würde. Wie Christel geahnt hatte, wiederholte sich der lustige Thanksgiving-Abend nicht mehr. Das Glarner Paar war mit Abstand das jüngste. Kaum begrüsst fragte Susan auch schon, ob Hardy seinen Beitrag zum zukünftigen florierenden Ami-Business geleistet hätte. Er hatte. Gekonnt stellte Susan die Schweizer Cakeformen ihrer bejahrten Gästeschaft vor. Die ersten zwei Formen wurden sofort beäugt. Die Umwandlung des angeschriebenen Preises von Franken in Dollar sorgte aber bei den Oldies für einiges Kopfzerbrechen. Der Produktebeschrieb war auf Deutsch, Französisch und Italienisch, was die geschäftswitternden Grossmütter mit noch grösserem Schrecken feststellten. Christels Versuch, den Beschrieb zu erklären, wurde gekonnte ignoriert. Lieber zogen die Damen in Betracht, sämtliche Einkaufszentren mit einer Form abzuklappern, um einen Preisvergleich vornehmen und den Beschrieb „profimässig" übersetzen zu lassen. Susan hatte für eine geschmackvolle Tischdekoration gesorgt. Am langen Tisch nahmen acht, am kleinen Tisch vier Personen Platz. Bevor sich Christel und Hardy am kleinen Tisch niederliessen, flüsterte Susans Ex-Mann Hardy zu, dass sein Tischnachbar ein bekannter Anwalt sei. Seine Gattin wurde als küchenkundige Fachfrau vorgestellt. Mit ein bisschen Verspätung realisierte auch Christel die Absicht: Verhandlungstisch für Cakeform-Business.

Susan hatte mexikanisch vorgekocht. Die feinen Speisen und Saucen standen auf dem Büfett zur Selbstbedienung bereit. Das Essen war köstlich, die mitgebrachten Desserts süss bis sehr süss. Gedankenspiele oder Diskussionsthemen (diese wurden auf Zetteln bei jedem Gedeck vorsorglich deponiert) halfen der Gastgeberin, der abflachenden Konversation neuen Aufwind zu geben. Nichts schien so gefürchtet wie still essende Geniesser zu sein. Parallel zur inszenierten Tischunterhaltung lief tonlos der Fernseher. Bald einmal wurde dem Kasten die vollste Aufmerksamkeit zuteil. Die wenigen Minuten bis Neujahr gehörten den Bildern aus aller Welt. Die Zeitverschiebung machte es möglich, dass die Kalifornier bereits wussten, ob sich drei Stunden zuvor in New York ein Computercrash ereignete. Das neue Jahrtausend in Europa zählte schon neun Stunden, und man konnte immer noch wildeste Festaktivitäten auf dem Bildschirm mitverfolgen. Der Uhrzeiger rückte auf Mitternacht zu. Susans Mann verschwand mit einer Flasche Sekt in die Garage, da er mit dem Entfernen von Sektkorken unsicher war. Kurz darauf zeigte man im Fernseher, wie Flaschen elegant, ohne Knall und verschüttungssicher entkorkt werden können, was einen heiteren Lachanfall zur Folge hatte. Dann wurde gezählt: „...five, four, three, two, one, Happy New Yeeeeaaaaarr!" Zu Hardys und Christels Überraschung sang das versammelte Altersheim auch noch glücklich und zufrieden die Nationalhymne.

Das sich zuprostende Altersheim

Kurz darauf löste sich die Gästeschar unisono auf. Christel und Hardy fuhren durch die nächtlichen, noch feuchten Strassen von San Diego. Am Silvesterabend hatte sich nur einer quer gelegt: Petrus. Der Wolkenmeister hatte seine Schleusen geöffnet, gerade so, als hätte er sein Reservoir für das neue Jahrtausend frei machen müssen. Es hatte jedenfalls wie aus Kübeln gegossen. Nicht überall hatten es die Verantwortlichen der vielen Silvesterpartys geschafft, ein schützendes Dach herbeizuzaubern. An diese Möglichkeit war trotz der intensivsten Notfallproben für den Weltuntergang überhaupt nicht gedacht worden. Die Leute betrachteten diesen nassen Umstand deshalb als positives Zeichen von oben – als Glücksbringer. Dem schliessen sich die Schweizer an und möchten der gesamten Leserschaft noch einen Tipp fürs neue Jahrtausend mitgeben: Geniesst die nächsten tausend Jahre, wie wenn sie eure letzten wären! – Happy New Year! Happy New Millennium!

WEEK 01/2000:
BLUMIGE NEUJAHRSGESCHICHTEN

3. bis 9. Januar

Die erste Montagszeitung im neuen Jahrtausend machte den Glarnern klar, dass sie offensichtlich ein wichtiges Neujahr-Spektakel verpasst hatten: die jährliche *Rosenparade in Pasadena*, das in der Nähe von Los Angeles, im Strassenkreuz 134/I-210, liegt. Der blumenprächtige Neujahrsumzug entstand im Jahre 1870. Der Pasadena Valley Hunt Club realisierte eine einfache Werbeidee für die milde Winterregion. Was einst mit Rosengirlanden geschmückte Pferdekutschen waren, sind heute spektakuläre Festwagen mit beweglichen Motiven und Live-Theater. Gemäss Zeitung säumte rund eine halbe Million jubelnder Zuschauer den Colorado Blvd. Via Fernsehen verfolgten weitere 365 Millionen den fünfeinhalb Meilen langen Rosenumzug, an dem auch Reiterparaden und Marschmusikbands teilnahmen. Gewöhnlich reservieren sich viele Zuschauer ihren Platz und nächtigen sogar im Schlafsack. Der vergangene Silvesterregen hätte aber die Reihen spürbar gelichtet, meinte der Bericht. Die Festwagen zeigten sowohl futuristische Themen (Aliens, Zeitmaschinen) als auch die Y2K-Problematik mit vielen Fantasiecomputern. So war denn einer sogar mit einem Trauerflor geschmückt. 54 Festwagen waren Zentimeter um Zentimeter mit frischen und getrockneten Blumen, Samenkörnern, Gemüse und sogar Seetang verziert. Das *Legoland von Carlsbad* machte ebenso wie das Walt Disney Unternehmen mit einem Umzugsgefährt auf sich aufmerksam.

Obwohl Hardy dem blumigen Festzug nicht beigewohnt hatte, blickte er trotzdem einer rosigen Zukunft entgegen. Am Montag startete er das zweite Trimester, das (noch) mehr Freizeit verspricht, da der Student nur drei Fächer (Mediation = Vermittlung und aussergerichtliche Streitbeilegung, Torts II = besonderes Haftpflichtrecht und Comparative Law = Rechtsvergleichung) belegt, um genügend Zeit für das Forschungsprojekt („International Disability Law") aufwenden zu können. Wenn alles klappt, sollte das Buch aus mehreren Bänden bestehen, weshalb der Autor froh ist, dass er nicht zu viel zur Schule gehen muss. Die LL.M.-Studenten haben schon eine Einladung zur Promovierung (mit Hut und Mantel) im April erhalten. Vorschusslorbeeren? Auf Hardys Kopf sitzt alles andere als ein solcher Kranz. Nicht rosenrot, sondern unverblümt antwortete Thomas auf die Wiedergabe seiner persönlichen Eigenschaften. Es bewahrheitete sich, dass eine kratzige Distel keine Blume, sondern Unkraut ist, frei zur barbarischen Vernichtung. Das freche E-Mail kann im Wortlaut nicht abgedruckt werden; die Schweiz würde Deutschland ob den Beleidigungen (Weichei, Alm-Öhi, eine vor die Fresse geben, nichts am Kopf haben etc.) den Krieg erklären. Der früher propagierte Opferschutz für Thomas wurde nach dieser Gemeinheit sofort eingestellt. Am liebsten hätte Hardy, wenn die gesamte Internetgemeinde dem Deutschen E-Mail-Bomben oder Nelken (gelten üblicherweise als Beerdigungsschmuck) schicken würde. Da Hardy den Deutschen aber irgendwie mag, sind nur solche Bomben gemeint, die den Computer ins Jenseits befördern, nicht aber den Benützer, der noch ein bisschen hier auf Erden schmoren soll. Ja, ja, lieber Thomas, du bist wirklich eine arme Amöbe! Nur von Wildschweinbraten, den Mutti am anderen Ozeanende zubereitet, lebt es sich hier gar nicht gut. Man sollte halt auch ganz normale Dinge wie Käse essen können.

Gott sei Dank gibt es auf dieser Welt nicht nur kleinwüchsige und blasse Schattengewächse vom Stamme der kernlosen Miesepeter, sondern auch bunte, erfreuliche Blumen, die jedes Betrachterherz höher schlagen lassen. Eine solch farbige Erquickung bot das amerikanische Musical „Show Boat" im Civic Theater. Christel und Hardy konnten kurz vor dem 4. Januar noch problemlos Karten am Ticketschalter kaufen, obwohl ein vorgängig erfolgter Reservierungsversuch per Internet mit „ausverkauft" quittiert worden war. Die Glarner wissen nun, dass die Rollstuhlplätze nur direkt am Aussenschalter beim Civic Center vergeben werden. Auch die Ticket Box beim Horton Plaza hat keine Möglichkeit, im Vorverkauf Rollstuhlplätze abzugeben.

„Show Boat"-Erschaffer Jerome Kern (1885-1947) war in New York City aufgewachsen. Sein bevorzugtes Buch war „Huckleberry Finn". Inspiriert durch das berühmte Werk von Mark Twain schrieb Kern das symphonische Werk „Mark Twain: A Portrait for Orchestra". Dieses war längst schon vergessen, als Kern auf die Geschichte „Show Boat" von Edna Ferber stiess und und beschloss, die ebenfalls auf dem

Mississippi spielende Novelle in Musik umzusetzen. Zusammen mit dem Librettisten Oscar Hammerstein II arbeitete er heimlich an der Realisierung. Als Edna Ferber das erste Mal „Ol' Man River" hörte, war sie zutiefst gerührt. „Die Musik schwoll an, immerfort. Und ich gebe euch mein Wort, am Ende hatte ich Hühnerhaut, die Tränen kamen, und ich seufzte wie eine Heldin in einem Melodrama", beschrieb Ferber ihre Gefühle in ihrer Biografie „A Pelicular Treasure". Im Dezember 1927 wurde das „Show Boat" uraufgeführt und war für die damalige Theaterwelt etwas Spezielles: eine amerikanische Musikkomödie – dramatisch, wahr und erst noch Love Story.

Im Halbdunkel suchte Christel vergeblich in ihrer Broschüre nach einer Zusammenfassung der Story. Entweder hatte die Musical-Gesellschaft die Inhaltsangabe schlichtweg vergessen oder aber die Amerikaner gehen davon aus, dass man „Show Boat" kennt. Wie auch immer! Zum guten Glück konnte man der Story gut folgen. Sie drehte sich um Liebe, Freud und Leid einer weissen Schaustellerfamilie mit schwarzen Angestellten auf einem Mississippi-Theaterboot und wurde mit vergnüglichen und ernsten Sequenzen dargestellt. Hardy schwelgte beim bekannten Lied „Ol' Man River", das der schwarze Sänger Phillip Lamar, Bass-Bariton, ergreifend vortrug und die afrikanisch-amerikanische Resignation und Aufruhr trefflich wiedergab. Die Zuschauer – typisch amerikanisch – klatschten in den unmöglichsten Momenten und gingen sogar während der Vorstellung unbekümmert ein und aus, was die Freunde von good old Europe als Respektlosigkeit auffassten. Zudem haben sie keine Ahnung von Qualität. Der Liebhaber der Tochter spielte schlecht, sang dafür aber umso besser. Hardy beklatschte den Sänger daher beim Schlussapplaus, flüsterte aber ein leises „Buuhh" für die charakterlose Darstellung. Er und Christel ahnten nicht, dass dies falsch aufgefasst werden könnte. Zu ihrem grossen Entsetzen meinte ein entfernter Sitznachbar, dies als Bewertung laut kundtun zu müssen, und schrie doch tatsächlich „Buuhh, Buuhh, Buuhh"! Es war äusserst peinlich. Hinzu kam, dass die Nebendarstellerin für ihre wenigen Auftritte mehr Applaus als Magnolia, die weibliche Hauptdarstellerin, erntete. Christel fand nur eine Antwort: Magnolia verdiente es wohl in den Augen der Konzertbesucher nicht anders, da sie trotz des Protests ihrer Mutter mit dem Liebhaber türmte, diesen heiratete, mit ihm in Armut lebte, aber immer zu ihrem Taugenichts hielt, ihm sogar ein Kind gebar, das sie alleine grossziehen musste, und erst noch ihrem Ehemann nach zwanzig Jahren sein Verschwinden verzieh. Für prüde Amis ist so ein Lebenswandel unverzeihlich, es spielt deshalb keine Rolle, ob man ihn nur spielt oder selbst lebt.

Am nächsten Tag erwartete keine Magnolienschönheit Hardy beim Auto. Eine gemeine Schlingpflanze hatte eine Notiz unter den Scheibenwischer geklemmt, die besagte, dass der Parkplatz am nächsten Tag um 5 p.m. ersatzlos aufgehoben werde. Da standen und sassen sie nun, die drei Schweizer, und spürten, wie die Liane sich immer enger um ihre Hälse schlang. Es war offensichtlich, dass das verlotterte Grundstück nun definitiv mit baulicher Verschönerung rechnen konnte. Andi lief postwendend zur Verwaltung des Cityfront Terrace. Die liebe Charmane rettete sich vor dem aufgebrachten Züri-Leu, indem sie ihn der Managerin Melissa weiterreichte. Diese musste zugeben, schon einen ganzen Monat von der bevorstehenden Aufhebung des Parkplatzes gewusst zu haben. Sie hätte aber vergessen, für einen Ersatz zu sorgen. Sie entschuldigte sich und stellte liebenswürdigerweise ihren eigenen Tiefgaragenplatz (!) im Cityfront Terrace zur Verfügung. Diese nette Offerte wurde von Andi nur mit einem viel sagenden Augenrollen bedacht.

Es blieb nichts anderes übrig, als dass die Verwaltung und Andi selber telefonisch aktiv werden mussten. Melissa meinte bald einmal, nichts mehr tun zu können, da in der näheren Umgebung keine Mietparkplätze frei seien. Man werde deshalb eine Mietreduktion von monatlich 75 Dollar gewähren. Für das Cityfront Terrace war das Problem somit gelöst. Nicht aber für die Schweizer. Andi bestellte bei der Polizei kurzerhand einen Behindertenparkplatz in der Nähe des Hauseinganges. Die Stadtplaner versprachen, sich des Problems anzunehmen, frühestens aber in sechs Wochen. Sie zeigten sich sehr kooperativ und nahmen Andis Äusserung, dass die Strassen in der Umgebung keinen einzigen blauen Parkplatz aufweisen würden, sehr ernst. Bis die Männer mit den blauen Farbkübeln die Strassenbemalung in Angriff nehmen, parkiert der rote Van entweder (kostenlos) auf den normalen gebührenpflichtigen Plätzen in der Nähe oder auf dem Behindertenparkplatz des *Kindermuseums* (200 W Island Ave) um die Ecke. Dieser hat den Vorteil, dass das Auto stehen gelassen werden kann. Die anderen Strassen müssen alternierend für den morgendlichen Reinigungsservice freigehalten werden.

Das erwähnte *Children's Museum of San Diego* (in einer ehemaligen Lagerhalle) stellt kein eigentliches Museum dar, in dem Gegenstände ausgestellt sind und nur betrachtet werden können, sondern entspricht eher einer gedeckten Spiel- und Bastelbegegnungsstätte für Kinder von zwei bis zehn Jahren. Das Kunststudio innerhalb und ausserhalb des Gebäudes will durch Kinderhand bemalt werden. Ebenso inspirierend ist das Theater mit seinen Kostümen für kleine Schauspieler oder der Beobachtungsweg mit seinen Hindernissen, die spielend bewältigt werden können. Der Museumsladen ist gefüllt mit Spielsachen, Handarbeiten und Bücher. Der Bus namens The Bookstop auf dem Vorplatz wird rege benützt. Ganze Horden von Schulgruppen überfallen jeweils am Morgen das Museum, weshalb Touristen mit Kindern eher am Nachmittag vorbeischauen sollten.

Man sollte sich schon etwas in der Pflanzenwelt auskennen. Nicht jeder muss ein Botaniker sein. Aber gewisse Grundgesetze sollten mindestens einem Naturburschen aus der Schweiz vertraut sein. Andi hatte nämlich unüberlegt eine zarte Lotusblume aus Thailand in die raue Bergwelt geschleppt und sie kurzerhand zu einem Edelweiss gemacht. Leider war der tropischen Schönheit die dünne Luft ebenso wenig bekommen wie der bergwärtsstürmende Züri-Leu. Die Blüte hatte allmählich ihr Strahlen verloren und war zusehends blasser geworden. Irgendwann hatte der ungeduldig vor- und zurückspringende Löwe seine asiatische Pflanze am Wegrand wiedergefunden, von Kälte und Regen, ja sogar von Schnee geknickt. Es war dem Züri-Leu nichts anderes übrig geblieben, als das halbtote Geschöpf zu retten und auf den Gipfelsturm zu verzichten. Etwas enttäuscht und missmutig über die schwache Pflanzengattung kehrte Andrew in die Stadt zurück. Er ist fest entschlossen, den Gipfel am kommenden Wochenende doch noch zu erklimmen – aber diesmal in Begleitung einer robusten Naturschönheit mit Veilchenaugen.

Hardy verzichtet gerne auf das genaue Studium der vielfältigen blumigen Verlockungen. Er hält sich an das verlässliche Immergrün, das auf seinem Weg durch die wissenschaftliche Welt konstant an seiner Seite weilt. Nimmermüde half es Hardy, sich durch Länder und Gesetze zu kämpfen. So eroberte Hardy ganz Afrika und fiel bereits über Europa her. Obwohl er auf manche irreführende Wegweiser stiess und sich mit trügerischen Landesregeln auseinander setzen musste, hatten ihn noch nie Mut und Durchhaltewille verlassen. Er rechnet damit, dass er seine Forschungsergebnisse veröffentlichen kann und hat bereits Kontakt zu hiesigen Verlagen aufgenommen.

Welcher Spitalbesucher erfreut sich nicht der allgegenwärtigen Blumenpracht? Hardy und Andreas jedenfalls nahmen die wohlklingende Glockenblume in der Rechnungsabteilung der Physiotherapie gerne wahr. Beschwingt wippte das gelbe Köpfchen, als es die Information des Oberbosses an Hardy weiterleitete: Alle geschuldeten Beträge bis zu diesem Tag könnten mit einer 25%igen Reduktion beglichen werden. Das erledigte die Visakarte prompt. Man einigte sich zudem, dass jede zukünftige Stunde umgehend bezahlt wird. Mit dem reinen Geläut der Glockenblume in den Ohren und ihrem wohlriechenden Blütenduft in der Nase begaben sich die Schuldenfreien glückselig nach Hause. Am nächsten Tag erhielt Hardy ein Telefon von einer welkenden Narzisse aus dem Spital, die Hardy unhöflich darauf hinwies, dass er in Zukunft gefälligst auf die Rechnung warten solle. Vorauszahlungen seien unerwünscht! Hardy war nach dem Gespräch etwas verwirrt. Tags darauf flatterte zudem eine Rechnungsübersicht von September bis Ende Dezember ins Haus mit der klaren Erwartung, dass man endlich die geschuldeten 500 Dollar begleichen soll. Na, ja – Gelb war schon immer nicht Hardys Lieblingsfarbe gewesen und Christels ihre erst recht nicht.

Am Samstag beschlossen die Glarner, die Pflanzenwelt ausserhalb von San Diego County zu besuchen. Sie fuhren in den nördlich gelegenen Bezirk Orange County. Da sie sich später als geplant auf den Weg machten, unterbrachen sie ihre Fahrt auf der I-5 north nicht und verzichteten einstweilen auf die Besichtigung des Küstenstreifens mit seinen schönen Stränden und Lagunen. Nach knapp zwei Stunden fuhr der Van an der Ausfahrt nach *Anaheim (Disneyland)* vorbei und verliess kurz darauf die I-5, um in den Hwy 91 west einzubiegen. Die Strasse 39 south wies den beiden nach kurzer Fahrt den Eingang zu *Knott's Berry Farm*. Der Vis-à-Vis-Reiseführer meint zu Knott's Berry Farm Folgendes: „...seine Geschichte reicht zurück in die frühen 20er Jahre. Als Obstbauer hatte Walter Knott einst Boysenbeeren, eine Brombeerhybride, gezüchtet. Heute ist die Farm ein riesiger Spielplatz mit über 165 Attraktionen, vom sanften Flug mit Snoopy bis zu einer Achterbahn, die ihre Opfer in fünf Sekunden von 0 auf 88 km/h bringt. Das Herz des Parks bilden die wackeligen Holzhäuser von Ghost Town. Die Geisterstadt entstand in den 40er Jahren zur Unterhaltung der Gäste des berühmten Restaurants Chicken Dinner und ist immer noch der Favorit aller Altersstufen."

Hardy und sein Kumpel Knott's Berry

Die Behindertenparkplätze waren alle besetzt, weshalb die Glarner bis zum angrenzenden Hotel weiterfuhren, wo sich weitere blaue Plätze fanden. Der Weg zum ältesten Vergnügungspark der Vereinigten Staaten führte Christel und Hardy unter einer hölzernen Achterbahn hindurch. Es war lustig, den kreischenden Leuten auf ihrer Höllenfahrt zuzusehen. Ein paar Meter weiter war der Eingang zum Park. Die Warteschlange hielt sich angesichts der Jahreszeit in Grenzen. Behinderte und Schwangere erhielten eine Reduktion, da sie nicht alle Bahnen benützen können. Hardy erhielt im Informationsbüro zudem einen Special Assistance Pass, der ihm erlaubte, Warteschlangen an Bahnen und Theater zu umgehen.

Westernbuden und Rollercoaster allüberall

Die Glarner besuchten nach der Besichtigung eines nostalgischen Waffenladens mit Knarren, Messern, Sheriffsternen und Dollarblüten eine richtige Wild West Stunt Show. Das Dargebotene war nicht sehr anspruchsvoll, nahm aber ein überraschendes Ende. Zu spät erkannte Christel, dass einer der Zuschauer-Planwagen auch für Rollstühle zugänglich war. Hardy hätte das Spektakel von dort aus besser mitverfolgen können und sich nicht über eine vorübergehend behinderte Blondine an seiner Seite ärgern müssen. Diese jammerte nämlich nach einem kurzen „Hi" theatralisch: „Sie (die Ärzte) sagten, ES würde schon besser werden. Leider ist ES aber nicht besser geworden." Ihre Aussage bekräftigte die Frau mit einem inszenierten Beinzucken und einer zur Schau gestellten Furcht einflössenden Schmerzmimik. Aufsehen pur! Zu ihrem Missfallen musste die Lady mit ihrer BuffaloBill-Begleitung feststellen, dass weder Hardy noch Christel ES genauer wissen wollten.

Rollstuhlgängige Planwagen – nur in den USA

Sehr geschichtsträchtig war die Saloon-Show. In historischen Kleidern schmolzen eine Verliebte und der Angebetete bei salopper Klavierbegleitung auf der Bühne. Zuschauer wurden geschickt in die Story miteinbezogen und hatten einen Riesenspass. Die Indianer sind in der Knott's Berry Farm ebenfalls vertreten. In der Mystrie Lodge zweifelte niemand an den übernatürlichen Sinnen der Rothäute. Ein paar Ecken weiter konnte sich der Interessierte über Tanz und Musik der Federgeschmückten informieren.

Saloon Entertainment

Vorbei an einer Country tanzenden Teenagergruppe zogen Hardy und Christel Richtung Calico-Railroad-Dampflock. Über eine seitliche Hebebühne konnte sogar Hardy in dieses antike dampfende Ungetüm einsteigen und die kurze Rundfahrt durch den Park mitmachen. Nachher überlegte sich das Schweizer Paar, ob eine Antikfoto, Hardy in Cowboyklamotten und einem gezücktem Colt, Christel mit anrüchigem Saloonkostüm, erstrebenswert wäre. Die Dame der Schöpfung beliebte aber sich zu zieren. Auf dem Heimweg wollten die hungrigen Mägen einmal die Bekanntschaft der KFC-Vögel (Kentucky Fried Chicken) machen. Diese waren denn auch das Beste am Menü.

Rollstuhlgängige Dampflok – nach Durango zum zweiten Mal

Am Sonntag hatten die Glarner Gewissheit, dass es doch noch Gerechtigkeit auf dieser Welt gibt. Thomas wurde nämlich kurz nach seinem rotzfrechen E-Mail mit einer bösen Erkältung bestraft. Da der arme Darniederliegende nicht mit seiner alles könnenden Mutti rechnen konnte, musste er zähneknirschend auf die jungen und blöden Sch…weiber zurückgreifen. Das Siechtum vertrieb aber seine Neigung zur Plagerei Dritter nicht. Die Kollegin aus Deutschland musste zweimal zur Ralph's Pharmacy stressen, weil sie sich erlaubt hatte, eine billigere Alternative zum befohlenen Vicks Medi Night zu kaufen. Thomas, der sich mental nicht auf ein anderes Mittel einstellen konnte – jöh, armer Bube – schickte sie unverzüglich zum Umtausch zurück. Um ganz sicher zu gehen, dass er ohne Muttis Pflege nicht stirbt, nahm der Leidende zusätzlich den Kontakt zur diplomierten Krankenschwester im Cityfront Terrace auf. Die Kräuterhexe liess sich nicht zweimal bitten. Ihrer Macht voll bewusst beugte sie sich über ihren schwarzen Kessel und mischte wohlbedacht die Blüten für einen wirksamen Trank. Auch in dieser Form kann man auf die Blumenwelt zählen!

Week 02/2000:
Engel- und Bengelchen am Gospelhimmel – Birch Aquarium

10. bis 16. Januar

Hardy hat am Montagnachmittag jeweils bis um 7 p.m. Schule. Folglich kamen der Student und sein Leibeigener mit grossem Magenknurren nach Hause. Christel hatte in weiser Voraussicht ein feines Teigwarengericht vorbereitet. Die drei plauderten über dies und das, während sie Steinpilz-Safran-Pasta mampften. Andi gab dabei sein Sonntagserlebnis zum Besten. Der Zürcher hatte sich von einem heiligen Fräulein zu einer sonntäglichen Messe einladen lassen. Der Musik liebende Züri-Engel freute sich auf Gospel und so Zeug. Mit etwas Verspätung fuhr er in die nördliche Himmelsrichtung zum abgemachten Treffpunkt, wo er leider den hellen Stern nicht mehr antraf. Der Engel Andreas frohlockte deshalb etwas kräftiger, worauf ihm die Kirchenglocken unverzüglich den Weg zum Gebetshaus wiesen.

Der Engel bemerkte als Erstes die vielen gut gekleideten, sorgfältig sonntäglich zurechtgemachten schwarzen Himmelsschwestern, die ihre Engelsgewänder glattstrichen und ihr Kraushaar zurechtzupften. Allmählich wurde Engel Andreas auch der übrigen Gottesdiener gewahr: schwarze, weisse, grosse, kleine, dicke, dünne, spontane, scheue, einsam Verheiratete und glückliche Singles – oder andersrum? Sofort wurde der neue Engel gesichtet und, zusammen mit anderen Newcomern, der gesamten Kirchgemeinde vorgestellt. Halleluja! Der Züri-Engel war etwas verwirrt. Er hatte eigentlich mehr mit einem Gotteshaus als mit einer Showbühne gerechnet. Die Gospel singenden Stimmen bemühten bald ihre höchsten Töne und animierten die Gläubigen zum Mitwippen. Der Backgroundgesang verstummte in der Folge nicht mehr. Der Oberengel auf der Bühne warf erst einen prüfenden Blick auf seine gottesfürchtigen Schäfchen, um dann zu verkünden, dass man aus der Bibel glauben kann, was man wolle – Hauptsache, man spüre IHN durch den eigenen Leib schiessen.

Bejahendes Zurufen steigerte sich zu unnatürlichen Bewegungen von Köpfen und Armen. Die Gospelklänge beschallten gleichmässig die weit geöffneten Ohren der Hörigen. Der Oberengel liess mit seiner energischen Stimme den heiligen Geist durch sämtliche Körper schnellen, die lachend, weinend, rufend, singend, röchelnd oder wie auch immer zusammenzuckten und sich im Paradiese glaubten. Die himmlischen Pfeile schossen mitunter derart heftig auf die sehnsüchtig Wartenden herab, dass sie ihnen das Stehvermögen raubten. Für diese Fälle war das göttliche Theater selbstverständlich vorbereitet. Mit geübtem Blick wurden Geknickte durch allgegenwärtige Notfall-Elfen geortet, aufgefangen und zwischen den Stühlen auf die gute Erde gebettet. Der Züri-Engel schaute ungläubig in die Runde, was nicht unentdeckt blieb. Einer der Oberengel schwebte zielgerichtet auf ihn zu, schlug ihm mit der Handfläche unaufhörlich, aber rhythmisch auf die Stirne, wobei er taktgleich in sein Ohr halblaut sagte: „Jesus, Jesus, Jesus, Jesus, Jesus ..." Engel Andreas musste ob dieser Kopfmassage wohl einen höchst mitgenommenen Gesichtsausdruck angenommen haben, was der Oberengel als Entzückung interpretierte und unablässig fragte: „Spürst du IHN nun? Spürst du IHN nun? Spürst du IHN nun? ..."

Der standhafte Schweizer Engel schüttelte den Kopf. Der Oberengel liess unverzüglich vom Ungläubigen ab und wendete sich ohne grosses Aufsehen anderen himmelwärtsstrebenden Wesen zu. Auf wundersame Art versuchten die Schwebenden allmählich, ihre Flügel abzustreifen und auf Mutters Erde wieder Fuss zu fassen – just in time – zum Schlussgebet. Die Gemeindemitglieder nickten sich gegenseitig bedeutungsvoll, ja gar anerkennend zu. Der Züri-Engel konnte den geheimnisvollen Gedankenaustausch nicht entschlüsseln. Er erkannte aber bald ein heiliges Opfertöpfchen, das sich füllte und füllte und anschliessend in die Hände eines Scheinheiligen wanderte, der mit Notizblock und Aktenköfferli[131] im Bühnenhintergrund aktiv war. Der Engel Andreas zweifelte sehr, ob das irdische Business zu den Bekenntnissen der himmlischen Show passte. Während der Heimfahrt auf Wolke Sieben war für das neue Himmelsmitglied klar, dass das „Gehet hin in Frieden" wohl nur bedeuten konnte, am kommenden Sonntag mit vollem Geldbeutel wieder zu kommen.

Andreas untermalte seine lustig überzeichnete Geschichte dermassen mit aussagekräftigen Gesten und Grimassen, dass es Hardy vor Lachen im Rollstuhl zurückschlug. Christel schüttelte es nur so, wobei ihr die Tränen über die Backen kullerten. Immer wieder wurden die drei Schweizer von heftigen Lachkrämpfen übermannt. Christel konnte ihr Glucksen nur mühsam unterdrücken. Plötzlich klingelte es an der Wohnungstüre. Christels Lachen erstarrte, als sie die Türe öffnete. Um Himmelswillen! Da standen sie, drei schwarze Engel. Unsichtbar waren sie an der Eingangspforte des Cityfront Terrace vorbeigeschwebt und frohlockten einer sichtlich verwirrten Christel ins Gesicht. Die Engel streckten der ungläubigen Nurse ein Manna in Cakeform entgegen und erkundigten sich nach dem weissen Engel aus Zürich. Dieser flog ihnen sofort in höchster Erquickung entgegen … und wenn sie nicht gestorben sind, dann leben sie noch heute – Halleluja!

Nach so viel Himmel brauchte Christel etwas Tiefgründigeres und suchte Abwechslung in der Meereswelt. Zusammen mit Hardy besuchte sie das *Birch Aquarium* in La Jolla. Das öffentliche Bildungszenter für Ozeanography des Scripps Instituts ist der UCSD (University of California of San Diego) angegliedert. Diese thront der Küste vorgelagert auf einem Felsplateau. Hardy ist froh, dass er sich nicht für diese Universität entschieden hat. Das abgelegene Gelände hätte für den Rollstuhl kaum abwechslungsreiche Spaziergänge bieten können. Zudem wäre der steile Zugang zum Meer hinunter nur mit dem Auto oder per Bus zu bewältigen gewesen. Vielleicht hätte das Glarner Paar an der Buslinie 34 Gefallen gefunden, die in östlicher Richtung die UCSD mit dem medizinischen Zentrum (Thornton Hospital, UCSD Medical Center La Jolla, Scripps Hospital) verbindet und dabei die Shoppingmekkas La Jolla Village Square und University Towne Center tangiert. Die südliche Linienführung endet nach zweieinhalb Stunden (!) in Downtown San Diego auf dem Broadway, falls man die Fahrt nicht vorher in Pacific Beach oder im Stadium der Sports Arena oder in Old Town unterbricht.

Erreicht wird das *Birch Aquarium* über die I-5 north, die bei der Ausfahrt La Jolla Village Drive verlassen wird. Diesem folgt man eine Meile in westlicher Richtung und biegt hernach links in den Expedition Way ein, der die Besucher zum Eingang hinunterführt. Der zweigeteilte Hauptkomplex bietet den Besuchern viel Lehrreiches. In der Hall of Fishes folgten die Glarner den Aquarien, die alle mit informativen Erklärungstafeln nicht geizten. Die Quallen boten ein eigenartig schönes Bild. Sehr angetan war Christel vom riesengrossen Panoramaaquarium. Wegen der kleinen Besucheranzahl war kein Gedränge vor der grossflächigen Glasscheibe, was den Betrachtern die seltene Gelegenheit bot, in die wunderbare Unterwasserwelt einzutauchen und sich an der farbenfrohen Stille zu erfreuen. Die andere Halle beherbergt ein eigentliches Lern- und Erfahrungszenter. Erläuterungen zur Geschichte der Ozeanographie sowie das Studium von Wasser, Luft und Land lassen Wissensdurstige den blauen Planeten entdecken. Mutige und Neugierige können eine Druckkammer besuchen. Wie sich das Tiefseetauchen wohl anfühlt? Auf einem Aussenplatz finden Ausstellungen statt. Ebenso bietet ein grosser Innenraum Gelegenheit für Special Events. Die Zeitung liess verlauten, dass am kommenden Sonntag ein derartiger Event bevorstand. Die Kinder werden zum Thema Wal basteln und malen können.

Birch Aquarium

Der westliche Aussenplatz schenkt dem Besucher einen atemberaubenden Ausblick aufs Meer. Zu erkennen sind die Gebäude, in denen sich wohl die Wissenschafter, Laboranlagen und Züchtungsbecken befinden. Ein aussergewöhnlicher, aber kleiner Streichelzoo steht ebenfalls zur Verfügung. Man konnte aber keine Besucherhand erkennen, die freiwillig in das Wassebecken eintauchte, um Muscheln, Pflanzen, Fische und anderes unbekanntes Gschludder[132] zu betasten. Beim Ausgang betraten Hardy und Christel noch den Buchladen. Nebst Lesestoff für Gross und Klein waren selbstverständlich auch andere Herz- und Scherzartikel rund um die Meerestiere anzutreffen. Christel stiess einmal mehr auf das Kinderbuch

„Der Regenbogenfisch" des Schweizer Aquarellmalers Marcus Pfister und war stolz, dass der Schweizer Rainbow Fish auch in amerikanischen Buchläden ein absoluter Renner (eher Schwimmer) ist!

Christel wäre am liebsten eine Qualle

Hardy forderte sein Weib auf, die beeindruckende Walskulptur beim Parkplatz zu fotografieren. Anschliessend verliessen der Student und sein Juli-Krebs die Wasserwelt. Man fuhr die I-5 südwärts, bog in die I-8 east ein und begab sich zum Mission-Valley-Shoppingzenter. Die Glarner steuerten diesmal aber nicht den Einkaufskomplex, sondern den Buchladen Border Bookstore an, der sich neben dem Chevy's Fresh Mex Restaurant (1202 Camino del Rio North) befindet. Der Student und die Schmökertante lieben die Ambiance des grossen Buchladens mit der Cafeteria und dem Zeitungsstand. Wie immer waren auch diesmal viele Bücherwürmer anwesend und vermittelten den Eindruck, dass man sich in einer Bibliothek und nicht in einem Geschäft befand. Überall sassen sie und lasen, zum Teil sogar halb liegend und einen Coffee schlürfend. Ein kleines Hüngerchen verführte anschliessend zum Mexikaner. Das Chevy's war ebenso top wie dasjenige in Redwood City – empfehlenswert.

Am Freitag gingen die Glarner wieder einmal zur Bank. Hardy wollte wissen, wie sich die Gebühren auf dem Kontoauszug rechtfertigen. Es herrschte ein kleineres Chaos, da zwei Angestellte krankheitshalber abwesend waren. Die sichtlich gestresste, magere Mitarbeiterin wusste nicht zu helfen. Sie telefonierte nervös mit mehreren Etagen. Schliesslich kriegte sie die gewünschte Information. Positiv für sie, negativ für die Glarner, die wegen der internen Weiterbildung lange warten mussten. Den Bankkunden in Amerika geht es ebenfalls salamitaktisch[133] an den Kragen. Kopfschüttelnd verliessen die zwei Geschröpften[134] die Geldanstalt und besichtigten ein paar Hotels in Downtown, da sie bald Besuch aus der Schweiz erwarteten. Die Unterschiede waren enorm. Die Glarner kamen zum Schluss, dass man in Downtown lieber etwas mehr ausgibt, dafür garantiert kakerlakenfrei hausen kann. Es lohnt sich wirklich!

Die empfehlenswerten rollstuhlgängigen Hotels von Downtown San Diego sind: Hyatt Regency (On Market Place; mit 25 Roll-in Showers), Mariott Marina (333 West Harbor Drive; 10 Roll-in Showers), Holiday Inn on the Bay (1355 North Harbor Drive; diverse Roll-in Showers) und Embassy Suites San Diego Bay (601 Pacific Hwy). Diese Hotels liegen entweder direkt oder nahe am Meer und bieten ausgedehnte, ebene Flaniermöglichkeiten auf dem Embarcadero. Im Herzen des Gaslamp Quartes locken Horton Grand (311 Iland Ave; Badewanne), Courtyard by Mariott (530 Broadway), US Grant Hotel (326 Broadway) und Westin Horton Plaza (910 Broadway Circle). In und um Downtown sind sodann auch die gängigen Hotelketten vorhanden (oft auf dem Hügel gelegen oder weiter entfernt): Motel 6 (2nd Ave; Roll-in Shower), Best Western Bayside Inn (555 West Ash St) und Super 8 (1835 Columbia St).

Ernüchtert von der Hotelsuche machte das Paar vor der Heimkehr einen Abstecher in den Weltladen, Cost Plus World Market, im südlichen Gaslamp Quarter. Hardy ortete mit seinen Adleraugen sofort eine italienische Kaffeemaschine. Die Theke mit den vielen Sorten Kaffeebohnen stach ebenfalls schnell in die Nase. Der Halbitaliener erlag der Verlockung durch einen starken Espresso. In der Weinabteilung stellte der Vino-Liebhaber erschreckt fest, dass sein Lieblingswein Amarone ganze 33 Dollar (für einen mittelmässigen 95er Masi) kostete. Die Flasche blieb selbstverständlich dort stehen, wo sie war. An Regalen mit Geschirr im ländlichen Stil, weiteren Haushaltssachen und Möbelstücken aus Massivholz oder Rattan vorbei gelangten die beiden zu den Papeterieartikeln, die sich in der Nähe der Kasse befinden. Das Sortiment empfanden die Glarner als ansprechend, weshalb sie der Kassiererin mitteilten, gerne wiederzukommen. Diese fragte, woher der Akzent kommen würde. Die Antwort verursachte bei ihr anfallsartig ein schlimmes Reisefieber. Die von Fernweh geplagte Frau wollte wissen, wie sie Hello sagen müsse, wenn sie auf ihrer bevorstehenden Deutschlandreise die Schweiz besuchen werde, und brachte auf Anhieb ein fehlerfreies Grüezi[135] zustande!

Die Arbeitswoche hatte himmlisch begonnen und versprach, ebenso zu enden. Eine Voranzeige der sieben blinden Gospelengel aus Alabama kündigte ein genussvolles Konzert an. Gemäss Zeitung war die schwarze Gospelgruppe „The Blind Boys of Alabama" vor mehr als 60 Jahren im Talladega Institut für Blinde und Gehörlose in Alabama entstanden. Was erst als ein informelles Gruppensingen begonnen hatte, führte 1944 zu offiziellen Auftritten mit sechs Blinden. In den 60er Jahren verliess Clarence Fountaine, der Chef der Truppe, diese infolge Meinungsverschiedenheiten und begann eine Solokarriere, kehrte aber fünf Jahre später wieder zurück. Heute würde sich die Gruppe aus drei Originalmitgliedern und vier neuen zusammensetzen; vier der sieben Sänger seien blind. Die Reportage berichtete weiter, dass die Gospeltruppe trotz des hohen Alters einiger Mitglieder unermüdlich herumtoure und allein in diesem Jahr 200 Auftritte zu bewältigen hätte.

Der Event fand für einmal ausserhalb von Downtown statt. Via I-8 east und Magnolia Ave south gelangten die Glarner in den Bezirk El Cajon, zum *East County Performing Arts Center* (ECPAC, 210 E. Main Street) im Civic Center Complex. Das 1977 gebaute Gebäude wurde in den vergangenen zwei Jahren für nahezu eine Million Dollar renoviert. Nun freuen sich die Besucher an der neuen Lobby und dem neuen Heizungs- sowie Belüftungssystem. Das Theater verfügt über 1142 Sitzplätze. Rollstuhlplätze und Sitzplätze für Begleitpersonen sind in allen Preiskategorien erhältlich. Hörbehinderten stehen akustische Hilfsmittel zur Verfügung. Die bauliche Erneuerung des ECPAC äussert sich in einem seit 1997 bestehenden neuen, sehr erfolgreichen Management.

Fetzige Acapella – hätten sie nur länger gesungen

Die schwarzen Jungs liessen ziemlich lange auf sich warten. Die Besucher kamen vorerst in den Genuss einer dreiköpfigen Acapella. Die drei schwarzen Sänger (Mutter, Tocher, Vater) überzeugten vom ersten Moment an und ernteten von den überraschten Zuschauern einen verdienten Applaus. Dann kamen sie – die Blinden Boys. Im Gänsemarsch, ein jeder seine rechte Hand auf der rechten Schulter des Vorderen haltend, spazierten sie auf die Bühne. Drei Sehende führten zwei alte Sehbehinderte zu bereitgestellten Stühlen. Die körperliche Verfassung des Chefs der Gruppe verlangte sichtbar nach einem Stuhl. Die zwei „Originale" waren ganz klar die Hauptattraktion des Abends, der jedoch nur dank der gekonnten Regie und dem ohrenschonenden Sound nicht noch grösseren Peinlichkeiten aufwies.

Da Fans aber Fans auf Lebzeiten bleiben, war den Oldies, die mehr atonal krächzten und schrien als sangen, Lob sicher. Es wurde geklatscht und mitgewippt, was das Zeug hielt. Besinnliche Worteinlagen des Chefs, die wegen seiner Zahnprothese erst entschlüsselt werden mussten, wurden durch laute Zurufe aus dem Publikum bestätigt. Christel befürchtete schon ekstatische Zuckungen bei den Fans. Der Auftritt der sechs dauerte nicht lange, was gar manchen überraschte. Die Glarner jedenfalls hätten nichts gegen einen zweiten Leckerbissen der A-capella-Familie einzuwenden gehabt. Christel las später zuhause in der Zeitung einen Bericht über die Krähen von Alabama. „Aha!", stellte sie fest, „ein Sänger hat gefehlt!" Zudem war die Gruppe, abgesehen von den zwei Oldies, anders zusammengesetzt, als es die Werbung versprochen hatte. „Und um den Genuss betrogen!", dachte die Nurse, die ihre aufmerksamen Augen kaum vom parkinsonverdächtigen Hauptsänger hatte lassen können, was natürlich dem Divertimento abträglich war. „Die blinden Jungs muss man nicht unbedingt sehen", meinten Christel und Hardy.

The Blind Boys – eher etwas für die medizinische Forschung

Dass nicht alle psychisch Auffälligen in Anstalten gesteckt werden (können), machte der Kinostreifen „Girl Interrupted" mit Angelina Jolie klar. Er zeigte das Innenleben einer geschlossenen Frauenabteilung und zeichnete nach, dass auch in einer Irrenanstalt jeder Patient verschieden ist und individuell wahrgenommen werden muss, um gesunden zu können. Der beeindruckende Film ist lehrreich – sofern der Zuschauer bereit ist, die subtilen Zwischentöne herauszuspüren. Hardy fühlte sich in seiner Meinung bestätigt, dass nur wenige Irre in einer Anstalt sind und nicht alle, die in einer Anstalt sind, spinnen. Zu diesem Thema passte Hardys Korrespondenzwechsel mit einem Glarner Arzt. Der Anwalt hatte sich über einen Berufskollegen im Heimatkanton, der offenbar an einer komischen Gemütserkrankung leidet, mächtig ärgern müssen. So hielt Hardy gegenüber dem besagten Arzt fest: „Ich geniesse die Wärme und Sonne von Südkalifornien, auch wenn ich manchmal vernehmen muss, dass die Kälte zuhause gewissen Leuten aufs Hirn schlägt. Was ist das für eine Krankheit? Hat die auch einen Namen oder ist das einfach das weltweite Irrenhaus, das man auch hier antrifft?" Postwendend kam aus berufenem Munde eine Antwort: „Einerseits grassiert hier eine Influenza, die auch Hirnentzündungen macht, nicht mit schweren Folgen bisher, aber es tut schon weh. Dann ist der Winter mit seiner Dunkelheit mit zunehmendem Alter offensichtlich schwer erträglich (siehe auch Luccheatta et. al.: Tod in der Pineta.)" Wie wahr, ihr Alltagsirren!

WEEK 03/2000:
MARTIN LUTHER KING JUNIOR-DAY

17. bis 23. Januar

Der amerikanische Kalender vermerkte am Montag einen staatlichen Feiertag. *Der Tag des Martin Luther King Jr.* wurde hier in San Diego zum 20. Mal gefeiert. „King ist einer der grössten Helden der Amerikanischen Lebensart. Ohne ihn hätten wir 1964 das Bürgerrecht nicht erhalten", sagte Walter M., ehemaliger Colonel des Marine Corps. Im Sommer 1963 nahm Martin Luther King Jr. am denkwürdigen Marsch in Washington D.C. teil und forderte Gleichberechtigung für alle. Beim Lincoln Memorial hielt er die bekannte Rede „I have a dream". Mit der Annahme des Grundrechtsgesetzes im darauf folgenden Jahr erklärte der Kongress Diskriminierungen auf Grund der Hautfarbe als unzulässig. King erhielt 1964 den Friedensnobelpreis. Der für Gewaltlosigkeit und Gleichberechtigung kämpfende Schwarze wurde 1968 in Memphis (TE) ermordet.

Der Anlass zu Ehren des schwarzen Bürgerrechtlers begann in Downtown bereits am Samstag um 10 a.m. mit der Parade, die dem Harbor Drive (Grape Street) und dem Pacific Highway entlangführte. Das diesjährige Motto hiess „Lasst uns alle zusammenkommen". Erstmals fand vom Mittag bis um 4 p.m. ein multikulturelles Festival am Quai (585 Harbor Drive) statt. Es endete anschliessend mit einem Kerzenmarsch entlang der Martin Luther King-Promenade, die parallel zum Harbor Drive, hinter dem Cityfront Terrace liegt. „Es ist wirklich eine gute Sache", meinte Robert B., der mit seiner 1990er Harley Davidson Ultra Classic an der Parade teilnahm. Seine Harley-Gang war aber nur eine unter den vielen Teilnehmern. Steppgruppen, Drill-Teams, Marschmusikbands, Indianer-Tanzgruppen, Folklore-Ballettänzer und Reitertruppen mischten sich ebenfalls unter die Teilnehmer. „Wir haben das Fest wachsen sehen – und nun kommen sogar Auswärtige, um am Anlass mitzumachen", fügte Robert B. hinzu. Er hatte 1981 die erste Parade begleitet, die von Dr. David N. Geiger, einem ehemaligen Bankpräsidenten, ins Leben gerufen worden war. Dr. Geiger war ein paar Monate nach der 1981er Parade gestorben. Aber die Idee wurde von schwarzen Gemeindemitgliedern aufgenommen. Die diesjährige Parade wurde von „Alpha Phi Alpha Fraternity" und „San Diego National & International Black Film Festival" organisiert. Das von der städtischen Entwicklungskooperation gesponserte Fest beinhaltete Tanz und Musik der African-Americans, Mexicans, Filipinos, American Indians und Chinese People. Der Traum von Dr. Geiger wurde wahr: Die Gemeinden von San Diego wurden zusammengeführt.

Einige der King-Anhänger schätzen zwar die Bemühungen der Stadt San Diego, die mit 25 Millionen Dollar den *Linear Park* (kleiner Platz mit Kinderpark und gebrochener Kettenskulptur) und die *King Promenade* (eingelegte Steinplatten mit eingeritzten King-Zitaten) angelegt hat. Doch ist man enttäuscht, dass mit dem Geld nicht mehr gemacht worden ist, z.B. eine Institution wie das Gaslamp Quarter oder das Sea World. Einige Leute leiden immer noch unter dem Misserfolg der 80er Jahre, als versucht worden war, die Market Street und das Convention Center zu Ehren Kings umzutaufen. „Die King Promenade und der Platz sind wunderbar gemacht, aber die Ortswahl ist bizarr", äusserte sich eine Soziologin und selbst ernannte Idealistin gegenüber der Zeitung. „Die Leute, die es sich leisten können, hier zu leben, sehen die inspirierenden Worte nicht, wenn sie zur Tür hinausgehen", meinte sie zynisch und dachte wohl an das nahe Cityfront Terrace. Die Zeitung wusste ferner zu berichten, dass Pläne zur Erweiterung der Promenade mit zwei neuen Kunstwerken in Anlehnung an Worte von Martin Luther King Jr. bestehen. Vielleicht gelingt es mit der Zeit, etwas Bedeutendes nach King zu benennen. Dann wäre ein langer Wunsch der Aktivisten in Erfüllung gegangen. Bis dahin gilt für sie wohl noch lange „I have a dream".

Kein Traum hingegen war, dass Christel und Hardy am Montagabend in den Genuss von Stefanos Kochkünste kamen. Das Tessiner Pilzgericht war wie immer eine Köstlichkeit. Gegen neun Uhr klingelte plötzlich das Telefon. Ein allein gelassener, beinahe weinerlicher Thomas erkundigte sich, ob *sein* Andrea bei Hardy wäre, da er ihn nirgends finden könne. Und weil der Herr ohne seinen Meister – oder umgekehrt – nicht viel wert ist, gesellte sich der gute Thomas etwas später zur Tischrunde. Er war überglücklich, seinen Schatten bzw. Pasta-Koch wiedergefunden zu haben.

WOCHENTAGEBUCH SAN DIEGO

Die Woche brachte vor allem Computerarbeit. Andreas hilft Hardy, die verschiedensten Behindertengesetze aus aller Welt zu formatieren. Via Internet präsentieren sich diese nämlich oft chaotisch auf dem Bildschirm. So muss Andreas an den Paragraphen herumziehen, Bandwurmsätze in einzelne Wörter unterteilen und frisch nummerieren. Diese Beschäftigung dürfte bis auf weiteres anhalten, da Hardy seinem Büroknecht unermüdlich neue Gesetze von seinem Computer zum Laptop schleust. Abgesehen von den technischen Pannen, über die die Männer laut fluchen, vernimmt Christel kaum einen Ton. Hardy surft stumm im Internet (deshalb sind Telefon und Fax meist besetzt). Andreas gibt höchstens ein paar ungläubige Ahhs und Ohhs von sich, ergänzt mit knappen Erklärungen. Es existieren die skurrilsten Gesetzgebungen für Behinderte. Die Vermutung liegt zudem nahe, dass exotische Staaten wohl kaum den wortgewaltigen Bestimmungen nachkommen. Die armen Krüppeli in Zimbabwe werden wohl trotz Disability Act nicht viel zu lachen haben. Papier ist eben geduldig.

Christels Tippzeiten auf dem Laptop sind dadurch etwas limitiert. So las sie eine englische Lektüre. Zwischendurch vernahmen die Männer von der Nurse gequälte, ungläubige Seufzer. Christel sah sich gezwungen, das Buch nicht als Entspannung, sondern als Unverschämtheit zu goutieren. Per Zufall war sie auf das schmale Werk mit dem Titel „The Phantom of Manhatten" von Frederick Forsyth gestossen. Der Amerikaner erlaubte sich doch tatsächlich, sein Büchlein als „Die Fortsetzung des zeitlosen Klassikers – The Phantom of die Opera" zu bezeichnen. Die kritische Leserin merkte bald einmal, dass der mystisch illustrierte Bucheinband das Beste am Buch war. Da sich Christel oft über die Theater- und Filmkritiker in den Zeitungen aufregt, sah sie eine Gelegenheit, den Spiess einmal umzudrehen. Ihre Buchverriss würde etwa so lauten:

„Der Trittbrettfahrer Frederick Forsyth erweckt in seinem im November 1999 erschienenen Werk den Anschein, dass er als Amerikaner den Europäern (Gaston Leroux, Originalnovelle; Andrew Lloyd Webber, Musical) nicht nur den Erfolg, sondern auch den Handlungsort missgönnt. Nach einem elfseitigen Vorwort, in dem er harsche Kritik an Leroux ausübt und ihm Ungenauigkeit und Überheblichkeit im Zusammenhang mit seiner Recherchiertätigkeit als Journalist vorwirft, weiss Forsyth nichts Besseres, als ebenfalls reportermässig im Rampenlicht zu erscheinen. Seine Quellen, die wundersamer nicht sein könnten, führen das Phantom nach New York, in das Land der grossen Freiheit. Ganz amihaft kann sich der Maskierte unbehelligt als Clown in den Erlebnisparks aufhalten. Zusammen mit einem Gehilfen (erinnert stark an ‚Der Graf von Monte Christo') infiltriert er bald die einflussreiche Geschäftswelt von Manhatten, wo er gemeinsame Sache mit Tabakmillionär und Theaterdesigner Oscar Hammerstein macht.

Neu ist, dass das Phantom mit Nachnamen Muhlheim heisst – logisch –, ist es doch im Elsass geboren. Vom Original geklaut ist, dass der maskierte Europäer eine Oper schreibt und diese von einer Christine gesungen wird, die eine eingebildete Operndiva aussticht. Letztere darf bei Forsyth immerhin als zweite Wahl nach Christines Abreise noch auftreten. Die liebliche Sängerin Christine kommt zusammen mit ihrem Buben Pierre, der der Sohn des Phantoms ist, nach New York. Forsyth weiss auch, warum Raoul, Christines Ehemann, nicht der Vater von Pierre ist. Raoul ist nämlich impotent! Angeboren? Ach woher! Der Ärmste kann wirklich nichts dafür! Der Gentleman wurde schuldlos Opfer eines Überfalls von niederem Gesindel mit wahrlich niedrigen Zielen. In einem Spiegelkabinett auf einem Vergnügungspark arrangiert Erik ein Zusammentreffen mit Christine. Seine Forderung: den Sohn. Erik und Christine sind sich uneinig. Forsyth lässt Pierre selbst entscheiden; vorerst muss aber die Mutter sterben, sie wird ermordet. Der Knabe weiss erst seit kurzem, wer sein leiblicher Vater ist, und muss sich entscheiden, mit wem er gehen will. Er steht zwischen Raoul und Erik. Pierre nimmt dem Phantom, seinem Vater, die Kopfbedeckung weg und starrt entsetzt das unbekannte, missgebildete menschliche Wesen an – and guess what? – entscheidet sich für Erik – Happy End.

Damit ja kein anderer auf die Idee kommen kann, eine Fortsetzung von ‚The Phantom of the Opera' zu kreieren, verhindert Forsyth vorsorglich alle Eventualitäten, wozu er exakt zwei Seiten, nämlich die letzten des Buches, braucht: Er lässt die Tote begraben. Raoul heiratet nicht mehr (wie könnte er auch ohne ein funktionierendes männliches Attribut) und stirbt eines natürlichen Todes. Pierre macht seinen Uniabschluss und unterstützt seinen Vater im riesigen Familienunternehmen in New York (how exciting, good boy!). Damit wirklich die Geschichte vom Phantom ein für allemal zu Ende ist, beschreiben Forsyths letzte drei Zeilen, dass Pierre, wie es sich gehört, nur einmal geheiratet hat und in hohem Alter gestorben sei. Vier Kinder würden heute noch leben … aber wag es ja nicht!"

Happy Anniversary!

Am Mittwoch feierten Hardy und Christel ihren ersten Anniversary. Wie es sich für einen aufmerksamen Ehegatten gehört, überraschte Hardy sein Weib mit einem bunten Blumenstrauss. Die Dinner-Einladung fehlte nicht. Und wie es sich für eine geschmeichelte Ehefrau geziemt, nahm Christel höchst überrascht den Struämäbluus[136] entgegen. Der Zufall wollte es, dass sie den ganzen Tag noch nichts gegessen hatte. So begab sich das Glarner Paar glücklich Richtung Gaslamp Quarter, wo es beim Restaurant Lobster Company (420 E. Street) vorzüglich speiste. Die Bedienung war zuvorkommend. Der fruchtige Chardonnay mundete. Irgendwie musste sich der Wein aber in Christels Hals verklemmt haben und verursachte einen unüberhörbaren Schluckauf während des Spaziergangs nach Hause. Dieses Gehickse war ihr peinlich, umso mehr, als sie viel sagende Blicke („SIE besoffen und ER im Rollstuhl – kein Wunder") von Passanten über sich ergehen lassen musste. Die Glarner starteten trotzdem lachend und mit voller Zuversicht ins zweite Ehejahr – jawohl!

Die Woche startete und endete für Hardy und Christel mit dem immer noch ungelösten Rassenproblem. Am Sonntag sahen die Glarner im Horton-Plaza-Kino den Film „The Hurricane". Der bewegende Streifen beruht auf wahren Begebenheiten. Denzel Washington verkörpert darin den Schwarzen Rubin „Hurricane" Carter, der schon als Knabe unter schlimmstem Rassismus zu leiden hatte. Seine Boxerkarriere endet abrupt und fatal, als er wegen Mordes unschuldig ins Gefängnis muss – lebenslänglich. Gefälschte Beweise und korruptes Vorgehen der Untersuchungsbehörde liessen während Jahren alle Versuche scheitern, den Fall neu zu beurteilen. Der Gefangene begann eine Brieffreundschaft mit einem schwarzen Teenager, der die Biografie von Carter verschlang und von dessen Unschuld überzeugt war. Der Wunsch zu helfen wurde bald einmal zum Lebensinhalt des Knaben und seiner dreiköpfigen Pflegefamilie – drei junge, berufstätige weisse Kanadier. Die vier verliessen Kanada und liessen sich am Ort des Verbrechens nieder, um seriöse Nachforschungen anstellen zu können. Trotz Drohungen liess sich das Quartett nicht entmutigen, den seit knapp dreissig Jahren eingesperrten Carter freizukriegen. Der Film machte die Zuschauer tief betroffen über so viel Ungerechtigkeit. Die Tatsache, dass sich die Geschichte in den frühen 60er Jahren zugetragen hatte, ändert nichts an ihrer Tragik. Denn zu viele Schwarze und andere Minderheiten werden auch heute noch, selbst durch die Polizei, ungerecht behandelt. Trotz vielen Verbesserungen und Bemühungen ist das Ziel von Martin Luther King Jr. noch nicht erreicht. We all still have his dream!

WEEK 04/2000:
HARDY SCHLÄGT DIE AMIS

24. bis 30. Januar

Zum Glück war Montag. Hardys Bett liess sich infolge eines Kabelbruches das ganze Wochenende über nicht mehr bewegen. Es kam hinzu, dass es auf dem höchsten Niveau bockte. Christel hatte keine Wahl. Für den Transfer ins Bett musste sie ihren Mann vom Rollstuhl aus ins Stehen bringen – ein Schwarzenegger-Akt. Stand der gute Mann, reichte die Betthöhe bis zu seinen Hüften. Was jetzt? Bloss nicht wegrutschen! Für einen sicheren Transfer gabs nur eine Möglichkeit: Augen zu und Wurf! Christel stiess ihren Ehemann kraftvoll rückwärts auf die Matraze und warf sich gleichzeitig über ihn, um das darniederliegende Schwingeropfer[137] vor dem Wegrutschen zu hindern. Da lagen sie dann und wagten kaum, sich zu bewegen. Am Sonntagabend sass der Wurf in die Federn richtig profimässig. Wrestler-Anfänger wären bestimmt eifersüchtig gewesen.

Die Glarner waren froh, als sich Andi zum Wochenbeginn des Problems annahm. Er organisierte beim Bettverkäufer Robert ein neues Elektrokabel. Andi zeigte sich erneut beeindruckt vom Gebrauchtwaren- und Werkzeuglager von Robert und seinem pensionierten Schwiegervater. In Amerika sind Behinderte mehr oder weniger sich selbst überlassen, was Suche und Erwerb von Hilfsmitteln anbelangt. Es existiert keine Invalidenversicherung, die Abklärungen vornimmt und Hilfsmittel zur Verfügung stellt. Das erklärt die grosse Nachfrage nach Occasionsartikeln. In Roberts Garage wird sicher nichts entsorgt, was noch irgendwie gebraucht oder abgeändert werden könnte. Behinderte sind froh, wenn sie überhaupt eine Alltagshilfe erstehen können, da das soziale Netz beträchtliche Lücken aufweist.

In einem Zeitungsinterview äusserte der Besitzer des Ability Centers, das die Glarner bereits früher besucht hatten und dabei die Bekanntschaft von Roberts Frau machten, seine Vision vom Bau einer Einkaufsstrasse oder eines Service-Centers für Behinderte: „Der Ort würde das ganze Spektrum der Alltagsbedürfnisse der Leute abdecken. Es würde ein Platz sein, wo man einen Rollstuhl oder ein Auto kauft und Anpassungsprobleme zu Hause oder am Arbeitsplatz wahrgenommen und angegangen werden. Ein spezielles Kleiderangebot wäre ebenfalls vorhanden und alles andere, was man eben noch so bräuchte." Gute Idee! Ein Einkaufszentrum für Alte und Behinderte, mit Filialen überall. Das wäre auch in der Schweiz keine schlechte Idee. Die „Gesundheits-Migros" müsste dabei neben der Hilfsmittel- und Kleiderabteilung (mit umfassendem Kleidersortiment, einem Abänderungsservice, grossen Probierkabinen mit Liegemöglichkeit) auch eine Drogerie/Apotheke (mit speziellen Pflege- und Hygieneartikel im Angebot) und ein breites Dienstleistungsangebot (diätetische Beratung, Infostelle für behindertengerechtes Bauen etc.) aufweisen. Während im Untergeschoss die Arbeiten am fahrbaren Untersatz angegangen würden, könnte der Kunde im Restaurant, das gleichzeitig auch einen Mahlzeitendienst anbietet, dank praktischem Geschirr und Spezialbesteck (z.B. verdickte Griffe) ein angenehmes Mahl geniessen. Das Servicepersonal wäre bei der Nahrungsaufnahme behilflich. Die Sanitäranlagen der Gesundheits-Migros wären nicht nur zugänglich, sondern würden sogar Rollstuhlduschen und einen zugänglichen Pool aufweisen. Das gesamte Gebäude wäre blindengerecht konzipiert, ohne gefährliche bauliche Hindernisse, mit klarer taktiler Bodenbeschaffenheit und akustischen Wegweisern. Sehbehinderte könnten die Produktbeschriebe und Preisschilder ebenfalls problemlos „lesen". Hörbehinderte würden in der Gebärdensprache beraten, die als Grundfach in der Schule gelehrt wird – nicht zuletzt deshalb, weil die Kids an der Technoparty-Taubheit leiden.

In Amerika existiert diese Vision bereits teilweise. Die Firma Savon Drugs ist als „Superapotheke" in der Supermarktkette Albertson integriert und bietet ein breit gefächertes Sortiment an. Sebstverständlich können rezeptpflichtige Medikamente nicht auf den Gestellen gefunden werden; diese müssen vom Personal herausgegeben werden. Aber sonst gibt es wirklich, wirklich alles, was Durchschnittsbetagte, Behinderte, Diabetiker usw. brauchen: Lagerungsmaterial, Venenkompressionsstrümpfe, Inkontinenzartikel, Geh- und Duschhilfen, poppige Blutdruckapparate, Insulin-Pen-Variationen, Blutzucker-Messgeräte, Esswaren für Diabetiker, Wundpflegematerial, Gelenkschienen, Aufsätze fürs Töpfchen … ja sogar Berufskleider lassen sich erwerben. Die Abteilung ist so gross, dass eine Probefahrt mit den ausgestellten Elektromobilen möglich ist. Toll, oder? Christel wollte deshalb einen Savon Drugs endlich von innen sehen und nicht nur die Werbeunterlagen in der Zeitung studieren. Die Glarner stürzten sich so eines Nachmittags in den San-Diego Verkehr und klapperten – gemäss den Adressangaben im Telefonbuch – einige Savon Drugs ab. Dabei stellte sich heraus, dass derjenige im Shopping Center beim Clairmont Town Square (4829 Clairmont Dr) das grösste Angebot hatte.

Den Verkehrschaos-Nachmittag, den Christel übrigens souverän meisterte, bereicherte die Suche nach einer Nadel im Heuhaufen. Die Warenhauskette Mervyn's hatte zu Weihnachten so gegen zwanzig verschiedene, kleine Standuhren angepriesen. Christel wollte unbedingt die winzige originelle Nähmaschine mit Zifferblatt als kleine Aufmerksamkeit für Hardys Privatschneiderin in der Schweiz. Der Adventsbesuch in der Horton Plaza Filiale war jedoch erfolglos, da das gewünschte Motiv vergriffen oder geklaut war (überall lagen leere Schachteln, zum Teil versteckt unter dem Tisch, herum). Nachdem die ersten zwei Mervyn's-Häuser nur noch kümmerliche Restposten anderer Motive anboten, gab Hardy die Hoffnung auf. Nicht so Christel. Sie wurde beim dritten Versuch fündig: vier Verpackungen, vier verschiedene Motive – Bingo! Das Nähmaschinchen war dabei. Natürlich freuten sich die Glarner wie zwei Spitzbuben über ihr Glück. Zufrieden kämpften sie sich durch das abendliche Highwaygewühl. Christel freute sich auf der Heimfahrt einmal mehr, doch keine Fahrprüfung machen zu müssen. Eine Nachfrage bei der amerikanischen Autoversicherung hatte ergeben, dass der internationale Führerausweis für bloss vorübergehende USA-Aufenthalter reicht. Ein anders lautender Bescheid hätte Christel kaum ein Bauchweh verursacht, da sie inzwischen das Strassen-Kriegsbeil begraben hatte. Der Frieden ist aber gleichwohl trügerisch – ohne den zuverlässigen Thomas startet sie keine Fahrt. Nein, nein, nicht *der* Thomas, sondern das detaillierte Strassenkartenbuch mit informativer Hilfe für ganz San Diego County.

Der Klassenbeste erhält vom Dean eine Auszeichnung

Der andere Thomas hatte bereits Tage zuvor ganz aufgeregt telefoniert, E-Mails verschickt und sonst schrecklich Terror gemacht, um mitzuteilen, dass er und noch ein paar andere Studenten die Grades (Prüfungsresultate) erhalten und bestanden hätten. Die Abkürzung „P" heisse „pass" (bestanden) – böse Zungen, auch Hardy, interpretieren das „P" als „paid" (bezahlt). So ganz beiläufig erwähnte der Musterstudent aus Deutschland, der mittlerweile nervös gewordenen Französin Laurence gesagt zu haben, dass alle die, die die Grades jetzt immer noch nicht erhalten hätten, wohl durchgefallen seien. Diese Vermutung traf zumindest für Hardy (auch für Laurence, wie sich später herausstellte) nicht zu. Der Brief von der CWSL traf tags darauf ein. Auf einem Computerausdruck waren die besuchten Fächer aufgelistet – alle mit einem „P". Eigenartigerweise standen vor einigen „P" noch andere Buchstaben und Zeichen. So waren beim Fach Health Law ein „SP" und beim Fach Constitutional Law ein Sternchen angefügt, unter dem abgekürzt „ac. aw." geschrieben stand. Hardy wusste die Zeichen nicht zu deuten. Das Student Handbook half auch nicht weiter. Der irritierte Glarner Student erkundigte sich deshalb bei Prof. Slotkin. Postwendend mailte diese zurück, „SP" bedeute Superior Pass (mit Auszeichnung bestanden). Die Professorin fügte an, dass der Dekan für einmal diese Auszeichnung verwendet habe, weil er von Hardys schriftlicher Arbeit mehr als nur begeistert war. Hardys Score (Punktezahl) in diesem Fach war 92 von möglichen 100 Punkten, nicht schlecht, wenn man bedenkt, dass LL.M.-Studenten 54 und die anderen 74 Punkte benötigen. Das Sternchen bedeute, dass Hardy die Klasse mit 94 Punkten ge-booked (Klasse gebucht) habe – oder auf Deutsch Klassenbester war. Und schliesslich sei mit dem Kürzel „ac. aw." ein Academic Award (Akademischer Preis) gemeint, den er bei der Verwaltung abholen könne. Congratulations Hardy! Im Durchschnitt erzielte Hardy 88.08 Punkte, was ihn sogar berechtigt hätte, in der schuleigenen Zeitschrift zu publizieren. Die Professorin meinte abschliessend: „Most impressive and I'am proud!" So sind sie halt die Mütter, stolz auf die Taten ihrer Kinder, wie wenn diese die eigenen wären!

Hardy liess sich für dieses Resultat gerne verwöhnen. Einerseits genoss er immer noch die süssen Bünder Spezialitäten, die einem Überraschungspäckli[138] aus Chur beigelegt waren. Andererseits belohnte ihn die Opernaufführung „Il Trovatore" seines Lieblingskomponisten Verdi. Der Glarner präsentierte sich diesmal mit Fliege im Civic Center. Der kleine Schmetterling am Hals entpuppte sich aber als das einzig vertraute Opernfeeling. Im Vergleich zur kleinen, aber dafür umso feineren Zürcher Oper schneidet das Civic Center mit seiner kahlen Betonarchitekur schlecht ab. Kein Entree, keine Garderobe, keine Logen, kein Plattgold, keine Engel und kein roter Samtvorhang. Die Glarner wurstelten deshalb ihre Jacken höchst unelegant um die Sitzlehnen. Die Damen waren ähnlich unelegant gekleidet. Hauptsache, man fiel auf.

Gewöhnungsbedürftig war auch das Band mit dem englischen Übertitelfliesstext, das zwar oberhalb der Bühne dezent angebracht zwar, trotzdem aber mit der leuchtend roten Schrift störte. So hetzten die meisten Augenpaare zwischen Erzählstreifen und Bühne hin und her, was bei vielen ein eigenartiges Dauerkopfnicken verursachte. Ganz und gar unmanierlich waren das ständige Räuspern und Hüsteln. Nicht wenige Besucher verliessen sogar ihre Plätze während des Akts. Piepsende Mobiltelefone zeugten ebenfalls von absoluter Respektlosigkeit. Der totale Hammer war aber das Wegrennen, bevor sich der Vorhang für den Schlussapplaus zum ersten Mal gehoben hatte. Auf und davon, ohne zu klatschen, einfach unmöglich! Dass die Amerikaner das „Vorhangklatschen" oder das „Zugabeklatschen" nicht kennen, wussten die Glarner ja inzwischen von anderen Gelegenheiten. Dass sie es aber in der Oper genauso handhaben, war neu. Es gibt nur das Extreme: entweder Davonrennen oder eine Standing Ovation. Letztere ist für diejenigen, die noch anwesend sind, Routine, was deutlich macht, dass der Durchschnittsami das Klatschen nicht als Ausdruck einer Anerkennung für eine besonders gute Leistung versteht, sondern als übliche Geste. Das einzig Lustige an diesem Abend waren die Sandwürmer, die wie Suchrohre von U-Booten kerzengerade aus dem Sand ragten und neugierig herumguckten. Blitzschnell glitten die Sandwürmer durch ihr Sandloch wieder in den Boden, um anderswo erneut aufzutauchen. Genauso verhielten sich zahlreiche Opernbesucher im Parkett während der Pause. Ob aus venentechnischen oder präsenzmarkierenden Gründen sei dahingestellt. Jedenfalls schossen viele Leute nach dem Fall des Vorhangs von ihren Sitzen ins Stehen auf. Die einzelnen Opernwürmer vollzogen das Auf-und-Ab-Szenario sogar mehrmals. Die fehlende Synchronie vermittelte den kichernden Glarnern ein unvergessliches Pausenerlebnis. Danke euch Amiwürmern!

Am Sonntag wunderten sich die Schweizer über die leeren Strassen. Erst später wurde ihnen gewahr, dass der Football-Superbowl am Fernsehen übertragen wurde. Angeblich sitzen jeweils über 80 Millionen vor der Kiste, wenn dieses heilige Spiel übertragen wird.

WEEK 05/2000:
WÜSTEN-WEEKEND IN PALM SPRINGS

31. Januar bis 6. Februar

Es tut sich was rund um das Cityfront Terrace! Am Montag starteten die Bauarbeiter, hauptsächlich Schwarze, ihre Arbeit auf dem Dach des gegenüberliegenden Gebäudes. Die Männer boten ein Bild, als müssten Überbleibsel eines atomaren Zwischenfalls beseitigt werden. Eingehüllt in weisse Schutzanzüge, maskiert und mit Augengläser versehen, trugen die Arbeiter die obersten Schichten des Flachdaches ab. Bald war klar, dass die Männer nicht gegen ein unsichtbares Strahlen-, sondern ein offensichtlich noch schlimmeres Asbestmonster antreten mussten. Einer potenziellen Unfallgefahr wurde ebenfalls entgegengewirkt, indem diejenigen Arbeiter, die in der Nähe des Dachrandes zu tun hatten, durch ein Seil gesichert wurden. Die Sicherheitsvorrichtung war eine Art Seilhose, in die die weissen Kapuzenmänner stiegen. Das Seilende war an einem Pfosten angemacht, dessen Stabilität aber mehr als instabil wirkte. Wenn das mal gut geht! Die ehemaligen Mietparkplätze sind endgültig einer grossen Baustelle gewichen. Der Gwunder[139], was denn eigentlich gebaut wird, wurde nicht gestillt. Es fehlte für einmal eine Infotafel.

Vorher und nachher

Eine Angestellte des Strassenbauamtes bat die Glarner, ein Anmeldeformular für eine blaue Zone (Behindertenparkplatz) zukommen zu lassen. Mit einem positiven Gefühl wurde dem sofort nachgekommen. Der Bescheid kam überraschend schnell. Er war negativ und wurde damit begründet, dass nur Plätze auf der gegenüberliegenden Strassenseite in Frage kämen. Dies aber hätte zur Folge, dass ein Behinderter die vierspurige Market Street überqueren müsste, um zum Eingang des City Front Terrace zu gelangen. Da sich in der Nähe des Hauses keine signalisierten Fussgängerstreifen befinden bzw. vorgesehen werden können, wäre das Überqueren mit Gefahren verbunden. Christel musste dieser Überlegung zustimmen. Doch wieso wurde kein Parkplatz der östlichen Hausfassade entlang in Betracht gezogen? Die Antwort liess nicht lange auf sich warten. Aus der Zeitung erfuhren die Mieter des Cityfront Terrace, dass sie Gegenstand eines friedly Take-Over waren. Das 13-stöckige Haus war 1993 für 93 Millionen Dollar mit der Absicht gebaut worden, die 320 Wohnungen zu verkaufen. Die fehlende Nachfrage zwang den Eigentümer in der Folge, die Appartements zu vermieten. Angesichts der verbesserten Wirtschaftslage hat sich die Nachfrage nach Condos in Downtown merklich verbessert. Die Firma Crescent Height mit Sitz in Miami interessiert sich für einen Kauf des Cityfront Terrace. Diese Unternehmung soll sich darauf spezialisiert haben, luxuriöse Mietwohnungen in Stockwerkeigentum umzuwandeln, und bereits in Los Angeles, New York und Atlanta eine gute Nase bewiesen haben.

Aha! Deshalb wird im Haus ohne ersichtlichen Grund gestrichen. Ahaaa! Darum wollte niemand etwas von Anpassungsarbeiten in Hardys Badezimmer wissen. Ach so! Deshalb kontrollierte die Verwaltung die Wohnung überfallsmässig, notabene ohne nähere Information und ohne Mitspracherecht. Diese Zeitungsnachricht erklärte auch die Verunsicherung bei den Langzeitmietern im Haus, die ihre in diesem Jahr auslaufenden Verträge noch nicht erneuern konnten. Der anonyme Liftwandzerkratzer dürfte wohl zu diesem Personenkreis gehören. Angesichts der fleissigen Bienchen im und ums Gebäude fragt sich Christel, ob die gegenüberliegende Baustelle vielleicht etwas mit der Cityfront-Übernahme zu schaffen hat. Geschickt geplant würde das kleine Bijoux einfach etwas grösser werden – ganz amerikanisch. Die Glarner hoffen jedenfalls, dass ihnen nicht das gleiche Schicksal droht wie den Obdachlosen von San Diego.

Auch die Physio im Spital hat Zukunftspläne. Die ganze Abteilung zog vom Keller in ein Nebengebäude um. Da Tiffany zur Leiterin der Kinderphysio aufsteigt und in den ehemaligen Kellergewölben bleiben darf, traten Hardy und Andi in einen kahlen Raum, in dem nur noch ein Gymnastikbett, ein Laufband und ein paar Materialwägelchen herumstanden. Die einzige Person war die Praktikantin Prima, die auf Hardy wartete. Hardys positive Ausstrahlung fruchtete nicht. Die kleine Prima fühlte sich auch diesmal wieder höchst uncomfortable, als sie oben auf Hardy „lag". Obwohl die später vorbeischauende Tiffany ihr Lehrmädchen tatkräftig unterstützte, sah sich Hardy nach der Therapie gezwungen, per E-Mail Tiff darauf hinzuweisen, dass Prima nicht in der Lage ist, die Übungen nutzbringend durchzuführen. Er will sich endlich wieder richtig durchgestreckt fühlen können. Tiff zeigte sich verständnisvoll, war aber – entgegen Hardy – nicht der Auffassung, dass zukünftige Patienten von Prima die Kindergrösse nicht überschreiten dürfen.

Ein grosser Blechvogel vom Norden verfehlte sein Ziel im warmen Kalifornien um Haaresbreite und stürzte vor L. A. ins Meer. Angesichts der Nähe des Unglücksortes reagierten die Leute sehr betroffen. Die Medien berichteten über Einzelschicksale, die tief berührten. Rücksichtsvoll vermieden die Schweizer daher das Absturzthema, als Ticino-Andrea überraschenderweise eröffnete, nach Italien fliegen zu wollen. Die bevorstehende Diplomfeier seiner Schwester war der Grund zum Flug. Christel schlug sofort die Zeitungsseite mit dem Unglücksbericht um, als Andrea am Tisch vorbeiging. Leider übersah sie, dass der Artikel auf der anderen Seite eine Fortsetzung fand, illustriert! Andrea sah das Bild der Flugzeugtragödie sofort. Konsterniert liess er seinen Gedanken freien Lauf. Der Tessiner dachte schon an eine Nachlassregelung und meinte: „Nun denn, wenn es mich treffen sollte, könnt ihr über alles verfügen, was in meiner Wohnung ist." Ohne zu zögern meinte darauf der Züri-Leu: „Und ich kriege die Freundin, ja?"

Andrea und Andreas hoben am Donnerstag ab in die Lüfte und landeten wohlbehalten wieder. Der Zürcher Flugschüler musste sich am Nachmittag auf seinen ersten vierstündigen Inlandflug vorbereiten. Das Ende der Pilotenausbildung rückt immer näher. Leider zeigte sich das Wetter in letzter Zeit nicht von der besten Seite, was auch Andreas in seinem Cockpit nicht entging. Die abenteuerlichen Erfahrungen hoch über den Wolken verliehen dem Züri-Leu wohl ein Gefühl von grenzenloser Macht und absoluter Freiheit, die er auch auf Erden leben wollte. Für ihn war es daher nur selbstverständlich, seine Freundin vorübergehend in der Wohnung einquartieren zu wollen. Da die Glarner partout nicht einsehen wollten, warum sie die Inkonvenienzen auszubaden hatten, die der Besuch des Bruders aus Thailand für das Liebesleben der Turteltäubchen bedeutete, wurde die Wohnung nicht zur WG. Den einen gefiel es, den anderen nicht.

Wer litt wohl am meisten unter dem Heimflug des Ticinesen? – Genau! Deshalb verabredeten sich die Glarner mit Thomas zu einem gemeinsamen Nachtessen. Der heikle Esser hatte die verlockende Idee von gutem Japanese Food von einem begeisterten Mitstudenten gekriegt. So fuhren die drei hungrigen Neugierigen auf der I-8 east zum japanischen Restaurant Benihana (477 Camino Del Rio South). Trotz der telefonischen Tischreservation wurden die Besucher an die Wartebar gebeten. Es dauerte für die Hungermägen viel zu lange, bis der Lautsprecher etwas Ähnliches wie Thomas quäkte. Zusammen mit einer vierköpfigen Familie wurden die drei an den gemeinsamen Tisch geleitet, was erst ein wenig befremdete. Bald wurde den Gästen klar, dass pro Tisch sieben Personen Platz nehmen mussten, damit das Happening starten konnte. Der Tisch war nämlich nichts anderes als eine grosse Herdplatte mit einer dreiseitigen Holzumrandung für das Gästegedeck. Nach erfolgter Bestellung erschien ein Koch mit Materialwagen und bereitete die Speisen an Ort und Stelle zu. Das war vielleicht eine Augenweide, wie der Koch künstlerisch mit Messer und Spatel hantierte. Die Reishäufchen verwandelten sich im Nu in Micky Mouse und Goofy für die Kinder am Tisch. Ob Fisch oder Fleisch – die einzelnen Gerichte wiesen keinen störenden Beigeschmack auf. Thomas war happy. Zwischendurch wurden die zufrieden vor sich hin Kauenden mehrmals Zeugen von japanischen „Happy Birthday"-Zelebrationen. Erlebnisgastronomie pur – einmalig und zudem erst noch supergut!

Am Wochenende zog es Christel weg von San Diego. Sie packte ein kleines Köfferchen und entführte ihren Bachel[140] aus der nebelgetrübten, regenwolkenverhangenen Stadt hinaus Richtung sonnige Wüste. Christel wollte die Überlandstrassen nach *Palm Desert* und *Palm Springs* befahren. Mit genügend Wasser und einer Zwischenverpflegung an Bord startete das Paar die Fahrt auf der I-8 east. Wie damals bei der

Fahrt nach Julian verliessen sie die Interstate, um dem Hwy 67 nach Ramona zu folgen, wo die Strasse 67 zum Hwy 78 wird. Nach Ramona, in Santa Ysabel, musste Christel vom Hwy 78 links in den Hwy 79 einbiegen. Diesem folgten die reiselustigen Glarner in nordöstlicher Richtung bis Aguanga. Dort bogen sie in den Hwy 371 east ein, der sie in höhere, trocknere Gebiete brachte. Der Hwy 71, der über die Ausläufer der Santa Rosa Mountains Richtung Palm Desert führt, war eindeutig der absolute Höhepunkt der Fahrt durch die zunehmend zur Wüste werdenden Landschaft.

Die Wüstenlandschaft von Palm Desert und Palm Springs

Die immer spärlicher werdende Vegetation war in der bergigen Steinwüste gänzlich verschwunden. So weit das Auge reichte – nur Steine. Grosse Brocken, runde, gebrochene, kleine – Steine, Steine, Steine! Das Silva-Buch „Kalifornien" von M. Bruggmann und H. Haefner erklärt den Grund für die grossen, eigenartig gespaltenen Gesteinsbrocken: „Tagsüber sind die Felsoberflächen schutzlos der kräftigen Sonneneinstrahlung ausgesetzt, in der Nacht findet dagegen eine starke Abkühlung statt. Mächtige Felsbrocken werden dadurch vollständig in einzelne massige Brocken gespalten." Kurz nach der Passhöhe erreichten Christel und Hardy den Vista Point, der ihnen einen gewaltigen Ausblick auf die oasenartige Talebene bot. Nur eine kleine Schneekappe auf einer weit entfernten Bergspitze erinnerte an den Winter. Am Hwy 74 befindet sich das Visitor Center der Santa Rosa Mountain Scenic Area. Nach einem kräftigen Schluck aus der Wasserflasche, dem Bezug von Informationsbroschüren sowie dem Aufsuchen der Rollstuhltoiletten gings geradeaus weiter nach Palm Desert zum *Living Desert Wildlife and Botanical Park* (47-900 Portola Ave).

Impressionen aus dem Living Desert Wildlife and Botanical Park

Im fraglichen Tier- und Botanikpark kann der Besucher auf Plattenwegen zahlreiche Tiere besichtigen, die sowohl in Käfigen als auch in grösseren Freigehegen untergebracht sind. Wer gut zu Fuss ist, kann auch die bis zu 1000 Feet hohen Hügel, die sich in der Nähe des Parks befinden, erwandern und dabei das eine oder andere frei lebende Wüstentier beobachten. Beiden Glarnern war schnell einmal klar, dass hier nicht einheimische Tiere gezeigt wurden. Leoparden, Geparden, Hyänen und Zebras gehören wohl eher nach Afrika. In die Mojave-Wüste passten Bighornschaf, Wüstenschildkröte, Stinktier und Klapperschlange schon besser. Das nicht sehr weitläufige Parkzentrum kann der Fussgänger, nicht aber der Rollifahrer, mit einem Info-Zügli[141] abfahren. Der Zugang zu den einzelnen Gehegen ist nicht immer asphaltiert, was ab und zu dazu führt, dass die kleinen Rollstuhlräder unvermittelt im Sand einsinken. Die Zwiespältigkeit, die dieser Wüstenzoo hinterliess, kippte am Schluss eindeutig in Nachdenklichkeit um, als man einen für Indianer heiligen Goldadler in einem mehr als nur kleinen Käfig und erst noch mit gestutzen Federn „bestaunen" konnte.

Über das Wüstenshopping-Mekka El Paso gelangten die von der Sonne verwöhnten Häupter nach Palm Springs. Christel kriegte trotz Mütze und Sonnenbrille einen Brummschädel, was das Paar veranlasste, ein Motelzimmer zu suchen. Sie fuhren die Hauptstrassen Palm Canyon Drive und Indian Ave rauf und runter, um sich einen Überblick über das Zentrum zu verschaffen. Die Winterzeit gilt in Palm Springs als Hauptsaison. Das Zentrum war deshalb ausgebucht. Man befolgte den Übernachtungstipp aus dem Vis-à-Vis-Führer, der sich als goldrichtig erwies. So ruhten sich die Glarner ausserhalb des Zentrums im Motel Super 8 Motel (1900 North Palm Canyon Drive) aus. Hardy streckte seinen Rücken, derweilen Christel mit einer geballten Ladung Koffein gegen ihr Schläfendrücken ankämpfte. In diesen Momenten vergöttert sie jeweils die Kaffeemaschinen in den Motels. Frisch gestärkt fuhren die Glarner hernach ins Zentrum, wo sie hinter dem LG's-Steak House (255 South Palm Canyon) Rollstuhlparkplätze erspähten. Ein Mordsappetit auf einen riesigen Fleischlappen liess die beiden gleich eintreten. Sie waren bei weitem nicht die Einzigen, die am Samstagabend diese Idee hatten. Die versprochene halbstündige Wartezeit, die man mit dem Besuch eines Buchladen benutzte, wuchs zu einer vollen Stunde. Hardy wurde für einmal ungeduldig. Christels Knurrmagen drohte ebenfalls mit einem Ohnmachtsanfall. Die jungen Mädchen am Eingang schafften es irgendwie, die Meute unzufriedener, hungriger und sich beschwerender Gäste in der Warteschlange zu bändigen. Knapp vor dem Hungertod wurde der Rollstuhlfahrer doch noch zu einem Tischchen geführt. Dann kamen sie: dick, saftig, gross – die Megasteaks.

Die Wüste lebt, wenn sie bewässert wird

Am nächsten Tag fuhren die Glarner zuerst zum Eingang des Indian Canyons (Grundbesitz der Agua-Caliente-Indianer). Mangelnde Rollstuhlgängigkeit und saftige Eintrittsgebühren liessen Christel und Hardy schnell einmal umkehren. Dem East Palm Canyon Drive folgend gelangten sie automatisch auf den Hwy 111, der sie durch exklusive Wohngebiete Richtung *Salton Sea* führte. Schnell einmal nahm das Bild des luxuriösen Oasenlebens ab. Erbärmliche Siedlungen inmitten riesiger Plantagenfelder machten deutlich, wer in der Gegend arbeitet und wer befiehlt. Wie schon auf der Hinreise vermuteten die Reisenden, erneut verschiedene Indianerreservate zu durchqueren. Zum Salton Sea weiss der Silva-Reiseführer folgende Entstehungsgeschichte: Einstmals bildete das Tal einen Teil des Golfes von Kalifornien. Dessen nördlichster Abschnitt wurde durch das immer grösser werdende Delta des Colorado-Flusses vom Meer getrennt, trocknete allmählich aus und verwandelte sich in ein wüstenhaftes, abflussloses Becken. So trafen die ersten Siedler das Gebiet an, ohne Wasser, ohne See. Mit Wasser aus dem Colorado River begannen sie, das Land zu bewässern. 1905 ereignete sich während eines mächtigen Frühjahrhochwassers ein Unglück. Ein Nebenkanal des Colorado Rivers brach ein und führte dazu, dass sich die Fluten ins Becken ergossen, in dessen Zentrum schnell ein See entstand. Das Ackerland wurde überflutet. Die Bahnlinie musste in aller Eile an den Beckenrand verlegt werden. Bis die Stelle am Colorado River abgedämmt und der Fluss in sein altes Bett zurückgeleitet werden konnte, vergingen Monate. Der mittlerweile recht stattlich gewordene See ist seither nicht mehr verschwunden. Die Ursache dafür war die rasch zunehmende Bewässerung in beiden Talabschnitten nördlich und südlich des Sees. Das bedeutendste dieser Kanalsysteme ist der All American Canal, der das gesamte Imperial Valley versorgt. Ein weiterer Kanal führt am Nordende des Sees vorbei ins Coachella Valley. Das überschüssige Wasser dieser Kanäle, das in den See fliesst, reicht aus, um die starke Verdunstung auszugleichen. Der nur fünf bis sechs Meter tiefe Salton Sea wurde so zu einem der grössten Salzseen der Welt.

In der Nähe des Vogelschutzgebietes ...

Das umliegende Sumpfland ist ein Refugium für Wandervögel. An der Ostseite des Sees gibt es Wanderwege und Zeltplätze, ausserdem ein Besucherzentrum und einen Kinderspielplatz. Nach dem Tanken in Niland fuhren Hardy und Christel gemäss Broschüre über die Sinclair Road zu einem der Vogelbeobachtungsplätze des Sonny Bono Salton Sea National Wildlife Refuge. Die Vogelliebhaber mussten sich vom Parkplatz noch einem gehörigen Fussmarsch unterziehen, bis sie die Sumpfbewohner zu Gesicht bekamen. Christel konnte aber selbst vom Hochsitz aus nicht viel Gefieder erspähen, weshalb sich die beiden Glarner entschieden, den anderen „Natur-pur-Platz" am südlichsten Seezipfel zu besuchen. Mitten durch nicht enden wollende Felder und Industrien (Raffinierien?) gelangten die Glarner zur Vendel Road, die sie zum besagten Naturschutzgebiet geführt hätte. „Hätte" deshalb, weil es sich um eine holprige und löcherige Naturstrasse handelt, die den Reisenden für ihr abgesenktes Auto zu risikoreich erschien. Ausserdem war Sonntag und keine Menschenseele auf den riesigen Plantagefeldern anzutreffen. Auf schnellstem Wege verliess das Paar die eindrückliche, gleichzeitig aber monotone Felderebene und fuhr Richtung I-8 west, in die man ganz in der Nähe der mexikanischen Grenze einbog.

Bis nach San Diego waren es 120 Meilen. Die Strecke war aber eine Reise wert. Kaum zu glauben, dass die raue, trotzdem einzigartig schöne Gegend so nahe an einer pulsierenden Meeresküste liegt. Die Einöde war nur selten von der Zivilisation heimgesucht. Hier ein Wegweiser zu einem Staatsgefängnis, da eine einsame Strassenkontrolle. Gerade rechtzeitig schafften es Hardy und Christel zum Willkommens-Dinner der Schule im neuen Haus von Prof. Slotkin. Ein feines Büffett unterstützte das ungezwungene Bekanntmachen von alten und neuen Studenten. Für das Zubereiten der Speisen zuständig war dieselbe gute Fee wie beim Thanksgiving-Essen. So verwunderte es niemanden, dass der Gaumen wieder verwöhnt wurde.

WEEK 06/2000:
„WE DID IT!" – DISKUSSION MIT EINER PATRIOTIN

7. bis 13. Februar

Hardy wird nicht nur als ein lahmer Rollstuhlfahrer wahrgenommen. Linda von der Bibliothek hatte heimlich nachgeforscht und höchst erfreut festgestellt, dass der Schweizer Doktor ein 460-seitiges Buch geschrieben hat, das in zwei amerikanischen Bibliotheken erhältlich ist. Der Computerauszug wurde Hardy zum Beweis mit einer enthusiastischen Gestik überreicht. Ebenso „zufällig" war die Verwendung einer Fotografie von Hardy in der Herausgabe der neuen illustrierten Schulbroschüre. Hardy war diese Neuigkeit bereits beim erwähnten Empfang am vergangenen Wochenende zu Ohren gekommen. Eine CWSL-Dame, zuständig für PR und Medien, war an Hardys Tisch herangerauscht, um ihrem Gatten stilgerecht Dr. Hardy Landolt from Switzerland vorzustellen. Am Dienstag brachte Hardy ein Exemplar der Unibroschüre nach Hause. Das Foto zeigt Hardy und eine Mitstudentin beim Studieren. Über ihre Köpfe und Hefte beugt sich natürlich die mütterlich sorgende Professorin höchstpersönlich. Christel fragte spitz: „Wieso wurde das Bild verkleinert und der Rollstuhl zum Verschwinden gebracht?"

Das wissen wir eh schon alles!

Am Dienstag dinierten Christel und Hardy mit der Physiotherapeutin. Tiffany hatte das direkt am Hafen gelegene Restaurant Anthony's San Diego (1360 North Harbor Drive) vorgeschlagen. So kamen die Glarner zu einem Spaziergang. Die Fensterplätze des grossräumigen Lokals waren bereits alle vergeben. Verständlicherweise, denn welcher Besucher verzichtet schon freiwillig auf die romantische Bay-Sicht? Es war nur noch ein Ecktisch im Innern frei. Hardy gelang es, einigermassen bequem an der freien Tischseite mit dem Rollstuhl Platz zu nehmen. Tiffany insistierte darauf, dass Spitalangestellte von Patienten nicht eingeladen werden dürfen. Die Nichtpatientin Christel erklärte sich deshalb kurzerhand für die Tafelrunde zuständig. Das für Seafood bekannte Restaurant offerierte feine Austern zur Vorspeise und verwöhnte die Geniesser anschliessend mit weiteren Leckereien. Nach Tiffs Frage, was den Schweizern an Amerika besonders positiv auffalle, wollte sie, zu Christels Erstaunen, auch die negativen Erfahrungen wissen. Die anfängliche Zurückhaltung von Hardy und Christel legte sich, umso mehr, als sich die PT ernsthaft für kritische Beispiele interessierte. Ob es daran lag, dass die reiselustige Spitalangestellte europa-erfahren war, oder an ihrem Talent, aufmerksam Konversation zu betreiben, sei dahingestellt. Ungläubig nahm Christel das häufig zustimmende Kopfnicken ihrer Tischpartnerin zur Kenntnis. Trotz allem schien aber auch bei Tiff der Patriotismus ganz klar durch. Sie meinte, wie andere Gesprächspartner zuvor, klar und bestimmt: „But *we* did it." Ein Ami meint damit gewöhnlich die Erschaffung der einzig wahren, gerechten und freiheitsliebenden Nation der Welt.

Tiff vertrat vehement den typischen Standpunkt betreffend der US-Verfassung, die gemeinhin als einzigartige, immer währende Garantie für Freiheit verstanden wird. Christel war sehr beeindruckt, wie behände Tiff die historischen Begebenheiten, zum Teil sogar mit Jahreszahlen, wiedergeben konnte. Doch merkten die Schweizer, dass Tiffs Argumente in sich unstimmig waren. Hardy stellte deshalb kritische Fragen, die wohl bisher im Gedankengang von Tiffany noch nie vorgekommen waren, weshalb sie oft innehielt und nachdachte. Ein Thema war die von den Amerikanern stets hochgehaltene „Freiheit". Hardy forderte Tiff auf, ihm besondere Freiheiten zu nennen, die in anderen Ländern nicht auch vorkommen würden. Die anfänglich triumphierende Tiff musste schliesslich einsehen, dass andere Staaten gleiche oder sogar noch weitergehende Freiheitsgarantien kennen, ohne dass sie sich dafür ständig rühmen müssen. Wenn Amerika wirklich grenzenlose Freiheit bedeuten würde, weshalb dann alle diese Verbote und das Streben, jemand anderen für das Eigenverschulden verantwortlich zu machen? Wieso gibt es so viele Verlierer ohne Hab und Gut auf der Strasse? Warum befiehlt der Staat, wo und wann man rauchen oder Alkohol trinken darf? Das letzte Auflehnen von Tiff wurde mit Hardys Gegenfrage im Keim zerstört: „What about sex?" Auch Amerika verweigert das Recht auf gleichgeschlechtliche Heirat und auf Abtreibung. Und wieso die Polizeifalle (verkleidete Polizistinnen als Nutten), mit der Freier dingfest gemacht werden? Tiff verstummte langsam. Hardy hatte noch einen Trumpf im Ärmel[142]: „Warum sind gewisse Sexpraktiken, in gewissen Staaten sogar für Verheiratete, verboten? Wo ist da die persönliche Freiheit, hä?!" Der Abend war für alle drei sehr spannend gewesen. Bestimmt ging nicht nur Tiff gedankenversunken nach Hause. Auch Christel und Hardy liessen verschiedene Anregungen Revue passieren. Hardy sinnierte in die Nacht hinaus, dass ihm der Tadel der Amerikaner an Europa in Bezug auf die Judenverfolgung missfalle, wenn man bedenke, dass gleichzeitig Rassendiskriminierung und die Ausrottung der Indianer verdrängt würden. Es scheint, dass dasselbe eben etwas ganz anderes ist, wenn es einen selbst betrifft.

Thomas beklagte sich nicht nur über die steten Nazigrüsse des etwas eigenartigen Pakistani, sondern auch über die Ungewissheit, Opfer eines Betruges geworden zu sein. Er erwarb ein Auto, das nicht alle Annehmlichkeiten vorwies, die vorgängig vereinbart worden waren. Insbesondere ging die Klimaanlage nicht – und das im heissen Kalifornien. Hardy und Christel begleiteten Thomas deshalb zu einem Trostbier. In der Brauerei Karl Strauss huschte dem betrübten Thomas nur einmal ein Lächeln über das Gesicht, als er sich der guten Arbeitstage in der Hamburger Anwaltsfirma erinnerte. Am nächsten Morgen gab er Hardy telefonisch seinen Stimmungsbarometer (seine eigenen Worte) durch und hielt fest, doch tatsächlich betrogen worden zu sein. Nebst anderen Auffälligkeiten sei der Meilenzähler manipuliert worden. Der Super-Audi war nullkommaplötzlich[143] zur alten Schrottkiste geworden. So ein Shit! Gemäss Zeitung haben Untersuchungen leider ergeben, dass sich nahezu die Hälfte der Garagen für Arbeiten entschädigen lassen, die gar nie ausgeführt worden sind. Thomas, du hattest von vornherein nur etwa eine 50%ige Chance – got it?

Am Wochenende schob das Glarner Paar eine ruhige Kugel. Hardy brütete über seinen schulischen Pendenzen, während Christel die Reisereportage fortführte. Sie hat bereits vier dicke Ordner mit Fotos, Kartenübersichten, Zeitungsberichten, Postkarten und anderen Andenken gefüllt. Dank dem Reisetagebuch und den Wochenberichten gibt es keine Unklarheiten in der Erlebnis-Chronologie. Christel ist froh, dass das Office Depot (entspricht dem Office-World in der Schweiz) in Downtown in unmittelbarer Nähe zur Wohnung liegt. So konnte sie sich am Samstag mit fehlenden Papeterieartikeln eindecken. Hardy informierte sich über die Telefonkopfhörer. Bei langen Gesprächen kriegt er einen Nackenkrampf bzw. Christel den Hilfestellungsspasmus, wenn sie den Hörer hält. So oder so – unnötiger Verlust von Zeit und Energie. Ein Kopfhörer böte da genau die richtige Abhilfe. Mit neuen Ideen eingedeckt und schwer mit Ordner- und Kartonmaterial beladen, rollte Hardy Richtung Cityfront Terrace. Er ermunterte seine Schieberin, bei der Geleiseüberquerung den Rollstuhl nicht anzuheben, um ein Herunterfallen der Last zu verhindern. Christel kam der Aufforderung zögernd nach. Wäre sie bloss ihrem Instinkt gefolgt! Das Vorderrad verfing sich in der Schiene und der ganze Einkauf landete auf der Strasse. Na, ja, die Autofahrer waren geduldig und Christel flink. Schnell machte sie den Weg frei und eilte zum gegenüberliegenden Gehsteig. Dort versperrte zu allem Übel noch ein Elektrorollstuhl den Weg. Der Behinderte blieb wie angewurzelt auf der Trottoirabschrägung stehen. Höfliches Stehenbleiben und erklärende Blicke von Christel hatten keine Wirkung. Er blieb, wo er war – Punkt! So kämpfte sich die Arme mit dem „rollenden Büro" über einen hohen Trottoirabsatz. Der Mann sah den beiden nach und meinte verwundert: „Aha, also kein Elektrorolli!" Freiheit bedeutet eben auch, bei Grün über die Strasse zu gehen oder stehen zu bleiben.

WEEK 07/2000:
VALENTINE'S DAY

14. bis 20. Februar

Valentinstag! Endlich war er da und verlieh Hoffnung, dass die herzig[144] verherzten Herzen und die anderen verschnörkelten roten Liebesattribute, die umgehend den Weihnachtsartikeln folgten, endlich wieder in die hinteren Regale verschwinden würden. Dass Liebe die Fantasie beflügeln kann, bewiesen schon seit Wochen die Werbeprospekte. Sogar im Pets-Markt konnte Frauchen ihren Lieblingen herzförmige Knochen, Hundekekse, Katzenkörbchen, Mäntelchen und weiteren Unsinn besorgen. Die Papeterieabteilungen quollen mit Grusskarten in dominantem Rot über. Christel traf zudem fast der Schlag, als sie feststellte, dass es für Vierbeiner sogar Geburtstagskarten gibt! Sie musste lernen, dass Geburtstagsfeierlichkeiten für Vierbeiner (Hundekuchen mit Kerzen inklusive) nicht selten zelebriert werden. Der bellende Schmusewolf kommt dabei auch mal zu einem Hütchen oder Haarmäschchen – wenigstens für das Foto mit oder ohne Frauchen.

Christel war sicher, dass Hardys Liebeszeichen dieses Jahr unschlagbar war. Er hatte nämlich etwas ganz Spezielles im Sinn: einen Trip nach Hawaii! Keiner der drei Älpler kennt die „Aloha-Inseln". Es mussten daher Informationen über die Rollstuhltauglichkeit beschafft werden. Erste Abklärungen bei spezialisierten Reisebüros ergaben, dass die Grundvoraussetzung für den Abstecher, ein rollstuhlgängiges Mietfahrzeug, gegeben war. Die Hawaiispezialistin Barbara vom Reisebüro Carefree Vacations in Point Loma gab sich alle Mühe, den Kundenwünschen gerecht zu werden. Sie empfahl die Insel Maui mit dem Ort Lahaina für den fünftägigen Aufenthalt. Barbara managte zudem die Autovermittlung. Andi kontaktierte die Autofirma, Accessible Vans of Hawaii Inc., selber noch, da er sicher sein wollte, dass Hardy als Beifahrer im Rollstuhl und nicht als Selbstfahrer vermittelt wurde. Leider erhielt der Driver einen negativen Bescheid auf seine Anschlussfrage betreffend Rollstuhlverankerung. Die Mietautos hätten keine EZ-Lock-Vorrichtung. Es machte den Anschein, dass Hardys „Goldfurz" auf Hawaii nicht sehr populär ist. Halb so schlimm, dachten sich die drei. Andreas montierte am Vorabend das edle Gestänge vom Rollstuhl. Mit Hardys Hinweis, um 4.45 a.m. für den Boss bereit zu sein, packte Andreas seine Siebensachen und ging früh schlafen. Während Hardys Abendpflege füllte auch die Krankenschwester den Reisekoffer. Spät, aber mit einem guten Gefühl, fiel Christel traumlos in die Kissen. Die zwei Männer wurden wohl schon von zarten Hula-Blüten in Versuchung geführt.

HAWAII
vom 17. bis 22. Februar 2000

Donnerstag, 17. Februar 2000: Hinflug zur Insel Maui

Am Donnerstagmorgen war für Christel und Hardy um 3.30 a.m. Tagwache. 75 Minuten später hätte Andreas seinen Boss aus dem Bett nehmen sollen. Nichts tat sich. Christel klopfte ärgerlich zwei Mal an Andis Zimmertüre, was mit einem unwilligen Laut quittiert wurde. Halbwach tastete sich Hardys Betreuer zum Bad, wo er seelenruhig duschte, um anschliessend genüsslich seinem Frühstück zu frönen. Er dachte wohl keinen Augenblick daran, Hardy aus den Federn zu helfen, geschweige denn, Christel zur Hand zu gehen. Die Siebenschläferin war ob dem ungewollten Stress trotz kurzer Nacht für einmal hellwach. Christel musste sich wohl oder übel selber um Hardy kümmern, was natürlich an ihrer Zeit abging. Um 5 a.m. sass der Glarner auch am Frühstückstisch. Während Hardy sich beeilte, sein Müesli zu essen, blätterte Andreas interessiert in der Zeitung und las seinem Chef die spannendsten Berichte vor. „Ich chumm no Vögäl übär!"[145], dachte Christel, die nach einer Blitzdusche ein Brötchen hinunterwürgte. Wie seine Frau vermied auch Hardy, dem Züri-Leu die aufgestellte Morgenlaune zu vermiesen und ihm Feuer unter dem Hintern zu machen. Ein Krach wäre wohl der Ferienstimmung abträglich gewesen. In Windeseile putzte Christel ihrem Mann und sich die Zähne, würgte den Koffer zu und entsorgte das Geschirr. „So, haben wir's?", meinte Andreas gelassen und gleichzeitig voller Vorfreude, als er sich an seinen halbfertigen Rucksack machte. Um 5.45 a.m. startete der rote Van und fuhr wie der Blitz via I-5 und I-405 nordwärts nach Los Angeles. Der L. A. International Airport wurde wegen des (noch) fehlenden Berufsverkehrs zeitig erreicht. Verständlicherweise verzichtete der Driver darauf, die riesigen Parkareale anzupeilen, von wo aus Busse die Reisenden zum Flughafengebäude bringen.

Der Autofahrer darf bei den Ankunfts- und Abflugshallen entlang zwecks Ein- und Ausladen kurz anhalten. Auf keinen Fall darf das Auto aber unbeaufsichtigt stehen gelassen werden – auch nicht für einen Moment. Es droht nicht nur ein sofortiges Tow Away (Abschleppen), sondern dieses wird auch gnadenlos vollstreckt. Andrew war der mehrgeschossige Flughafen von L. A. vertraut, weil er dort schon Leute abgeholt hatte. Deshalb musste Christel den Situationsplan nicht hervornehmen, der den Flugscheinen beigelegen hatte. Andreas folgte unbeirrt der langen Zubringerstrasse und den vielen Terminals, bis ein Wegweiser die gewünschte Fluggesellschaft und die richtige Abfertigungshalle ankündigte. Dort wurden Personen und Gepäck schnellstmöglichst ausgeladen. Christel und Hardy warteten auf dem Gehsteig, bis Andrew vom Parkhaus zurückkam. Er hatte das Auto auf einem Behindertenparkplatz kostenlos abstellen können.

Maui – wir kommen!

Die drei Unternehmungslustigen waren nicht die Ersten, aber auch nicht die Letzten beim Einchecken. Andreas ärgerte sich darüber, dass die Hawaiian Airlines die Fluggäste ganze zwei Stunden zu früh herbestellt. Es zeigte sich schnell, weshalb die Glarner schon um 8 a.m. in der Schlange stehen mussten. Trotz der harzigen Abfertigung wurden nicht alle Schalter geöffnet. Die Gepäckaufgabe brachte Christel einen Rüffel[146] ein. Sie hatte es vorgezogen, einen grossen Rollkoffer für beide zu nehmen statt pro Person je ein Gepäckstück zu füllen. Während Christel einen gehörigen Vortrag in barschem Tonfall über sich ergehen lassen musste, gaben am Nebenschalter Jugendliche ihre Surfbretter auf – problem- und kommentarlos! Wo ist da die Logik? Das Übergewicht im Koffer wurde letztlich zwar zähneknirschend, aber ohne Strafgebühr genehmigt. „Wieso denn das ganze Gelaber?", fragte sich Christel verärgert. Die Glarner kriegten die Gepäckscheine sowie die Boardingtickets ausgehändigt, nicht aber die Etikette für den Rollstuhl. Die

Dame verwies auf das Personal am Gate 25. Diese würden sich um den Rollstuhlfahrer, seinen Transfer ins Flugzeug und um den Wheelchair kümmern. Christel vermutete, dass kein Behinderten-Begleitservice zur Verfügung stand, wie das oft bei Fluggesellschaften der Fall ist.

Nach erfolgter Pass- und Handgepäckkontrolle staunte Christel dann doch. Beim Gate erblickte sie eine Passagierin im Rollstuhl, die von zwei Security-Mädchen flankiert wurde. Vor dem Gateschalter bildete sich abermals eine immer länger werdende Warteschlange, die vom Abfertigungspersonal ebenfalls nicht sehr speditiv angegangen wurde. Ein Fluggast gestattete – nach amerikanischer Manier – Christel und Hardy höflich den Vortritt, nachdem die zwei Angestellten dem Rollstuhlfahrer keine Beachtung geschenkt hatten. Christel meldete ein zweites Mal das Bedürfnis nach einer Boarding Assistance und einem Aisle Chair (Transferschubkarre) an. Auch verlangte sie, wie geheissen, eine Gepäcksetikette für den Rollstuhl. Man versicherte ihr, dass alles ordungsgemäss geschehen werde. Eine Rollietikette gabs keine. Die Tickets wollte man auch nicht mehr sehen. Am Gate standen nur noch die Leute Schlange, die kein Gepäck eingecheckt und deshalb noch keine Boardingcard hatten. Die Damen am Gate waren übrigens mit den Damen bei der Gepäcksaufgabe identisch.

Plötzlich war das Okay zum Einsteigen da, und die Leute drängten zur Türe. Nun wurde Christel sauer. Sie peilte die erstbeste Hawaiidame an und verlangte unverzüglich die Rollietikette. Man bat nun darum, hinter der betreuten Rollstuhldame bis vor die Flugzeugtüre nachzukommen. Dort stand die vorübergehend behinderte (verstauchter Knöchel) Fussgängerin auf und humpelte zu ihrem Sitz. Nacher waren alle Augen auf Hardy gerichtet. Die drei mussten sich die überaus weise Frage gefallen lassen, ob denn Hardy eine Transferschubkarre bräuchte und tatsächlich keine Schritt gehen könne. Christel nickte artig, obwohl sie innerlich schäumte. Sie schickte Andi voraus, um Hardys zweites Roho-Sitzkissen auf seinem Passagiersitz zu platzieren.

Andi kam ganz aufgeregt wieder zur Luke zurückgerannt und polterte ungläubig, dass man Hardy doch tatsächlich in den mittleren Sitz einer Fünferreihe platzieren wolle und erst noch in der hinteren Hälfte des Vogels! Dies hiesse, dass er viele unnötige Meter im schmalen Korridor, eingeklemmt auf der viel zu schmalen Schubkarre, zurücklegen müsste und bestimmt bei jeder Sitzreihe die Ellenbogen anschlagen würde. Der nun sichtlich genervte Andreas reklamierte soooooo vehement, dass die Crew tatsächlich nach vorne umdisponierte. Sie wies den drei Schweizerlein in der fünften Reihe der zweiten Klasse drei Pätze nebeneinander zu. Andi half bei Hardys Transfer auf die Schubkarre und den äussersten Sitzplatz mit, während Christel beim Eingang den Rollstuhl zusammenklappte. Die abnehmbaren Teile und das lose Roho-Sitzkissen wurden als Handgepäck mit in die Kabine genommen. Die umsichtige Nurse vergewisserte sich anhand des Kopfnickens der drei Stewardessen, dass der Stuhl auch wirklich zum anderen Gepäck im Frachtraum kam und nicht als Flughafen-Eigengut behandelt wurde. Dann liess sich Christel erschöpft in den Sitz fallen.

Wer nun aber annimmt, dass sich das Trio anschliessend durch einen fürsorglichen Service gut aufgehoben fühlte, der täuscht sich gewaltig. Getränke wurden nur in mickrigen Bechern serviert. Wohin der Rest der Aludose verschwand, war schleierhaft, zumal bei jedem Gast, der ein Getränk in einer Büchse verlangte, eine frische geöffnet wurde. Obwohl Andi sein Menü vorgängig im Reisebüro bestellt hatte, wusste von der Crew niemand etwas über den Vegi-Food. Zu Andis berechtigtem Missmut bot das fliegende Servicepersonal keine Alternative an. Andi konnte seine Wut auch nicht mit Kopfhörermusik besänftigen. Die Kopfhörer wurden nur gegen fünf Dollar abgegeben – nicht etwa als Pfand gemeint! Auch mit dem Film auf der Leinwand machte ihm die Fluggesellschaft einen Strich durch die Rechnung. Nur wer den Kopfhörer mietete, konnte Film und Ton geniessen. Selbstverständlich wurde auch keine Extra-Kaffeerunde nach dem Essen serviert. Wer nicht von Anfang an mit dem Begrüssungsgetränk den Kaffee gleich bestellt hatte, hatte das Nachsehen. Besonders Mutige verlangten nach diesem extraordinären Service. Das unmotivierte Personal kam jedoch nur mit spürbarem Unwillen den Wünschen der Passagiere nach.

Christel traute sich, den stressig durch den Gang sausenden Steward nach der leeren Getränkeflasche zu fragen, die er eben in die Küche gebracht hatte. Er meinte, eine solche nicht zu besitzen, würde aber nachschauen gehen. Eine halbe Stunde verging. Der Mann flitze unzählige Male an Christel vorbei, ohne sie zu beachten. Als er eine zweite leere Flasche in die Küche gestellt hatte, sprach ihn Christel abermals auf die empty Bottle an. Darauf herrschte sie der Mann an, er habe keine leeren Flaschen, you understand? Christel wehrte sich und entgegnete, dass sie in seinen Händen mit eigenen Augen zwei leere Mineralwasserflaschen gesehen habe. Der Steward stürzte umgehend in die Küche, hastete zurück, knallte eine halbvolle Wasserflasche auf Christels Tisch und zischte sie an: „Trink, dann ist sie leer!" Obwohl die Nurse schon lange gemerkt hatte, dass der Dicke frustriert und ein Schleimsch… war, hätte sie nie und nimmer mit einer derart unverschämten Reaktion gerechnet. Andis Sitznachbar, Rick, ein Amerikaner aus Arizona, traute seinen Ohren nicht. Der nette Guy anerbot sich, die Flasche zu leeren – und endlich konnte Hardy seinem Urinal Abfluss gewähren.

Rick fand, dass der Zapfen[147] nun endgültig ab sei. Er liesse sich das nicht weiter gefallen. Auch er war zuvor scharf zurechtgewiesen worden – von einer rotlippigen eingebildeten Unschönheit. Rick hatte sich nämlich erlaubt, den Vorhang zur ersten Klasse etwas beiseite zu schieben, um mit seinem Boss zu schwatzen. Rick und weitere Mitarbeiter hatten in der First Class keinen Platz mehr, weshalb sie verteilt in der zweiten Klasse sassen. Die strenge Blondine hatte ihm erklärt, dass die Zweitklässler nichts in der ersten Klasse zu suchen hätten – umgekehrt aber die Erstklässler jederzeit und nach Belieben nach hinten gehen könnten. Rick ärgerte sich zudem über das Ungemach der Passagierin vor ihm. Diese hatte von einer anderen Flugbegleiterin eine Kleinigkeit verlangt, worauf diese ihr mit einem zuckersüssen Lächeln antwortete: „Wissen Sie was? Ich bin non-stop auf den Beinen, eben mit Abräumen fertig geworden und habe selber noch nichts gegessen – jetzt komme ich mal dran!" – Rick kriegte so einen dicken Hals, dass er den ungezogenen Steward-Frusti zur Rede stellte. Bezug nehmend auf Christel meinte dieser, die Frau sei eben wirklich sehr ungeduldig gewesen und habe ihm vier Mal (!) sehr unhöflich nachgerufen. Und überhaupt sage er jetzt einmal klipp und klar, was Sache sei: Das Personal sei understuffed (personell unterbesetzt). Punkt, fertig! Dieser Unterhaltung wohnten zwei ungewohnte Fluggäste, uniformierte Hawaiian-Airlines-Stewardessen, bei, die nach getaner Arbeit (Flugbegleitung nach L.A.) nach Maui zurückflogen und sich von ihren KollegInnen bedienen liessen. Wohlweislich schwiegen sie.

Nach einer gut fünfstündigen Flugzeit setzte der mittlerweile verhasste Vogel in Kahului auf der *Insel Maui* auf (Ortszeit: zwei Stunden Zeitverschiebung, d.h. elf Stunden gegenüber der MEZ). Wie üblich begaben sich die Leute ins Stehen und griffen nach ihrem Handgepäck. Ihrer Freude um das bevorstehende Aussteigen wurden sie aber jäh beraubt. Die Unschöne mit den frisch nachgezogenen Lippen (ein Akt, den übrigens jeder Fluggast mehrmals mitverfolgen konnte) befahl den Leuten, sich nullkommaplötzlich wieder hinzusetzen. Weil man vorher ja keine Zeit hatte, händigte die dumme Nuss eben jetzt den Zettel aus, auf dem festgehalten werden musste, dass keine Früchte und Tiere eingeführt würden. Sie erinnerte sich knapp daran, dass Hardy irgendwie behindert war, und beugte sich zu ihm herab, sah in seine Augen und fragte, ob er einen Hund mitführen würde. Sie bewegte ihre Lippen dabei so aufreizend, als ob auch ein Blinder sie sehen könnte.

Es waren schon lange alle Leute ausgestiegen, ausser Hardy und seine Gefolgschaft. Endlich kam der Transferstuhl. Andi bestätigte, dass der Rollstuhl bei der Flugzeugtüre parat sei und nicht irrtümlich auf dem Gepäckförderband gelandet war. Die Assistenz begleitete die drei zum Gepäckempfang. Die „Knöchel-Frau" sass in ihrem Rolli schon in der Halle und fuchtelte wild den ankommenden Schweizern zu. Sie wies einen älteren Herrn zu ihnen. Dieser stellte sich als Fahrer des Behindertentaxis heraus. Der bestellte Rollstuhlvan konnte leider nicht zum Flughafen gebracht werden, da er vor zwei Tagen einen Totalschaden erlitten hatte. Das Ersatzfahrzeug wurde aber auf den nächsten Mittag in Aussicht gestellt. Die Autovermittlungsfirma hatte wenigstens für den Hoteltransfer gesorgt. Noch nicht ganz beim Taxi angekommen, vernahm Hardy aus dem Flughafenlautsprecher, dass ein „Mister Andreas" ausgerufen wurde. Dieser eilte davon. Nach einem Weilchen erschien er wieder – mit drei der typischen Blumen-Begrüssungs-Halsketten. Diese im Reisearrangement inbegriffene Aloha-Tradition wurde den Helvetier bei ihrer Ankunft deshalb nicht umgehängt, weil sie sich nicht in der ankommenden Fussgängermasse befanden und erst später kamen.

Christel verspürte einen zünftigen Brummschädel. Hardy bestätigte ihre Vermutung, dass die Druckunterschiede in der Kabine stark spürbar gewesen waren. Zusammen mit Andrew sass Christel hinten im alten, verrosteten Taxi und genoss die an ihr vorüberziehenden ersten Inseleindrücke. Vorbei an Zuckerrohrfeldern führte die südliche Küstenstrasse nach West Maui. Unverbaute, ebene Sandstrände ermöglichten eine freie Sicht aufs Meer. Plötzlich erkannte Christel eine riesige Schwanzflosse, dann noch eine und später noch weitere. Toll – die Wale als Begrüssungskomitee! Obwohl die Dickhäuter nicht sehr nahe waren, sah man sie sehr gut, viel besser als beim Whale Watching in San Diego. Die Strasse nach *Lahaina* führt am Aussichtspunkt Papalaua Overlook & Whale Wachting vorbei. Der kleine geteerte Panoramaplatz war überfüllt mit Autos und eifrigen Walguckern.

Postkartenansicht von Lahaina

Des Schweizer Trio freudigste Überraschung (das gabs an diesem Tag tatsächlich auch) waren die Zimmer des im Ortszentrum von Lahaina gelegenen Hotels Aston Maui Islander (660 Wainee Street, Lahaina, HI 96761). Entgegen der Aussage des Reisebüros kam Hardy in den Genuss einer Roll-in Shower. Das grosszügige Appartement (Nr. 1346) mit Wohn- und Küchenbereich wies eine Verbindungstüre zu Andis Zimmer (Nr. 1344) auf. Die drei freuten sich sehr über ihre „Ferienwohnung".

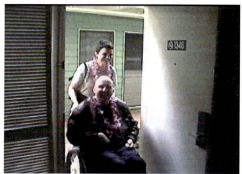

Willkommen im Hotel!

Nach einer kurzen Ruhephase auf den angenehm hohen und deshalb pflegefreundlichen Betten machten sich die neuen Inselbewohner zu einer Ortsinspektion auf: Lahaina, einst Hauptstädtchen von Hawaii, ist zu einem typischen Touristenort geworden. Durch das liebliche Hafendorf zieht sich die Front Street, parallel zur Küstenstrasse 30. An ihr säumen sich Kleider-, Schmuck- und Souvenirläden sowie viele Galerien und Boutiquen. Büros mit Time-sharing Agencies sind auch hier unübersehbar, aber weniger aggressiv mit der Strassenwerbung als anderswo. Vermittlungsstellen für diverse Vergnügungs- und Erlebnisabenteuer geben gerne Auskunft und Flyers ab.

Die Abenddämmerung verlieh der lebendigen Dorfstrasse einen besonderen Charme. Die direkt am Meer gelegene freie Terrasse des Restaurants Lahaina Fish Company lud das schlendernde Trio zu einem feinen Dinner bei Fackellicht ein. Auf dem kurzen Heimweg wurde noch das Nötigste für die kommenden Morgenessen besorgt, wofür sich praktischerweise der Whalers General Store 57, gleich gegenüber dem Hotel, anerbot. Der lange Tag mit den zwei Stunden Zeitgewinn brauchte kein Sandmännchen mehr – gute Nacht!

So lässt sichs wohl sein

Freitag, 18. Februar 2000: Organisieren und Flanieren

Nach erholsamem Schlaf studierten und organisierten Christel und Hardy die möglichen Inselabenteuer, derweilen Andreas schon seit 5.30 a.m. mit einer Tauchgruppe unterwegs war. Tauch- und Schnorchelzubehör konnte er problemlos mieten. Natürlich hatten sich die Glarner vorher schon über die möglichen Aktivitäten im Rollstuhl informiert. Einen höchst interessanten Einblick bot die Internetseite von *Disabled Support Services* in Maui. Diese und andere Seiten boten Infos über rollstuhlgerechte Unterkünfte, adaptierte Transportsysteme zu Land und zu Wasser, Bezugsmöglichkeiten von Hilfsmitteln, z.B. einem Natural Access Beach Wheelchair (Strandrollstuhl), und das Vorhandensein von Betreuungs- und Pflegediensten. Ein Foto mit einem tauchenden Tetraplegiker überzeugte die Leserschaft aus der Schweiz, dass für die Organisation wohl nichts unmöglich ist. Einzig das An- und Ausziehen des Taucheranzuges wäre alles andere als einfach gewesen. Die Kayakabenteuer und die Geschichtstouren für Rollifahrer lockten Hardy weniger, dafür die direkt am Strand gelegenen erschlossenen Spazierwege. Und ganz klar war: Der Helikoptereinstieg via Lift musste unbedingt erprobt werden!

Nach der Reservation von verschiedenen Anlässen nahmen Christel und Hardy um elf Uhr das rolligerechte Ersatzfahrzeug in Empfang. Anders als befürchtet wurde keine Rostlaube übergeben, sondern ein schöner grüner Chrysler mit Seitenrampe und einer Goldfurz-Verankerung. Also hätte man das Gestänge doch mitnehmen können! Der gute Herr war etwas irritiert, da er „nur" einen lahmen Mister Landolt vor sich hatte, jedoch nicht den nach seiner Meinung zuständigen Andreas. Zu seinem Überdruss bemerkte der unsicher gewordene Mann auch noch, dass er sämtliche Papiere im Büro vergessen hatte. Das raubte ihm die Möglichkeit, die angeblichen Automieter zu identifizieren. Er überliess Christel das Auto nur mit einem mulmigen Gefühl. Bis Andreas zurückkam, verbrachten die Glarner ihre Zeit erneut im Zentrum von Lahaina, wo sich Hardy ein luftiges Tschöpli[148] mit buntem Papageienmotiv erstand. Typisch touristenmässig bekleidet war Hardy nun bereit, sein Feriendomizil zu erforschen.

Am Nachmittag sattelte der glücklich vom Tauchgang zurückgekehrte Andreas das Auto. Dabei liessen die Verankerungsgurte zu wünschen übrig. Andi ärgerte sich über den offensichtlich hirnlosen Sachbearbeiter, der ihm telefonisch versichert hatte, keine Vans mit EZ-Locks zu haben. Schliesslich fuhren die Sonnenhungrigen die Küstenstrasse südwärts und hielten Ausschau nach zugänglichen Spazierwegen. Die Strasse 31 wurde plötzlich schmäler. Sie wies keine Zubringer zum Strand mehr auf, weshalb das Auto rechtsumkehrt machte. Vorbei am Makena-Strand fuhren die Schweizer – eher zufällig und neugierig auf die Umgebung – den Mokapu Beach an. Sie sahen, dass ein geteerter Weg vom Parkplatz wegführte, der sie zur grossen, am Hang gelegenen Hotelanlage Renaissance Wailea Beach Resort brachte. Im hoteleigenen Restaurant Maui Onion gönnten die Hungrigen ihren Mägen endlich etwas. Über eine steile Rampe konnte Hardy nachher zum Sandstrand gelangen, wo Christel einen Hotel-Liegestuhl nahm und sich zu ihrem Schatz gesellte. Andi störte sich weder an der untergehenden Sonne noch an der frischen Brise. Er stieg in seine Schnorchelmontur und watschelte mit Flossenfüssen den Wellen entgegen.

Die einen entspannen sich über Wasser, die anderen wollen unter Wasser

Der ebenen Küstenstrasse entlang gibt es viele Möglichkeiten, auf schmalen Sandstreifen zu parken und sich in die Wellen zu stürzen. Ein paar Camper trifft man immer an, doch kann keineswegs von überfüllten Stränden die Rede sein. Manchmal erinnern nur die blauen WC-Container zwischen den Bäumen daran, dass ein Badeplatz hinter dem Gebüsch zum Verweilen einlädt. Da der Höhenunterschied zwischen Meer und Küstenstrasse sehr gering ist, fragte man sich, was wohl mit den Inselbewohnern bei Hochwasser bzw. hohen Wellen geschieht. Andreas freute sich noch auf dem Heimweg über die schönen Fische und die Moräne, die er beobachtet hatte. Gerne gab der Hobbytaucher den unterwasserunerfahrenen Glarnern eine bunte Schilderung der prächtigen Meereswelt.

Samstag, 19. Februar 2000: Vulkan Haleakala undprächtige Strandpromenade in Wailea

Richtige Touristen, die den Haleakala-Vulkan besuchen, stehen im Dunkeln auf, um frühmorgens den Sonnenaufgang auf der Bergspitze mitzuerleben. Nicht so die berggewohnten Helvetier. Sie passierten erst bei Tageslicht die verschiedenen Klimazonen und erfreuten sich an der praktisch freien, dafür sehr kurvigen Strasse bis zum Haleakala National Park. Der schon arg mitgenommene, aber immer noch gültige Eagle Passport verhalf zum kostenlosen Eintritt. Zuoberst angekommen wurde erst einmal der empfindlichen Kälte getrotzt. Im Gegensatz zu anderen Besuchern waren die Schweizer gut vorbereitet. Sie konnten sich einmummen. Nach ein paar Schritten merkte Christel ein leichtes Schwindelgefühl. Nicht umsonst meint der Frommer's-Reiseführer: „Dies ist einer der wenigen Plätze auf dem Planeten, wo man vom Meeresspiegel in einer zweistündigen und 37 Meilen langen Fahrt auf 10 000 Feet aufsteigt."

Während Hardy und Christel nur eine kurze Zeit den eisigen Winden standhielten, folgte Andi, auf der Jagd nach guten Fotomotiven, den zahlreichen Gesteinswegen. Für Fussgänger bestehen Wanderwege, die aber wegen der dünnen Luft sehr vorsichtig angegangen werden sollten. Anzumerken ist, dass auf dem Gipfel keinerlei Verpflegungs- und Toilettenmöglichkeiten vorhanden sind. Wer Wasser aufnehmen oder ablassen muss, der kann dies im Summit Visitor Center (elf Meilen von Parkeingang entfernt) machen. Zuoberst im Panorama Center (geöffnet von Sonnenaufgang bis 3 p.m.) geben Ranger geologische Erklärungen ab. Hardy genoss es, über den Wolken zu sein. Er meinte, dass er gerne einmal mit der Maitä[149] auf den Säntis[150] gondeln würde: „Wieso hast du mich eigentlich noch nie dorthin gebracht, hmm?!" Inzwischen hatte sich auch der Altpfader wieder zu den Glarnern gesellt. Auf der Bergabfahrt auf dem Haleakala Hwy kamen die Ausflügler beim Restaurant Kula Sandelwoods vorbei. Auf der überdachten Terrasse lachten die Alpenländer heimlich die Velofahrer aus, die in geführten Gruppen zuerst per Auto auf den Gipfel chauffiert worden waren und hernach den Berg hinunter pedalen durften. Das Komische daran war, dass die Biker, alle in gelben Overalls (Schutzanzüge?) und ausgestattet mit Velohelmen, hinter einem Vorfahrer nachhötterlen[151] mussten.

HAWAII

Auf dem Weg zum Haleakala

Kalt, aber schön ist es auf dem Haleakala

Der Reisebericht eines Freundes von Andreas enthielt unter anderem die wärmste Empfehlung, die traumhafte Hotelanlage *Grand Wailea Resort & Spa* im südlichen Wailea zu besichtigen. Da man den Weg am Vortag schon einmal gemacht hatte, guckten die Erwartungsfreudigen etwas aufmerksamer auf beide Seiten der Küstenstrasse und wurden sowohl der versteckten Luxushotels als auch der weitläufigen Golfanlagen gewahr. Das Parkhaus des Grand Wailea war zugänglich und bot beim Eingang drei Behindertenparkplätze an. Das Innere des grossen Gebäudes war märchenhaft, die Aussenanlage unübertrefflich. Per Lift gelangten die Sprachlosen vom Eintrittsniveau nach unten zum zauberhaften Park, wo in der romantischen Kapelle gerade ein japanisches Paar Hochzeit hielt. Das Brautpaar war unter den vielen emsig herumtippelnden und fotografierenden Gästen kaum zu sehen.

Die Hotelanlage des Grand Wailea Resort & Spa ...

Auf den Plattenwegen durch die Anlage erhaschte Hardy einen Einblick auf den Wildwasser- und Junglepool, wo sich Gross und Klein vergnügten. Überall waren Angestellte zugegen, die den Knirpsen halfen und für Sicherheit und Ordnung zuständig waren. Die Barhocker im Pool ermöglichten den Wasserratten, den Drink im kühlen Nass zu schlürfen. Üppige Vegetation unterteilt Pool, Restaurant und die grosse Wiese, wo Luau-Abende stattfinden. Der schöne Sandstrand ist flach, sehr gut zugänglich und steht zudem von Gesetzes wegen jedermann zur Benützung frei. Trotzdem trifft man am schönen Beach verhältnismässig wenig Leute an. Die Pools der Hotelanlagen scheinen stärkere Anziehungspunkte zu sein. Hardy genoss die lange und geteerte Strandpromenade, die ihm einen wunderbaren, hindernisfreien Blick aufs Meer ermöglichte. Auf dem Weg zum Auto gönnte man sich einen letzten Blick aufs Meer vom erhöhten Speisesaal aus. Christel verbrachte neugierig ein paar Minuten im edel ausgestatteten Restroom, wo sie auch die Behindertentoilette inspizierte.

... war riesig und traumhaft schön

Nach einer Ruhepause im Hotel in Lahaina überraschten die Glarner ihr Knechtlein mit einer Performance im *Maui Myth & Magic Theatre*, das sich im Zentrum von Lahaina befindet. Im Theatersaal sorgten die drei Eintrittskarten für Verwirrung unter den Platzanweisern. Es machte den Anschein, als würde nur der mittlere Drittel der Sitzplätze von oben nach unten mit Gästen gefüllt. Die Rollstuhllücke jedoch befand sich in der vordersten Sitzreihe ganz rechts aussen. Hardys Platznummer war vorne im mittleren Drittel zu finden – ein ganz normaler Stuhl. Die Angestellten wollten den vorhandenen Rollstuhlplatz an der Seite partout nicht vergeben. Es könnte ja überraschenderweise noch ein Rollstuhlfahrer kommen, und dann hätten sie keine Sitzlücke mehr frei. Christel hatte die Sache schnell im Griff. Sie schaute die Stühle an und meinte, dass es kein Problem sei, die zwei Schrauben zu lösen. Gesagt, getan. Der Sitz war weg, und die drei Schweizer fanden in der ersten Reihe des mittleren Drittels Platz. Wohin brachte der Mechaniker den losgeschraubten Sitz? Genau, zur „Rollstuhl-Lücke" ganz rechts aussen, wo er ihn wieder anschraubte! Christel hatte zudem bemerkt, dass es sich beim losgeschraubten Stuhl um einen Doppelsitz gehandelt hatte. Nun klaffte logischerweise eine Platzlücke neben Hardy, deren Sitz hundertprozentig von jemanden gekauft worden war. Es kam, wie es kommen musste. Die drei Helvetier mussten zweimal ihre Tickets vorweisen. Doch Glück gehabt, die Sitznummern auf den Tickets der unschuldig dreinschauenden Touristen stimmten jedesmal. Nur der fehlende Sitz neben Hardy gab Probleme auf. Naja, die dicke Dame mit der mysteriösen Platznummer musste sich schliesslich doch nicht ins Loch auf den Boden plumpsen lassen.

Die Aufführung „'Ulalena" erzählt, wie die Vulkaninseln bevölkert wurden. Die Mystik der Ureinwohner und ihre Götter zu Lande und zu Wasser wurden musikalisch, tänzerisch und singend sehr kreativ dargeboten. Familien- und Stammesleben vor der Zeit der ersten vornehmlich weissen Immigranten waren im Einklang mit der Natur. Gottesfürchtig waren erste Seefahrer empfangen worden; man huldigte ihnen wie Himmelsgeschöpfen. Die künstlerisch anspruchsvolle Aufführung fand einen weiteren Höhepunkt, als Krankheiten und der Zerfall des Systems, verursacht durch die fremden Elemente anderer Kulturen, dem beeindruckten Publikum dargestellt wurden. Konflikte zwischen Tradition und Zukunft wurden unvermeidlich. Als die Nachfrage nach Zucker auf dem Weltmarkt im 19. Jahrhundert gestiegen war, immigrierten von überall her Leute. Die unterschiedlichen Volksgruppen begannen sich zu mischen. Der Vulkanausbruch spiegelte die turbulenten Emotionen jenes Jahrhunderts wider. Nach der Zerstörung kam eine Zeit der Bewunderung. Unter dem friedlichen Mondlicht der Göttin Hina war die neue Ära des „Goldenen Volkes" entstanden.

Die Zuschauer spendeten begeistert Beifall. Andreas freute sich nicht nur über die gelungene Performance, sondern auch über die knackigen Tänzerinnen im Urwaldkostüm. Das Ensemble stand den Besuchern nach der Aufführung in der Halle für ein Gespräch zur Verfügung. Andi liess sich die Gelegenheit nicht entgehen, mit den Schauspielerinnen auf Tuchfühlung zu gehen, und bat die schönste Künstlerin um Erlaubnis, sie fotografieren zu dürfen. Die Schönheit staunte nicht schlecht, als sich der Züri-Leu blitzschnell neben sie gesellte und so zu einer Aufnahme kam, die die beiden wie ein strahlendes Liebespaar zeigte.

Sonntag, 20. Februar 2000: Hana und Luau

Keiner Hina, sondern Hana galt die ganze Aufmerksamkeit am Sonntag. Um den Ort an der Ostküste von Maui zu erreichen, musste der Vulkan an der Nordseite ganz umfahren werden. Die Urwaldvegetation auf der anderen Hügelseite war unglaublich. Der grüne Van kurvte brav an Bananenstauden, Bambusrohr und Riesenbäumen mit verlockenden Lianen vorbei. Christels Augen wurden beim Anblick des Nielenparadieses[152] beinahe feucht, was waren das doch noch für Zeiten, als man während der Schulferien mit den Lianen gar manches anstellen konnte.

Die *Strasse nach Hana* ist berühmt-berüchtigt für die Endlosigkeit der Windungen. Die Kurven liessen die Urlauber beinahe verzweifeln. Wasserfälle und alte Brücken im Regenwald vermochten die Schweizer nicht zu einem Fotohalt zu bewegen, man wollte nur endlich ankommen. Bei der Polizeistation vor Hana erkundigte sich Andi, ob man das Zentrum vielleicht schon verpasst hätte. Nach drei Stunden Fahrt pausierte das Trio am Hana Beach Park direkt am Meer. Angesichts der fortgeschrittenen Zeit beschloss man, auf die Weiterfahrt zu den sehenswerten „Wasserlöchern", die einige Meilen hinter Hana zu bestaunen sind, zu verzichten.

Impressionen auf dem Weg nach Hana

Stattdessen fuhr Andi wieder zurück bis zum *Waianapanapa State Park*. Dort befindet sich der Black Sand Beach in einer wunderbaren Bucht. Man hätte auch den Red Sand Beach, der laut Reiseführer ein weiteres Must gewesen wäre, besichtigen können. Das war aber zeitlich nicht mehr möglich. Andi durchlief im Eiltempo die verschlungenen Fusswege des Botanischen Gartens und turnte abschliessend auf den schwarzen Felsen im Meer herum. Der Heimweg führte wieder auf der Strasse 360 zurück. Besagte Strasse wäre zwar nach Hana weitergegangen, aber schliesslich auf der Inselsüdseite zu einem Naturweg 31 geworden, der nur mit einem geländetauglichen Fahrzeug, nicht aber mit dem abgesenkten Chrysler überstanden worden wäre. Andrew hätte diese Abenteuerstrecke am liebsten ausprobiert. Die anderen Mitfahrer hatten aber keine Lust, irgendwo im Jungle in einem unerwarteten Loch stecken zu bleiben.

Der Black Sand Beach in Hana

Viele Hotels veranstalten *Luau-Dinners*, die um die 65 Dollar pro Person kosten. Leider waren im Old Lahaina Luau alle Plätze bereits vergeben. Schade, denn auf diesem historischen Platz werden traditionelles hawaiianisches Essen, Musik und Hula authentisch präsentiert. Es blieb nichts anderes übrig, als einen kommerziellen Hotel-Luau zu besuchen. Die Schweizer fuhren deshalb abermals das Grand Wailea Hotel an, wo man sie zur Wiese am Strand schickte.

HAWAII

Happy Luau-Couple

Vor einer Bühne standen die grossen runden Tische bereit. Auf den Büfetttischen waren noch keine Speisen auszumachen. Gäste, die sich erwartungsfreudig zu den Tischen begaben, wurden wieder an den Wiesenrand zurückbeordert. Dort musste man vor einem Blumenbogen eine Warteschlange bilden und auf die Kassierinnen warten. Unter den Armen eingeklemmt führten sie je ein Klapptischchen mit. Die Frauen stellten ihre Kreditkarten-Maschineli[153] auf die mitgebrachten, wackligen Möbel. Für einmal drängelten Christel und Hardy nach vorne. Man wollte einen bühnennahen Platz ergattern, damit Hardy eine gute Sicht hat. Nach dem Eintritt durchs „Blumentor" wurde jedem Gast eine Muschelkette überreicht. Platz fanden die Gäste an einem der zahlreichen runden Zehnertische.

Ein herrlicher Sonnenuntergang eröffnet den Luau ...

Zum Apéro gab es diverse Drinks und Chips, Tomatensalsa, rohen Fisch und gekochte Fleischstückchen, die auf einer Platte reihum geboten wurden. Der unbeschreibliche Sonnenuntergang erfreute die Gäste. Die orange Kugel liess sich nicht viel Zeit, bis sie im Meer versank. Wer wollte, konnte hernach der „Schweinsausgrabung" beiwohnen. Traditionell gekleidete stramme Jünglinge hoben das weniger stramme Schwein aus einem Erdofen, wo es während 24 Stunden geschmort hatte. Die Naturburschen präsentierten das Säuli[154] gekonnt auf einer geschulterten Servierbahre. Danach verschwanden sie mit ihm in die Hotelküche. Bis alle Speisen ihren Weg von der Küche zum Büfett gefunden hatten, machte die Gästeschar ein erstes Mal Bekanntschaft mit einem unsympathischen Unterhalter, einem verwestlichten Hawaiianer mit Pferdeschwanz und Khakihemd, auf der Bühne. Hulatänzerinnen schwangen ihre Hüften. Andreas bemerkte, dass der Kokosschalen-BH nicht Tradition sein könne; früher seien die Polynesierinnen doch oben ohne herumgelaufen ... Die Männer zeigten Kraft- und Kriegstänze. Zwischendurch gab der Ansager ein paar nicht sehr überzeugende Schnulzen zum Besten. Verwöhnt von der Theateraufführrung vom Vorabend begeisterte das Dargebotene – abgesehen von den Feuertänzen – die Schweizer nicht sonderlich.

... der mit traditionellem Essen und Showeinlagen die Gäste verwöhnt

Das Büfett wurde eröffnet und tischweise gestürmt. Christel bekundete Mühe, das Besondere der aufgetragenen Speisen zu erkennen. Vielleicht auch deshalb, weil sie und Hardy asiatische Küche gewöhnt sind, die ähnliche Zubereitungen kennt. Schön in der Schlange mitgehend, näherte man sich den Schlemmereien. Die Teller füllten sich mit Salaten, gedämpftem und überbackenem Gemüsemix sowie Früchten. Süsse Kartoffeln und Weissmehlbrötchen befanden sich am Büfettende beim Fleisch. Huhn, Fisch und Steaks konnten aufgegabelt werden, nicht aber das gegarte Schwein, was für Verwirrung und Stau sorgte. Die Spezialität wurde erst während des Essens in einer Pause serviert, als keine Bühnenaktivitäten stattfanden. Pro Tisch wurde dabei eine kleine Platte mit teils trockenem, teils zartem Fleischgefaser und warmem Chabis[155] aufgetischt. Christel zweifelte daran, ob das Vorgesetzte mit der stolzen Sau von vorhin identisch war. Aber was solls. Schliesslich war da noch ein grosses Dessertbüffett. Erneut staunten die Schweizer über den Habitus der Amerikaner, die mit dem letzten Fleischbissen im Munde bereits die Zuckerberge in Angriff nahmen. Warten und Verdauen schien ihnen gänzlich fremd zu sein. Schnell war die Bühnenschau fertig, das Büfett leer. – Na ja, ausser Spesen nicht viel gewesen!

Montag, 21. Februar 2000: Helikopter für Gehbehinderte und Strandpromenade in Kaanapali

Am Montag ereignete sich im wahrsten Sinne des Wortes der absolute Höhepunkt der Reise: ein Helikopterrundflug! Im Kahului-Heliport sorgte die Crew der *Hawaii Helicopters* zuerst für Hardy. Er musste auf einen mobilen Treppengeländer-Sitzlift transferiert werden, der hernach dem Geländer entlang aufwärts zur Passagierkabine glitt. Geübte Männer hoben Hardy anschliessend durch den Einstieg auf den ersten Helihintersitz. Neben ihm mussten Andi und ein älteres Ehepaar Platz nehmen. Christel durfte wieder vorne sitzen, zwischen dem Piloten und einem weiteren Passagier. Die Bodencrew rollte den praktischen Sitzlift vom Vogel weg und hob den Daumen zum Start.

HAWAII

Rollstuhllift für einen Helikopter – toll!

Der einstündige Flug über Maui und die Insel Molokai – mit Blick auf die Insel Lanai – war ein wundervolles Erlebnis. Die Kopfhörermusik war ausgezeichnet auf die Route abgestimmt. Näherte sich der Heli einem bemerkenswerten Sight, so wechselten die Klänge und untermalten das Besondere. Der Flug bot sehr viel Abwechslung. Die Inseln Maui und Molokai weisen mehrere Klimazonen auf. Vom Regenwald bis hin zur Wüste findet man praktisch jede Vegetation. Inmitten der steil abfallenden Felswände, die mit Regenwald überwuchert sind, durchbohrte der Heli oft Regenwolken und kämpfte gegen heftige Turbulenzen an, die ihn wie einen Spielball gefangen nahmen. Das machte das ganze Naturschauspiel noch lebendiger. Hardy musste sich deshalb zwischendurch an Andis Hose festhalten. Aber Christel erntete bei jedem fürsorglichen Blick nach hinten ein glückliches Lächeln von ihrem Schatz.

Unvergesslich der Flug über Maui und Molokai

Nur zu schnell war der Traum vorbei – leider! In der Hoffnung, dass Andis Videoaufnahmen gelungen waren, verzichteten die geistig noch Schwebenden auf den Kauf einer Filmkassette. Sie beschlossen, den letzten Tag auf der Insel zu geniessen und die Küste nördlich von Lahaina zu erkunden. Dabei sahen sie den Sugarcane Train vorbeidampfen. Die Zuckerrohr-Lokomotive bietet eine 30-minütige und 12 Meilen lange Rundfahrt ab Lahaina durch die Plantagen an. Wo keine Zuckerpflanzen zu sehen sind, leuchtet das Grün der exklusiven Golfplätze. Nach ersten Schwierigkeiten, den Zugang zur geteerten Strandpromenade entlang der Hotels in *Kaanapali* zu finden, parkten die drei Touristen beim Hotel Marriot auf einem separaten Behindertenparkplatz.

Hardy geniesst mit einer Pina Colada die Aussicht auf die Bucht vor dem Hotel Sheraton

Die Hotelanlagen musternd schlenderten die Spaziergänger nordwärts. Die Promenade hörte auf der Restaurant-Terrasse des Hotel Sheraton auf, in dessen Süsswasserpool ein Schwimmbadlift für Gehbehinderte gesichtet wurde. Ob auch andere Hotels über Poollifts verfügen, entzieht sich der Kenntnis der Schreiber. Die Toilettenanlagen der Hotels sind für alle zugänglich. Hardy ermunterte sein Weib, sich einmal von ihm zu trennen und auch ein Bad im Meer zu nehmen. Andreas war nämlich schon lange am Schnorcheln. Sonnengeschützt und mit einer Pina Colada versehen, sah Hardy Christel zu, wie sie mit ihrer Schwimmbrille in der Bucht tauchte. Nach einem Weilchen schwamm Christel wieder zu ihrem Mann zurück, der seiner besseren Hälfte einen eleganten Schwimmstil attestierte. Mittlerweile gab auch Andi das Fischstudium auf. Zusammen schlenderten sie wieder zum Auto und sogen das letzte Mal den malerischen Sonnenuntergang auf Maui ein.

HAWAII

Maui war herrlich

Dienstag, 22. Februar 2000: Rückflug nach Los Angeles

Hardys nasses Vergnügen fand am Dienstagmorgen statt. Obwohl die knapp 70 cm breite Dusche sicherlich nicht das Standardmass für amerikanische Rollstuhlfahrer bedeutet, genügte sie den Glarnern. Immerhin verhinderte die flexible Gummiabschrankung ein Überfluten des ganzen Badezimmers. Andrew besorgte derweilen im nahen Laden einige Schachteln der einheimischen Schokoladenspezialität. Hardys Physiotherapeutin hatte von den feinen Makadamia Nuts geschwärmt, die sie während ihres mehrmonatigen Arbeitsaufenthaltes auf Maui kennen und lieben gelernt hatte. Hardy gab der guten Tiff sein GlarnerEhrenwort und versprach, ihre Lieblingspralinés zu besorgen. Während Christel mit dem Kofferdeckel kämpfte, widmeten sich die Herren den längst fälligen Kartengrüssen. Ausgecheckt war schnell. Anschliessend fuhren die Schweizer zum Autovermieter. Die anwesende Dame hüpfte leichtfüssig in das Gefährt und freute sich, dass doch noch jemand von der Firma den „verschwundenen" Mister Andreas persönlich kennen lernen durfte. Nach einem Profiblick auf das Armaturenbrett erinnerte die Angestellte den Driver daran, den Benzintank aufzufüllen. Am Flughafen half sie dem Trio beim Ausladen, wünschte höflich alles Gute – und weg war sie. Wie bei der Inempfangnahme des Autos fand auch bei der Abgabe keine Wagenüberprüfung statt. Auch gut!

In der Flughafenhalle stand man vor dem Schalter der Hawaiian Airlines bereits wieder Schlange. Als Christel die Tickets zeigte, wies man sie ohne Erklärung zum Schalter der American Airlines, wo man selbstverständlich wieder hinten anstehen musste. Plötzlich fiel Andi auf, dass einige Leute ein orange Bändchen am Koffergriff hatten. Ungeniert quatschte er die nächste Person an, worauf sich seine Miene verfinsterte. Ärgerlich packte er die Koffer, zwängte sich durch die Abschrankung hindurch und eilte zu einem Förderband, wo er die schweren Stücke draufknallte. Nachdem die Koffer ordnungsgemäss den Röntgenapparat passiert und einen Aufkleber erhalten hatten, stand man endlich wieder in der Schlange. Verglichen mit dem Check-in in L. A. war das Einchecken mit keiner Standpauke verbunden. Die übergewichtigen Koffer waren kein Thema. Entweder war die Waage defekt oder dann hatte Andrew irrtümlich vergessen, den Koffer ganz auf die Waage zu stellen . . . .

Andrew hatte am ersten Tag im Hotel der Fluggesellschaft telefoniert, sich über den Hinflug beschwert und gleichzeitig die Sitze für den Rückflug reservieren lassen. So kannte er bereits die Sitznummern. Nicht so die Eincheckdame. Ihr Computer zeigte nichts Derartiges an. Andi schüttelte resignierend den Kopf, hakte aber nach, ob wenigstens sein Vegi-Menü vorgemerkt worden war. Die Dame verwies die Fragen der Schweizer zum Gate, wo alle Probleme gelöst würden. Dass Christel es dort wagte, die erforderliche Rollstuhletikette zu verlangen, wurde als unverschämte Zumutung empfunden. Vor versammelter Menge wurde sie überlaut zurechtgewiesen, wobei die Dame jede Silbe betonte und die Lippen dabei so übertrieben formte, als müsste Christel von ihnen ablesen. Die Augen der Frau quollen beinahe aus dem Kopf – was Hormone doch alles anrichten können! Einer Schlange gleich versprühte sie ihr Gift. Diese Abfuhr bewirkte mitleidige Blicke der Umstehenden.

Die Giftschlange am Gate sah sich einer unruhig werdenden Menschenansammlung gegenüber. Mit gespaltener Zunge behauptete das böse Wesen, dass eine Reisegruppe noch nicht eingetroffen sei und das Flugzeug deshalb mit mehr als einer Stunde Verspätung abheben werde. Das war schlichtweg ein Lüge! Christel und Hardy sassen nämlich am Fenster und sahen, dass der am Gate angedockte Vogel noch nicht einmal aufgetankt war, die Bodenmannschaft noch keinen einzigen Koffer im Blechbauch verstaut hatte und überhaupt nichts vorbereitet war, was längstens hätte passiert sein sollen. Völlig unerwartet tauchte ein sympatischer Angestellter (natürlich ein Mann!) auf. Er schien via Funkgerät mit hunderten von Mitarbeitern verbunden zu sein. Nett, aber gestresst organisierte er die Transferschubkarre für Hardy. Christel erinnerte erneut an die Rollstuhletikette. Der Mann eilte zur Giftnudel am Gate zurück, die ihm mit einem einzigen Handgriff das Gewünschte ohne Murren übergab. Ohne ersichtlichen Grund wurden die Passagiere plötzlich zum Flugzeug getrieben. Freudig überrascht stellten die Schweizer fest, dass sie in der Business Class platziert worden waren – auf schönen weichen breiten Ledersesseln mit verstellbaren Fussstützen. Und erst noch in der vordersten Reihe, was für Hardy eine ungewohnte Beinfreiheit bedeutete. Ob wohl Rick zwischenzeitlich an höchster Stelle bei der Fluggesellschaft interveniert hatte? Zufällig hatte man sich nämlich in Lahaina wieder getroffen und in einer Bar den Horrorflug und die daraus zu ziehenden Konsequenzen nochmals aufleben lassen. Der Rückflug war angenehmer als der Hinflug. Das vegetarische Menu erhielt aber, wie vom Computer befohlen, Christel … Die Maschine landete nach Mitternacht in L. A. Das Glarner Paar überliess die Entscheidung Andrew, ob man in L. A. übernachten oder noch nach San Diego fahren sollte. Andrew fuhr. Etwas nach 3 a.m. strauchelten die Heimkehrer bei den erstaunten Nachtportiers vom Cityfront Terrace vorbei. Um 4 a.m. sank auch die letzte im Bunde mit einem zufriedenen Seufzer in die Kissen.

Maui war herrlich – Mahalo!

Wochentagebuch San Diego
(Fortsetzung)

WEEK 08/2000:
WIEDER ZUHAUSE

21. bis 27. Februar

Der Rest der Nacht fiel zugegebenermassen kurz aus, mindestens für das Glarner Paar. Das Wetter am nächsten Morgen motivierte die zwei ebenfalls nicht zu einem Luftsprung aus den Federn. San Diego kämpfte bereits längere Zeit mit einer nassen Kaltwetterfront. Hardy erlitt nur schon beim Blick durchs Fenster einen Beinahekälteschock und sehnte sich wehmütig ins tropische Klima zurück. Müde sassen die beiden am Frühstückstisch und liessen ihren Gedanken freien Lauf. Nach 11 a.m. klopfte Christel den Nachtchauffeur aus den Federn. Der Schulalltag begann wieder. Christel war froh, dass von ihr an diesem Mittwoch keine geistigen Höhenflüge verlangt wurden. Das duselige Gefühl erinnerte sie stark an die Morgenstunden nach den Spital-Nachtwachen. Hardy musste nach der Schule den Physiotermin wahrnehmen. Tiffany nahm ganz ungläubig die vielen Schachteln Pralinés in Empfang. Sie meinte, doch nur einen Scherz gemacht zu haben, als sie die Männer beauftragt hatte, ihr möglichst viele Schokokugeln zu besorgen. Sie verzichtete aber auf keine Schachtel, bestand aber darauf, den Kaufpreis zu erstatten. Sofort wurde eine Packung geöffnet. Ein lautes „Mmmmhhhhh!" der PT sprach für sich. Tiff stellte bei Hardy eine spürbar gelockerte Muskulatur fest. Das warme Maui hatte eben Wunder bewirkt. Tiff unterstützte das Klagen des Glarners leidenschaftlich, in die falsche Ecke der Welt geboren worden zu sein. Tiff rügte den armen Tropf dann auch noch. Sie konnte es nicht verstehen, weshalb er nicht selber im Wasser gewesen war. Nachdem Hardy ihr erklärt hatte, was für ein unverhältnismässiger Aufwand dazu erforderlich gewesen wäre, nickte Tiff – ihrer Déformation professionnelle gehorchend – nur zögerlich.

Am Donnerstag kümmerte sich Andrew um Hardys Auto. Es hatte auf der nächtlichen Heimfahrt starke Hüpfbewegungen zum Besten gegeben. Christel war auf dem Hintersitz furchtbar durchgeschüttelt worden. Andi vermutete einen defekten Stossdämpfer, fügte aber hinzu, dass diese noch nicht abgenützt sein dürften. Er rief dieselbe Garage an, die den letzten Mangel kompetent repariert hatte. Der Züri-Leu verdrehte aber enttäuscht die Augen und teilte den aufhorchenden Glarnern mit, dass es den Betrieb nicht mehr gäbe. So schnelllebig ist die amerikanische Geschäftswelt! Andi blieb nichts anderes übrig, als eine andere – hoffentlich kompetente – Garage zu suchen. Er meldete den Wagen bei der Garage John HINE Auto & Truck Center (1545 Camino del Rio South, Mission Valley) an. Man versicherte ihm, dass ein Personen-Shuttle bestehe, der die Leute holt und bringt. Ein pensionierter Mann war dafür zuständig. Dieser fragte telefonisch vier Mal nach dem Weg, bis er es (nur) in die Nähe des Cityfront Terrace schaffte. Andrew musste beim letzten Anruf dem orientierungs- und kartenlosen alten Herrn versprechen, auf der Strasse nach ihm Ausschau zu halten. Trotz des schlechten Omens kehrte Andrew bald mit dem Van zurück. Es war wirklich der hintere linke Stossdämpfer gewesen. Der Garagencomputer wusste zudem alles über die Vergangenheit des Autolebens und bestätigte, dass es eine Garantiearbeit war.

Am Wochenende sahen Christel und Hardy den Kinofilm „Hanging Up" mit Walter Matthau: Von der Ehefrau im hohen Alter verlassen, steht ihm von den drei Töchtern die quirlige Meg Ryan am nächsten. Sie schaut regelmässig nach dem anhänglichen, aber dementen Vater. Sie muss den allein stehenden Herrn schliesslich in Pflegeobhut geben. Unterstützt wird sie dabei von ihren beiden Schwestern Diane Keaton und Lisa Kudrow höchstens telefonisch, die aber immerhin auch während wichtigen beruflichen Meetings mit ihr kabeln[156]. Das Telefon beherrscht denn auch Megs Alltag. Hinter jedem Klingelzeichen vermutet sie ihren kranken Vater, für den sie da sein möchte. Die zierliche Meg fühlt sich schliesslich mit der Situation des geliebten, aber sterbenden Vaters überfordert und muss gegen Schuldgefühle ankämpfen. Ein verzweifelter Versuch, ihre Mutter zum Heimkommen zu bewegen, schlägt fehl. Diese will ihren Lebensabend alleine, weg von Mann und Töchtern, verbringen. Eine bittere Gewissheit. Meg realisiert allmählich, dass sie stets ihre Schwestern unterstützt hat, von diesen aber nie dieselbe Unterstützung erfahren hat. Diane und Lisa fehlt zudem die Intimität, die Meg zu Daddy hat, um sich bewusster vom Vater lösen zu können. Während der Sterbephase des Vaters erreichen die Spannungen ihren Höhepunkt und werden mit klärenden Gesprächen abgebaut. Vaters Tod bewirkt in jeder der drei Schwestern etwas anderes, führt letztlich aber dazu, dass sich die drei wieder wie zu Kinderzeiten unglaublich stark miteinander verbunden fühlen. Dabei werden nicht nur die Gefühle wieder erweckt, wie die Mehlschlacht in der Küche am Filmende zeigt. Moral von der Geschichte: Es wäre schön, wenn nicht zuerst Menschen sterben müssten, bevor sich die Lebenden daran erinnern, für einander da zu sein (etwas Moralin muss zwischendurch auch einmal sein)!

WEEK 09/2000:
UNGEZIEFER IN DOWNTOWN AUF VORMARSCH

28. Februar bis 5. März

Ach, wäre man doch nur auf der sonnigen Insel geblieben! Nicht genug, dass San Diego die Wärmespenderin seit der Abwesenheit der Schweizer vom Himmel verbannt hat. Die in Nebel gehüllte Stadt erhält mitunter sogar nasse Peitschenschläge. Die Tageszeiten werden irrelevant. Entweder ist es düster oder Nacht. Die Downtown-Depression spiegelt sich an den Wolkenkratzern wider, die ihre Tränen lautlos über die hohen Wände kullern lassen. Viele verweinte Betongesichter äugen durch die Fensterfront zu den fröstelnden Schweizern. Hardy und Christel nicken den schutzlos ausgelieferten Giganten stumm zu. Wann wird die schwere Wolkenlast endlich die Dächer freigeben? Das sollte so schnell nicht geschehen. Ein naher Wohnblock war seelisch sogar derart geknickt, dass er sich am Dienstag unter einer orangeschwarzen Plastikhaube versteckte. Litt der kleine Hauskomplex etwa unter einem Minderwertigkeitsgefühl? Jeder Mauervorsprung und jede Kaminerhöhung waren massgeschneidert umhüllt, einem Gipsverband bei einem schlimmen Knochenbruch vergleichbar. Schlimm musste es um das Objekt stehen. In der Tat. Eine Besichtigung vor Ort klärte die neugierigen Glarner auf, dass die Krankheit höchst ansteckend sein musste. Bereits alle Wohnungen waren davon befallen.

Fasnacht – einmal anders

Von Termiten! „Das Schlimme ist ja, dass die sich von Holz ernähren!", ereiferte sich Thomy, der schnell auf ein Bier vorbeigekommen war. Christel erwiderte: „Also fressen sie dir hier glatt das Haus weg"! Thomas stimmte zu und sagte, dass die Termitenproblematik auch im Unterricht behandelt worden sei. Jeder Hauskäufer handelt fahrlässig, wenn er vorgängig kein Termitengutachten erstellen lässt. Die Termitenbekämpfung funktioniert so, dass die Gebäude abgedichtet und während eines Tages mit Petrochemikalien behandelt werden. Die meisten Pest Control Companies arbeiten mit Gas. In den Zeitungen häuften sich die Werbungen zum Thema Pest Control. Eine Company bietet als erste eine Bioalternative an. Das so genannte Blizzard System benützt gekühltes, flüssiges Nitrogen, mit dem die Krabbelmonster „gefriergetrocknet" werden. Hauptsache, man hat die Viecher im Griff! „Ein Riesenproblem hier, echt riesig!", meinte Thomas abschliessend nachdenklich.

Christel fühlte sich einmal mehr in ihrer Meinung bestätigt, dass die kleinsten Lebewesen langsam, aber sicher der Menschheit den Krieg erklären. Als Krankenschwester hatte sie auf einer Leukämiestation im Kampf gegen die unsichtbaren Todbringer genug Erfahrungen gesammelt. Inmitten von immungeschwächten Patienten hatte sie gelernt, die Mikrokrieger als schwerstbewaffnete und hinterhältige Gegner zu betrachten. Die Verwandlungskünstler unter ihnen sind die gefährlichsten und entgehen gestellten Fallen elegant. Christel musste in jener Zeit um einige junge Leute trauern, die trotz vehementer Gegenwehr der Schlacht zum Opfer fielen. Therapieresistente „Käfer" sind mittlerweile zu einer allgemeinen, ernst zu nehmenden Spitalbedrohung geworden. Korrektes Befolgen von Hygieneregeln ist heute lebenswichtig. Leider gesellen sich nicht nur in der Schweiz viele unbekümmerte Zweibeiner zum höchst virulenten Heer. Auch in Amerika lassen sich viele Ärzte und Pflegeleute nicht in Händehygiene belehren und sind mitschuldig an spitalintern erworbenen Infektionskrankheiten. Die Medien berichten regelmässig davon, dass Patienten mit verhältnismässig geringen Verletzungen mit schlimmeren Krankheiten, im Extremfall sogar im Sarg, das Spital verlassen. Zahlreiche Ratgeber und Bücher existieren zum Thema „How to leave the hospital alive".

Ungeziefer ist nicht erwünscht. Noch entscheiden meist mächtigere Wesen über Leben oder Sterben. So auch die einflussreichen Finanzhaie in Downtown. Passend zur depressiven Stimmung der Cityfront-Mieter erhielten sie ein eingeschriebenes Paket mit Kaufunterlagen ihres Appartements. Die schattenseitig gelegene Wohnung (2 1/2-Zimmer) der drei Schweizer wird für 575 000 Dollar gehandelt. Unschwer auszurechnen ist, was für die grösseren Wohnungen, südlichen Suiten oder die zweistöckigen Parterre-Wohnungen mit Sitzplatz verlangt wird. Den Mietern wird eine dreimonatige Bedenkzeit zugebilligt. Danach wird eine Entscheidung erwartet. Im Verwaltungssektor haben bereits Umbauten begonnen. Zudem laden mehrere Mitarbeiter des Hauses, darunter Charmane, die die Schweizer willkommen hiess, zu einer Abschiedsparty ein. So schnell kann es gehen!

Nicht nur das Cityfront Terrace hält Ausschau nach kaufkräftiger Kundschaft. Der flache Komplex gegenüber möchte sich auch nicht mehr mit lästigen Mieter-Mücken herumschlagen und konkurrenziert, wie andere Downtown Buildings auch, die Cityfront-Werbung mit noch schöneren, persönlich adressierten Hochglanzprospekten. An der Market Street, nach dem Kindermuseum, sind zudem zwei Hochhäuser geplant. Obwohl erst drei Meter Mauern sichtbar sind, läuft der Eigentumserwerb bereits auf Hochtouren. Gemäss Zeitung wurden bereits 50 Appartements verkauft. Gut für Leute mit Geld! Das scheint in diesem Stadtteil ohnehin zuhauf vorhanden zu sein. Anders verhält es sich für die Bewohner im östlichen Downtown. Nach dem pulsierenden, vergnüglichen Gaslamp Quarter lässt die Attraktivität der Häuser und Plätze sehr schnell nach. Dennoch bietet der Bezirk vielen einkommensschwachen Familien ein Dach über dem Kopf. The Padres (der einheimische Baseballverein) plant aber gerade dort ein eigenes Stadion mit grosszügiger Parkanlage und Hotels. Kein Wunder, dass die Bewohner und Lädelibesitzer gegen das Projekt protestieren. Die Umweltschützer sind ebenfalls gegen die Neubaupläne und erinnern daran, dass sich im Boden des frühereren Hafen- und Industriegeländes Altlasten befinden, die erst fachgerecht entsorgt werden müssen.

In rasantem Tempo werden teure Wohnhäuser, riesige Einkaufszentren und Vergnügungspärke aus dem Boden gestampft. San Diego weist jedes Jahr rund 200 000 bis 300 000 Einwohner mehr auf. Ein Zeitungsartikel bot einen Einblick ins unheimlich schnelle Downtown-Wachstum. Anfänglich war Downtown ein Geschäfts- und Industrieviertel. Gewohnt wurde ausserhalb. 1975 wohnten rund 1000 Leute in Downtown, die meisten in unansehnlichen Hotelzimmern. Die in den 70er Jahren gegründete Centre City Development Corp. hatte es sich zur Aufgabe gemacht, aus Downtown eine 24-h-Destination zu machen, wo Leute leben, arbeiten, einkaufen und Spass haben können. Nach 25-jähriger Tätigkeit kann die Agentur nun auf mehr als 4600 Wohneinheiten zurückschauen. Weitere 2500 Einheiten sind in Vorbereitung. Heute zählt Downtown 23 000 Einwohner; 2025 sollen es 50 000 sein.

Aus Stadtluft mach Geld – kein Problem!

Mieter haben in diesem Bauboom das Nachsehen. Einigen gelingt es, ihrem Alltag entsprechend eine neue Bleibe zu finden. Anderen gelingt es nicht. Wieder andere fallen nicht einem Bauboom, dafür aber einer Mietzinserhöhung zum Opfer und können trotz grössten Anstrengungen keine Wohnung finden. Wer keine Wohnung mehr hat, lebt auf der Strasse. Den neusten Schätzungen zufolge halten sich zurzeit 6000 Obdachlose in San Diego auf. Da die Obdachlosenunterkünfte ihre Pforten angesichts der gestiegenen Aussentemperatur wieder geschlossen haben, wird vermehrt Zuflucht in Häusernischen und windgeschützten Strasseneecken gesucht. Ungeziefer bleibt draussen – basta! Christel beelendet diese Tatsache. Sie kann nicht verstehen, dass man alte Häuser lieber plattwalzt oder unbenützt stehen lässt, als sie den Homeless zur Verfügung zu stellen. Laut Tiffany biete Kalifornien den Obdachlosen mehr als andere Staaten, da vor allem mehr Geld für Projekte bewilligt würde. Das milde Winterklima sei ebenfalls nicht zu verachten und ziehe Obdachlose geradezu an. Das führe dazu, dass in kalifornischen Städten verhältnismässig mehr Leute als anderswo auf den Strassen leben.

Das Wetter wollte sich nicht bessern – die Stimmung auch nicht. Alles schien schwer, ungerecht und hoffnungslos. Dass die Geldbosse sogar den Himmel säubern, indem sie gewisse Blechinsekten ausser Gefecht setzen, musste auch Andreas erfahren. Er kam eines Abends ganz aufgebracht nach Hause. Sein Fluglehrer hatte ihm eröffnet, dass die Flugschule ab sofort eingestellt war. Die Versicherungen wollen für die Himmelsvögel nicht mehr aufkommen bzw. nur gegen exorbitant hohe Prämien. Der Fluglehrer hatte enttäuscht erläutert, dass man in absehbarer Zeit wohl billig zu Kleinflugzeugen kommen könne, da viele Schulen dichtmachen müssten. Andi hatte mit seinem Lehrer zum entfernteren Flughafen ausweichen müssen, wo sich mehrere Leute „versicherte" Maschinen teilen. Trotz Voranmeldung war das Flugzeug aber nicht da. Wie das in Zukunft klappen sollte, wird sich zeigen.

Thomas drückt ein anderer Schuh. Sein Autokauf entpuppte sich wirklich als totaler Reinfall, juristisch besser ausgedrückt: Betrug. Er hat den Schlufi[157] nun verklagt. Im April wird die Gerichtsverhandlung stattfinden, an der Thomas kräftig von Fans unterstützt werden wird. Tja, die einen probieren, die Kundschaft auszutricksen, die anderen klauen die Autos einfach. Immer wieder macht die Polizei darauf aufmerksam, dass man die Türen während der Fahrt geschlossen halten soll. Es kommt oft vor, dass der Fahrer plötzlich unfreiwillig zu einem Fahrgast kommt, der ihm dafür ganz freiwillig das Gefährt abnimmt. Ebenso dumm ist es, wenn man an der Bezinsäule steht, sich umdreht und seinen Tank davonbrausen sieht. Letzthin wurde ein Vehikel sogar von einer Waschanlage rübis und stübis[158] verschluckt. Immerhin, Thomas, eine Reise nach Mexiko bleibt Dir erspart!

Steak und Vino rosso vertreiben Kummer und Sorgen

Was macht man gegen schlechte Laune und griesgrämige Gedanken? Ja genau, essen! Christel sorgte für eine Zuckerzufuhr in Form eines Kuchens, den sie Thomas und Ticino-Andrea zukommen liess. Die Glarner bevorzugten die Salzvariante. Das Steak House Ruth's Chris (1355 North Harbor Dr) munterte Hardy und sein Weib wieder auf. Ein rotes Schummerlicht und gepflegte Ambiance versprachen das Beste. Hardy wollte die traute Zweisamkeit mit einem mundigen Italienerwein, am liebsten Amarone, geniessen. Erfreut über die Bestellung tänzelte der Kellner davon. Mit einem verlegenen Blick und ohne Flasche kam er wieder zurück. Ein anderer Vino rosso tat es dann auch. Hardy wählte ein Filet aus, Christel ein Cowboy Steak, das den Teller ausfüllte. Der Kellner stellte prompt Hardy das grosse Stück Fleisch hin. Das Missverständnis war ihm äusserst peinlich. Christel nicht weniger. Schon wieder fühlte sie sich, als hätte sie etwas Unanständiges gemacht. Damals in Plam Springs hatte ihr der Kellner beim Abräumen gesagt, dass es höchst selten vorkomme, dass eine Frau alles esse.

Welches stachelige Insekt Andreas heimgesucht hatte, war nicht auszumachen. Vielleicht ein Sandfloh, der beim Basketballspiel zugeschlagen hatte? Egal. Tatsache war, dass sich der Züri-Leu in der Freizeit starke Rückenschmerzen eingefangen hatte und die ganze Woche nicht voll einsatzfähig war. Christel musste Hardy lupfen[159] und ärgerte sich: „Ständig muss er übertreiben und den Siebensiech[160] spielen."

Die Krankenschwester verspürte überhaupt kein Mitleid mit dem Züri-Leu: „Soll er doch schmoren in seiner Gerümpelkammer!" Das Arbeitgeber-Paar sinnierte am Wochenende um diese und andere wiederkehrende Inkonvenienzen. Die Schlussbilanz war: Eine Entlastung kann zu einer Belastung führen. Gerade rechtzeitg brachte der Pizzakurier vom Broadway ein leckeres Wagenrad. Mit vollem Bauch sah die Welt erträglicher aus. Wer ist nun das Ungeziefer? Arbeitnehmer, Arbeitgeber, beide zusammen oder keiner?

WEEK 10/2000:
LIEB UND LEID

6. bis 12. März

In der Schule herrschte totale Montagsstimmung. Thomas, Andrea und Hardy langweilten sich in den zermürbenden Nachmittagsstunden, wie üblich, zu Tode. Statt Mediation wurde Meditation praktiziert. Überhaupt meinte Hardy, bei vielen Studenten einen Erschöpfungszustand auszumachen. Das Wort Heimweh würde aber nie jemand gebrauchen. Vielmehr wissen die Studenten, ihren Zustand mit Ausführungen zu Flugbuchungen für die Heimreise, Erklärungen zu Souvenireinkäufen und Stellenbewerbungen geschickt zu umschreiben. Doch noch heisst es: Zähne zusammenbeissen und Arschbacken zusammenkneifen bis zum letzten Schultag. Es gibt Studenten, die nach dem 12. April sofort abreisen und nicht mehr an den Feierlichkeiten am 28. April teilnehmen werden. Die Schweizer hingegen freuen sich heute schon auf die Graduation Ceremony, vor allem aber auf den Anblick von Hardys Riesenschädel mit viereckigem Doktorhut. Neckend meinte Christel zu ihrem Mann, dass er wohl so etwas wie eine rollende Pellerine mit Hut darstellen werde.

Um die melancholischen Gemüter etwas aufzuheitern, knipste Christel ihren Fotofilm voll und überraschte Hardy und sich selber mit gelungenen Erinnerungsbildern von Hawaii. Sogar die Dame im Fotoladen Wolf Camera, Store 5035 (15 Horton Plaza), lobte die Aufnahmequalität. Sie konnte ein sehnsüchtiges Schwärmen nicht unterlassen. Eine überraschende Aufhellung am Himmel bewog das Glarner Paar, zum hausinternen Swimming Pool zu gehen. Während Hardy am Gartentischchen lernte und die Sonnenstrahlen wie ein Schwamm aufsog, genoss Christel den Pool. „Den", meinte sie seufzend, „werde ich Zuhause am meisten vermissen."

Wer von der Damenwelt kennt *ihn* nicht? Den Dornenvogel? Does it ring a bell? Ja? Genau, Richard Chamberlain konnte man im Musical „The Sound of Music" sehen bzw. anhimmeln. Der immer noch begehrte Mann wurde genauestens unter die Lupe genommen. Und dies im wahrsten Sinne des Wortes. Um Mister Chamberlain beim ersten Erscheinen auf der Bühne richtig studieren zu können, zückten viele Frauen wie auf Kommando mechanische Sehhilfen. Keine zierlichen Operngläser, sondern grobschlächtige schwarze Feldstecher! Eine Sitznachbarin hastete während der Vorstellung sogar hinaus, um das im Auto vergessene Stück zu holen. Das stellte sich Christel jedenfalls so vor, als die Dame den Platz – mehr als nur störend – wieder einnahm, mit Feldstecher bestückt. Sie wurde beim Verlassen des Theaters aber eines Besseren belehrt. Auf einem Tisch türmten sich Massen von grossen, unhandlichen Feldstechern, die den Theaterbesuchern gegen harte Dollars eigens zu Gafferzwecken abgegeben worden waren. Strange but true!

Wie damals beim Stück „River Boat" war wieder keine Zusammenfassung in der Broschüre. Es war aber ein Leichtes, den Szenen zu folgen: Kapitän von Trapp, ein begüterter Witwer, lebt mit seinen sieben Kindern und der Dienerschaft in einer Villa in Österreich. Nicht zum ersten Mal sucht Richard Chamberlain eine Gouvernante. Maria, eine Klosterschülerin, wird von ihrer Äbtissin dafür ausgewählt. Mit viel Einfühlungsvermögen gelingt es Maria, die strenge Disziplin des Hauses durch Musik und Gesang aufzulockern. Natürlich stöckelt eine heiratslüsterne adelige Dame herum, die aber bei den Kindern weniger Chancen als die liebliche und ehrliche Maria hat. Verwirrt über ihre Zuneigung zum Herrn des Hauses, flüchtet sich das Kindermädchen ins Kloster, wo sie aber lernt, demütig auf ihr Herz zu hören. Und siehe da, Maria wird vom Kapitän zum Altar geführt. Der zweite Weltkrieg bricht aus. Das Naziregime möchte Herrn von Trapp in seinen Diensten sehen. Dieser weigert sich und, obwohl streng bewacht, flieht mit der Familie ins Kloster. Dort werden sie vom Verehrer der ältesten Tochter, der inzwischen ein Nazi geworden ist, entdeckt, aber nicht gemeldet. Sie beginnen ihre Flucht in die Schweiz. Vorhang – Ende. So viel zur Geschichte.

Die Inszenierung geizte nicht mit Klischees und Einlagen, die die beiden Helvetier schmunzeln liessen. Einem Schweizer oder Österreicher käme es wohl nur im Suff in den Sinn, als Nichtjodler in aller Öffentlichkeit zu jauchzen. Amerikaner sehen das offensichtlich nicht so eng. Es wurde – man war ja schliesslich in den Alpen – praktisch in jeder Szene frisch drauflosgeträllert. Das Joli-joli-joli-duu der Kinder und des

Stars des Abends ging den Älplern durch Mark und Bein. Die Dirndl und Lederhosen waren unverkennbar original importiert. Sogar die Kleinste im Bunde kam in schicker Landhausmode gekleidet daher – bemerkenswert. Diese Qualität kompensierten die kläglichen Schuhplattlerversuche wenigstens ein bisschen. Belustigend war auch die deutsche Aussprache. Das Musical wurde zwar in Englisch vorgetragen. Wegen des Handlungsortes benutzte man aber deutsche Namen und Anredeformeln. Die adelige Dame wurde stets mit „Frrroilain" gerufen. Der „Georg" tönte echt deutsch. Der „Franz" demgegenüber erhielt einen französischen Hauch mit lang anhaltend betontem „a". „Maria" konnte nur amerikanisch ausgesprochen werden. Schliesslich war sie ja die Unschuld selbst! Dem Munde des Kapitäns entglitt mehrmals ein „diese Swain" (Bezeichnung für die Nazis, mit denen er nicht sympathisieren wollte). Eher einen fahlen Beigeschmack hinterliess die Inszenierung der Nazizeit. Das Hakenkreuz an den Uniformen genügte nicht. Ein roter Vorhang mit einem übergrossen Naziemblem musste her und das Bühnenbild dominieren. Der Regisseur bekundete offensichtlich Mühe, die Begebenheiten der damaligen Zeit getreu wiederzugeben. Der Hitlergruss erinnert an etwas anderes, nur nicht an den Massenmörder.

Das Kulissenbild war inspirierend: Die Villa erinnerte an Sissifilme, der Garten in den Alpen bestach durch mediterrane Gewächse mit Blick auf einen Bergsee. Am Hang thronte ein Schloss, gut erkennbar demjenigen von Salzburg nachempfunden. Die Ortschaft wurde aber abwechselnd mit Karlsbad und Wien benannt. Das Kloster erinnerte an das Süd- oder Nordtirol. Ob das Tirol richtig war, darf bezweifelt werden, da die fliehende Familie vom österreichischen Kloster „nur kurz" über die Alpen spazieren musste, um im gelobten Schweizerland in Sicherheit zu sein. Und das bei heftigem Schneefall – Jolijolijoli jöööööö! – Die Detailgenauigkeit darf bei einem Happy End schon etwas leiden. Trotzdem oder gerade deshalb ist das Musical sehenswert – Unterhaltung pur. Die Damenwelt leistete in jedem Fall am Schluss der Vorstellung ganze Arbeit. Sie guckten mit ihren Feldstechern und beklatschten ihren Dornenvogel. Gar manches dieser armen Hormonhäufchen dürfte sich wohl ein privates Happy End mit ihrem Bühnenliebling herbeigeseht haben.

Die Flüchtlingsproblematik ist nicht Geschichte. Das kriegt San Diego oft zu spüren. Vor ein paar Tagen wurden mexikanische Illegale in den nahen Bergen vom schlechten Wetter (mit Schneesturm) überrascht. Für viel Geld hatten sich die Leute von Schleppern an die Grenze bringen lassen, im Glauben, dass sie ein vierstündiger Marsch ins erträumte Kalifornien bringen würde. Aus den vermeintlichen vier Stunden wurden mehr als zwei Tage. Die Männer, Frauen und Kinder waren aber nur sehr dürftig bekleidet. Mit Schnee hatten sie schon gar nicht gerechnet. Ein Teil der Gruppe wollte Hilfe holen. Leider waren drei Leute, darunter ein junges Mädchen, nicht mehr zu retten. Die Überlebenden mussten mit teilweise schwersten Unterkühlungen und Erfrierungen behandelt werden. Diese Meldung liess einmal mehr die grosse Armut und Verzweiflung südlich der Grenze erahnen.

So nah und doch so fern liegen die unterschiedlichen Welten. Aber nicht nur Landesregierungen setzen hohe Grenzzäune und verhindern, dass Träume wahr werden. Es gibt auch Regierungen innerhalb von Familien, die ihr Zepter unbarmherzig führen. Die von zerstrittenen Erwachsenen errichteten Zäune sind für Kinder leider unüberwindbar. Christels Gottenkind[161] wurde ebenfalls Opfer eines mütterlichen Stacheldrahtes. Obwohl es mit ihrem Papa die Gotte im fernen Amerika hätte besuchen können, verhinderte eine elterliche Fata Morgana diesen Trip. Im Gegensatz zum betroffenen Schweizer Mädchen lockt man aber in Mexiko nicht mit einem offenen Tor zur neuen Welt, um es freudig erregten Ausreisewilligen wieder vor der Nase zuzuschlagen. Selbstverständlich sind Landes- und Familienregierungen felsenfest davon überzeugt, das einzig Richtige für ihre Untertanen zu tun. Ob das „Kindeswohl" durch ein Treffen mit Mickey Mouse oder die Durchquerung des Death Valley beeinträchtigt wird, darf wohl bezweifelt werden. Das böswillig inszenierte Theater erinnerte stark an Mozarts „Zauberflöte": Die herrschsüchtige Königin der Nacht will ihre Tochter Pamina mit Macht und Hinterlist vom Land der Erkenntnis zurückholen. Leider waren diesmal keine Schutzengelchen zugegen. Und das Schloss? Das wurde dem Falschen vor den Mund gehängt! Leider werden Kinder weder durch Prinzen gerettet noch sind sie mit den drei Tugenden versehen, sich dem Bösen entziehen zu können.

Die Glarner Tante suchte etwas Zerstreuung am Meer. Am Mission Beach tummelten sich bereits wieder badefreudige Leute. Hardy war bei weitem nicht der Einzige, der sich auf Rädern fortbewegte. Weitere Sonntagsfahrer rollten oder pedalten in sportlicher Manier auf der geteerten Strandpromenade hin und her. Obwohl der Weg eher eng ist, gab es keinen Zwischenfall zu beklagen, weder auf der Fahrer- noch der

Fussgängerseite. Ein paar blühende Sträucher am Wegrand kündeten den Lenz in San Diego an. Ein erkennbarer Beweis dafür, dass jedem harten Winter ein milder Frühling folgt.

WEEK 11/2000:
DER WURM IST DRIN!

13. bis 19. März

Ist der Wurm einmal drin, frisst er sich gerne durch die ganzen Frucht. Die allgemeine Lustlosigkeit hielt an. Oh Gott, war das ein dicker Apfel! Eine weitere Woche blieb vor dem gefrässigen Bohrer nicht verschont. Träge schleppten sich die Schweizer durch den Wochenanfang. Andi verspürte eine besondere Mattigkeit. Er verlegte seinen Arbeitsplatz kurzerhand in sein Zimmer, wo er in liegender Position Hardys Korrekturaufgaben in Angriff nahm. Christel und Hardy wussten nicht, ob zwischendurch auch eine Korrektur des Schlafbedürfnisses vorgenommen wurde. Das Ehepaar dopte sich mit Kaffee. Die Arbeitspausen häuften sich und wurden für Abstecher ins Internet benutzt. Zusammen trafen die Glarner die letzten Vorbereitungen für die geplante Rundreise mit Hardys Eltern. Das dauerte. Wer in Amerika Telefonerfahrungen sammeln durfte, weiss nur zu gut, dass Anrufer hauptsächlich mit automatischen Stimmen zu tun haben. Diese weisen vor und zurück, versuchen mit Musik zu besänftigen, um Anrufer nach minutenlangen Warteschlaufen schliesslich doch noch zu verlieren.

Am Mittag machten sich Hardy und Andrew auf den Schulweg. Wie staunte Christel, als die beiden nach ein paar Minuten wieder unter der Wohnungstür standen. Nein, weder war Andreas zu müde, um zu fahren, noch wollte Hardy die Schule schwänzen. Es war das Auto, das plötzlich seinen Dienst verweigerte. Das faulste Ding des Morgens hatte es faustdick hinter den Ohren und machte mit einem geknickten Fuss voll auf „behindert". Mit der vorderen linken Schnauze leicht geneigt, schaute es die Überraschten so unschuldig und Hilfe suchend an, dass den Männern nichts anderes übrig blieb, als dem Plattfüsschen zu helfen und die Vorlesungen sausen zu lassen.

Am Dienstag stellte sich das gesamte Computersystem quer, weil Hardy eine neue Fax-Software installiert hatte. Trotz mehrmaliger Instruktion rafften es die Dummies in der Schweiz einfach nicht, an die Zeitverschiebung zu denken. Hardy wollte deshalb dem unmöglichen Zustand der nächtlichen Klingelei endlich ein Ende setzen. Die neue Software zeigte aber keine Bereitschaft, sich vorteilhaft in Szene zu setzen. Nach einem mit Gepiepse, Geklingel, Gesurre und Gefluche verbrachten Morgen hatte Hardy die dünne CD-Scheibe endlich im Griff. Er erkannte ihr intrigantes Talent, Internet und Fax-Innenleben zu manipulieren und gleichzeitig mit dem Anrufbeantworter zu flirten. Kurzerhand wies Hardy den Softwareteufel in die Schranken und beschränkte die Kommunikationsmöglichkeiten auf ein Minimum. In der Tat – Ruhe hielt Einzug.

Lange, lange schob Hardy die Mediation-Hausaufgaben vor sich her. Viel verheissend hatte er Mediation als eines von drei Fächern im zweiten Semester gewählt. Die Professorin erwies sich aber als eine höchst wirksame Sleeping Pill, was negative Auswirkungen auf Hardys Motivation hatte. Bei diesem Fach ist keine Schlussprüfung angesagt. Dafür müssen die Studenten ein Research Paper schreiben. Um seine privaten Forschungsergebnisse mit den schulischen Aufgaben geschickt zu verbinden, schlug Hardy der Professorin vor, über Mediation und Disability Law zu schreiben. An sich ein sehr interessantes Thema. Die schriftliche Arbeit wollte aber einfach nicht gedeihen. Irgendwann kam dann doch die Erleuchtung. Dem Computer wurde deshalb tüchtig eingeheizt, den Hirnzellen noch mehr, und schwuppdiwupp waren knapp 30 Seiten geboren. Aber oh weh! Auf dem Latrinenweg[162] musste Hardy erfahren, dass die Sleeping Pill höchstens 15 magere Blättchen akzeptiert. Keine einzige Silbe mehr! Die Schweizer Studentin von Basel mit dem Bündernamen hatte nämlich ihre 17 Seiten auf 15 kürzen müssen. So blieb dem armen Vielschreiber keine andere Wahl, als sein Werk um die Hälfte zu kürzen. Das macht Hardy gar nicht gerne. 15 1/2 Seiten waren es am Schluss.

Diesem Staucher folgte der Wochenlichtblick. Christel hatte geträumt, dass der Postbote Andreas zwei Pakete gebracht hatte. Am Tag danach wurden wirklich zwei Päckli abgegeben. Andrew nahm sie auch in Empfang. Die Adresse des Empfängers stimmte aber nicht mit dem Traum überein. Poor Andrew, er war enttäuscht. Das an Hardy adressierte dicke Couvert beinhaltete die magnetischen Türöffner für den Van. Die Verantwortlichen von Vantage entschuldigten das Versehen, diese nicht mitgeliefert zu haben. Der Wochenhit aber war das zweite Päckli. Gute Seelen aus dem Kanton Bern trafen mit ihrem (Fr)Esskistli voll ins Schwarze. Die Schachtel hatte den Zollhund offensichtlich überlisten können und präsentierte den Glarnern ein Paar gluschtige Servelats. Zwei der Trostwürste lebten allerdings nicht lange ...

Mampf!

Das Auto durfte den „Reserve-Pantoffel" wieder im Kofferraum verstauen. Der Plattfuss hatte die erforderliche Therapie erhalten, wofür keinerlei Auslagen notwendig waren. Die einjährige Road-Assistance-Versicherung von Chrysler deckte die Unkosten. Der Autobesitzer musste dafür aber tief in die Tasche greifen, als er die drei Autositze von Muffy zugestellt bekam. Andrew telefonierte nachträglich mit anderen Speditionsfirmen, musste aber einsehen, dass die horrenden Transportkosten im normalen Verhältnis lagen. Von den Speditionskosten innerhalb der USA überrascht tat es den Schweizerlein leid, vorgängig nicht abgeklärt zu haben, wie viel der Transport in die Schweiz gekostet hätte. Das Auto entwuchs dem Babyalter und entwickelte sich zu einem richtigen Trotzkopf. Der Spass mit dem Platten hätte an sich gereicht. Doch dieses hinterhältige Luder liess sich am Wochenende mit besoffenen Festbesuchern ein, obwohl man es immer vor solchen Orten und Leuten bewahrt und gewarnt hatte. Die adoleszente rote Schönheit hatte nächtens aber trotzdem auf dem Parkplatz kokettiert und einen rauschigen Flegel angelockt. Im matten Laternenlicht, vor unerwünschten Blicken geschützt, passierte es dann. Der Unhold konnte sich nicht mehr zurückhalten und verkotzte das arme Blechmädchen. Klebriger Unrat des tiefsten Mageninnern, halb verdaut bis gar nicht, dafür aber gut eingeweicht mit Bier, verzierte die Schiebetüre.

Man hätte eben wissen sollen, dass am 17. März, dem *St. Patrick's Day*, viele Bierleichen unterwegs sind. Dem heiligen Patron von Irland wird in den USA – nicht nur von katholischen Ir(r)en – dankgetrunken. Ein kleiner Bezirk im Gaslamp Quarter wurde eigens für das kollektive Besäufnis abgesperrt. Hinweise, dass ausser Festzelt, Bar, irischer Musik und irischem Tanz auch bedächtigere Gedenkfeiern stattfinden, liessen sich nicht ausmachen. Die Wahrzeichen dieses Festes waren grüne Kleeblätter, grünes Bier und eine ausserordentliche Menschenschlange vor dem irischen Pub am Freitagabend, was dem Glarner Paar, Thomas und Andrea die Eintrittslust raubte. Das Grüppchen wollte sich dort nach einem halb überzeugenden Steak-Dinner im Seaport Village Restaurant Harbor House (831 West Harbor Drive) einen Schlummertrunk genehmigen. Ein Kaffee in einer nicht weniger verruchten Bar tat es dann auch.

Am Donnerstagabend durften sich Christel und Hardy kulturell weiterbilden. Die Konzertvorschau in der Zeitung erwähnte, dass das moderne Stück „Rent", den Glarnern unbekannt, gespielt werde und verglich es mit Puccinis „La Bohème". Auf Grund dieses Vergleiches wollte man etwas Neues kennen lernen. Erwartungsfroh nahmen die Glarner erneut in der W-Reihe (W für Wheelchair) Platz und warteten gespannt auf die Dinge, die da kommen sollten. Die Dinge kamen – und wie! Unvermittelt wurde dem Paar eine Hardrock-Ouvertüre um die Ohren geschmettert. Christel musterte ihren Mann verstohlen von der Seite, um seine Reaktion auf diese doch eigenartigen Töne mitzuverfolgen. Hardy erhaschte ihren fragenden Blick sofort und ermunterte sie stumm, der Sache eine Chance zu geben. Glücklicherweise. Die Bühne gab nach und nach junge Talente verschiedenster Herkunft frei, deren fulminante Stimmen und theatralische Höchstleistungen für tosenden Applaus im Publikum sorgten.

Die Musik von „Rent" ist lebendig und abwechslungsreich, genauso wie das Leben. Energische Rhythmen und sanfte Balladen spiegeln das Leben der zusammengewürfelten Gemeinschaft eines erbärmlichen Hinterhof-Viertels. Beeindruckende Charaktere geben Einblick in andere Welten. Da ist der arme Musiker, stets auf der Suche, einen Song zu komponieren. Betrübt über seine Ideenlosigkeit findet er Trost in den Armen von Mimi, einer Drogenabhängigen. Mimi bringt den Schmerz über das Elend in ihrem Leben ebenso ergreifend zum Ausdruck. Angel, ein sensibler, von allen geliebter und geschätzter Transsexueller, bietet seinem/ihrem Mann fürs Leben seinen/ihren Schutz und Schirm an. Das Paar geniesst Respekt und kann glücklich leben, bis Angel an Aids stirbt. Sie/er hinterlässt eine grosse Lücke in der Gemeinschaft. Zwei Power-Frauen lassen sich ebenfalls unverblümt in ihre gleichgeschlechtliche Beziehung schauen. Das Spezielle daran? Eine Frau ist gross und schwarz, ihre zarte Partnerin ist weiss und blond.

Der Zuschauer erlebt, wie ein ganzes Jahr an den Menschen vorbeizieht. Zeitsprünge und unsichtbare Begebenheiten werden von einem Reporter, dem Freund des Musikers, erläutert. Die Weihnachtszeit eröffnet und beendet das musikalische Schauspiel, wohl deshalb, weil mit ihr die immer wiederkehrende Hoffnung der Leute symbolisiert werden soll. Die Anteilnahme an den Einzelschicksalen, das gegenseitige Mitleiden der Liebenden, die Geborgenheit in der Gemeinschaft – alles ist da, was nicht auch in einer herkömmlichen Geschichte vorkommen würde. Nur mit dem Unterschied, dass die „Helden" der Story aus so genannten Randgruppen der Gesellschaft stammen. Nur für Augenblicke berühren sich die zwei Welten. So zum Beispiel, wenn Telefonate mit der Aussenwelt geführt werden, der Vermieter seine Rechte einfordert, die Gruppe in einem Restaurant feiert oder ein Pastor versucht, die Schäfchen der Strasse für seine sexuelle Lust zu gewinnen. Das Musical hält die Werte Freiheit, Mitgefühl und Toleranz hoch. Jeder kann leben, wie er will. Anderssein ist nicht ungewöhnlich und Toleranz normal. Keine Sorgen um steife Etiketten und falsche Höflichkeit. Es wäre das Paradies, wenn die Selbstfindung nicht von Armut, Krankheit, Sucht und Obdachslosigkeit begleitet wäre. Die Künstler ernteten einen verdienten Beifall.

Die Premiere von „Rent" fand in San Diego am 14. März statt, genau eine Woche nach dem grossen Abstimmungstag in Kalifornien. Irgendwie komisch, denn an dieser Abstimmung mussten sich die Stimmbürger entscheiden, ob sie die Proposition 22 annehmen wollen. Diese Initiative wollte ein ausdrückliches Heiratsverbot für gleichgeschlechtliche Paare einführen. Die Stimmbeteiligung lag bei 77%. Der Abstimmungskampf war unglaublich. Die Befürworter eines Verbots von Same-Sex Marriages schreckten vor nichts zurück. Kinder sagten in Werbespots schön artig ihr Sprüchlein auf, dass sie ja soooo happy wären mit einem Daddy und einer Mummy unter einem Dach. Die braven Kirchgänger zogen die Bibelverse einmal mehr in die ihnen passende Form und predigten gleichzeitig ein „vor Gott sind alle gleich". Die Römisch-Katholische Kirche steuerte den Moralisten sogar 311 000 Dollar bei. Wahrlich ein Akt der Nächstenliebe! Bei den Befürwortern des Verbots herrschte Weltuntergangsstimmung. Eine Heirat von gleichgeschlechtlichen Paaren wurde zu einem Frontalangriff auf „die amerikanische Familie" hochstilisiert. Kein Wunder, das die Initiative mit 61% zu 39% angenommen wurde. Dass es auch anders geht, zeigen Hawaii und Vermont.

Ein Befürworter des Verbots brachte es in einem Interview auf den Punkt: „Die Stimmbürger von Kalifornien haben ein klares Zeichen gesetzt, dass eine Heirat zwischen einem Mann und einer Frau zu sein hat. Als Kalifornier sind wir stolz auf unsere Vielseitigkeit und Toleranz. Aber es gibt soziale Grenzen, die bewahrt werden sollten." Die Medien waren erstaunt über die Haltung der Mormonen, deren Kirchenführer meinte: „Das Heiratsverbot wird keines der bestehenden Familienprobleme lösen. Wenn die Leute wirklich über die Erhaltung und die Unterstützung der Familien besorgt wären, müssten sie viele andere Dinge angehen, die für Ehen und Familien eine Gefahr darstellen. Dies schliesst die zu niedrigen Löhne und die klaffende Lücke bei der Kinderbetreuung erwerbstätiger Eltern sowie das Nichtvorhandensein eines Unterstützungssystems für Not leidende Familien und vieles andere mehr mit ein. – Wieso so viel Zeit investieren und Geld ausgeben für eine Initiative, die buchstäblich nichts bewirkt?" Die Bergler teilen diese Meinung. Die Heirat zwischen Frau und Mann ist kein Garant für Liebe, Vernunft und fürsorgliche Kindererziehung. Auch die USA können sich nicht rühmen, eine tiefe Scheidungsrate zu haben. Ganz zu schweigen von der erschreckend hohen Rate der Teenager-Schwangerschaften. Kinder hier, Kinder da ... wieso streiten sich die Geister überhaupt darüber? Sollte nicht jedes Dream-Team gleiche Rechte geniessen, wenn es um Alltagsfreuden, Sorgen, Finanzen, Krankheit oder Sterben geht? – Übrigens, der liebe gute Jesus war auch nicht verheiratet und zog ständig mit 12 Männern und seiner Mutter als einziger Frau zusammen herum. Warum wohl? Think about that – ihr Bibelnarren!

WEEK 12/2000:
TIERISCHE UND NASSE HAFTPLICHTFÄLLE

20. bis 26. März

Der Wurm hat sich durchgefressen! Manpower ist zurückgekehrt. Bei Andrew mussten es frühlingshafte Gefühle gewesen sein, dass er am Montagmorgen tänzelnd und höchst motiviert seine Arbeit aufnahm. Er liess sich weder durch die Tücken der Computer-Technik seine gute Laune verderben noch durch den hohen Stapel der zu korrigierenden Blätter. Andrew widmete sich dermassen konzentriert den Gesetzesartikeln, dass ihn Hardy zwischendurch dazu anhalten musste, die Essensaufnahme nicht zu vernachlässigen. Ob es wohl daran lag, dass sich das zweite Semester langsam dem Ende zuneigt und der Stress der Studis steigt? Research Papers müssen abgeliefert werden, ebenso sollte für die Abschlussprüfungen gelernt werden.

Dies musste auch Hardy spüren. Im Fach Torts II hatte Prof. Bohrer angekündigt, ein Midterm Exam zu machen. Das lief so ab, dass er am Montag einen Fall abgab, der auf maximal fünf Seiten oder mit 1500 Worten bis zur nächsten Stunde bearbeitet werden musste. Das Resultat des zweitägigen Stresses macht die Hälfte der Abschlussnote aus. Kaum war Hardy von der Schule zurück, setzte er sich mit stierem Blick vor sein iMäcli und recherchierte wild in den Datenbanken von West Law und Lexis. Es galt herauszufinden, ob das für Menschen konzipierte Schmerzmittel Rimadyl, das 1997 von Pfizer (Viagra lässt grüssen) als Schmerzmittel für Hunde lanciert worden war und dabei einige der geliebten Schosshündchen früher als erwartet in den Tierhimmel befördert hatte, eine Produktehaftpflicht auslöst. Selbstverständlich handelte es sich um einen fiktiven, aber sehr realitätsnahen Fall, da die Amis diese elenden Köter, die überall die Strände und Kinderspielwiesen verschei..., mehr lieben als die Familienangehörigen, von denen sie nichts erben werden. Und nur so am Rande bemerkt: Wie das mit dem Viagra rauskommt, weiss man ja auch noch nicht so genau. Angeblich sollen in Thailand männliche Touristen öfters als früher das Schicksal der vorzeitig abberufenen Vierbeiner erleiden – aber eben: Ihr geilen Hunde, wollt ihr ewig leben?

Hardys Suche erwies sich als schwierig. Es gab keine einschlägigen Präzedenzfälle (Cases on point). Die meisten Urteile handeln davon, dass Menschen von Animal Drugs geschädigt worden sind. Auch beschäftigen sie sich mit der Frage, ob man für einen getöteten Hund oder ein anderes Schmusetier Schadenersatz wegen Emotional Distress (Genugtuung für seelische Qualen) verlangen kann. Einen Fall on point, wie das im Juristenjargon heisst, schien es aber nicht zu geben. So musste Hardy aus dem vorhandenen Material Analogien zum gegebenen Sachverhalt anstellen, um dann ein passables Ergebnis auf fünf Seiten präsentieren zu können. Ohne auf die juristischen Details der Products Liability (Produktehaftpflicht) einzugehen, sei festgehalten, dass der Student zum Schluss kam, es liege keine Haftung vor. Selbst dann, wenn eine Haftung vorliegen würde, könnte nur eingeschränkt Schadenersatz für effektive Kosten, aber in keinem Fall für die seelischen Qualen der trauernden Hundebesitzerinnen, verlangt werden. Und so ruhen sie denn in Frieden, die armen Wauwaus – und mit ihnen hoffentlich ihre Besitzer!

Es schien, als ob die Woche ganz unter dem Zeichen Haftpflichtrecht stand. Schon lange war in den Zeitungen angekündigt worden, dass Julia Roberts einen neuen Film gemacht habe. Da Hardy dieses Rasseweib gerne mit oder ohne sieht, war natürlich klar, dass Christel den alten Glüschtler[163] ins Kino schieben musste. Die nicht sonderlich beunruhigte Gattin des Spanners war ebenfalls gespannt, die Geschichte der Paralegal (Anwaltsassistentin) anzuschauen. Ob sie ein bisschen eifersüchtig war, liess sie nicht erkennen. Es bestand selbstverständlich auch kein Grund dazu. Denn ihr Männchen ist ihr soooo treu ergeben. Schauen darf man auf jeden Fall! „Erin Brockovich" heissen sowohl Film als auch Hauptdarstellerin. Der Film basiert auf einer True Story, die 1992 ihren Anfang nahm, und handelt von dem durch die Firma Pacific Gas & Electric vergifteten Grundwasser und die nachfolgenden Vertuschungsversuche. Arbeitslos und auf der Suche nach einem Einkommen für sich und ihre drei Kinder gelingt es Erin, im Anwaltsbüro von Ed Masry in Südkalifornien zu arbeiten, um so die geschuldeten Honorarkosten abarbeiten zu können. Ihre sexy Erscheinung sorgt für Unruhe im altherkömmlichen Sekretariat und bei Ed selber, der sich schon auf die baldige Pensionierung und den Alterssitz in Palm Springs freut. Beim Durchstöbern der Akten fällt Erin, die keinen College-Abschluss hat und auch keine technischen Kenntnisse besitzt, der Fall der Bewohner von Hinkley auf. Die medizinischen Rapporte berichten über tiefe T-Lymphozyten und andere Blutprobleme der Bewohner. Neugierig geworden holt sie sich bei Ed die Erlaubnis, weitere Nachforschungen anzustellen, und fährt mit ihrer Schrottkarre in die Mojave-Wüste, wo sie eine ganze Woche bleibt. Ed goutiert ihr Fernbleiben von der Arbeit nicht und feuert sie.

Dank den Recherchen von Erin erhält Ed weiterführende Informationen (Unterlagen, wichtige Laborergebnisse etc.) und muss erkennen, dass Erin wohl mehr zu bieten hat als hohe Absätze, hautenge Kleider, eine Löwenmähne und ein Alphabet, das zur Hälfte aus F-Wörtern besteht. Er stellt sie wieder ein – zu ihren Bedingungen. Erin verschafft sich Zugang zum Wasserwerkarchiv, wo sie mit ihren verführerischen Körperformen einen spät pubertierenden und noch scheueren Werkhüter mit Tagträumen beschäftigt, während sie sich mit belastendem Material eindeckt, das beweist, dass die Firma die Wasserversorgung der kleinen Wüstenstadt mit dem toxischen Chromium 6 vergiftet hat. Allmählich gewinnt Erin das Vertrauen der geschädigten Bewohner. Ed unterstützt Erin zwar, sieht sich aber genötigt, eine grössere Anwaltsfirma einzuschalten. Erin befürchtet, dass der Beizug der grossen Law Firm nicht nur sie, sondern auch die Opfer in den Hintergrund drängen wird, und macht mit ihrer pointierten F-Art klar, dass sie weiterhin das Sagen hat. Der Babysitter wird Erins Lebenspartner, sieht aber bald keinen Sinn mehr in der Beziehung zu der vom Fall besessenen Erin und verschwindet wieder, so wie er aufgetaucht ist – auf einer Höllenmaschine. Der erforderliche Beweis für einen Wining Case (dass die Gasfirma wissentlich gehandelt hat und den Fall absichtlich vertuschen will) steht immer noch aus. Der erhoffte Kronzeuge wird schliesslich doch noch gefunden. Ein ehemaliger Mitarbeiter der Firma hat Erin lange Zeit beobachtet und ist bereit auszuplaudern. Erin und „ihr Team" gewinnen 1996 eine Schadenersatzklage von 333 Millionen für die 652 Mandanten. Erin darf unerwartet zwei Millionen für sich verbuchen und ist das erste Mal sprachlos …

Der Film berührt. Obwohl Erin und Ed entgegengesetzte Typen sind, stimmt die Chemie zwischen ihnen. Das Temperament der durchsetzungsfreudigen, jungen Arbeitnehmerin fordert Ed heraus. Wie es der Film bereits vermuten lässt, meinte auch der „richtige" Ed Masry in einem Interview: „Erin machte die meiste Arbeit." Was der Film nicht zeigt, ist die Tatsache, dass sich die beiden nach dem Erfolg nicht zurücklehnten, sondern einen ähnlichen Fall (gegen dieselbe Firma) in Kettlemans Hill im Kalifornischen Central Valley zu untersuchen begannen. Nach einer gemeinsamen Inspektion der seit den 80er Jahren verlassenen Anlage wollte Ed aufgeben, da sich keine Kontamination feststellen liess. Erin fand schliesslich eine weisse Schicht an einigen Tamarisken-Bäumen, eine Abnormalität wie beim Hinkley-Fall. Und schon war sie wieder dabei. Kisten füllten sich mit kopiertem Beweismaterial, darunter ein Schreiben des US-Departement des Innern von 1964, worin das Vorhandensein des schädlichen Chromiums 6 im Wasser von Kettlemans bestätigt wird. Die Geschädigten klagen nun die Pacific Gas & Electric für die Kontaminierung ihres Wassers, das sie für den täglichen Gebrauch benützt hatten, ein. Der Fall schliesst nicht nur 150 Personen von Hinkley ein, die im Erstprozess nicht mitmachten, sondern auch weitere Personen aus dem Grenzgebiet Kalifornien/Arizona. Beklagte ist ebenso die Betz Laboratories Inc. von Pennsylvania, die das besagte Chrom zu Kühlungszwecken anwendete.

Anders als im ersten Fall, in dem die Beklagten angesichts des sehr belastenden Beweismaterials statt eines ordentlichen Verfahrens eine Offerte für einen unanfechtbaren Schiedsspruch angeboten hatten, spielen diesmal die Anwälte der beklagten Firmen auf Zeit. Durch die Verzögerungstaktik erhoffen sie sich Vorteile. Sind am Ende des Prozesses möglichst viele tot, muss weniger bezahlt werden. Die 47-jährige Ruth A. V., die ihre ersten zehn Lebensjahre auf dem PG & E-Areal verbracht hat, erinnert sich an die glücklichen und unschuldigen Kindheitstage, als in den Teichen gebadet oder unter den wassersprühenden Kühltürmen „geduscht" wurde. Sie macht die Firma verantwortlich für ihre Crohn-Dickdarmerkrankung und den Verlust von Schwester und Mutter, die in den frühen 90er Jahren auf Grund schwerster Organfehler gestorben sind. „Sie (die Verantwortlichen) müssen sich um die Leute kümmern, die sie geschädigt haben", sagte Ruth mit zittriger Stimme einem Zeitungsreporter, „die haben unschuldige Kinder, Mütter, Väter und Familien getötet – für Profit. Und dann, anstatt das Richtige zu tun, vertuschen sie weiter und machen uns nochmals zu Opfern."

Nach dieser Dreckwassergeschichte sehnte sich Christel geradezu nach dem herrlich frischen Trinkwasser der Glarner Berge. Obwohl der San-Diego-Hahnenburger[164] zur Kostung zugelassen ist, verzichten die Schweizer darauf. Tee und Suppe mit Leitungswasser waren schlichtweg ungeniessbar. Es schmeckte nach abgestandenem, fadem Irgendetwas. Gruuusig!¹⁶⁵ Seither spenden Wasserkanister den dreien das gewünschte Trinkwasser. Zwischendurch fragen sie sich aber doch, wie die Qualität des H₂O wohl sein mag. Vor allem dann, wenn sich Dusche und Badewanne rot verfärben oder Hardys Waschwasser als dunkelbraune Brühe weggeschüttet wird ... so schwarz ist selbst der dreckigste Mensch nicht! Ob die Ente, die Christel im Schwimmbad Gesellschaft leistete, ähnliche Sorgen hat oder Haftpflichtprozesse führt, ist unbekannt. Christel traute jedenfalls ihren Augen nicht, als der grünköpfige Erpel plötzlich am Beckenrand dahergewatschelt kam. Es war das erste männliche Wesen, das sich zu Christel ins Wasser gesellte, seit sie im Cityfront wohnt. Gewöhnlich ist die Schwimmerin alleine oder verscheucht allfällige Paddler mit ihrem ständigen Überholen. Ein kleiner Trumpf, über den sich Christel jedesmal heimlich freut.

Juhuii, judihuuuiii – nie mehr einen lahmen Arm beim Telefonieren! Hardy hat sich einen Kopfhörer gekauft und sitzt wie eine Auskunftsdame vor dem Computer. Endlich kann er gleichzeitig schnurrä¹⁶⁶ und Notizen machen. Ein riesiger Fortschritt – Technik sei Dank! Einen Haken hat die Sache jedoch: Hardy besitzt bekanntlich nicht die kleinste Birne¹⁶⁷. Obschon die Befestigungsbügel aufs Maximum ausgezogen waren, hatte Hardy nach einem längeren Gespräch eine Druckstelle am Schädel. Wo gibt es denn so etwas, hä? Christel überlegte sich, ob sie Watte unter die Bügel legen soll. So krank wollte Hardy aber nicht aussehen. Es reiche, dass er körperlich behindert sei, meinte er.

Das Glück steht ihm ins Gesicht geschrieben ...

Das Wochenende verlief ruhig. Christel und Hardy machten sich erste Gedanken über die Pendenzen während der verbleibenden Zeit in San Diego. Das Nachdenken galt nicht nur persönlichen Souvenirs, sondern vielmehr praktischen und technischen Fragen. So müssen Spannungsumwandler für das Pflegebett, Computer und andere Stromsachen besorgt werden, will man die Dinge in Europa gebrauchen können. Die Spannung ist nur eine Sache. Steckdosenadapter, Telefonkabel und noch so vieles sind in der Heimat anders. Und so kamen immer wieder neue Ideen, was das Paar veranlasste, bei einer guten Tasse Kaffee in aller Ruhe eine Liste zu erstellen. Die Glarner mussten sich auch entscheiden, was überhaupt alles per Container die Reise in die Schweiz antreten soll.

Week 13/2000:
Hochspannung im Stromsalat

27. März bis 2. April

Das Stimmungshoch hielt trotz des wechselhaften Wetters weiter an. Hardy widmete sich seinem dreibändigen Werk. Das zügige Voranschreiten veranlasste ihn erneut, bei seiner Professorin nach einem geeigneten Verleger nachzufragen. Die Unterredung brachte leider nichts Konkretes – noch ist alles offen. Das Knechtlein sass artig neben Hardy am Pult und half beim Formatieren der Daten. Ab und zu tauschten die Wühlmäuse ihre Funde gegenseitig aus und lachten über ganz gelungene Gesetzesbestimmungen. Auf unerklärliche Weise hatten sich bei einem Dokument die Fussnoten umformatiert. In einem hartnäckigem Zweikampf mit dem Programmteufel gelang es Andreas, das Problem zu beseitigen, wofür ihn der Meister anerkennend lobte.

Arbeit macht Spass

Dafür musste sich der Fussnotenheld von der Küchenmagd geschlagen geben. Christel hatte vernommen, dass in der Schweiz am vergangenen Wochenende die Sommerzeit begonnen hatte, nicht aber in Kalifornien. Christel liess die Männer wissen, dass die Zeitdifferenz zur helvetischen Uhr eine Stunde mehr betrüge, nämlich zehn Stunden. Gegen diese Feststellung opponierte Andrew vehement. Mittels einer Skizze von Erdwölbung, Sonnenaufgang und sonstigen Geheimformeln hielt er mit dem Brustton der Überzeugung den zunehmend verunsicherten Glarnern einen hochwissenschaftlichen Vortrag. Christels hochgezogene Augenbrauen und ein in einer Sprechpause eingeworfenes „Aber" goutierte der Altpfader und Weltenbummler ganz und gar nicht. Andis Bemerkungen verrieten seinen Unmut über die weibliche Unwissenheit. Natürlich konnte Christel mit den hochkomplexen wissenschaftlichen Formeln nicht konkurrenzieren – als Morgenmuffel schon gar nicht. Clever, mit weiblicher Hinterlist, griff sie ganz einfach zum Telefonhörer. „Wiä spot händer jetzt grad?"[168], fragte sie ihre erstaunten Eltern im Thurgau. – 1 : 0 für die unlogische Frau. Andi verstand die Welt nicht mehr. Ungläubig starrte er auf seine Zeichnung. Aber Andi wäre nicht Andi, hätte er nicht zum Gegenschlag angesetzt. Er liess die Niederlage nicht lange auf sich sitzen und studierte Hardys Liste mit den aufgeführten Stromartikeln und verwandelte die angegebenen Ampère und Volt in Watt um, wobei er siegessicher die entsprechenden Formeln hinkritzelte. Nach einem Weilchen hob er den Kopf und fragte in die Runde: „Wie viele Transformer soll ich bestellen? Oder wollt ihr lieber Converters?" 1:1– Punktegleichstand. Hoffentlich stimmen die Formeln diesmal!

Hardy stellte im Internet Preisvergleiche in Bezug auf Transformer und Konverter an. Es stellte sich dabei heraus, dass erhebliche Kostenunterschiede bestehen, vor allem, wenn man allerlei Kleinzubehör haben muss. In jedem Fall ist Vorsicht geboten. Die Stromadapter werden oft für Länder angepriesen, die andere Anschlüsse aufweisen. Davon konnte sich Hardy zumindest in Bezug auf die Schweiz überzeugen. Was da für Stecker angeblich in die Schweizer Steckdosen passen – ein Wunder! Eine Anleitung meinte etwa auch, dass ein Adapter in ganz Europa, ausgenommen in der Schweiz, passen würde. Das wäre ja wirklich schon ein Fortschritt, wenn die klobigen Englandstecker auch in die schmalen italienischen Steckdosen passen würden. Die *Travel Stores* oder *Rand McNallys* (Horton Plaza) nehmen sich dieser Probleme an. Eine grosse Auswahl bot auch das Elektrofachgeschäft *Fry's Electronic* (9825 Stonecrest Blvd) mit seinem immensen Sortiment an. Dort hingen die Verbindungskabel und Adapter reihenweise. Hardy und Christel lernten ferner, dass auch in den USA Stecker nicht gleich Stecker ist. Ein normaler Telefonkopfhörer lässt sich nur an einem flexiblen Sprechtelefon (sofern überhaupt eine Buchse vorhanden ist) oder in die Basisstation anschliessen, nicht aber an einen Computer. Dieser weist einen grösseren Anschluss auf. Branche bleibt eben Branche – die Geldmacherei ist aber immer dieselbe.

Das Glarner Paar wollte das zweite Postbüro an der G Street kennen lernen. Ein junger Angestellter nahm das mit einer Schweizer Adresse versehene Paket turnerisch perfekt entgegen und fragte erwartungsgemäss nach, woher denn die Kundschaft käme. „From Switzerland", antworteten Christel und Hardy stereotyp, „have you ever been there?" „Oh yes, yes!", meinte der Mann am Schalter. Er wäre schon mehrfach in der Schweiz gewesen. Die Glarner würdigten seine Schwärmerei sehr – er sei eine Ausnahme. Normalerweise würde die Schweiz von den Amis nur mit dem Nachtexpress durchquert oder kurz in Interlaken und Zürich bei Tag gestreift. „Oh no, no. Not me. I enjoyed your country very much!", meinte der coole Postjüngling. Das Land sei great gewesen, besonders die Gegend um Dänemark. Er hätte eben noch Verwandte, die in der Nähe der Schweiz wohnten – irgendwo in Norwegen. Die artige Nachfrage von Christel, ob er das Schweizerland nicht etwa mit Schweden verwechseln würde, liess beim Postman eine solche Schamröte aufsteigen, dass Christel ihre Frage bereute. Gar nicht mehr so cool, aber immerhin clever genug, rettete sich der profunde Geografiekenner aus der Affäre und fügte an: „You know, I'am still young and stupid" (ändern sich Geografiekenntnisse mit zunehmendem Alter automatisch?).

Vielleicht kriegen die Postangestellten ihr Diplom schon vor der Abschlussprüfung – who knows? Hardy durfte nämlich den viereckigen Doktorhut (Cap) mit dem Bömmel (Tassel) und den langen Mantel (Gown) in der Schule abholen. Für eine überrissene Miete dürfen die Absolventen den schwarzen Cap and Gown im Kasten aufbewahren, für zwei Stunden tragen und nach der offiziellen Zeremonie am 28. April wieder abgeben. Anzumerken ist dabei, dass man für einmal der Tatsache, dass der Träger im Rollstuhl sitzt, keine Aufmerksamkeit geschenkt hatte. Christel zermartert sich nun die Hirnzellen, wie Hardy gleichzeitig auf dem Mantel sitzen kann und keine Druckstelle kriegt. Wenigstens sitzt der Hut perfekt!

Keine vorzeitigen Lorbeeren hingegen gab es für Andrew. Er musste sich die schriftliche Flugprüfung hart verdienen. Am Donnerstagnachmittag gelang es ihm, eine Auswahl aus seinem 700-Fragen-Katalog erfolgreich zu beantworten. Die Prüfer waren zufrieden, nicht aber Andi. Christel fragte ihn, wie es ihm ergangen sei, und musste sich ein überaus gequältes „eine Frage hatte ich falsch" anhören. In Andrews' Stimme schwang ein enttäuschter Unterton mit. Christel traute sich kaum nachzuhaken: „Musst du den Test wiederholen?" Andrew verneinte sofort, zeigt sich aber nicht erfreut, was Christel etwas irritierte. „Es ärgert mich eben, dass ich nicht alle Fragen korrekt beantwortet habe", erklärte der auszubildende Pilot der verdutzten Fragestellerin. Jetzt muss er nur noch ein paar praktische Flugstunden (mit Nacht- und Langstreckenflug) absolvieren, bis er sich zur praktischen Flugprüfung anmelden darf. Good luck!

Das mit dem Timing ist so eine Sache. Die neue Verwaltung vom Cityfront Terrace hatte kurzfristig mitgeteilt, dass in jeder Wohnung die WC-Schüssel des Hauptbadezimmers ausgewechselt würde. Der Ankündigung war die Erklärung angefügt, dass die Wasserzufuhr am besagten Tag bis gegen Abend eingeschränkt sein werde. Dem Einteilungsplan entnahm man, dass die Wohnungen nicht pro Stockwerk, sondern stockwerkübergreifend vertikal eingeteilt waren. Christel konnte unschwer erkennen, dass alle Wohnungen mit der Endnummer 11 am Mittwoch an der Reihe sind. Sie nahm sich deshalb vor, am Dienstagabend für Wasservorrat zu sorgen und ihr persönliches „Morgenritual" zeitlich zu verschieben. Der Plan schlug fehl. Am Montag um 8 a.m. klingelte es an der Türe. Ein Lastesel mit einem WC auf der Schulter drängte sich unbequem an Christel vorbei, die genüsslich Kaffee trank. Sie erkundigte sich beim Arbeiter, ob er sich nicht im Datum geirrt hätte, was dem guten Mann nur ein „and what's the problem ma'am?" entlockte. Na, ja, ausser einer vollen Blase und einem vollen Darm eigentlich keines. Übrigens, alle Wasserhähne spendeten den ganzen Tag ununterbrochen ihr kostbares Gut.

Manchmal versagt das beste Management. Christel und Hardy stellten sich eines Abends beim McDonald's in die Warteschlange. Das Girl erkundigte sich kurz nach den Wünschen. Hardy sagte schön artig einen einzigen Satz: „Ich hätte gerne einen grossen Becher Vanille-Shake, bitte." Das war eindeutig zu viel Information auf einmal. Das nachfolgende Gespräch lief dann so ab: Sie: „Wie viel?" Hardy: „Einmal." Sie: „Wie?" Hardy: „Grosser Becher." Sie: „Von was?" Hardy: „Vanille, bitte." Sie: „Was?" Hardy: „Vanille." Sie: „Vanille?" Hardy: „Ja, Vanille." Sie: „Was ist das?" Hardy: „Vanille!" Sie: „Vanille?" Hardy: „Ja, Vanille … Vanilla … Vaniglia – Vanille!" Sie: „Ah, Vanilla! Wie viel?" Hardy: „Einmal." Sie: „Wie gross?" Hardy: „Grosser Becher." Sie: „Von was? Vanilla?" Hardy: „Ja, Vanille!" – Einen Augenblick hielt das Mädchen inne, starrte die beiden an, als wären sie Ausserirdische, beugte sich über den Treseen zu Hardy hinab und fragte etwas lauter: „Whaaat do you want?!" Solche Situationen sind leider nicht selten. Die Kombination von Slang- oder Spanisch-Englisch mit Deutsch-Englisch ist offenbar unverträglich. Hinzu kommt, dass die Amerikaner im Allgemeinen ein Talent nicht besitzen – das Sprachtalent. Wird einmal ein Wort um Haaresbreite anders betont, fehlen schlichtweg Sprachgefühl und Fantasie. Solche Erlebnisse sind zermürbend, vor allem dann, wenn der Legal Alien im mehrfach wiederholten Satz oder Wort keinen Unterschied in der Aussprache hört.

Besonders entspannend und abwechslungsreich war der Wochenendausflug der Glarner nach Carlsbad. Christel hatte am Freitag eine Fernsehreportage gesehen, die von den wunderbaren, farbenprächtigen Blumenfeldern von Carlsbad berichtete. Der Zeitpunkt war goldrichtig. Die Sommerzeit hielt an diesem Wochenende auch in Kalifornien Einzug und setzte ein weiteres, frühlingshaftes Zeichen. Das Paar erreichte nach einer kurzen Fahrt über die I-5 north und die Ausfahrt Palomar Airport Road die *Flower Fields* (5600 Avenida Encinas, Ste 106, Carlsbad 92008). Die Suche nach einem freien Behindertenparkplatz erwies sich für einmal als schwierig, da sich Blumenfreunde und Kunden der angrenzenden Mall die Parkmöglichkeiten teilen müssen. Schon von weitem sah man Warteschlangen vor den Kassen zur zweieinhalb Hektar grossen Blumenpracht. Dank Christels grobem Schuhprofil konnte sie Hardy den holprigen Flurweg hinaufstossen, der die in einem Hang eingebettete Anlage erschliesst. Der Ausblick über die Blütenpracht und das Meer war schön. Eine Windmühle verlieh der ganzen Kulisse zudem einen Holland-Touch. Die Ranunculus-Blumen sehen zwar eher wie Dahliengewächse und nicht wie Tulpen aus. Dennoch verkniff sich das Fernsehen den Kommentar eines Amerikaners nicht, der über die Tulpenschau in The Netherlands selbstsicher meinte: „Aber so etwas Einmaliges, wie *wir* hier haben, bringen nicht einmal die Holländer fertig: Ein Blumenbeet mit verschiedensten Farben gemischt!" Ja, ja, ja, wir wissen es ja: Only *you* did it!

Die glücklichen Blumenkinder

Die Blumensamen waren in den 20er Jahren durch den Gärtner Luther Gage von der Küste in Los Angeles nach Carlsbad gebracht worden. Sein Arbeitnehmer, Frank Frazee, begann ebenfalls, mit seinem Sohn Edwin eigene Ranunculus zu züchten. In den 50er Jahren gelang Edwin ein aussergewöhnlicher Züchtungserfolg, was ihm nationale Anerkennung bescherte. Edwins Felder entlang der Küste erstreckten sich bald von Oceanside bis nach Carlsbad und wurden zu einer jährlich wiederkehrenden, frei zugänglichen Attraktion für Touristen, Fotografen und Blumenprofis. Als Edwin 1975 in den Ruhestand trat, übersiedelten seine Söhne John und Jim die Felder zum heutigen Standort, auf Land, das der Carltas Company, einer Tochtergesellschaft des Poinsettia (Weihnachtsstern)-Züchters Paul Ecke, gehörte. 1993 trennten sich Jim und Paul. Es stand düster um die Zukunft der gefeierten Carlsbader Blumenfelder. Dank dem Engagement der Stadt und einem Darlehen, für das die Carltas bürgt, kann die Blumenpracht weiterhin genossen werden.

WOCHENTAGEBUCH SAN DIEGO

Ein Besuch des Einkaufszentrums und der Klippen rundete den Besuch der Blumenfelder ab

Oder auch nicht, wie ein empörter Leserbrief in der Zeitung zeigte. Wie die meisten anderen Besucher auch hatte ein Familienvater Mühe, die Felder auf Anhieb zu finden, da man sie von der Interstate aus kaum mehr sehen kann. Das Parkplatzproblem nannte er ebenfalls und fügte hinzu, dass er die Familie beim Eingang aussteigen liess. Als er sich nach langwieriger Parkplatzsuche endlich zur Familie gesellen wollte, kam diese ihm wieder entgegen. „Zusätzlich zur riesengrossen Warteschlange muss man nun noch Eintritt bezahlen. Vier Dollar als Erwachsener, zwei Dollar für Kinder. Zwölf Dollar für eine Familie – nur um Blumen anzuschauen! Meine Frau verzichtete wohlweislich darauf, und wir kehrten zum Auto zurück – am Erdbeerenstand vorbei, wo ein grosses Körbchen 24 Dollar (!) kostete, viermal so viel wie im Vons-Supermarkt. Wir werden nie mehr auf die Blumenfelder zurückkehren!" Wer weiss, vielleicht freut sich der einsichtige Amerikaner künftig an den Tulpen aus Amsterdam ... Die Schweizer jedenfalls fanden nicht nur an den Blumen, sondern auch am nahen Einkaufszentrum und der Heimfahrt Gefallen.

Week 14/2000:
Tischlein deck dich – süss, salzig oder sauer

3. bis 9. April

Juhuiiii, bald ist es geschafft! Hardy freute sich riesig, dass der letzte Schultag nahte. Natürlich geht der brave Mann gern zur Uni. Es war inzwischen zur Gewohnheit geworden, etwas Essbares zur Mediation Class mitzubringen, um nicht einzuschlafen. Nach Kuchen und Schokolade war diesmal Käse an der Reihe. Hardys Parmesanvorrat war immer noch übervoll, weshalb er einen huge Käsemocken[169] mit in die Stunde nahm, wohlwissend, dass nur der Ticino-Andrea, nicht aber der heikle Deutsche davon profitieren wird. Wie kann man nur so essensbehindert sein! Da Andrea das Sackmesser nicht fand, musste er mit dem Schlüssel mundgerechte Stücke aus dem Käse bohren. Mit vollem Mund war die mühsame Stunde besser ertragbar. Christels Einladung zum Inder nahm der gelangweilte Ehemann nach der Schule gerne an. Das Gaslamp Quarter vereinigt viele Küchen. So findet man unter anderem das indische Restaurant Star of India (423 F Street). Obwohl die Glarner extra hot bestellten, waren die Gerichte leidlich scharf. Schuld daran war die im Amiland omnipräsente süsse Tomatensauce. Sie gehörte selbstverständlich zum feinen Curry dazu. Christel musste ihrem Peperoncini-Lover hoch und heilig versprechen, bald einen scharfen Tomaten-Sugo zu kochen. Nicht einmal das Essen beim Mexikaner garantiert den Gästen eine feurige Zunge, da man auch dort auf süsse Überraschungen im roten Kleid stossen kann.

Die Star of India

Der Name des Restaurants stammt sinnigerweise nicht von einer sternengekrönten Küche, sondern vom gleichnamigen antiken Segler, der im Hafen vor Anker liegt. Der Windjammer *Star of India* (von 1863) und zwei weitere historische Schiffe, die *Berkeley* (eine Passagierfähre aus San Francisco von 1898) und die *Medea* (luxuriöse Dampferjacht von 1904), gehören zum *Maritim Museum* (1306 North Harbor Dr). Die Star of India ist der älteste seetaugliche Segler der Welt und eine beliebte Filmkulisse. Seine prächtige Erscheinung ist das heimliche Wahrzeichen von San Diego Downtown. Der Anblick des auslaufenden rot-schwarzen Schiffes mit seinen weissen aufgeblähten Segeln ist eindrücklich und erinnert an die Zeiten der Piraten und Seekriege. Das Deck des Schiffes ist für Rollifahrer über eine Rampe zugänglich. Die übrigen Schiffe und Sehenswürdigkeiten sind nur über Stufen und Leitern erreichbar.

Am Mittwoch war Gymnastik angesagt. Hardy schätzt sein Physio-Mäuschen so sehr, dass er ihr des Öfteren ein kleines Geschenk mitbringt. Waren es früher Schweizer Schoggi und Macadamia Nuts aus Hawaii, die Tiff zur Beruhigung ihrer nach Liebe dürstenden Seele benötigte, so sind seit vergangener

Woche andere Mitbringsel angesagt. Denn Tiff hat einen neuen Lover, weshalb sie keine Süssigkeiten mehr braucht. Da Hardy nicht weiss, ob der Neue auch etwas taugt oder zu Domestic Violence neigt, hatte der verhinderte Glarner Offizier seiner PT ein Schweizer Sackmesser gegeben. Hoffen wir für Scott, dass Tiff nicht gewalttätig ist!

Am Wochenende trieb im Civic Center ein wüster Macho sein Unwesen. Der Glarner war ganz eifersüchtig, dass nicht er anstelle von Don Giovanni an den 1003 Blüten im fernen Spanien schnuppern durfte. Hardy blieb deshalb nichts anderes übrig, als sich mit dem Spiel und der Musik von Mozart zu trösten. Das Stück „Don Giovanni" war trotz der sattsam beklagten fehlenden Opernambiance des Gebäudes ein Genuss. Insbesondere die Sänger, allen voran Feruccio Furlanetto als Don Giovanni, zeugten von hoher Klasse. Während Hardy sich nur allzu gerne in den Weiberhelden hineinversetzte, identifizierte sich Christel mehr mit Donna Elvira, Donna Anna und Zerlina, wobei Hardy nicht genau weiss, ob sein Weib den süssen Verlockungen von „Là ci darem la mano" noch schneller erlegen wäre. Fest steht nur, dass seine Frau ganz verstohlen die Melodie nachsummte, und zwar das ganze Wochenende.

Am Sonntagabend bestellten die Glarner eine richtige US-Pizza zu sich nach zu Hause. Sie ist dickteigig, voll belegt, hat mindestens 45 cm Durchmesser und füllt den Magen nur schon vom Anschauen. Christel und Hardy führen jeweils eine grosse Diskussion, welche Machart bekömmlicher ist. Christel meint, dass die Amis für einmal als Sieger hervorgehen, während Hardy als halber Italo nicht ganz über den Schatten springen kann. Immerhin lobt auch er diese Wagenräder. Christel kocht zwei- bis dreimal pro Woche. Geduldig rüstet die Küchenmagd jeweils viel Gemüse für helvetische, italienische und asiatische Gerichte, die auch den Hunger von Vegi Andi stillen. Ansonsten verpflegen sich die drei individuell aus dem Kühl- und dem riesigen Gefrierschrank. Letzterer ist hauptsächlich mit vegetarischen Fertiggerichten für Andrew gefüllt.

It's Pizza Time!

Andrew hatte zu Beginn des Reiseabenteuers damit geprahlt, gerne zu kochen, und nannte voller Stolz seine Lieblingsmenüs. Deshalb freuten sich Hardy und Christel schon, als Andrew eines Nachmittages nach getaner Arbeit die Küche besetzte. Engagiert und konzentriert verzauberte er verschiedene asiatische Zutaten in ein verlockend duftendes Gericht. „Mmmmhhh!", tönte es aus den bereits angeregten Gaumen der Glarner, „wie das duftet!" Die Wartezeit aufs „Überraschungs-Dinner" schien kein Ende zu nehmen. Endlich deckte Andreas den Tisch – aber nur zwei Teller lagen dort, einer für sich und einer für sein Thaikätzchen. Wie konnten die Glarner bloss etwas anderes vermutet haben!

WEEK 15/2000:
ÜBERALL LAUERN GEFAHREN!

10. bis 16. April

Hinter lieblichen Alltagsfarben verbergen sich manchmal dunkle Schatten, die den Menschen nicht nur erstaunen oder ärgern, sondern auch ernsthaft bedrohen können. Die tapferen Kämpfer aus dem Glarnerland mussten sich diese Woche mit den weniger bunten Dingen des Lebens auseinander setzen. Die Themenpalette reichte von Umweltverschmutzung und Killerbienen bis hin zu langweiligen Dozenten, blutigen Steaks, tödlichen Drinks, Todesrausch im College und bissigen Kötern.

Der beliebte Mission Beach in San Diego musste 1998 wegen Verschmutzung ganze 156 Tage gesperrt werden. Die Zeitung berichtete, dass immer wieder, so auch kürzlich, ungeklärte Abwasser von Mexiko die kalifornischen Gewässer erreichen und die hiesigen Kläranlagen überbelasten. Bereits heftige Regenfälle fordern die Installationen heraus, besonders, wenn Strassen- und Zivilisationsdreck in die Röhren gespült wird und die Verschmutzungsproblematik verschärft. „Es ist eben nur eine Trockenwetter-Lösung", sagte Mission-Beach-Stadträtin P. McCoy. Und so lange Kalifornier und Mexikaner über eine vernünftige Lösung brüten, wie man dem eigenen Dreck Herr und Meister wird, sonnen sich die Leute weiterhin am Beach und sind einem abkühlenden Bad in der Colibakterien-Kloake nicht abgeneigt.

Ebenfalls namenlos ist der Verursacher der Bienenplage in Las Vegas. Diese Biester sehen den europäischen Honigbienen zum Verwechseln ähnlich, sind jedoch wegen ihres aggressiven Schwarmverhaltens gefährlicher. Ende März musste die Feuerwehr eine Frau von einem Schwarm afrikanischer Killerbienen befreien. Die Insekten drängten die zu Hilfe eilenden Passanten und die Polizei in ihre Autos zurück. Nur dank richtiger Schutzkleidung gelang es den Firefighters, einen Schwall Wasser über die Gepeinigte zu giessen. Mit über 500 Stichen wurde die Frau ins Spital eingeliefert. Dieser Vorfall war einstweilen der letzte Angriff im Bienenkrieg. Die Verantwortlichen der Stadt sind überzeugt, dass sich die Attacken häufen werden und die Bevölkerung lernen muss, damit umzugehen. Die Bienen haben seit 1957 auf ihrer Wanderung von Brasilien Richtung Norden schätzungsweise 1000 Leute getötet. In den USA wurde der erste Schwarm am 15. Oktober 1990 im Texas gemeldet. 1994 tauchten die Bienen in Kalifornien, Arizona und New Mexiko auf und wurden 1998 erstmals in Las Vegas gesichtet. In der am schnellsten wachsenden Metropole der USA nehmen ganzjährig blühende Pflanzen, Schwimmbäder und andere künstlich angelegte Wasserflächen rasant zu. „Die Killerbienen ziehen aus dem gleichen Grund wie die Leute hierher", sagte der Sprecher des Feuerdepartements T. Szymanski, „es ist ein herrlicher Platz zu leben, und das haben die Bienen auch entdeckt."

Der Wochenanfang war für die San Diegans nicht ganz so giftig, aber trotzdem mit Gefahren verbunden. Wäre die Mediation-Stunde nicht die allerletzte in diesem Trimester gewesen, dann wären die Students an Langeweile endgültig gestorben. Besorgnis erregend, da einem Suchtverhalten gleichend, hatte sich die Nahrungsaufnahme während des Unterrichts entwickelt. Die gelangweilten Gehirnzellen erlagen nur allzu gerne, auch dieses Mal, einer süssen Versuchung, die zum gewünschten Sinnesflash verhalf. Natürlich war der Trip nicht sehr berauschend. Trotz Sugar wurde auch die Dozentin nicht lebendiger. Die „Tante" ist zudem nicht nur langweilig, sondern auch furchtbar religiös-lieb, was ein übergrosses Kreuz an ihrem Busen, pardon, auf ihrer Brust bekräftigt.

Hardy kam ob dem Ende der Pein dermassen beschwingt nach Hause, dass es den Anschein machte, mehr als nur Schokoin intus zu haben. Er trällerte und pfiff vor sich hin, warf mit einer eleganten Armbewegung die letzten Notizblätter in die Luft und blinzelte Christel ganz unternehmungslustig zu. „Das Ende der Folterstunden muss gefeiert werden", meinte er zu seinem verdutzten Weib, „und zwar mit einem grossen feinen Steak". Christel hatte nichts dagegen einzuwenden. Zufällig war am Vortag eine Werbung mit den sechs besten Steakhäusern von San Diego ins Haus geflattert. Hardys Wahl fiel auf das Morton's Steakhaus of Chicago (285 J Street), das sich im Parterre der zwei Hochhäuser des Harbor Clubs befindet, ganz in der Nähe zum Cityfront Terrace. Der Fleischfreund kann sich in San Diego ausserdem über folgende *Steakhäuser* freuen: Greystone the Steak House (658 5th Ave, im Gaslamp Quarter), Ruth's Chris Steak House (1355 N. Harbor Dr), Rainwater's on Kettner (1202 Kettner Blvd), Jared's Harbor Island

(880 E. Harbor Island Dr, auf dem ersten Level eines Riverbootes) und das Donovan's Steak & Chop House (4340 La Jolla Village Drive, in La Jolla).

Die schwarzen Fensterscheiben von Morton's lassen keine neugierigen Blicke von aussen zu. Hardy und Christel betraten die dunkle Höhle. Die frühe Abendstunde bescherte dem hungrigen Paar sofort einen Platz. Bald kam ein Kellner mit einem Rollwagen, auf dem sich alle Fisch- und Fleischspeisen in rohem Zustand appetitlich präsentierten. In einem ungeheuren Tempo leierte der Gute alle Menüs mit den zur Verfügung stehenden Beilagen herunter und wirbelte gleichzeitig das verpackte Anschauungsmaterial gekonnt herum. Obwohl Christel nach der Hälfte seines „Rosenkranzes" mit Zuhören aufgehört hatte, war sie über die Speisekarte bestens informiert, da sie nämlich von ihrem Platz aus die Wandtafel mit dem Speisebeschrieb lesen konnte. Nach der bühnenreifen Vorstellung des Kellners durfte man trotzdem noch die Nase in die Menükarte stecken. Das Glarner Paar entschied sich für ein Double Rib Eye-Steak, das nicht auf dem Schauwagen präsentiert worden war, weil es sich um ein Spezialangebot des Tages handelte.

Als das Gewünschte aufgetischt wurde, verschlug es Christel den Atem. In der Morton's-Höhle mit dem spärlichen Schummerlicht werden offenbar nur Raubtiere gefüttert. Zentimeterdick, tellerüberlappend – einfach gigantisch. Wie, bitteschön, kann man ohne Krallen und Eckzähne einer Raubkatze einen solchen Fleischmocken[170] verzehren? Hardy war begeistert. Er bekam, was er sich gewünscht hatte – ein zart gegrilltes Steak. Trotz der phänomenalen Steaks sind die Amis keine Grill-Weltmeister. Die Glarner mussten einmal mehr feststellen, dass gegrilltes Gemüse meist mit einem bitteren Grillrostgeschmack und schwarzen Grillstreifen serviert wird. Die in den Speisekarten genannten Garstufen (rare, medium-rare, medium, on point oder well done) werden zudem oft individuell interpretiert. Ein medium Steak ist deshalb nicht immer medium. Trotz der Tatsache, dass Fleisch in den Läden verhältnismässig billig ist, gilt das nicht für den Gast in den besagten Steakhäusern. Nichtvegetarische Urlauber in den USA sollten sich aber wenigstens einmal ein solches Essabenteuer gönnen. Von einem täglichen Genuss ist eher abzuraten, denn Fleisch strapaziert die Verdauung doch nicht unerheblich. Das spürten Hardy und Christel ebenfalls. Sie trugen ihre arg strapazierten Bäuche nicht mehr mit katzenhafter Behändigkeit nach Hause. Um der Gefahr eines Überfütterungstodes zu entgehen, leckten die zweibeinigen Fleischtiger freiwillig einen grossen Krug Tee leer und näherten sich dem Schlafplatz nicht vor Mitternacht.

Die auswärtige Verpflegung ist im Normalfall harmlos und entspannend für die Sinne. Manchmal zu entspannend, wie die Medien zu melden wussten. Nicht etwa Überfütterung ist die Ursache, sondern „vergiftete" Getränke. Ahnungslose Weibchen stehen auf der Menüliste von feigen Machos. Haben diese ein mögliches Opfer erspäht, versuchen sie in einem unbeobachteten Moment, eine betäubende Substanz in den Drink zu schütten. Wenn die Frauen später über Übelkeit klagen und ernsthaft Mühe bekunden, sich auf den Beinen zu halten, bieten die wilden Hunde ihre Begleitung auf die Toilette an. Bei der erstbesten Gelegenheit fallen die gemeinen Biester dann über die bewusstseinsgetrübten Dinger her und vernaschen sie. Oft kommen die Vergewaltigten irgendwo wieder zu sich und können sich nicht mehr an die Fratze der hechelnden Köter erinnern, worüber sich diese natürlich mit einem hyänenhaften Grinsen hämisch freuen. Die Polizei warnte deshalb mit Nachdruck vor der so genannten Date-Rape Drug. Es wird den Damen geraten, kein Getränk unbeaufsichtigt stehen zu lassen und die Gläser persönlich vom Bar Keeper oder Waiter in Empfang zu nehmen. Auf fremde Begleitung sollte verzichtet und sattdessen der Notfalldienst angefordert werden. Da die Laborwerte der Opfer teilweise lebensgefährliche Konzentrationen der Droge aufweisen, ist ein sofortiges medizinisches Einschreiten oft unabdingbar. Die Bewusstseinstrübungen enden manchmal sogar tödlich. Vier junge Lümmel mussten sich unlängst vor Gericht für den Tod eines Girli verantworten. Sie hätten eben nicht gewusst, dass das Pülverchen so starke Reaktionen auslöst, und einfach mit „dem lallenden und willigen Fleisch" ein bisschen Fun haben wollen. Sorry, blöde gelaufen.

Nicht nur Besuche in schummrigen Bars oder Small Talks mit Unbekannten bergen mitunter Gefahren. Ebenso gefährlich können sich Situationen unter Freunden entwickeln. Jahr für Jahr saufen sich mehrere Studenten zu Tode. Bei Aufnahmeritualen in Studentenverbindungen werden die nassen Prozente den „Täuflingen" auch dann noch in die Kehle geschüttet, wenn die Motorik schon lange ausgesetzt hat. Immer wieder beklagen die Hinterbliebenen den Umstand, dass ihre Kinder, die man sicher und wohlbehalten in den Colleges glaubte, zu massivstem Alkoholkonsum verführt werden. Dass viele der

Opfer vorher nie Alkohol konsumiert hätten, dürfte wohl stimmen, da in den USA bis zum Alter 21 ein Alkoholverbot gilt.

Nach dieser Woche stand fest, dass es Leute gibt, die Gewalt lieben, sich aber selber die Hände nicht schmutzig machen wollen. Davon handelte auch der Kinofilm „Rules of Engagement", den Christel und Hardy anschauen gingen. Der Weltpolizist Amerika muss im fernen Jemen für Ruhe und Ordnung sorgen, weil vor der amerikanischen Botschaft ein bewaffneter Mob die Botschafterfamilie bedroht. Kurzerhand wird den Marines der Befehl zum Eingreifen erteilt. Nach bestem militärischen Wissen und Gewissen erteilt der schwarze Kommandoführer (Samuel L. Jackson) den Schiessbefehl. Unter Lebensgefahr verhilft er mit seinen Leuten den Bedrohten zur Flucht und rettet sogar die „heilige" US-Flagge... Unschuldige Frauen und Kinder werden dabei verletzt und getötet. Der wegen Nichteinhaltens der Rules of Engagement (frei übersetzt: Kriegsrecht) angeklagte Marine wendet sich an seinen besten Freund (Tommy Lee Jones) und bittet ihn, die Verteidigung zu übernehmen. Das Beweismaterial, wonach die Toten sehr wohl bewaffnet gewesen sind und Lebensgefahr für den Botschafter bestanden hat, wird von einem hohen amerikanischen Politiker aus egoistischen Gründen beiseite geschafft. Der gleiche Politiker legt dem Botschafter zudem eine Falschaussage nahe. Ob das Gute oder das Böse am Ende obsiegt, sei hier nicht verraten. Immerhin sei erwähnt, dass in einem US-Kino ganz euphorisch geklatscht wird, wenn gute Amis böse Nichtamis niederknallen!

Hardy und Christel befanden sich in dieser Woche ebenfalls in konkreter Gefahr. Der Heimweg vom Kino führte die beiden an den Parterrewohnungen des Cityfront Terrace entlang. Plötzlich setzte hinter dem Gebüsch ein schrilles Kläffen ein. Die hohe Tonlage liess einen kleinen Hund vermuten. Das winzige weisse Bündel sprang zu seinem entspannt sitzenden und telefonierenden Herrchen und bellte sich beinahe die Lunge aus dem Leib. Kein Zweifel, die zwei Passanten waren unerwünscht. Christel beachtete den lauten Haarbündel kaum und schob Hardy weiter, was sie besser nicht gemacht hätte. Der Bubi-Hund wurde sauer. Erst raschelte es hinter der Sitzplatzrabatte, dann schnellte das bellende Etwas durch die Hecke an Hardy vorbei und landete hinter Christels Waden auf dem Boden. Das Wauwauchen mit dem Mäschchen (es konnte sich logischerweise nur um ein Weibchen handeln) wählte die Hinterhalt-Taktik. Es bewegte sich nervös hin und her, fletschte mit seinen Zähnchen und setzte zu einem Bisssprung an. Da das telefonierende Herrchen keine Anstalten traf, sein Schosshündchen zurückzurufen, musste Christel ihren ausgelieferten Rollstuhlfahrer vor dieser Miniatur beschützen. Ein schweizerdeutscher Fluch und ein kräftiges Stampfen genügten, das vorlaute Biest auf Distanz zu halten. Hätte der gleichgültige Mann seinen Liebling nicht endlich zum Rückzug gemahnt, hätte Christel Hardys Befehl befolgt und das echauffierte Hundchen mit einem gezielten Tritt in den Schoss des Herrchens (darum Schosshündchen genannt) zurückbefördert. Gott sei Dank! Diese Woche hatte man überlebt.

WEEK 16/2000:
ÜBERRASCHUNGEN VOR OSTERN

17. bis 23. April

Hardy machte sich keine Illusionen mehr. Diese Woche musste er die Vorbereitungen zur einzigen Abschlussprüfung im zweiten Trimester in Angriff nehmen. Da er die schriftliche Zwischenprüfung mit Erfolg bestanden hatte (80 von möglichen 100 Punkten) und zusammen mit der schriftlichen Abschlussprüfung lediglich einen Schnitt von 54 Punkten benötigt, hätte er gar nicht lernen müssen (28 Punkte schafft jeder Depp!). Das liess sein Ego natürlich nicht zu. Denn immerhin handelte es sich um das Fach Torts II (Besonderes Haftpflichtrecht). Die Stunden des konzentrierten Lernens vergingen wie im Flug. Gegen Abend weckte Christel den Studenten aus seinem Torts-Koma. Sie verordnete ihm frische Luft und wollte gleichzeitig die Eintrittskarten für das Musical „Selena" besorgen. Wie es sich für einen folgsamen Ehemann gehört, willigte Hardy sofort ein, sein Weib zu begleiten. Um seine Bereitschaft zu unterstreichen, neigte er sich im Rollstuhl leicht nach vorne und setzte zu einem Spurt Richtung Ausgangstüre an. Nach der fantastischen Strecke von zwei Zentimetern endete der Versuch aber jämmerlich im dicken Hochflorteppich.

Beim Verlassen des Gebäudes machte der Concierge an der Front Desk die Bemerkung, ob man tatsächlich nach draussen wolle. Der Radio Forecast hätte einen fürchterlichen Sturm angemeldet. Nach einem Blick zum Himmel stellten die Glarner zwar ein dunkles Grau fest, bejahten aber die Frage des besorgten Mannes besserwisserisch. Der so herausgeforderte Wettergott liess mit der Strafe nicht lange auf sich warten. Der Himmel verfinsterte sich bei jedem Schritt. Kurz vor dem Civic Center fielen die ersten dicken Regentropfen. Jetzt gab es kein Zurück mehr. Halb rennend stiess Christel den Rollstuhl unter das schützende Vordach beim Tickethäuschen. Uff, geschafft! – Nicht ganz! Mit netter Stimme meinte das adipöse Fräulein hinter der Scheibe, der Sturm hätte den Computer lahmgelegt, nichts ginge mehr. Also keine Tickets. – Was nun? Der Regen liess nach. Der Himmel über Downtown hellte sich auf. Die Glarner beschlossen, nach Hause zu eilen. Aber, oh weh! Kaum waren Christel und Hardy auf offener Strasse, öffnete Petrus die Schleusen so, wie er es in San Diego noch nie gemacht hatte. Das Paar, das die Wettervorhersage hochnäsig ignoriert hatte, war binnen Sekunden klitschnass, dafür absolut überzeugt, dass der Concierge Recht gehabt hatte. Die triefenden Regenopfer hatten keine andere Wahl, als mit gesenktem Haupt nach Hause zu trotten und kleinlaut an der Front Desk vorbeizuschleichen. Das Ganze hatte auch eine positive Seite. Die beiden Turteltäubchen setzten sich mit trockener Kleidung vor den Gaskamin im Wohnzimmer und schauten dem wilden Treiben des Sturmes zu.

Der Sturm war offensichtlich ein Vorbote für den bevorstehenden Kampf von Thomas im Gerichtssaal gewesen. Der Kläger hatte jeden, den er kennt, eingeladen, an seinem Prozess vor dem Small Claim Court teilzunehmen. Der Beklagte war der böse Autohändler. Neben den Parteien waren die Zeugen und eine stattliche Anzahl von Jus-Studenten anwesend. Mamma Slotkin musste, besser gesagt, wollte ihren Buben ebenfalls moralisch unterstützen, was sie denn im Warteraum auch lauthals tat. Anders als beim Einzelrichter in der Schweiz nehmen in den USA sämtliche Parteien gleichzeitig im Gerichtssaal Platz (es finden mehrere Prozesse nacheinander statt). Alle werden vereidigt und über den vorsitzenden Richter informiert. Die Parteien haben sodann ihre Aktenstücke und sonstigen Beweise auszutauschen, bevor sich der Richter in seiner schwarzen Robe hinsetzt und mit dem obligaten Hämmerchen zu schwingen beginnt.

Der erste Prozess drehte sich um eine Schadenersatzforderung im Zusammenhang mit einem Autounfall auf der Interstate. Der Kläger verlor. Seine Ehefrau schimpfte beim Verlassen des Saales über die Ungerechtigkeit, die ihrem Mann und ihr, notabene Hauptzeugin, widerfahren sei. Der zweite Fall schien interessanter zu werden. Ein schwarzes Ehepaar klagte gegen eine Versicherungsgesellschaft, vertreten durch drei Schleimis. Die Klägerschaft hielt fest, die Tochter hätte wenige Tage nach dem Bestehen der Fahrprüfung in der High School einen Totalschaden fabriziert. Nach der Unfallmeldung behauptete die Versicherung hartnäckig, dass das Töchterchen nicht gedeckt sei. Dies wollte der Vater aber nicht gelten lassen, da er vorgängig einen Agenten ausdrücklich angewiesen hatte, die Tochter in die Police miteinzuschliessen. Der Mitarbeiter hätte dies schriftlich bestätigt. Leider habe er, der Vater, diese Bestätigung im Büro liegen lassen. Die Vertreter der Gesellschaft hielten mit Rehaugen und sanften Stimmen fest, davon nichts zu wissen. Your Honor (Euer Ehren) könne sich anhand des Originaldossiers selbst davon überzeugen. Es gab ein Hin und Her. Der leidgeprüfte Vater vergoss sogar Tränen. Lange schien es, dass die Sache gegen den Kläger laufen würde. Der liebe Richter bemühte sich, dies abzuwenden, weil ihm, wie allen anderen auch, die pomadisierten Köpfe der Schleimis nicht gefielen. Als dann der Kläger fragte, wieso der hauptsächlich beschuldigte Agent trotz Vorladung nicht anwesend sei, sah der Richter seine Chance. Er entschied für den Kläger, und zwar mit der Begründung, die Beklagte hätte sich zu wenig um die Anwesenheit des verantwortlichen Mitarbeiters bemüht. In diesem Fall siegte die Gerechtigkeit.

Thomas freute sich über den milde gestimmten Richter und sah schon Dollarzeichen vor den Augen flimmern. Die Hoffnung wurde indessen jäh zerstört. Der Gerichtsdiener fragte während eines noch laufenden Verfahres nach den Parteien von Thomas' Fall und verwies sie in einen anderen Gerichtssaal. Dieser Richter war alles andere als barmherzig. Schroff meinte er zu Beginn, warum Thomas überhaupt vor Gericht sei. Er hätte doch einen Kaufvertrag unterzeichnet, der den Kaufgegenstand als „wie gesehen" umschrieben habe. Zudem hätte der Beklagte das Auto zurückgenommen und den vollen Kaufpreis zurückerstattet. Eine Ersatzpflicht für unnütz gewordene Aufwendungen oder sogar ein Betrug könne so wohl kaum vorliegen. Die Dollarzeichen wichen, der Angstschweiss kam. Wie die Deutschen halt eben so sind, liess der Sachse von Wismar aber nicht locker. Die Zuschauer befürchteten schon ein Abführen des Klägers in Handschellen, so dreist pochte Thomy auf das Recht. Thomas erinnerte sich in der bittersten Not an den mitgebrachten Zeugen und bat den Richter, ihn anzuhören. Torben, der Mitstudent aus Dänemark, pflanzte seine Wikingergestalt ans Rednerpult und erzählte dem Richter den genauen Hergang. Das wirkte. Insbesondere deshalb, weil der Beklagte auf eine Anschlussfrage des Richters widersprüchlich argumentierte und sich sogar in den Lügenbereich begab. Der Richter sprach deshalb dem guten Thomas 800 Dollar zu, was etwa dem Betrag entsprach, den sich der Kläger unter Anrufung aller Juristenheiligen im besten Fall erhoffen konnte. Der schuldig gesprochene Beklagte kann appellieren. Hoffentlich wird aus der gewonnenen Schlacht nicht ein verlorener Krieg!

Den Abend verbrachten Christel und Hardy zusammen mit Ticino-Andrea, dem Wikinger und dem Kläger im japanischen Restaurant Benihana. Der warme Sake schmeckte den sich im Siegestaumel befindenden Männern besonders. Dank Christels nüchternem Kopf fand der Van aber einen sicheren Heimweg. Trotz Sake war der Tessiner am anderen Morgen früh auf den Beinen. Der heimwehkranke Andrea war schon am Packen. Er brachte Hardy eine Kartonschachtel mit Büchern für den Heimtransport via Schiffscontainer. Später wurde vom Pöstler[171] ein grosses Osterpaket von Sister Brigittli abgegeben. Christel traute ihren Augen nicht, als sie sah, dass *ihre* Schwester das Ostergeschenk nur an Hardy adressiert hatte. Auch die beigelegte Karte war ausdrücklich nur für Hardy bestimmt. Dieser war mächtig stolz, bei seiner Schwägerin so hoch im Kurs zu stehen. Schade ist nur, dass er nicht so sehr auf Schokolade steht. Er tröstete daher seine Frau mit dem Hinweis, dass sie ja den Inhalt haben könne, um ihren Frust zu besänftigen. Brigittli wird diesen Umstand sehr wohl bedacht haben. Da Christel eine gute Seele hat, teilte sie die unzähligen Schoggi-Eili[172] mit dem Züri-Leu und Hardys liebem Physiohäschen und richtete ihnen ein Nestchen her. Auch die hochschwangere Jeniffer von der Front Desk kam in den Genuss des süssen Goldes und konnte so ihre wechselhaften Gelüste sicher hervorragend stillen.

Da sich Christel wie ein struppiger Osterhase fühlte, wollte sie unbedingt zum Coiffeur. Nach ihrer Rückkehr posierte sie mit weiblicher Eitelkeit vor dem Spiegel. Hardy bemerkte sofort, dass nun der Zeitpunkt für Komplimente gekommen war, wollte er einem allfälligen Liebesentzug zuvorkommen. Beide lobten sie so das Werk in höchsten Tönen. Dessen Glanz verblasste, als Christel ihre Pracht das erste Mal wusch. Ohne Spray und Fön sah sie aus wie ein gerupftes Huhn. Der angeblich perfekte Stufenschnitt entsprach mehr einer schrägen Hühnerleiter. Christel war enttäuscht und meinte, dass die Coiffeuse wohl deshalb gegen einen Kurzhaarschnitt war, weil sie die Technik nicht beherrscht. Hardys Kommentar zu alledem fiel knapp aus: Nicht die Federn machen ein Huhn schön.

Andrew meldete sich wieder zum Dienst. Er hatte die zwei Tage des Hawaii-Wochenendes kompensiert. Da Hardys Van einmal mehr Sehnsucht nach der Garage hatte, brachte Andrew das Fahrzeug in den Service. Schliesslich wollte man flott sein für die lange Rundreise, deren Beginn in der kommenden Woche bevorstand. Für den Mittag hatte sich ein Freund von Andrew angemeldet. Dieser tingelte während sechs

Monaten durch den Westen und verbrachte ein paar Tage in San Diego. Zusammen mit Andreas hatte er am Montag und Dienstag die Umgebung unsicher gemacht. Hardy fand nicht heraus, warum dem Gast das Gefängnishochhaus so imponierte. Irgendwie sah der Besucher gar nicht wie ein schwerer Junge aus.

Nach der intensiven Studienwoche war es Hardy recht, am Freitagmorgen die Torts-Prüfung zu absolvieren. Obwohl er meinte, das Ganze würde nur zwei Stunden dauern, stellte es sich heraus, dass er vier Stunden im Kämmerlein sitzen und die 40 Multiple- Choice-Fragen beantworten konnte. So lange brauchte er aber nicht und war darum vor High Noon wieder in der Wohnung. Das Resultat wird er irgendwann einmal in die Schweiz geschickt erhalten. Yeahhhhh, great … die Schule war damit offiziell beendet!

Am Samstag freute sich der Liebhaber klassischer Musik auf die für ihn unbekannte Oper „A Streetcar named Desire". Den Zeitungsberichten zufolge sollte es sich um etwas Aussergewöhnliches handeln. Der gleichnamige Film wurde mit Marlon Brando gedreht und verzeichnete in den letzten Jahrzehnten einen grossen Erfolg in den USA. Die beiden Glarner hatten keinen Clou, was sie erwartete, hofften aber auf einen angenehmen Abend. Die Story war simpel: Ein leichtes Mädchen mit schwachem Nervengerüst besucht seine Schwester, die mit ihrem Mann in ärmlichen Verhältnissen lebt. Da die Reisende kein Geld mehr hat, quartiert sie sich kurzerhand bei der Schwester ein, was unweigerlich zu Spannungen führt. Besonders der auf sich bezogene Macho hat Mühe mit dem nächtlichen Liebesentzug seiner Frau, die sich vor ihrer im Nebenzimmer schlafenden Schwester geniert. Man ahnt das Unheil. Der brünstige Kerl vergewaltigt kurzerhand seine Schwägerin, was bei dieser eine geistige Umnachtung auslöst. Sie kommt ins Irrenhaus, der Vorhang fällt. Die Story war schon schlimm genug. Die Musik von Previn mit dem atonalen Geschrei und dem ohrenschmerzenden Orchesterkrach überbot aber alles Schlimme. Wäre es ein Essen gewesen, Hardy hätte fürchterlich kotzen müssen. Es war eine pure Beleidigung von Verdi, Mozart und Konsorten. Die beiden schockierten Opernbesucher mussten sich am Sonntag von diesem musikalischen Attentat auf die Sinne erholen. – Isch das än Saich gsi![173]

Week 17/2000:
Achtung, Glarner Oldies im Anflug!

24. bis 30. April

Die Woche stand ganz im Zeichen der weltreisenden Oldies. Die Eltern von Hardy hatten sich für Osterdienstag angekündigt, wobei sie sich mental bereits seit mehreren Wochen, ja sogar Monaten, auf das Jahrtausendereignis vorbereitet hatten. Was für andere nur ein mildes Lächeln bedeutet, bereitete Rose und dem Kummerbuben schlaflose Nächte und nervöse Schweissfüsse. Die Oldies hatten gar ihre Essgewohnheiten auf vitaminreiche Kost umgestellt, um reisetauglich zu sein, wie ihnen das einer der vielen Scharlatane medienmässig gewinnbringend verklickern konnte. Der Swissair-Vogel konnte leider nicht termingerecht in Kloten abheben, weshalb von vornherein klar war, dass die Umsteiger in Los Angeles Probleme haben würden. Die zwei gänzlich flugunerfahrenen Passagiere klammerten sich an die Hoffnung, dass die im Vorfeld versprochene und vororganisierte gute Swissair-Seele den Anschluss nach San Diego schon richten werde. Nach einem etwas holprigen vierzehnstündigen Flug landete der rot-weisse Vogel mit gut zweistündiger Verspätung in L. A. Die Crew instruierte die Passagiere mehr oder minder schlecht und vergass sogar, die grüne Immigrationskarte zu verteilen. Die weiblichen Crew-Mitglieder schafften es gerade noch, mit ihren frisch nachgezogenen Lippen ein steifes Lächeln von sich zu geben, bevor sie mit ihren Täschchen in Windeseile von dannen zogen. Niemand interessierte sich für die Sorgen der Passagiere, die diesen durch die Unpünktlichkeit der Fluggesellschaft entstanden waren. Die Crew ergriff gekonnt die Flucht nach vorn.

Da waren sie nun, die Glarner Oldies, allein und verlassen im riesigen L. A.-Airport. Weit und breit keine Swissair-Angestellte! Anderen Mitpassagieren erging es ähnlich. Ein älteres Ehepaar, das wohl einen verspäteten Honeymoon auf Hawaii erleben wollte, musste sich zitternd anhören, dass der Anschlussflug mit den schönen Amazonen bereits in luftiger Höhe war. Bedingt durch die Schlamperei rund um die grüne Karte erging es den Oldies nicht besser. Bis all die Angaben betreffend Import, Export, Terrorismus, ansteckenden Krankheiten etc. mittels Pons-Reisewörterbuch von den Sprachunkundigen ins Deutsche übersetzt und richtig beantwortet waren, war der Anschlussflug nach San Diego weg. Wie Erhard diesen Umstand aufgenommen hat, weiss man nicht so genau. Er soll wie eine Salzsäule, stumm und starr, beim Gepäck gestanden sein und für sich gedacht haben, dass jetzt wohl sicher die Familienregierung, und nicht er, der arme Gepäckträger, gefragt sei. Der kleine General suchte sich den grössten und stämmigsten Polizisten, um ihn mit liebevoller Stimme zu fragen: „Can you help me, please?" Mit allerlei Handzeichen und eigenartig ausgesprochenen Sätzen aus dem Übersetzungsbüchlein gelang die Verständigung. Der Cop telefonierte Hardy und erklärte, dass da zwei Verstörte in L. A. seien und nach San Diego wollten. Die Frau würde ihm dauernd eine Telefonnummer unter die Nase halten und den Namen „Hardy Landolt" vor sich hinsagen. Der Cop erwähnte, dass das Paar einen späteren Anschlussflug nehmen würde und gegen 5 p.m. auf dem Flughafen San Diego landen dürfte. Mutter Courage versicherte ihrem Sohn nun merklich siegesbewusster, dass sie alles voll im Griff hätte. Gut gemacht, Rose!

Glücklich und zufrieden sitzen die Oldies im Auto – geschafft!

Zeitig verliessen Hardy, Andreas und Christel die Wohnung, um pünktlich am Flughafen zu sein. Wie es sich gehört, folgten sie den Schildern bis zum Terminal B und warteten beim Gate der American Airways (AA). Bereits war es 5.30 p.m. Die Ankunftstafel nannte aber keinen Inlandflug von L. A. Nur dank hartnäckigem Insistieren fanden die drei heraus, dass der Terminal B der falsche „Bahnhof" war. Flugzeuge von L. A. nach San Diego landen im Comuter Terminal, was natürlich nirgends angezeigt wird. Rennend und fluchend eilte das Trio zum Auto zurück. Wie ein Blitz schoss der Van vor den Ankunftsterminal, wo er mit einer Vollbremsung zum Stehen kam. Schon von weit her sichtete Hardy einen leicht braun getönten, grauen Pferdeschwanz, der sich hin und her bewegte, gerade so, als ob General Rose am Befehleerteilen war. Erst spät wurde den müden Neuankömmlingen klar, dass Sohn und Schwiegertochter nicht wie gewohnt im weissen Renault, sondern in einem roten Minivan vorfahren würden. Wie das bei Begrüssungszeremonien üblich ist, wechselten sich unkoordinierte Wortschwalle ab. Vielleicht war da und dort sogar ein Tränchen der Erleichterung im Auge versteckt. Man lud die plappernde Fracht in den Wagen und geleitete sie zum Hotel Hyatt. Dort angekommen verstummten die Stimmen ob der imposanten Eingangshalle. Das Eincheckprozedere verlief problemlos, abgesehen davon, dass Rose zum ersten Mal in ihren Leben eine Kreditkarte zücken und das für sie ungute Gefühl erleben musste, Dollars in Kartenform auszugeben.

Ankunft im Hyatt – hoch hinaus wollen die Glarner

Die spektakuläre Sicht vom Zimmer im 18. Stock war auf die Coronadobrücke gerichtet. Hardys Eltern waren sprachlos und von der Schönheit der San Diego Bay überwältigt. Wegen des Adrenalinstosses war es den beiden Weitgereisten unmöglich, sich jetzt schon (immerhin nach Mitternacht Schweizer Zeit) schlafen zu legen. Sie liessen sich von Hardy und Christel gerne ins angrenzende Seaport Village führen, um dort die Füsse vertreten zu können. Dem geübten Krankenschwesternblick entging es nicht, dass die Wiedersehens-Euphorie allmählich einer Erschöpfung wich. Rose und Erhard schleppten sich ins Hyatt zurück und plumpsten in die Heia. Das von Christel in weiser Voraussicht mitgebrachte Fress- und Trinkkörbli[174] wurde erst im Verlauf der Nacht geplündert. Wie im Schlaraffenland fühlte sich Erhard vor dem verlockenden Frühstücksbuffet des Hotels. Er konnte es kaum fassen, dass nicht nur Brot und Gumfi[175], sondern auch feine Würstli[176] und Härdöpfäli[177] zu finden waren. Zufrieden spazierten die ausgeruhten Oldies zum gegenüberliegenden Cityfront Terrace. Und los gings mit der Stadterkundung.

Kein schlechter Ausblick

Der erste Tag gehörte der Besichtigung von Point Loma und des Mount Soledad. Es ist müssig, die Bemerkungen der staunenden Touristen widerzugeben. Ahhs und Ohhs bis zum Umfallen. Es war wirklich so schöööön! Am Abend geleiteten Christel und Hardy die hungrigen Eltern, die selbstverständlich weder spröde Lippen noch Magenknurren je gestanden hätten, zum Mexikaner im Mission Valley. Obwohl Erhard seit Jahrzehnten von Mexiko schwärmt, waren die auf megagrossen Tellern servierten Köstlichkeiten des Nachbarlandes für ihn ungeniessbar. Hätte er, der Antialkoholiker, gewusst, dass das Huhn mit Mesquite-Schnaps mariniert worden war, so hätte er auch das Chicken, das ihm wohl mundete, mit einem eigenartigen Gesichtsausdruck im Teller herumgedreht. Aber man muss ja nicht immer alles sagen. Für Erhard stand fest, dass Mexiko für einen Glarner Bauern, der nur isst, was er kennt, künftig nicht mehr in Frage kommt. Eine erste Illusion war der bitteren Realität gewichen. Rose kämpfte tapfer mit ihren Leckereien, wollte aber partout nicht zugeben, dass TexMex-Food auch nicht unbedingt ihr Ding ist. Frisch fröhlich plapperte sie stattdessen über das vorher besuchte Einkaufszentrum Fashion Valley und glaubte, so über ihr Unbehagen hinwegzutäuschen. Ob sie trotzdem selig in die Federn eintauchten, weiss man nicht. Fest steht nur, der Fresssack war am anderen Morgen leer.

Point Loma, Mount Soledad, Fashion Valley und Tex-Mex-Food bei Chevy's

Der zweite Sightseeing-Tag begann mit der Fahrt über die imposante Brücke auf die Halbinsel Coronado. Christel war enttäuscht, dass sie wegen den überaus zahlreichen Baustellen ihrer filmvernarrten Schwiegermutter die Freude nicht machen konnte, die kleine Ausstellung rund um den Hollywood Glamour zu zeigen. Im Übrigen verhinderten die lärmenden Bauarbeiter einen genussvollen Spaziergang durchs Hotel und die Aussenanlagen. Das tat aber keinen Abbruch daran, dass die Glarner Unterländer ihre Begeisterungssprüche trotzdem bekundeten.

Am Nachmittag wurde ihnen ein Marsch am Mission Beach verordnet. Für einmal fehlten die Menschenmassen, die sonst am Wochenende das Promenieren gefährlich machen. Allerdings hatte der Spaziergang zwei Wermutstropfen. Rose musste ihre Blase in eine mit Fäkalien überfüllte Schüssel entleeren, was beinahe mit einer Ohnmacht endete. Erhard dagegen verzog sein Gesicht erst auf dem Pier, als die Wellen das Holzgebälk ein bisschen zum Wanken brachten. Man sollte eben schwimmen können … Während Hardys Stehtraining verpflegte der Fridge die vierköpfige Familie. Christel zerlegte den Rest des Oster-Beinschinkens (Geschenk vom Supermarkt) und verpackte die letzten saftigen Stücke mit anderen ungewohnten Fressalien in einen grossen Behälter, den sie den höflich protestierenden Schwiegereltern überreichte. Der Inhalt soll den Morgen nicht überlebt haben, sagte man später.

Hotel Coronado, Mission Beach und Pier

Am nächsten Vormittag spazierten Kapitän Rose und ihr folgsamer Matrose auf dem Embarcadero zum Maritim Museum. Da Rose unter einer starken Schifferromantik leidet, wurde der prächtige Segler, Star of India, genauestens begutachtet. Obwohl die Oldies darauf aufmerksam gemacht worden waren, dass Hardys Graduation (Abschlussfeier) am Freitagnachmittag stattfinden wird, erschienen sie nicht gerade in Lumpen, aber auch nicht in der Extraschale. Verwundert äusserte sich vor allem Erhard über den bevorstehenden Anlass. Frei wiedergegeben, meinte er wohl, nicht standesgemäss gekleidet zu sein. Da Hardy aber mit der Cap-and Gown-Tracht bereit zum Aufbruch war, wurde die Bitte um einen Kleiderwechsel abgelehnt. Wer nicht besser zuhören kann, der muss halt leiden. Erhard fügte sich dem Schicksal, nicht ohne seinen abtrünnigen Sohn dafür zu necken: „Was trägst du da? Eine Pfaffentracht?"

Graduation Tag – wer gut gekleidet ist, hat gut lachen

Der Balboa Park zeigte sich von seiner allerschönsten Seite. Die Sonne glänzte im hellen Gemäuer der spanisch-mexikanischen Architektur. Erhard geriet in einen Knipsrausch. Da er mehrere Filme mitgebracht hatte, war dies weiter nicht schlimm. Seine lebenden Fotosujets posierten geduldig und freuten sich am herrlichen Sommertag.

Impressionen aus dem Balboa Park

Um 3.30 p.m. strömten die behuteten und bemantelten Absolventen der CWSL, einer stolzer als der andere, zum Organ Pavillion. Eltern, Verwandte und Bekannte nahmen die Plätze unter freiem Himmel schon mal ein, während sich die schwarzen Gladiatoren für den Einzug in Reih und Glied stellen mussten.

Im Anschluss an die Feier traf man sich zu einem Apéro. Hardy freute sich besonders, dass seine Tiff ihm persönlich mit einem Glas Champagner gratulierte. Bei dieser Gelegenheit packte Rose ihre lang herbeigesehnte Chance am Schopf und überzeugte Hardys Physiomaus, doch sicher ein Schoggipäckli[178] von der Schweiz zu wollen. Den Abend genoss die Familie Landolt im Ruth's Steak House. Christel übersetzte geduldig die Speisekarte. Der Kellner servierte Hardy und Christel ein schmackhaftes Porterhouse Steak. Die Oldies wählten ein Riesensteak für zwei Personen. Rose zierte sich, den halbabgefressenen Knochen, etwa so lang wie ihr Unterarm, mitzunehmen, obwohl Doggie-Bags in den USA normal sind. Nicht ganz konsequent lag sie Christel und Hardy die nächsten Tage immer in den Ohren: „Het ich doch numä dr Knochä mitgnuu! Z' Fleisch dra isch würggli ds'Bescht gsi." Ja, liebe Rose, das nächste Mal hast du die Wahl: Knochen oder Redeverbot!

Trotz der hypochondrischen Befürchtungen tat die deftige Fleischspeise den alten Mägen nichts an. Man(n) ass am Samstag in der Früh bereits wieder Würstchen und Kartoffeln zum Breakfast. Was für Heilkräfte eine Reise doch hervorrufen kann! Christel packte am Vormittag die wenigen Habseligkeiten für die bevorstehende Rundreise ein. Hardy zeigte seinen Eltern währenddessen Downtown. Das Westgate Hotel mit seinem eleganten Innenleben entlockte den müde gewordenen Fussgängern wieder seltene Staunvokale. Der livrierte Concierge des noblen Hotels wollte Hardy keine Auskunft geben, ob der Schweizer Freund Vital bereits angekommen sei. Erst als sich Hardy als Insider des Ärztekongresses outete, wurde der Uniformierte freundlicher und gab minimalste, aber doch genügende Auskunft. Das Trio Landolt durchquerte erneut die vornehme Halle, in der echte Ladies den Good Afternoon Tea zu Harfenklängen genossen. Die Damen zogen Erhards Aufmerksamkeit auf sich. Hardys Vater musterte die Gesichter und Hinterköpfe nach allfälligen Lifting-Spuren. Seine Scheu hinderte ihn aber daran, ganz genau zu schauen. Das holte er auf der Rundreise nach. Im besten Glarner Dialekt gab er später bekannt, die alte Schachtel vor ihm habe sich doch tatsächlich das Gesicht strammziehen lassen.

Zum Wohl Viti!

Gegen 5 p.m. machte das Tessiner Paar seinen Abschiedsbesuch im Cityfront Terrace. Etwa zur gleichen Zeit meldete sich Vital, obwohl ihn das Hotel nicht vor 8 p.m. erwartet hatte. Der Globetrotter mit der Zigarre ist sonst selten schneller, als man meint. So füllte sich der Stubentisch im City Front Terrace. Während Vital immer müder und müder wurde, was bestimmt an der langen Reise und nicht am mitgebrachten Grappa lag, freuten sich die Tessiner, bald in der heimischen Sonnenstube zu sein. Man schwor sich ewige Freundschaft, schmiedete Pläne für einen Besuch im Grotto Pierrino und verabschiedete sich unzählige Male von neuem. Die schöne Tessinerin hatte einen ganz verklärten Blick. Endlich, endlich kommt ihr Fidanzato zu ihr zurück! Hardy konnte es bei diesem schmachtenden Blick nicht lassen, auf das grosse Scheidungsrisiko hinzuweisen und an einen Ehe- und Erbvertrag zu erinnern. Komisch, der Verlobten gefiel der Gedanke durchaus, ihren Traumprinzen, den sie während des bevorstehenden Anwaltspraktikums durchfüttern muss, vertraglich zu unterjochen. Andrea schaute sein Liebchen ungläubig an. Hatte er sich in der Frau vielleicht getäuscht? Die Zweifel hielten sich nicht lange. Die Turteltäubchen zogen verliebt von dannen. Etwas später orderte Hardy ein Taxi für den am Tisch eingeschlafenen Vital. Er hätte die paar Strassen beim besten Willen nicht mehr zu Fuss geschafft. – Hardys Bettmümpfeli[179] war ein feiner Schluck Grappa. Danke Viti!

RUNDREISE

vom 30. April bis zum 10. Mai 2000

WEEKS 17 UND 18/2000

Sonntag, 30. April 2000: San Diego (CA) – Los Angeles – Hollywood
(3 Std./140 Meilen: über I-5 north, Hollywood Frwy 101 north)

Endlich, endlich war es so weit. Aufgeregt hielten die beiden Oldies das Reiseprogramm in den Händen. Besonders Rose war ganz aus dem Häuschen, dass sie als Erstes nach Hollywood durfte. Die Vorfreude wurde allerdings während des Auscheckens im Hotel Hyatt etwas getrübt. Rose bat „die Jungen" um Unterstützung. Der umtriebige Andreas merkte schnell, dass Rosemaries Kreditkarte nicht unterzeichnet war. Er stellte das Mütterchen zur Rede, die natürlich resolut über ihren Brillenrand blickte und mit fester Stimme Andis Mutmassung in Abrede stellte. Selbstverständlich hätte sie die Kreditkarte umgehend nach Erhalt unterschrieben, so wie man sie es von der Bank geheissen hätte. Andrew hielt ihr die Hinterseite unter die Nase und zeigte auf das leere Feld: „Hier ist aber nichts zu sehen!" Nun dämmerte es Rose. Etwas beschämt über die eigene Unerfahrenheit, musste der Glarner Totsch zugeben, auf dem schwarzen Magnetstreifen unterschrieben zu haben. In der Tat! Wird der Magnetstreifen gegen das Licht gehalten, zeigt sich die Signature wie in Marmor eingraviert, dermassen gewaltvoll hatte Rose den Kugelschreiber geführt. Mit blassem Gesicht und Herzklopfen stammelte Rose nur noch, die Bankangestellte hätte sie doch angewiesen, beim schwarzen Feld zu unterzeichnen. Liebe Mutter, *beim* und nicht *im* schwarzen Feld!

Endlich war Rose in Hollywood – bei ihm, dem einzig wahren Mann

Trotz der Verunstaltung tat der Magnetstreifen seinen Dienst. Die Lebensgeister von Rose erwachten wieder, und ein tänzelndes Müeti[180] sprach nur noch von seinem Charlton Heston. Dem Leser sei gesagt, dass es sich dabei um den Schauspieler handelt, der „Ben Hur" und „Moses" verkörperte. Irgendwie hatten es diese Monumentalfilme geschafft, die Seele der damals schmachtenden Rose für immer zu schädigen. Sie leidet seither an einem Heston-Syndrom. Die rund dreistündige Fahrt nach Los Angeles auf der I-5 north liess die beiden urchigen Glarner erstaunt aus dem Wagen schauen – noch nie zuvor waren sie auf einer 24-spurigen Autobahn mit Car Pool Lanes unterwegs gewesen. Rose versank aber schnell wieder in ihre Träumereien. Bald würde sie bei *ihm* sein. Je rosiger ihre Wangen wurden, desto finsterer (eifersüchtig?) schaute Erhard drein.

Als die wohlbekannte Hollywood-Inschrift auf den Hügeln sichtbar wurde, regten sich die Plappermäuler wieder. Der Hwy 101 führte direkt nach Hollywood zum Sunset Boulevard mit seinem 2,4 km langen Sunset Strip, dem lebhaftesten und historisch bedeutsamsten Abschnitt mit Restaurants, Luxushotels und

Nachtklubs. Parallel zum Sunset Blvd, an dem sich einst die Filmstudios säumten, verläuft der Hollywood Blvd. Dort sucht man heute vergebens nach dem Goldenen Zeitalter des Kinos. Ziemlich erfolglos waren die Versuche, den Boulevard zu sanieren. Der Filmliebhaber gibt sich mit *Mann's Chinese Theater* und dem *Walk of Fame* zufrieden. Die verehrten Schauspieler können dafür im *Hollywood Wax Museum* angehimmelt werden. Ebenfalls auf dem Hollywood Blvd befinden sich das *Hollywood Guinness World of Records* und *Ripley's Believe It or Not!*

Übernachtungsmöglichkeiten rund um die zwei berühmten Boulevards gibt es zuhauf, in allen Kategorien und Qualitäten. Zwei bis drei Blocks entfernt und für Rollifahrer empfehlenswert ist das 1998 renovierte Motel Hollywood Inn (2005 N Highland Ave). Das 1986 erneuerte Clariton Hotel Hollywood Roosevelt (7000 Hollywood Blvd) mit Handicapped Rooms erstrahlt wieder im spanischen Neokolonialstil. Die Topadresse von 1927 lockt mit illustren Gästen von einst und heute sowie mit günstigen Preisen. Ebenfalls ganz in der Nähe befindet sich das Motel 6 (1738 N Whitley Ave). Eine Meile vom Hollywood Blvd und drei Meilen vom Chinese Theater und den Universal Studios entfernt bietet das Motel Ramada Limited (1160 N Vermont Ave) Behindertenzimmer an.

Andrew hatte via eine seiner vielen Kolleginnen eine *Stadtführung* vororganisiert. Die Bekannte mit den schönen blauen Augen ist vollamtliche Reiseführerin und Gelegenheitsschauspielerin. Sie wusste alles über den Glamour von Hollywood und führte die Gruppe als Erstes zum Hollywood Boulevard mit dem legendären *Mann's Chinese Theater*, dort wo sich Hand- und Fussabdrücke der Stars befinden. Verzweifelt suchte Rose auf den vielen Betonplatten ihren Heston, den sie schliesslich fand und mit grosser Verzückung den eifersüchtigen Gatten anflehte, doch ein Bild von Charltons Hand- und Fussabdruck zu machen. Zu Erhards Entsetzen fiel Rose auf die Knie und legte ihre Hände in die des Nebenbuhlers. Endlich vereint! Der Platz ist alles andere als gross. Nur eine kleine auserlesene Anzahl Stars hat darauf Platz. Die Führerin meinte, dass die Platten nach einer bestimmten Zeit ausgewechselt und wieder neuen Platz machen würden. Auf dem Gehsteig vor dem Platz befindet sich der *Walk of Fame* mit über 2000 polierten Marmorsternen, die an Berühmtheiten aus Film, Fernsehen, Radio, Theater und Musik erinnern. Na, ja – man hatte es nunmehr gesehen.

Reiche und Schöne wohnen in Beverly Hils

Andrew kurvte unter den ortskundigen Anweisungen seiner Kollegin nach *Beverly Hills*, dem feudalen Wohnhügel der Moviestars und Reichen. Beverly Hills ist anders als Los Angeles. Erst die Ausführungen der kundigen Stadtführerin machten die genauen Unterschiede offenbar. Dank Christels Simultanübersetzung im Hinterteil des Wagens erfuhren auch die Oldies einiges: Jede Strasse von Beverly Hills wird von einer anderen Baumart gesäumt, die nur einmal vorkommt. Zudem sind die Strassenschilder schöner und die Hydranten silbern. Je höher man den Hügel hinauffährt, umso schöner und protziger werden die Residenzen. Rose war aber enttäuscht, als sie festellen musste, dass sich unter den angeblichen Marmorsäulen und -balustraden plumpes Abfallholz befindet. Die Bauart passt zum Ort: mehr Schein als Sein – oder – aussen fix und innen nix! Man sagt, wer hier wohnt, stirbt nicht und wird nie krank. Warum wohl? Ohne Friedhof und Krankenhaus ist das schnell einmal möglich. Es würde zu weit führen, all die Anekdoten wiederzugeben, die die Führerin erzählte. Mit besonderem Nachdruck wurden die Touris aber auf ein

Haus hingewiesen, in dem Präsident Kennedy und die schöne Merilyn zu turteln beliebten. Wieder am Fusse der Beverly Hills angelangt, wurde die Gruppe zum Rodeo Drive geführt. Der Name ist irgendwie unpassend. Es gibt dort weder dreckige Cowboys noch stinkendes Vieh. Wenn schon, dann stinken die Damen von zu viel aufgetragenem Parfüm. Auf der exklusiven Shoppingstrasse folgt nämlich eine Nobelboutique der anderen. Eine weitere Besonderheit der Luxusmeile ist der Fussgängerverkehr, der nicht nur horizontal und vertikal, sondern auch diagonal erfolgt. Es soll Leute geben, die nur hier einkaufen, ja gar nur dann Eintritt in bestimmte Geschäfte erhalten, wenn sie pro Einkauf die Kleinigkeit von mindestens 10 000 Dollar ausgeben. Die bescheidenen Schweizer begnügten sich mit einem Imbiss in einem Restaurant, das sich in einer Nebenstrasse befand, die einer europäischen Fussgängerzone nachempfunden ist und an Italien erinnerte.

Mit sattem Bauch war das nächste Reiseziel in West Hollywood aufmerksamer zu bewältigen. Der *La Brea Park* (5801 Wilshire Blvd) entstand vor ungefähr 35 000 Jahren und zeigt Fossilien aus dem Pleistozän. Die Teertümpel lockten vor vielen Jahren Tiere in eine Falle. Angezogen vom vermeintlichen Wasser blieben Saurier, Mammuts und anderes prähistorisches Gevieh im klebrigen Schwarz stecken und verreckten elendiglich. Die Besucher freut das ungemein. Denn so können sie die wunderbarsten Knochen, natürlich auch Zähne (darum Pleistozän), bestaunen. Die Besichtigung des Museums war interessant und gab einen Einblick in eine Berufsgattung, die nur ganz speziellen Leuten zugänglich ist. Der Restaurator hinter der Scheibe wird mit den Jahren wohl auch eine Scheibe[181] bekommen, wenn er tagaus tagein an einem Knöchelchen herumputzt und versucht, den Splitter in ein grösseres Ganzes einzufügen. Aber es scheint zu funktionieren. Man sah ganze Skelette von Säbeltigern und Flugsauriern.

La Brea Museum

Die abschliessende Fahrt durch *Downtown L. A.* zeigte vor allem die dominanten Hochhäuser des Geschäftsviertels, Museen, das Music Center mit dem Dorothy Chandler Pavillon (jährliche Oscar-Verleihung), Klein China Town sowie das mexikanische Viertel El Pueblo. Es ist der älteste Stadtteil (1781) von L. A. und steht heute unter Denkmalschutz. Die Läden und Buden der Olvera Street entlang verkaufen allerlei mexikanische Artikel und Lebensmittel. Die Schweizer durften ein besonders lautes und buntes El Pueblo erleben, da gerade ein Fest im Gange war. Nach dem anstrengenden Tag sehnte sich Hardy nach liegender Entspannung. Auch die elterlichen Krampfadern hatten nichts dagegen, dass die Füsse in die Höhe gestreckt wurden. Die Oldies genossen die unterhaltsamen Fernsehbilder der Direktübertragung des Mexikaner-Festes und freuten sich über die sängerischen Darbietungen. ¡Buenas noches!

Montag, 1. Mai 2000: Hollywood – Universal Studios – Buena Park

(1 1/2 Std./40 Meilen: über Frwy 101, I-5 south, Hwy 39 south)

Nach einem Frühstück aus der Kühlbox machten sich die fünf zeitig auf den Weg zu den *Universal Studios*. Nach einer kurzen Fahrt auf dem Hollywood Frwy 101 north signalisierte ein Schild die richtige Ausfahrt. Zu Andrews Erstaunen waren praktisch keine Leute am Eingang. Der Glarner Senior erhielt auch hier einen Altersrabatt (über 62 Jahre muss man sein). Da der Züri-Leu die Studios schon mehrmals besucht hatte, wusste er ganz genau, was er sehen wollte. Der Übersichtsplan des riesigen Geländes mit den Zeitangaben der diversen Attraktionen half dem Rest der Gruppe bei der Tagesplanung.

Die Universal Studios heissen die Glarner willkommen

Andrew führte die Gruppe zielstrebig beim weissen Hai vorbei zum Back-to-the-Future-Gebäude. Die dortige Attraktion wird einem Gruppenmitglied stets in Erinnerung bleiben. Dabei fing alles so harmlos an: In der Eingangshalle wurde ein Vorfilm gezeigt, der die Besucher auffordert, das vom Bösewicht geklaute Zeitreisegefährt einzuholen. Praktisch eine Mission impossible. Die Glarner Oldies rafften die schnelle Einführung in Englisch überhaupt nicht und hielten sie wohl für einen unbedeutenden Trickfilm. In Gruppen wurden die Wartenden in eine Kammer mit einer Autoattrappe geführt. Nichts ahnend setzte sich Erhard in den Wagen, der auf festem Grund stand. Links neben ihm sass seine Frau, rechts Christel und Hardy, den man vom Rollstuhl weg auf die vordere Sitzreihe gehoben hatte. Andreas nahm hinter seinem Boss Platz, um ihn festzuhalten.

Mein armes Herz – ach was, sterben muss jeder einmal!

Dann ging das Licht aus. Der Höllenritt begann. Ein dreidimensionaler Film wurde auf eine Grossleinwand projiziert. Ein Bösewicht raste mit seinem Gefährt vor den Schweizer Verfolgern wild auf und ab. Wie geheissen heftete sich das Auto mit den Touristen an die Rücklichter. Hydraulische Zylinder liessen die Blechattrappe realitätsnah auf- und niederschnellen. Das Auto zitterte. Es schoss durch Nebelschwaden, überschlug sich (vermeintlich) und wich mit waghalsigen Manövern den todbringenden Krallen eines Sauriers und glühenden Lavaströmen aus. Dann steuerten die Glarner einem tiefen Abgrund zu. Erhards Gesicht wurde mit jeder Sekunde fahler. Starr vor Schreck stierte er aus der Höllenmaschine. Er war sicher, dass das letzte Stündchen geschlagen hatte. Rose bemerkte, wie es um ihren Gatten stand. Anders, als wie es sich für eine mitfühlende Ehefrau ziehmen würde, lachte sie lauthals den kaltschweissigen Angsthasen aus. Christel missdeutete die glucksenden Laute ihrer Schwiegermutter. In der Meinung, dass die Oldies einen Wahnsinnsspass hätten, schrie sie ihrem halbtoten Schwiegervater ins Ohr: „Gäll, das isch absolut gail! Äs ghot no ä ganzi Viertelschtund!"[182]. Das Unheil war perfekt. Der kreidebleiche Erhard erstarrte nun ganz. Seine Pein wurde von links noch geschürt. Rose schüttelte sich vor Lachen. Der erbärmliche Anblick des Häufchens Elend war für sie zu komisch. Selbstverständlich dauerte die Verfolgungsjagd nicht mehr so lange, sondern endete nach wenigen Augenblicken erfolgreich. Das Höllengefährt stand plötzlich bockstill[183]. Die Lichter gingen an. Die Leute stiegen aus – nur einer blieb sitzen. Erhard konnte es kaum fassen. Er griff sich ans Herz. Tatsächlich, es klopfte – und erst noch rhythmisch. Kein Zweifel – er lebte! Rose zupfte ihren Mann am Ärmel. Erhard reagierte nicht. Erst nach vorsichtigen Atemzügen war er wieder ansprechbar und halbwegs gehfähig. Zitternd und mit weichen Knien schleppte er sich nach draussen zur nächstgelegenen Sitzbank. „Ich erlebe eben immer alles emotionell höchst intensiv", versuchte er sich gefasst zu erklären. So kann man „Schiss haben" in einer Kinderbahn auch erklären – gäll[184] Erhardli!

Nach diesem Schrecken brauchte der Gebeutelte frische Luft. Eine Rundfahrt mit dem offenen Bus kam gerade willkommen. Über eine Hebebühne bestieg Hardy das vordere Wagenabteil. Der Rollstuhl wurde fixiert. Die Backlot Tram Tour führte von der oberen Ebene des Vergnügungsparks hinunter zu den zahlreichen Filmstudios. Diese bestehen aus Hallen, die an einen Flugzeughangar erinnern, und Freilichtkulissen. Da der gewöhnliche Pöbel keinen Zutritt zu den Hallen hat, führt die Tour mehrheitlich von einer Aussenkulisse zur anderen. Die Fahrt raubte manchem Filmliebhaber die letzten Illusionen. Viele berühmte Filmszenen, bei denen man bisher glaubte, dass sie an einem Originalschauplatz gedreht worden wären, stammen von hier. Genannt seien beispielsweise die Monumentalszenen des Gladiatorenfilms Spartakus. Der Film wurde hier auf einem kleinen Platz mit Breitwinkeltechnik gedreht. Dasselbe trifft für den nachgestellten New Yorker Strassenzug zu. Ein paar Autos hier, ein paar Gangster da – fertig ist die Krimiszene. Hardy erkannte einen Gehsteig als denjenigen, auf dem Gene Kelly sein berühmtes „Singing in the Rain" getanzt hatte. Apropos Regen: Im hauptsächlich sonnigen L. A. müssen regnerische Filmsequenzen oft mit künstlich erzeugtem Nass aufgenommen werden. Ganze Sturzbäche können auf Knopfdruck ausgelöst und wieder zum Verschwinden gebracht werden.

Auch in den Universal Studios ist der Rollstuhl kein Hindernis

Erhard fühlte sich wieder besser – aber nicht lange. Beim Überqueren einer Brücke löste sich plötzlich ein tragender Pfeiler, und der Bus kippte nach unten. Natürlich war das ein weiteren Gag auf der Rundfahrt. Erhard versuchte seinen Atemrhythmus wieder zu gewinnen, während der Bus langsam an einem Teich vorbeizog. Da schoss höchst unterwartet der Weisse Hai empor, direkt vor Rosemaries Gesicht, und wollte sie verschlingen. Ihr entsetzter Schrei liess das Meeresungeheur abtauchen und ihren Mann zusammenzucken. Armer, armer Erhardli! Nach diesen Furcht erregenden Attraktionen waren die Passagiere bereit für den Besuch des Motels und des darüber liegenden Hauses, das im Hitchcock-Thriller „Psycho" so bedrohlich wirkt. Alle schauten gebannt zum Haus hinauf – vergeblich. Keine angsterfüllten Schreie, keine Schattenbilder einer dürren alten Dame mit Haarknoten – nichts, nichts, nichts.

Die Nerven lagen dafür später blank, als der Bus in einen U-Bahn-Schacht fuhr. Den arglosen Touris wurde vorerst der Eindruck einer harmlosen Fahrt durch die Unterweltkulisse vermittelt. Plötzlich fing die Erde zu zittern an. Das Beben verstärkte sich. Feuer brachen aus und erzeugten stickigen Rauch, der von einem schrillen Quietschen durchdrungen wurde. Aus dem Nichts schlitterte plötzlich eine entgleiste Bahn heran und verkeilte sich knapp vor den Zuschauern. Hardy war fasziniert. Da er den Kopf nicht drehen konnte, verpasste er leider den inszenierten Strasseneinbruch und den herabfallenden Lastwagen hinter ihm. Das Ganze wurde durch berstende Wasserleitungen begleitet. Allerlei Zischlaute und unerklärliche Geräusche imitierten Hilfeschreie. Und Erhard? Fest entschlossen, nie mehr auf einen Trick hereinzufallen, liess er die Katastrophen gelassen geschehen und fotografierte mutig den weit aufgerissenen Schlund von King Kong. Da heutzutage Jungfrauen selten sind, schnappte sich der Riesenaffe für einmal kein weibliches Geschöpf und liess den Tourbus ungehindert vorbeiziehen.

Perfekte Illusionen werden geboten

Nach einem Imbiss führte der Weg zur Waterworld Show. Die Oldies-Nichtschwimmer waren irritiert über das viele Nass. Und angespritzt wurde man vom Personal auch noch – pfui! Für die Oldies gab es daher nur eines: so weit wie möglich vom Wasser weg auf eine sichere hintere Sitzreihe. Hardy bezog demgegenüber bei den vordersten blauen Bänken (Behindertenplätze) Stellung. Showtime! Die Handlung war simpel. Eine schöne Rothaarige mit Knackarsch und straffem Busen wusste um das einzige noch bestehende Inselland der überfluteten Erde. Sie will ihr Wissen mit den Guten teilen, die sich in einer Festung befinden. Diese Festung ist eine Art Floss, gebaut mit allerlei rostigen Zivilisationsabfällen. Wie immer kommen die Bösen den Guten zuvor. Mit knatternden Wasserflitzern brausen sie daher und machen mit den Guten kurzen Prozess. Ein paar Maschinengewehrsalven und wenige Handgranaten reichen aus. Die Rothaarige, die einzige Überlebende, ist den bösen Mächten ausgeliefert. Widerfährt ihr das gleiche Schicksal? Nein! Der Held naht mit ungestümer Kraft und kämpft trickreich, bis er die Seine befreien kann. Das Finale besteht aus Explosionen, Feuersbrünsten und wilden Schusswechseln. Der Höhepunkt bildet ein über die Palisaden katapultiertes Flugzeug. Wow! Die Show war fertig – Erhards Film auch.

Spektakel pur!

Die Westernshow war totaler Schrott. Nun musste wieder Action her. Die Terminator-Attraktion lockte mit einem dreidimensionalen Kino-Spektakel. Arni, für die, die es nicht wissen, Arnold Schwarzenegger, durfte ein Ungeheuer aus der Zukunft vernichten, was er mit Bravour schaffte. Das Besondere an dieser Show war der Miteinbezug des Publikums in den Geschehensablauf. Dank den aufgesetzten 3D-Brillen fühlte man sich im Film integriert. Urplötzlich löste sich ein gelartiger Tentakel vom Ungeheuer und schleimte auf den Betrachter zu. Nur wenige Zentimeter vor dem todbringenden Zusammenstoss zog sich das Untier wieder zurück, was den Betrachter zumindest erschreckte. Bei Erhard löste die lebende Wabbelmasse natürlich pure Angst aus. Am Schluss „verlor" man sogar den Boden unter den Füssen. Die Fussgänger erlebten das Fallmoment durch ihre Sitze, Hardy durch ein flexibles Quadrat am Boden, auf dem der Rollstuhl vom Personal exakt platziert worden war. Als das Ungeheuer am Ende explodierte, wurden die Zuschauer von irgendwoher mit Wasser besprizt. Auf der unteren Ebene des Vergnügungsparks liessen sich die Schweizer kontrollierte Feuersbrünste und Explosionen zeigen. Hardy führte die Besucherschlange an und sah das Ganze aus nächster Nähe. Christel und Andreas gönnten sich abschliessend eine Kanufahrt durch den Jurassic Park, die mit einem Sturz im freien Fall endete. Beide kamen klitschnass zurück. Hardy entdeckte Softice, was ihn vor dem Verdursten rettete. Ob die Hitze oder die Aufregung dafür verantwortlich waren, dass Erhard in der Frauentoilette Wasser lassen wollte, konnte er nicht sagen. Women heisst halt nicht „Wo Männer".

Das Shoppen im Universal City Walk bedeutete für Rose das Highlight des Tages. Sie durchstöberte erfolgreich die Souvenirläden. Mit einem Charton Heston unter dem Arm verliess sie glücklich die Filmfabrik. Die schätzungsweise 40-Meilen-Fahrt in südöstlicher Richtung dauerte ewig. Die verstopften Strassen liessen den Van einfach nicht vorwärtskommen. Ziel war Buena Park, eine Stadt, die zusammen mit Anaheim (Disneyland) und Santa Ana den Touristenschwerpunkt von Orange County ausmacht. Diese wuchernden Kleinstädte mit ihren Vergnügungsparks und anderen Attraktionen sind durch Freeways verbunden, auf denen das Leben Tag und Nacht pulsiert. Hardy und Christel waren schon einmal in *Buena Park*, als sie den nostalgischen Vergnügungspark *Knott's Berry Farm* besucht hatten. Am selben Hwy 39 (Beach Blvd) befinden sich unter anderem *Wild Bill's Wild West Dinner Show*, das *Movieland Wax Museum* mit über 300 berühmten Figuren aus der Filmwelt, das Museum *Ripley's Believe It or Not* (7850 Beach Blvd) mit seinen bizarren Dingen aus der ganzen Welt, und das Ritterschloss für die *Medieval Times Show* (7662 Beach Blvd), wozu Christel ihre Helden des Tages eingeladen hatte. Alle freuten sich auf den bevorstehenden Ritterschmaus in mittelalterlicher Ambiance. Den Beach Blvd säumen Hotels und Motels. Das Ramada Limited (800 S. Beach Blvd) und das Holiday Inn Express (7161 W. Katella Ave), das in zentraler Lage zu den vorerwähnten Sehenswürdigkeiten liegt, weisen Handicapped Rooms auf. Auf Grund der Nähe zu Anaheim ballen sich die Motelketten beidseitig der I-5/Katella Ave und am Harbor Blvd.

Fressen, saufen, rülpsen und sich den Schädel einschlagen – wie bei den alten Rittersleut

Nach einer Ruhephase fuhren die Helvetier zu den Rittern. Artig geschminkte Burgfräuleins begrüssten die Männer mit „Your Lordship", die Frauen wurden mit „My Lady" angesprochen. In den Vorräumen der Märchenburg befand sich ein dürftiges Museum mit Folterkammer, Bar und Stände mit allerlei Rittersouvenirs. Rüstungen, Schwerter und andere Waffen hätte man für harte Dollartaler erstehen können. Mit dem Eintrittsbon erhielten die fünf Schweizer eine rot-goldene Krone aufgesetzt. Insgesamt wurden sechs verschiedenfarbige Kronen vergeben. Die dermassen in sechs Gruppen aufgeteilte grosse Gästeschar wurde pro Farbe zu den Tischen geführt. Diese befanden sich in einer gedeckten Halle rund um die Sägemehlarena. Sechs Ritter wurden den sechs Sektoren zugeteilt. Die Glarner mit den roten Kronen kamen in den Genuss des roten Ritters, der zwar schön war und viele Herzen eroberte, aber zum Kämpfen nichts taugte. Der Waschlappen schied schon in der ersten Runde gegen den grünen Kämpfer aus. Umso freudiger widmete man sich, ohne Besteck, dem mittelalterlichen Frass. Pro Person wurde ein halbes Huhn, Spare-Ribs, baked Potatoes, Suppe, Sangria mit Pizzastückchen und ein Pie aufgetragen. Die Becher füllte der Truchsess mit Freibier oder Wasser. Der Abend war unterhaltend, wenngleich festzuhalten ist, dass es eine Show war, die nichts mit Historie zu tun hatte. Gerade so, wie es die Amis lieben: Fressen, Saufen, Johlen, Rülpsen, Furzen – ein siegreicher Held fehlte auch nicht.

Dienstag, 2. Mai 2000: Buena Park – Disneyland – Indio

(3 1/2 Std./115 Meilen: Blvd 39 north, Frwy 91 east [Harbor Blvd south], Hwy 60 east, I-10 east)

Das deftige Rittermahl war noch nicht verdaut, als bereits *Disneyland* lockte. Frühzeitig stellten die Schweizer das Auto auf dem gebührenpflichtigen, riesigen Parkareal ab. Regelmässig zirkulierende, für Rollstuhlfahrer via Rampe zugängliche Park-Shuttles bringen die Besucher zum Eingang. An der Kasse erhielten die Schweizer dank den San Diegans einen Familienrabatt, da sie als südkalifornische Familie galten. Aber es war auch so noch schweineteuer, vor allem, wenn man bedenkt, dass Hardy in keine Bahn konnte, aber trotzdem den vollen Preis bezahlen musste.

RUNDREISE

Einer der Panzerknacker, Mickey und Mini Maus

Rollstuhlfahrer können einzig eine Eisenbahnfahrt rund um das Gelände machen. Da jedoch in den Tagen zuvor ein neuer Lift installiert worden war und das Personal bis dahin noch kein Training erhalten hatte, wurde dem Tetraplegiker auch diese Freude vereitelt. Gleichwohl luden Rollstuhlsignete alle paar Meter zum Mitmachen auf den Bahnen ein, was Hardy irritierte. Für die Walt-Disney-Leute ist ein Rollstuhlfahrer offenbar ein Fussgänger, der, weil zu dick, zu faul oder vorübergehend gehbehindert, einen Rollstuhl benützt, aber aufstehen und sich zu den Bahnen begeben kann. Ein Verantwortlicher beantwortete die Frage, warum denn ein „richtiger Rollifahrer" den vollen Preis zu bezahlen hätte, kurz und bündig damit, dass der Zugang zu den übrigen Shows und Animationen gewährleistet sei und den Preis somit rechtfertige. Das trifft in der Theorie wohl zu, ist aber eine Frechheit, da die Bahnen und nicht die kümmerlichen Shows den eigentlichen Fun ausmachen.

Der Besuch des Disneylands war trotzdem schön. Hardys Vater bemängelte zwar, z wenig grosse Disneyfiguren anzutreffen. Das Märchenschloss erschien ihm zudem kleiner als dasjenige vom Fernsehen. Bei letzterem muss es sich wohl um das Schloss vom Disneyworld in Florida oder Paris gehandelt haben. Disneyland bietet über seine Comicfiguren hinaus Bahnen für kleine und grosse Besucher, eine Einkaufsmeile, eine Fahrt mit dem Mississippi-Riverboat, eine Mark-Twain-Insel, ein Piratenschiff, den Indiana-Jones-Kletterjungle, ein Frontiertown, das New Orleans French Quarter und eine wundersame Südstaatenvilla. Rose wollte diese unbedingt besichtigen, weil sie meinte, dass es sich dabei um Scarlett O'Hara's Heim handeln würde. Sie machte aber rechtsumkehrt, als sie die wartende Menschenmasse sah. Christel und Hardy, wohlwissend um das Haunted House (Geisterhaus), schickten die beiden wieder zurück. Scarlett's Wirkungsort dürfe sich doch die Filmliebhaberin Rose nicht entgehen lassen! Den reingelegten Oldies dämmerte es erst im Innern, als allerlei Morbides und Geisterhaftes zum Vorschein kam. Erhard wollte schon wieder auf den Absätzen drehen. Doch sein Weib beschwichtigte ihn, die Nurse würde ihren Schwiegervater sicher nie an einen Ort schicken, der das Herz aus dem Rhythmus bringen könnte. Christel wartete mit der Kamera beim Ausgang, um die verdutzten Gesichter festzuhalten. Der Schock sass dann leider nicht so tief, wie es sich Hardy gewünscht hatte.

Das Disneyland – eine Reise wert

Der Reiseplan sah für den nächsten Tag die Weiterreise zum Grand Canyon vor, der 500 Meilen von Los Angeles entfernt ist. Um die Fahrt am kommenden Tag angenehmer zu gestalten und abzukürzen, entschloss man sich, Mickey und Konsorten etwas früher zu verlassen und sich auf den Weg richtig Osten zu machen. Hätte man in Anaheim übernachtet, wäre die temperamentvolle Rose zu einem feurigen mexikanischen Abend gekommen. Das Familienrestaurant Plaza Garibaldi (1490 S. Anaheim Blvd) bietet unvergessliche Dinner Shows an. Statt bei gefühlvoller Mariachi-Musik dahinzuschmelzen, fuhr die Familie Landolt noch drei Stunden bis nach Indio, vorbei an Palm Springs. Vor dieser Wüstenstadt liessen sich Tausende von Windmaschinen bestaunen, die ganze Hügelzüge bedeckten und ein eigenartiges Bild abgaben: weisse Hightech-Windräder in karger Landschaft im Sonnenuntergang. Je später der Abend wurde, desto höher stieg die Temperatur. Rose freute sich über die 30 °C in der kalifornischen Wüste, während sich Erhard den Schweiss von der Stirn putzte. Das Motel Quality Inn in Indio (43505 Monroe St) machte seinem Namen Ehre und bot Qualität. Das Behindertenzimmer war geräumig, verfügte über hohe Betten und eine Roll-in Shower. Erschöpft von den Eindrücken des Tages fielen die fünf Touristen bald in den Schlaf.

Mittwoch, 3. Mai 2000: Indio – Grand Canyon N. P. (AZ)

(8 Std./400 Meilen: I-10 east, Hwys 60 east, 71 und 89 north, 64 und 180 west)

Normalerweise erhält man in einem Motel kein Frühstück. Ganz unerwartet kamen die Touristen in den Genuss eines Continental Breakfast, das im Preis inbegriffen war. Die anschliessende Fahrt führte über unterschiedliche Wüstenlandschaften hinauf in die Waldgegend von Prescott. Die von Hunger und den kurvenreichen Strassen geplagten Mägen verlangten nach einer Mittagsrast. Rose bestellte den ihr inzwischen bestens bekannten Cesar Salad. Die Menükarte kannte einen solchen aber nicht. Dafür brachte die Waitress einen riesigen Taco Salad. Taco erinnerte an Mexiko, also musste irgendetwas Ungeniessbares darin sein. Und fürwahr! Nicht nur der leicht essensbehinderte Erhard stocherte herum und fand – igitt, igitt – schwarze Oliven. Auch seine Frau rümpfte ob diesen schwarzen Kugeln die Nase.

On the road again!

An sich hätte die Fahrt über Sedona fortgesetzt werden sollen, doch die fortgeschrittene Zeit empfahl einen Routenwechsel. So verzichtete man auf den Panorama Hwy 89 Alternative und blieb auf der 89 north bis nach Williams, wo die Verpflegungskiste aufgestockt wurde. Die letzte Etappe durch Nadelwälder bis zum *South Rim des Grand Canyon* war angenehm und stetig ansteigend. Unbemerkt liess der abfallende Luftdruck einen Zapfen von Hardys Rohokissen dicker werden. Erst am Abend bemerkte Christel den „Luftballon". Zum ersten Mal in Hardys Sitzkarriere hatte er die dauernde Druckeinwirkung überhaupt nicht gespürt, was eine Hautrötung zur Folge hatte. Hardy hatte Glück im Unglück: Wäre der aufgeblähte Zapfen geplatzt, so wäre man ohne Flickzeug ganz schön aufgeschmissen gewesen.

Endlos scheint der Weg zum Grand Canyon

Nach einer ausgedehnteren Bettruhe im Best Western Motel (Hwy 64, Grand Canyon) wollte Hardy unbedingt den IMAX-Film nochmals anschauen. Ein kurzer Fussmarsch brachte das Trio zum Kino. Rose und Erhard folgten Christel und Hardy unwissend, was denn das Kürzel IMAX genau bedeutet. Der Rollifahrer musste sich wieder im unteren Drittel des Kinosaals ganz rechts aussen einordnen und das Geschehen auf der Riesenleinwand mit einer das Genick strapazierenden Haltung verfolgen. Christel blieb in der Nähe ihres Bachels, obschon sie Mühe bekundete, ihre Augen so weit vorne dem schnellen Bildwechsel anzupassen. Der eindrucksvolle Film verfehlte seine Wirkung auf die Oldies nicht. Sie kauften sich eine Deutsch gesprochene PAL-Videokassette mit der Entdeckungsgeschichte des Grand Canyons. Christel lud ihren Schatz und den Anhang noch zu einem Schlummertrunk in die Hotelbar ein. Die Auswahl fiel schwer, weil die Oldies weder Eis noch Alkohol in ihren Gläsern wollten. Der Barkeeper improvisierte kopfschüttelnd und mixte für Rose ein jämmerlich kleines Glas Beerensaft. In Erhards Sprite schwamm Eis oben auf, das er verächtlich mit den Fingern herausfischte und im Aschenbecher entsorgte. Christels wässrige Pina Colada enthielt angeblich Stoff. Nur Hardy hatte an seinem Bier nichts auszusetzen. Der Tag endete mit der Vorfreude auf die Besichtigung des grandiosen Naturweltwunders am anderen Tag.

Donnerstag, 4. Mai 2000: Grand Canyon

Andreas hatte frei. Er beabsichtigte, zum Canyon hinunterzuwandern. Obschon er am Vorabend für seinen Proviant besorgt gewesen war, fehlten ihm vor Aufbruch noch ein paar derart wichtige Sachen aus der Verpflegungskiste im Oldie-Zimmer, dass er noch vor 7 a.m. bei Rose um Einlass bat. Der schnarchende Erhard kam von dieser frühmorgendlichen Störung nichts mit und träumte wohl davon, einer der Entdecker des Grand Canyons zu sein. Die Landolts (die einen ausgeruht, die anderen weniger) nahmen den Weg vom Hotel zum Visitor Center in Angriff. Bevor es aber so richtig zur Sache ging, begleitete Christel ihre Schwiegermutter mit der altersschwachen Blase, die an einem Harnwegsinfekt herummachte, zur Pharmacy. Leider konnten die beiden Frauen die diensthabende Ärzteschaft nicht davon überzeugen, ein Antibiotika abzugeben. Prescription Drugs (rezeptpflichtige Medikamente) gibt es nur nach einem vorgängigen Arztuntersuch. Da sich die Apotheke im kleinen Ortsspital befindet, hätte sich die Blasengeplagte in die Reihe der Notfallpatienten begeben und lange warten müssen. Rose verzichtete auf den Emergency Room und gab sich mit einem Baktrimschuss aus ihrer Reiseapotheke zufrieden. Sie musste aber der strengen Nurse versprechen, genügend zu trinken und nach der Heimkehr einen Blasen-Check-up vorzunehmen, um das Lotterding wieder flottzumachen. Mit nicht ganz erhobenem Finger klärte Christel Rose sodann über den Unsinn auf, eine einzelne Tablette Baktrim mitzunehmen. Eine therapeutisch korrekte Behandlung würde die täglich mehrmalige Einnahme während sieben Tagen erfordern.

Hardy hatte am Vorabend von einem Rollstuhlfahrer erfahren, dass es einen Golden Eagle Access Pass gäbe. Dieser Pass berechtige Behinderte und je eine Begleitperson zum lebenslänglichen Gratiseintritt in alle Nationalparks in den USA. Hardy orderte seine Chauffeuse zum Visior Center, wo behinderte Parkbesucher den gewünschten Gratisausweis und die Fahrbewilligung für den West Rim erhalten. Ein freundlicher Ranger kam den Anliegen umgehend nach. Hardy erhielt den Pass, obwohl er kein Permanent Resident der USA ist und auch keine staatliche Unterstützung erhält. Offenbar genügte dem Ranger bereits eine US-Adresse, um als Permanent Resident zu gelten. Vom Visitor Center marschierte die Familie Landolt auf dem geteerten Weg Richtung Canyonrand des East Rims. Der Pfad geht zwar etwas bergauf, doch Christels Mukis meisterten den Höhenunterschied ohne grosse Anstrengung. Dann ... endlich ... freie Sicht!

Einzigartig schön ...

Rose blieb wie angewurzelt stehen, als sie zum ersten Mal in den Grand Canyon hinabblickte. Auch Erhard traf fast der Schlag. Ob die faszinierende Schluchtenlandschaft oder seine stammelnde Ehefrau der Grund dafür war, wird sich nie richtig herausfinden lassen. Rose bedeckte mit gefalteten Händen ihren weit geöffneten Mund und versuchte ihre röchelnden Laute zu unterdrücken. Für Rose gab es fortan nur noch ein Wort: mystisch. Sie hatte ein Gefühl, als wollten sie unsichtbare Mächte in den Abgrund des Grand Canyon hinunterziehen. Erhard erging es besser. Er knipste und knipste und knipste. Christel und Hardy amüsierten sich über die beiden, stimmten aber in die Faszination mit ein. Beim Yavapai-Observationspunkt gönnten sich die vier im klimatisierten Laden eine Pause und stöberten durch das vielfältige Angebot an Ansichtskarten, Meditations-CDs, Bücher und anderen Souvenirartikeln. Mit dem obligaten Plastiksack, gefüllt mit kleinen Andenken, kämpften sich die Schweizer hernach ihren Weg zurück durch eine japanische Reisegruppe, die aus mehreren Cars wie Heuschrecken in den Laden schwärmten. Nach dem Marsch zum Auto machte Hardy den Vorschlag, für eine Siesta ins Hotel zurückzukehren, um dann ausgeruht den Sonnenuntergang beim Hopi Point zu geniessen und anschliessend im El Tovar zu dinieren. Im Hotel traf wenig später Andreas ein, der aufgeregt über seinen Hike berichtete. Wie erwartet kamen dabei die Amiwanderer nur schlecht weg. Einzig ein Triathlon-Sportler hätte ihn und seinen Mitwanderer beinahe rennend überholt. Aber auch der Züri-Leu wird älter, klagte er doch am nächsten Tag über Wadenspanner und unerklärliche Schulterschmerzen.

... vor allem am Abend während des Sonnenuntergangs

Der Sonnenuntergang war herrlich! Rose, die geübte Kirchgängerin, murmelte andächtig vor sich hin und betrachtete bewegt das untergehende Licht. Mit ihr verfolgten viele andere Leute ergriffen das unbeschreibliche Naturschauspiel, das leider nur zu schnell vorüber war. Das Abendessen war angesagt. Leider zeigte es sich, dass man frühzeitig einen Tisch im El Tovar hätte reservieren müssen. Andrew empfahl als Alternative das Restaurant der Bright Angels Lodge. Die Wartezeit auf einen freien Tisch verbrachten die Hungrigen im Souvenirladen. Dabei mussten alle ihre Ohren spitzen, da das Restaurant die Namen der wartenden Gäste via Lautsprecher undeutlich ausrief. Christel verstand jedesmal Landolt und hetzte die ganze Meute zum Eingang, wo eine genervte Servierdüse alle auf ihre Warteplätze zurückverwies. Schliesslich klappte es. Die Mägen wurden mit Spaghetti, Steak, Salat und Vegi-Food gefüllt, wobei der angeblich unkomplizierte Erhard in der Sauce grünen Paprika fand. Zusätzlich rümpfte er die Nase, weil das Teigwarengericht nach Fisch riechen würde. Er erinnerte sich auf der Heimfahrt wohl nicht mehr daran, als er beiläufig erwähnte, nicht heikel und ein bescheidener Esser zu sein. Die anderen Mitfahrer beliessen es diesmal nicht bei einem wohlwollenden Lächeln und belehrten ihn halbsanft eines Besseren. Schon ganz betrübt wurde Erhardli gedrängt zuzugeben, ohnehin nur die Küche von Rose zu vertragen und keinerlei Abweichung von ihren Rezepten zu überleben.

Freitag, 5. Mai 2000: Grand Canyon N. P. – Monument Valley – Page

**(7 Std./345 Meilen: Hwys 64 east, 89 north, 160 east 163 north.
Zurück: Hwys 163 south, 160 west und 98 west)**

Beide Oldies waren der festen Überzeugung, dass der Grand Canyon der absolute Höhepunkt der Reise gewesen sei. „Nun, dann könnt ihr ja wieder nach Hause fahren, wenn nichts Besseres mehr folgen kann", neckte Hardy seine Eltern spöttisch. Wie erwartet wollten die beiden die Reise fortsetzen und stiegen hastig in den Van mit dem ungeduldig aufheulenden Motor. Nach einigen Meilen, die vom Hochplateau des Grand Canyon in die Dürre der Wüste führten, tauchten am Strassenrand die ersten Schaubuden der Navajo-Indianer auf. Andrew äusserte den Wunsch, bald anhalten zu dürfen, um seiner Freundin ein Schmuckstück zu kaufen. In der Nähe des Little Colorado bot sich Gelegenheit für den Erwerb von Souvenirs.

Es war demütigend mitanzusehen, dass die Indianer irgendwo im Nichts der Wüste behelfsmässig Holzstände aufstellen und teilweise vorfabrizierten Schmuck an Touristen verkaufen müssen, um überleben zu können. Die Indianerfrauen (wenige Männer waren auch anwesend) sitzen dabei den ganzen Tag in der Hitze, um vielleicht am Abend ein paar lumpige Dollars verdient zu haben. Wenn dann noch vereinzelte Passanten die moderaten Preise als unzumutbar hoch empfinden, obwohl derselbe Kitsch in den Städten mindestens das Doppelte kostet, kommt sogar ein Schamgefühl hoch: Die weissen Einwanderer haben aus den ehemals stolzen und unabhängigen Indianern ärmliche Wüstenbewohner gemacht, deren Überleben von den weissen Touristen abhängt. Es freut einen deshalb umso mehr, wenn in stadtnahen Reservaten Kasinos gebaut werden, in denen die Weissen abgezockt werden. Irgendwie erinnert dies an eine verspätete Gerechtigkeit. Die Indianer im Canyongebiet können vom schnellen Geld aber nur träumen. Dementsprechend führt der Highway auch an armseligen Behausungen ohne Strom, Telefon und fliessend Wasser vorbei.

Nördlich von Cameron bog der Van nach Osten Richtung Monument Valley ab. Nach mehrstündiger Fahrt durch abwechslungsreiche Wüstenlandschaften war die Vorfreude gross, bald an der Wirkungsstätte der Westernregisseure anzukommen. John Wayne und andere Western Cracks hatten sich beim Monument Valley zuhauf ein Stelldichein gegeben, sei es als einsamer Reiter, in wilden Verfolgungsritten oder inmitten von gefährlichen Schiessereien. Hardy, der Liebhaber rauchender Colts und klimpernder Saloonmusik, musste aber ernüchtert zugeben, dass der Reiz verloren gegangen sei, seit er um die trickreichen Filmkünste von Hollywood weiss. Die Illusionen wurden gänzlich geraubt bei der Vorstellung, dass der schon etwas ältliche John Wayne auf einem eigens für ihn ruhig gestellten Gaul ein paar Meter im roten Wüstensand neben der parallel zu ihm fahrenden Kamera reitet.

Andrews Hunger war mittlerweile so gross, dass er sich kurz vor dem Visitor Center in einer Imbissbude ein Fried Bred besorgen musste. Für die Oldies war der erstmalige Anblick der bizarren, rot glühenden Felsmassive ein Riesenerlebnis. Beim Besucherzentrum angekommen verfrachteten Hardy und Christel die staunenden Oldies (sie staunten doch noch …) in einen Jeep, der sie auf einen Rundkurs hinunter ins Tal mitnahm. Die Tour führte Christa Phillips. Die Deutsche hat vor einigen Jahren einen Navajo geheiratet und lebt seither mit ihm und der kleinen Tochter in den Bergen ohne fliessend Wasser und andere Annehmlichkeiten. Sie wusste viel zu erklären, was bei den Touristen einen bleibenden Eindruck hinterliess. Nachhaltig spürbar war auch die Rüttelstrasse. Rose suchte anschliessend sofort den Restroom auf, um ihrer mitgenommenen Blase Erleichterung zu verschaffen, während Erhard nur viel sagend seinen Rücken stützte und seine Knochen rieb.

Das Monument Valley fasziniert jeden, der es einmal in Natura sieht

Ungern verabschiedeten sich Christel und Hardy von diesem ihnen lieb gewordenen Ort. Da Hardy unbedingt noch nach Page gelangen wollte, musste Andrew nach seiner langen Mittagsrast wieder kräftig aufs Gaspedal drücken. Der Weg führte vorerst auf derselben Strasse zurück. Ungefähr in der Mitte bot sich der Scenic Hwy 98 west als kürzeste Verbindung nach Page an und gewährte reizvolle Landschaftsbilder. Vor dem Ziel liessen sich schon von weitem die rauchenden Kamine des Kohlekraftwerkes erkennen.

Der Ort Page (6600 Einwohner) ist wegen der Elektrizitätsgewinnung am Lake Powell entstanden. Die Motels sind dementsprechend neu. Das Motel 6 (637 S Lake Powell Blvd) verfügte über ein Behindertenzimmer mit Rollstuhldusche, das die Angestellte dem Glarner Paar zuerst vorenthielt, da es sich um einen Single Room handelt. Die Frau liess sich aber überzeugen, dass das grosse Einzelbett durchaus für zwei Leute reicht. Der Hintereingang war nicht stufenlos zugänglich, seit längerer Zeit das erste Hindernis. Der Vordereingang passte dafür. Bereits seit einigen Tagen verspürte Hardy ein lästiges raues Gefühl im Hals. Erst meinte er, Opfer einer Heuschnupfenattacke geworden zu sein. Die homöopathischen Tabletten bewirkten aber diesmal keine Linderung. Ein immer stärker werdender Husten, Heiserkeit sowie eine triefende Nase führten letztlich zu einer anderen Diagnose. Nach einer erholsamen Dusche fiel der arme Kranke sofort in einen Tiefschlaf.

Samstag, 6. Mai 2000: Page – Lake Powell – Bryce Canyon (UT)

(3 Std./180 Meilen: über Hwy 89 north und 12 east)

Frühaufstehen war angesagt. Um 7.30 a.m. fuhr das Auto über den Staudamm zum Wahweap Marina, einem der Häfen, von wo aus *Bootstouren auf dem Lake Powell* unternommen werden. Hardy wünschte sich den ausgedehnteren Trip von fünf Stunden. Der Nichtschwimmer Erhard war von diesem Vorhaben besonders herausgefordert. Gott sei Dank war das Boot gross genug, sonst wäre er wohl nicht eingestiegen. Hardy musste im Heck, direkt beim Limonaden- und Wasserfass, Platz nehmen, während die Fussgänger die Wahl zwischen dem Oberdeck an freier Luft und Sitzplätzen im Innern hatten. Schiff ahoi! Der starke Motor erzeugte einen hohen Wellengang, der gar manches kleinere Boot zum Schaukeln brachte. Der weibliche Kapitän bremste nach kurzer Fahrt plötzlich heftig ab und erklärte den verwunderten Passagieren, dass beim Kreuzen eines der zahlreichen Hausboote langsame Fahrt vorgeschrieben sei, um ein Kentern desselben zu verhindern.

Das Morgenlicht hob die eigentümlichen Felsformationen im See besonders hervor. Der Lake Powell entstand durch die Stauung des Colorado Rivers. Benannt wurde der See nach Major John Wesley Powell, der die erste Expedition dem Colorado River entlang sorgfältig aufzeichnete und den Abschnitt des Flusses als Glen Canyon bezeichnete. 1956 begannen die Bauarbeiten an der Staumauer. Zehn Jahre später wurde der erste Strom erzeugt. Die Elektrizitätsgewinnung dient heute fünf Staaten. 1980 erreichte der See seine maximale Füllmenge und schuf gleichzeitig ein azures Wasserparadies mit prächtigen Felsformationen und fein verästelten Buchten. 1972 wurde das Gebiet zur *Glen Canyon National Recreation Area* erklärt, wo sich jährlich um die drei Millionen Touristen tummeln. Der Wassertrip lohnte sich wirklich. Nach langsamer Fahrt legte das Boot am Ende eines Nebenarmes des Glen Canyons an.

Die Passagiere gingen von Bord und gelangten über einen langen Holzsteg zum Ufer, wo sie der grösste natürliche Felsbogen der Welt erwartete. Diese 84 m breite und 88 m hohe *Rainbow Bridge* befindet sich ungefähr 50 Meilen vom Ausgangspunkt entfernt, aber immer noch im südlichsten Bereich des Sees. Hardy konnte zwar das Schiff verlassen und auf dem Holzpier zum Ufer gelangen. Der steil ansteigende Naturweg verhinderte aber dem Rollstuhl den Zugang zum Gesteinswunder. Das war weiter nicht schlimm. Hardy sah vom Pier aus genug. Direkt unter den Felsbogen durfte sich so oder so niemand hinstellen, da er sich auf heiligem Boden der Navajo-Indianer befindet. Obwohl Christel nach einem gezielten Blick Hardy ermunterte, die Rollstuhltoilette beim Schiffsteg aufzusuchen, wollte er partout nicht, weil er mit seinen Pneus nicht gerne durch fremde Pisse fährt. Beinahe hätte er dies aber bitter bereut. Bis das Schiff wieder im Hafen anlegte, war der gelbe Tank mehr als nur voll und Hardy musste, es ging wirklich nicht mehr anders, hinter die Büsche. Als Ausrede, um Christel keinen Sieg zu gönnen, meinte er, die halsbrecherische Rückfahrt über die zunehmend rauere See hätte halt die Blase überaktiviert. Sonst hätte es schon gereicht. Christel lächelte nur und wusste genau, wer Recht hatte.

Impressionen vom Lake Powell

Obwohl im Reiseplan nicht vorgesehen, wollte Andrew unbedingt den *Antelope Canyon* anschauen, der sich wenige Meilen ausserhalb von Page (Hwy 89 south) befindet. Da der Canyon nur für Fussgänger zugänglich ist, entschloss sich Hardy, auf dem Parkplatz, von wo die Tour-Jeeps starteten, auszuruhen. Glücklicherweise war wenigstens einer der anwesenden Indianer freundlich und erlaubte dem Rollifahrer, sein Klappbett im Schatten des Tickethäuschens aufzustellen. Erst im Nachhinein klärte sich auf, warum der junge Verkäufer Hardy sogar den Picknicktisch zum Ausruhen angeboten hatte: Wenn es die Rothaut überkommt, legt sie sich selbst auf das Holz und döst vor sich hin bis zur Ankunft der nächsten Touristen. Der Antelope Canyon ist eine enge Schlucht, die man durchwandern kann. Die roten Gesteinswände sind errosionsbedingt unterschiedlich ausgewaschen und zeigen sich durch die einfallenden Sonnenstrahlen überaus farbenprächtig. Andrew war begeistert über das Lichtschauspiel. Weniger erfreut war Christel, als sie vernehmen musste, dass Erhard trotz der Hitze viel zu wenig trinkt. Mit ernster Stimme ermahnte die Krankenschwester an die Wichtigkeit der Flüssigkeitszufuhr und hielt apodiktisch fest, einen selbst verschuldeten Kreislaufkollaps im heissen Tal des Todes nicht zu behandeln. Entweder werde ab sofort mehr getrunken oder das Death Valley vom Reiseplan gestrichen. Das sass: Die Wasserkanister leerten sich nun viel schneller als vorher, und Erhard legte die nächsten zwei Tage stündlich Rapport über seine Flüssigkeitsbilanz ab. Das Death Valley blieb auf dem Reiseplan.

Antelope Canyon

Vorerst war ein weiterer Canyonbesuch angesagt. Der Hwy 89 north führte nach Kanab. In der Meinung, noch über genügend Benzin zu verfügen, verzichtete der Fahrer darauf, in Page den Tank zu füllen.

Andrew kam allerdings arg ins Schwitzen, als ein überaus starker Gegenwind den Treibstoff verbrauchte. Glücklicherweise ging es die letzten Meilen vor Kanab abwärts, was aber nicht weniger Schweissperlen verursachte. Die Klimaanlage musste nämlich benzinbedingt abgestellt werden. Alle waren erleichtert, als endlich eine Tankstelle gesichtet wurde. Eine rekordverdächtige Füllmenge wurde abgezapft. Danach ging die Fahrt weiter, stetig bergauf. Die rotbraune Wüstenlandschaft wechselte mit zunehmender Höhe in sattes Grün. Die Mormonenbauernhöfe reihten sich aneinander, was bei den beiden Glarner Oldies Heimatgefühle entfachte (oder war es Heimweh?). Tannenbäume, grüne Matten, Bergbäche, grasendes Vieh, wintertaugliche Häuser – eben ein Schweizer Idyll. An sich hätte Hardy den Sonnenuntergang im Bryce Canyon bewundern wollen. Aber die Wolken und die fortgeschrittene Zeit machten ihm einen Strich durch die Rechnung. Christel wäre gerne wieder im Ruby's Inn Best Western Motel abgestiegen. Die wartende Menschenschlange vor dem Restaurant deutete an, dass die Schweizer nicht die Einzigen waren. Die nette Dame an der Rezeption bedauerte, ausgebucht zu sein. Sie wusste aber, dass in einem rund 10 Meilen entfernten Nest noch Zimmer vorhanden waren, die sie sogar reservieren konnte. Das fragliche Motel hatte keine Behindertenzimmer. Obwohl der Schlafraum genügte, hätte ein Rollstuhl im kleinen Badezimmer nicht Platz gehabt.

Trotz eines abendlichen Fieberschubes wollte der erkältete Hardy noch etwas Warmes zu sich nehmen. Die Chilisuppe und der ungeliebte Schwarztee im Restaurant nebenan heizten dem armen Buben mächtig ein. Christel erhielt nicht etwa das erwartete leichte Kartoffelgericht, sondern einen Raclette/Speck-Verschnitt, nichts anderes als einen schwer verdaulichen Klumpen. Erhard hatte an einem Nebentisch Steak und Pommes ausgemacht. Nach den guten Erfahrungen mit dem San Diego Steak „well done" wollte er auch diesmal die höchste Garstufe. Aber oh weh! Zäh wie Leder und dünn wie eine Schuhsohle war das Resultat. Da der Dauerkauer noch lange an seinem Werk zu arbeiten hatte, verabschiedeten sich Hardy und Christel von den Oldies. Der Kranke wurde ins warme Bett gesteckt.

Sonntag, 7. Mai 2000: Bryce Canyon – Las Vegas (NV)

**(5 Std./314 Meilen: Hwys 12 west, 89 south 14 west, I-15 south
Exit Sahara Ave west, Las Vegas Blvd 604 south)**

Brrrr! Im Mormonenland wird es kalt in der Nacht. Darum wurde wohl den Männern die Vielweiberei verschrieben. Man verliess nur ungern das warme Bett. Die Hitzeverwöhnten empfanden die kühle Bergluft als regelrechten Polarwind. Frierend, teilweise zähneklappernd, setzte man sich ins Auto und fuhr Richtung *Bryce Canyon N.P.* Christel hatte am Vorabend die Idee, an einem der Aussichtspunkte an der warmen Sonne zu frühstücken. Irgendwie verpasste der Fahrer den anvisierten Sunset-Rastplatz und fuhr die nüchternen Mägen auf den höchstgelegenen Rainbow Point. Als Erhard den Schnee sah, war für ihn endgültig klar, auf mindestens 2500 m zu sein. Er entdeckte dann dummerweise, dass er sich sogar auf einer Höhe von 2778 m befand. Komisch, erst nach dieser Erkenntnis begann er sein Herz zu spüren. Gleichwohl wieselte er mit dem Fotoapparat herum und freute sich an den rotgoldenen Kalkzapfen. Rose fror so sehr, dass sie darob vergass, Kopfweh zu haben. So waren alle gesund, litten aber an einem nagenden Hungergefühl.

Eine nette Umgebung für ein Picknick mit anschliessender Wanderung

Die Mehrheit befand die eisige Höhe als für ein Breakfast im Freien ungeeignet, weshalb der Van mit übersetzter Geschwindigkeit zum Sunset-Rastplatz eilte. Anschliessend an die Birchermüesli-Runde meinte Andrew, dass die Oldies nun einen Verdauungsspaziergang zu machen hätten. Der vom Sunset Point aus beginnende Navajo Loop Trail erschien dem Züri-Leu angemessen. Während Hardy und Christel auf einer Sitzbank Wärme tankten, marschierten die lieben Glarner Hypochonder beschwerdefrei auf dem steilen Eselspfad den Canyon hinunter und nach schätzungsweise drei Kilometern wieder hinauf. Anhand von Andreas' Videoaufnahmen lernten Hardy und sein Weib den eindrucksvollen Rundgang etwas später ebenfalls kennen, der sich vorbei an den ausgewaschenen Säulen und durch enge Felsspalten schlängelt. Der pustende Wanderer wird mit atemberaubenden Panoramen belohnt. Der Abschied vom Bryce Canyon fiel Rose nicht leicht. Ihr sagte der kleinere liebliche Bryce Canyon mehr zu als der Grand Canyon. „Kleine Leute ziehen eben kleinere Sehenswürdigkeiten vor", brachte Hardy die umständlichen Erklärungsversuche seiner Mutter auf den Punkt.

Die Reise ging über die Passstrasse 14 west weiter nach Cedar City. Hardy erwartete keinerlei Sights. Er wurde aber durch die ausgedehnten Birkenwälder inmitten der alpinen Täler eines Bessern belehrt. Die Passhöhe mit ihren 3017 m hielt eine winterliche Überraschung bereit: Schnee. Mit nur 8 °C auf der Passhöhe war es empfindlich kalt. Hardy freute sich darum sehr, als es wieder hinunter in Richtung Wüste ging. Kurz vor Cedar City bot sich eine einmalige Abfolge von gelbem und rotem Gestein. Die Malermeister der Natur hatten hier ganze Arbeit geleistet. Andrew war besonders begeistert von den wechselnden Farben und vergass sogar den Zion N. P., den er als Routenvariante vorgezogen hätte. Christel kriegte von allen Aufregungen nichts mit. Mit Hardys Halskäfer im eigenen Rachen hatte sie sich der quälenden Mattigkeit ergeben und schlief die ganze Strecke auf dem Hintersitz.

Je südlicher der Van fuhr, desto trockener und heisser wurde das Klima. Nach einem Benzinstopp mit Burrito-Verpflegung trieb der Driver den roten Pfeil mit über 75 m.p.h Las Vegas entgegen. Kaum war die Staatsgrenze zu Nevada überquert, sichteten die überraschten Oldies die ersten Kasinos. Hardy erspähte einen Mc Donald's und lud zu einem Vanille Shake ein. Mmmhhhh ... für Vanille lassen die Landolt-Männer alles stehen und liegen – nur ihre Frauen nicht. Auf der sonst langweiligen I-15 boten sich ein Truck und zwei Harleys eine wilde Verfolgungsjagd. Der Brummi wollte die zwei schnauzbärtigen Biker überholen, was den Harley-Egos gar nicht in den Kram passte. Sie pressten die letzten PS aus ihren Höllenmaschinen heraus, legten sich aerodynamisch nach vorn und hofften so, das Rennen zu gewinnen. Die Strasse ging für einen kurzen Moment bergauf. Die leichteren Motorräder zogen siegessicher davon. Der Trucker gab nicht auf und setzte erneut zu einem Manöver an. Aber auch diesmal gelang es ihm nicht. Seine Kiste war einfach zu langsam.

Immer näher rückte die Silhouette der Spielerstadt am frühabendlichen Horizont. Christel äusserte sich zufrieden über das baldige Ende der Fahrt. Sie musste nämlich unbedingt aufs Töpfchen (immer diese Weiberblasen). Andrew fuhr deshalb so schnell wie möglich zum Hotel Imperial Palace. Christel schaffte es noch, einzuchecken und das Namensmissverständnis im Reservationsbuch aufzuklären. Dann stürzte sie sich halb ohnmächtig ins Zimmer, besser gesagt auf den Thron. Rose tat es ihrer Schwiegertochter gleich. Die volle Blase schlug der Mutter aber auf die Konzentration, weshalb sie sich zwar mit dem richtigen Magnetschlüssel, aber an der falschen Tür zu schaffen machte. Rose schaffte es trotzdem noch, puhh! Christel fiel auf, dass sie in einem Behindertenzimmer mit Badewannenvariante war. Die Lobby erklärte ihr, dass nur noch ein Raucherzimmer mit Rollstuhldusche zur Verfügung stünde. Darauf verzichteten die beiden aber dankend.

Der Hunger trieb die Touristen nach einem Nap aus den Federn. Hardy plante, den *Stratosphere Tower* am nördlichen Ende des Strips anzuschauen. Andrew bemerkte, dass man im Aussichtsrestaurant bestens dinieren könnte. Gesagt, getan. Bevor den fünf der Zutritt zum Expresslift des Restaurants gewährt wurde, durften sie noch eine Ehrenrunde im turmeigenen Kasino drehen. Andrew erklärte den spielunerfahrenen Oldies im Schnelldurchgang die Geld fressenden Maschinen. Magenknurren und Hintergrundlärm behinderten allerdings ein allzu konzentriertes Zuhören. Unterdessen wechselte Christel 10 Dollar in Quarter um, setzte sich an den nächsten einarmigen Banditen und gewann beim ersten Dreh 20 Dollar. Gross war der Jubel, als die 100 Coins aus der Maschine schäpperten. Nun fühlte sich Erhard in seiner Hoffnung bestärkt, in Las Vegas Millionär zu werden, um vorzeitig in Pension gehen zu können. Die Armbanduhr (andere gibt es in den Kasinos bekanntlich nicht) mahnte die Gruppe, sich zum Aufzug zu begeben. Ui-juijuijui, wie das Ding in die Höhe schoss! Die nette Dame am Reservation Desk bat um einige Minuten Geduld und hiess, einstweilen die Aussicht von der höher gelegenen Terrasse im Innern des Turms zu geniessen.

Hier lässt es sich wohl sein

Rose war absolut hingerissen von der Weite des nächtlichen Lichtermeers. Wie schon öfters wurde der Spruch bemüht, sich das *so* nicht vorgestellt zu haben. „Wie hast du es dir denn vorgestellt?", wollte Hardy wissen. Rose verwarf die Hände, als würde die Gestik alle Fragen beantworten: „Anders, ganz, ganz anders … und nicht so!" (Alles klar?) Endlich brachte der vom Restaurant mitgegebene Piepser an Andrews Handgelenk Erlösung. Der Tisch wurde endlich frei. Da er sich auf der unteren Drehscheibe befand, wurde Hardy mit einer Hebebühne die wenigen Stufen hinunter zum Platz gebracht. Das lange Warten hatte sich in der Tat gelohnt. Vom Tisch aus bot sich allen ein wunderbarer Blick auf das lichtschwangere Las Vegas. Ungläubig, so etwas erleben zu können, konnte Rose ihren Blick kaum vom Lichterglanz lösen. Als dann der Kellner ein Chateaubriand mit köstlichen Beilagen servierte, war das Glück perfekt. Wen kümmert in solchen Momenten schon der hohe Dollarkurs? Geniessen ist eben schöner als Geizen!

Da das Dessertbuffet mehrfach an den Essenden vorbeizog und man daher wusste, was einen erwartete, wollte, ausser Hardy, niemand mehr eine Nachspeise. Dabei präsentierten sich die süssen Kalorienbomben sehr verlockend. Rosemaries Entzückung über den traumhaften Abend endete mit dem Bezahlen der Rechnung. Mother Rose beharrte darauf. Sie musste aber Christels Hilfe für den „Tip" in Anspruch nehmen, bevor sie für einmal am richtigen Ort unterschrieb. Müde, aber zufrieden, suchte das Schweizer Quintett den richtigen Lift nach unten. Hardy meinte, das Auto in der vierten Parketage zurückgelassen zu haben. Alle erschraken, als sich der Van nicht mehr auf dem Parkplatz befand. Nicht ein Gangster, sondern der Wein war schuld daran. Im falschen Parkdeck findet man den Wagen nie!

Montag, 8. Mai 2000: Las Vegas

Nichts hielt die Oldies mehr im Hotelzimmer. Nach einem frühen Frühstück irgendwo auf dem Strip gesellten sie sich am späteren Morgen zu Christel und Hardy. Gemeinsam machte sich die Familie Landolt auf den Weg, die Kasinos zu erkunden. Ganz zuoberst auf der Prioritätenliste von Rose waren die italienisch angehauchten Hotelkomplexe Venetia und Bellagio. Dass Las Vegas die verrückteste Stadt der Welt ist, wird einem spätestens dann bewusst, wenn man die Rialtobrücke, umgeben vom Canale Grande, mitten in der Wüste unter sengender Sonne bestaunen darf. Die Amis haben mit dem neuen Venetia eine Augenweide geschaffen. Neben dem Äussern, einem gedrängten, aber realitätsgetreuen Abbild von Venedigs Sehenswürdigkeiten, besticht auch das Innere des Kasinos. Besonders die Eingangshalle mit den goldenen Stukkatur- und Gemäldedecken löst Erstaunen aus. Die anderen Riesencasinos verzauberten die ungläubig staunenden kleinen Glarner Oldies ebenfalls.

Wie in Venedig – nur in der Wüste

Für den Abend war der Besuch der Zaubershow von *Siegfried & Roy* vorgesehen. Hardy hatte bereits Wochen zuvor Tickets reserviert und via Kreditkarte bezahlt. Später hatte Christel auf dem Kreditkartenauszug entdeckt, dass sich jemand im Zusammenhang mit den telefonischen Reservationen rund um die Rundreise unlauteren Zugang zur Karte von Hardy verschafft hatte. Glücklicherweise hatte ein Schaden innerhalb der Reklamationsfrist abgewendet werden können. Der veruntreute Betrag wurde von der American Express zurückerstattet. Gleichwohl waren Hardy und Christel nicht sicher, ob alle Reservationen wunschgemäss vorgenommen worden waren, da die Kreditkarte gesperrt werden musste. In der Tat! Beim Ticketschalter im Hotel Mirage liess der Sachbearbeiter durchblicken, dass etwas nicht in Ordnung sei und der Supervisor erst um Rat gefragt werden müsse. Man solle doch bitteschön später wieder vorbeikommen.

Wie geheissen stand Familiy Landolt in der langen Warteschlange. Man war nicht mehr überzeugt, dass es mit der Show noch klappen würde. Glücklicherweise wurde das ungute Gefühl nicht bestätigt. Eine Mitarbeiterin fragte alle Personen nach dem Grund ihres Wartens. Als die Glarner an der Reihe waren und die Geschichte kurz erläuterten, wurde der Supervisor beigezogen. Beide verschwanden im Kämmerlein. Die Sachbearbeiterin erschien kurz darauf wieder und händigte vier Tickets aus. Es waren eindeutig keine Originale, sondern rosarote Kopien eines Quittungsbüchleins, auf dem in grossen Lettern geschrieben stand: stolen/lost tickets. Aha! Also doch! Ein krummer Hund im Mirage hatte die Kreditkartenangaben missbrochen. Die Freude über den Einlass in die Zauberhalle wurde kurz unterbrochen, als die netten Damen vom Dienst zwei Paare an den Glarner Tisch geleiteten. Die Angestellten betrachteten die bereits besetzten Plätze als Verwechslung. Your ticktes, please! Bei der zweiten Kontrolle legte Christel dem Fräulein in Uniform nahe, doch endlich den Supervisor aufzusuchen und sich instruieren zu lassen als immer wieder zu stören. Das wirkte.

Einem ereignisvollen Abend stand nun nichts mehr im Wege. Als Erhard die schön gekleideten Herren und Damen sah, musste er einmal mehr seinen Unmut darüber bekunden, dass ihm keine Zeit mehr für einen Kleiderwechsel zugebilligt worden war. Er hätte doch extra den schönen Anzug mitgenommen und am Morgen aufs Bett bereit gelegt. Nun sitze er da, in seinen kurzen Hosen und dem verschwitzten Hemd – wie der letzte Bauer. Christel tröstete ihn. Sie meinte, auch sie hätte sich gerne noch gestylt und fühle sich wie das letzte Landei. Für derlei eitle Gedanken hatte der gut gekleidete Hardy keine Zeit. Er bestellte beim Kellner eine Margaritha und erfreute sich daran, die Leute zu studieren. Besonderen Gefallen fand er am Verhalten seiner Frau. Als der Kellner zum Tisch kam und die Hand für die Tickets ausstreckte, packte Christel reflexartig seinen Arm und schüttelte ihn kräftig. Der verdutzte Mexikaner brauchte erst einen Moment, um die unfreiwillige Begrüssung zu erwidern, wies aber bald einmal mit Nachdruck darauf hin, die Tickets und nicht einen Händedruck zu wollen.

Das Licht ging aus. Die Show begann. Siegfried und Roy legten sich mächtig ins Zeug. Den Zuschauern wurde ein farbenprächtiges und dynamisches Spektakel geboten. Die Tricks steigerten sich. Das gesamte Repertoire eines guten Magiers wurde dargeboten. Dem Japaner am Glarner Tisch machte das Zersägen der Jungfrau besonderen Eindruck. Als das Sägeblatt den Körper entzweite, schrie der Japs und japste nach Luft. Er umklammerte sogar seine Frau, gerade so, als ob sie das nächste Opfer wäre. Es sah zum Schreien komisch aus. Rose konnte sich beim Anblick des höchst schreckhaften Mannes nicht mehr beherrschen. Ein herzhaftes Lachen war die Folge. Zum Glück war der Tischnachbar so mit seiner Schreckbewältigung beschäftigt, dass er nichts um sich herum wahrnahm. Gegen Ende der Show zeigten Siegfried und Roy, warum sie nach Eigenwerbung die besten der Welt sind. Der Schwierigkeitsgrad der Zauberkünste wurde kontinuierlich erhöht. Es reichte nicht, dass Roy oder weibliche Schönheiten verschwanden. Nein, weisse Tiger kamen aus dem Nichts und verschwanden ebenso spurlos. Der Elefantentrick war aber der absolute Höhepunkt. Roy ritt auf einem ausgewachsenen Dickhäuter auf die Bühne und deckte ihn mit einer weissen Blache zu. Das Tuch begann immer heftiger im Wind zu tanzen. Die Betrachter konnten so nicht mehr genau feststellen, ob das Tier immer noch darunter war. Mit einer schnellen Bewegung wurde das flatternde Weiss gelüftet – darunter war nur Leere! Selbst der aufmerksamste Zuschauer konnte sich nicht erklären, wohin der graue Riese verschwunden war. Es war eine Supershow. Wohl jeder Besucher zollt den beiden Zauberern auch Respekt für ihr Bemühen um die Erhaltung der weissen Tiger und Löwen.

Dienstag, 9. Mai 2000: Las Vegas – Death Valley (CA)

(4 1/2 Std./233 Meilen: I-15 north, Las Vegas Pkwy 95 north, 267 south und 190 east)

Nach dem Lärm und dem Lichterspektakel freuten sich alle auf die Weiterfahrt in die Wüste. Auch Andreas gesellte sich nach seinem freien Tag erholt und unternehmungslustig zur Familie. Christel und Hardy wollten vom Death Valley diesmal den nördlichen Teil sehen. So fuhr die Reisegruppe über den Hwy 95 north nach Beatty, wo der Tank gefüllt und Wasser gekauft werden musste. Gegenüber der Tankstelle befindet sich eine Trading Post, eine Art Trödelladen. Der Besuch lohnte sich alleine deshalb, weil die Ladenbesitzerin mit den beiden Rollstuhlprofis über ihre Reiseerfahrungen austauschen wollte. Die Frau erwähnte, dass ihr Mann vor einem Jahr unfallbedingt in den Rollstuhl gekommen sei. Das Paar hatte bislang noch keine grösseren Reisen unternommen, weil der Para offensichtlich Mühe mit längerem Sitzen bekundet. Die Frau war deshalb sehr erstaunt, dass ein Tetra aus der Schweiz den Weg in die Wüste Nevadas gefunden und erst noch überlebt hatte. Ein paar gute Tipps munterten die Frau auf.

Nach kurzer Weiterfahrt auf dem Hwy 95 wurde Scotty's Junction erreicht, von wo aus die Strasse 267 die Grenze zu Kalifornien passiert und direkt zum nördlichen Eingang ins Death Valley führt. Hardy hatte gar keine Freude, dass das Thermometer nicht in Schwindel erregende Höhe stieg. Die Hitze war moderat und machte den Beschreibungen und Warnungen keine Ehre. Das lag wohl nicht unbedingt daran, dass erst ein Hügelzug bezwungen werden musste, bevor es hinunter ins Tal zu *Scotty's Castle* ging, das sich in einer Oase kurz nach dem Überqueren der Passhöhe befindet. Ein freundlicher Ranger gab bereitwillig Auskunft und erwähnte, dass bald eine Führung durch das sagenumwobene zweigeschossige Schloss stattfände und vorher noch Gelegenheit zum Besuch des kleinen Museums bestünde. Hardy war absolut erstaunt, dass seine Frage nach dem Vorhandensein eines Liftes mit einer Selbstverständlichkeit sondergleichen bejaht wurde. Der Denkmalschutz (in Amerika zählt ein Gebäudekomplex der Jahrhundertwende bereits zur Geschichte und ist schützenswert) muss der Behindertenintegration selbst in der Wüste weichen.

Pünktlich fanden sich die Schweizer beim Eingang ein. Erst als die komisch gekleidete Frau die Wartenden nach ihrem Herkunftsort fragte, war klar, dass sie die Führerin war. Die Oldies, mit einem deutschen Beschrieb ausgerüstet, verstanden die Ausführungen natürlich nicht. Rose missdeutete Kleidung und Gehabe der Frau als eine wüstenbedingte Macke. Dabei waren der alte Rock, die Huppifrisur und die Rundbrille bewusst gewählt. Die Rangerin verstand es ausgezeichnet, die sprachkundigen Touristen auf eine Zeitreise mitzunehmen. Nur bei den Glarner Oldies erntete das komische Getue Kopfschütteln und viel sagende Blicke. Die „braven Kinder" klärten die unwissenden Eltern aber nicht auf, damit der Spass nicht vorzeitig endete.

Scotty's Castle – für Rollifahrer kein Problem

Wie eine Märlitante[185] erzählte die Führerin vom eigenartigen Kauz[186] namens Scotty, der, Lebenskünstler, wie er war, reichen Städtern vorgaukelte, in der Wüste Gold gefunden zu haben. Gar mancher investierte in das Luftschloss. Nur einer wollte es genauer wissen und liess sich von den Abschreckungsmanövern seines Schuldners nicht täuschen. Der neugierige Mister Johnson machte sich eines Sommers ins Death Valley auf und begleitete den Abenteuerer. Dabei entwickelte sich eine Männerfreundschaft zwischen den beiden, obwohl der Investor bald einmal merkte, Geld in den Sand gesteckt zu haben. Das trockene Klima tat dem Städter Johnson, der unter Asthma und Rückenschmerzen nach einem leidlich ausgeheilten Wirbelbruch litt, derart gut, dass er bald einmal die nördliche Oase kaufte und sich eine Ranch baute – das heutige Schloss. Das hielt aber Scotty nicht davon ab, gegen aussen als Eigentümer aufzutreten. Johnson liess seinen Freund gewähren und war froh, wenn er allzu neugierige Leute abwimmelte und ihm mit unglaublichen Geschichten die Zeit vertrieb. Das Innere des Schlosses spiegelt diese Männerfreundschaft wider. Teure Möbel, Porzellan und für damalige Zeit erstaunliche Elektrifizierung erinnerten an den reichen Städter, während die Schiessscharte nahe der Türe mit einem Doppelausgang für die Kugeln, vom Ideenreichtum und den Hirngespinsten von Scotty zeugte.

Wer von Norden her ins Death Valley herunterfahren will, muss kurz nach dem Schloss eine Rangerstation passieren. Andrew wollte von der jungen Rangerin wissen, weshalb im Süden kein Posten sei, und bekam eine einleuchtende Antwort: wegen der Hitze. Die eindrucksvolle Landschaft, die sich auf der Fahrt ins Tal ausbreitete, liess die Oldies das Death Valley hochleben. Hardy verfolgte zuversichtlich das steigende Thermometer. Leider schaffte es der Zeiger nur bis knapp 40 °C. Die Wüstensonne brannte noch zünftig[187], als der Van die Furnace Creek Ranch erreichte. Diesmal nächtigte man aber nicht im Hotel Furnace Creek Inn am Hang, sondern in der Ranch im Tal. Christel und Rose erledigten das Einchecken, während die Männer draussen im Auto vor sich hinschmorten. Besonders Erhard eiferte sich über die Schweissperlen, die ihm nur so von der Stirn heruntertropften, und prahlte damit, bereits mehr als zwei Liter getrunken zu haben. Der siegessichere Seitenblick galt der strengen Nurse, die mit den Zimmerschlüsseln wieder zugegen war. Christel freute sich über den geräumigen Handicapped Room (403) mit Roll-in Shower so sehr, dass sie sich Bettruhe verordnete. Was war los? Hardys virulente Rachenkäfer hatten böse zugeschlagen und bei seiner Ehefrau starke Halsschmerzen verursacht. Die kleine Rose wieselte umtriebig herum und schaffte es ohne Englischkenntnisse, der Schwiegertochter ein heisses Getränk zu besorgen. Die Oldies wurden von den Darniederliegenden mit Andreas zum Hotel Furnace Creek Inn beordert, damit sie, wie Hardy und Christel auf der Hinreise, auf der Terrasse den orientalisch anmutenden Sonnenuntergang geniessen konnten – gerade so wie in 1001 Nacht.

Furnace Creek Inn by Night

Mittwoch, 10. Mai 2000: Death Valley – San Diego

(7 Std./400 Meilen: über Hwys 178 east, 127 south, I-15 south, Hwy 163 south)

Christel fühlte sich nicht besser. Ein tief sitzender Husten liess das kranke Eheweib stumm und schlapp auf dem Hintersitz sitzen. Der Weg führte zunächst beim *Mushroom Rock* vorbei, der auch die kranke Christel zum Lachen brachte. Auf der Ansichtskarte war die Steinskulptur nämlich riesig abgebildet, in natura aber kaum zu sehen. Selbstverständlich hielt man bei diesem kümmerlichen Ding nicht eigens an und fuhr bis zur *Artist's Palette*. Der Steinkenner Erhard freute sich an den verschiedenfarbigen Felsen und posierte zusammen mit Rose vor dem Hintergrund, beide stolz, in den USA zu sein. Vergessen war der Höllenritt in den Universal Studios!

Die Oldies kämpfen mit den Kräften der Wüste

Die Schilder am Strassenrand machten klar, dass der Meeresspiegel immer näher rückte. Bereits unter Wasser, aber immer noch im Trockenen wurden die gläubigen Oldies zum Teufel, genauer zum *Devil's Golfcourse*, geführt. Vorsichtig tapsten die Fussgänger auf dem schwarzen Salzgestein. Man gab sich alle Mühe, nicht umzufallen und sich an den Salzspitzen zu verletzen. Ein kräftiger Wüstenwind blies den Schweizern beim Verlassen des Autos in *Badwater*, dem tiefsten Punkt im Death Valley mit 86 m unter dem Meeresspiegel, entgegen. Christel und Hardy verzichteten diesmal auf einen Spaziergang auf dem Salzsee und liessen sich bei einer Sitzbank nieder. Zum Glück, denn der Wind wurde immer stärker. Heftige Böen schlugen auf die Spaziergänger und die beiden Wartenden ein. Die kleine Rose wurde vom Wüstenwind am schlimmsten attackiert. Es fehlte nicht viel, und der Wind hätte sie weggetragen. Auch Erhard musste sich gegen den unsichtbaren Feind stemmen, der ihm den Stohhut vom Kopf fegen wollte. Hardy erging es nicht besser. Ein Windstoss prallte derart heftig auf den Sitzenden, dass der Rollstuhl kippte. Christel packte den rückwärts fallenden Hardy geistesgegenwärtig und klammerte sich mit der anderen Hand an den Tisch, um nicht selbst weggefegt zu werden. Hardy war einmal mehr froh, eine stämmige Wettertanne geheiratet zu haben.

Baker, der nächstgelegene Ort am Südausgang des Death Valley, war das nächste Ziel. Der Wüstensturm behinderte ein zügiges Vorankommen. Er bot zudem ein seltenes Naturschauspiel, das aber nicht alle geniessen konnten. Der freihändige und schnelle Fahrstil des Drivers liessen Christel und Rose einen baldigen Unfall befürchten. Aufforderungen der Frauen, etwas vorsichtiger zu fahren, ignorierte der Chauffeur freundlichst, weshalb Rose und Christel in Baker angespannt dem Auto entstiegen. Der kleine Ort verfügt über ein griechisches Restaurant, das den Schnellimbissbuden vorgezogen wurde. Das Ambiente war nett, der Frass leidlich. Er füllte zumindest die Mägen. Christel zog es trotz Fieber vor, nach der Mittagsrast selbst ans Steuer zu sitzen. Der Reiseplan wies keine weiteren Sights mehr auf. Da es offensichtlich alle nach San Diego drängte, verzichtete die Fahrerin auf einen Halt in der am Wege liegenden Geisterstadt Calico. Die teils authentische, teils rekonstruierte *Ghost Town Calico* liegt 18 km östlich von Barstow und zeigt eine verlassene Bergbausiedlung des späten 19. Jahrhunderts. Die Besucher können mit einer Minenbahn fahren oder Stollen der Maggie-Silbermine erforschen. Es finden Führungen und Shows statt, darunter Schiessereien auf der Main Street. Selig, bald wieder in San Diego Downtown zu sein, äusserten die Oldies den Wunsch, wieder im Hyatt zu residieren. Das klappte problemlos.

WOCHENTAGEBUCH SAN DIEGO
(FORTSETZUNG)

WEEK 19/2000:
GOODBYE – TAKE CARE

8. bis 14. Mai

Der Donnerstag bot Rose und Erhard, beide ausgeschlafen und mit einem herrlichen Hyatt-Würstlifrühstück im Bauch wieder bei Kräften, nochmals Gelegenheit für einen Stadtbummel. Es war der letzte Tag vor ihrer Heimreise. Die mittlerweile reiseerfahrenen Oldies äusserten den Wunsch, ihre uralten Koffer durch rollende Samsonite-Schalen zu ersetzen. Hardy führte das Grüppchen zum Travel Shop an der Laurel Street, der Aktionspreise anbot. Nach einer eingehenden Inspektion entschloss sich General Rose zum Kauf der blauen Koffer. Sichtlich stolz zückte sie die Kreditkarte. Erhard freute sich, die schweren Dinger nicht mehr tragen zu müssen, und rollte die beiden Schnäppchen zum Auto. Hardy meinte, dass der Erwerb zu häufigeren und ausgedehnteren Reisen verpflichten würde. Diese Bemerkung stiess allerdings auf wenig bis kein Gehör. Hardy wird wohl die Koffer in praktisch ungebrauchtem Zustand erben.

Die Oldies wurden hernach nach Old Town San Diego geführt. Das mexikanische Flair gefiel Erhard und seinem Fotoapparat unerwartet gut. Hardy überzeugte seinen biologischen Erzeuger, ihn doch in das mexikanische Restaurant am Eingang des *Bazaar del Mundo* zu begleiten. Der Süffel weiss eben genau, wo es riesengrosse Margarithas gibt. Erhard fühlte sich inmitten des Mex-Food nicht unbedingt wohl, willigte aber gezwungenermassen ein, mit seiner Frau (schon wieder) einen Taco Salad zu teilen. Das Körbchen mundete diesmal aber dem verwöhnten Gaumen. Rose plapperte ihre Freude von der Seele weg. Sie fühlte sich in vergangene Zeiten zurückversetzt und stellte sich stramme Missionare vor, die San Diego gegründet hatten. Der religiöse Flash veranlasste die Betschwester anschliessend zu einem Besuch der alten Missionskirche. Christel und Hardy waren gerührt darüber, dass eigens für sie beide ein Licht angezündet wurde. Diesmal war es aber keine Kerze, die brannte, sondern eine Glühbirne, die für einen Dollar kurz aufflackerte. Danke Rose für die gute Gesinnung!

Rose im Bazaar del Mundo

Der Weg zurück zum Auto wurde mit Shopping und dem Besuch des *Kutschenmuseums* aufgewertet. Nachher fuhr Christel direkt zum Wolf's-Fotogeschäft beim Horton Plaza, wo Rose am Morgen auf Geheiss von Hardy die neun verknipsten Filme zum Entwickeln gebracht hatte. Trotz der schriftlichen Bestätigung, neun Filme abgegeben zu haben, erhielt Rose nur acht Couverts retour. Christel stellte den verdutzten Nachmittags-Angestellten zur Rede, der meinte, die Abgabetüte mit dem Film Nummer 4 wäre leer gewesen. Verunsichert darüber, ob Erhard (an allem ist immer er schuld ...) versehentlich einen leeren Filmbehälter abgegeben hatte, wollte Rose im Hotelzimmer nachschauen. Der sichtlich irritierte Erhard suchte anschliessend verzweifelt, aber erfolglos nach den fehlenden Graduation-Bildern. Wie schade! Er war mehr als nur enttäuscht und von seiner Unschuld absolut überzeugt. Christel tröstete ihren Schwiegervater damit, an Hardys Abschlussfeier auch geknipst zu haben. Andreas hatte zudem ausgiebig gefilmt, weshalb auch Fotos ab dem Videofilm gemacht werden könnten. Die Oldies beruhigten sich nach der ersten Aufregung und freuten sich an den gelungenen Schnappschüssen.

Die Jungmannschaft hatte den dankbaren Oldies offeriert, sie nach Los Angeles auf den Flughafen zu bringen. Bevor es allerdings erneut on the road gehen konnte, musste der Driver, der nächtens erst spät heimgekehrt war, aus den Federn geholt werden. Wie abgemacht konfrontierten die Glarner Frauen die Morgencrew des Fotogeschäfts mit der Tatsache, dass im Hotelzimmer kein Film war und deshalb im Laden verloren gegangen sein musste, was aber vehement bestritten wurde. Die Ausflüchte waren aber wenig glaubwürdig, da man Christel und Rose nicht in die Augen schauen konnte. Fehler zugeben ist halt nicht einfach! Da Christels Filme pannenfrei entwickelt worden waren, war das Unglück nicht gar so schlimm. Die Oldies erhielten einen vollständigen Satz von Christels Film und waren überglücklich, doch noch die Schlussfeier ihres Sohns auf Bild zu haben.

Good Bye – Angsthasen

Immer näher kam der Flughafen. Die beiden Heimkehrer sassen stumm im Hinterteil und schauten gedankenverloren zum Fenster hinaus. Ein zusätzlicher Kummer belastete beide. Rose hatte am Vorabend in die Schweiz telefoniert und dabei erfahren müssen, dass es schlecht um die Gesundheit ihrer Schwester stand und sogar mit einem baldigen Tod gerechnet werden müsse. Obwohl das Flughafenareal dem Fahrer nicht unbekannt war, erwies sich die Suche nach dem Swissair Terminal als schwierig. Die mangelhafte Beschilderung trug dazu bei, dass man vom Parkfeld vor dem Terminal 3 zu Fuss zum Terminal 5 gehen musste. Nach dem Einchecken bot sich Zeit für ein Henkersmahl im Mc Doof. Hambis, Pommes und Vanille Shake wurden gekauft. Der Uhrzeiger drängte vorwärts. Es war so weit. Die bedrückten Oldies wurden zum vorgesehenen Gate begleitet. Dank der Abschiedszeremonie, die nicht enden wollte, hörten die Englischkundigen zufällig, dass die Stimme aus dem Lautsprecher einen Gatewechsel für den Swissair Flug ankündigte. Was wäre wohl aus den zwei Verschupften[188] geworden, wenn sie nicht begleitet worden wären? Sehr wahrscheinlich sässen sie heute noch vor dem falschen Gate. Dankbar und den Tränen nahe klammerten sich die beiden Heimkehrer an die Kinder und wollten sie nicht gehen lassen. Na, ja, irgendwann sassen sie dann doch alleine auf den Bänken und kamen wohlbehalten in Kloten an, wo sie von ihrer Nichte abgeholt wurden.

WEEK 20/2000:
KATASTROPHENWOCHE

15. bis 21. Mai

Christels Husten war schlimmer geworden. Hardy hatte seiner Frau am Wochenende befohlen, das Bett zu hüten. So steckte der arme Tropf gezwungenermassen auch den ganzen Samstag in den Federn und hatte versucht, auf die Dienste seines dahinsiechenden Weibes, so gut es eben ging, zu verzichten. Die Lungengeplagte war am Montagmorgen froh, den Entlastungsdienst bald im Hause zu wissen. „Dann wird es schon wieder besser werden", dachte die erschöpfte Nurse hoffnungsvoll. Es war lange 8 a.m. vorbei. Vom Arbeitnehmer fehlte aber jede Spur. Wohlwissend, wo er sich aufhalten könnte, wurde Andrew nach 9 a.m. bei seiner Freundin aus den Feder geschellt. Er hätte eben gemeint, Ferien zu haben. Man stellte dann in der Tat fest, dass das Ferienbedürfnis beiderseitig sehr gross war, weshalb das Arbeitsverhältnis kurzerhand aufgelöst wurde. Kurz danach erreichte eine andere Hiobsbotschaft das Paar. Hardys Gotte[189] war gestorben. Was für die trauernden Angehörigen galt, traf auch für Hardy und Christel zu: Das Leben geht weiter. Die Glarner mussten sich Gedanken machen über den restlichen USA-Aufenthalt. Time-Management war angesagt. Nach dem Motto „Was du heut' noch kannst besorgen, das verschiebe nicht auf morgen" machten sich die beiden Glarner an die Arbeit.

Hardy musste seine Liftschlüssel in der Schule abgeben, ein ausgeliehenes Buch kopieren, eine Liste der zum Verkauf stehenden Haushaltsgegenstände aushängen und den Adresswechsel bekannt geben. Zudem schaute das Paar bei Prof. Slotkin vorbei, um ein korrigiertes Einreisedokument abzuholen. Hardy hatte nämlich zufällig bei der Kontrolle seines Passes bemerkt, dass sich die Sekretärin bezüglich der Schuldauer geirrt hatte. Die besagten Damen mussten zudem feststellen, diesen Fehler bei mehreren Studenten gemacht zu haben. Dem Gang zur Post, wo Christel das Geburtstagspäckli für ihr Gottenkind aufgab, folgte das Aufsuchen des Fotoladens und des Lebensmittelmarkts. Schwer beladen kehrten die Glarner zurück, wo sie anschliessend Andrew definitiv verabschiedeten. Danach war Hardy froh, zusammen mit Christel seine Schulunterlagen, Bücher und Literatur verlesen und verpacken zu können. Am Mittwoch war das Computerzeug und das ganze elektrische Zubehör an der Reihe. Hardy setzte sich zudem mit der Reservierung des Containers für die Übersiedlung des Hausrats in die Schweiz auseinander. Die Gelben Seiten des Telefonbuches leisteten gute Dienste. Nach einigen Telefonaten kristallisierte sich eine Exportfirma von San Diego heraus, deren professionelles Vorgehen Hardy besonders gefiel. Hardy war erleichtert zu vernehmen, dass die Profis das Ausfüllen der Zollpapiere und den sonstigen Schreibkram erledigen, das Verschiffen des Vans von Miami in die Schweiz vorbereiten und sogar mit dem Schweizer Importeur verhandeln.

Dermassen in ihre „Erledigungsneurose" vertieft dachten die Glarner nicht im Traum daran, dass nach zwei schlechten Ereignissen noch ein drittes folgen könnte. Christel ahnte es aber, als sie Hardys grosse Augen sah und das leichte Entsetzen wahrnahm, das in seiner Stimme mitschwang, als er mit seiner Mutter telefonierte. Tatsächlich, ein Unfall mit Spitalfolgen. Erhardli hatte es erwischt! Nein, nicht etwas Arhythmisches an seinem Herzen oder Spätfolgen der Back-to-the-Future-Fahrt hatte er zu beklagen. Völlig unerwartet war er unter die Piraten geraten und sass nun mit einer Augenklappe in der Spezialklinik in Zürich. Ein homemade Zwischenfall verursachte Splitter; dummerweise verirrte sich einer ins rechte Auge. Die Blutverdünnung liess viele grosse rote Tränen aus dem Sehorgan kullern und führte zu einem echten Notfall. Die Glarner Mediziner hatten den schockierten Tropf kurzerhand ins Spitalauto verfrachtet und ihn in die Obhut der Zürcher Spezialisten gegeben. Hoffentlich verliert Erhard das Auge nicht!

Das Physioschätzchen freute sich, ihren Schützling endlich wieder einmal zu sehen, und bestand natürlich auf einer lückenlosen Reisereportage. Hardy versprühte seinen ganzen Charme. Gewiss hätte er ihr von unterwegs eine Ansichtskarte geschickt. Er würde sie doch so sehr mögen und hätte sie vermisst. Das tat Tiff wohl. Allein gelassen im Physiokeller kämpft sie seit längerer Zeit gegen den Arbeitskoller und fragt sich, ob das Leben nicht eine Alternative zu bieten hat. Frustriert entgegnete sie Hardys aufmunternden Worten, dass sich hier im Spital niemand interessiere, wie es in den fensterlosen Räumen um sie stünde. Vor kurzem wäre eine dicke halbseitig gelähmte Frau auf sie gefallen und hätte sie unter sich begraben.

Tiff konnte sich nur mühsam befreien und Hilfe holen. Nach langem Betteln hätte sie jetzt von der Spitalverwaltung einen Handgelenk-Piepser gekriegt. Während Tiff erzählte, heulte eine rote Alarmlampe auf. Eine Stimme aus dem Lautsprecher warnte: „Code red – physical therapy, I repeat, code red – physical therapy!" Christel wähnte sich inmitten einer Feuerkatastrophe und erwartete ob dem Krach umgehend ein Rettungskommando. Umsonst! Die Sirene im leeren Raum hornte pausenlos, derweilen Tiff seelenruhig Hardys Gelenke bewegte. Sie meinte zu Christel, die schon an Flucht dachte, dass der Feueralarm öfters grundlos ausgelöst würde. Irgendwann nahte die Rettung doch noch. Nicht etwa stramme Fire Fighters rammten die Tür zur vermeintlichen Rauchhöhle, sondern plattfüssige Sicherheitsleute und Elektriker vom Spital schlurften herbei und kümmerten sich um den Krachmacher, aber erst, als sie sich am Tiffany-Rotschopf sattgesehen hatten. Diese quittierte die falsche Prioritätensetzung umgehend mit einem treffenden Kommentar: „Hey, Leute, ich weiss schon, dass ich eine heisse Nummer bin – aber zu rauchen habe ich bisher noch nie begonnen!" Tiff ergänzte zudem, dass die Übung etwas schneller gehen dürfte, damit sie in einem Ernstfall nicht crispy würde.

Nach der Physio suchten Christel und Hardy den Pneu-Discount (3935 Convoy St) auf. Kurz vor Ladenschluss wollte Hardy die bestellten Winterfinken[190] abholen. Der Verkäufer freute sich keineswegs über den späten Besuch. Nach der Bezahlung verlangte der Mann zähneknirschend den Autoschlüssel und faselte etwas von einer halben Stunde Wartezeit. Nun dämmerte es den Glarnern. Nein, nein, man wünsche keinen Pneuwechsel. Plötzlich waren drei motivierte Angestellte anwesend, um die Reifen „nur" im Auto zu verstauen. Dabei erkundigten sie sich, ob in der Schweiz kein Bedarf an ihrer Discountkette bestünde. Sie würden ohne zu zögern sofort auswandern. Die Schweizer seien immer so höflich und nett! Gerade neben dem Pneuhaus befindet sich eine Ausstellungshalle von Home Depot. Auf mehreren Qaudratmetern präsentieren sich Bäder, Küchen, Sanitärzubehör, Beleuchtungselemente, Vorhänge und vieles andere mehr. Wie in den Jumbos oder in den besonderen Migros- und Coop-Märkten kann der Heimhandwerker im Home Depot alles erstehen. Gut zu wissen!

Der Freitag war der erfreulichste Wochentag. Hardy und Christel hatten bereits das Rückflugticket in der Hosentasche, als sie am Nachmittag nach Hause kamen. Der Abend beendete sodann die Opernsaison mit „La Bohème". Als Mitglied der Oper hatte Hardy zudem einen Gutschein für ein T-Shirt (der Opern-Shop verkauft auch andere unnütze Dinge) erhalten. Der Coupon wurde vom Fan kurzerhand eingelöst. In der Rollstuhlsitzreihe im Dress Circle begegneten dem Paar einige bekannte Gesichter. Es schien, dass den Saisonfreunden für alle Vorstellungen dieselben Platznummern zugeordnet worden waren. So schaute man ein letztes Mal dem unbekümmerten Treiben der Sandwürmer im Saal zu und freute sich über das Dargebotene. Christel konnte sich nicht erinnern, diese Oper je in einer komischen Inszenierung gesehen zu haben. Nichts erinnerte an das tragische Leben des Poeten und des Malers in der kalten, erbärmlichen Behausung. Immer öfter entwickelte sich ein Raunen zu einem schallenden Gelächter. Sehr ungewöhnlich! So ganz unsensibel war das Publikum aber doch nicht. Die Amis litten mit der todkranken Mimi mit und wussten sich bei ihrem Ableben zu benehmen. Niemand klatschte! Hardy versetzte sich so sehr in die sterbende Figur, dass ihm ganz anders wurde. Christel merkte plötzlich, dass ihr Mann die Augen, nicht aber den Mund geschlossen hatte. Es gelang ihr mit diskreten Püffen[191], den eingenickten Opernbesucher vor einem schnarchenden Tiefschlaf zu bewahren, der ihn vermutlich aus dem Rolli hätte purzeln lassen. Im Gegensatz zu Fräulein Mimi erreichte der müde Hardy nicht das Land der Träume, sondern bald die frische Luft. Ganz amilike flüchtete diesmal auch Christel nach dem Vorhang aus dem Saal zum Lift. Die Glarner freuten sich, für einmal die blöde dreinschauenden Wartenden zu vertrösten.

Beim Sonntagsfrühstück beriet sich das Paar über die bevorstehende Reise zur Ostküste. Wie das bei Christel und Hardy eben so üblich ist, befassten sie sich gleich eingehend mit der Planung und erstellten Etappenziele für das fünfwöchige Reiseunternehmen. Man ergänzte sich prächtig. Während Christel froh war, dass Hardy den groben Überblick behielt, hatte er nichts dagegen, wenn sie Wühlmaus spielte und Details aus den Reiseführern aufspürte. Gegen Abend stand die Route und das weitere Vorgehen bis zur Reise fest. Mit einem guten Gefühl im Bauch machte man sich anschliessend im Wissen um die Lücken im Internet-Reisetagebuch an die Berichterstattung über die vergangene Rundreise.

WEEK 21/2000:
THE WEDDING – EINE AMERIKANISCHE HOCHZEIT

22. bis 28. Mai

„Nach äm Rägä schynt d'Sunnä, nach äm Brüäla wird glacht ... duuliduulidulije, holadiduulije!"[192] – Das Schweizerlied bringt das Auf und Ab im Leben zum Ausdruck. Nach den Tiefschlägen der vergangenen Woche war Abwechslung angesagt. Der Zufall wollte es, dass im Wonnemonat Mai ein Thema die Glarner besonders unterhielt: Heiraten in Amerika. In vielen Hollywoodstreifen wird vor den Traualtar geschritten. Der Zuschauer nimmt an einer pompösen Familientradition teil, die meist einer steifen gesellschaftlichen Verpflichtung gleicht. Er erlebt märchenhafte Zeremonien, geschmackvolles Ambiente, in teures Tuch gewandete Gäste, kulinarische Leckereien und – notabene – ein Auto mit der Auspuffgirlande „just married". So vermittelt die Filmwelt den Traum! Wirklich ein Traum?

Obschon sich in den letzten Jahren gewisse Regeln gelockert haben, legt der Durchschnittsamerikaner sehr grossen Wert auf eine traditionelle Hochzeit, die zahlreichen Standards zu genügen hat. Wer keinen Stilbruch riskieren will, der muss sich mit dicken Heiratsbibeln auseinander setzen oder einen Wedding Manager beiziehen. Christel wagte einen Insight und vergnügte sich mit dem handlichen Taschenbuch „The Everything Wedding Etiquette Book" von Emily Ehrenstein und Laura Morin. Nach 130 Seiten mit süffisanten Antworten zu brisanten Fragen wird jedem Leser klar, weshalb 18 Monate Vorbereitungszeit für die Heirat keine Seltenheit sind.

Das Buch enthält keinen Hinweis, dass bei der Partnerwahl die Eltern um Erlaubnis gefragt werden müssen. Steht der Entschluss zur Heirat einmal fest, muss die Nachricht korrekt verbreitet werden. Die frohe Kunde erreicht zuerst die Eltern der Frau, dann ihre zukünftigen Schwiegereltern. Diese nehmen hernach Kontakt zum anderen Elternpaar auf, um das weitere Vorgehen zu besprechen. Die Verlobte sollte sich der besonderen Ehre bewusst sein, wenn ihr Auserwählter wünscht, dass sie als seine Zukünftige ein Familienerbstück als Verlobungsring trägt. Neu gefasste Steine oder ein zusätzliches neues Schmuckstück liegen aber durchaus im Rahmen der Möglichkeit. Wenn die nächsten Verwandten und Freunde informiert sind, kann das Paar Verlobungsanzeigen in den Zeitungen des Wohn- und Heimatortes ins Auge fassen. Kurz und prägnant wird darin mitgeteilt, wer die Verlobten sind, von wem sie abstammen, welche Schulabschlüsse sie aufweisen, wo sie arbeiten und dass sie eben heiraten wollen.

Kurz bevor die Annonce erscheint oder sofort nach ihrem Erscheinen findet eine Verlobungsparty statt, die üblicherweise die Eltern der Verlobten organisieren. Die Eltern des Bräutigams ziehen meist nach und feiern mit eigenen Verwandten und Familienfreunden. Bei einer *Engagement Party* dürfen keine Geschenke erwartet werden. Dennoch kann die Braut schon mal durchblicken lassen, welches Geschäft ihren Haushalt zusammenstellen wird. Anschliessend darf mit der Hochzeitsplanung nicht zu lange gewartet werden. Ist das Sponsoring geklärt, weiss man auch um die ungefähre Anzahl der Gäste. Die Wahl der BrautführerInnen wird spruchreif. Je formeller der Anlass ist, desto mehr *Attendants* werden benötigt. Eine Daumenregel besagt, ein *Usher* (Begleiter) pro 50 Gäste und gleich viele *Bridesmaids* (Brautjungfern). Oft werden jüngere Verwandte in die Heiratszeremonie miteingeplant. *Junior Bridesmaids* nennen sich weibliche Helferinnen zwischen 10 und 14 Jahren, wobei die *Flower Girls* (Blumenmädchen) jünger sind. Knaben unter zehn Jahren können Ringträger sein. Andere kleine Jungs und Mädchen können als Schleppenträger der Braut folgen.

Brautjungfer oder gar Brautführerin zu sein, muss nicht zwingend eine schöne Überraschung sein. Die Braut entscheidet nämlich nicht nur über ihr Hochzeitskleid, sondern auch über das Outfit ihrer Begleiterinnen. Sie alle müssen dasselbe Modell tragen, meist in Farbe, Stil und Schnitt auf das Brautkleid abgestimmt. Diese Festkleider müssen die Damen aber selber bezahlen. Die Heiratskandidatin sollte deshalb früh reinen Wein bezüglich ihrer Preisvorstellung einschenken. Die Kosten der An- und Wegreise der Attendants während der Vorbereitungszeit und nach dem Fest tragen diese ebenfalls selber. Das Brautpaar ist einzig für die Unterbringung bei Verwandten oder notfalls in Motels besorgt. Punkto Kleider geht es den männlichen Helfern nicht besser. Üblicherweise begeben sich die Ushers mit dem *Groom* (Bräutigam) zu einem Herrenbekleidungsgeschäft. Alle Beteiligten erhalten – auf Mass natürlich – denselben *Tuxedo* (Smoking) oder *Suit* (Anzug). Auswärtswohnende müssen ihre fachmännisch geprüften Körpermasse mitteilen. Der Bräutigam unterscheidet sich von seinen Begleitern oft durch eine andersfarbige Fliege und einen anderen *Cummerbund*. Auch trägt er ein unterschiedliches Gesteck im Knopfloch. Bei den Müttern des Brautpaares verhält es sich traditionell so, dass zuerst die Brautmutter ihr Kleid aussucht, das selbstverständlich mit dem Brautkleid korrespondiert. Ihre Wahl zeigt sie dann der Mutter des Bräutigams, die sich für ein Kleid entscheidet, das in Farbe, Stil und Länge mit demjenigen der Brautmutter übereinstimmt. Bei einer *Art Deco Wedding* (Schwarz-und-Weiss-Hochzeit) sind die Farben Weiss und Schwarz für die weiblichen Gäste unerwünscht.

Wenn die Helferinnen bestimmt sind, die Braut in einem Haushaltsgeschäft vorgemerkt ist und der Krieg um die Gästeliste begonnen hat, dann organisieren die weiblichen Verwandten und Freundinnen eine *Bridal Shower*. Dabei handelt es sich um eine Geschenksparty für die Braut, an der sie mit Aussteuergegenständen „überschüttet" wird. Dieses Fest findet lange nach der Verlobungsfeier statt, aber nicht später als zwei Wochen vor der Hochzeit. Der Bräutigam kann, muss aber nicht anwesend sein. Mehrere Bridal Showers sind inzwischen üblich geworden. Oft organisiert die Brautführerin ein Fest für Familie und Freunde der Braut. Dann folgt eine Bridal Shower seitens der Familie des Bräutigams, und zu guter Letzt wollen Mitarbeiter im Geschäft auch noch Spass haben und Geschenke überreichen. Einladungen für eine Bridal Shower – d.h. nette Verpflichtung für Geschenke – sollten eigentlich nur Gäste erhalten, die auch an der Hochzeit teilnehmen werden.

Ungeachtet dessen, wer die Hochzeit bezahlt, wird die Gästeliste von beiden Familien zu gleichen Teilen erstellt. Meist wird die Aufgabe, wer alles eingeladen werden muss bzw. soll, auf die beiden Elternpaare und das Brautpaar aufgeteilt. Mögliche Entscheidungshilfen sind: nur Kinder ab einem gewissen Alter, keine Mitarbeiter, keine entfernten Verwandten. Zusammen mit dem vorgesehenen Gast immer einzuladen ist sein *Significant Other* (bessere Hälfte, egal ob verheiratet oder nicht). Wenn es das Budget erlaubt, können für Singles Tischnachbarn organisiert werden. Verpönt sind eigenmächtige Partneranmeldungen von Singlegästen.

Steht die Gästeliste, werden die Einladungen gedruckt. Aus der Einladung geht klar hervor, wer für die Hochzeit aufkommt, das heisst, wer sich die Ehre gibt. Das können sein: Eltern der Braut, Eltern des Bräutigams, beide Eltern, Brautpaar, Brautmutter nicht wieder verheiratet, Brautmutter wieder verheiratet, Brautmutter und Stiefvater, Brautvater nicht wieder verheiratet, Brautvater wieder verheiratet, geschiedene Brauteltern zusammen. Bei Protestanten, Katholiken und Juden sind zusätzlich besondere Formeln zu beachten. Findet eine Militärhochzeit statt, ist der Rang des Gastes zu nennen. Nicht alle Leute werden zur *Reception* (anschliessendes Fest, Empfang) eingeladen. Es gibt Gäste, die sich mit der Teilnahme an der Zeremonie begnügen müssen. Adressen sind handschriftlich aufzusetzen, empfohlen wird der Beizug eines Kalligraphen.

Einst war es üblich, dass die *Bachelor Party* (Junggesellenparty) am Vorabend der Hochzeit stattfand. Heute kann der Feiertermin bis zu zwei Wochen vorher sein, damit alle ausgenüchtert zur Wedding erscheinen. Nicht nur *The Best Man* (Brautführer) und Ushers organisieren eine wilde Fete für den Bräutigam. Auch die *Maid of Honor* (Brautführerin) und die übrigen Bridesmaids legen sich mächtig ins Zeug für eine richtige *Bachelorette Party*. Vor der Hochzeit lädt die Braut zudem ihre Helferinnen als kleines Zeichen ihrer Dankbarkeit zu einer Teerunde, einem Mittag- oder Abendessen ein.

Wer „nur" zivil heiratet, muss nicht auf ein rauschendes Fest verzichten. Wer allerdings den religiösen Segen wünscht, muss sich mit den jeweiligen Bräuchen auseinander setzen. Blitzlichter sind in vielen Kirchen und Synagogen untersagt. Nicht nur die Planung einer ergreifenden, unvergesslichen Zeremonie erfordert Kraft und Schöpfergeist. Auch die verschiedenen Platzordnungen in den jeweiligen Gotteshäusern müssen berücksichtigt werden. Ist links oder rechts geklärt, bleiben immer noch ein paar Unsicherheiten. Wenn die Brautführer/innen nicht in der ersten Reihe sitzen, dann tun es die Eltern des Brautpaares. Bei geschiedenen Eltern darf die leibliche Mutter in der ersten Reihe sitzen und bestimmen, wer neben ihr Platz nehmen darf. Sind sich die geschiedenen Eltern freundlich gesinnt, darf der Vater mit seiner neuen Frau oder Partnerin in der zweiten Reihe Platz nehmen. Anderenfalls wird er in eine hintere Reihe verbannt. Ein gutes Verhältnis der Heiratskandidaten zur Stiefmutter kann die leibliche Mutter in die hinteren Bänke bringen. Die Geschwister sitzen in der zweiten Reihe, die Grosseltern in der dritten und enge

Freunde und Verwandte in der vierten. Zu spät ankommende Gäste werden nicht mehr von den Ushers an die Plätze begleitet.

Wissen Groom und Bride, wie und wo sie den Einzug gestalten wollen, sowie Ushers, Bridesmaids und alle beteiligten Verwandten, Freunde und Mitwirkenden um ihre Aufgaben während der kirchlichen Trauung, findet eine Hauptprobe meist am Abend vor der Zeremonie statt. Danach geht die ganze Gruppe zum Abendessen, dem so genannten *Rehearsal Dinner*, das üblicherweise die Eltern des Bräutigams bezahlen. Weder wird dazu schriftlich eingeladen noch herrschen irgendwelche Sach- und Kleiderzwänge. Viele Brautpaare nutzen das Rehearsal Dinner als Gelegenheit, kleine Aufmerksamkeiten zu verteilen. Es ist Sitte, Brautjungfern und Begleitern das gleiche Geschenk zu machen. Brautjungfern erhalten Ohrringe, Halsketten oder Strümpfe, die sie am Fest gebrauchen können. Männer dürfen sich über Rasierset, Eau de toilet oder Fliege freuen. Angebracht sind auch Geschenke für die Eltern, die so viel Zeit und Geld in den grossen Tag ihrer Kinder investieren.

Der grosse Tag! Nach der Zeremonie, vor dem Empfang, nimmt das frisch vermählte Paar Glückwünsche entgegen (*Receiving Line*). An der Spitze der zu Beglückwünschenden steht nicht die Braut oder der Bräutigam, sondern die Brautmutter. Ihr folgen der Brautvater, die Mutter des Bräutigams, der Vater des Bräutigams und erst am Schluss Braut und Bräutigam. Die Brautführerin gesellt sich vielleicht auch noch dazu, nicht aber der Brautführer. So viel Händeschütteln gibt Hunger und Durst. Ist die Receiving Line beendet und sitzen alle Gäste zu Tisch, wird für volle Champagnergläser gesorgt. Der Brautführer spricht einen Toast aus, wozu sich die ganze Gesellschaft – ausser dem Brautpaar – erhebt. Weitere Toasts dürfen anschliessend vom Bräutigam, der Braut, Eltern oder anderen Gästen ausgerichtet werden. Nach abgeschlossenem *Toasting* verliest der Brautführer eingegangene Glückwunschtelegramme. Nun können der Tanz gestartet und das Büfett eröffnet werden.

Am Haupttisch, der für alle gut sichtbar ist, sitzen üblicherweise Brautpaar, flankiert von Brautführerin und Brautführer, gefolgt von den übrigen Begleitern und Brautjungfern. Eltern, Ehepartner der Attendants und Familienangehörige sowie Freunde sitzen an separaten Tischen. Es gibt keine Regel, die besagt, dass ein mehrgängiges Menü serviert werden muss. Hors d'oeuvres sind dann ausreichend, wenn der Empfang nicht während typischen Essenszeiten, z.B. von 5 p.m. bis 9 p.m., stattfindet. Die Gäste bedienen sich an einem Büffett, während der Brautpaartisch bedient wird. Die Hochzeitstorte kann als einzige Nachspeise offeriert werden. Egal, ob ein elegantes Fest oder eine lockere Feier geplant ist – ein gewisses Mass an Unterhaltung, insbesondere eine musikalische, ist Pflicht. Ein dezentes Streichquartett ist ebenso statthaft wie ein DJ oder eine Band. Das Brautpaar eröffnet den Tanz. Traditionsgemäss tanzt die Braut nachher mit ihrem Vater, der Bräutigam mit seiner Mutter. Der dritte Tanz gehört Braut und Schwiegervater sowie Bräutigam und Schwiegermutter, Eltern und Brautjungfern bzw. -führern. Nachher ist der Tanz für alle Gäste eröffnet. Das Paar schneidet die Hochzeitstorte gemeinsam an, wobei sich beide vom ersten Stück einen Bissen gegenseitig in den Mund schieben. Für das weitere Teilen der Torte ist der Bäcker oder der Tortenlieferant besorgt. Bei einem Büffettempfang schneidet das Brautpaar die Torte ebenfalls erst nach der Eröffnung des Tanzes an, meist kurz bevor die beiden das Fest verlassen.

Die typische Südstaatenspezialität, der *Groom's Cake* (Bräutigam-Torte), erfreut sich auch in anderen Staaten einer wachsenden Beliebtheit. Der Früchte- oder Schokoladecake, Hauptsache ein dunkler Kuchen, ist in Stücke geschnitten und abgepackt für die Gäste. Eine Legende besagt, dass Singles einer Hochzeitsgesellschaft das Kuchenstück unter ihr Kopfkissen legen und so vom zukünftigen Mann oder der zukünftigen Frau träumen. Der Groom's Cake ist sehr fantasievoll gestaltet und mit einer persönlichen Note versehen, z.B. mit einem Football. Das Zuwerfen des Brautstrausses (durch die Braut) in ein Grüppchen unverheirateter Frauen *(Bouquet Toss)* ist genauso am Verschwinden wie das Zuwerfen des Strumpfbandes der Braut (durch den Bräutigam) in die Junggesellenrunde *(Garter Toss)*. Anstelle dieser alten Bräuche wird auf spielerische Art herausgefunden, welches Paar der Gesellschaft am längsten verheiratet ist. Die Ehefrau erhält den Brautstrauss, wenn ihn die Braut nicht behalten möchte.

Das Brautpaar einer typisch amerikanischen Hochzeit feiert nicht lange mit den Gästen mit. Es verlässt die Gesellschaft bald und fährt in den *Honeymoon* (Flitterwochen). Das ist nicht etwa unhöflich, sondern einfach Sitte. Um die Gäste kümmern sich hernach die Brautjungfern und -helfer. Das gilt auch für das Verwahren von allfälligen Geschenken oder Geldbeträgen. Eigentlich sollten die Gäste keine Geschenke mitbringen oder Geld hinterlegen. Diese sollten vor dem Empfang an die Braut geschickt werden. Der

Etiketten-Guru lässt ausnahmsweise einem Hochzeitsgast auch nach der Feier noch ein ganzes Jahr Zeit, für ein Geschenk besorgt zu sein. Jedes Präsent wird vom Brautpaar bis spätestens drei Monate nach der Heirat einzeln verdankt, und zwar handschriftlich mit einer persönlichen Note.

Wie auch immer die Kosten aufgeteilt werden, eines ist sicher: Der ganze Spass kostet eine hübsche Stange Geld. Nicht zu unterschätzen sind zudem Trinkgeld und Extras, die 15–20% ausmachen und daher schnell ein paar hundert, ja sogar tausend Dollar ausmachen können. In den Genuss eines Trinkgeldes kommen dabei nicht nur die Vertragspartner, sondern auch deren Angestellte, so. z.B. Mitglieder der Musikband (25 Dollar Trinkgeld) oder Toilettenfrauen, Garderobieren und Parkplatzhüter, die sich auf 1–2 Dollar pro Gast freuen. Angestellte dürfen aber von den Gästen kein (zusätzliches) Trinkgeld annehmen. Üblicherweise kommen die Braut und ihre Familie für folgende Kosten auf: Brautkleid und Accessoires, Einladungen, Tischkarten und Annoncen, Trauungsgebühr, Blumen für die Zeremonie und die Feier, Blumensträusse für die Brautjungfern, Knopflochgestecke für den Vater und Grossvater der Braut, musikalische Begleitung während der Trauung und Unterhaltungsmusik danach, Ehering und Geschenk für den Bräutigam, Fotograf/en, Unterkunft und Geschenke für die Brautjungfern, Limousine und andere Mietautos sowie alle Kosten der Feier inklusive Raummiete, Essen, Getränke, Spirituosen und Dekorationen. Der Bräutigam und seine Familie demgegenüber übernehmen folgende Kosten: Verlobungs- und Ehering der Braut, Brautbouquet und –geschenk, Ehescheingebühr, Pfarrgeld, Anstecksträusschen für Mütter und Grossmütter, Knopflochgestecke für den Bräutigam, seine Begleiter, sein Vater und Grossvater, Unterkunft und Geschenke für Brautführer und Begleiter, Abendessen nach Trauungsprobe und Flitterwochen. Braujungfern und -führer berappen auch einiges. Jede Frau kommt für folgendes auf: Kleid und Accessoires, ein Brautgeschenk, Anteil an den Kosten der Geschenkparty und der Junggesellinnenparty für die Braut, Reisekosten und Hochzeitsgeschenk. Den Männern geht es ähnlich; sie tragen die Kosten für den Kauf oder die Miete von Smoking oder Anzug, Junggesellenparty, Reisekosten und Hochzeitsgeschenk. Diese traditionelle Aufteilung wird nicht immer strikt befolgt. Abweichungen, wie beispielsweise die Übernahme der Spirituosenkosten durch die Familie des Bräutigams, sind nicht unüblich. Oft berappen Brautpaare ihre Hochzeit auch ohne die Hilfe der Eltern. Besonders Frauen, die sich wieder verheiraten, haben nach der überlieferten Sitte kein Anrecht mehr auf die finanzielle Unterstützung ihrer Familie und dürfen keine Wunschliste mehr erstellen. Obwohl sich die Zeiten auch hinsichtlich der Bekleidung geändert haben, wird einer *Second-time Bride* zudem geraten, auf eine lange Brautkleidschleppe zu verzichten.

Ob all dieser Regeln erstaunt es nicht, dass das Heiratsthema in Amerika ein Dauerbrenner ist. Die Ratgeberspalte der Union Tribune ist übervoll mit Leserbriefen zu Fragen rund um die Heiratsetikette. Vor allem weniger gut Verdienende wollen oft das finanzielle Ausmass einer Heirat oder eines Brautführerjobs kennen, bevor sie sich in das Abenteuer stürzen. Dass dabei auch ganz und gar Menschliches berichtet wird, ist wohl kein Wunder. Kirchendiener scheinen besonders oft mit den Niederungen von Gottes Abbild konfrontiert zu werden. Ein protestantischer Pastor aus Illinois meinte etwa: „Ich bin total einverstanden mit der Einstellung des katholischen Bischofs. Auch ich hasse Trauungen. Zu viele Paare haben die Kirche noch nie von innen gesehen und wissen nicht, wie sie sich zu benehmen haben. Solche Hochzeiten haben keinen spirituellen Inhalt. Es sind Theaterproduktionen, deren Regie in den Händen der Brautmutter liegt." Ein Pfarrer aus Iowa war ähnlicher Auffassung: „Die bestürzendste Erfahrung musste ich einst am Traualtar machen, als ein junger Bräutigam zu mir sagte: ‚Ich will dieses Vater-Sohn-und Heilig-Geist-Zeug nicht! Ich bin nicht sehr religiös'." Ein Pfarrer mit 42-jähriger Erfahrung aus Miami gab zum Besten: „Meine lebendigsten Erinnerungen gehören einem betrunkenen Brautführer, der nach der Trauung seine Hose fallen liess und so dem hinausschreitenden Brautpaar folgte. Die bedenklichste Bemerkung machte einst ein Bräutigam, der lauthals ankündigte: ‚Hier kommt der Priester, der immer dann erscheint, wenn es gratis zu essen gibt!' Aber die absolute Spitzenfrage kam einmal von einer Brautmutter, die sich bei mir erkundigte, ob ich zum Hochzeitsessen bliebe. Ich sagte für mich und meine Frau gerne zu. Darauf antwortete die Brautmutter: ‚Haben sie eine Ahnung, was das Palm Beach Hotel für einen Teller verlangt?'" Ein Reverend aus Buffalo (N.Y.), doppelte nach: „Einst rief mich die Mutter einer Braut an und wollte wissen, woraus die Kirche bestehe. ‚Aus Stein', antwortete ich. Darauf meinte die Mutter: ‚Oh, dann passt es nicht. Ich suche eine aus Holz!' In einem anderen Fall fragte eine Braut, ob ihr Hund sie und den Bräutigam beim Einzug in die Kirche begleiten könne. I fragt, ob sie denn blind sei? ‚Nein', meinte sie darauf, aber Buster sei ein Teil der Familie und er könnte sich sonst ausgeschlossen fühlen und verletzt sein." Ein Rabbi aus Sharon wusste sogar zu berichten: „Ein attraktives Paar wollte sich zu Halloween verheiraten. Der Bräutigam wollte sich als Frankenstein und die Braut als Märchenprinzessin verkleiden. Der Brautvater war einverstanden mit seinem Gorillakostüm und damit, die Braut auf seinem Rücken zum Altar zu tragen. Das fand ich dann doch eine Zumutung! Ihre Meinung bitte?"

Ein glücklich pensionierter Florist wusste ebenfalls nur Gutes zu berichten: „Ich bin kein Geistlicher, kein Organist, kein Sänger, kein Fotograf und kein Mesmer. Aber auch ich hasse Hochzeiten: Nachdem die Brautfamilie für das Brautkleid, die Saalmiete, Getränke, insbesondere Champagner, und ein mehrgängiges serviertes Menü bereits tausende von Dollar ausgegeben hatte, war das Budget aufgebraucht. Trotzdem wollten die Braut, ihre Mutter, zwei Tanten und eine Cousine überall prächtige Blumenarrangements, natürlich zu einem absoluten Ausverkaufniedertarif. Zudem entbrannte eine hitzige Diskussion, als die Mutter darauf bestand, dass ihre Tochter ein normales Brautkleid tragen sollte. Nun sagt mir einmal, wie ein 170 Pfund schweres Mädchen in die Grösse 3 passt, und wie ein Blumenstrauss auszusehen hat, um eine Schwangerschaft im siebten Monat verbergen zu können? – Anzufügen hätte ich noch, dass ich anfangen musste, auf Vorauskasso zu bestehen, da ich oft gar nie bezahlt wurde, weil viele Paare kurz nach der Hochzeit sich wieder scheiden. – Meine Schuld?!"

Die enttäuschte Mutter eines Bräutigams meinte bitter: „Zu unserer grossen Freude hat sich unser einziger Sohn kürzlich verlobt. Er und seine Verlobte haben sich entschieden, auf Hawaii zu heiraten. Das ist ein Problem. Mein Mann verlor kürzlich seine Arbeit und wir sind knapp bei Kasse. Wir können unmöglich an einer solchen Hochzeit teilnehmen. Trotz vielen Gesprächen mit dem Sohn scheint es, als würde sich nichts an den Plänen ändern. Natürlich nehmen die Brauteltern teil, da sie in Hawaii ein Anwesen haben und auch sonst über viel mehr Geld verfügen. Ich fühle mich hintergangen und verletzt. Ich dachte immer, eine gute Beziehung zu beiden zu haben. Habe ich Grund, enttäuscht zu sein?" Die Antwort der Briefkastentante kam prompt: „Ich verstehe Sie. Trotzdem: Da die Brautfamilie traditionsgemäss die Hochzeit plant und bezahlt, darf sie auch über den Ort entscheiden. Vielleicht hat die Braut ihr ganzes Leben lang von einer Hochzeit am Strand geträumt. Ihr Traum kommt zuerst!" Etikettenbewusst äusserte sich die Briefkastentante auch zu einer unsicheren Brautmutter, die sich danach erkundigte, ob ihre 32-jährige Tochter, die zum zweiten Mal heiratet und dabei wieder kirchlich getraut werden möchte, ein Recht darauf hat. Die Antwort war kurz und bündig: „Sorry, meine Liebe, nur eine grosse Kirchenhochzeit pro Braut! Und ich würde die Geschenksparty ebenso auslassen wie die Registrierung im Haushaltsgeschäft! Eine kleine Party im engsten Familienkreis ist in Ordnung, damit man sich bekannt machen kann. Falls das erste Brautkleid mit Schleier und Schleppe war, sollte Ihre Tochter beides nicht wieder tragen."

Dass Brautleute mit potenziellen Gästen und Brautjungfern nicht zimperlich umspringen, belegen weitere Statements. Ein unerwünschter Gast beklagte sich: „Mein Verlobter Ric und ich teilen ein Kind, ein Heim und bald einen Eheschein. Als letzten Herbst der beste Freund von Ric heiratete, wurde Ric als Brautführer angefragt. Auf der Einladung war ich nicht berücksichtigt. Obwohl ich Rics Anzug für das Rehearsal Dinner zur Reinigung brachte, den Smoking besorgte, das Hochzeitsgeschenk einkaufte (das mehr als erwartet kostete) und den Tag alleine verbrachte, als er feierte, habe ich mich nie beklagt. Seit der Hochzeit wird Ric zudem des öftern zu verschiedenen Anlässen eingeladen – und richtig erraten – ich werde immer ausgeschlossen. Das Paar nimmt nicht einmal zur Kenntnis, dass ich eine bedeutende Rolle in Rics Leben spiele. Er geht jeweils solo hin. Liege ich falsch, wenn ich dieses Benehmen missbillige?" Eine finanziell ausgebeutete Brautjungfer jammerte: „Als die Geschenke langsam eintrudelten, beklagte sich die Braut bei ihren Betriebsmitarbeitern, die nicht auf der Gästeliste waren, immer wieder darüber, welch billige Sachen man ihr schenke. Das Wehklagen ging so weit, dass die ganze Belegschaft Geld sammelte und der Braut ein teures Präsent nach ihrem Gusto machte. Bei der Bridal Shower konnte ich aus familiären Gründen nicht teilnehmen. Die erboste Braut erkundigte sich später telefonisch bei mir, welches Hochzeitsgeschenk ich ihr machen würde. Leider war auf ihrer Wunschliste nur noch der 230 Dollar teure Mixer übrig, was mein Budget masslos überstieg. Das sagte ich der Braut auch. Diese antwortete mir, dass zwei Personen aus meiner Verwandtschaft nichts zur Geschenksparty dazugesteuert hätten. Wir sollten uns eben zusammentun und ihr den Mixer kaufen! Das wollte ich nicht. Ich versprach ihr ein angemessenes Geschenk und kündigte ihr die Freundschaft. Die Braut hatte noch nicht genug, telefonierte sogar den beiden anderen ‚Geschenksündern' und erinnerte diese daran, noch kein Präsent von ihnen erhalten zu haben. Ein solches stehe ihr aber zu, weil für das Hochzeitsessen (von der Familie der Geschenksünder, Anmerkung der Verfasser) nur lumpige 60 Dollar pro Kopf hätten bezahlt werden müssen!" Die Briefkastentante riet in einem anderen Fall, der eine Freundin der Braut betraf, die zu einer Bridal Shower mit dem Hinweis eingeladen worden war, nur Bargeld zu schenken (*Money Tree*), den Anlass nicht zu besuchen.

Diese Jammern und Wehklagen könnte seitenweise fortgesetzt werden. Glückliche Momente scheint es fast keine zu geben. Eine Braut war allerdings happy und meinte, des Rätsels Lösung gefunden zu haben: „Mein Verlobter und ich haben beschlossen, eine neue Hochzeitstradition einzuführen. Parallel zur üblichen Wunschliste fordern wir von unseren Gästen etwas, das von Herzen kommt. Wir wollen den Gästen die Möglichkeit geben, etwas zu schenken, was wirklich ein Leben lang hält. Wir ersuchen sie daher, Blut zu spenden! Wir sind schon seit sieben Jahren fleissige Blutspender. Beim Gedanken, Leben retten zu helfen, fühlen wir uns grossartig! Unser lokales Blutspendezentrum wird sich eine spezielle Gruppenkennzeichnung vornehmen. Dieser Akt der Nächstenliebe wird unsere Freude über den Hochzeitstag vervollständigen. Wir sind so glücklich!" – Ob die Gäste bei der Scheidung der beiden ihr Blut wohl wieder zurückkriegen?

WEEK 22/2000:
JOSHUA TREE NATIONAL PARK

29. Mai bis 4. Juni

Nur noch vier Wochen bis zur Heimreise! – Am Dienstag regelten Hardy und Christel den Transport von Haushalt und Van. Mit allen nötigen Ausweispapieren fuhren die Glarner in den Süden von San Diego zu der in Chula Vista ansässigen Speditionsfirma. Das Paar hatte ausgerechnet, dass ein kleiner Container (20 feet bzw. 6 m lang) für den Hausrat mehr als ausreicht. Doug, der vertrauenswürdige Agent, beantwortete geduldig die Fragen rund um Prozedere, Kosten und Versicherung der Fracht, telefonierte mit seinem Geschäftspartner Kai in Miami und bestätigte die geplante Zusammenarbeit sowie den Abgabetermin des Chryslers. Dabei schärfte Doug Hardy ein, um Himmelswillen dafür besorgt zu sein, das Originalzertifikat des Fahrzeugs, also den Eigentümertitel, mitabzugeben, ansonsten der Transport nicht erfolgen könne. Das Besprochene wurde vertraglich festgehalten. Doug kopierte sodann alle relevanten Autopapiere, Hardys Pass und den Check, mit dem die beide Aufträge bezahlt wurden. Doug führte ferner aus, dass der Container vor der Wegfahrt vom Truckfahrer plombiert werden muss und dieser die Siegelnummer bekannt zu geben hat. Bezüglich Auto riet Doug, vor der Abgabe in Miami Aufnahmen zu machen. Als Letztes bat er, im Cityfront Terrace die Höhe der Rampe zu messen, da die Ladefläche des Containers mit der Höhe des Loading Docks übereinstimmen sollte.

Der Montag war ein Feiertag – *Memorial Day*. Die Zeiten haben sich geändert. Viele Amerikaner freuen sich ganz einfach über einen weiteren Day off und möchten den Feiertag unbeschwert geniessen. Zu Ehren der vielen Kriegsgefallenen hatten Präsident Clinton und der Kongress einmal mehr zu einem National Moment of Remembrance aufgerufen und die Bevölkerung aufgefordert, um 3 p.m. Lokalzeit für eine Minute innezuhalten und der Personen zu gedenken, denen das heutige Amerika seine segensreiche Freiheit verdankt. Diejenigen, die im Auto unterwegs seien, wurden ermuntert, als Zeichen der persönlichen Anteilnahme und der Bereitschaft, sich mit dem tieferen Sinn des Memorial Days auseinander zu setzen, die Lichter anzumachen. Damit die Bevölkerung nicht vergisst, welche Bewandtnis es mit dem Memorial Day auf sich hat, rief die Union Tribune zur stillen Einkehr auf. Die Zeitung informierte über die geplanten Reden und Zeremonien in den verschiedenen Stadtbezirken. So verlasen beispielsweise Vietnam-Veteranen im Balboa Park bei der Vietnam-Gedenkstätte alle dort verewigten Namen. Eine Kerzenwache am Vorabend leitete die Gedenkfeierlichkeiten ein. Auch der Fort Rosecrans National Cemetery auf Point Loma wird mit 800 Besuchern, ein kleiner Teil der abertausend Personen landesweit, die die Gräber der Gefallenen besuchen, rechnen können. Wie später die Medien berichteten, sagte Präsident Clinton nach der traditionellen Kranzniederlegung beim „Grab des unbekannten Soldaten" auf dem Arlington Friedhof: „Amerikaner kämpften nie für Reich, für Territorium, für Vorherrschaft. Viele, viele Amerikaner gaben ihr Leben für Freiheit."

Shelter Island

Christel und Hardy verbrachten den besagten Montag am Wasser. Zuerst schauten sie sich kurz auf *Harbor Island* um. Der geteerte Spazierweg war zu schmal für Rollstuhl und Fussgänger, weshalb man nach *Shelter Island* fuhr. Angesichts des Feiertages herrschte am Ufergelände Hochbetrieb. Gut erzogen, wie die San Diegans sind, waren die blauen Parkfelder unbesetzt. Ein schmaler Wiesenstreifen trennt die Wasserpromende von der Zubringerstrasse. Die Wiese, an sich kein Campingplatz, war überfüllt mit Zelten, Grills, Liegestühlen sowie schlafenden und spielenden Leuten. Christel und Hardy spazierten gemächlich auf dem Fussgängerweg dem Meer entlang und freuten sich am bunten Treiben. Unter der Woche erfreute Thomas die beiden mit seinem Besuch. Auch Andrew drückte die Türglocke. Seit seiner „Freistellung" kam er sporadisch wegen seiner Post vorbei. Diesmal hatte er ein Schlüsselproblem. Er vermutete, dass er Christel nicht den Briefkasten-, sondern den Bootsschlüssel in die Hände gedrückt hatte. Beiläufig fragte er nach dem Abreisedatum der Glarner. Ja, auch er bliebe noch knapp vier Wochen in San Diego. Schön für den Sunnyboy!

Tiff musste diese Woche leiden! Sie hatte Hardy und sein Weib im Restaurant Montana im Hillcrest (1421 University Ave) versetzt. Dabei hatte die PT die Verabredung selbst angeregt, um ihren neuen Freund vorzustellen und die Weinkarte auszuprobieren. Hardy machte in der Turnstunde zunächst zurückhaltende Bemerkungen, bevor er so richtig loslegte und Tiff mit Schimpf und Schande eindeckte. Tiff wurde blass und liess sich peinlichst berührt langsam auf die Gymnastikbank absinken. Unterwürfig bat sie um ein neues Date. Sie schämte sich so sehr, dass sie ohne Umschweife auf Hardys Verkaufsliste zu sprechen kam. Sie würde bald Besuch erhalten und hätte sich schon lange ein Gästebett zutun wollen. Ob die Klappcouch noch zu haben sei? Und der grosse Fernseher? Bald sei ja Vatertag, und das wäre ein geignetes Geschenk für ihren Dad ...

Hardys forscher Auftritt blieb nicht ungesühnt. Eine Parkbusse flatterte ins Haus. Das Auto sei zu lange nicht bewegt worden. Auch ein Behindertenparkplatz erlaube kein Dauerparken. 36 Dollar kostete das Vergehen 86.23 (G) SDMC „Vehicle not moved 1/10 Mile in 0200 W Island Ave". Komisch, bis jetzt hatte es nie Probleme gegeben. Glück gehabt? Christel musste ab sofort den Van fahrplanmässig „Gassi führen", wollte sie kein Abschleppen riskieren. Weder mit den Parkwächtern noch mit der Streifenpolizei ist zu spassen. Im Gegensatz zur Schweiz kriegt in Amerika sogar jeder Coolio eine Scheissangst, wenn plötzlich ein durch Mark und Bein gehender Heulton am Kofferraum ertönt und man aufgefordert wird, die Karre zum Strassenrand zu lenken (pull over). Ein falsches Wort oder eine falsche Bewegung und schon wird man umgelegt. Ja, den Cops sitzt der Colt locker! Eine Polizistin nahm sich in der Zeitung einer ratsuchenden Mutter an und beantwortete ihre Frage nach dem korrekten Benehmen, das Kinder (und natürlich auch Erwachsene) befolgen sollten, wenn sie in eine Polizeikontrolle geraten: „1. Motor abstellen und im Wagen bleiben; es sei denn, der Polizist befiehlt auszusteigen. 2. Führerschein, Zulassungspapiere und Versicherungskarte griffbereit haben. Das Herumsuchen im Auto von ‚verlorenen' oder ‚vermissten' Dokumenten sollte auf ein Minimum reduziert werden. 3. Die Hände am Steuerrad behalten. Bewegungen vermeiden, die als gefährlich interpretiert werden könnten. 4. Mitfahrer anweisen, Kommentare zu unterlassen. 5. Erfolgt der Stopp in der Nacht, sollte, wenn möglich, in einer gut beleuchteten Zone angehalten werden. Bedenken Sie, wir sind Menschen und können auch nervös werden! 6. Das Licht im Wageninnern anmachen und brennen lassen, damit der Polizist in den Wagen hineinschauen kann. So wird Ihre Besorgnis um Ihre Sicherheit und um die des Polizisten sichtbar. 7. Keine Diskussion mit den Polizisten! Bei unfairer Behandlung den Namen und die Abzeichennummer verlangen und danach eine Beschwerde beim Vorgesetzten des Polizisten einreichen."

Am Wochenende brausten Christel und Hardy nach Palm Springs. Sie freuten sich mächtig über das bevorstehende Treffen mit Christels Cousine und deren Mann. Ruth und René, zwei treue Amerikatouristen, hatten den beiden Glarnern schon vor zwei Jahren versprochen, sie zu besuchen. R & R hielten Wort, wie immer, und waren von San Francisco der Küste entlang südwärts gereist. Als absolute Disney-Freaks hatten sich die Berner genügend Zeit in Anaheim gegönnt, bevor sie sich landeinwärts in die Wüste nach Palm Springs aufmachten. Zur gleichen Zeit waren Christel und Hardy unterwegs. Diesmal bevorzugten sie die I-15 respektive I-215 north, wo sie in den Hwy 60 und in die I-10 east abbogen. Kaum im Handicapped Room der Super 8 Motel (North Palm Canyon Drive), sah das Paar eine wohlbekannte Männergestalt am Fenster vorbeischreiten. „Hee, diä sind jo au scho do!"[193], rief Christel erfreut. Beide schlichen der Person nach. Um die Ecke erspähten sie Ruth und René am Pool hinter dem Haus und wurden bald entdeckt. „Rönu, luä mou wär dört chunnt!"[194], meinte die aufblickende Ruth zu ihrem Mann. Dieser schien absolut nicht überrascht zu sein und murmelte mit der ihm typischen Gemütlichkeit ein langes „yu"[195] in seinen Bart. René hatte eben bereits Hardys Auto entdeckt und wusste so über die Ankunft der beiden Bescheid. Alle freuten sich ungemein über das Wiedersehen und spassten über das Wunder, sich in der Wüste gefunden zu haben.

Berner und Glarner – das Beste, was die Schweiz zu bieten hat

Christel transferierte Hardy auf das Reisebett. Hernach unterhielt sich das Grüppchen munter und gab mehrere Anekdötchen zum Besten. Der Abend nahte, Palm Springs kühlte sich deswegen aber nicht ab. Die Wirkung der Dusche war nur von kurzer Dauer. Dennoch tat sie den schweisstreibenden Poren unheimlich gut. Nachdem René das Mietauto abgegeben hatte, fuhr man gemeinsam zum Rite Aid Drugstore (Ramon Road) in Cathedral City. Man wollte Proviant kaufen für den Besuch des Joshua Tree N. P. am nächsten Tag. Bei den salzigen Knabbereien entdeckte Ruth eine Tüte mit Zitronen-Chips: „Luä, das muess mr ouä guet sy ... he, was meynsch ächt? ... eg cha mer net vorstöuä, das diä Tschipps chöi guät sy!"[196] Christel packte kurzerhand die Tüte Lim Chips in ihr Körbchen und grinste ihre Cousine viel sagend an. Diese spontane Aktion war Ruth nicht recht: „Ney, Chrischtl, äso han eg das ned gmeynt ... tuä dä Sack drum nummä widr zrügg!"[197] Dies kam für Christel selbstverständlich nicht in die Tüte. Ein mexikanischer Schnellimbiss im Zentrum von Palm Springs bot den Schweizern einen Tisch im Freien an. Die Sprinkleranlage befeuchtete die vier regelmässig, so dass die Hitze trotz feurigem Burrito und Wüstenklima erträglich war. Auf der Strasse sorgten junge und alte Angeber, zu Fuss oder mit schnellen Öfen, für Abwechslung. Was sich Leute nicht alles einfallen lassen, um aufzufallen! Gar mancher der schrägen Vögel wurde mit einem schallenden Gelächter wahrgenommen.

Man geniesst das Frühstück

Am Sonntagmorgen schlürften die Schweizer einen Becher Starbucks Coffee im Ortszentrum. Christel und Hardy konnten eine Wissenslücke der amerikaerprobten Berner schliessen. Erstaunlich war, dass Ruth, die Kaffee literweise trinkt, diese Geschäftskette noch nicht kannte. Nach der geruhsamen Frühstücksrunde begab sich die Gruppe zum Auto. Christel fragte René, ob er ans Steuer sitzen würde. „Mach ig, nummä sägä!"[198], formulierte der liebe Brummbär seine Bereitschaft. Während René und sein Copilot den Wagen Richtung Joshua Tree N. P. lenkten, gackerten die ihnen angetrauten Hühner auf dem Rücksitz um die Wette. Den Frauen entging es völlig, dass sich die Männer zwischendurch ansahen und viel sagend die Augen verdrehten. Der Hühnerstall auf vier Rädern folgte zunächst dem Twentynine Palms Hwy 62 nordwärts. Eine Morongo Basin-Broschüre empfahl unter anderem den Besuch des *Pioneertown*, das man über den gleichnamigen Abzweiger erreicht. Die ursprünglich als Filmkulisse erbaute Westernstadt macht ihrem Name alle Ehre. Pioneertown ist immer noch ein beliebter Drehort – und zudem Treffpunkt, wie sich zeigte. Eine Horde cooler Typen mit Höllenmaschinen hatte sich versammelt und teilweise sogar häuslich niedergelassen. Es sah ganz danach aus, als würden Vorbereitungen für eine lange Party getroffen. Die Schweizer parkten etwas abseits und erkundeten die Geisterstadt zu Fuss. Da Hardy im weichen staubigen Boden einsank und die Sonne zudem heiss brannte, beschloss man schnell einmal, wieder in den Wagen zu steigen und die Westernstadt abzufahren, was nicht sehr viel Zeit in Anspruch nahm.

Der 255 300 Hektar grosse Joshua Tree N. P. beinhaltet zwei unterschiedliche Wüsten: die Colorado-Wüste im Südosten und die Mojave-Wüste im Norden, die bis zu 1000 m höher liegt. In den tiefer gelegenen Gebieten dominieren Creosote-Büsche. Daneben gedeihen Jumping-Cholla-Kakteen und duftende Wacholder. In den höher gelegenen Regionen trifft man auf die Joshua Trees, jene Bäume, die dem Naturschutzgebiet den Namen gaben. Diese Gewächse gehören zur Familie der Yucca Brevifolia. Die Stämme weisen keine Jahrringe auf, weshalb eine Altersbestimmung nicht möglich ist. Die Bezeichnung „Joshua Tree" (auch Giant Yucca oder Praying Plant) stammt aus der Mitte des 19. Jahrhunderts, als die hoch gereckten Äste der Bäume durchziehende Mormonen an die erhobenen Arme des Propheten Josua erinnerten.

In der Joshua-Tree-Wüste gibt es keine Hotelunterkünfte. Die nächsten Motels sind in der Siedlung Twentynine Palms anzutreffen und regelmässig ausgebucht, weshalb Zimmer rechtzeitig reserviert werden müssen. Im Park selbst stehen lediglich neun Campingplätze zur Verfügung, die allerdings nur dürftig ausgestattet sind, meistens aber keinen Wasseranschluss aufweisen oder Brennmaterial anbieten. Wasser gibt es in den Campgrounds Black Rock und Cottonwood sowie im Oasis Visitor Center, der Indian Cove Ranger Station und beim West Entrance. Die Schweizer mussten dank ihres Lunchpakets weder Durst noch Hunger erleiden. Christel meinte zu ihrer Cousine, dass es eigentlich an der Zeit sei, die Chips zu kosten. „Was wosch? Jezä scho? – ouä!"[199] konterte diese ungläubig, da das Frühstück noch nicht lange zurücklag. Trotzdem konnten die zwei hormongeplagten Weiber der unbekannten Versuchung nicht länger widerstehen. Beiden zog der saure Limettengeschmack den Speichel aus den Mundwinkeln. Die geforderten Kieferdrüsen liessen die Lippen spitz werden und die Augen zusammenkneifen. Mit vollen Backen hielten die zwei mit der Kauerei für einen kurzen Moment inne, sahen sich an und meinten wie auf Kommando tapfer: „Mmmmhhhhhh!"

Im Joshua Tree NP.

Dem Rollifahrer stehen im Park drei zugängliche Naturwege offen: Cap Rock (6 km lang, mit Parkmöglichkeit bei der Kreuzung Park Blvd/Keys View Rd), Oasis of Mara (8 km, Oasis Visitor Center, Twentynine Palms) und Bajada All Access (4 km, südlich von Cottonwood). Genau in dieser Reihenfolge wollte man den Wüstenpfaden folgen. Beim Westzugang verhalf Hardys Golden Eagle Pass zum dollarfreien Eintritt. Die sonderbare Landschaft, vor allem die Anhäufungen von gewaltigen Felsbrocken, dem Park Blvd entlang faszinierte. Inmitten staubiger Strassen, dürren Grases, grüner Bäume und Steinhaufen leuchtete ein blaues Rollstuhlsigent. Das musste der Cape Rock sein. Die Gruppe hielt nicht an, sondern schlug den Weg Richtung Aussichtspunkt *Keys View* ein. Unterhalb der 1582 m hohen Spitze wurde geparkt. Während Christel und Ruth zum Toilettenhäuschen auf der Strasse abwärts hasteten, nahmen René und Hardy den steilen, stufenlosen Plattenweg zum Gipfel in Angriff. Ob die Damen mit dem „stillen Örtchen" mehr zu kämpfen hatten als der Berner Mutz[200] mit dem Hinaufstossen des Rollstuhles, war unklar. Alle, ausser Hardy, kamen zuoberst so ziemlich geschafft an. Das wasserlose Klo hatte sich als Wespenfalle entlarvt. Die aggressiven Stechdinger stritten in dieser dürren Einöde wohl um jeden Tropfen Wasser und hingen gleich schwarmweise in der Kloschüssel.

Der Panoramablick von der Bergkette des Little San Bernardino über das Coachella Valley und hinüber zu den Santa Rosas Mountains mit der San-Jacinto-Spitze belohnte die geplagten Touristen. Sie genossen die tolle Aussicht mit einem sehnsüchtigen Blick auf den knapp 3300 m hohen San Jacinto. Eigentlich wollte man zur Talstation der Schwebebahn *Palm Springs Aerial Tramway* fahren und sich in luftige Höhen tragen lassen. Leider waren die Gondeln genau zu dieser Zeit ausser Betrieb. Schade, befanden alle einstimmig, doch war der Tag zu schön, um diesen unglücklichen Zufall zu bedauern. Statt die Fahrt zu geniessen, las man halt im Vis-à-Vis-Reiseführer, was einem entgangen war: „Die Grosskabinenbahn mit zwei Wagen aus der Schweiz für je 80 Personen ist eine der beliebtesten Attraktionen. Die 4 km lange Fahrt zur Bergstation inmitten des Mount San Jacinto Wilderness Statepark bewältigt in 14 Minuten in einem Winkel von 50 Grad einen Höhenunterschied von 1790 Metern. Man schwebt durch fünf Ökosysteme, von der Wüste bis zum alpinen Hochwald, was einer Reise von Mexiko nach Alaska gleicht. Auf dem Gipfel kann es bis zu 30 °C kälter sein als in der Talsohle. Die Aussichtsplattform auf 2600 m Höhe bietet eine unbeschreibliche Aussicht. An einem klaren Tag kann man sogar den 80 km entfernten Salton Sea sehen. Beide Seilbahnstationen verfügen über Geschenkläden, Bars und Imbisslokale; auf der Bergstation gibt es eine Cafeteria."

Den Orientierungstafeln des Rundkurses folgten die vier wieder zum Auto. René fuhr auf dem Park Blvd in östlicher Richtung. Kletterfans lassen sich gemäss Reiseführer am Ryan-Campingplatz nieder, wo sich in der Nähe trotzige Felsformationen erheben. Ob reges Besteigen unter glühender Wüstensonne eine gute Idee ist? Kaum! Die Schweizer schüttelten bereits auf dem Keys View den Kopf, als sie zwei Velofahrer die Bergspitze erklimmen sahen. Keuchend und bachnass[201] traten die Mittevierziger in die Pedalen und achteten verbissen darauf, ja nicht abzusteigen. Dabei wurden sie laufend von Fussgängern überholt. Mit hochrotem Kopf liess sich das Biker-Paar auf dem Gipfel bewundernd beklatschen. In der Wüste gibt es eben nicht nur Koyoten – sondern auch Idioten! Das nördliche Oasis Visitor Center ausserhalb von Twentynine Palms beherbergt eine kleine Ausstellungshalle mit Informationen zu Flora und Fauna der Wüste. René erkundete den Spazierweg im Botanischen Garten, während seine Begleiter im Schatten Zuflucht suchten. Twentynine Palms wurde erst 1987 zu einer Stadt erklärt. Zuerst bewohnten Indianer den Ort, der sich um die hohen California Fan Palms bei der Mara-Oase gebildet hatte. Später kamen lungengeschädigte Veteranen des ersten Weltkrieges und genossen die reine und trockene Wüstenluft. Heute beheimatet Twentynine Palms die grösste Basisstation des US-Marinekorps. Die Geschichte der Stadt wird im Rahmen des Mural Projekts gezeigt, dessen Besonderheit darin besteht, dass die Ausstellung an freien Aussenflächen von Gebäuden angebracht ist.

Die längere Fahrt Richtung Südeingang brachte allmählich andere Pflanzen. Hardy hatte die gewünschte Fotokulisse entdeckt. Vor einem besonders schönen Joshua Tree ahmten Hardy und Christel mit ihrem Armen die Äste nach und spöttelten über die unbequeme Haltung des Predigers. Dann montierte Christel den Fotoapparat auf das Kamerastativ und spurtete, nachdem sie den Selbstauslöser gedrückt hatte, zu den anderen drei Prachtsexemplaren menschlicher Schöpfung. „Schnäuu, schnäuu!"[202], feuerte Ruth ihre Cousine an. Nach einem forcierten „Cheese-Grinsen" zerrte man am Rollstuhl herum, um Hardy aus dem Treibsand wieder irgendwie auf die Strasse zu bringen. Was man doch für einen Schnappschuss nicht alles auf sich nimmt! Vorbei am Ocotillo Pach mit seinen gleichnamigen kurligen[203] Dornengewächsen steuerte René den Wagen zur Cottonwood-Spring-Oase. Hardy und Christel blieben auf dem Parkplatz und schauten den Bernern nach, wie sie die Stufen zur Oase hinunterschritten. Ein vier Meilen langer Pfad führt zum verlorenen Paradies, zur Lost Palms Oasis. „Eeg ha jetz ä Dorscht wiä gschtört!"[204], klagte Ruth, als sie sich auf dem Rückweg die letzten Meter emporkämpfte. Schon wieder hing der Süffel an der Flasche – nur Wasser natürlich.

Die beiden Joshuas beim Gebet ...

Mit der Zielsicherheit eines Taxichauffeurs brachte René das Reisegrüppchen nach Palm Springs zurück. Christel und Hardy lobten die Fahrweise des Berners. „Eeg gebemi ou Müeou"[205], meinte René und wusste bereits vorher, wer der Beste war. Hardy konnte seine Liegepause im Motel nicht sofort antreten. Die Zimmertüre liess sich einfach nicht öffnen. Da an der Rezeption niemand war, griff Christel zum Rufapparat beim Nachtschalter. Christel verhaspelte sich zunehmends in ihren Bemühungen, endlich richtig verstanden zu werden. Die Gute war so mit ihrem Telefonhörer beschäftigt, dass sie nicht merkte, auf die Schippe genommen zu werden. Erst als sie sich umdrehte und in die lachenden Gesichter ihrer Reisegefährten sah, nahm sie den Angestellten wahr, der neben ihr stand und durch sein Mobiltelefon mit Christel quatschte. Für das Abendessen reservierte Hardy einen Tisch im Restaurant The Lobster Co. (369 Palm Canyon) und führte Ruth in die Geheimnisse der Hummerküche ein. Der anschliessende Verdauungsspaziergang führte die zwei Paare in das fast menschenleere Stadtzentrum. Der Unterschied zum belebten Samstagabend war frappant. Es gelang den einsamen Nachtschwärmern gerade noch rechtzeitig, sich ein Eis zu ergattern, bevor auch dieser Laden seine Pforte schloss. Unglaublich, diese eigenartige Tageseinteilung in der Wüste! Läge Palm Springs in Italien, ginge das Leben um 10 p.m. erst richtig los, non è vero?

Week 23/2000:
Zwei Berner in San Diego

5. bis 11. Juni

„Tschou zämä!"[206], begrüssten die Berner die Glarner. „Hoi mitänand"[207], erwiderten diese den Morgengruss. Obschon sich die Cousinen eine Ewigkeit kennen, wird sich Christel nie daran gewöhnen, dass Ruth „Tschou" sagt, wenn sie ankommt, und „Hoi", wenn sie sich verabschiedet. Tja, die Berner sind halt schon speziell. Vor allem das gemächliche Wesen und die sympathische Mundart machen einen echten Berner aus: Macht er nach langem endlich einmal den Mund auf, versteht man ihn nicht! Zum Glück sprechen Ruth und René kein Mattenenglisch. Das würden selbst die Stadtberner nicht verstehen, obwohl man diese Sprache im frühen Mittelalter unterhalb der Berner Altstadt am rechten Aare-Ufer gepflegt hatte. Zu dieser Zeit hatten sich dort die ärmsten Leute und Juden niedergelassen, die allmählich eine eigene Version des lokalen Dialekts, vermischt mit jiddischen Wörtern, kreierten. Die Sprache an der Aare wurde so fremd, dass sie selbst die übrigen Stadtbewohner nicht verstehen konnten und das Kauderwelsch „Mattäänglisch" nannten.

Nach dem Morgenkaffee im Starbucks verliess man Palm Springs. Nicht entlang des Salzsees wollten sie nach San Diego gelangen, sondern durch die herrliche Bergwelt der San Jacinto Mountains. Den Ort Idyllwild wollte man über eine Teilstrecke des *Palms to Pine Hwy* erreichen. Da Christel und Hardy den Südabschnitt bzw. die Panoramastrassen 74 und 111 bei ihrer ersten Fahrt nach Palm Desert gewählt hatten, entschied man sich für den Nordabschnitt des Palms to Pine Hwy und die Passstrasse 243 south. In flotter Fahrt ging es zuerst auf der I-10 west Richtung Westen. Das Reisegrüppchen bestaunte die kontrastreichen Landschaften, für die das Gebiet des San Jacinto und die Santa Rosa Mountains berühmt sind. Subalpine Wälder mit Kiefern und Tannen befinden sich nicht weit entfernt von Kakteen und Palmen der Wüste. Den Besucheraugen bieten sich sowohl sanfte Ebenen und Steinhügel als auch felsige Spitzen, die sich über den Dörfern Idyllwild, Pine Cove, Mountain Center, Garner Valley Community, Pinyon und Stone Creek erheben. Die Berge bilden einen malerischen Hintergrund für die Orte am Rande des Gebirges (Palm Springs bis Indio sowie Hemt, Banning Beaumont und Anza).

Drei unschlagbare Männer

Nach einer kurvenreichen, aber sehr schönen Fahrt stoppte René im 2320-Seelen-Dorf *Idyllwild*, das mit seinen zahlreichen Wanderwegen aktive Urlauber anzieht. Die ursprünglich als Erdbeertal bekannte Gegend um Idyllwild war einst Sommerresidenz der Cahuilla-Indianer gewesen, die jagten und Beeren sammelten. Im späten 19. Jahrhundert errichteten Siedler die ersten Zelte dem Erdbeerbach entlang. Ein Arzt aus Los Angeles eröffnete 1901 ein Sanatorium. Für ein halbes Jahrhundert blieb Idyllwild ein abgelegener Bergweiler mit ein paar Holzhäusern und ebenso wenigen Bed & Breakfast-Homes. Die Musiker Max und Bee Krone eröffneten 1950 die Idyllwild School of Music and the Arts auf einem 250 Aren grossen Gelände. Die Schule diente als Sommerlager für viele junge Musiker und Artisten. Sie lernten unter der Anleitung von weltbekannten Künstlern und unterhielten die Sommerurlauber mit Darbietungen und Konzerten. Obwohl die Schule harte Zeiten erleben musste und sich heute Idyllwild Arts Academy nennt, fahren talentierte Künstler mit dem traditionellen Sommerprogramm fort. Die Wandertouristen können sich darum an der herrlichen Natur erfreuen und gleichzeitig in den Genuss von Musik, Vorlesungen, Volkstänzen und Art Shows kommen.

Der Dorfkern begrüsst seine Gäste mit einem hohen Marterpfahl. Jonathan LaBenne, ein Motorsägekünstler, erschuf das *Idyllwild Tree Monument* zu Ehren des Schöpfers des Universums und zollte mit diesem Werk gleichzeitig den Cahuilla-Indianern von den San Jacinto Mountains sowie allen anderen Indianern Tribut, die mit der Natur in Harmonie gelebt hatten. Die verzierte Holzsäule weist acht Elemente auf. Von oben nach unten aufgezählt sind dies der Weisskopf-Seeadler (Freiheitssymbol), der Puma (Stärke), das Eichhörnchen (Emsigkeit, Einfallsreichtum), der Waschbär (Unterhaltung, Initiative), der Indianer (edler Charakter, Naturverbundenheit), der Kojote (Lebenstauglichkeit), der Schmetterling (neues Leben, Metamorphose) und Ernie Maxwell (Dorforiginal). Das Wahrzeichen entstand 1989 als Folge eines Gemeindevorstosses, der die Rettung der sterbenden, 400-jährigen Ponderosa-Kiefer verlangte. 1996 startete der Holzfäller Mike Pearson in einer Ein-Mann-Aktion einen Spendenaufruf, um den vor sich hinserbelnden Marterpfahl restaurieren zu können und ihn 1997 an seinen Platz zurückzubringen.

Idyllwild – ein schräges Pflaster

Die Besucher aus der Schweiz schlenderten durch das hübsche Ortszentrum und vergnügten sich an den Läden. Wie es sich für schmucke Häuser im Wald gehört, bestehen oft Eingangsstufen, hohe Schwellen und enge Raumverhältnisse. Trotzdem problemlos gelangten Hardy und Christel ins Innere des *Christmas Shop* (North Circle Drive), der ganzjährig geöffnet ist. Der Berner Mutz zog eine Ruhebank auf der Veranda vor. „Was ächt, Frou, gang du nummä inä eys go guggä!"[208], ermunterte René seine zögernde Frau. Diese war sich nicht sicher, ob sie ihren grossen Teddybären wirklich so einsam vor der Türe zurücklassen sollte und vergewisserte sich: „Meynsch, isch dir das glych, wänn eeg ou schnäou iächägo? Muäsch äs abr sägä, gäou, wänn eeg bässr bi dir blybä söu, gäou Rönou. Hä Rönou, was wosch?"[209] Hätte Ruths letzte Frage nicht eher lauten sollen: „Was wiou eg eygäntlech?"[210] Das Angebot an Weihnachtsartikeln war umwerfend komisch. Die Cousinen kicherten ohne Unterbruch. Kein Wunder, wenn surfende Weihnachtsmänner oder grinsende Gemüsekugeln den Weihnachtsbaum schmücken. Hardy wurde vom

Verkäufer in ein anregendes Gespräch verwickelt, während Christel die ulkigen Dekorationen unter die Lupe nahm. Ruth hatte die Kitschecke mit den goldhaarigen Schwebefiguren verlassen und sich zu ihrem Mordsengel nach draussen gesetzt. Er war wirklich noch da – halleluja! Wie konnte Ruth auch nur daran gezweifelt haben! Schliesslich hatte René kein Red Bull getrunken und Flügel erhalten.

Da das Quartett nicht den 13 km langen Marsch zur Bergstation der Palm-Springs-Schwebebahn unter die Füsse nehmen wollte, wurde die Heimfahrt bald einmal fortgesetzt. Auf dem Hwy 243 south verliessen sie das Kleinod Idyllwild und mit ihm die südliche Region des grossen San Bernardino National Forrest mit seinen beliebten Freizeitangeboten am Big-Bear-See und am Lake Arrowhead. Beim Mountain Center folgte der Van ein Stück weit auf dem Hwy 74 east dem Ramona-Reservat beim Thomas-Berg entlang. Die Strecke führte auf der Strasse 371 south durch verschiedene Indianerreservate an Anza vorbei nach Aguanga, wo die Schweizer auf der 79 south nach Santa Ysabel kamen und weiter nach *Julian* fuhren. Gemächlich trollten die Hungrigen durch den „Ort des Apfels". Die Mostindianerinnen[211] wollten bald einmal bei *Mom's* einkehren und den viel gepriesenen Apple Pie ausprobieren. Supersüsse Früchtekuchen und Eisbeilagen gab es ebenfalls.

Nach dieser Zuckerbombe gings auf der 79 south weiter Richtung I-8 west, die bei der Ausfahrt Alpine verlassen wurde. Das *Viejas Outlet Shopping Center* präsentierte sich in einer romantischen Abendbeleuchtung. Gerade rechtzeitig kamen die Schweizer beim „Springbrunnen-Tanz" an, so eine Art Wasserballett, bestehend aus einer Unzahl von Wasserdüsen, die im Takt mit der Musik anmutig in die Höhe schiessen und verschiedene Formen bilden. Man freute sich über die Überraschung. Ohhhh, so schöööön! Hardy machte seinen Berner Kumpel auf das Kasino nebenan aufmerksam – so von Mann zu Mann. „Yu, guäd das eeg das weyss!"[212] meinte René und überliess, wie immer, die Interpretation seiner Worte den anderen.

Julian – zum Durchfahren schön

Die Fahrt durch das San Diego Gaslamp Quarter erwies sich als gute Möglichkeit, den Bernern die unmittelbare Umgebung ihrer zukünftigen Bleibe zu zeigen. Ruth freute sich über das kleine verträumte *Horton Grand Hotel* (311 Island Ave), das für einmal den Bildern des Prospekts entsprach. Das 1986 minuziös nachgebildete Haus aus der viktorianischen Epoche erfreut jeden, der zu historischem Interieur, Schnörkeleien und Antiquitäten einen Hang hat. Die Zimmer sind individuell gestaltet. Handicapped Rooms sind ebenfalls vorhanden. Ruth und René bezogen ein Zimmer mit kleinem Balkon, der sich über dem lieblichen Hotelinnenhof befand. Die zarten Berner Vögelchen zwitscherten zufrieden in ihrem schmucken Nestchen.

Am nächsten Tag begann die Stadtführung für Ruth und René. Christel fuhr, Hardy erklärte. Die erste Station war *Point Loma*. Die mehrsprachigen Freisprech-Infosäulen am Weg zum alten Leuchtturm waren leider immer noch ausser Betrieb. Es herrschten dafür beste Sichtverhältnisse. Pazifik und San Diego präsentierten sich wie ein Bild, das niemand treffend malen kann. „Gäouid, jetzäd müisst 'er wägä meer und 'm Rönu no eynisch do uächä[213]", entschuldigte sich Ruth, als sie erfuhr, dass die Glarner mit ihnen erneut Point Loma besuchen. Die Ärmste meinte das ehrlich. Hardy packte die Gelegenheit und bohrte heftig im schlechten Gewissen von Ruth: „Jaa, genau, wänn du wüstisch, wiän ich mich langwylä, zum ixtä Mal schu mues ich da abägaffä!"[214] Das sass. Ruth, die ehrlichste Haut der Welt, traute sich kaum, Hardy anzusehen. Das prustende Gelächter der zwei heimlichen Beobachter erlöste Ruth von ihren Gewissensbissen. Christel versicherte dem Opfer, dass sie und Hardy die Sights von San Diego vor der

Heimreise sowieso noch einmal aufgesucht hätten. Im Visitor Center kam den Schweizern eine Schulklasse entgegen. Die kleinen Patrioten bemühten sich, Geduld und Disziplin zu wahren, was ihnen aber sichtlich sehr schwer fiel. Die Knirpse wurden von der Lehrerin tatsächlich mit historischen Einzelheiten versorgt. Früh übt sich!

Die beiden Turteltäubchen auf Point Loma

Der *Mount Soledad* war das nächste Ziel. Während die Männer zusammen mit Ruth die Umgebung mit den Tatzelwürmern I-5 und I-8 bestaunten, rüstete Christel die Filmkamera für eine ferngesteuerte Gruppenaufnahme. Endlich klappte es – Cheeeeese! Die Abfahrt vom Mount Soledad brachte das Quartett zu den felsigen Klippen von *La Jolla Cove* mit dem Höhlensystem. Hardy deutete auf das gegenüberliegende *Scripps Aquarium*, das er dem Schweizerbesuch sehr empfahl. Dem *La Jolla Shores Beach* entlang ziehen sich gut erschlossene Promenaden, die einen ungehinderten Blick auf die tummelnden Seehunde erlauben. Nach einem ausgedehnten Spaziergang folgte das Auto der Küstenstrasse und landete schliesslich in der Sackgasse des südlichen *Mission Bay Park*. Die Berner konnten sich ein erstes Bild des 1886 ha grossen aquatischen Freizeitgeländes machen.

Mount Soledad

Im Einkaufsmekka *Fashion Valley* schritten die vier zuerst zum Spezialshop mit den Modellautos. Die Adleraugen des Autölisammlers[215] erspähten die begehrten Objekte sofort. Es war um René geschehen. Nur er – und Ford. That's it! Die erfahrene Verkäuferin merkte bald, dass sie keinen blutigen Anfänger vor sich hatte. René liess die Autos auspacken und kontrollierte alles. Zum Glück! Die Dame musste das defekte Ding wieder entgegennehmen und für Ersatz besorgt sein. Trotzdem war René happy.

Den Tag liessen die vier Stadtbummler im Chevy's beim *Mission Valley Center* ausklingen. R & R lieben TexMex-Food. „U jetzä, müisst 'er nummä wäg üs zweenä eynisch meh da drinnä hockä!"[216], forschte Ruth verunsichert nach dem Stimmungsbarometer. Das hätte sie lieber bleiben lassen. Hardys Antwort kam postwendend. „Ja, das isch schuu mügli! Nur Schtress hätt mä mit dir. Jetz iss und bis ruhig, damit mr schnäller hei chänd!"[217]. Das war nicht einfach. Ruth und Hardy mussten wahnsinnig mit der Fleischplatte kämpfen, die sie sich teilten. Während alle so zufrieden spachtelten[218], wurde die Idee diskutiert, eine Geburtstagsrunde vorzutäuschen, um in den Genuss einer feinen Nachspeise und eines Sombreros zu kommen. Hardy schlug vor, Ruth könnte doch das Glückskind spielen. „Ouä!"[219] – Dabei bliebs. Vor der Heimfahrt musste der angeschlagenen Windschutzscheibe zur Durchsicht verholfen werden, was bei einem Wasser-Schmutz-Geschmiere nicht einfach war. „Nummä ned juflä"[220], beruhigte René die Chauffeuse.

Was ein Modellauto alles bewirken kann

Am Mittwoch tummelten sich die Berner im Sea World, während Hardy an seinem Buch schrieb und Christel die ersten Kisten packte. Die Zeit verging wie im Fluge. Erstaunt horchten die Glarner auf, als es klingelte. Die Touris meldeten sich schon zurück. Dabei war es erst kurz vor 6 p.m. „Haai, sindr schu zrugg?"[221] rief Hardy erstaunt. René nickte bekümmert: „Si hey üs nümm wöouä!"[222] Hardy meinte, sein guter Freund scherze, worauf dessen Frau sofort für klare Verhältnisse sorgte: „Ney, ährlech isch wohr, diä hey eifach zuä gmacht, obwoul so schön Wättr gsi isch!"[223] – Unglaublich! Das Sea World hatte noch keine Sommeröffnungszeit? Dabei hatte der Stadtführer ausdrücklich darauf hingewiesen, dass nur in den Monaten September bis Mai um 5 p.m. geschlossen wird, von Juni bis August aber um 10 p.m. Nun hatten sich die Berner zu früh auf das von Christel und Hardy geschilderte abendliche Feuerwerk gefreut. Zusammen schlenderte man ins Nachtleben des Gaslamp Quarters und studierte die Speisekarten der Kneipen. Keiner der Schweizer war besonders entscheidungsfreudig, als es darum ging, die kulinarische Richtung zu bestimmen. Wenn alle alles lieben, kommt man nicht weit. Weit dagegen latschten die vier wegen ihre Entschlusslosigkeit. Bevor die fünfte Strasse ein drittes Mal abgewatschelt wurde, setzte das Quartett drei Paar Plattfüsse und zwei abgenutzte Gummireifen ins Restaurant Buffalo Joe's.

Buffalo Joe's gilt als echter Barbecue-Knüller. Seine Spezialiäten sind Grillsachen vom Rind und Schwein, extrafeine Rippli, Alligatorenfleisch, Büffelburger und andere büfflige Gerichte, Chili-Eintopf und gegrillte Schrimps. Das Restaurant im modernen Westernstil grillt, räuchert oder brät und empfiehlt sich auch für Schlemmereien aus Huhn, Fisch (Wels) und Gemüse. Beliebt sind Kartoffelsalat, Zwiebelringe und Chili. René entschied sich für seine heiss geliebten Rippchen. Ruth lächelte. Sie wusste, dass die Rips für die Dauer des USA-Aufenthaltes Renés Hauptspeise sein würden. Die Menükarte stellte alle zufrieden, das Ambiente jedoch nicht. Die Musik wurde immer lauter. Als dann noch Live-Fritzen auftraten und kräftig in die Saiten und Schlagstöcke griffen, konnten sich die Schweizer überhaupt nicht mehr unterhalten. Der Kellner meinte nur, dass der Lärmpegel noch unter der Toleranzgrenze läge. Sorry! Der zynische Kommentar im Gourmetführer ergänzte das gastronomische Erlebnis so: „Ein neuartiges Restaurant, wo sich Feinschmecker und kulinarische Banausen treffen. Das Essen ist, treffend betrachtet, ein Kneipenfrass. Doch genug Zutaten sind pikant und ein oder zwei Besuche wert. Die Bedienung reicht zeitweise an die Grenze der Komik. Führen Sie die Kinder zu einem Mittag- oder frühen Abendessen aus, und niemand wird bemerken, wenn ihre Lieblinge einen oder gar zwei Wutanfälle produzieren."

Den Donnerstagmorgen startete Hardy mit Frühturnen. Um 7.30 a.m. stiegen die Berner dem Auto zu, das die beiden kurz vor dem Spital beim Starbucks Coffee (3801 5th Ave) wieder ausspuckte. Ruth kriegte das Ganze nicht richtig mit. Schlaftrunken hielt sie sich dicht hinter ihrem Mann, der sofort um eine Koffeinbombe besorgt war. Um acht Uhr knetete die PT bereits an Hardy herum. Sie lud die Schweizer ein, als Zuschauer am nächsten Fussballspiel von ihrer Frauenmannschaft teilzunehmen. Damit auch jeder auf der Spielwiese die zwei neuen Fans von Tiffs Mannschaft erkennt, schenkte sie Christel und Hardy zwei graue T-Shirts mit dem Gaelic-Emblem. Um halb zehn Uhr fuhr Christel an der Kaffeekneipe vor und lud den Rest der Reisegruppe wieder ein. Ruth war nun wach und freute sich auf den *San Diego Zoo* im Balboa Park. Am Eingang herrschte ein ziemliches Gedränge: eine Schulklasse nach der anderen. Hua-Mei, das Pandababy, sorgt für volle Kassen. Am Ticketschalter wurde Hardy gefragt, ob er selbständiger Rollifahrer sei oder permanent Hilfe brauche. Dann wies man ihn zu einem Schalter für Behinderte, bei dem detaillierte Beschriebe der Zooanlage abgegeben werden. Hardy erkundigte sich nach dem Two Park Ticket, einem Kombinationsbillett für den Zoo und den 35 Meilen nördlich liegenden Wildtierpark. Dem Krüppeli wurde schliesslich eine Eintrittsgebühr erlassen – vier Tickets, je zwei für Zoo und Wild Animal Park für 38.35 Dollar, nicht schlecht. Ruth und René hatten nicht anstehen müssen, weil sie bereits im Besitze eines Combo-Tickets waren (Sea World, San Diego Zoo, San Diego Wild Animal Park).

Die Zoo hält seine 4000 Tiere auf mehreren Ebenen. Der Situationsplan weist auf die sechs sehr steilen Verbindungspassagen und auf die Möglichkeit hin, jederzeit einen rollstuhltauglichen Kleinbus anfordern zu können. Mit einem Rollstuhl unpassierbar sind die zwei aufwärtsführenden Rolltreppen, zwei stufenreiche Verbindungswege, das Rain-Forrest-Vogelhaus und die Luftgondeln der parküberspannenden Skyfari Aerial Tram. Dafür kann der Rollifahrer an einer 35-minütigen, geführten Busrundfahrt (ohne Rollstuhlsicherung) teilnehmen, von der aus die Pandas und Gorillas aber nicht sichtbar sind. Für Gehörlose werden die Touren mittels Gebärdensprache erläutert. Die Kangaroo Bus Tour erlaubt, während des Tages an sieben verschiedenen Stationen aus- und zuzusteigen. Wer zu Fuss unterwegs sein möchte, der kann sich ein portables Zootelefon mieten und sich die Tierwelt in eigener Regie und eigenem Tempo in Englisch, Spanisch, Französisch, Deutsch oder Japanisch erklären lassen. Im Children's Zoo darf mit den Tieren auf Tuchfühlung gegangen werden.

Von links nach rechts: Ruth, Christel, René und Hardy

Der Zoo war 1916 anlässlich der Panama-California International Exposition mit einer Handvoll Tieren gegründet worden. Zu diesem Zweck wurden rund um den Balboa Park zahlreiche Gebäude gebaut. Der Zoogründer, Dr. Harry Wegeforth, war um die ganze Welt gereist und hatte einheimische Tiere wie Ringelnattern oder Seelöwen gegen exotische Wildtiere eingetauscht. 1996 erhielt der San Diego Zoo von China zwei Pandabären und bezahlt seither eine jährliche Leihgebühr von einer Million Dollar, die für Panda-Schutzprojekte in China verwendet werden. Von den vom Aussterben bedrohten Pandabären leben weltweit nur noch 1000 Stück. China ist bestrebt, die Pandas zu schützen, und bestraft Vergehen, die im Zusammenhang mit der Gefährdung dieser Tierart stehen, mit lebenslänglichen Gefängnisstrafen. Ausserhalb von China leben insgesamt 16 Pandabären in Zoos, vier davon in den USA (eine dreiköpfige Familie in San Diego und ein einzelnes Männchen im National Zoo in Washington D.C.). Alle in Zoos geborenen Pandas gehören automatisch China. Die Leihgabedauer des Pandapärchens Shi-Shi und Bay Yun an San Diego beträgt 12 Jahre. Die 1999 erfolgte Geburt des kleinen Hua-Mei löste eine regelrechte Besucherlawine aus. Das Pandagehege wurde abgesichert. Die Pandafans müssen sich seither in Schlangen einreihen und auf eine lange Wartezeit gefasst machen. Die Behinderten geniessen einmal mehr ein Special Treatment und werden durch Angestellte direkt an die Spitze der Warteschlange geführt. Am Gehege sorgen Sicherheitsleute dafür, dass sich kein Besucherstau bildet. Jedem Stehenbleiben wird mit einer bestimmten Aufforderung weiterzugehen entgegengewirkt. Es versteht sich von selbst, dass sich die Besucher in Stillschweigen üben, denn die Pandas geniessen so etwas wie Kultstatus.

Zu Beginn der Besichtigungstour protestierte René bei den Bären und Löwen über die veralteten, tierfeindlichen Betongehege und gab sich als profunden Kenner tiergerechter Haltung zu erkennen. René gab seiner Hoffnung Ausdruck, dass die im Gang befindlichen Bauarbeiten eine Totalrenovation dieser Gehege bezwecken. Mit kritischem Blick spazierte der Berner weiter und bemerkte, dass die Werbetrommel für diesen Zoo wohl etwas zu stark gerührt würde. Er hätte da schon fortschrittlichere Zoos gesehen, nicht zuletzt in der Schweiz. Der Anblick der Eukalyptus fressenden niedlichen Koalabären stimmte den Berner Mutz etwas versöhnlicher. Gar lustig wurde es bei den Affen, genauer gesagt bei den Bonobos. Einem Teil der Tiere schien es nicht gut zu gehen. Eine Fellkrankheit liess sie wie gerupfte Hühner aussehen. Zudem schleppten sich einige Affen mühselig über den Platz. Dieses schlappe Verhalten bot ein tristes Bild, wenn man bedenkt, dass Bonobos über einen hemmungslosen Sextrieb verfügen.

Per Zufall wusste Hardy zu berichten, dass die Tiere durchschnittlich alle 10 bis 15 Minuten Sex hätten. Eine Tierreportage, die Tage zuvor am Fernsehen lief, berichtete dies und anderes. Natürlich wurde auch die wilde Kopuliererei der Bonobos gezeigt – beim Affenporno ging aber die Post ab! Die antriebslosen Glatzköpfe im Zoo vermittelten einen ganz und gar frustrierten Eindruck. Ruth sah das genauso und erklärte: „Diä chöi auä nümmä. Drum göi 'ne d'Hoor us!"[224] Dass die doch eher sehr schüchterne Ruth zu einer derartigen Aussage fähig war, erzeugte bei den anderen drei erst ungläubiges Staunen und dann ein schallendes Gelächter. Die in Verlegenheit geratene Ruth blickte Hilfe suchend zu René und meinte: „Gäou, Rönu, das isch wohr?"[225] René strich sich mit der Hand durch sein immer schütterer werdendes Haar und pflichtete seiner Angetrauten bei: „Das isch äso, yu!"[226] Ruth wurde knallrot, was natürlich Hardy zu einer Bemerkung reizte. Sofort verbündete er sich mit seinem Leidensgenossen und liess seine Hand ebenfalls ganz sorgsam über seinen Bürstenschnitt mit den vielen unbehaarten Stellen gleiten. „Ja, bi därtnigä Wyber müend aim ja d'Haar büschlwiis uusgu!"[227]

Am Freitag stand der *Wild Animal Park*, der ganzjährig ab 9 a.m. geöffnet ist, auf dem Programm. Der rote Van verliess die I-15 north über den Via Rancho Parkway und folgte der Beschilderung sechs Meilen ostwärts in das wunderbare San Pasqual Valley. Mit Sonnenbrillen und -hüten sowie einem Wasserkanister auf dem Rollstuhl-Gestänge startete die Gruppe das Afrika-Abenteuer. Beim Spezialschalter bezog Hardy eine Übersichtskarte vom 740 ha grossen Gelände sowie Infoblätter für Handicapped Visitors und verneinte die Frage, ob er auf ein Elektrogerät umsteigen wolle. Der Wild Animal Park besteht aus drei Bereichen. Beim Eingang befindet sich das Nairobi Village mit Tiergehegen und -häusern, Shops, Verpflegungsmöglichkeiten, Informations- und Sanitätsstelle sowie vier Freiluftarenen für Tiershows. Dieses Village lässt sich mit dem Rollstuhl gut bewältigen. Eine Ausnahme stellen zwei Zugänge dar: Der stark abfallende Abzweiger von der Strasse zur Elefantenshow-Arena (Zuschauerplätze für Rollifahrer befinden sich an der Strasse) und die Abkürzung über die steile Brücke zum Benbough-Amphitheater, wo die Vogelshow stattfindet (Alternative über Gorilla Lowland).

Impressionen aus dem Wild Animal Park

Im angrenzenden Hinterland bewegen sich die Wildtiere (mit Ausnahme der Raubtiere) in einem riesigen Freigehege. Im Osten verläuft der informative 1,75 Meilen lange Kilimanjaro-Safari-Wanderweg, von wo aus Tiger, Elefanten und Geparden aus nächster Nähe beobachtet werden können. Ebenso erlebt man den Regenwald und einen Teil von East Africa. Der Safari Walk verläuft sehr hügelig und setzt bei Rollifahrern und Begleitern Mukis voraus. Vom Besuch einer ganzen Reihe botanischer Häuser und Gärten im Norden des Hinterlandes rät der Führer denn auch ab. Zugänglich ist der Condor Ridge, wenn auch über einen steilen Weg vom Nordende der Brücke bis zum Eingang der Ausstellung. Bei der Brücke kann via Telefon ein rollstuhlgängiger Kleinbus angefordert werden, der auch den südlichen Bereich (Heart of Africa) erschliesst. Obwohl man dieses knapp 13 ha grosse Gelände mit Wäldern, blühenden Sümpfen, trockenen Steppen und wilden Tieren per Rollstuhl erreichen kann, sollte man es sich gut überlegen. Denn das Heart of Africa liegt unterhalb des Nairobi Village in einer nicht zu unterschätzenden Distanz.

Der hinterste Drittel des Parks (East Africa) kann nur mit der einspurigen Bahn besucht werden. Der 50-minütige Rundkurs ohne Ausstiegsmöglichkeiten beginnt im Bahnhof Nairobi Village. Alle 20 Minuten startet ein Zug mit jeweils nur einem Rollstuhlplatz. Dieser befindet sich links neben dem Zugsführer in dessen schmaler Kabine, die höchstens eine schräge Rollstuhl-Position zur Fahrtrichtung erlaubt. Der Rollstuhl kann zudem nicht fixiert werden. Ein gutes Sitz- und Stützvermögen sowie funktionstüchtige Rollstuhlbremsen sind Vorraussetzungen für eine Teilnahme. Rollifahrer und deren Begleitpersonen dürfen die Warteschlangen via den „Kinderwagen-Weg" umgehen. Angestellte kümmern sich um den Einstieg in den Zug. Hardy teilte sich die Kabine mit einem jungen California Girl. Ihre wilde blonde Mähne bot dem Rollifahrer zwar eine reizvolle Aussicht, doch schränkte sie die durch die schräge Rollstuhlposition bereits beeinträchtigte Sicht auf die wilden Tiere noch zusätzlich ein. Äusserst engagiert erzählte die Tourführerin von den 3200 zum Teil vom Aussterben bedrohten Tieren, die im Park natürliche Lebensräume und günstige Bedingungen zur Fortpflanzung finden. Die Rückführung von Zootieren in ihre natürliche Umgebung ist eines der Ziele des Wild Animal Parks. Der Park dient aber auch der Erhaltung von mehr als zwei Millionen Pflanzen. Darunter befinden sich mehr als 300 bedrohte Arten. Jährlich erfreut sich der Park an ungefähr 650 neuen Jungtieren. Mehr als 80 weisse Nashörner wurden im Park geboren. That's so wonderful! Die Blondine flippte bei jedem Jungtier, das sie sah, aus, gerade so, als wären die Babies ihre eigenen. Die Passagiere oohten und aahten jeweils brav, wenn das Blondi mit lang gezogenem A und I von Entstehen, Sein und Werden der Baaaabiiies berichtete.

Imperial Beach mit den vier Hoheiten

Knipswütige Tierfreaks können zudem ganz in die Nähe ihrer Lieblinge gelangen. Dafür sorgen die Foto Caravan Tours, deren Fahrzeug für einen Rollifahrer Platz hat. Wer ein Buschabenteuer möchte, der kann an den Wochenenden von April bis Oktober am Roar & Snore Program teilnehmen. Unter Aufsicht kann im Park campiert und Lagerfeuerromantik genossen werden. Ungefährlicher Park? Ein Adler richtete Christels Kopf böse zu. Sie hatte trotz Hardys Ermahnung nicht mehr an die ausgebreiteten Flügel der Vogelskulptur hinter ihr gedacht, als sie von der Kauerstellung wieder ins Stehen schoss. Boing! Die Krankenschwester war einer Ohnmacht nahe. Speiübel und zitternd bat sie Ruth und René, den Schaden unter der Sonnenmütze zu inspizieren. „Mach du daas Rönu, du chasch daas bässr!"[228], krebste eine erblassende Ruth zurück. René versuchte, das Blut mit Papiertaschentüchern und dem mitgeführten Eiswasser zu stillen. Was für ein Bild! Die Nurse mit Loch im Schädel, die Cousine handlungsunfähig, ein hilfloser Tetra und die Berner Gemütlichkeit als Notfallarzt! Die Behandlung war ein Erfolg. Im Emergency Room kam die Nurse mit einer kostenlosen Desinfektion davon. Christel musste aber versprechen, in der Nähe zu bleiben und sofort zurückzukehren, wenn die Wunde erneut platzen würde. Dann müsste die Patientin ins Spital – zum Nähen.

Der Samstag stand im Zeichen von Weiberfussball. Bis der Match von Tiffs Truppe um 4 p.m. losging, wurde der Einkauf erledigt (vor allem Bier benötigen grölende Fans) und das *Hotel Del Coronado* besichtigt. Über die vierspurige Coronado Bay Bridge, die erst 1969 fertig erstellt worden war, ging es zur Halbinsel. Parkplätze waren wegen der immer noch nicht abgeschlossenen Bauarbeiten nur sehr eingeschränkt verfügbar. Trotz des sichtbaren Baufortschritts landete der Rollstuhlfahrer mit seinen Begleitern des öftern in einer Sackgasse. Ruth und René erhielten trotz des fehlenden Hollywood Museums eine Idee vom Glanz vergangener Zeiten. Nach der Hotelbesichtigung genossen die Schweizer bei Sonne, Wind und Wellen die Coronado-Beach-Promenade. Dann brauste das Quartett zum Fussballplatz. Das Spiel fand auf dem Clay Field statt, das via I-8 est, College Blvd, El Cajon Blvd und Art Street erreicht wurde. Da Tiff ihren Fans geraten hatte, mit Liegestuhl und Fressalien auf der Spielwiese einzufahren, deckten sich die Helvetier im SUBWAY-Sandwichladen am El Cajon Blvd gegen Cash only ein.

Die schmächtige Tiff nach geschlagener Schlacht

Während es sich die Schweizer auf dem Rasen gemütlich machten, liefen sich die zwei Frauenteams schon mal warm. Wie es Tiff vorangekündigt hatte, ging es beim Gaelic Football wirklich sehr grob her und zu. Hardy feuerte seine Tiff mächtig an, die als grosse Bohnenstange nicht gerade den Eindruck eines Winning Players machte. „Go, go, go Tiff!", schrie Hardy immer wieder, während er genüsslich sein Tuna-Sandwich mampfte. Die Menge raunte mitleidig, wenn Angreifer und Verteidiger auf dem Boden landeten. Es ging nicht lange, und ein Einhorn musste eine Auszeit nehmen. Eine derartige Riesenbeule mitten auf der Stirn hatten alle vier Schweizer noch nie in ihrem Leben gesehen. Ungläubig mussten sie mitverfolgen, dass sich die Mutter von zwei zuschauenden Kindern nach einer kurzen Pause, während der Eis aufgelegt wurde, wieder in den Kampf schickte. Christel hoffte, dass der Stirnknollen nicht aufplatzen würde. Die Weiber hackten, traten zerrten, kniffen, foulten, pfiffen, schrien, schubsten – alles schien erlaubt zu sein. Nach dem Schlusspfiff wurden mehrere Blessuren festgestellt: unzählige Beulen und Kratzer, das besagte Einhorn, ein gebrochener Unterarm und ein Verdacht auf gebrochene Rippen.

Tiff, verletzt am Knöchel, humpelte zu Hardy. Sie strahlte über das ganze Gesicht. „Der dummen Kuh haben wir es aber gegeben!", meinte sie zufrieden und sah der nach Luft schnappenden Gegnerin, die ins Krankenhaus gebracht wurde, schadenfreudig nach. Danach hinkte die PT zur Teamkollegin mit dem anschwellenden Unteram, den sie in einer Eiswasserwanne kühlte. „Eindeutig gebrochen!", sagte ihr Tiff die Diagnose auf den Kopf zu und schickte sie auch ins Spital zum Eingipsen. Tiff gab den schockierten Schweizer Köpfen nochmals eine auf die Nuss, indem sie cool meinte, dass dies durchschnittliche Verletzungen wären. „What did you expect?" – Alles wohl, ausgenommen das von eben. Tiffs Gaelic Football Team feierte ihre Blessuren im Hennessey's Pub am Pacific Beach mit der Livemusikband O'Brians Brothers.

Im Ralph's Supermarkt

Am Sonntag erholten sich die Berner von ihrer Verwandtschaft im romantischen *Balboa Park* beim sonntäglichen Orgelspiel unter freiem Sommerhimmel. Der 485 ha grosse Balboa Park beherbergt unter anderem elf Museen, die der Besucher mit einem 20-Dollar-Pass besichtigen kann, der eine Woche gültig ist. Das Auto-Museum entging dem Ford-Sammler natürlich nicht. Während Ruth und René dem süssen Nichtstun frönten und durch die Pavillions im spanischen Kolonialstil schlenderten, verweilten die Glarner beim Einpacken und Erledigen von Pendenzen. Gegen Abend streckten Ruth und René ihre Köpfe herein. Zusammen liess man den Tag in der Brauerei Rock Bottom ausklingen.

WEEK 24/2000:
STOPFE EINEN TEDDYBÄREN!

12. bis 18. Juni

Vier Tage trennten Ruth und René von ihrem Heimflug und acht Tage die Glarner vom Auszug. Stress? Nein. Eine gute Organisation ist die halbe Arbeit. Christel brauchte lediglich Hilfe bei der Demontage des grossen Stubentisches. „Uf aou Fäou machämr das!"[229], kam René der Bitte der Glarner nach. Auf dem Reiseprogramm der Berner war Old Town vorgesehen. Die Teddybär-Sammlerin Ruth wollte in der *Basic Brown Bear Factory* (2375 San Diego Ave) eigenhändig ein Exemplar stopfen. Ruths Äuglein glänzten, als sie das kleine Ladenlokal betrat, das unzählige leere Pelzhüllen von unterschiedlichsten Bären anbot. Erfreut vergewisserte sich die Teddy-Kennerin, dass viele Braunbärhüllen in San Francisco gefertigt werden. Die Ware „Made in China" blieb so links liegen. „Das isch eyfach ned 'sglychä. Ä richtigä Teddy chunnt us Amerika"[230], ereiferte sie sich. Wo sie Recht hat, hat sie Recht. Hardy drängte Ruth zu einem Riesenbären. „Du chänntisch ainä mit üüserem Huusraat id Schwyz schiggä"[231], bekräftige er seine Idee. Ruth sucht in Renés Augen nach einer Antwort. „Los, Ruthlä, das muesch duu entscheydä"[232], entgegnete René das stumme Flehen seiner Frau. Ruth war sichtlich hin- und hergerissen. Sie klammerte sich an ihre Vernunft: „Hardy, wo wosch dänn so ä Riisäteddy ufstöoua? Eeg ha key Platz!"[233] Sofort konterte der schlagfertige Hardy: „Häsch Du dänn kei WC-Teggl? Jedä Bsuäch im Schiissirümli hetti uusinnig Freud!"[234]

Happy Teddy – superhappy Ruth

Ruth wählte schliesslich einen kleinen Cowboy-Teddy, der mittels einer Stopfmaschine die von Ruth bevorzugte Körperfülle annahm. Der künftige Teddy-Besitzer darf auf Kommando der Angestellten ein Fusspedal der Maschine drücken und so die Füllung freigeben. Hat der Teddy den gewünschten Traumbody bekommen, muss der Besucher eine Hupe betätigen, was Stopferin und Gaffer mit einem lobenden Händeklatschen quittieren. Am Tisch nebenan wird dem Teddy die klaffende Rückenwunde geschlossen. Danach darf Mama oder Papa Teddy seinem Liebling ein originelles Outfit verpassen. Eine Fülle von Kleidern und Accessoires steht zur Auswahl. Voilà! Ruth betrachtete gerührt ihren echten USA-Teddy. Der Anblick des kleinen Cowboys liess Hardy dahinschmelzen. „Ich will au einä"[235], gestand er nach dem anfänglichen Spötteln kleinlaut ein. Christel lachte und half ihrem Schatz, den mittelgrossen

Schwarzbären mit toller Schnauze zum Leben zu erwecken. Hardy verzichtete auf Accessoires. Er will zuhause seine USA-Fliege dem nackten Bären umbinden. Als Christel vor ihrem geistigen Auge einen einsamen Teddy in der guten Glarner Stube sitzen sah, erbarmte sie sich seiner: „Ich glaub, däm wür's nöd gfalä so ganz älai. Dä brucht unbedingt än Gschpane."[236] Und schon wurde ein Baby-Bear unter das Stopfrohr gehalten. Der dreifache Gruppenzuwachs musste selbstverständlich gebührend gefeiert werden.

Wie beabsichtigt endete der Ortsrundgang im *Bazaar del Mundo*. René musste erneut hilflos zusehen, wie sein braves, scheues Frouäli[237] von den verdorbenen „Margaritholiker" verführt wurde. Ruth schnappte nach Luft, als die Megakelche serviert wurden. Christel beruhigte ihre Cousine und bot ihre mitschlürfende Hilfe an. Dabei hatte Christel selber einen Kübel vor sich stehen. René fragte sich insgeheim, was die kichernden Weiber noch alles zu tun gedenken. Eines war für ihn sonnenklar: Er höchstpersönlich wird die ganze Bande nach Hause fahren!

Hardy liebt Trinkhalme …

Am Dienstag gönnten sich die Berner einen Abstecher zu den nördlichen Küstenregionen. In *Oceanside* sollte die andere Teddybärfabrik heimgesucht werden. Ausserdem standen *Carlsbad* und *Del Mar* auf dem Programm. Del Mar stand kurz vor seinem Jahrmarktsrummel, der diesmal vom 15. Juni bis 4. Juli dauerte. Die Organisatoren warben in der Zeitung mit neun neuen Vergnügungsbahnen, 20 Abendkonzerten, 20 Bands in der Fun Zone, Kiddieland, vielen Läden, Ausstellungshallen und natürlich mit den heiss geliebten ausgefallenen Wettspielen. Das unordentlichste und zugleich populärste Spiel ist das einminütige Tortenfressen mit hinter dem Rücken verschränkten Armen. Oder lockt vielleicht das Bubblegum Blowing? Tierstimmen nachahmen? Windeln dekorieren? Ausgeflipptes Haarfärben? Harte Typen stellen sich dem Jalapeño Pepper Eating. In 10 Minuten sollen 80 grosse Pfefferschoten verdrückt werden. Die Notfallstation sei ausgrüstet mit Brot, Wasser und Kautabletten für Magenübersäuerung. Jahr für Jahr würden begeisterte Pfefferfresser zurückkehren. – Good Luck!

Zufrieden meldeten sich Ruth und René vom Ausflug zurück. Ruth rühmte ihren Chauffeur in höchsten Tönen. Wieso Chauffeur? „Jo, eeg hock hingä wiä ä Lady u dä Rönu vorä fahrt meeg schpaziärä"[238], erklärte Ruth lachend. „Bimaid isch wohr", durchfuhr es Christel, „läck, a da hani gar nöd tänkt. Isch da jetzt blöd für oi?"[239] – „Ney, nummä luschtig!"[240], beruhigte sie Ruth. Nach dem gemeinsamen Steak-Dinner im Ruth's & Chris Steak House befahl Hardy den Cousinen, ihre hervorragende Restaurant-Kette in die Schweiz auszuweiten. – You've got it? – Der Verdauungsspaziergang durch das *Seaport Village* endete im engen Trails West Shop, wo Hardy unter den nostalgischen Cowboy-Artikeln echte Sheriffsterne vermutete. So war es dann auch.

Der Mittwoch startete mit einem gemeinsamen Morgenkaffee bei Starbucks im Horton Plaza. Christel brachte ein Geburtstagspaket zur gegenüberliegenden Post. Dort liess sie den geschuldeten Betrag aufrunden und sich die Differenz in bar auszahlen. So etwas geht eben bei der Post oder auch bei Ralph's und erspart den Gang zum nächsten Bankomaten. Gegen 11 a.m. fuhren die Schweizer beim grossen Spielzeughaus von *Toys „R" us* (1240 W. Morena Blvd) vor. René inspizierte die Auto- und Flugzeugmodelle. Christel bat um seinen Rat, da sie einen Kinderwunsch aus der Verwandtschaft erfüllen wollte. „Waisch Rönel, ich ha kai Ahnig, was ä FA 18 isch. Du öppä scho – odr?"[241] Hardys ganze Aufmerksamkeit galt der Riesenauswahl an Pokémons und Furbies. Der Ex-Student startete seinen letzten Versuch, zu einem Graduation-Furby zu kommen. Hardy wurde vom Pech verfolgt. Nicht einmal das Warenlager dieses Spielzeugmekkas konnte den seit Dezember vergriffenen Furby in seiner schwarzen Examenskluft und dem viereckigen Hut hervorzaubern. Leider! Im Einkaufszentrum *Fashion Valley* konnte René sein bestelltes Modellauto abholen. Puppensammler wären in diesem Geschäft ebenfalls voll auf ihre Rechnung gekommen. Hollywood war gut vertreten. Wer diese Star-Puppen wohl sammelt? In einer Ecke versteckt war Lady Di in verschiedenen Körperhaltungen und Kleidern zu sehen. Der Ablick war makaber und faszinierend zugleich – very strange.

Um die Mittagszeit marschierten die Schweizer der Strandpromenade des *Mission Beach* entlang. Bei der hölzernen Achterbahn machte die Gruppe Pause. Christel und Hardy beobachteten die zwei lebensmüden Verwandten auf ihrer Höllenfahrt. Hell begeistert kehrten diese zurück: „Heymatland, do merkt mr scho, dass das ä aouti Houzbahn isch. Diä schöttlet eym dä rächt dürä!"[242] Hardy lotste seinen Fahrer anschliessend zum Heimwerker-Paradies Home Depot (3555 Sports Arena Blvd) und kaufte dort amerikanisches Werkzeug. Bis jetzt konnten die Glarner immer auf die gut bestückte Kiste vom Hausdienst des Cityfront Terrace zurückgreifen, wenn einmal etwas am Rollstuhl oder anderswo gerichtet werden musste. Christel erkundigte sich nach Einwickelmaterial für den Stubentisch. Es dauerte, bis der Verkäufer den korrekten Begriff für die stossdämpfende, luftgefüllte Plastiknoppenrolle nennen konnte: „Bubble Wrap!" Solches und anderes Verpackungsmaterial verkaufen die *U-Haul Centers*. Nach einer Ruhepause in Downtown frönten die Schweizerlein im Restaurant Trattoria la Strada im Gaslamp Quarter der italienischen Küche. Das Quartett liess den letzten gemeinsamen Abend bei pasta e vino ausklingen.

Die Berner Knechte bei der Arbeit

Tiff arbeitete am Donnerstag zum letzten Mal. Vor zwei Wochen erst hatte sie gekündigt. Diese Art von Personalfluktuation wäre in Amerika normal, meinte die PT und stellte ihre Nachfolgerin vor. Diese hatte mit Tiff gar nichts gemeinsam. Tiff leitete das Girl zwar an, musste dann aber die Turnstunde selbst beenden. Ein klarer Fall für Hardy: Das war ebenfalls seine letzte Physio in San Diego gewesen. Tiff rief Hardy in Erinnerung, dass sie gleichzeitig mit seinem erstem Besuch in diesem Spital angefangen hatte. Nun würden sie sogar zur selben Zeit dem Haus den Rücken drehen. Zufall? Hardy redete seiner PT erneut ins Gewissen. Er konnte sich einfach nicht an den Gedanken gewöhnen, dass sie inskünftig Rollstühle verkaufen wird. Das sei doch wirklich schade um sie, meinte er. „Could be, but I'll get more money. That simple is it." Tiff setzte sich in Hardys Rolli und demonstrierte ihm, was sie schon alles gelernt hatte. Gehöre alles zur Verkaufstechnik, erklärte sie. Mit einem prüfenden Blick auf Hardys Gefährt fragte sie: „By the way, don't you need a new one?"

Hardy und Christel hatten versprochen, die Berner zum Flughafen nach L. A. zu bringen. René hatte darauf bestanden, sich frühzeitig auf den Weg zu machen. Christel bemühte sich sehr, überpünktlich zu sein, um keine unnötige Aufregung aufkommen zu lassen. Sie wusste, dass ihre Cousine bereits genug nervös sein musste. Flugangst! Es war 7.50 a.m., als die Glarner beim Hotel vorfuhren. Schon sahen sie die Berner mit dem Gepäck herbeieilen. Ruth, die Ärmste, sah ziemlich mitgenommen aus. Christel überlegte sich, dass es vielleicht besser sei, René das Steuer zu überlassen, damit er nach seinen Vorstellungen über die Strasse fegen könnte. Christels Plan, ihre Cousine dabei etwas abzulenken, misslang. Warum? Weil beide Weiber ausgesprochene Morgenmuffel sind. Hardy dirigierte René zum Abflugterminal der Swissair. Dort stiegen die Berner mit ihrem Gepäck aus. Sie warteten auf dem Gehsteig, bis Christel und Hardy die Strassenschlaufe gefahren und das Auto auf dem gegenüberliegenden Gelände geparkt hatten. Gegen 11 a.m. stand das Schweizer Paar vor dem Check-in-Schalter an, der kurz darauf öffnete. Der Abflug war um 3 p.m. geplant. Es blieb also genügend Zeit. Christel und Hardy warteten und beobachteten das bunte Durcheinander. Kofferlos gesellten sich die Heimkehrer bald einmal wieder zu den Glarnern. René schimpfte, was aufhorchen liess. Man hatte Ruth nicht gestattet, ihren Teddybären separat zum Handgepäck mitzuführen. Ein Handgepäck pro Person, bitteschön! Diskussion ausgeschlossen! Man händigte René lediglich zwei Markierungsbänder für das Handgepäck aus. Nicht markierte Taschen seien nicht zugelassen. Nach einem Imbiss bei McDonald's verabschiedeten sich die Paare voneinander. „Also, flügäd guät – tschau mitänand!", wünschten Hardy und Christel. „Yu, das wey mär schwär hoffä", meinte René. Den Abschluss machte die blasse Ruth: „Aouso, hoi zämä!"

Good Bye – Thanks für den Besuch

Am Wochenende wurde gepackt. Früh aufstehen und ein später Feierabend waren angesagt. Am Samstag verstaute Christel alle Bürosachen, abgesehen vom Allernötigsten für Hardy. Er bedauerte, dass er seiner schuftenden Frau nicht zur Hand gehen konnte. Am Abend waren Bücherregale, Schubladen und Kleiderschränke geleert. Am Sonntag kam die Küche dran. Tiff streckte zur Mittagszeit den Kopf herein. Sie kaufte das Bettsofa und den grossen Fernseher, den sie als Geschenk zum *Father's Day* gleich nach L. A. zu ihrem Vater bringen wollte. Tiff war sehr erstaunt, als sie Christel zuschaute, wie sie das Geschirr in Papier einwickelte. Ob man in Europa immer alles an den neuen Wohnort mitnehmen würde? „That's very strange", meinte sie fasziniert und nachdenklich zugleich. Christel half Tiff, die schweren Sachen hinunterzubringen und im Auto zu verstauen.

Der eine Haufen wartet auf die Abreise in die Schweiz, der andere bleibt in den USA

Das war bei diesem Autotyp eine richtige Herausforderung. Ein zufällig vorbeikommender, sehr sorgfältig gepflegter Jüngling sah seine Chance, die rotblonde Tiff anzubaggern, und bot kurzerhand seine Hilfe an. Christel sah schon von weitem, dass es auf diese Weise nicht klappen kann – aber bitte, nur zu. Der Mann holte sich beinahe einen Leistenbruch. „Wer nicht sehen will, muss fühlen". Ein älteres Ehepaar aus dem Hause interessierte sich am Nachmittag für den kleinen Fernseher und eine weitere Ständerlampe.

Übrig blieben der schwere schwarze Auszugstisch aus Andrews Zimmer, eine Ständerlampe, der Mixer, das Bügeleisen und der Staubsauger. Darum kümmerte sich Jason, der diensttuende Blondi von der Rezeption. Er hatte ein paar Tage zuvor halb ernst, halb im Spass verlauten lassen, dass er alle Sachen der ausgehängten *Yard-Sale*-Liste gut gebrauchen könnte. Gratis, wenn möglich. Höchst erfreut kam er Hardys Bitte nach, sich die unverkäuflichen Dinge anzuschauen. Jason nahm alles, sogar den tiefgekühlten Turkey, den Christel ihm zeigte. Gut so. Weg ist weg.

WEEK 25/2000:
AUSZUG AUS DEM CITYFRONT TERRACE

19. bis 25. Juni

Zügeltag![243] Um 3.30 a.m. klingelte der Wecker. Die pflichtbewusste Christel kriegt jeweils einen zünftigen Adrenalinstoss und vergisst darüber ganz ihr Morgenmuffeltum, wenn wichtige Ereignisse anstehen. Nachdem Hardy mit dem Notwendigsten versehen worden war, packte und putzte Christel, was das Zeug hergab. Obwohl sich der Containerchauffeur zwischen 8 und 8.30 a.m. angemeldet hatte, läutete es bereits um Viertel nach Sieben. Christel und Hardy eilten zum Loading Dock und sahen zum ersten Mal die metallene Heimstätte ihres Umzuggutes. Hardy musste den Empfang des Containers quittieren, worauf sich der Fahrer verabschiedete und mit dem amputierten Truckvorderteil davonknatterte.

Die Zügelmannschaft[244], bestehend aus Robert, seinem Nachbarsjungen und Thomas, fand sich kurz vor neun in der Wohnung ein. Robert brachte die zwei Lastenrollis mit, um die ihn Hardy gebeten hatte. Ebenfalls führte er genügend Werkzeug mit sich, um Pult und Elektrobett in die Einzelteile zerlegen zu können. Die Helfer benötigten als Erstes Christels Instruktionen, wie man von der Wohnung über den Warenlift durch das Labyrinth der Tiefgarage zum Laderampen-Aufzug gelangt. Man(n) spuckte in die Hände – und los gings! Dank Christels guter Vorbereitung und den flinken Händen der Männer war der Schachtelberg nach gut zwei Stunden verstaut. Mit ein paar gezielten Handgriffen zerlegte Robert Hardys Pflegebett in fünf Teile, ohne dabei eine einzige Schraube lösen zu müssen. Problemlos liessen sich so die schwere Liegefläche, die Matratze, beide Kopf- und Fussteile und die Kurbelwelle verfrachten. Die beiden Büchergestelle, der Stehbarren und der Reserverollstuhl waren ebenfalls schon verladen. Als letztes kam Hardys Schreibpult an die Reihe.

Hardy telefonierte dem Transportunternehmen, dass der Container zum Abholen bereit sei, und begab sich hernach zum Loading Dock. Thomas war in Anbetracht der fortgeschrittenen Zeit zappelig. Nein, nicht der Hunger drängte ihn nach Hause, sondern das EM-Fussballspiel Deutschland gegen Portugal. Das wollte er auf keinen Fall verpassen. Robert verabschiedete sich ebenfalls. Christel und Hardy warteten vor ihren Habseligkeiten auf den Truck. Hardy liess den Chauffeur den Empfang des beladenen Containers quittieren. Der Mann versiegelte erst auf Hardys Geheiss das Türschloss und gab die Siegelnummer bekannt. Schon brauste der volle Lastwagen um die Ecke. Gute Reise! Hardy leitete die Siegelnummer an den Agenten Doug weiter. Danach beschäftigte sich der Glarner mit dem Laptop, während Christel dem letzten Dreck in der Wohnung an den Kragen ging. In einem Höllentempo reinigte sie den verkrusteten Backofen, den Herd, den Tiefkühler, den Kühlschrank und das Badezimmer. Das war nun echt Stress, da die Wohnung am selben Nachmittag kontrolliert wurde. Ohne giftige Chemie hätte es die Putzfrau nicht geschafft. Zum Lachen komisch sah Christel aus, als sie sich mit Taucherbrille, Gummihandschuhen und einem strahlenschutzähnlichen Anzug bewaffnete, um das Putzgift zu verstreuen. So sauber war die Wohnung nie und wird es auch nie mehr sein!

Geschafft – Dreck und Kraft sind weg

Dann war es so weit. Ein letztes Mal genossen die Glarner die wunderbare Aussicht. Tiefe Dankbarkeit erfüllte beide. Was für ein Glück sie doch mit diesem wunderbaren Heim in Herzen von Downtown San Diego hatten. Thank you! Nach 14 Stunden Hardwork schleppte eine müde, aber zugleich erleichterte Christel das Reisegepäck zum Auto. Mit letzter Kraft schob sie ihren ebenfalls gebeutelten Mann vor sich her, der kaum mehr aufrecht sitzen konnte. Hardy wurde aber bald von seinen Qualen befreit. Erschöpft fuhr Christel um die zwei Blocks zum Hotel Hyatt, wo ihr willige Hotelknechte zu Hilfe eilten. Endlich im Zimmer transferierte das von der Arbeit gezeichnete, jedoch zähe Eheweib den lahmen Sack, der ihr viel schwerer als sonst vorkam, in die Hyatt-Koje. Hardy seufzte erleichtert. Die Sitzfolter wollte an diesem Tag kein Ende nehmen. Christel zwang sich, wach zu bleiben. Hardy musste noch für die Nachtruhe vorbereitet werden, und die Nurse brauchte eine Dusche. Bald fiel sie um wie ein gefällter Baum und schlief und schlief und schlief …

Der letzte Blick aus der Wohnung

Am nächsten Morgen sah schon vieles ganz anders aus, vor allem Hardy, als er frisch geduscht, rasiert und parfümiert aus der viel zu engen Rollstuhldusche geschoben wurde. Die letzten zwei Tag in San Diego gingen im Nu vorbei. Die Glarner spazierten und ruhten sich aus. Schliesslich wollten sie ihre lange Reise fit antreten. Am Abend vor der Abreise trafen sie sich mit Thomas, Tiffany und ihrem Lover zu einem Abschiedsessen. Obwohl es das letzte Treffen war, herrschte eine aufgeräumte Stimmung. Tiffany kreierte einen guten Spruch, der den Abend auf einen passenden Nenner brachte: „I'm sad to leave, but exited to go!" Thomas meinte, dass die deutsche Sprache für diese treffende Redewendung keine adäquate Übersetzung kennt. Man umarmte sich amerikanisch: Wange–an–Wange–drücken, aber keinesfalls küssen! Die todbringenden Germs lauern eben überall. Ob die europäische Küsserei wohl schon als Sexual Harassement gedeutet wird? Thomas begleitete Christel und Hardy durch das Gaslamp Quarter zurück zum Hotel. Es wäre gelogen zu behaupten, dass die Glarner in melancholischer Stimmung durch die Gassen trotteten und mit weinendem Herzen das letzte Mal die Lichter von Downtown in sich sogen. Auch der traurig vorbeiziehende Droschkengaul stimmte die Schweizerlein nicht sentimental. Anders schaute es vielleicht in Thomas' Brust aus, als er sich in den Hallen des Hyatt verabschiedete. Man war sicher, dass die letzten Worte keine unbedeutenden Abschiedsfloskeln waren. Wir werden uns wiedersehen – bestimmt!

Heimreise von San Diego nach Glarus

WEEK 25/2000

19. bis 25. Juni

Freitag, 23. Juni 2000: San Diego (CA) – Parowan (UT)
(Zeitzone: Mountain Time)

(8 Std./450 Meilen: über I-15 north)

On the road again! Christel und Hardy konnten es kaum erwarten, dem Lockruf der Strasse zu folgen. Die Vorfreude drängte die Glarner zum Hotel hinaus, wo das Auto schon bereitstand. Bevor das Abenteuer begann, wünschte Christel ihrem Bachel und sich selber eine schöne, ereignisreiche und unfallfreie Reise, was sie mit einem herzhaften Kuss und einer innigen Umarmung unterstrich. Der Zündschlüssel wurde gedreht, das Gaspedal gedrückt. Bye, bye, San Diego! Du warst eine angenehme Gastgeberin und hinterlässt gute Erinnerungen.

Im Morgennebel verliess das Paar die Stadt auf der I-15 north. Bald siegten die Sonnenstrahlen und versprachen einen heissen Sommertag. Je östlicher die I-15 in die Wüste führte, desto schneller kletterte das Thermometer von 20 °C auf 30 °C und erreichte in Baker den Höchstwert von 43 °C. Da man *Baker* bereits von früher her kannte (der Weg vom Death Valley zur I-15 führte die Reisenden schon zweimal in das kleine Wüstennest), stoppte der Van vor dem Taco Bell mit den angegliederten Zapfsäulen. Sowohl die Glarner als auch das Auto füllten sich den Bauch. Hardy konnte der Softicemaschine nicht widerstehen und hiess sein Weib zur Tat. Der etwas zu grosse Cup wurde gefüllt, schmolz aber an der Hitze schneller, als man ihm Meister werden konnte. Die süsse Kälte stach Hardy mehrfach in die Schläfe, weshalb der Glacé-Junkie, oh Wunder, eingestehen musste, dass das mit der Ice Cream wohl nicht die beste Idee gewesen sei. Hoch und heilig versprach er, dass es wohl für lange Zeit das letzte Eis gewesen sei. Ob Hardy den Entzug bis Florida wirklich durchhalten wird?

Wolkenschauspiel in der Wüste auf dem Weg nach Las Vegas

Christel liess sich von den Rasern nicht beirren, die am Freitagabend für den Wochenende-Spiel-Showdown unbedingt schneller als alle anderen in *Las Vegas* sein wollten. Sie hielt ihr etwas über dem Limit von 70 m.p.h. liegendes Tempo. Sonne, Licht, Wüste und Wolkenhimmel verwöhnten die Glarner mit einzigartigen Schattenspielen und fabelhaften Landschaftsbildern. Vereinzelte Pistenflitzer kamen ungewollt in den Genuss, sich eingehender mit der eindrücklichen Gegend zu befassen. Überhitzte Motoren und geplatzte Reifen liessen nämlich gar manchen am Strassenrand mit stierem Blick Richtung Las Vegas gucken. Dank ein paar Streicheleinheiten fuhr Hardys Van zuverlässig, was ihm besonders Christel dankte. Eine Panne in der Wüste muss nicht unbedingt sein, wenngleich überall SOS-Telefone sind. Vor den Toren von Las Vegas herrschte dichter Verkehr. Die ganze Welt wollte ins Spielermekka. Zähflüssig wälzte sich die Verkehrsschlange auf der I-15 parallel zum Strip vorwärts. Das gab den Reisenden Gelegenheit, die Hotelanlagen ein letztes Mal zu bewundern und die Vergnügungssüchtigen zu belächeln, die entnervt um Autobahnzentimeter kämpften.

Der rote Van brauste auf der I-15 zur Staatsgrenze. Nach wenigen Meilen in Arizona brachte ein in die Höhe führender Canyon die Reisenden in den Mormonenstaat Utah. Die goldene Abendsonne tauchte die braunroten Gesteinsmassen ins wunderbarste Licht. Beautiful! Hardy wurde übermütig. Christels Wunsch, ihr einmal die ganze Geschichte des Mormonenvolkes zu erzählen, kam Hardy gerade recht. Endlich konnte er aus dem Vollen schöpfen: Überheblich schilderte Hardy seinem Weib, wie ein Spinner namens Joseph Smith im 19. Jahrhundert die Mormonenreligion gegründet hatte. Von einem lieblichen Engel heimgesucht habe Smith irgendwo an der Ostküste mehrere Silbertafeln gefunden. Auf ihnen hätte ein Prophet namens Mormon vor vielen hundert Jahren einen Fortsetzungsroman zum Alten und Neuen Testament eingekritzelt. Entzückt ob dem Fund und beduselt von Weihrauch sei dann Smith ans Werk gegangen und habe auf Geheiss des diktierenden Engels die dritte frohe Botschaft niedergeschrieben. Die Mormonen würden heute noch an diese Mär glauben und glücklich und zufrieden im weissen Tempel lobpreisen. Dass Smith wohl ein potenter Macho gewesen sein müsse, spiegle sich klar und deutlich im Gebot der Vielweiberei. Ein richtiger Mormonenmann habe eben mehr als genug Hormone. Zwecks Erlösung seiner selbst und seines besten Freundes benötige der Mormon drei Frauen, um ins Paradies zu kommen. „Dabei ist der Doofmann ja schon im Himmel!", ergänzte Hardy seine Ausführungen. Als Utah 1896 in den Bund der Vereinigten Staaten aufgenommen wurde, musste man zwar der Polygamie abschwören und in die Staatsverfassung ein entsprechendes Verbot mitaufnehmen. Das hindert einen richtigen Mormonen aber nicht daran, polygam zu leben. Einem Fersehbericht zufolge sollen es noch gut 5 Prozent der Bevölkerung sein, die ihr frivoles Treiben nicht lassen können.

Dem Mormonengott war der Glarner Lästerer ein Dorn im Auge. Bald einmal verdüsterte sich der Himmel. Erzürnt liess der Allmächtigste aller Mormonen Donner erschallen und Blitze herniederschnellen. Hardys Strafe war ein schlimmes Gewitter. Dunkelheit und Prasselregen hüllten das Paar ein. Das Thermometer sank auf für Hardy lebensbedrohliche 10 °C, ganze 33 °C unter der Tageshöchstmarke. Hardy blieb unbeeindruckt vom himmlischen Zorn. Die Autoheizung funktionierte, der Regen wusch kostenlos den Schmutz von den Scheiben, und Hank Williams trällerte vergnügt und sicher zum 13. Mal seine Country-Schnulze „On the road again". Christel war froh, endlich in Cedar City anzukommen. Die Kombination Regen und Nacht erforderte von der Fahrerin höchste Konzentration. Der Van verliess die I-15 über Exit 59, das mit Motelschildern nicht geizte. Das Super 8 Motel (1550 W 145 N) sowie das Holiday Inn (1575 W 200 N) waren mitsamt Handicapped Rooms ausgebucht. Auch das Motel 6 (1620 W 200 N) bedauerte, kein freies Zimmer mehr zu haben. Wie war das in einem solchen Provinzkaff nur möglich? Das etwas südlicher liegende Days Inn (1204 South Main) beschied dieselbe Antwort: „Sorry, we are completely booked out." Wo um alles in der Welt gab es sonst noch Rollizimmer? Eine schnippische Altgöre meinte, ganz Cedar City sei ausgebucht. Der Prasselregen hätte die Autobahnen geleert und die Motels gefüllt. Der nächste Ort sei eine Stunde entfernt. Shit! War das jetzt die göttliche Strafe für Hardys lasterhaftes Maul? Sitzen bleiben im Rolli? Arsch- statt Zahnweh?

Christel gab trotz strömendem Regen nicht auf. Ein braver Mormone vermittelte ihr das letzte (!) Zimmer zehn Meilen entfernt im Nirgendwo. Der Motelmanager in Parowan löste das Rätsel um das ausgebuchte Cedar City. Nicht etwa ein Mormonentreffen oder Gruppensex zwecks Huldigung des Rachegottes, sondern ein simples Martial Art Turnier, das einmal im Jahr stattfindet und viele Leute aus nah und fern nach Cedar City lockt, war der Grund. Der Manager verspürte beim Anblick des müden Hardy wohl ein schlechtes Gewissen, weil sein Etablissement keine Spezialzimmer anzubieten hat. Er ermunterte Christel eingehend, bei Bedarf auf seine Hilfe zurückzugreifen. Die Nurse schaffte es aber alleine. Anyway, thank you!

Samstag, 24. Juni 2000: Parowan – Salt Lake City
(7 Std./300 Meilen: über I-15 north)

Ungeduldige Kinderschritte weckten die Motelgäste. Die Knöpfe[245] und andere Wettkampfteilnehmer machten sich mit Sportsäcken auf den Weg zum Turnier. Hardys erster Blick galt der Zimmeruhr. So spät schon! Die Deppen hatten nicht beachtet, dass in Utah die Uhrzeiger eine Stunde voraus waren. Christel gewann knapp den Wettlauf mit der Auscheck-Zeit. Kurz vor Mittag wurden die 240 Meilen nach Salt Lake City in Angriff genommen, wofür das Paar vier Stunden Fahrzeit einberechnete. Das Landschaftsbild der I-15 entlang wechselte nicht sonderlich. Utah erschien als ein breites Tal, das östlich und westlich von Bergen eingegrenzt wird. Die Talebene besteht überwiegend aus Grasland, das landwirtschaftlich genutzt wird. Einzig eine grosse Schafherde bot etwas Abwechslung. Wie hätte man sich in dieser Einöde über wild kopulierende Mormonen im Gebüsch gefreut! Die Langweile vertrieben sich die Glarner mit dem Dauerkauen von süssscharfem Beef Jerk, einem typischen US-Trockenfleisch.

Salt Lake City näherte sich. Vor der Besichtigung des Stadtzentrums wollten die Unternehmungslustigen etwas ausserhalb die weltgrösste Kupfermine und den Salzsee besuchen. Es war wie verhext. Trotz Strassenkarte fuhr der Van, einem verirrten Huhn gleich, auf Salt Lakes einsamen Nebenstrassen, bis er die Zufahrt zur Copper Mine endlich fand. Leider kamen die Glarner zu spät, um den 4,5-Meilen-Rundkurs in der Mine abzufahren oder sich im Visitor Center umzusehen.

Mit flotter Fahrt Salt Lake City entgegen …

… und doch die berühmte Kupfermine fast nicht gefunden

Etwas schneller fanden Hardy und Christel den *Salzsee* mit *Saltair Beach*, das auf der Karte als Sehenswürdigkeit markiert war. Was für eine Übertreibung! Auf dem Vorplatz der heruntergekommenen Anlage stank es mächtig nach faulen Eiern. Der modrige Tümpel war bestimmt mitschuldig. Beim Gebäude selber handelt es sich mehr um ein kümmerliches Überbleibsel eines einstmals stattlichen Seebades im viktorianischen Stil. Beton und farbige Zwiebeltürme verschandeln nun die Historie. Auch die Schwarzweissfotos mit den Badenixen aus Stummfilmzeiten konnte die Seele des Betrachters nicht in eine blühende Kurepoche zurückversetzen. Das Ganze war trostlos verkommen. Christel und Hardy gewährten diesem Nichts nur ein paar wenige Blicke und berieten über die restliche Tagesgestaltung.

Salzsee mit Saltair Beach, westlich vor Salt Lake City

Christel wollte Hardy an sich eine Freude machen und ihn westwärts auf der I-80 zu den *Bonneville Salt Flats* chauffieren. So nennt sich die ausgetrocknete Salzseeebene, auf der die Geschwindigkeitsrekorde realisiert werden. Doch 60 Meilen hin und wieder zurück erachtete Hardy als unvernünftig, wenngleich er bedauerte, die bekannte Salzebene nicht zu sehen.

Der Van folgte der I-80 in östlicher Richtung stadteinwärts. Die I-80 endete plötzlich. Auf schlecht beschilderten Umwegen kämpfte sich das Auto über diverse Highways zur Stadtmitte. Per Zufall fuhr es am Wegweiser *This is the place ... Historic Living Museum* vorbei. Dieses wäre die dritte Sehenswürdigkeit des Tages gewesen, wenn man vorgängig nicht unnötig Zeit mit der Sucherei vertan hätte. „Erstens kommt es anders, als man zweitens denkt", zitierte Christel das Sprichwort und umschrieb damit die Leerläufe dieses Nachmittags. Die enttäuschten Reisevögel beendeten die Tagesetappe fünf Meilen südlich des Stadtzentrums im Motel Ramada limited (2455 S State St) im Handicapped Room 120. Das Mädi[246] an der Rezeption hörte sich geduldig das Wehklagen über die Strassenmisere an und und meinte lakonisch, dass wegen der Winterolympiade 2002 die ganze Stadt eine einzige Mess sei.

Rekordverdächtige Bonneville Salt Flat

Sonntag, 25. Juni 2000: Salt Lake City – Idaho Falls (ID)
(8 Std./240 Meilen: über I-15 north)

Salt Lake City liegt am Fusse der Wasatch Mountains. Auf der hügeligen Anhöhe befindet sich das State Capitol. Darunter breitet sich Downtown aus. Nicht riesige, aber doch hohe Gebäude beherbergen das Übliche: Banken, Versicherungen, Malls, Verwaltung etc. Das Spezielle an Utahs Hauptstadt ist der *Temple Square* im Herzen Downtowns, der sich über mehrere Blocks ausdehnt. Hauptattraktionen sind der Tempel der Mormonen mit dem goldenen Engel im Zentrum (geschlossen für Nichtgläubige) und der gegenüberliegende Tabernacle mit der Superakustik, wo Messen abgehalten werden. Dort probt auch der berühmte gleichnamige Chor und gibt Konzerte. Im Temple Square befinden sich ferner Besucherzentren, Kirchenmuseen, Statuen der Gründerväter oder das Family Research Center.

Die Glarner beugten sich über den dürftigen Situationsplan. Umgehend wurden sie von zwei jungen Betschwestern angequatscht. Lieb, wie alle Sektenangehörigen sind, wollten sie nur behilflich sein. Sie lockten die zwei Fremden ins Visitor Center und übergaben ihnen einen besseren Lageplan. Das war aber noch nicht alles. Es folgten, wie hätte es anders sein können, Bekehrungsversuche. Hardy kriegte einen Zettel mit Glaubensbotschaften in die Hand gedrückt und musste vehement das entgegengestreckte Book of Mormon abwehren, das in den verschiedensten Sprachen existiert und in Utah praktisch überall aufliegt und gratis mitgenommen werden kann. Da Hardy die Einleitung der Mormonenbibel kannte, prahlte er mit seinem Wissen. Er teilte den Sisters mit, er hätte das Buch nach den ersten Seiten wieder weglegen müssen ...

Die Schwestern guckten entsetzt und vermuteten schlimmste Blasphemie. Böses schwante Christel, da sie befürchtete, dass der ungläubige Thomas zu seiner sattsam bekannten nichttheistischen Bekehrungsrede ansetzen würde. Dabei hätte man Hardy bloss ausreden lassen müssen. Er ergänzte, dass das Buch derart viele Seiten hätte und deshalb nur in Etappen gelesen werden könne. Damit blieb das Seelenheil der armen Mormonis unangetastet. Zum Abschied gaben die beiden Betschwestern Hardy und Christel den göttlichen Auftrag, mit Sister Roth von der Schweiz, die mit grossem blauem Hut irgendwo herumschleichen und auch bekehren würde, ein reinigendes Zwiegespräch zu halten. Das war unnötig, weil beide Glarner nicht unter einer Verstopfung litten.

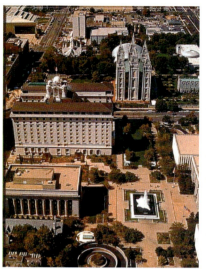

Der Tempelbezirk der Mormonen

Ein lautes Frohlocken und Hosiannasingen ertönte aus dem Tabernacle. Die Messe war immer noch im Gang. Hardy musste sich weiter in Geduld üben, bis er einen Blick vom Gebäudeinneren erhaschen konnte. Das Warten vertrieb man sich mit dem Lesen der Broschüre über den Tabernacle Choir, die den Weg der Mormonen ins gelobte Land beschreibt: „Auf ihrer Reise westwärts quer durch das amerikanische Land durchbrachen die singenden Stimmen oftmals die Stille der Prärie. Hymnen singen rund um das Lagerfeuer wurde zur nächtlichen Gewohnheit. Als im Juli 1847 die erste mormonische Pioniergruppe die felsigen Wasatch Mountains überquert hatte und das breite Tal des Grossen Salzsees vor sich sah, betrachtete der Anführer Bringham Young lange und ernsthaft die Landschaft. Dann sagte er: ‚This is enough. This is the right place.' Einen Monat später wurde der Tabernacle Chor gegründet. 1863 begann der Bau des Auditoriums. Vier Jahre später wurde der Tabernacle mit seiner zauberhaften Orgel das erste Mal benützt. Hier im Temple Square, an der ‚Kreuzung des Westens', ist der Chor zuhause."

Nur für Mormonen zugänglich – der heilige Tempel

Die Messe war endlich fertig. Hardy konnte aus nächster Nähe die herausströmenden Männer (in Kleidung, mit Krawatte) und Frauen (keine Hosen, nur Röcke) studieren. Mit listig zusammengekniffenen Äuglein versuchte der heimliche Beobachter, den Familienstammbaum der jeweiligen Sippschaft zu erörtern und Inzuchtschäden auszumachen. Ja, von solchen hatte die besagte Fernsehreportage berichtet, als die Folgen der Polygamie dargestellt wurden. Wer immer kopulieren muss, nimmt zur Not halt seine weiblichen Verwandten! Unkorrigierte Klumpfüsse konnte der spöttelnde Späher zwar nicht entdecken, dafür viele Brillenträger. Einige Frauen kämpften mit Weinkrämpfen und umklammerten sich, gerade so, als ob es in der Messe ums Überleben gegangen wäre. Was vermeintliche Sünden oder unterdrückte Emotionen doch alles bewirken können! Der Gemütszustand der Männer war demgegenüber entspannt.

Kein Wunder, bei dem vielen Sex. Hardys Äusserungen zu seinen Studienopfern wurden hoffentlich nicht verstanden. Christel war froh, ihren witzelnden Hobbygenealogen endlich ins Auto verfrachten zu können.

Das Capitol von Salt Lake thront über der Stadt

Nach diesen Feldstudien ging es zum *Capitol Building*, einer gelungenen Nachahmung des Capitols von Washington D.C. Obwohl es Sonntag war, stand das ehrenwerte Gebäude für Besichtigungen offen. Christel und Hardy schlenderten in Anbetracht der 33 °C im Schatten ganz gerne durch die kühlen Hallen. Im Schatten der Terrasse genossen sie die Aussicht auf Stadt und Umgebung. Danach wollte Christel das Historic Living Museum besuchen, das sich korrekt *This is the Place Heritage Park* (2601 E. Sunnyside) nennt. Die Broschüre zeigte ein Pionierdorf, wo Szenen aus den Anfängen Salt Lake Citys nachgestellt werden, weshalb der Ort auch Living History Museum genannt wird. Christel hatte sich zu früh gefreut. Die ganze Anlage war eine einzige Baustelle und eigentlich geschlossen, obwohl nirgends ein Hinweisschild zu sehen war. Für die Winterolympiade 2002 wird offenbar die ganze Stadt auf Vordermann gebracht. Die verärgerten Glarner wollten diese schilderarme Stadt so schnell wie möglich verlassen, was aber gar nicht einfach war.

Rundumblick vom Capitol auf die Stadt und die Umgebung von Salt Lake City

Das Paar tröstete sich nach der Irrfahrt durch die endlosen Umfahrungslabyrinthe mit einem 7-Layer Burrito am nächsten Taco Bell an der I-15. Angetrieben von Hardys geliebter Dixieland-Musik preschte der Van nordwärts Richtung Idaho. Je näher die Staatsgrenze kam, desto mehr veränderte sich das von Bergketten flankierte Tal in eine hügelige Grasebene. Kuhherden und Pflanzenfelder wechselten sich ab. Kartoffeln gedeihen anscheinend prächtig. Sie kommen sogar auf dem Nummernschild von Wyoming vor. Das satte Grün der Hügel erblasste allmählich im sanften Abendlicht. Kurz vor Sonnenuntergang erreichten Hardy und Christel Idaho Falls, wo sie im Motel 6 (1448 W Broadway) den Handicapped Room 104 mit Rollstuhldusche belegen konnten.

Beschauliches Wyoming – irgendwo im Nichts

WEEK 26/2000

26. Juni bis 2. Juli

Montag, 26. Juni 2000: Idaho Falls – Jackson (WY) – Grand Teton N. P.

(6 1/2 Std./180 Meilen: über Hwys 26 east, 31 north, 33 south, 22 east)

Im Hinterland fliesst der Snake River, der im Yellowstonegebiet entspringt. Der Fluss bahnt sich seinen Weg Richtung Süden durch Schluchten und über Wasserfälle. Daher wohl auch der Name Idaho Falls. Leider sah Hardy beim ersten Overlook auf dem Hwy 26 nicht sehr viel von der Flusslandschaft. In Swan Valley, einem Kaff (zu klein, um im Dorfindex des Rand McNally verzeichnet zu sein) bog der Van in die kurvenreiche Aussichtsstrasse 31 ein. Nach der Kreuzung in Victor, einem 292-Seelen-Dorf, gewannen die Reisenden auf der Strasse 33 south immer mehr an Höhe, während sie den *Targhee National Forest* durchquerten. Auf der Passhöhe bot sich ein wunderbarer Ausblick hinunter ins Tal und auf die dahinter liegende Bergkette. Den Strassenhinweisen zufolge wird es auch hier tief Winter. Auf einigen Bergspitzen lag sogar noch Schnee. Nicht die fehlenden Schneeketten lagen Christel auf dem Magen, sondern das 11-%ige Gefälle, das hinunter nach Jackson führt. Lower Gear und die Bremsen versagten aber ihren Dienst nicht.

Der Snake River

Das in Wyoming liegende *Jackson* (4700 Einwohner) hat sich in den letzten Jahren zu einem Touristenmekka gemausert. Im Sommer gelangen vor allem Nationalparkbesucher in den Ort, weil man durch den angrenzenden Grand Teton National Park schnell den Südzugang des beliebten Yellowstone National Park erreicht. Im Winter kommen Schneefreaks, die dem Wintersport frönen und mit Snowscootern die Elks jagen. Die Familie der Elche teilt sich in die eigentlichen Elks, die normale Geweihe tragen, und in die Mooses, die das typische Schaufelgeweih aufweisen und mit ihren Kinnbart an Moses erinnern.

Wie zu Hause – das schneebedeckte Grand-Teton-Massiv

Christel und Hardy entschieden sich für ein Picknick im *Grand Teton National Park*. Jackson wollten sie am Abend besichtigen. Die Glarner folgten auf dem Hwy 191 north dem Snake River, der an zahlreichen Aussichtspunkten bewundert werden konnte. Die Weite der Talebene schien unendlich. Kurz vor Colter Bay gab die Strasse einen besonders schönen Blick auf das Grand-Teton-Gebirge frei. Die markantesten Gipfel sind der Grand Teton (4197 m), der Middle Teton (3902 m) und der South Teton (3814 m). Diese drei Gipfel erhielten ihren Namen von französischen Trappern, die die Bergspitzen, spitz[247] wie sie waren, mit Weibertitten verglichen. Umrahmt werden diese Gipfel vom zweithöchsten Mount Owen (3940 m) und von weiteren Felsformationen. Am Fusse des Gebirgszuges liegen Matten, Wälder und Seen mit ihren Zuflüssen, unter anderem der erwähnte Snake River.

En Guete!

Nördlich des Visitor Centers in Colter Bay fanden die Glarner einen geeigneten Zugang zum See. Ein einsamer Behindertenparkplatz machte auf den breiten dahinter liegenden Waldweg aufmerksam, der mit einem Rollstuhlsignet beschildert war. Der kurze abfallende Weg über ein paar Wurzelstöcke führte an einem kleinen Amphitheater vorbei zum Jackson Lake. Das Ufer säumende flache Strässchen ist ein Teilstück des 1,8 Meilen langen Colter-Bay-Rundkurses, der gemäss Fodor's nicht vollständig für Rollstuhlfahrer geschaffen, aber immerhin auf einer Länge von 1/3 Meile geteert ist. Angesichts der bevorstehenden Rückfahrt nach Jackson, immerhin 60 Meilen entfernt, erkundete man den Spazierweg nicht weiter.

Zurück in Jackson stoppte der Rollifahrer erneut in einem Motel 6 (600 S Hwy 89), erhielt abermals ein Einzelzimmer mit der Nummer 104 und fand wieder eine grosse Roll-in Shower vor. Das Queen Size Bed reichte auch diesmal für zwei Personen. Gottlob hatte man am Morgen das Zimmer reserviert. Die Warteschlange um 5 p.m. war beträchtlich. Nach Hardys Liegepause trieb die Unternehmungslust die beiden ins Ortszentrum, das aus dem Broadway und wenigen Nebenstrassen besteht. Für einmal hatte Hardy das Nachsehen. Die hölzernen Gehsteige waren zwar für Rollifahrer zugänglich, nicht aber die bisweilen mehrstöckigen Holzgebäude oder die Shops im Hochparterre. Aufzüge sind im alten Cowboystädtchen verständlicherweise selten. Nicht zugänglich war unter anderem das Jackson Hole Playhouse, das das Musical „Big River", angelehnt an nach Mark Twains Abenteuerroman „Huckleberry Finn", aufführte. Dafür verfügt das *Mainstage Theater* über einen neu installierten Zugangslift – so jedenfalls lautete die Auskunft im Visitor Center. Dank der Interessengruppe „Friends of Pathways", die sich für sichere Asphaltwege einsetzt, können sich Jogger, Biker oder Rollifahrer zudem am Vier-Meilen-Weg erfreuen, der New Post Office und County Park verbindet. Hardy war aber nicht nach spazieren, sondern nach Saufen und Weibern zumute. Die 1-Million-Dollar-Cowboy-Bar kam da gerade recht. Die dunkle Spelunke wies eine Tanzfläche, mehrere Billiardtische und aus Wurzelholz gefertigte Sitzmöglichkeiten auf. Das Besondere waren aber die mit richtigen Sätteln bestückten Barhocker. Hardy bot sich ein selten guter Anblick. Direkt vor seinen Augen thronte ein dicker Weiberarsch, der dermassen nach hinten gedrückt wurde und über den Sattel quoll, gerade so, als befände sich die Reiterin im wildesten Galopp. Hardy war froh, dass sich solides Holz und nicht ein armer Pferderücken oder sonst etwas anderes unter dem Sattel befand.

Dienstag, 27. Juni 2000: Jackson – Jenny Lake – Yellowstone N. P.
(Mammoth Hot Springs/Grant Village)

(10 1/2 Std./245 Meilen: über Hwys 191 north, Teton Park Road, 191 north)

Im Moose Visitor Center besorgte sich Christel den „Easy Access Guide". Die Infobroschüre für behinderte Besucher listet weitere Spaziermöglichkeiten am Leigh, Sting und Jenny Lake auf. Diese zweite Nord-Süd-Achse des Grand Teton N. P. führt näher an den Felsmassiven vorbei. Die berggewohnten Glarner überliessen die Aussichtspunkte gerne den Japanern und Holländern, zumal dunkle Regenwolken aufzogen. Das Paar zog die Weiterfahrt auf dem Hwy 191 vor. Dem Jackson Lake Ufer und seiner meisterhaften Kulisse entlang verliessen Hardy und Christel den Grand Teton N. P. Vor dem Südeingang zum Yellowstone N. P., bei der Flagg Ranch, wurde der Benzintank sicherheitshalber gefüllt. Der Ranger am Eingang konnte keine Behindertenbroschüre zücken, obwohl er solche stapelweise haben müsste. Ein lauschiges Plätzchen für ein Waldpicknick liess sich dennoch finden. Hardy und Christel versuchten die andere Packung Trockenfleisch, das diesmal ketchuplos, dafür gepfeffert war. Zufrieden kauend studierten sie die Parkkarte und erinnerten an äsendes Wild.

Waldbrände haben einen grossen Teil des Yellowstones zerstört

Der *Yellowstone N. P.* kann durch fünf Zugänge erreicht werden und weist im Parkinnern einen Rundkurs auf. Dieser verläuft wie eine Acht, deren Schlaufen an allen Sehenswürdigkeiten vorbeiführen. Da man den Park am nächsten Tag durch das Ostportal verlassen wollte, galt es, die westliche Hälfte der Acht abzufahren. Hardy dirigierte seinen Driver nordwärts nach Mammoth Hot Springs, das wenige Meilen vor Montana liegt. Heere von toten Bäumen waren meilenweit die einzigen Wegbegleiter der Glarner. Es sind die stummen Zeugen des vernichtenden Waldbrandes, der im Sommer 1988 wütete.

HEIMREISE VON SAN DIEGO NACH GLARUS

Impressionen vom Geysirland

Bald befanden sich die Besucher im Geysirland. Wohin das Auge reichte, dampfte der Boden, blubberten Tümpel oder zischten Wasserfontänen aus dem Erdreich. Überall stoch einem ein Schwefeldampf in die Nase. Mit dem Rolli zugängliche Holzstege führen zu den brodelnden Sehenswürdigkeiten, weshalb der an dem üblichen Ehemann-Verfolgungswahn leidende Hardy schon befürchtete, von seiner Ehefrau in einem der heissen Löcher entsorgt zu werden. Der Old Faithful, die Hauptattraktion der Geysire, wird alle 70 Minuten aktiv.

Den Glarnern war das Glück hold. Kaum hatten sie auf dem Riesenparkplatz bei der Old Faithful Snow Lodge eine Lücke gefunden, war ihnen eine kurz bevorstehende Eruption gegönnt. Hunderte von Leuten hatten sich bereits in einem Halbkreis vor dem immer noch nur leicht dampfenden Old Faithful versammelt. Nun verstand Christel, weshalb eine zweimonatige Anmeldefrist für die Übernachtungen im begehrten Old Faithful Inn besteht. There we go! Die schon ungeduldig erwartete heisse Fontäne schoss in den Nachmittagshimmel. Die Fotoapparate klickten, die Kameras surrten, und die Mäuler staunten laut. Das Gezische reizte wohl die Blasen von zwei Tattergreisen. Mitten im Schauspiel erhoben sie sich und liefen Christel geradewegs in die Linse. Wären sie doch nur im Altersheim geblieben! Hardy war begeistert und wollte unbedingt noch in den Norden gelangen. So rollte Christel mit heruntergekurbelten Fenstern an den kochenden Farbtöpfen vorbei. Ein phantastisches Erlebnis!

Entstehen, Werden, Sein und Vergehen des Old Faithful

Der Weg schlängelte sich Flüssen und Wäldern entlang. Plötzlich kam die Autokolonne zum Stehen. Ein riesiger Buffalo mit zottligem Fell und grimmigem Blick stand mitten in der Strasse. Das Tier bewegte sich auf Hardys Van zu. „Nei, das törf abr nöd wohr si...!"[248] Christel erinnerte sich mit Schrecken an den gelben Warnzettel, den ihr der Ranger beim Eingang mit einem Good Luck in die Hände gedrückt hatte: ein kleines Menschlein auf den spitzen Hörnern eines wütenden Büffels! Eindringlich davor gewarnt, dem Zotteltier nicht zu nahe zu kommen, befand man sich nun wenige Zentimeter von einer solchen Bestie entfernt. Hardy sah das Ganze nicht so dramatisch und meinte, dass ihn der Büffel angelächelt hätte, als er für einen Moment ins Beifahrerfenster schaute. Die weiteren Tierbegegnungen verliefen ebenfalls friedlich. Besonders eindrücklich war das Riesengeweih eines äsenden Elks.

Der lächelnde Buffalo und Co., die Christel nicht zum Spassen fand

Die Fahrt entwickelte sich dann allerdings zu einer Lachnummer. Alles, was sich entlang der Strasse bewegte, musste geknipst werden. Ständig staute jemand den Verkehr. Erst um 6.30 p.m. erreichte der Van Mammoth Hot Springs, wo überaus schöne heisse Quellen auf mehreren Terrassen bewundert werden können. Einige Ansichtskarten hatten bei Hardy übertriebene Erwartungen ausgelöst. Vor Ort folgte die Ernüchterung. Der verbindende Holzgehsteig bei den Lower Terraces wurde durch viele Treppen und Stufen unterbrochen. Von oben konnte Hardy zwar die schöne Aussicht geniessen, nicht aber die beiden Terrassen überblicken. Christel wollte ihrem Hardyman einen Blick von unten herauf gönnen und fuhr eigens ins Dorf hinunter. Die Liebesmüh war aber vergebens. Das Postkartenbild stammte von einem anderen Ort.

Mammoth Hot Springs, was man sah und was man hätte sehen können

Die 70 Meilen zurück zum Yellowstone Lake schienen endlos. Um 8.45 p.m., kurz vor Sonnenuntergang, erreichte man nach gut zweistündiger Fahrt das Registrationsbüro des Grant Village, die neuste (1984) und umstrittenste Anlage innerhalb des Parks, die sechs Übernachtungsgebäude mit insgesamt 12 Handicapped Rooms und einen Anmeldungs- und Restaurantkomplex aufweist. Hardy sehnte sich nach einem Bett, da ihm der Sitzbeinknochen nach der 13-stündigen Tortur zu schaffen machte. Das Paar eilte nach der Anmeldung zum Wohnhaus E. Die Türe des Rollstuhlzimmers 104 (mit Rollstuhldusche) liess sich nicht öffnen. Die blonde Tussi hatte glatt die Schlüssel verwechselt. Nach eingehender Personenkontrolle durfte der rechtmässige Mieter im Rollstuhl endlich, endlich ins Bett fallen. Hardy musste Christels allabendlichem Spruch Recht geben: "Äs gitt nüüt schöönärs als äs Bett!"[249]

Mittwoch, 28. Juni 2000: Yellowstone N. P. – Cody

(8 Std./150 Meilen: über Hwy 14/20/16)

Die Nächte im Yellowstone NP. sind kalt. Hardy wollte erst das Zimmer geheizt wissen, bevor die Nurse seine warme Bettdecke zurückschlagen durfte. Hardy erschauderte beim Gedanken, nach draussen gehen zu müssen. Christel hingegen freute sich auf die klare Bergluft. Das Paar hatte es schätzen gelernt, am Tagesziel jeweils ein behindertengerechtes Zimmer vorreserviert zu wissen. Die verschiedenen Motelverzeichnisse waren erneut hilfreich. Für die kurze Telefonverbindung nach Cody (gleicher Area Code) zwecks Bestellung und Durchsage der Kreditkartennummer knöpfte das Grant Village sage und schreibe 8 Dollar ab!

Als Erstes besichtigten die Glarner das wenige Meilen entfernte West Thumb Geysir Basin am Yellowstone Lake. Hardy freute sich sehr, dass ihn seine Maid auf dem weitläufigen Holzgesteig an den siedenden farbenprächtigen Erdlöchern vorbei auf und ab schob und darob ins Schwitzen kam. Die frische Morgenluft nahm die Dampfwolken der Quellen mitunter so sehr gefangen, dass die Sicht zeitweise stark getrübt war. Fasziniert beobachteten die Glarner die blubbernden Stellen im See. Eigenartig!

West Thumb Geysir Basin

Am Nordende des grossen Yellowstone Lake verweilten die Glarner kurz beim Fishing Bridge Visitor Center, dessen Blockhausarchitektur an frühere Zeiten erinnerte. Bestückt mit der Behindertenbroschüre fuhren Hardy und Christel wieder an den Fischern vorbei zurück auf den Rundkurs. In Canyon Village bot der Artist Point einen herrlichen Ausblick in den Yellowstone Canyon mit den Lower Falls hinunter. Dieser Canyon wird von gelbem Gestein („Yellow-Stone") dominiert. Die Farbe gab denn auch dem Nationalpark den Namen.

Auf dem Weg zum Auto wurden die Glarner auf einen Infostand zum Thema „Warum Montana Büffel tötet" aufmerksam. Der flippige Bursche erklärte, dass die Büffel im Winter den Yellowstone N. P. verlassen und Richtung Montana hinunterziehen, wo es genügend Nahrung gibt. Die dortigen Bauern hätten aus Angst, dass die Büffel ihre Kühe mit Krankheiten anstecken könnten, begonnen, diese zu töten. Die Massentötung sei zwar gesetzeskonform, aber absolut widersinnig, weil nicht bewiesen ist, dass die Büffel Krankheitsüberträger sind, und diese, solange sie sich im Yellowstone Park aufhalten, unter Schutz stünden. Im Winter 1996/1997 wurden 1083 Tiere abgeknallt. Zusätzlich fielen 1800 Tiere dem harten Winter zum Opfer, was zur Folge hatte, dass sich der gesamte Yellowstone-Herdenbestand binnen eines Winters um zwei Drittel reduzierte. Die 1997 gegründete Organisation „Buffalo Field Campaign" umfasst 700 Aktivisten aus aller Welt und ist bemüht, den Buffalos auf den Fersen zu bleiben, Vorfälle zu dokumentieren, Öffentlichkeitsarbeit zu leisten und die Tiere zu schützen. Ab und zu wird einer der Tierschützer zwar verhaftet, doch bemüht sich die Organisation, mit der Regierung von Montana eine friedliche Lösung zu finden. Immerhin konnten die Gruppenaktivitäten im vergangenen Winter einen Erfolg verzeichnen: null Büffelopfer. Christel und Hardy waren entsetzt zu erfahren, dass die Büffel erneut vom weissen Mann bedroht sind, und verabschiedeten sich mit ein paar Spendedollars, die den überzeugten Tierschützern helfen sollen, die anspruchsvolle Aufgabe auf Skiern, Schlitten und in Hochsitzen zu meistern. Hoffentlich obsiegen die Tierschützer im Kampf gegen das brutale Abschiessen der Büffel und das qualvolle Verendenlassen dieser zottigen Dinger in den Eisenfallen der Wilderer.

Yellowstone Canyon mit den Lower Falls

Der Nichtwanderer Hardy hatte genug Waldwege und Bäume gesehen – ihn zog es nach Cody zu Buffalo Bill. Auf der Fahrt zum Parkausgang Ost liess das Paar die erlebten Naturschönheiten und Tierarten Revue passieren. „Ich hett gärn än Bär gseh!", bedauerte Christel. Jeder Reiseführer hält fest, dass es im Yellowstone N. P. zwar Bären gibt, sie sich aber auf Grund ihrer scheuen Art kaum blicken lassen. Vor allem der in höheren Lagen lebende und weniger häufig als der Schwarzbär vorkommende Grizzly sei nur mit grossem Glück anzutreffen. „Jä nu", meinte Christel resigniert. Der streunende Wolf, den Hardy hartnäckig als Fuchs wahrhaben wollte, tröstete sie nicht. Der Hwy 14/16/20 war mit zahlreichen Baustellen und knipsfreudigen Autofahrern versehen. Es verwunderte deshalb nicht, dass der Verkehr immer wieder stockte. Christel hatte genug Elks und sonstiges Getier und Gewälde geknipst. Sie zog an der Blechkolonne vorbei. Doch plötzlich stoppte auch sie. Fürwahr: ein Grizzly!

Er faulenzte unweit des Strassenrands in der Sonne und liess sich von den aufgeregten Gaffern nicht beirren. Der nervöse Parkhüter war sehr darauf bedacht, dass sich kein Tourist dem Tier näherte. Keine leichte Aufgabe bei all diesen Irren! Christel gelang es, den Wagen in eine kameragünstige Position zu bringen. Hardy hatte ebenfalls freie Sicht. Während alle Leute auf der rechten Fahrbahn gebannt zum Bären schauten, bemerkte Christel eine Bewegung am gegenüberliegenden Waldrand. Oh Gott! Ein Schwarzbär trat aus dem Dunkel des Waldes und schoss im Nu über die Strasse. Von hinten näherte er sich der Menschenreihe. Christel fürchtete schon um das eine oder andere Leben. Dem Ranger wurde im selben

Augenblick die nahende Gefahr bewusst. Barsch befahl er den Leuten, unverzüglich ins Auto zu steigen, was einige nur zögernd machten. Beide Bären schienen unbeindruckt von den Schaulustigen. Diese wagten sich darum bald wieder aus ihren Blechkisten hervor, was dem Ranger äusserst missfiel. Glücklich über diese Begegnung verliessen Christel und Hardy gerade noch rechtzeitig das Verkehrschaos. Inzwischen hatte auch der Gegenverkehr das Tier entdeckt.

Meister Petz war zu faul, um Touristen zu erschrecken

Nach dem Verlassen des Yellowstone Parks überraschte der Hwy mit herbstlich anmutenden Landschaftsfarben. Der 52 Meilen lange *Buffalo Bill Cody Scenic Byway* führt durch den Shoshone Canyon und passiert das spektakuläre Wapiti Valley im *Buffalo Bill State Park*. Der legendäre Buffalo Bill hatte tatsächlich in dieser Gegend gewohnt. Mehr noch, William F. Cody, alias Buffalo Bill, war der Gründer der Stadt Cody gewesen, dem nächsten Reiseziel des Westernliebhabers Hardy. Sechs Meilen vor Cody befindet sich der Buffalo-Bill-Staudamm mit dem informativen Visitor Center. Ein Automaskottchen in Form eines kleinen Grizzlys begleitete die beiden vom Gift Shop zum Van. Direkt am Ortszubringer wartete das Days Inn Motel (524 Yellowstone Ave) mit dem Zimmer 103 auf den Rollifahrer. Dieses ist das einzige mit einer geräumigen Einbau-Rollstuhldusche. Die beiden anderen Handicapped Rooms würden die übliche Badewannenvariante aufweisen, hiess es.

Christels Riesensteak!

Am Abend machten sich die hungrigen Glarner über ein Riesensteak im Restaurant *Cassie's Supper Club* her. Die Portionen waren der reinste Wahnsinn: 36 Unzen Prime Rib Buffalo bzw. 18 Unzen Tenderloin. Es war schlichtweg ein Ding der Unmöglichkeit für Christel, die 36 Unzen hinunterzuwürgen. Übersättigt konnte auch Hardy beim besten Willen nicht länger der Live-Country-Musik im Restaurant frönen; das Gefiedel und Gehoppse hätten den Magen umgedreht. Beide schleppten sich direkt ins Motelzimmer. Rülps!

Donnerstag, 29. Juni 2000: Cody

Cody darf auf sein *Buffalo Bill Historical Center* stolz sein. Das Gebäude beherbergt das Buffalo-Bill-Museum, ein Indianer- und ein Feuerwaffenmuseum sowie eine Galerie. Der Spatenstich zum fünften Bereich, einer naturhistorischen Ausstellung zum Yellowstone-Ökosystem, erfolgt diesen Herbst. Die Eröffnung ist für den Frühling 2002 geplant. Im Buffalo-Bill-Museum wird der Besucher anhand von

Originalutensilien (Kleider, Möbel, Werkzeuge, Kutschen etc.) in eine andere Zeit zurückversetzt. Er wird Zeitzeuge des wechselhaften, aber stets charaktervollen Lebens eines Abenteuerers, der aus dem Nichts einer der besten Scouts der US-Army und ein angesehener Büffeljäger (darum Buffalo Bill) wurde, der den Indianern stets ein treuer Freund blieb und schliesslich mit seiner Wildwest Show in den USA und Europa grosse Erfolge feierte. Cody ist sichtlich darum bemüht, authentisch zu sein. So zeichnet beispielsweise das Indianermuseum die Tragödie, die die Weissen im 19. Jahrhundert angerichtet haben, getreu nach. Das macht den Besucher betroffen. Das Haus zog die Glarner so in seinen Bann, dass sie es erst nach vier Stunden wieder verliessen.

Impressionen aus dem Leben von Buffalo Bill

Nach diesen geschichtsträchtigen Hallen wirkte die täglich um 6.00 p.m. stattfindende Gun Show vor dem Hotel Irma (1192 Sheridan Ave) deplatziert. Christel und Hardy warfen nur ein paar kurze Blicke den dumm daherredenden Möchtegern-Cowboys zu, die ohne Verkleidung wohl nur halb so männlich gewirkt hätten. Stattdessen schaute sich das Paar das Innenleben des Hotels an, das Buffalo Bill 1902 hatte erbauen lassen und nach seiner Tochter benannte. Die Restauranthalle besticht durch die Bar aus massivem Kirschholz, die Königin Viktoria Buffalo Bill geschenkt hatte. Die Wände sind mit Wildtiertrophäen dekoriert. Kronleuchter aus Geweihen zieren die Decke. Einige der renovierten Hotelzimmer sind immer noch mit echten viktorianischen Möbeln, alten Waschbecken und Westernsachen bestückt. Das Hotel hat sogar einen Handicapped Room mit tiefer Badewanne.

Die Glarner nahmen im Restaurant Platz. Sie wurden von der Speisekarte und dem lang vermissten Salatbuffet zu einem feinen, bodenständigen Mittagessen verführt. Nicht nur die Speisen zeugten von einer anderen Küche. Auch die Bedienung liess einen anderen Menschenschlag erkennen. Nicht auf Schönheit und Plastikbusen bedachte Barbies wie in Kalifornien, sondern tüchtige Frauen und Mädchen mit roten Backen verrichteten flink ihren Dienst und strahlten eine erfrischende Natürlichkeit aus. Sichtlich zufrieden mit sich und der Welt schlenderten Hardy und Christel anschliessend durch die Läden im Zentrum des Westernstädtchens. Hardys Bettmümpfeli war – ja, was wohl – ein Eis!

Freitag, 30. Juni 2000: Cody – Buffalo

(5 Std./192 Meilen: über Hwy16 east)

Shooting Show! Ein Prospekt lobte den Scharfschützen Michael Blackburn als einen der besten. Insgeheim zweifelte Hardy am Wahrheitsgehalt der Reklame. Er war dann aber sehr erfreut, als der Sharp Shooter in der Strohballenarena unter freiem Himmel und stechend heisser Sonne loslegte. Gezielt durchlöcherte er alles, was ihm vor die Shot Gun und Winchester kam, sogar Quarters und Pennies (nicht Penisse, meine Damen). Natürlich schoss der Guiness-Rekordhalter rückwärts, liegend und auf dem Kopf stehend. Die nicht sonderlich am Schiessen interessierte Christel musste festhalten, dass sich die Show, die von einem Lassokünstler und einem Cowboypoeten eingeleitet worden war, gelohnt hatte.

Wild West pur!

Von Sonne und Pulverdampf zersengt, erholte sich Hardy im Schatten der *Tecumseh's Trading Post*. Der von Winnetou-Filmen geschädigte grosse Bub, der jeweils als kleiner Bub mit dem Gummimesser im Stiefel ins Kino gegangen war, war hell begeistert über die für einmal nicht kitschigen und erst noch zu fairen Preisen angebotenen Indianerartikel. Es war geradezu eine Pflicht, in diesem Laden ein Souvenir zu erstehen. Mehrere sind es schliesslich geworden. Noch grösseren Respekt zollten die Glarner dem *Old West Miniature Village & Museum* im Raum nebenan. Der Besitzer der Trading Post hatte in jahrelanger Kleinstarbeit eine Miniaturausstellung über die Geschichte Wyomings vom 17. bis 19. Jahrhundert gebastelt und zudem zahlreiche Relikte aus der Geschichte der Indianer gesammelt. Erneut verbrachten die geschichtsinteressierten Glarner geraume Zeit mit dem Anschauen der 66 Szenen über Schlachten, Besiedlung, Goldrush und Eisenbahnbau. Auf Knopfdruck wurden die Szenen akustisch erläutert. Der gesprochene Kommentar ergänzte den Text des Begleitblattes optimal. Jeder, der einmal in seiner Kindheit mit Soldaten-, Indianer- und Cowboyfiguren gespielt hat, kriegt beim Anblick dieser unzähligen Figürchen feuchte Augen. So hätte man es auch gerne gehabt. Wahrhaft ein gelungenes Meisterwerk. Chapeau!

Tecumseh's Trading Post und Old West Miniature Village & Museum

Wehmütig verabschiedeten sich Christel und Hardy von Cody und fuhren am Spätnachmittag weiter ostwärts über Greybull, Worland und Ten Sleep nach Buffalo. Der Weg führte zuerst durch Graslandschaften und anschliessend durch das Big Horn Basin. Bei Ten Sleep stieg die Strasse den Powder River Pass hinauf und überquerte die *Big Horn Mountains*. Obwohl der Reiseführer die nördlichen Alternativrouten 14 oder 14A für die Überquerung der bis zu 4000 m hohen Bergkette empfohlen hatte, waren die Glarner mit ihrer Routenwahl sehr zufrieden.

Big Horn Mountains

Das überschaubare Buffalo am Fusse der Bergkette gilt immer noch als Zentrum der Working Ranches (auch Ferien-Ranchbetriebe). Der Ort verfügt über die übliche Auswahl an Motels. Die Glarner entschieden sich spontan für das neu gebaute Motel 6 (100 Flat Iron Drive). Beim Neubau wurden aber keine Rollstuhlduschen vorgesehen. Die Badewanne im übergrossen Behindertenzimmer 127 bot jedoch einen aufklappbaren Holzsitz. Christel hoffte für die zukünftigen Benutzerfüdli[250] doch sehr, dass das Holz nie brüchig wird.

Samstag, 1. Juli 2000: Buffalo – Devil's Tower – Keystone (SD)

(7 Std./280 Meilen: über I-90 east, Rundkurs 14, I-90 east, Hwys 85 south, 14A, 385 south)

Auf nach South Dakota, auf zu den *Black Hills Mountains*. Man freute sich auf die letzten Erhebungen und die nachfolgende unendliche Ebene. Hinter Gillette verliess der Van die Interstate und folgte dem Rundkurs 14A, der zum *Devil's Tower* führte. Glatt verpassten die Reisenden den Abzweiger. Schuld daran war Hardy, der zwecks Zeitvertrieb und ermuntert durch pfiffige Musik wie irr herumzuckte und blödelte, was die sonst aufmerksame Christel ebenfalls aus dem Konzept brachte. Die Deppen merkten erst kurz vor Sundance, dass etwas nicht stimmen konnte. Es blieb nichts anderes übrig, als erneut den Berg hinaufzufahren. Die umgekehrte Fahrtrichtung hatte ebenfalls ihren Reiz. Inmitten einer mit Wäldern und Wiesen überdeckten Hochebene erhob sich bald einmal der teuflische Berg, der wie ein übergrosses Glarner Zigerstöggli[251] aussieht.

Der Devil's Tower ist ein heiliger Ort der Indianer. Eine Legende erzählt, dass sieben Indianermädchen an einem nahen Fluss von einem Bären verfolgt wurden und sich auf einen rund drei Meter hohen Stein flüchteten. Der Bär versuchte, die Mädchen mit seinen Pranken zu erfassen, die in panischer Angst zum grossen Manitou und den Indianerschutzheiligen beteten. Plötzlich begann der Stein zu wachsen und machte erst halt, als er den Himmel erreicht hatte. Der Bär glitt an der Felswand hinunter und hinterliess die heute noch sichtbaren Kratzspuren im Gestein. Die Legende weiss zudem, dass die Mädchen zu den sieben Sternen wurden, die heute noch über dem Devil's Tower leuchten. Christel und Hardy verzichteten darauf, einen zum Fusse des Berges führenden Weg zu benutzen, um sich die Kratzspuren von nahe anzuschauen. Der Anblick von der Strasse aus genügte ihnen auch. Ein feiner Vegi Potatoe im kleinen Restaurant am Parkplatz lockte viel mehr als das Tschumplen[252]. Auch der integrierte Souvenirshop machte neugierig. Die Essensruhe wurde aber – wie könnte es anders sein – durch eine Horde Japaner unterbrochen, die wenige Minuten nur, dafür umso nervöser, den Laden heimsuchten.

Der sagenumwobene Devil's Tower

Am späteren Nachmittag trieb Hardy sein armes Eheweib ungeduldig zur I-90. Er wollte unbedingt am gleichen Tag noch in Keystone, dem unmittelbaren Ausgangspunkt zum Mount Rushmore in South Dakota, ankommen. Am Weg dorthin liegen die Goldrauschstädtchen *Deadwood* und *Lead*. Christel und Hardy entschieden sich gegen die 14A-Variante, deren *Spearfish Canyon Scenic Byway* entlang des gleichnamigen Flusses nach Lead führt, wo sich das berühmte *Black Hills Mining Museum* befindet. Dafür brachte der Hwy 85 die Glarner direkt nach Deadwood. Die gesetzlose Zeit von 1870 mit ihren goldgierigen Bewohnern sowie den Saloons, Tanzhallen, Kartenspielhöllen und Bordellen trifft man (leider) nicht mehr an. Dennoch ist das heutige Deadwood – als Folge der angeblich umfangreichsten historischen Renovationsbemühungen der USA – im National Historic Register verzeichnet. So kann sich der Interessierte mitunter an einer Replika des grössten je gefundenen Goldnuggets im Museum erfreuen. Die Goldgräber von heute folgen in 100-jährigen Tunnels der Broken Boot Gold Mine den Schienen der Erzwägelchen, horchen gespannt dem Touristenführer, wenn seine Schwarzpulvergeschichten für explosive Stimmung sorgen, und versuchen ein goldenes Händchen beim Schürfen zu zeigen. Bevor sich der Besucher ins Nachtleben von 80 historischen Spielhallen stürzt, kann er allabendlich einem Spektakel auf der Main Street beiwohnen sowie die Verhaftung von Jack McCall miterleben und ihn zu seiner berühmten Gerichtsverhandlung im historischen Miner's-Gericht begleiten. Nur beim Aufhängen dürfen die Besucher nicht mitmachen.

Auf dem kurvenreichen Black Hills Parkway nach Keystone dämmerte es Hardy und Christel. Oh, Schreck! Es war Samstagabend, schlimmer noch, es war das Festwochenende des Independence Day. Voll besetzte Lodges liessen Schlimmes erahnen. Das ganze Touristenörtchen Keystone sei ausgebucht, meinte die Dame im Motel Best Western im Ortszentrum. Ihr Sorry-Gesicht nützte allerdings wenig. Der Zufall kam zu Hilfe. Ein Flyer informierte über die Wiedereröffnung des stattlichen Hotel Mt Rushmore's Presidents View Resort (Main Street), das auf dem Hügel Eingang Keystone thront. Die Aussenfassade machte dem Namen alle Ehre, nicht aber das Rollstuhlzimmer 147 mit dem stark abfallenden Parkplatz davor. Einzig die grosszügige Sanitäranlage mit der Luxus-Duschwand löste Erstaunen aus. Na, ja, gelogen hatte die Broschüre nicht. Die berühmten steinernen Präsidenten sah man zwar vom Hotel aus, aber nur weit, weit entfernt und erst noch nur seitlich, sofern man auf Zehenspitzen auf dem richtigen Quadratmeter des Parkplatzes stand.

Sonntag, 2. Juli 2000: Keystone – Mount Rushmore – Custer State Park – Wall

(8 3/4 Std./153 Meilen: über Hwys 244 west, 385 south, 89 north Needless Wildlife Loop Road, Hwys 16A, 36 east, 79 north und I-90 east)

Für einmal war der sonst zuverlässige Rand McNally etwas dürftig. Zum Glück waren überall detailliertere Karten vom Black-Hill-Gebiet erhältlich. Südlich von Keystone befindet sich das *Mount Rushmore Monument*. Hardys Access Passport nützte diesmal nichts. Acht Dollar pro Person wurden verlangt. Die vierspurige Zubringerstrasse quoll über mit Blech. Nur im Schritttempo gelangten die Glarner zu den Behindertparkplätzen auf dem zweiten Parkdeck. Von dort führt eine Allee geradewegs zur Aussichtsterrasse, wo die in Gestein gehauenen Präsidentenköpfe Washington, Jefferson, Roosevelt und Lincoln bewundert werden können. Es ist beeindruckend, wie die vier Herren Präsidenten für alle Ewigkeit herunterblicken. Um eine Idee von der wirklichen Grösse zu haben, sei festgehalten, dass der Kopf von Washington 60 Feet hoch ist, was in etwa einem sechsstöckigen Gebäude entspricht. Hardy meinte etwas spöttelnd, dass für Bill und Monica auch noch Platz wäre, vor allem deshalb, weil Möni[253] ja in knieender Position am Fuss des Berges eingemeisselt werden könnte. Ein Lift verbindet die Aussichtsterrasse mit dem darunter liegenden Visitor Center, dessen Ausstellung die abenteuerliche Entstehungsgeschichte des Gesteinsmonuments und die seines Schöpfers Gutzon Borglum dokumentiert. Der rund 15-minütige Film informiert über die Bauarbeiten, die 26 Jahre gedauert hatten und nur dank Ausdauer und innovativem Geist sowie schwindelfreien Mitarbeitern erfolgreich zu Ende geführt werden konnten.

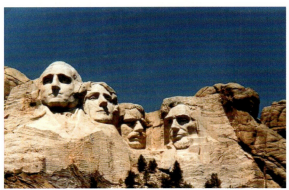

Mount Rushmore – wer kennt die vier Köpfe?

Die nächste Besichtigung galt dem im Entstehen begriffenen *Crazy Horse Monument*. Das Projekt einer Indianer-Gedenkstätte hatte 1948 seinen Anfang genommen, als der Bildhauer Korczak Ziolkowski der Einladung des Lakota-Häuptlings Henry Standing Bear Folge geleistet hatte und in die Black Hills gekommen war. Der Wunsch des Häuptlings war einfach: „Meine Mithäuptlinge und ich möchten gerne den Weissen Mann wissen lassen, dass der Rote Mann auch grosse Helden hat." Seither wird am Fels gearbeitet. Bei der Beendigung des Projekts soll der Stein den Lakota-Sioux-Krieger Crazy Horse auf seinem Pferd freigeben. Doch das wird noch Generationen dauern.1998 konnte nach 50 Jahren gerade einmal das 88 Fuss hohe Gesicht eingeweiht werden. Der Welt grösstes Felsmonument wird dereinst so lang wie ein Kreuzfahrtschiff und höher als ein 60-stöckiger Wolkenkratzer sein! Das Crazy-Horse-Monument ist mittlerweile ein eigentliches Familienprojekt geworden, das die Witwe Ziolkowski mit sieben ihrer zehn Kinder seit dem 1982 erfolgten Tod des Bildhauers weiterführt. Sie erhält keine staatlichen Unterstützungsgelder, weshalb stattliche Eintrittsgebühren verlangt werden, die nicht jedermann so leicht verschmerzt. Der Idee des Künstlers, ein Indianermuseum zu kreieren, wurde Rechnung getragen. 1995 feierte das eindrucksvolle American Education & Culture Center seine Eröffnung. Im Juni 2000 hat ein neues grosses Visitor Orientation Center seine Pforten geöffnet. Ganz so, wie es sich Ziolkowski von Anfang an vorgestellt hatte: Ein humanitäres Projekt, welches das Indianervolk in aufklärender Weise ehrt und den anderen Menschen die Wertschätzung für eine einzigartige amerikanische Rasse näher bringen will.

Von Custer aus führen die Hwys 86 und 16A über den Needless Highway zum *Custer State Park*. Während der *Needless Highway* sehenswert war und an pimmelförmigen Gesteinsnadeln vorbeiführt, die jeden Macho vor Neid erblassen lassen, enttäuschte der Wildlife Loop des Custer State Park. Dieser

Rundkurs bietet gemäss Reiseführer bessere Chancen, Büffel, Rotwild und Elche zu sehen als die übrigen Strassen, die durch „echte Wildnis" verlaufen. Mit zwei Büffeln und ein paar Antilopen fiel das Resultat für die vom Yellowstone Verwöhnten etwas zu mager aus. Dafür waren sie um acht Dollar ärmer. Als unspektakulär empfanden die zwei Schweizer die Fahrt durch die ausgedehnten Graslandschaften. Auch der kleine Silvan Lake haute die Bergseekenner keineswegs aus den Schuhen. Für Amis sind sie sicher schön und idyllisch. Die Glarner beeilten sich deshalb nach Rapid City, um dort auf die I-90 einzubiegen und nach Wall zu gelangen, dem Ausgangsort für die Badlands.

Wie Nadeln so spitz sind die Felsformationen im Needless Hwy

Wiederholt machten Reklametafeln auf den berühmten *Wall Drug Store* und den 5 Cents-Coffee von Wall aufmerksam. In der Tat ist dieser Preis seit 1931 gleich geblieben. Ted und Dorothy Hustead schenkten 5 Cents-Coffee aus und hielten sich während der Depression mit Eiswasser für durstige Durchreisende über Wasser. Heute ist der Wall Drug eher eine Touristenattraktion als ein Laden. Das einzigartige Shoppingimperium bietet Black Hills Gold, indianische Kunsthandwerke, Westernklamotten, Bücher, Souvenirs und nicht zuletzt 6000 Paar Cowboystiefel an. Cowboymusik und der neue Backyard, voll mit 1400 Fotos von South Dakota, Wyoming und Montana aus der Zeit des späten 19. und frühen 20. Jahrhunderts, laden den Besucher ebenso zum Verweilen ein wie Ausstellungen über Wildtiere und speziell in South Dakota angefertigte Produkte. Das Western Art Gallery Restaurant verwöhnt seine Gäste mit speziellen Häppchen. Beim 5 Cents-Coffee kann sich das Auge letztlich an 210 originalen Ölbildern ergötzen. Im *National Grasslands Visitor Center* von Wall stellten sich Christel und Hardy einem informativen Quiz. Fragen zu Graslandschaften, ersten Besiedlungen, den Auswirkungen der Depression sowie dem Ökosystem bereitete dem Paar einiges Kopfzerbrechen. Gras ist eben nicht gleich Gras! Ein paar ausgestopfte Tiere der Umgebung ergänzen die Schaukästen. Der Dienst tuende Ranger bedankte sich höflich fürs Interesse, natürlich nicht ohne nach der Herkunft der Schweizerdeutsch plappernden Touristen zu fragen.

WEEK 27/2000

3. bis 9. Juli

Montag, 3. Juli 2000: Wall – Badlands – Mitchell (Central Time) – Sioux Falls

(10 1/4 Std./315 Meilen: über Panoramaroute 240, I-90 east, Hwy 29 south, Exit 77)

Es war stockdunkel und 3.30 a.m., als Christel den Wecker zum Verstummen brachte. Zur Morgendämmerung sass Hardy bereits über seinem Müesli gebeugt, derweilen Christel das Gepäck im Auto verstaute. Dabei meinte sie, einen Luftverlust im Reifen festzustellen. Vorbei am rollitauglichen Motel Days Inn (10th Ave) peilten die Glarner sofort die nächste Tankstelle an, wo Christel um fachmännische Unterstützung bat. Nach ein paar Minuten erst schritt der Ehemann der Kassiererin um die Ecke. Struwwelkopf und Stoppelbart waren unübersehbar. Nicht besonders angetan vom ersten und erst noch frühen Tagwerk befahl er Christel, den Wagen anders hinzustellen. Es stand ihm ins Gesicht geschrieben, was er von motorenunwissenden Weibern und deren unbegabten Lovern hielt. Der Blick aufs Auto und dann auf Hardy liess den Mann augenblicklich hellwach und äusserst freundlich werden. Er überprüfte freiwillig den Luftdruck von allen Pneus und versicherte Christel, dass alles in Ordnung wäre. „Anything else that I can do for you?", fragte er abschliessend – hatte der aber ein schlechtes Gewissen.

Impressionen aus den Badlands – eine eigenartige Landschaft

Die Glarner verpassten knapp den Sonnenaufgang über den Gipfeln und den Vorläufern der atemberaubenden *Badlands*, deren Namen sowohl von französischen Trappern (les mauvaises terres à traverser) als auch von den Indianern (mako sica) geprägt wurden. Beide Ausdrücke bedeuten Schlechtes Land. Die geteerte Panoramastrasse 240 ist ein eigentlicher 39-Meilen-Abstecher von der I-90 und bietet fantastische Ausblicke auf die unendliche Weite der Gesteinsformationen und Mondlandschaften. Hardy bedauerte die farbentrübende Wirkung der leichten Morgenbewölkung. Er war aber, wie alle anderen Frühaufsteher auch, bei den Overlooks erschlagen von den überwältigenden Natur- und Lichtbildern. In der zweiten Hälfte des Loops führt die Strasse zum Fossil Exhibit Trail. Christel schob Hardy auf dem rollstuhlgängigen Rundweg an den wenigen Fossilien vorbei. Als Nichtpaläontologen sagten ihnen die Knöchelchen der Urzeitviecher nicht so viel wie der Gruppe engagiert gestikulierender Wissenschafter, die mit Block und Bleistift bewaffnet waren. Die Badlands waren vor 75 Millionen Jahren ein Teil des Grundes eines grossflächigen, belebten Sees gewesen. Er hatte sich, bedingt durch die Erdplattenbewegungen, die die Rocky Mountains bildeten, langsam leerdrainiert. Die heutigen Badlands geben grauschwarze sedimentäre Felsformationen frei, die eine reiche Fossilienquelle von auf den Grund gesunkenen Tieren darstellen. Ebenso werden Versteinerungen von „jüngeren" ausgestorbenen Tieren gefunden, die sich vor 23 bis 35 Millionen Jahren nach dem Rückgang des Sees in den subtropischen Wäldern oder in den Savannen und den so genannten Grasslands aufgehalten hatten. Urzeitforscher betrachten die Badlands deshalb als ein wahres Paradies. Die Visitor Map weist aber eindringlich darauf hin, dass der ganze Nationalpark unter Naturschutz steht und keine Steine, Pflanzen oder Knochen mitgenommen werden dürfen.

Nach einem Kaffeehalt am Cedar Pass wurden die zwei Schweizer von einem Harley Davidson Biker überholt. Er hob seine Hand zum coolen Gruss, der eindeutig Hardy galt. Noch nie erhielt der Rollifahrer so viel Sympathiebezeugungen wie in Amerika. Die lässigen Typen auf den Höllenmaschinen grüssten am meisten und zugleich am herzlichsten. Die grossen Töffs[254] mit Anhänger waren in den Badlands besonders häufig anzutreffen. Viele Biker, Pärchen, alleine oder in Gruppen, gehörten der älteren Generation an. In ihren Lederklamotten widerspiegelte sich ein jugendlicher Erlebnisdrang. Das hohe Aufkommen von Motorradfahrern in diesem Gebiet hatte einen guten Grund. Jeden Sommer findet nämlich Amerikas berühmte „The Sturgis Motorcycle Rally" statt. Sturgis ist ein 6000-Seelen-Ort in den Black Hills und liegt an der I-90 in der Nähe von Deadwood und Lead. Sturgis kämpft jährlich mit einer stetig anwachsenden Besucherzahl. Anlässlich der 50. Versammlung wurden rund 350 000 Motorräder gezählt. Am 4. August 2000 wird zusätzlich zur Millenniumsfeier der 60. Geburtstag der Veranstaltung zelebriert, weshalb mit einer Million von schweren Motorrädern gerechnet wird. Die Main Street von Sturgis wird an solchen Tagen eine der geschäftigsten Strassen der Welt. Tausende von Motorrädern werden geparkt und verkauft. Aber nicht nur der Handel blüht. Die coolen Riders heiraten genauso oft. South Dakota verlangt nämlich keine Voranmeldung. Gültige Personalausweise und 40 Dollar genügen für eine Heiratslizenz – und schon braust die Harley-Davidson-Braut davon. Die Rally fand 1938 zum ersten Mal statt und bestand damals aus einem harmlosen Dreckstreckenrennen, an dem 19 Fahrer um ein Biergeld kämpften. Das Treffen gewann zunehmend an Interesse und Mitstreitern. Nach einem solchen Wochenende erfreuen sich die Biker gewöhnlich an einer Entdeckungsfahrt auf den Panoramastrassen der Umgebung. Praktisch alle Teilnehmer fahren erst nach Keystone und besichtigen den Mount Rushmore, um hernach entweder in die Black Hills auszuschwärmen, den Devil's Tower oder eben die faszinierenden Badlands zu besuchen.

Wieder auf der I-90 drangen Christel und Hardy bei Murdo in eine weitere Zeitzone vor. Nach zwei Stunden Fahrt besuchten sie in Oacoma die Al's Oasis. Der Gebäudekomplex beherbergt Lebensmittelgeschäft, Souvenirshop und Restaurant, wo die Glarner mit schlechtem Gewissen einen Buffalo-Burger probierten. Anschliessend wurde für genügend Wasservorrat und eine volle Kühlbox gesorgt. Christel genoss einmal mehr die zur Nachahmung geeignete Gepflogenheit der Supermärkte: Die Angestellten begleiten die Kunden zum Auto und helfen, die Sachen zu verstauen. Übrigens: Alle Einkaufswagen hatten einen fest montierten Taschenrechner.

Hinter Oacoma passierte die Interstate den Missouri River. Hardy war in seinem Element. Er las die Entdeckergeschichte von Lewis und Clark: Im Jahre 1803 hatte Präsident Thomas Jefferson seinem Privatsekretär Lewis und dessen Militärkumpel Clark den Auftrag gegeben, mit einer Expedition dem Flusslauf des bis dahin unbekannten Missouri Rivers zu folgen, um einen möglichen Handelsweg auf dem Wasser zum Pazifik zu finden. So arbeitete sich die Entdeckergruppe von St. Louis aus nordwestwärts. Die Männer waren bestrebt, Erlebtes zu dokumentieren und, nicht zuletzt, zu überleben. Einzelne Stationen der damaligen Expedition können heute besucht werden, weshalb der Autofahrer in der Nähe des Missouri hie und da speziellen Highway-Schildern begegnet, die zu den Sights des historischen Lewis & Clark Trail hinweisen.

In Mitchell fuhren die Glarner mit der Kirche ums Dorf[255], bis sie endlich den *Corn Palace* bestaunen konnten. Das Gebäude, dekoriert mit Bildern aus tausenden von Maiskolben, Stroh und Getreidekörnern, ist schlichtweg a-maiz-ing. Der Maispalast wurde 1892 anlässlich einer Werbeveranstaltung gebaut, die Farmer von überallher anlockte, um ihnen via Fruchtbarkeit des Bodens ein Siedeln in der Gegend schmackhaft zu machen. Das Fest war ein voller Erfolg und wurde kontinuierlich wiederholt. Einem anfänglich in 64 Tagen erbauten einfachen Gebilde folgte 1905 ein zweites und 1921 ein drittes Gebäude, wobei Beton zunehmend das Holz ersetzte. 1964 wurde der Maispalast generalüberholt. Heute befindet sich im Corn Palace ein eigentliches Mehrzweckgebäude. Die jährlich neu gestalteten Fassadendekorationen mit Naturprodukten, vornehmlich Mais und Getreide, erinnern aber immer noch an den Ursprung.

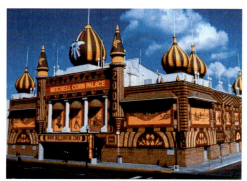

Der Corn Palace in Mitchell

Eine Zeitreise in die Vergangenheit bietet *De Smet*, das nordöstlich von Mitchell liegt. In diesem Ort lebte die berühmte Schriftstellerin Laura Ingalls, nach deren Roman die bekannte Fernsehserie „Unsere kleine Farm" entstand. In Englisch heisst der unsterbliche Klassiker „The little Town on the Prairie". Genauso steht es auf den Wegweisern geschrieben, die die Nostalgiker zum Ort führen, wo sie auf den Spuren von Laura wandeln können. Der Besucher kann zum Beispiel das Haus von Pa Ingalls und einige seiner selbst gemachten Sachen besichtigen. Jedes Jahr im Sommer finden an drei Wochenenden jeweils am Abend Aufführungen im Freien statt, in denen Szenen von Lauras Leben nachgestellt werden. Wer also sehen will, welcher Mann sich mit dem einfühlsamen Schauspieler Michael Landon (Pa Ingalls) zu vergleichen sucht und wie die Mädchen in ihren Häubchen und Schürzen aussahen, der darf diesen Event sicher nicht verpassen.

In Sioux Falls wählten die Glarner bewusst ein Motel an der 41. Strasse, weil sich diese in nächster Nähe zum Einkaufszentrum Empire Mall befindet. Christel wollte am nächsten Tag auf die Benützung des Autos verzichten und etwas flanieren. Das angebliche Rollizimmer mit dem sehr engen Bad im Super Motel 8 überzeugte nicht. Auch liess die nüchterne Umgebung im Süden der Stadt zu wünschen übrig. Eine abwechslungsreichere Alternative wäre das Holidy Inn (100 W 8th St) im Herzen von *Historic Downtown Sioux Fall* gewesen, wo man ebenfalls zu Fuss eine Fülle von Läden, Restaurants, Museum sowie das Nachtleben erkunden und zudem in einer Entfernung von fünf Blocks den gleichnamigen Wasserfall (Sioux Falls) mit Park besuchen kann. Hardy und Christel erkundigten sich beim Einchecken nach allfälligen Events rund um den Independence Day, der am nächsten Tag gefeiert wurde. Die Damen am Empfang mussten erst in sich gehen, bevor sie ihre vagen Vermutungen vorbrachten. Wo blieb da der feurige Patriotismus? Statt abends ruhig ausspannen zu können, sorgte ein Hurrican-Alarm während des Abendprogramms im Fernsehen für einen wachen Geist. Christel fragte sich ernsthaft, ob das ungeschützte Auto vor dem Haus fortgewirbelt werden könnte. Hardy beruhigte sein Weib. Er sollte – wie immer als Mann – Recht haben. Der Sturm wirbelte die Autos anderer Leute schrottreif.

Dienstag, 4. Juli 2000: Sioux Falls

Christel sah sich genötigt, ausgiebig auszuschlafen. Hardy, der arme Tropf, wartete geduldig, bis frau sich seiner annahm. Es gibt Tage, an denen Christel nie richtig wach wird. Es schien, als wäre der 4. Juli genauso ein Tag. Die Pflegeverrichtungen gingen unerklärlich schleppend von der Hand. Endlich an der frischen Luft, sofern von solcher an einer stark befahrenen Strasse überhaupt gesprochen werden kann, drohte die schwüle Hitze, die Glarner zu erdrücken. Christel hätte auf jeder x-beliebigen Sitzbank in einen komatösen Schlafzustand fallen können. Doch sie schob tapfer ihren Mann durch das fussgängerfeindliche Industriequartier zum Einkaufszentrum. Ziellos schlenderte das Paar durch die kühlen Hallen der Empire Mall. Über den angrenzenden Parkplatz begaben sie sich zum zweiten Gebäude, der Empire East Mall. Erneut stellt die Schweizer konsterniert fest, dass für Fussgänger keine gesicherte Strassenüberquerungen bestehen. Gehsteige sind inexistent. Die Autofahrer musterten Christel und Hardy denn auch wie exotische Verkehrshindernisse.

Auf dem Rückweg zum Hotel entdeckte Christel das mexikanische Restaurant Chi Chi's. Trotz muffligem Kuhmistgeruch, der immer wieder vom Teppich heraufzusteigen schien, füllten sich die Glarner Bäuche gehörig. Eine bäuerliche Küchennote dominierte die Speisen und liess die Ex-San Diegans erstmals von der professionellen TexMex-Küche träumen. Falls Christel an diesem Tag überhaupt einmal richtig wach geworden war, so wurde sie nach diesem üppigen Essen wieder todmüde. Auch Hardy hatte gegen eine horizontale Lage nichts einzuwenden. Der Tetra wurde für einmal fernsehtauglich mit den Füssen zum Fernseher gebettet. Sonst liegt er gewöhnlich mit den Füssen zur Wand im Bett, damit er diese dort abstützen kann (Spitzfussprophylaxe). Die fehlende Anstellwand für Hardys Füsse wurde mit dem Zimmermobiliar ersetzt. Während er durch die Sender zappte, schlief sie sofort ein. Von weit her vernahm die Schlafmütze Böllerschüsse, blinzelte kurz und realisierte, dass das inzwischen dunkel gewordene Zimmer durch das entfernte Feuerwerk erhellt wurde, um allsogleich wieder sanft zu träumen. Der 4. Juli war irgendwie verhext. Bereits auf der Hinreise hatte man nicht richtig mitgefeiert. Shit!

Mittwoch, 5. Juli 2000: Sioux Falls – Bloomington (MN) – Mall of America

(5 1/2 Std./270 Meilen: über I-90 east, 35 north, 35 east, Hwy 77 north)

Die Frühstücksangebote in den Motels sind uneinheitlich. Von überhaupt keinem Kaffee bis hin zu einem reichhaltigen Frühstücksbüffett kann alles angetroffen werden. Das Super 8 Motel offerierte für einmal ein Continental Breakfast. Gerne machte sich Christel mit den grossen Reisebechern an der Kaffeemaschine zu schaffen. Milch war keine Mangelware, da auch Corn Flakes angeboten wurden. Gestärkt füllte Christel – wie jeden Morgen – den grossen Getränkebehälter mit Eiswürfeln und Trinkwasser, damit man den ganzen Tag über einen kühlen Trunk geniessen kann. Mit ergänztem Reiseproviant verliessen Hardy und Christel ausgeruht die grösste Stadt von South Dakota.

Die I-90 führte sie schon bald nach Minnesota. Christel freute sich noch immer an der unendlichen Weite und den zahllosen Maisfeldern. Hardy bekundete zunehmend Mühe mit der für ihn monotonen Aussicht durchs Wagenfenster. Er vertrieb sich die Langeweile mit dem Studium des grossformatigen Reiseatlases, der ihm öfters vom Kniekissen zu rutschen drohte. Einige Blätter hatten sich zudem vom Buchrücken gelöst und waren schwierig zu bändigen. Der Tetraplegiker machte schliesslich kurzen Prozess mit dem eigenwilligen Papierbündel und riss die gewünschten Seiten von Minnesota heraus. Sofort verweilten Hardys Augen bei der Sehenswürdigkeit in Bloomington: das grösste Einkaufs- und Unterhaltungszentrum von ganz USA. Hardy überflog konzentriert den provisorischen Reiseplan und fügte kurzentschlossen ein weiteres Ziel hinzu.

Christel fügte sich brav, wie sich das für eine Ehefrau gehört. Hätte sie aufbegehrt, hätte man kurz nach der Grenze einen Abstecher nach Pipestone machen und dort eine Friedenspfeife rauchen müssen. Im *Pipestone National Monument* wären sie nicht nur mit einer solchen versorgt worden, sondern hätten sogar noch einen weisen Rat eines roten Mannes erhalten. Die Glarner nahmen stattdessen Kurs auf die *Mall of America* in Bloomington, einem südlichen Vorort von Minneapolis. Der Co-Pilot dirigierte die Chauffeuse auf die I-35 north. In Owatonna soff sich das Auto einen an. Da die Raststätten von McDonald's meist über zwei Eingänge (einer führt direkt ins Restaurant, der andere zuerst zur Toilette) verfügen, waren sie von Christel auserkoren worden, ihr als stilles Örtchen zu dienen. Für einmal gingen die Reisenden hinein und tranken Kaffee bzw. Vanilleshake, während sie die mitgeführten Motelverzeichnisse studierten und telefonisch ein Zimmer reservierten. Genügend Quarters für den Anruf mitzuführen, war inzwischen zur Selbstverständlichkeit geworden.

In der Nähe des gigantischen Shoppingkomplexes bezogen die Glarner im Motel Days Inn (1901 Kilebrew Dr) den Handicapped Room 304. Das aus stattlichen 207 Zimmern bestehende Motel kann keine Rollstuhlduschen anbieten. Das war Hardy egal, er wollte nur noch die Wahnsinns-Mall sehen. Diese zog die sprachlosen Schweizer vollkommen in ihren Bann. Hunderte von Läden auf mehreren Stockwerken sowie ein Rummelplatz mit Achterbahn, Riesenrad und anderen Bahnen und Attraktionen (Legoland, Minigolfanlage, Snoopy Camp, Unterwasseraquarium, Nacht- und Komödienklubs etc.) im Innern der mit Glas überdachten Mall lockten. A place you just can't imagine!

The Mall of Amerika – riesig

Donnerstag, 6. Juli 2000: Bloomington – New Glarus (WI)

(6 3/4 Std./327 Meilen: über I-494 east, Hwy 61 south, I-90 east, Hwys 12, 78 south, 39 east, 69)

Am Vortag hatte die Fahrt nach Bloomington einen dunstverschleierten Blick auf die Hochhäuser von Downtown Minneapolis gewährt. Weder der Besuch dieser Grossstadt noch die Besichtigung der Hauptstadt von Minnesota, St. Paul, standen jedoch auf dem Etappenplan. Die Himmelsrichtung Südost war angesagt. Hardy schlug die Route am Mississippi entlang vor. Erneut säumten Seen, für die Minnesota bekannt ist, die Überlandstrassen. Nach Red Wing begannen die tollen Ausblicke auf den Fluss, die sich fortan mit weniger aussichtsreichen Strecken abwechselten. Kaum zu glauben, dass der breite Mississippi kein See sein soll. Das dachten die Bewohner von City Lake anscheinend auch und lockten mit Uferpromenaden zum Verweilen. Die Sonne schien herrlich und liess den Mississippi und seine vorgelagerten Sumpflandschaften in glänzendem Licht erstrahlen.

Um 2 p.m. lachte dem Paar in Winona das Schild von Kentucky Fried Chicken ins Gesicht. Schnell hatte Christel auf die andere Spur gewechselt. Noch schneller waren die Reisevögel im Hühnerhaus und gaben an der Theke die Bestellung auf. Am allerschnellsten aber waren die knusprigen Leckerbissen verzehrt. Eins, zwei, drei – und schon war der Schmaus vorbei! Übrig blieb der Krautsalat, der als übersüsse Variante ungeniessbar war. Gesättigt stiegen die Glarner in ihre rollende Sauna ein. Das Auto lechzte nach Kühlung. Hardy fingerte an den Zuluftreglern herum, die für ihn gerade noch erreichbar sind. Das Beifahrerfenster und die Türverriegelung kann er ebenfalls bedienen, nicht aber die Musikanlage. Die Kraft des linken Arms reicht auch nicht aus, um den Trinkbecher aus der Halterung zu nehmen. Ebenso wenig gelingt ihm der Griff zur Sonnenblende. Dafür bringt es Hardy fertig, heimlich den Knopf für Christels Sitzheizung zu drücken ...

Weiter südlich des westlichen Flussufers fuhren Christel und Hardy wieder auf die I-90, die die beiden über eine grosse Brücke nach Wisconsin brachte. Wen wundert es, dass die erste Ortschaft dort La Crosse heisst – höchstens einen des Französischen nicht mächtigen Besucher. Wären die zwei Schweizer Touristen Deutsche gewesen, hätten sie sich für einen anderen Weg entschieden. Anstatt die Glarner Nachfahren in New Glarus bei Madison zu besuchen, wären sie in Minnesota geblieben und hätten nach Spuren ihrer Vorfahren in Lanesboro gesucht. Der Reiseführer jedenfalls verspricht German Home-Style Cooking, Weingut, Käserei und einen 40 Meilen langen, geteerten Weg für Velo- oder Rollschuhfahrer, den so genannten Root River Trail. Das charmante Lanesboro wäre zudem im Register of Historic Places verzeichnet.

Christel trat mächtig aufs Gas. Ein langer Weg lag zwischen den Glarnern und New Glarus. Um 5.30 p.m. verliess das Paar kurz nach Lake Dalton die Interstate. Auf dem Hwy 12 in südlicher Richtung passierte das Auto Baraboo. Diesen Ort müssen sich Zirkusfans unbedingt merken. Denn dort können sie am Geburtsort des *Ringling Brother Circus* durch die weltgrösste Sammlung von Zirkuswagen schlendern, spektakulären Vorführungen und Paraden beiwohnen und in die Welt der damaligen und heutigen Zirkuskünstler abtauchen. Christels und Hardys Interesse am Zirkus war aber inexistent. Sie folgten der Strasse in der Überzeugung, dass die Überlandvariante eine Abkürzung nach New Glarus darstellt. Laut Karte hätte vom Hwy 12 in den Hwy 78 south eingebogen werden können, der sich nach Mt. Horeb (ein historischer Platz mit norwegisch/skandinavischer Vergangenheit) Hwy 92 nennt. Anschliessend hätte die 69 south direkt nach New Glarus geführt. Entweder log die Karte oder man hatte einen Abzweiger verpasst. Die mangelhafte Beschilderung verunsicherte die Reisenden noch zusätzlich. Man war sich sicher, total falsch gefahren zu sein, und durchirrte dementsprechend missmutig die vielen Maisfelder. Es dauerte eine Ewigkeit bis zum nächsten Strassenschild. Unglücklich stellte der Kartenleser erneut fest, dass unzählige Strassen im Rand McNally nicht verzeichnet waren. Hardy kratzte sich am Kopf: „Mmmhhh". Christel riss ihm die Karte aus den Händen in der Hoffnung, dass der Beifahrer, wie das bei den Männern so üblich ist, etwas übersehen hätte. „Gopfriedstutz, isch da aber än Saich, do chunnt jo würkli kain Chnochä meh druus!"[256], wetterte sie und wusste auch keinen Ausweg.

Die neue Heimat der alten Glarner heisst einen willkommen

Es blieb nichts anderes übrig, als dem Autokompass zu folgen. Nach etlichen Meilen Farmerland mit Maissilos und weidenden Kuhherden fand das Auto den Hwy 69 wieder, auf dem zudem bald das Ortsschild von New Glarus folgte und die Old Glarner herzlich willkommen hiess. Der Ärger verflog. Die Glarner fühlten sich zuhause. Das Zentrum des 2000-Seelen-Ortes war schnell gefunden. Das Hotel New Glarus war unübersehbar mit seinen blumengeschmückten Fenstern und der Ticino-Pizzeria. Das 1853 gebaute Haus ist typisch schweizerisch – ohne Lift. Ein Zimmerbezug war von vornherein ausgeschlossen. Die nette Herrin des Hauses half mit einer anderen Adresse weiter und ermunterte gleichzeitig, trotzdem einen Blick in das zugängliche Restaurant zu werfen, wo gerade die slowenischen Oberkrainer aufspielten. Da in Christels Adern auch noch slowenisches Blut fliesst, nahm sie New Glarus als Platz der Vorfahren doppelt wahr.

Da der Tag lang gewesen war, zogen die Glarner aber ein Bett der lüpfigen[257] Musik vor. Im heimeligen[258] Chalet Landhaus Inn (801 Hwy 69) erhielt Hardy ein normales Zimmer im Parterre. Im Zimmer erinnerte die hölzerne Garderobe mit den massiven Kleiderbügeln und die Tagesgardinen an die ferne Heimat. Wäre man sentimental gewesen, man hätte laut heulen müssen. So aber streckte man die Glieder und belächelte den Original-Schweizer-Kitsch an den Wänden. Ein Appenzeller Alpaufzug (Aufzug deshalb, weil Kuh, Hund und Mensch auf dem schief hängenden Bild obsi[259] liefen) im Zimmer eines Berner Chalets, das in New Glarus in den USA steht, ist irgendwie unfassbar.

The New Glarus Hotel

Freitag, 7. Juli 2000: New Glarus

Nach einen feinen Schweizer Zmorgä[260] wurde das liebliche blumen- und flaggengeschmückte Dorfzentrum von *America's Little Switzerland* ausgekundschaftet. Als Erstes traten Hardy und Christel ins Käse- und Schokoladenhaus. Entzückt über die lange vermisste Käseauswahl (nur vakumiert, aber immerhin eine echte Auswahl) entdeckte das Paar überrascht das heimische Zigerstöggli[261], das wegen seines intensiven Parfüms alles vertreibt, nicht nur Würmer im Darm, wie ein Glarner Gedicht weiss, sondern auch unerwünschte Ehefrauen. Schmunzelnd lauschten die beiden den Wünschen der Touristen und den Ausführungen der Verkäuferin. Als Schweizer wächst man mit Käse auf und weiss halt eben Bescheid. Appenzeller, Emmentaler, Greyerzer, Tilsiter und Konsorten sind vertraut. Doch den Amis, die nur ihren gelben oder orangenen Plastik-Gummigemisch-Käse kennen (vielleicht noch Parmesan aus der Streudose) kommen die grossen Löcher im Käse sonderbar vor.

Impression von New Glarus – unverkennbar schweizerisch

Die Schaufenster von Metzger und Bäcker zeigten ebenfalls vertraute Schweizer Spezialitäten. Die auf Deutsch angeschriebenen Produkte amüsierten. Einzelne Wörter hatten augenscheinlich seit der Einwanderung der Glarner anno 1845 gelitten. Ebenso zeugen die Inschriften an den Häusern von der Vergänglichkeit der Sprache. Erheiternd war insbesondere das allüberall anzutreffende „Grüetzi", das die

Touristen in New Glarus willkommen heisst. Die Rollstuhlzugänglichkeit hielt sich in Grenzen, weshalb Hardy nicht alle Läden besichtigen konnte. Christels geschulter Blick erkannte sofort, dass die Stufen zur Verkaufsebene des Souvenirshops umgangen werden können. Es brauchte zwar (auch) Aufklärungsarbeit, bis der Rollifahrer durch die hindernisfreie Privatgarage geleitet wurde. Die Mühe lohnte sich aber. Das Lädeli[262] bot ein buntes Mischmasch von Schweizer Souvenirs an und machte auch vor den Landesgrenzen nicht halt, weshalb typische Souvenirs aus Deutschland oder Österreich ebenfalls angeboten wurden. Herzig[263] war, wie die Verkäuferin eine Kundin in Schweizerdeutsch mit unverkennbarem Amiakzent verabschiedet. Das „Adieu" wurde so zu einem „Adieh". Die beiden wussten erst nachher, wie Schweizerdeutsch auch noch ausgesprochen werden kann.

Das Paar musste per Auto zum Heimatmuseum *Swiss Historical Village* fahren, da dieses auf einem der New Glarus umgebenden Hügel lag. Gerade rechtzeitig schlossen sich die Glarner einer Führung an und lauschten den geschichtlichen Ausführungen, die im Kern nichts anderes beinhalteten als die Wiedergabe des traurigen Schicksals der von Armut geplagten Bevölkerung des Glarner Hinterlandes im 19. Jahrhundert. Weitab von Zuhause kriegten die Glarner ihren Heimatkanton durch eine Amerikanerin geschildert. Irgendwie eigenartig. Als Hardy und Christel auf einer Foto einen Nachbarn erkannten und schmunzelten (der mittlerweile ältere Herr war auf dem Bild noch viel jünger abgebildet), konnten sie nicht anders, als sich zu outen. Dass echte Glarner von Glarus in New Glarus waren, war für die anderen Gruppenteilnehmer eine absolute Sensation. Christel und Hardy fühlten sich wie Tiere im Zoo! Nach dem Rundgang durch das 1970 gebaute, immerhin rollstuhlgängige Gebäude mit der Ausstellung rund um die Einwanderungsgeschichte und dem Porträt des Kantons Glarus besichtigte man im Freien dreizehn ältere Gebäude, die nur bedingt rollitauglich sind. Mit vereinten Kräften konnte Hardy aber trotzdem die historischen Relikte des täglichen Lebens der Pioniere betrachten.

Das Swiss Historical Village erinnert an Leben und Sterben der Auswanderer von Old Glarus

Bienenhaus und Gemüsegarten waren die Höhepunkte der Führung, was für die beiden Schweizer schwer nachvollziehbar war. Stolz zeigte die Frau auf die Setzlinge und zählte der staunenden Gruppe die Namen der einzelnen Gemüsearten auf. Sie versicherte, dass man solche Beete tatsächlich in der Schweiz noch finden könne! Dass Bienen in Holzhäusern gehalten werden, war für die Amis, die in ebensolchen Holzhäusern hausen, ebenso amazing. Die kleine Schulstube, ausgestattet mit alten Holzbänken und Tintenfässchen, erachteten die Glarner nicht als so vorsintflutlich. Die Gruppe musste erraten, um was für ein Holzinstrument es sich beim Spinnrad handelte. Nur wenige wussten, dass das Spinnrad kein antiker Wagenheber war. Die Antiquitäten im Feuerwehrhaus lösten die Lachmuskeln endgültig. Im Kirchlein (ein

Geheimtipp für Brautpaare) entdeckte Christel ein Bild von der Kirche in Ennenda[264]. War es ein echtes Stück aus der Ahnengalerie oder eher ein Geschenk eines Ennendaner Touristen? Die lebhaften Schilderungen der engagierten Führerin liess die Zeit im Nu vergehen. Zwischendurch musste das Glarner Paar Red und Antwort stehen. Es bestätigte brav, dass zuhause gewisse Werkzeuge durchaus noch benutzt und viel Handwerk in Feld und Haushalt geleistet würden. Mitunter sehr erstaunte Gesichter in der Gruppe liessen in Christel ein Gefühl aufkommen, als sähe man sie noch im Neandertalerkostüm in den Alpen herumrennen. Man musste die Gruppe aufklären, dass man in der Schweiz auch Computer und Maschinen habe … In der nachgebauten Käsehütte, die man heute noch für das Herstellen von Käse bei Festivitäten benützt, erklärte die Führerin, wie ihr Vater noch von Hand die Laiber gemacht hatte. Da die heutige Käseproduktion in der Umgebung von New Glarus einen hohen Stellenwert hat, schenkte Christel der Tourdame am Schluss eine Hand voll Deko-Fähnchen mit Schweizer Kreuz für die nächste Käseplatte und eine Küchenschürze mit lustigen Schweizer Motiven. Die ältere Dame freute sich sehr.

Im Souvenirshop erstand Hardy die Festschrift zum 150. Jubiläum des Ortes. Er fragte den Kassier nach seinen Schweizerdeutsch-Kenntnissen. Dieser lachte und meinte, er sei bereits die fünfte Generation und der Sprache nicht mehr mächtig. Schon sein Vater hätte Mühe bekundet. Auch die Vornamen würden allmählich dem Zeitgeist angepasst. Ein Jakob Elmer heisse heute Jacob Elmer oder Jack Elmer. Ausser den Einwanderern, die erst vor kurzem in die USA gekommen seien, sprächen die Leute im Ort den Dialekt kaum mehr, fügte der Mann abschliessend bei. Umso erstaunlicher ist die Kulturresistenz. Der *Festkalender von New Glarus* führt zahlreiche Ereignisse auf, die an die gute alte Heimat erinnern: Swiss Polkafest, Heidi Festival, Swiss Independence Day (Nationalfeiertag), Wilhelm Tell Festival, Kilby Supper Swiss Church (Kirchweihfest). Die Trachten und Originalkostüme kommen ebenso zum Einsatz, vor allem, wenn der „Maennerchor" oder der „Swiss Yodel Club" ein Ständchen gibt. Die Broschüre von New Glarus verspricht sogar einen Alphorn-Weckdienst für Besucher des Wilhelm-Tell-Schauspiels.

Die geballte Ladung Heimatliebe könnte noch manchem Urschweizer etwas lehren. Trotz oder vielleicht gerade wegen dieser starken Verbundenheit mit der Schweiz fand in New Glarus keine totale Amerikanisierung statt. Die fetten Burger haben die Leute, zum Glück, noch nicht ganz doof gemacht. Diese Resistenz wird im Dorfzentrum augenfällig. Der ursprüngliche Charme machte weder einer übertriebenen Modernisierung noch einer Verkitschung Platz, sondern kommt bieder helvetisch daher: sauber und farblos. Die Strassen sind in Anlehung an die alte Heimat benannt. Neben der in den USA zwingenden Main Street, die mit Hauptstrasse übersetzt wird, existieren zahlreiche andere Glarner Strassennamen, so zum Beispiel die Rütistreet, die an das gleichnamige Dorf im Glarner Hinterland erinnert. Die Neigung, per Velo die Umgebung zu erkunden, scheint ebenfalls helvetischen Ursprungs zu sein. Der Besucher kann sich am 23 Meilen langen Sugar River Bike Trail erfreuen, der von New Glarus über Montincello nach Albany und Broadhead durch herrliche Naturlandschaften führt. Christel und Hardy mochten aber nach dem Besuch des alten Schweizer Dorfes keine weiteren Reminder an die Heimat. Man war schliesslich in den USA.

Samstag, 8. Juli 2000: New Glarus – Chicago (IL)

(3 Std./150 Meilen: Hwy 69 south, 20 east, I-90 east, Exit 50 B)

Nach dem feinen Frühstücksbüffett im Chalet Landhaus war der Abschied von New Glarus angesagt. Auf Schweizerdeutsch wechselte man noch ein paar Worte mit dem Managerpaar Tony und Esther Zgraggen, die vor Jahren erst die Schweiz verlassen hatten. Auf die Frage, ob das Heimweh nie drücke, meinte Frau Zgraggen, dass es an Weihnachten am schlimmsten sei. Bevor man endgültig der Plastikkuh am Dorfausgang Bye-Bye winkte, musste der Reiseproviant im gegenüberliegenden Roy's Market aufgestockt werden. Dort fiel eine sonderbare Kundschaft auf. Eine schwarze schmale Pferdekutsche stand auf einem der vielen Parkfelder. Ihr entstieg eine Frau mit langem Rock, einer Schürze und einem weissen Häubchen. Die gleich gekleidete Tochter blieb sitzen und behielt die Zügel in den Händen. Christel war über das zufällige Zusammentreffen mit Amischen überrascht. Sie ertappte sich beim wohl irrtümlichen Gedanken, Amische würden nur unter sich leben, wären Selbstversorger und mieden die „moderne" Welt. Das Gesicht des Mädchens wirkte blass und leblos. Christel wurde nachdenklich. Wie kann man in der heutigen Zeit noch so leben wie vor der industriellen Revolution: ohne Maschinen, ohne Strom, und dabei den Kindern immer noch als Vorbild dienen?

HEIMREISE VON SAN DIEGO NACH GLARUS

Um die Mittagszeit ging die Fahrt nach Chicago los, wofür ein New Glarner normalerweise 2 1/2 Stunden braucht, so jedenfalls Tony Zgraggen. Schnell war die Staatsgrenze zu Illinois erreicht. Nicht gerade flott ging es weiter. Langsame Landwirtschaftsfahrzeuge nötigten den roten Van ungewollt zu einem Schritttempo. Die I-90 east sehnten die Glarner deshalb heftig herbei. Man wollte endlich wieder Meilen fressen. Doch daraus wurde nichts. Die Interstate erlaubte zwar eine flotte Fahrt, diese wurde aber öfters durch ein erzwungenes Anhalten unterbrochen. Wie in Italien mussten die Glarner mehrfach Strassenbenutzungsgebühren (Tolls) bezahlen. Die jeweilige Gebühr betrug einen Dollar. Warum man mehrfach einen Dollar und nicht einmal zehn Dollar bezahlen musste, war rätselhaft. Genauso rätselhaft wie der Umstand, dass man überhaupt etwas bezahlen musste. Allmählich wurde der Verkehr zähflüssiger und erlahmte sogar teilweise. Je näher man Chicago kam, desto verwirrender wurde das Strassennetz. Christel gab sich alle Mühe, der I-90 zu folgen. Beim Flughafen O'Hare wusste Hardy nicht, ob nun weiter der I-90 gefolgt oder besser auf die I-190 bzw. I-94 east gewechselt werden sollte. Er hatte im Fodor's Reiseführer ein Best Western Hotel mit Behindertenzimmer in geschickter Downtown-Lage ausfindig gemacht. Gemäss Strassenkarte war die Ohio Street, in der sich das Hotel befand, ab der I-90/94 direkt erreichbar. Hardy wies daher den Driver an, die I-90/94 weiter zu befahren. Zum Glück, denn die Ausfahrt Ohio Street führte automatisch auf die richtige Strasse. Nach dem beschaulichen New Glarus verlangte das geschäftige Chicago grösste Aufmerksamkeit. Hardy und Christel suchten krampfhaft nach der Best-Western-Tafel. Nach ein paar Blocks konnte Christel rechts in die gedeckte Garage einfahren und war froh, dem Blechgewühl entronnen zu sein.

Good Bye New Glarus!

Hardy blieb im Auto, während Christel zur Rezeption stolperte und sich über den Treppeneingang wunderte. Handicapped Rooms? Nein! Das biete dieses Haus nicht. Überhaupt sei nur noch ein Zimmer unbelegt, meinte die schwarze Dame. Sie riet dringendst, das Zimmer zu nehmen. Ohne Reservation würde man am Samstagabend im teuren Chicago zu diesem Preis nirgends mehr unterkommen! Christel erschrak und besichtigte das Zimmer, besprach sich draussen kurz mit Hardy, vertröstete den ungeduldigen Parkplatzhüter erneut und buchte das Zimmer. Dies liess ein junges schwarzes Paar erbost von den Wartesesseln aufschnellen und lauthals an der Rezeption protestieren. Sie würden nunmehr seit Stunden auf ein Zimmer warten, das angeblich nur noch erhältlich sei, wenn eine Reservation storniert würde. Wieso diese Touristin problemlos ein Zimmer kriege und sie warten müssten? Ob das Haus weisse Gäste vorziehen würde? Christel wollte das Paar auf keinen Fall benachteiligen und bot umgehend ihr Zimmer an. Die Offerte wurde aber dankend und höflich abgelehnt. Weniger zuvorkommend knöpften sich die zwei Aufgebrachten jedoch ihre „schwarze Schwester" vor. Christel brachte Hardy und das Gepäck mit dem Lift des Verbindungstraktes ins Zimmer. Mit einem äusserst unguten Gefühl musste sie nachher dem Parkplatzwächter die Autoschlüssel abgeben. Das passte ihr überhaupt nicht! War er ein Mitglied einer Autoschieberbande?

Nach einer Ruhepause spazierten die Glarner ostwärts Richtung Lake Michigan. Sie folgten der Ohio Street, die alsbald über ihr doppeltes Lottchen aufklärte. Linkerhand präsentierte sich nämlich stolz das richtige, für Rollifahrer geeignete Best Western Inn of Chicago (162 East Ohio St) mit seinen 357 Zimmern und 26 Suiten, wobei die 18 Handicapped Rooms teilweise Roll-in Showers aufweisen. Bekannte Hotelketten wie das Holiday Inn (300 E Ohio St, zwei Blocks vom See entfernt) säumten den Weg oder die Parallelstrassen (Motel 6, 162 E Ontario St). Direkt am Wasser reizt unter anderem das Day's Inn (644 North Lake Shore Drive). Hardy und Christel gewannen zunehmend den Eindruck, dass diese nördlich des Chicago Rivers gelegene Downtown-Ecke ein guter Ausgangspunkt für Rollifahrer darstellt. Hardy fühlte sich einmal mehr in seiner Strategie bestätigt: mitten in den Kuchen hinein und ein geeignetes Zimmer in der Nähe der Sehenswürdigkeiten suchen, damit man möglichst zu Fuss sightseen kann. In Chicago lohnt sich ein vielleicht etwas teureres Zimmer in der City besonders, nicht zuletzt deshalb, weil man praktisch nirgends länger parkieren kann. Die Parkhausgebühren sind zudem astronomisch hoch und grenzen an Wucher.

Der Navy Pier lädt zum Flanieren ein

Die wartende Blechkolonne vor der Tiefgarage zum *Navy Pier* erstaunte daher nicht sonderlich. Die Glarner genossen die attraktive Hafenanlage mit Promenaden, Gärten, Läden, Restaurants und die dargebotene Unterhaltung. Die angenehme Stimmung verführte die Bummler zu einem kühlen Schlummertrunk im Beer Garden, wo sie zwei Angeber auf Wasserscootern beobachteten und einmal mehr gewahr wurden, was für ein Schaden entsteht, wenn Mann mit seinem besten Stück statt mit dem Hirn denkt. Im Hintergrund dröhnte eine Liveband, was die Schweizer zu einem baldigen Rückzug bewegte. Sie schlenderten dem Dock entlang, schauten eine Weile dem Riesenrad zu, genossen die Skyline am See und studierten die verschiedenen Touranbgebote der vor Anker liegenden Schiffe. Beim Verlassen des Geländes erkundigte sich Christel nach einem Busfahrplan der CTA (Chicago Transit Authority) für Rollstuhlfahrer. Die Frau im Infohäuschen konnte nur den vereinfachten Downtown Transit Sightseeing Guide aushändigen. Christel war fürs Erste zufrieden und zuversichtlich, am nächsten Tag die ausführlichere grosse Karte zu finden. Um die Ecke machte die neue Restaurantkette, Bubba Gump Shrimp Company, auf sich aufmerksam, die nach Forrest Gump, dem liebenswürdigen Burschen aus dem gleichnamigen Film, benannt ist. Bei Gelegenheit werden auch die Glarner die leckeren Crevetten aus Forrests Fischerkübeln angeln.

Von Nachtruhe war keine Rede. Autos quietschten, Motoren lärmten. Das Geschrei von Strassenpassanten wechselte sich mit demjenigen von Hotelgästen ab, die lärmten, was das Zeug hergab, oder sich um ihren Schlaf beraubt fühlten und lauthals Ruhe einforderten. Das Personal stimmte in den Lärmchor ein und drohte wiederholt lauthals mit der Polizei. In regelmässigen Abständen wurde der Strassenlärm von aufheulenden Sirenen durchbrochen. Raub, Mord, Totschlag ... Christel lag hellwach im Bett. Der Krach im Flur steigerte sich an der Zimmertüre nebenan zum endgültigen Fortissimo, als Spätheimkehrer den Schlüssel ins falsche Schloss steckten und sich gegenseitig Tipps zubrüllten. Christel rechnete mit dem Schlimmsten. Als die Schuldigen ihren Irrtum bemerkten, schlichen sie nicht etwa beschämt davon, sondern parlierten weiter. Unter offenen Zimmertüren unterhielten sich die drei Parteien lauthals kreuz und quer über den Flur, während sie gegenseitig die quengelnden Kinder mit Süssigkeiten ruhig stellten. Lachanfälle und Eifersüchteleien der Weiber im Korridor sowie die Streitereien auf offener Strasse liessen Christel ständig zusammenzucken. Anders als in den Action-Streifen kam leider kein Held und räumte mit dem lärmenden Gesindel auf. Arnie hätte nur kurz „Hasta la vista Baby!" gehaucht und abgedrückt.

Sonntag, 9. Juli 2000: Chicago

Nach dem Studium der vielen Infobroschüren beschlossen Hardy und Christel, den ganzen Tag aufs Auto zu verzichten. Die Trains und Subways kamen zwar nicht in Frage, da die sechs Linien insgesamt erst zu einem Drittel hindernisfreie Zugänge aufweisen. Der Fahrplan versicherte aber, dass alle aufgeführten Buslinien – mit wenigen Ausnahmen – rollstuhltauglich sind, täglich alle 10 bis 15 Minuten verkehren und an jedem zweiten Block anhalten. Unternehmungslustig warteten die Glarner an der nahen Haltestelle

22 in der Clark Steet. Erst eine halbe Stunde später konnte Hardy die Hebebühne und die gurtenlose Rollstuhlfixierung ausprobieren. Während der kurzen Fahrt versuchte Christel herauszufinden, wie der Chauffeur die Aussteigwünsche der Passagiere mitkriegte. Nirgends war eine Klingel zu sehen. Eine Frau zupfte an der Kordel, die sich oberhalb der Fensterfront entlangzog. Aha, so geht das!

Chicagos Riesen aus der Ameisenperspektive

In der Jackson Street stiegen die Glarner aus. Statt wieder auf einen Bus zu warten, bewältigten sie die paar Blocks zum 110-stöckigen *Sears Tower* zu Fuss, mussten aber mit teilweise schlechten Trottoirs kämpfen. Am Billettschalter wurden statt Einzeltickets zwei City Pässe für je 30 Dollar erstanden. Der City Pass ist neun Tage gültig und ermöglicht den Zutritt zu sechs Sehenswürdigkeiten in Chicago. Als erste Attraktion stand die Aussichtsplattform des Riesenturmes bevor. Der rollende Hardy durfte die enorme Warteschlange vor dem Aufzug umgehen. Es machte den Anschein, dass sich nur Christel und Hardy darüber freuten. Mit einer Geschwindigkeit von 1600 Feet pro Minute, immerhin 25 Feet pro Sekunde, katapultierte der Lift die Besucher in den 103. Stock. Die Aussicht liess etwas zu wünschen übrig, da Smog und Nebel die Sicht trübte.

Die Vogelschauperspektive war trotzdem spektakulär. Die zwei Schweizerlein erschraken über die Welt zu ihren Füssen. Die heutige Stadt (3 Millionen Einwohner, 8 Millionen mit den Vororten) zählte vor 150 Jahren erst 20 000 Einwohner. 1871 zerstörte ein Brand grosse Teile der Stadt. Innovative Planer „erfanden" in der Folge die ersten Wolkenkratzer und machten Chicago zu einem der architektonischen Zentren der USA. Die Zeit der Alkohol-Prohibition in den 20er Jahren wurde durch Bandenkriege geprägt. Wie mächtig musste der Gangsterboss Al Capone gewesen sein, dass er mit der Zeit die ganze Stadt kontrollierte. Hardy und Christel hielten Ausschau nach dem anderen Turmgiganten, dem *John Hancock Center*, dessen spezielles Observatorium im 94. Stock auf der potenziellen Besuchsliste des nächsten Tages stand. Wieder unten führte der Ausgang am Kiosk vorbei, wo Christel zwei Bus-Tageskarten (Visitor Passes) für je fünf Dollar und einen Übersichtsplan der öffentlichen Verkehrsmittel (CTA System Map) erstand. Draussen beugten sich die Glarner über diesen Stadtplan, als ein älterer Herr höflich seine Hilfe anbot. Er stellte sich als Herb vor und fragte, ob man Interesse an einem Stadtrundgang hätte. Seine Tour mit Schwerpunkt Architektur wäre auch für Rollstuhlfahrer machbar. Christel und Hardy verzichteten dankend auf *Herb's Downtown Walking Tour* und bestiegen den 130 Grant Park Treasure Bus, der das Naturhistorische Museum, das Aquarium und das Planetarium anfährt.

Trotz schlechter Sicht ein Erlebnis – die Aussicht vom Sears Tower

Das *Field Museum of Natural History* bietet den Besuchern eine schnell ermüdende Ausstellungsdichte. Auf drei Stockwerken wurden verschiedenste Themen gezeigt, die sich fast nahtlos aneinander reihten. Auf der Fahrt nach Chicago hatte Hardy ein dickes Buch über die Indianervölker zu lesen begonnen. Er folgte daher interessiert seiner Ehefrau in die Native American Halls mit den über 287 000 Artefakten. Erschlagen von der Fülle der gebotenen Informationen war bei Christel das Pulver bereits verschossen. Sie folgte aber geduldig Hardys Wünschen, der den Weg zu einer uralten Dinosaurier-Dame einschlug. Die 67 Millionen Jahre alte hüllenlose Sue präsentierte sich in ihrer vollen Grösse und war eindeutig der Publikumsliebling. Gut bestückte Quellen gaben alle Details von Sue preis. So ein Dinoleben war sicher auch nicht schlecht. Andere unvergängliche Schönheiten, insbesondere Edelsteine und Mineralien, lockten. Die drehende Erdkugel der angrenzenden Earth-Sciences-Ausstellung liess Christels Sinne endgültig taumeln – sie hatte eine sturme Birne[265]. Das Paar stärkte sich beim McDonnald's im Ausgangslevel, bevor es sich an die frische Luft begab. Christel hiess für einmal die nachmittägliche Hitze willkommen. Endlich war sie dem Museum entronnen. Auf einer Bank zog sie eilig ihren Pullover aus und liess sich von der Sonne aufwärmen. Hardy pflichtete seiner Maid bei, als sie über die viel zu kühle Klimaanlage schimpfte. Ohne Halstuch und Lismer[266] könne man sich kaum mehr in den Gebäuden aufhalten. Unterwürfig fragte Hardy, ob er das Aquarium alleine besichtigen müsse. Um seiner gespielten Verzweiflung mehr Ausdruck zu verleihen, nahm der Ärmste seine Sonnenbrille ab und musterte stumm seine Betreuerin mit Hundeaugen und leicht geneigtem Kopf. Wie sonst verfehlte der Bettelblick seine Wirkung nicht. Christel herzte ihren Bachel mit dem Versprechen, doch nie von seiner Seite zu weichen.

Das Orientierungsblatt des *Shedd Aquariums* begrüsst die Besucher mit dem Zitat von John Muir: „We are all a part of nature, not apart from it. Nothing exists independently." In diesem Sinne wird dem Betrachter auf vielfältige Weise das Element Wasser mit seiner Tier- und Pflanzenwelt nähergebracht. Das Delphinbecken bietet dem Zuschauer eine tolle Aussicht auf den Lake Michigan. Nach der Show schlenderten Hardy und Christel am Becken vorbei und konnten hinter riesigen Schaugläsern das Spiel der Tiere verfolgen. Bei den Pinguinen wusste Christel nicht, wem sie zuschauen sollte. Sowohl die befrackten Watscheltiere als auch die entzückt kreischenden Kinder waren sehenswert. Die fortgeschrittene Zeit ermahnte das Paar zur Umkehr. Der Bus Richtung Hotel liess ewig auf sich warten, was Hardy eine Schimpftriade entlockte. Zerknirscht meinte er, unmissverständlich festhalten zu wollen, dass er für sehr lange Zeit vom „Bus ausprobieren" genug habe. In Zukunft würde er wieder das Auto benützen und keine wertvolle Zeit mehr vergeuden. Schliesslich gäbe es in den USA überall Behindertenparkplätze. Sein Missmut wurde erneut geweckt, als man beim Umsteigen in der Adamsstrasse wieder warten musste. Es dauerte zwar nicht mehr so lange. Dafür war aber die Fahrerin umso hässlicher. Sie herrschte Christel unzimperlich an, von der Liftplattform wegzutreten und durch den Hintereingang zuzusteigen.

Die Blues Brothers: Hardy, Jake und Elwood

Was wäre ein Besuch von Chicago ohne Blues-Erlebnis? Die Glarner konnten eine Gemütsaufheiterung gut gebrauchen. Während Hardys Liegephase forschte Christel nach einer geeigneten Abendunterhaltung. Zufrieden nahm sie zur Kenntnis, dass sich mehrere Lokale in der unmittelbaren Umgebung befinden. Das Paar versuchte es erst mit dem Blue Chicago (536 N. Clark Street), das, man höre und staune, samstags für Familien raucher- und alkoholfreie Räumlichkeiten bereithält. Der engräumige Blues Club war aber noch geschlossen. Hardy wurde deshalb in nördliche Richtung geschoben, wo er nach zwei Blocks automatisch das zweite Blue Chicago (736 N. Clark St) passierte. Dort stellen angeblich die besten Blues-Interpreten ihr Können live unter Beweis – nur sonntags leider nicht. Christel brachte ihren Liebling ins

Restaurant Famous Dave's Ribs N' Blues (739 N. Clark St) gleich gegenüber. Als Fan des Films „The Blues Brother" hatte Hardy natürlich seine helle Freunde an Jake und Elwood, die – in Plastik gegossen – am Eingang die Gäste in Stimmung brachten. Sofort wurde das einmalige Zusammentreffen der drei starken Typen bildlich festgehalten. Dazu gab Hardy lässige Swing-Bewegungen von sich (oder waren es Spasmen?) und mimte ein schmerzverzerrtes Gesicht, gerade so, als müsste er alle Qualen der live gesungenen Klagesongs am eigenen Leib erfahren. Oh yeah … he had really a bad day! Vergessen war die Müh des Tages, als der Waiter die kalorienhaltigen, dafür aber leckeren Ribs auftischte. Zufrieden pfeifend rollte ein satter Bluesfan in die angenehme Nacht hinaus.

Auf dem Heimweg spazierten die Glarner am Rainforest Cafe (Kreuzung Clark/Ohio) vorbei, in dem unter richtigen Wasserfällen und umgeben von echten Tiergeräuschen exotische Gerichte serviert werden. Wer in diesem Viertel seinen Tagesfrust lieber auf morbide Art abreagieren will, begibt sich ins Eerie World Cafe (51 E. Ohio St). Dort versuchen Frankenstein und andere unheimliche Charaktere, den Gästen mit bizarrem Entertainment das Essen zu vermiesen. Das wäre Christels Alternativ-Adresse gewesen, falls Hardys Tageslaune auf den absoluten Tiefpunkt gesunken wäre …

WEEK 28/2000

10. bis 16. Juli

Montag, 10. Juli 2000: Chicago – Tuscola

(8 Std./168 Meilen: über Hwy 41 south, I-90/94 east, 94 east, 57 south, Hwy 36 west)

Nebliges Regenwetter hüllte die Stadt ein. Der dichte Verkehr sorgte für eine rauchgeschwängerte Luft. Die nassen Hochhäuser versteckten ihre Nasen in grauen Wolken und überliessen den Abgasen die unteren Ebenen. Ein Wetter also, bei dem Mann sich den Mantelkragen hochschlägt, den Hut tief ins Gesicht zieht und mit dunkeln Absichten den Mauern entlangschleicht. An diesem Morgen war vollends klar, warum sich die Mafia in Chicago breit gemacht hatte. Das trostlose Wetter ermunterte keineswegs zu einer neuerlichen Stadtbesichtigung. Kaum steckte der Van seine Schnauze in den Regen, begann auch er zu heulen. Grosse braune Tränen kullerten über die Windschutzscheibe. Die Scheibenwischer richteten ein noch schlimmeres Schmierfiasko an. Na toll! Glücklicherweise war eine Tankstelle beim nächsten Häuserblock.

Mit vollem Bauch und geputztem Gesicht suchte das Auto brav den Weg zum Hwy 41 south, dem Lake Shore Drive, und folgte ihm durch schöne Parkanlagen dem See entlang bis zum Wegweiser des *Chicago Museum of Science & Industry*. Via dessen Tiefgarage gelangten die Glarner zum Eingang, wo sie feststellten, dass die Wanderausstellung der Titanic und der Besuch des IMAX-Kinos im City-Pass nicht inbegriffen waren. Das war der vermutete Haken des preislich attraktiven City Passes. In diesem als Erlebnis-Museum umworbenen Haus wollte Hardy das U-Boot besichtigen. Der Zugang wurde aber selbst schmalen Rollstühlen nicht gestattet. So brüteten die beide stattdessen über der Abwasserthematik von Chicago und übten sich lerneifrig im Beantworten des Umweltquiz. Es war interessant zu erfahren, was alles vorgekehrt werden muss, bis Scheisse und Pisse umweltkonform entsorgt sind. Ein Querschnitt eines Klo mitsamt Rohren und entsprechender Erklärung machte dem dümmsten Ami klar, wohin seine Verdauungsreste gelangen. Der Glühbirnenbereich rund um das Leben und Wirken von Edison und die Physikabteilung lockten nicht. Lieber wollte man zur Kohlenmine, deren Besichtigung leider über Treppen erfolgt. Hardy musste erneut verzichten. Dafür kämpfte sich das Paar durch Horden von Schulklassen hindurch zum Space-Zentrum mit dem angegliederten Omnimax Theater. Von überraschend guten Plätzen aus genossen Christel und Hardy das dreidimensionale Kinoerlebnis von Flipper und seinen Freunden. Die Unterwasseraufnahmen waren fantastisch; man hatte das Gefühl, auch ein Fisch zu sein.

Anmutig stellte sich das grosse Märchen-Puppenhaus vor. „Für jedes Alter, zu jeder Zeit", lautete die Eigenwerbung. Keinem Märchen folgten Hardy und Christel, als sie auf den Spuren von zwei Titanic-Passagieren wandelten. Auf Wunsch konnte man sich unter Anleitung eines Kassettengerätes mit Kopfhörer durch die sehr beeindruckende Ausstellung dirigieren lassen. Die zahlreichen Schaulustigen wurden zwar gruppenweise in die Exhibition eingeschleust. Gleichwohl waren zu viele Besucher anwesend. Man drängelte und schubste – Hardy war es einmal mehr vergönnt, mehr Ärsche statt Exponate zu sehen. Der Besucher verliess die Titanic durch einen wiederum übervollen Souvenirshop. Christel und Hardy konnten sich der Titanic-Hysterie nicht anschliessen: Sie hatten den Film, den offenbar alle kennen, noch nicht gesehen. Nach dem Besuch des Flugsimulatoren – ein Jet 727 hängt irgendwo in der Luft, gezeigt wird im Innern ein Videoband – und der Verköstigung beim museumseigenen Pizza Hut suchten die Glarner mit Hilfe des Museumsplans den parkierten Van. Das Wetter hatte sich zwischenzeitlich gebessert. Also doch noch ein himmlischer Gesinnungswandel? Nein, pure Fopperei! Der Zubringer zur I-90/94 east war nur für die stadteinwärts Fahrenden beschildert, was Christel und Hardy ein paar Extrameilen kostete.

Die Interstate teilte sich bald einmal. Christel blieb auf der I-94, die sie alsbald auf die ersehnte I-57 south brachte. „So, jetzt bini äntli und für langi Ziit widr värsorgt"[267], meinte die Chauffeuse nach dem gelungenen Spurwechsel mit einem zufriedenen Seufzer. Die Thurgauer Maid ist eben kein Stadtmensch. Die Tagesetappe endete auf dem beschaulichen Land in Tuscola, das bereits im *Amish Country* (dasjenige in Illinois) liegt. Dem ersten Motelschild folgend fuhren die Glarner am neuen Factory Outlet Stores vorbei zum Holiday Inn Express (1201 Tuscola Blvd). Die nette Dame am Empfang bejahte die Frage nach einer Roll in-Shower und fügte hinzu, dass der übergrosse Handicapped Room Nr. 100 normalerweise als Konferenzraum diene. Nach dem Zimmerbezug wurde im Ortszentrum der Lebensmitteleinkauf im IGA-Markt getätigt, wo einmal mehr hilfsbereite Verkäufer die bezahlte Ware unaufgefordert zum Auto schoben und einluden. Very very nice, isn't it? Christel malte sich in Gedanken aus, wie schön es doch wäre, einen Butler sein Eigen zu nennen. Auch sie würde einmal alt und zittrig, meinte sie, da wäre doch so ein livrierter „Johann für alle Fälle und stets zu Diensten" die beste Lösung – nicht wahr?

Dienstag, 11. Juli 2000: Tuscola – Arthur – Arcola – Sikeston (MO)
(9 Std./276 Meilen: über Hwy 36 east, I-57 south, Hwy 133 west, I-57 south, Hwy 60 west)

Das Motel verwöhnte die Gäste mit einer reichhaltigen Frühstücksbar. Das Holiday Inn strahlte eine angenehme Atmosphäre aus. Im Eingangsbereich machte eine kleine Handarbeitsausstellung auf die amischen Produkte aufmerksam, die in der grossen *Mall in Downtown Atwood*, im übernächsten Dorf, erhältlich waren. Gleichzeitig informierten Broschüren über das geplante 30 Hektar grosse *Amishland's Country Village in Tuscola*, das in unmittelbarer Nähe zum Holiday's Inn zu liegen kommt. Die zukünftige Anlage wird Verkaufsräume für die traditionell handgefertigten Erzeugnisse der Amischen bieten. Hotellerie, Gastronomie und der Unterhaltungssektor werden ebenfalls nicht zu kurz kommen. Sogar Fahrten mit den typischen schwarzen Kutschen werden dereinst den Touristen angeboten. Christel konnte sich immer weniger unter der amischen Kultur vorstellen. Es drängte sie, der Sache auf den Grund zu gehen. So verliessen die Glarner das charmante *Tuscola*, das für die erfolgreichen Renovations- und Restaurationsarbeiten der in Downtown gelegenen Häuser aus dem 19. Jahrhundert die begehrte Main Street Certification erhielt. Diese Auszeichnung erhielten bis anhin nur 25 Orte in Illinois.

Das Paar verliess nach acht Meilen die Interstate und fuhr an Arcola vorbei zum Örtchen *Arthur*, das sich selbst als Herz des Amish Country von Illinois bezeichnet. Das Auto überholte mehrere schwarze Kutschen und zerquetschte gar manchen der nicht wenigen Pferdeäpfel. Merkwürdig, wenn zwei zeitverschobene Kulturen aufeinander prallen! Im Visitor Center fragte Hardy nach dem Informationsvideo über die amische Kultur und wurde zum nahen Illinois Amish Interpretive Center (139 South Vine) gewiesen. Das Auto blieb auf dem kleinen Parkplatz vor dem Visitor Center zurück und leistete Kutsche und Ross Gesellschaft. Die Glarner spazierten im Zentrum des 2100-Seelen-Dorfes Arthur an einfachen Holzhäusern und netten kleinen Läden vorbei. Anders als in Wyoming erinnerte der Ort nicht an den Wilden Westen, sondern strahlte eine schlichte Dorfidylle aus. Die wenigen Autos gehörten den wenigen Touristen oder den Einheimischen, die nicht amish sind. Der moderne „Strassenlärm" wurde durch regelmässiges Hufgeklapper ergänzt. Im unauffälligen, kleinen Amish Interpretive Center wurde den Glarnern zuerst ein detaillierter Ortsplan abgegeben. Eine freundliche Frau erkundigte sich, ob ein Begleiter erwünscht sei, man eine amische Farm besichtigen oder ein Mittagessen bei einer amischen Familie einnehmen wolle. Anmeldungen könnten umgehend entgegengenommen werden. Die überraschten Glarner lehnten dankend ab und bekundeten stattdessen ihr Interesse an einer Rundfahrt mit dem Van. Schnell war auf dem Umgebungsplan eine Besichtigungsroute zusammengestellt. Die beiden bewunderten zudem die Handarbeiten. Die Fremdenführerin erwähnte, dass die Amischen traditionsgemäss bauern, zunehmend aber auch Handwerksarbeiten, vor allem mit Holz und Stoffen (Steppdecken), ausführen und im Kunsthandwerk tätig sind. Die Holzverarbeitung sei ein wichtiger Geschäftszweig, meinte die Dame und ermunterte dazu, die Massivholzmöbel oder Holzspielsachen aus der Eigenproduktion näher kennen zu lernen. Die Glarner entnahmen diesem lieben Werbespot, dass Holzhandwerk für Durchschnittsamerikaner etwas Extraordinäres sein muss.

Bis der Film begann, stöberten Christel und Hardy in den zum Kauf angebotenen Büchern. Sofort fielen die Bibeln mit althochdeutschen Texten auf. Die Schweizer fühlten sich wie Historiker, die gerade auf einen Schatz gestossen waren. Die Hinweise zur Stadt Zürich und zur Reformation schlugen zusammen mit den angebotenen selbst gemachten Konfitüren einen vertrauten Bogen zur Schweiz, dem Ursprungsland der Amischen. Wie das? Eine Broschüre klärte die überraschten Glarner auf: In der Überzeugung, dass die Entscheidung zur Taufe und Kirchenzugehörigkeit einem Erwachsenen vorbehalten bleiben sollte, entstanden 1527 aus der Protestantischen Revolution die selbst ernannten Wiedertäufer. Deren Überzeugung wurde von den „staatlichen" Kirchen nicht goutiert. Bald wurden die Wiedertäufer bitter verfolgt. Tausende von ihnen wurden gefangen genommen und exekutiert, während andere sich über ganz Europa verteilten. Ein früher Führer der Wiedertäufer war Menno Simons von Holland. Wegen seines Einflusses wurden die Angehörigen der Wiedertäuferbewegung alsbald Mennoniten geheissen. 1693 spaltete der Schweizer Jakob Ammann, ein Mennonit Minister, eine konservative Gruppe von den Mennoniten ab, die später „Amish" genannt wurde. Um in religiöser Freiheit leben zu können, schlossen sich die Amischen im frühen 18. Jahrhundert vielen anderen Europäern an und wanderten nach Pennsylvania aus. 1865 zogen drei Familien von Pennsylvania in die West Prairie bei Arcola, Illinois. Diese Gemeinde besteht heute aus ungefähr 4200 traditionell lebenden Amischen und umfasst 25 Kirchendistrikte.

Der Touristen-Videofilm brachte die Grundsätze der amischen Kultur näher. Die Konservativsten, auch The Old Order Amish genannt, schotten sich konsequent von der Zivilisation ab. Maschinen werden sowohl im Haushalt als auch auf dem Feld gemieden. Es gibt weder Strom noch Telefon, was zur Folge hat, dass der Kontakt innerhalb der Familie und zu den Nachbarn intensiv gepflegt wird. Die Amischen sind Selbstversorger und kaufen höchstens Zucker, Kaffee, Getreide oder Mehl bei den Ungläubigen ein. Das Pferd dient der Fortbewegung auf der Strasse und hilft bei der Erledigung von Arbeiten auf dem Feld. Geht dem Gaul einmal die Puste aus, kann es vorkommen, dass ein Amischer einen Ungläubigen mitsamt Traktor mietet und sich hernach mit seinem Ross am Feldrand ausruht, während der Traktor die Mühsal der Arbeit erledigt ... Die Söhne erhalten vom Vater anlässlich ihres 16. Geburtstages keinen Gameboy, sondern einen schwarzen Buggy.

Die Frauen besorgen Haushalt, Handarbeit und Garten, stellen die einfachen, unverwechselbaren Kleider selber her und verzichten dabei auf jeden Luxus, worunter auch Knöpfe oder Reisverschlüsse fallen. Mädchen erlernen frühzeitig die Handarbeit. Frauen und Mädchen tragen nur Röcke. Die Kinder besuchen eigene Schulen. Weiterbildung nach dem achten Jahr wird gemeinhin als Gefahr und nicht als Vorteil betrachtet. Diszipliniertes Bibellesen gehört zur Tagesordnung. Nach dem sonntäglichen Kirchgang findet sich die Gemeinde bei einer Familie zum Mittagessen ein. Das Zusammenarbeiten verschiedener Generationen sichert die Weiterführung des Handwerks und die Überlieferung von sozialen Wertvorstellungen. Die christliche Lehre, wonach die Beziehung zum Nächsten von Liebe geprägt sein soll, wird strikt befolgt. Mennoniten und Amische streiten sich nicht vor Gericht, leisten keinen Militärdienst und kennen keinen Fremdenhass. Das Sozialleben wird geprägt von einer klaren Hierarchie: Gott befiehlt, die Frau gehorcht dem Mann, die Kinder achten Eltern und ältere Respektpersonen. Einblicke in das Leben der Amischen bietet der Hollywoodstreifen „The Witness" („Der einzige Zeuge") mit Harrison Ford: Als Polizist der „verdorbenen" Welt muss er einen amischen Jungen beschützen, der Zeuge eines Mordes geworden ist. Der Polizist begleitet den Jungen und dessen Mutter in ihr amisches Dorf, wo er nicht nur mit den landschaftlichen Reizen in Berührung kommt.

Amish Country live

Die Rundfahrt durch die verstreuten Siedlungen verlief gänzlich unspektakulär. Schweizer kennen abgelegene Bauernhöfe eben nicht nur vom Hörensagen. Gemüsegärten, Beerenstauden oder Wäsche an der Leine mussten auch nicht verstohlen geknipst werden. Speziell waren einzig die schwarzen Buggys vor den Häusern und die auffallend vielen Pferdeherden. Der enge Handarbeitsladen, den Christel irgendwo im Nichts besuchte, bot nichts anderes an, als was man in der Nähschule hatte lernen müssen. Erstaunt hörte Christel eine ahnungslose amerikanische Kundschaft fragen, ob die Sachen tatsächlich handgefertigt seien. Die Verkäuferin war zudem gerade mit dem Nähen von Gardinen beschäftigt, was die Amifrauen ebenfalls mit grossen Augen mitverfolgten.

Hardy und Christel fuhren zurück nach *Arcola*, wo sie im *Amischen Museum* (111 S. Locust) interessiert die Immigrationsgeschichte verfolgten. Christel fragte sich, ob der Schweizer Jakob Ammann ein Vorfahre mütterlicherseits ist. Die Ausstellung verbindet Vergangenheit und Gegenwart der amischen Kultur und war eine Besuch wert. Hardy wollte von der jungen Museumsangestellten wissen, ob sie der altdeutschen Sprache noch mächtig ist und quatschte sie in einem unverkennbaren Schweizerdeutsch an. Christel musterte die Angesprochene und bemerkte den raffiniert geschneiderten Halsausschnitt ihres Rockes. Der fein säuberlich hochgesteckte Haarknoten, das Make up-lose Gesicht und die ruhige, selbstbewusste Ausstrahlung erinnerten die Nurse an ehemalige Berufskolleginnen, die aus Überzeugung auch nie Hosen trugen. „Da sind ebä braavi Maitli", meinte Hardy – „Schtündälär, waisch!"[268], ergänzte Christel. Die Blondine, die, hätte sie Schürze und Häubchen mit einem Bikini getauscht, wie eine Strandnixe ausgesehen hätte, verstand den einfachen Satz trotz mehrfacher Wiederholung nicht. Hardy fragt auf Englisch nach und erhielt zur Antwort, dass die altdeutsche Sprache keinesfalls in Vergessenheit geraten sei. Die heute in Gebrauch befindliche Bibel der Amischen werde nach wie vor in ihrer urspünglichen Sprache gelesen. Da Hardy weder aus dem Mittelalter kam noch die junge Frau das heutige Deutsch verstand, blieb es beim Welten verbindenden Englisch. Die Schweizer fragten nach, ob sie die Schweiz, sozusagen Ursprungsland ihrer Pein, kenne. Die junge Frau verneinte, meinte aber, es wäre ihr grösster Wunsch, die Stadt Zürich mit den bekannten Kirchen zu besuchen.

Ausserhalb von Arcola befindet sich der *Rockome Gardens Theme Park*. Der seit 50 Jahren bestehende Vergnügungspark inmitten von Blumen- und Kräutergärten bietet den Besuchern ein ungezwungenes „Amisches Dorferlebnis" mit 50 Attraktionen. Wer nicht zu Fuss unterwegs sein möchte, der kann sich entweder mit dem Buggy Ride oder dem parkeigenen Minizug fortbewegen. Auf 30 Seiten informiert das Rockom-Review-Heft über Events und Shows, die das Jahr über auf dem grossen Gelände stattfinden. Das vielseitige Angebot in diesem Jahr umfasst Konzerte, Mini-Zirkusvorstellung, Kreuzstich-Schau, „Das Floh Markt", Oldtimerausstellung zum Vatertag, Quilt Celebration (Patchwork-Feier), Bauernhof-Figürchen (das Sammeln derselben soll angeblich das Hobby in der Region sein), Indianertage und vieles mehr. Beliebt ist das herbstliche „Bauern-zu-Pferd-Festival" mit Vorstellungen zu althergebrachten Farmermethoden und Wettbewerben, z.B. Pflügen und Mais ausschälen. Rockom Garden verbindet die traditionelle Lebensweise mit weltoffenerem Denken und ist wohl Abbild des Kulturkampfes, in dem sich die meisten Amischen und Mennoniten befinden auf ihrer Suche nach einem gottgetreuen Leben inmitten einer sich stets schneller entwickelnden Welt.

Christel und Hardy verliessen die Amischen um 3 p.m. Hardy verspürte keine Müdigkeit und befahl seiner Maid, bis zum nächsten Staat zünftig Meilen zu fressen. Nach dem Auftanken in Salem drückte die

Lenkerin kräftig aufs Gas. Bei der historischen Ortschaft Cairo überquerten die beiden den Mississippi, die natürliche Grenze zum Südostzipfel von Missouri. Nach 20 Meilen hörte die I-57 auf, als sie sich mit der I-55 south kreuzte. Hardy und Christel behielten die Fahrtrichtung bei und fuhren in Sikestone das Motel Days Inn (1330 South Main St) an. Im Anmelderaum war eine Küchennische angebracht. Ein Mann, den Christel erst für einen Obdachlosen gehalten hatte, erkundigte sich pflichtbewusst nach den Abendessenswünschen der Neuankömmlinge, die nicht essen, nur liegen wollten. Der Manager winkte nur kurz, und schon hastete der hagere Stoppelbärtige sofort in den Handicapped Room 203, um ihn zu kontrollieren. Kurz darauf kam er zurück und nickte freundlich. Christel wunderte sich, verstand aber sofort, als sie einen Blick ins Bad warf. Die knappen Raumverhältnisse vor der Badewanne wurden mit einem WC-Aufsatz aufgewertet. Die Nurse lächelte. Immerhin hatte sich jemand etwas dabei überlegt.

Mittwoch, 12. Juli 2000: Sikeston – Memphis (TN) – Hernando (MS)

(7 1/2 Std./172 Meilen: über Hwy 60 east, I-55 south, 40 east, 55 south)

Nach der Überquerung der imposanten Mississippi-Brücke verliess Christel die I-40 east bei der nächsten Ausfahrt, die in südlicher Richtung automatisch zum I-40 Welcome Center von *Memphis* führt. Entzückt über die romantische Uferstrasse verfehlten die Glarner zuerst den Abzweiger zur Main Street. Auf ihr verkehren die niedlichen Trolleys, die gemäss Fodor's mit Lift und Gurten für Rollstühle ausgestattet sind. Eine schwülheisse Hitze herrschte auf dem grossen, aber praktisch leeren Parkplatz vor dem historischen Lorraine Motel, das seit 1991 das *National Civil Rights Museums* beherbergt. Der Kranz vor dem Eingang zeugte von Martin Luther Kings Ermordung auf dem Balkon des Motelzimmers im Jahre 1968. Der Besucher wandelt vielen informativen Zeittafeln und Exponaten entlang und wird hautnah mit dem dunklen Kapitel der menschenunwürdigen Behandlung der schwarzen Bevölkerung konfrontiert. Den Beginn der Ausstellung macht die schreckliche Zeit der Sklaverei.

Memphis – beschauliche Südstaatenmetropole

Der Sklavenhandel erhielt im ausgehenden 17. und dann vor allem im 18. Jahrhundert einen nachhaltigen Schub. Da billige und hitzeresistente Arbeiter für die Reis-, Baumwoll- und Zuckerrohrproduktion gebraucht wurden, deckten sich die Kolonisten in Afrika ein. In der zweiten Hälfte des 19. Jahrhunderts änderte sich im Norden die Einstellung. Humanitäre Ideen und der Bedarf an mobilen Fabrikarbeitern führten dazu, dass sich eine Befreiungsfront bildete. Die gegensätzlichen Interessen von Nord und Süd führten schliesslich zum Bürgerkrieg, den die Südstaaten verloren. Nach dem Ende des Bürgerkriegs wurden zwei Verfassungszusätze verabschiedet, mit denen die Sklaverei abgeschafft und den Schwarzen ein allgemeines Wahlrecht in Bundesangelegenheiten gewährt wurde. Dies hinderte einzelne Gliedstaaten natürlich nicht daran, Andersrassige weiterhin zu diskriminieren. Von der Rassendiskriminerung betroffen waren vor allem alltägliche Lebensbereiche wie Schule und Arbeit, die nicht vom Bundes-, sondern vom Gliedstaatenrecht geregelt wurden. Kurz vor der Wende zum 20. Jahrhundert sanktionierte der Supreme Court diese Rassendiskriminierung und urteilte, dass Schwarze und Weisse zwar formaljuristisch gleich behandelt werden müssen, nicht aber faktische Gleichheit von der US-Verfassung geboten sei (seperat but equal).

Erst in der zweiten Hälfte des 20. Jahrhunderts sah sich das höchste Gericht der USA veranlasst, seine Meinung zu ändern. Vorbereitet wurde das erstarkte Selbstbewusstein der Schwarzen dabei nicht zuletzt durch die Erfahrungen des Zweiten Weltkriegs. Seite an Seite mit Weissen hatten sie in Europa siegreich gekämpft und wurden auf dem alten Kontinent wie freie Menschen behandelt. Zurück in den USA wollte man dasselbe: Freiheit. In einem langen, überaus mühsamen juristischen Kampf erzwangen sich ein paar wenige schwarze Studenten in der Mitte des Jahrhunderts Zugang zu weissen Universitäten. Die Schwarzen fühlten sich durch diese Erfolge bestärkt, weitere Rechte einzufordern. Die Weissen, vor allem die Anhänger der Apartheid im Süden, angeführt vom Ku Klux Klan, wehrten sich vehement gegen eine Gleichbehandlung. Das vorläufige Ende der Gleichberechtigung bildete der in den 60er Jahren verabschiedete Civil Rights Act, mit dem erstmals die Rassenzugehörigkeit als ein unzulässiges Unterscheidungsmerkmal festgeschrieben worden ist. Selbstverständlich hinderte auch dieses Gesetz den Nigger-Mob nicht daran, die schwarze Bevölkerung zu verfolgen und zu benachteiligen. Eindrückliche Illustrationen und Dokumente klären unmissverständlich über diese Schandtaten auf und machen betroffen. Der Museumsbesucher erschrickt denn auch über das unvermittelt auftauchende Ku-Klux-Klan-Kostüm. Diese selbst ernannten Ritter mit weissen Masken trieben im Süden zusammen mit anderen Gruppen ein blutiges Unwesen. Die in ihrer Terminologie abwertend bezeichneten Nigger wurden – mit Zustimmung der weissen Bevölkerung – verfolgt, eingeschüchtert, vertrieben, gequält und auch ermordet. Das illegale Hängen wurde über Jahrzehnte toleriert. Die Lynchjustiz erreichte gegen Ende des 19. Jahrhunderts Rekordzahlen. Nicht selten führte ein loses Mundwerk oder sexuelle Fantasien einer prüden Weissen zur Hetzjagd und zum Erhängen eines Unschuldigen.

Sehr eindrücklich wird auch der Montgomery Busboykott von 1956 zur Schau gestellt. Alte Videoaufnahmen zeigen, mit welcher Arroganz und Menschenverachtung schwarze Fahrgäste behandelt wurden. Stehen waren angesagt, wenn ein Weisser den Bus betrat, oft durften Schwarze nur in Zweitklassewagen einsteigen. Die schwarze Bevölkerung von Montgomery wehrte sich 1956 gegen dieses Tun und verzichtete auf die Benützung der Busse, was die weissen Transportunternehmer an den Rand des finanziellen Ruins brachte. Diese wehrten sich und beschuldigten rund 90 Schwarze, unter ihnen der Anführer des Boykotts, Reverend Martin Luther King Jr., unlauterer Geschäftsmethoden. In Floridas Hauptstadt, Tallahassee, wurde der Boykott wiederholt und führte zur Stilllegung des öffentlichen Verkehrs. Den Forderungen, eine gerechte Sitzordnung vorzusehen und schwarze Buschauffeure zu beschäftigen, musste zwangsläufig Rechnung getragen werden. Ebenfalls lebensgross nachgestellt wird die Szene des Sit-in von vier schwarzen Studenten in Greensboro, North Carolina, von 1960. Die Studenten erdreisteten sich, in einem „weissen" Geschäftshaus Einkäufe zu tätigen, sich anschliessend an die Bar zu setzen und Kaffee zu bestellen. Natürlich wurden sie nicht bedient, weshalb sie sitzen blieben, bis das Haus seine Türen schloss. Dies war der Anfang einer Sit-in Bewegung, die sich im ganzen Süden verbreiteten. Sogar einige Weisse sollen sich diesem stillen Protest angeschlossen haben. Die Protestierenden wurden während ihres Sitzstreiks aufs Böseste geplagt. Man übergoss sie mit Speisen und Getränken oder quälte und erniedrigte sie auf andere Weise.

Martin Luther King Jr. mit Familie – Vorkämpfer für Freiheit

Am Ende der Ausstellung lernt der Besucher mehr über die turbulenten 60er Jahre. Der Besucher erfährt, wie die Kennedy-Brüder während der Präsidentschafts-Wahlkampagne Martin Luther King Jr. aus dem Gefängnis befreiten, dass John F. Kennedy nur dank der grossen Unterstützung der Schwarzen zum Präsidenten gewählt wurde und die Stimmen der Schwarzen teilweise drastisch nach unten manipuliert worden waren, oder wie die ehrlichen Reformbemühungen des neuen Präsidenten an der Basis kaum fruchteten und sich die Schwarzen weiter gezwungen sahen, zu demonstrieren und sich die Gleichberechtigung zu erkämpfen. Ein Zeitdokument bringt dieses Ringen anschaulich näher. Die Polizei löste die friedlichen Kundgebungen von Schwarzen mit Hunden und Wasserschläuchen auf und verletzten Passanten, darunter zahlreiche Kinder. In dieser Zeit häuften sich auch hinterhältige Morde an Führern und Aktivisten der Schwarzenbewegung. Im August 1963 rief Martin Luther King Jr. zu einer Kundgebung in Washington auf, an welcher mehr als 200 000 Schwarze und Weisse teilnahmen, Letztere zum Entsetzen vieler weisser Amerikaner. In Washington hielt King die berühmte Rede „I have a dream". Er träumte von einer Welt, in der alle gleich sein würden.

Die Reaktion auf den Washingtoner Protestmarsch erfolgte im folgenden Monat mit der Bombardierung einer Kirche für Schwarze. Vier Kinder wurden getötet. Zur grossen Bestürzung der schwarzen Bevölkerung wurde zwei Monate später ihr Präsident, John F. Kennedy, ermordet. Der Vizepräsident Johnson trat jedoch tapfer in die Fussstapfen seines Vorgängers und förderte den Ausbau der Civil Rights. Nach einer erneuten Verzögerungstaktik des Kongresses wurde 1964 schliesslich der Civil Rights Act, wenn auch mit vielen Gegenstimmen, angenommen und eröffnete Diskriminierten erstmals auf Gesetzesstufe eine Klagemöglichkeit. Die Umsetzung der neuen Rechte stiess auf eine enorme Opposition. Der Hot Summer von 1964 ging in die Geschichte ein. Ku-Klux-Klan-Mitglieder wüteten an der Front und hinter den Kulissen. Die Präsidentschaftswahlen wurden kontrolliert. Mehrere hunderttausend Schwarze wurden am Abstimmen gehindert. Nicht nur Schwarze verschwanden spurlos. Für die Verbrechen wurde niemand zur Rechenschaft gezogen. Die Niederträchtigkeit der Apartheid findet im Museum ihren Höhepunkt mit der Ermordung von Martin Luther King Jr. Der Besucher wird am unverändert gelassenen Motelzimmer vorbeigeführt, in dem der Friedensnobelpreisträger 1968 erschossen wurde. Die Fotos der letzten Stunden mit Freunden und das von Mahalia Jackson gesungene Trauerlied überwältigt einen. Einzelne schwarze Besucher summten oder sangen das Klagelied leise mit, andere fielen in das Gebet aus dem Lautsprecher mit ein. Wieder andere kämpften offensichtlich mit den Tränen. So viel Ungerechtigkeit und verabscheuungswürdige Menschenverachtung, wie sie das National Civil Rights Museum zeigt, lässt keinen Besucher unberührt!

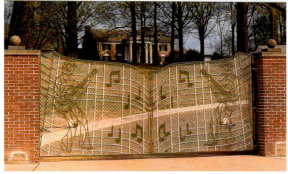

Graceland

Erneut wurde das Auto der brütenden Tennessee-Sonne ausgesetzt. Nach ein paar Meilen erreichte es den Elvis Presley Boulevard, der die Glarner zum Anwesen des verstorbenen Rock'n'Roll-Stars brachte: *Graceland*. In der Billetthalle entschieden sich Hardy und Christel für die Graceland Mansion Tour, die das Elvis-Presley-Automuseum, die Besichtigung der Flugzeuge „Lisa Marie" und „Hound Dog II" sowie die mit persönlichen Dingen bespickte Ausstellung „Sincerely Elvis" nicht einschliesst. Gruppenweise wurden die Besucher mit Kassettengeräten und Kopfhörern ausgestattet, treffender gesagt, abgefertigt. Deutsche Kassetten wurden ebenfalls angeboten. Doch musste der Tourteilnehmer mit dem Band selber klarkommen. Nach einer superkurzen Busfahrt über das Grundstück zum Haus war sich die Gruppe selbst überlassen. Die Stimme auf dem Band führte zu den Räumlichkeiten und sagte netterweise, wann die Kassette gestoppt und wo genau der Startknopf wieder gedrückt werden musste. Christel und Hardy waren angenehm überrascht, dass die englische Version von Elvis' Exfrau besprochen worden war. Ihre sanfte Stimme und das dosiert einfliessende Insiderwissen vermittelten eine vertraute Atmosphäre. Sie erzählt vom privaten, grosszügigen Elvis. Vom Wohnhaus führt ein Weg zur Ausstellungshalle, die im Zeitraffer Werdegang und Erfolge von Elvis zeigt. Ein Meer von goldenen Schallplatten, Preisen und Ehrungen blendet die Fans. Die gesprochenen Erläuterungen zu den Kostümen und fotografisch festgehaltenen Bühnenauftritten bereichern die Exponate. Die Führung endet beim Familiengrab, wo die Fans Blumen niederlegen und still um ihr Idol trauern können.

Nicht alle Räume sind für Rollstuhlfahrer zugänglich. Das Kellergeschoss konnte Hardy nur auf einem Video anschauen. Dennoch war die Besichtigungstour das Geld wert. Negativ fiel das durchwegs unfreundliche Personal auf. Das befehlshaberische und schnoddrige Gebaren hätte der herzliche Sänger sicher nicht gewollt. Nach einem Besuch des obligaten Souvenirshops trollte das Glarner Paar zum Auto zurück. Christel verspürte ein immer stärker werdendes Ziehen in den Schläfen, was sie auf die vielen visuellen und akustischen Reize des Tages zurückführte. Als es im Kopf so richtig zu pochen begann, musste Chistel überfallsartig in Hernando ins Super 8 Motel (2425 Sloanes Way) einchecken. Mittlerweile war der Kopfschmerz auch noch in die Magengrube gerutscht. Die Nurse schaffte es unter röhrenden Würgelauten gerade noch, aber knapp, ihr Männlein ins Bett zu bringen und es mit dem Nötigsten zu versorgen. Danach übergab sie sich erbärmlich und fiel neben Hardy halbtot in die Federn. Das Behindertenzimmer 108 tat seinem Namen alle Ehre. Nach ein paar Stunden Schlaf erwachte Christel beschwerdefrei und konnte Hardys Sorge um seine Maid wieder zerstreuen.

Donnerstag, 13. Juli 2000: Hernando – New Orleans (LA)
(7 Std./373 Meilen: über I-55 south und 10 east)

Die Glarner erwachten im Staate Mississippi. Erschöpft vom Vortag unterliessen es beide, den Rand McNally auf Besichtigungsvorschläge hin zu studieren. Dem Paar entging deshalb der Hinweis auf *Greenwood*, das ungefähr zwei Fahrstunden von Hernando entfernt und 24 Meilen westlich der I-55 liegt. Dort befindet sich der *Florewood River Plantation State Park*, ein Historic Living Museum, das das Leben der Delta-Plantagen um 1850 nachstellt. Das in der Nähe liegende *Cottonlandia Museum* zeigt alles Wissenswerte rund um die Baumwollproduktion seit 1850. Von Mitte August bis Anfang Dezember betreiben die Farmer ihren Baumwollmarkt in Greenwood, wo man zudem der Verarbeitung von grossen Mengen Baumwolle beiwohnen kann. Christel bereute die verpasste Gelegenheit eines weiteren Museums mit kostümierten Angestellten. Kein Hauch vergangener Zeiten – selber schuld.

Mit Elvis im Ohr setzten die Schweizer ihre Reise gemächlich fort. Während sich Hardy über ein Buch über Sklaverei beugte, amüsierte sich Christel über die Ortsnamen: Como erinnerte an Italien mit dem ganz anderen Menschenschlag. Christel ahnte nicht, wie nah ihr die Südeuropäer an diesem Tag noch kommen sollten. Einen freudigen Ausruf wert war der Ortsname Hardy. Obwohl Jackson die Hauptstadt von Mississippi ist, erreichten ihre Lockrufe den roten Van nicht. Er rollte vorbei. Christel sah im Ortsnamen Crystal ein gutes Omen: Hardy and Crystal zusammen auf (der gleichen) Achse. In Brookhaven stillte das Auto seinen Durst. Kurz darauf wurde der nächste Taco Bell unsicher gemacht, wo Christel tatsächlich in der Getränkeecke kleben blieb. Spuren eines vorgängigen-Coca Cola-Unglücks blieben buchstäblich an den Sohlen der Gäste kleben. Dem feinen Taco Salad wurden die Glarner bald nicht mehr Meister. Zu gross waren zuvor die Burritos gewesen. Vor der Weiterfahrt reservierte Hardy telefonisch ein Motel im French Quarter von *New Orleans*. Hardy musste die Dame zur Eile drängen, da sein Kleingeld bald alle war. Trotz des Lärms der vorbeibrausenden Autos endete das Telefonat erfolgreich. Eine Rollstuhldusche war reserviert. Nun hiess es wieder „on the road again".

New Orleans – die etwas andere Stadt

60 Meilen nach der Grenze zu Louisiana mündete die I-55 south in die I-10 east ein, die Hardy und Christel im milden Abendlicht durch zunehmende Sumpflandschaften in die Stadt führte. Über die Ausfahrt Canal Street gelangte das Paar zum *French Quarter*. Nun hiess es Augen aufsperren, sich links einordnen und rechtzeitig in die Bourbon Street abbiegen. Die direkte Zufahrt zum grossen Motel Holiday Inn (124 Royal St) wurde durch einen Reisecar und eine Baustelle verhindert. Nach der unfreiwilligen Ehrenrunde um die Häuserblocks zeigte die Uhr 5.30 p.m. Christel fuhr die Motel-Einfahrt hinauf. Gottlob konnte der Van für die Dauer des Eincheckens vor dem Eingang stehen gelassen werden. Die Halle war gestossen voll mit Leuten. Der müde Hardy war froh, das Zimmer reserviert zu wissen, und reihte sich mit Christel in die Kolonne der Wartenden. Was sonst fünf Minuten dauert, brauchte beinahe drei viertel Stunden. Eine Japanerin in der rechten Schlange kämpfte um die Anerkennung ihrer Checks. Die Touristin schien ohne Englischkenntnisse ebenso verloren zu sein wie die Empfangsdame, die die Hieroglyphen auf den Checks nicht entziffern konnte. Ein Ende war aber abzusehen, was man von der linken Wartereihe nicht behaupten konnte. Eine ältere Reiseführerin aus Bella Italia richtete mit ihrem Lamento ein furchtbares Durcheinander an. Sie brachte es fertig, die Geduld der sonst geduldigen Amerikaner auf die Probe zu stellen. Endlich erhielt die Signora für ihre Schäfchen alle Schlüssel, die nach einem lautstarken, geradezu militärischen Appell in der Hotelhalle verteilt wurden. Das verschlug sogar den plappernden Amis die Sprache. Einige Schlüssel blieben übrig, was fatale Folgen hatte. Die aufgebrachte Italo-Befehlshaberin regierte noch lauter und zitierte nochmals zum Appell. Zusätzlich wurde sie von einer Witwe im obligaten schwarzen Trauerflor bestürmt, die unter keinen Umständen alleine in einem Doppelbett schlafen wollte (sie wollte ein Einzelzimmer, keinen feurigen Giuseppe). Das veranlasste den rothaarigen Reisegeneral zu noch hitzigeren Gefechten, und sie begann, eigenmächtig die Zimmer zu tauschen. La Signora bemerkte nicht, dass ein Teil der Gruppe schon in den Zimmern war. Die rote Zora richtete ein perfektes Chaos an – es konnten nur Süditaliener sein.

Zum Glück konnte die japanische Knacknuss gelöst werden. Christel kam an die Reihe. Vor dem Zimmerbezug musste sie das Auto im angegliederten, mehrstöckigen Parkhaus versorgen. Ein netter Bellman blieb während der ganzen Warterei bei Hardy und dem Gepäck. Die chaotische Italomeute empörte sich, dass sie vom einzig anwesenden uniformierten Gepäckträger geflissentlich ignoriert wurde. Im Behindertenzimmer wurde sofort das Bad kontrolliert. Wieso war da eine Wanne? Das musste unverzüglich geklärt werden. Christel „erkaufte" sich vom Gepäckträger ein paar Extraminuten mit einem grosszügigen Trinkgeld. Telefonisch beschied die Lobby, es sei nur noch der Handicapped Room 1116 frei, doch solle doch jemand runterkommen. Christel hastete die Treppen hinunter. Die Lifte waren dauerbesetzt und mit dem Transport von italienischem Trauerflor beschäftigt. Mit neuen Zimmerkarten keuchte sie anschliessend wieder ins 17. Stockwerk zurück, wo sich die zwei Männer seelenruhig unterhielten. „Wieso pressiere ich überhaupt?", fragte sich die Nurse und schüttelte über sich selbst den Kopf. Um in den 11. Stock zu gelangen, warteten die drei lange Minuten vor den Aufzügen. Hardy nutzte die Gelegenheit und horchte den Bellman über die Sehenswürdigkeiten von New Orleans aus. Der zurückhaltende Schwarze mit den Pausbacken gab breitwillig Auskunft und wagte sogar, auch ein paar Fragen zu stellen. Eine davon war, ob Hardy und Christel Geschwister seien, da sie die gleichen Augen hätten. Man verneinte zu seinem grossen Erstaunen. Zum Abschied bedankte sich der Bellman mit einem Handschlag bei Hardy. Er nannte ihn „Sir" und Christel „M'am". Endlich konnte sich Hardy der Länge nach hinstrecken und redete sein Weib fortan nur noch mit Schwesterlein an.

Freitag, 14. Juli 2000: New Orleans

Hardy verspürte Tatendrang. Sorgfältig studierte er die Tourismus-Angebote der Stadt. Vereinzelte Broschüren warben mit dem Rollstuhlsignet. Vorsichtshalber kümmerte sich Hardy selber um die Detailauskünfte und die erforderlichen Reservationen. Die für Reservationen und Auskünfte zuständige Dame in der Eingangshalle war nämlich hoffnungslos umringt von exkursions- und infohungrigen Gästen. Hardy erkundigte sich telefonisch bei der New Orleans Tours (610 S. Peters St) über die Möglichkeit, an einer *Plantagen- und Stadtbesichtigung* teilzunehmen. No Problem! Man versicherte, dass am nächsten Morgen ein Rollstuhltaxi die Glarner abholen und sie zum Sammelplatz führen würde, wo sie einem rollstuhlgängigen Car und dessen Tourgruppe zusteigen könnten. Prima! Hardy bezahlte die Tickets mit der Kreditkarte. Die Dame am Telefon meinte, dass der Taxifahrer die bezahlten Billette im Tourenbüro beim Sammelplatz abholen würde, damit die Carfahrt angetreten werden kann.

Für die anderen Events besorgten sich Hardy und Christel die Tickets vor Ort. Zuerst spazierten sie zum House of Blues (225 Decatur St), wo sie Karten für den *Gospel Brunch* am Sonntag kauften. Dann schlenderten die beiden gemächlich zum Mississippi River. An dessen Uferpromenade studierten die Glarner die Tourangebote der Riverboats und erkundigten sich nach deren Zugänglichkeit. Man entschied sich für die Combo Tickets, die eine stündige *Hafenrundfahrt* mit der Cajun Queen, die Besichtigung des *Aquariums* und den Besuch des *IMAX-Kinos* ermöglichen. Die Attraktionen liegen alle nahe beieinander. Der Mississippidampfer lief erst um 1 p.m. aus, was genügend Zeit für eine Erkundung der westlichen Uferpromenade liess. Baustellen und der improvisierte steile und zudem schmale Zickzack-Zugang zum Spanish Plaza machten klar, dass diese Flaniermöglichkeit erst vor kurzem erschaffen worden war. Nicht immer kam der Rolli barrierefrei vorwärts. Beim Tickethäuschen vor dem Eingang zum grossen Shopping Center erkundigte sich Hardy über die Rollstuhlgängigkeit der dort vor Anker liegenden Creole Queen. Erfreut erfuhr er, dass erst vor kurzem Anpassungen vorgenommen worden wären. Im Raddampfer würde nunmehr ein Treppenlift die gehbehinderten Gäste der *Jazz-Dinner-Fahrt* aufs untere Deck bringen. Hurrraahh! Schnell waren die Billette für den Abend gekauft. Die Verkäuferin erwähnte noch, dass die Stufen zum Quai via einen stufenlosen Zugang im Inneren des Shopping Centers umgangen werden könnten. Der Umweg war wirklich da, doch glich er einem Labyrinth. Die Zeit mahnte zur Umkehr. Die Hafenrundfahrt stand bevor.

Unspektakuläre Hafenrundfahrt

Die Sonne brannte erbarmungslos vom Himmel. Die Wartenden, die sich unter einem Strauch im Schatten zusammengepfercht hatten, schwitzten und hechelten. Hardy sog gierig an der Wasserflasche, die in Christels Rucksack nie fehlte. Was sein Weib als mörderische Hitze bezeichnete, betitelte Hardy als „angenehme Wärme". Das Bleichgesicht trug wie immer lange Ärmel und lange Hosen, um einem Sonnenbrand vorzubeugen. Dieses Outfit zog einige unverständliche Blicke auf sich. Endlich durfte man an Bord der *Cajun Queen*. Über eine sehr steile Aussenrampe gelangte Hardy mit vereinten Kräften aufs Deck, wo er sich über die tolle Aussicht freute. Eine Lautsprecherstimme erläuterte die ostwärts führende Fahrt durch den angeblich geschäftigsten Hafen von Amerika. Naja, man hatte schon Schöneres gesehen! Auf der Rückfahrt verliessen die Glarner die gedeckte Terrasse und begaben sich zum Bug. Dort mussten sie ihre Mützen zwar festhalten, doch sahen sie mehr. Wieder festen Boden unter den Füssen, schob Christel Hardy durchs *Aquarium of the Americas*, in dessen Food Court sich die Touristen verpflegen konnten. Das Angebot war nicht gerade reichhaltig. Immerhin konnte man endlich den nimmer enden wollenden Durst löschen und saufen, pardon, trinken.

Gestärkt und erfrischt machte sich das Paar in die Altstadt, *French Quarter* oder auch Vieux Carré (Altes Viertel) genannt, auf. Dieser Stadtteil macht mit seinen schmiedeisern verzierten Arkaden und blumengeschmückten Balkonen deutlich auf seinen französischen Ursprung aufmerksam. Das quadratmeilen grosse Gebiet mit schachbrettartig angelegten engen Strassenzügen und alten Gebäuden aus dem 18. und 19. Jahrhundert ruht nie. Das Leben pulsiert am Tag und vor allem in der Nacht. Zwischen Souvenirshops, Boutiquen, Hotels, Restaurants oder Antiquitätenläden kämpfen Kneipen mit zum Teil übermässig lauter Livemusik um durstige Seelen. In der Bourbon Street, die für ihre Bars und Musik-Clubs berühmt ist, genehmigten sich Hardy und Christel ein grosses Bier, das der Nurse in die Birne stieg und dazu führte, dass sie die edlen Kunst- und Antiquitätengeschäfte in der Royal Street kaum wahrnahm. Zu allem Elend musste sie noch anderen Unannehmlichkeiten die Stirn bieten. Schräge, holprige oder mit Löchern versehene Gehsteige forderten einen wachen Geist und vor allem die Mukis. Bier-, Piss- oder

Kotzpfützen und Scheissdreck mussten elegant umkurvt werden, wollte man schliesslich keinen Gestank ins Hotelzimmer mitnehmen. Dorthin führte nämlich der Weg, da sich Hardy für eine Streckpause hinlegen wollte.

Erholt stürzten sich die beiden Glarner ins Nachtleben von New Orleans. Hardy freute sich sehr auf die *jazzige Mississippi-Fahrt*. Christel sah gespannt der Creole Cuisine sowie dem Cajun Food entgegen, für deren Köstlichkeiten der Süden Louisianas bekannt ist. Gemäss Reiseführer reflektiere die Küche von New Orleans die kulinarische Vermischung der Traditionen von Franzosen, Afrikanern, Spaniern, Indianern, Karibikbewohnern, Italienern, Deutschen und Jugoslawen. Ein asiatischer Einfluss wäre zudem vor 20 Jahren dazugekommen. Hardy drängte Christel zur Spitze der wartenden Passagiere, da er sich durch das frühzeitige Boarden eine gute Tischwahl mit freier Sicht auf die Band versprach. Als sich das Tor öffnete, manövrierte Christel ihren Mann über die Rampe, wobei sie mit ein paar Absätzen kämpfen musste. Niemand von der Mannschaft legte Hand an. Das verwunderte und war ungewohnt. Beim Treppenlift angekommen wurde Hardy gefragt, ob er wirklich auf den Lift angewiesen sei. Eine Angestellte rief einen Kollegen zur Hilfe, da sie sich mit der Maschine nicht auskennen wollte. Nach ein paar unschlüssigen Handgriffen setzte sich die Plattform von unten in Bewegung, blieb aber nach einem Meter stehen und rührte sich nicht mehr. Ein weiteres Crew-Mitglied musste her. Bald kamen zwei Bordmechaniker und faselten etwas von „schon wieder Wackelkontakt". Während die Männer am Boden herumkrochen und diskutierten, liess die Tourmanagerin alle Gäste zusteigen. Die Rechte der Ersteinsteiger wurden natürlich übergangen, weshalb sich Christel für den Rollifahrer wehrte. Sie wählte unten im Speisesaal zwei Plätze aus und trug einer Angestellten auf, diese freizuhalten. Hardy musste sich wohl oder übel oben an der Treppe in die Ecke verziehen und zuschauen, wie sich die herausgeputzten Leute an ihm vorbeidrängten und unten den Saal füllten.

Die Liftmechaniker vermieden jeglichen Augenkontakt mit dem oben an der Treppe allein gelassenen Paar und drückten hilflos stets am gleichen Knopf herum. Irgendwann wollte die Schiffsverantwortliche nicht mehr zuwarten. Sie entschuldigte sich für das Liftversagen und bot den Glarnern einen verlassenen Tisch auf dem Oberdeck an. Das enttäuschte Paar fand die Idee absolut inakzeptabel, da die Band im Unterdeck aufspielte. Die Verantwortliche sah das ein, offerierte anstandslos eine Rückerstattung und geleitete das Paar nach draussen zum Tickethäuschen, wo sie mit der Ticketverkäuferin ein paar klärende Worte sprach. Dem Gespräch war zu entnehmen, dass der Lift schon lange nicht mehr funktionierte. Die Vorstellung, dass Hardy mitten auf der Treppe hätte steckenbleiben können, war nicht gerade angenehm. Christel riet der Ticketfrau, den Verkauf von Rollstuhl-Tickets besser einzustellen. „Good idea", meinte diese zustimmend, „but it will be o.k. tomorrow or Sunday – maybe Monday or so." Na, wers glaubt!

Die Creole Queen hatte es nicht verdient, dass man ihr Auslaufen in die schöne Abendstimmung mit sehnsüchtigen Augen verfolgte. Man stürzte sich stattdessen schnellen Schrittes in das lebhafte French Quarter. Der Hunger führte die Hungrigen in ein Esslokal, wo die Gäste im unklimatisierten Patio weiterschwitzten. Christel und Hardy genehmigten sich eine Spezialität von New Orleans: Jambalaya. Die Reispfanne mit Fleisch, Fisch und Gemüse tröstete die Glarner über ihren Kummer hinweg. Je später der Abend wurde, umso mehr Leute versammelten sich im Gassengewirr. Jeden Abend sperrt die Polizei die Bourbon Street für den Autoverkehr, was einem Startschuss für die nächtliche Ausgelassenheit gleichkommt. Ein Durchkommen mit dem Rollstuhl war nur noch möglich, weil die höflichen Amis versuchten, Platz zu machen. Hardy konnte bei dem Gedränge nicht viel sehen, einmal mehr nur Hintern unterschiedlichster Provenienz. Nackte oder aufreizende Haut war leider untervertreten. Irgendwann erreichte man das Hotel, das nicht hätte zentraler liegen können.

Samstag, 15. Juli 2000: New Orleans

Auf zur Evergreen Plantage. Vereinbart war, dass Christel und Hardy eine Stunde früher als die übrigen Tourteilnehmer bereit sein würden. Ein weisser Kleinbus mit der Aufschrift New Orleans Tours stand bereits an der Ecke bereit, als die Glarner das Hotel verliessen. Der junge schwarze Fahrer sass gelassen auf dem Sitz und erweckte keineswegs den Eindruck, als hätte er sich im Hotel zur Stelle melden wollen. Als sich die Glarner als seine Fahrgäste zu erkennen gaben, horchte der Fahrer in seinem blendend weissen Hemd mit goldenen Schulterabzeichen verwundert auf. Die Uniform sollte wohl den unsicheren Umgang mit der Hebebühne verbergen. Im Bus rollte der Fahrer Hardy vorsichtig an die Rückwand. Dann wollte er sich nach vorne zum Steuer begeben. Hardy rief den Mann zurück und erklärte ihm, dass der Rollstuhl befestigt werden müsste, worauf der Fahrer die Rollstuhlbremsen feststellte. Hardy wehrte sich abermals und zeigte auf die Gurten am Boden. Der Mann schnappte sich eine, zwang sie durch die Speichen eines Rades und schlang den Rest irgendwie um Hardys Beine. Hardy musste wieder protestieren und machte auf die Verankerung am Boden aufmerksam. Darauf wurde Hardy um 90 Grad gedreht. Seine Aussicht bestand nun in der Liftplattform. Man protestierte erneut und liess den Rollstuhl anders platzieren. Da die Gurtenmontage abermals ungenügend war, sah sich Christel während der fünfminütigen Fahrt zum Sammelplatz gezwungen, ihren Mann halb stehend, halb sitzend festzuhalten.

Der grosse Car stand bereit. Der Fahrer machte keine Anstalten auszusteigen. Wichtigtuerisch aktivierte er die Sprechfunkanlage. Christel stolperte zu ihm nach vorn und fragte, ob man nicht allmählich zur Tourgruppe nebenan wechseln sollte. Kommentarlos schwang sich der Fahrer elegant vom Autositz, setzte in Zeitlupe eine Spiegelbrille auf und begab sich langsamen Schrittes zum Carchauffeur. Die Männer verhandelten kurz. Daraufhin verlangte der zurückgekehrte Driver die Tickets. Christel erklärte ihm zweimal, dass er gemäss Auskunft der Reservationsdame die Tickets abzuholen hätte. Zögernd rutschte der Uniformierte erneut vom Autositz und schlenderte gemächlich über die Strasse. In betont aufrechtem Gang achtete er tunlichst auf den korrekten Sitz der Schulterpatten, die einen Mann erst zu einem richtigen Mann machen. Der Car nebenan machte sich zur Abfahrt bereit. Endlich kam der junge Schwarze wieder daherstolziert. Er hätte die Billette nicht gekriegt, Christel müsse schon selber zum Office gehen. Das tat sie dann auch und musste mit ihrem Anliegen bei Adam und Eva beginnen, worauf die gelangweilte Schalterdame die gewünschten Tageskarten ausstellte und nach der Kreditkarte verlangte. Wieso Kreditkarte? Weshalb die gewünschte Unterschrift? Christel wollte einer irrtümlichen zweiten Belastung zuvorkommen und fragte nach der telefonischen Buchung vom Vortag. Die missgelaunte Dame bewegte ihr wabbelndes Hinterteil nur ungern vom Stuhl weg und schlurfte mit spürbarem Unwillen zu einem Regal, wo sie nach einem Briefumschlag griff. Wieder zurück öffnete sie diesen und fand darin die bereits bezahlten Tickets. Diese hatten am Vortag 60 Dollar weniger gekostet. Eigenartig. Christel reklamierte und bestand auf die Annullierung der frisch ausgestellten Karten. Der lahmarschigen Schönheit, die wohl keiner freiwillig heiratet, war das alles überhaupt nicht peinlich, höchstens zu anstrengend.

Die Frage der Glarner, endlich in den Car zu wechseln, stiess auf taube Ohren. Geistesabwesend polierte der Fahrer seine Hemdknöpfe und suchte nach Fuselhärchen, die er gerne hätte wegzupfen wollen. Leider waren keine da. Eine Stimme aus dem Funkgerät teilte bald einmal mit, dass sich die Reiseleiterin verspäten würde. Das Ganze wurde immer grotesker. Man wartete und wartete. Neunzig Minuten befanden sich Christel und Hardy bereits im Kleinbus, als eine quirlige junge weisse Frau dazustieg und sich als Reiseleiterin vorstellte. Sie entschuldigte sich. Vor einer halben Stunde erst sei sie für diesen überraschenden Einsatz aus dem Bett geklingelt worden. Sie hätte die Plantagentour bisher noch nie geleitet, hätte aber alle wichtigen Notizen von ihrer Schwester erhalten, die nomalerweise dafür zuständig sei. Der Diver fragte die Frau, ob er dem mittlerweile abgefahrenen Car folgen müsse. Das sei unnötig, die Reisegruppe solle ruhig losziehen. Aha, die Glarner sollten also im Kleinbus bleiben.

Wollte Hardy etwas sehen, musste er anders platziert werden. Wegen der fehlenden Bodengurten wurde der Rollstuhl von hinten in den Mittelgang der beiden Sitzreihe eingekeilt. Mit den zwei vorhandenen, aber nicht passenden Gurten wurden die hinteren Räder mehr schlecht als recht fixiert. Vorne wurden Rollstuhl und Hardy durch die Sitze gebremst. Die Reiseleiterin schickte den Fahrer auf die Autobahn. Dieser bretterte über alle Bodenunebenheiten und schnitt jede noch so enge Kurve, gerade so, als müsste er ein Autorennen gewinnen. Christel musste Hardy krampfhaft festhalten, damit er nicht aus seinem Rolli katapultiert wurde. Die redselige Reisegumsel[269] unterbrach ihre historischen Ausführungen nicht und verkannte die fast schon lebensgefährliche Situation total. Christel sah sich genötigt, die fröhlich plappernde Dame anzuhalten, den Chauffeur zu mässigen. Es nützte – aber nur ein wenig. Die Plappertante fragte den Driver nach der richtigen Ausfahrt. Dieser murmelte, dass es seine erste Fahrt zu den Plantagen sei. Verunsichert studierte die Dame vom Dienst die Notizen der Schwester, fand darin aber keine Wegbeschreibung. Sie gab dem Fahrer wirre Anweisungen und referierte munter über die Entstehungsgeschichte von New Orleans weiter. Der Redeschwall verebbte urplötzlich, als sie mit entsetzten Augen wahrnahm, sich total verfahren zu haben. Weder der ortsunkundige Driver noch die Reisetante hatten eine Strassenkarte bei sich. Shit! Der Fahrer setzte ein Stück zurück, während die Frau mit ihrem Mobiltelefon bei ihrer Schwester nach einer Orientierungshilfe bettelte. Alles schien nun klar. Der Wagen wendete erneut. Die

Reiseführerin zählte diesmal die Kurven. Wieder stimmten die Angaben nicht – entweder wusste die eine Schwester nicht den Weg oder dann war die andere Schwester unfähig zuzuhören. Ihre Eltern hätten sich den lüsternen Trieben zum Wohl der Menschheit besser nicht hingegeben!

Der Reiseführerin wurde es sichtlich unwohl. Ausserdem wollte die Stimme aus dem Sprechfunk wissen, weshalb die verwaiste Cargesellschaft bei der Plantage so lange auf die Reiseführerin warten müsse. Trotz zweimaligem Nachfragen vor Ort verfuhren sich die beiden Wegsuchenden erneut. Die anfängliche Unternehmungslust der Reiseleiterin wechselte in entschuldigende Demut. Sie meinte, für das Schlamassel verantwortlich zu sein, was für Hardy und Christel ja ungemein hilfreich war. Das Paar verzichtete bewusst auf einen Wortwechsel – es fehlten schlicht die Worte. Mit dem Telefon am Ohr wurde die Tourführerin schliesslich durch die Nebenstrassen über die Zuckerrohrfelder gelotst. Nach zweieinhalbstündiger Irrfahrt bog der Kleinbus in die Einfahrt zur Plantage ein. Nach insgesamt vier Stunden im Bus stieg das geplagte Glarner Paar aus. Dabei hätte der Transfer vom Hotel drei Minuten und die Fahrt zur Plantage eine halbe Stunde dauern sollen. Der Driver fragte Hardy leise, ob er auf ihn böse sei. Hardy merkte, dass in der Stimme die Angst um den Job mitschwang. Hardy blieb nett, verneinte aber mit einem erkennbaren Unterton des Missmutes.

Evergreen Plantage: Herrenhaus, Nebengebäude, Eichenallee und Sklavenunterkünfte

Mit der Reiseleiterin hastete man durch die Allee zum Herrenhaus der *Evergreen Plantage*. Die Verantwortliche des Hauses entliess gerade die Gruppe des Cars, die sich auf den Heimweg machte, erklärte sich aber bereit, die Führung durch die Villa für die Glarner zu wiederholen. Der Eingang wies eine 30 cm hohe Stufe auf. Eine Rampe war in diesem historischen Gebäude nicht vorhanden. Von wegen rollstuhlgängige Tour! Weder das Obergeschoss noch die Nebenhäuser waren hindernisfrei zugänglich. Von der ursprünglichen Inneneinrichtung, mit der die Werbeunterlagen besonders geködert hatten, ist nicht mehr viel vorhanden. Das Haus wird von einer Frau bewohnt, die modernem Komfort nicht abgeneigt ist und zudem Antiquitäten aller Arten und Epochen sammelt. Die geschichtlichen Ausführungen kompensierten das Fehlen der baulichen Authentizität. Die Zuhörer erfuhren einiges über die Anfangszeiten der Plantagen, die in den Anfangsjahren der Kolonialisierung dem Mississippi, dem Ol' Man River, entlang errichtet wurden. Zwischen New Orleans und Baton Rouge, der Hauptstadt Louisianas, sind einige der noblen Plantagenresidenzen erhalten geblieben. So zum Beispiel die *Nottoway Plantation* bei White Castle, das eleganteste und grösste „Mansion" des gesamten Südens aus dem Jahre 1859. Oder die *Oak Alley Plantation*, die ihren Namen von einer der schönsten Eichenalleen mit 28 herrschaftlichen Bäumen in ganz Louisiana erhielt. Diese Anlage diente mehrmals als Filmkulisse. So auch für die bekannte Serie „Fackeln im Sturm". Die profunden Schilderungen zu Architektur, Landwirtschaft, Sitten und Gebräuche führten den Zuhörern den Wohlstand und das gesellschaftliche Leben der damaligen Besitzerfamilien vor Augen.

Vor und hinter dem Herrenhaus erstreckte sich eine ausgedehnte Gartenanlage. Küche, Scheisshaus und Stall für die Haussklaven befinden sich in unmittelbarer Nähe zum Herrenhaus, sind aber von diesem abgetrennt. Die anderen Sklaven wohnten abseits, in der Nähe der Felder. Die Glarner wollten die ehemaligen Sklavenbehausungen besichtigen. Der beschwerliche Weg durch grobes Kies führte durch eine prächtige Eichenallee, deren Baumkronen flechtenartig mit Spanischem Moos behangen sind. Mit diesen Moosflechten wurden früher Kissen und Matratzen gestopft. Die altehrwürdigen Bäume bilden mit ihrem Geäst einen Tunnel über dem wurzeligen Naturweg. Die zart besaiteten Begleiterinnen rieten von einem Besuch der Sklavenbehausungen ab. Christel hatte als Folge der Horrorfahrt bereits blaue Flecken an den Armen und aufgescheuerte Knie, und nun sollte sie vor diesen lächerlichen Wurzeln kapitulieren. Niemals! Untertänigst fragte der Fahrer, ob er das Grüppchen begleiten dürfe. Selbstverständlich durfte er. Interessiert hörte der Schwarze den Geschichten der Führerin zu, die diese rund um die Zeit der Sklaverei zu erzählen wusste. Sichtlich betroffen stellte er ein paar Fragen und entlarvte ungewollt sein Unwissen über das trübe Kapitel. Obwohl die Erzählerin redlich bemüht war, sich kritisch zu äussern, konnte sie der Versuchung, die Tatsachen zu beschönigen, nicht widerstehen. Hardy forderte die Frau mit ein paar kritischen Ergängzungsfragen heraus. Der Chauffeur war sich nun sicher, dass Hardy den Schwarzen bzw. ihm nicht böse gesinnt sein konnte.

Eine andere Plantage mit ehemaligen Sklavenhütten

Man verabschiedete sich und stieg wieder in den Kleinbus. Bei der nächsten WC-Gelegenheit, einem Restaurant, wurde angehalten. Der Reisecar war auch dort. Nein, sie hätten keinen Hunger und würden die Tour gerne fortsetzen, meinten Christel und Hardy auf die Frage, was man zu tun gedenke. Die Reiseleiterin schluckte gefasst. Sie, die beinahe vor Hunger starb, weil sie kein Frühstück gehabt hatte, hätte wohl gerne etwas gegessen. Es war nämlich mittlerweile schon halb Drei. Auch der Fahrer wurde zunehmend nervöser. Christel und Hardy war das piepegal! Die Reiseleiterin machte erneut auf unterwürfig und bot an, vor der Rückkehr in die Stadt noch eine andere Plantage anzufahren. Der Driver kam ihrer Aufforderung nur zögerlich nach und erklärte, dass es der New Orleans Tours verboten sei, Fahrgäste hierher zu bringen. Seine Reiseorganisation hätte mit anderen Plantagenbesitzern Abmachungen. Trotzdem liess er sich von der Schwatzhaften zu einer halbminütigen Rundfahrt auf dem Plantagenvorgelände überreden, stellte aber klipp und klar fest, niemanden aussteigen zu lassen. Wieder auf der Strasse bewunderten die zwei Schweizer die riesigen Zuckerrohrfelder. Zusammen mit dem geschichtlichen Hintergrund hatten sie nun eine ungefähre Vorstellung von der Grösse einer Mississippi Plantage. Hardy war mit dem Gesehenen durchaus zufrieden, natürlich nicht mit dem Reiseveranstalter, der bis jetzt alles falsch machte, was man nur falsch machen konnte.

Die Reiseleiterin fühlte sich auf der nachfolgenden *Stadtbesichtigung von New Orleans* wohler – bekanntes Terrain. Auf der rasanten Rückfahrt in die City fürchteten Christel und Hardy erneut um ihr Leben. Der Fahrer drosselte freiwillig nur einmal das Tempo, damit die vor Angst und Anspannung Schweissnassen den Lake Pontchartrain mit seiner 26 Meilen langen Brücke, deren Ende im Dunst versank, bestaunen konnten. Im City Park stiess der Bus auf eine Hochzeitsgesellschaft. Die Brautjungfern trugen allesamt dasselbe unvorteilhafte Kostüm und räkelten sich faul und schrecklich unästhetisch im Schatten des Restaurants. Das Glarner Paar wollte zur schieren Verzweiflung der Tourführerin weder im Park noch im

Botanischen Garten oder beim Kunstmuseum aussteigen. Ebenso wenig lockte einer der berühmten Friedhöfe südwestlich des City Parks, die man vom Bus aus prima sah, zu einer Besichtigung. Wegen des sumpfigen Untergrunds werden die Toten in New Orleans nicht erdbestattet, sondern in einen „Gesteinssarg" gelegt. Die sengende Sonne des Südens sorgt dann für eine natürliche Kremation, gerade so wie wenn Gartenabfälle kompostiert werden. Clevere Veranstalter bieten nächtliche Friedhofstouren an und unterhalten die Gäste mit Dämonengeschichten und Voodoosagen. Voodoorituale sollen angeblich auch heute noch öfters praktiziert werden. Enthusiastisch berichtete die Plappertasche über alle (un)möglichen Einzelheiten der Villenbesitzer im Garden District. Über den Central Business District gelangte der Bus ins French Quarter, wo normalen Tourgästen jeweils Zeit zum Shoppen gewährt wird. Hardy liess sich direkt zum Hotel fahren. Die schmerzenden Glieder verlangten nach einer Erholung. Voodoo hatte man genug erlebt! Im Bett kontrollierte die Nurse zuerst Hardys Haut. Sie ahnte Böses, da Hardy dermassen durchgerüttelt wurde. Auf wunderbare Weise wies er aber keine Verletzungen auf. Es war wirklich eine mörderische Fahrt gewesen!

Impressionen von der Stadtrundfahrt in New Orleans

Hardy wollte sich nach diesem schmerzlichen Erlebnis etwas Gutes gönnen. Er beschloss, seine müden und zerschundenen Knochen nochmals zu sammeln, und führte seine Angetraute zum renommierten Restaurant Arnaud's (815 Rue Bienville) im French Quarter. Das tadellose Gedeck und die dezente Livemusik versprachen nur Gutes. Hardy studierte die grosse Weinkarte und bestellte einen nicht unbedingt billigen italienischen Tropfen. Der livrierte Kellner tänzelte davon, um ein paar Minuten später mit rotem Kopf zurückzukehren. Zu seinem Leidwesen wäre gerade eben die letzte Flasche verkauft worden, meinte er. Hardy traf eine andere Wahl, ohne aber die angeblich letzte Flasche auf einem der Tische zu sehen. Statt mit Flasche näherte sich der Kellner wieder mit der Weinkarte. Auch der zweite Wunsch könne nicht erfüllt werden, musste der Jüngling mit hängenden Schultern gestehen. Gerade eben ...

Jazzige Unterhaltung bei Arnaud's

Hat das Ungemach einmal begonnen, geht es gewöhnlich weiter. Als die Speisen aufgetragen wurden, fehlte erst eine Vorspeise. Beim Hauptgang wurde Christel ein zähes Filet vorgesetzt, obschon sie klar verständlich medium und nicht well, well done, bestellt hatte. Sie beanstandete das Fleisch, worauf der Kellner dezent das Filet untersuchte und ebenfalls keine rötliche Stelle fand, die auf medium hingedeutet hätte. Bis das neue Filet serviert wurde, hatte Hardy gegessen und waren die Beilagen längst kalt. Das interessierte ausser der verärgerten Christel niemand. Die Rechnung dagegen kam prompt. Die Glarner zählten dem verlegenen Bürschchen ruhig und nett alle Missgeschicke des Abends auf. Am Ende des verbalen Bandwurms fragten sie ihn: „Now do you think that we are completely satisfied?" Beschämt verschwand der Arme hinter dem Vorhang, um dann mit strahlendem Gesicht, aber immer noch hängenden Schultern zurückzukehren und zu bescheiden, ein Filet gehe aufs Haus – wie grosszügig. Nicht alles war an diesem Abend schlecht. Die dreiköpfige Jazzband des Restaurants bot angenehme und dezente Hintergrundunterhaltung. Dem Sänger und Klarinettisten fielen zwar vor Müdigkeit immer wieder die Augen zu, doch purzelte er weder vom Stuhl noch verpasste er seinen Einsatz. Offensichtlich hatte der Mann – wie die Glarner – einen anstrengenden Tag hinter sich. Da man weiteres Ungemach vermeiden wollte, zog man sich in das sichere Hotelzimmer zurück. Um Mitternacht sprang die gläserne Ablage im Bad aus ihrer Halterung. Klirrrr!

Sonntag, 16. Juli 2000: New Orleans

Phuu, hot summer in the city! Schon auf dem Weg zum Gospelbrunch rannen Christel die ersten Schweisstropfen hinunter. Sie musste höllisch aufpassen, dass die Rollstuhlgriffe ihren nassen Handflächen nicht entglitten. Als sich die Pforten des *House of Blues* öffneten, wurde Hardy als Erster zum verborgenen Lift um die Ecke geführt. Eine Frauenstimme rief Hardys Begleiter gehässig nach: „Hier gibt es im Fall noch mehr Behinderte!" Solcher Ton verwundert in Amerika. Die Köpfe drehten sich. Die Augen nahmen eine unsympathische, unfreundliche Fettel wahr, die sich unsanft bei ihrem dünnen Gatten eingehakt hatte und mit sicherem Schritt zum Lift drängte. Sie musste wohl im Kopf behindert sein. Der etwa zehnjährige Knabe musste sich ebenfalls in den Aufzug zum Hochparterre zwängen. Es bewahrheitete sich: wie die Alten so die Jungen.

Gospel Brunch im House of Blues

Das „behinderte" Grüppchen wurde nicht direkt zu den Tischen geleitet, sondern musste in der Eingangshalle warten, bis sich alle Besucher eingefunden hatten. Das missfiel der Fettel. Sie schnappte sich die vorderste Sitzgelegenheit im Foyer und bedrängte einen Angestellten mit dem Hinweis, behindert zu sein und als Erste in den Saal gelangen zu müssen. Die Glarner runzelten die Stirn. „Ich wusste nicht, dass es Schlampitis gibt", bemerkte Christel und liess ihren Blick zu Schönerem schweifen. An der Decke, an den Wänden und an der schönen Bar sind Blues-Berühmtheiten verewigt worden. Videokameras und Fotoapparate kamen öfters in Einsatz. Nach einem Weilchen wurde der Saal geöffnet, der über ein paar Stufen bzw. für Behinderte mit einer Hebebühne erreichbar war. Wie durch ein Wunder war die Frau von ihrem unsichtbaren Leiden geheilt und entschied sich freiwillig für die kurze Treppe und gegen den stützenden Arm ihres Gartenzwerges. Als die langsame Hebebühne Hardy und Christel freigab, mussten sie erkennen, dass es auf dem stufenfrei zugänglichen oberen Saalniveau nur zwei Tische für je sechs Personen gab. Die Fussgänger sassen ein paar Stufen unterhalb im Parkett. Natürlich hatten Fettel und Co. den vorderen Tisch mit der besten Aussicht auf die Bühne und der kürzesten Distanz zum Büffett in Beschlag genommen.

Vor dem Beginn der Show kümmerte sich das Servierpersonal um die Getränke, während sich die Gäste über das Büffett hermachen durften. Etwas abseits wurden Omeletten gebacken, deren Füllung man selber zusammenstellen konnte. Christel wunderte sich über das artige Benehmen am Büfett und begann, die zwei Teller zu füllen. Plötzlich bot eine Stimme hinter ihr Hilfe an. Christel drehte sich um und erblickte einen Mann, der einen vollen Teller trug und wie ein Verschnitt aus Jesus, American Dreamboy und Icono (Ehemann von Uriella) aussah. Das Angebot wurde dankend abgelehnt. „Oh nein, oh nein! Es ist kein Problem für mich", meinte dieser und fixierte Christels Blick, „ich möchte – wie die anderen in unserer Gruppe auch – eine gute Tat vollbringen. Es wäre mir eine Freude, auf mein Essen zu verzichten, um dir den Teller zu halten." Fortan schlich der weisshaarige Guru dicht hinter Christel her, gerade so, als ob er anale Absichten hegen würde. Mit einem Flüsterton erzählte er von seiner Filmequipe und dem Bemühen, heilige Themen auf Band zu bringen. Die heutigen Filme würden nur die veruchte Welt zeigen. Obwohl Christel nicht viel sagte und ihm schon gar nicht zustimmte, lobte der göttliche Spielberg sein Glück, ein Wesen wie Christel getroffen haben. „Amen!", dachte diese und war heilfroh, den Fängen des Distanzlosen entwichen zu sein.

Hardy lachte seinem Weib verschmitzt zu. „Stell dir vor", meinte er, „ich habe noch nichts zwischen den Zähnen und die Fettel da vorn hat schon ihren zweiten Teller leer!" In der Tat stopfte die Fettel gierigst Sachen in sich hinein, ohne selber ans Büfett zu gehen. Zuständig dafür war der Junge. Immer wenn sie bei jemandem, der an ihr vorbei ging, etwas Neues auf dem Teller erblickte, schubste sie ihren Sohn und kommandierte ihn mit klaren Befehlen ab. Wenn ihr Mann für sich etwas holen wollte, wurde er natürlich auch genötigt, ihre Fressgier zu befriedigen. Es ging zu und her wie bei einer Schweinemast! Leider war diese ungewollte Szenerie die ganze Zeit im Blickfeld von Hardy und Christel. Die Musik war für die Familie eindeutig Nebensache, man frass und frass und frass. Nicht so die Glarner, die die Gospeldarbietungen so gut, wie es bei dem Schmatzen und Rülpsen eben ging, genossen und sich an der im Trancezustand befindlichen göttlichen Filmequipe freuten. Bei allem Respekt, lieber Erschaffer der zehn Gebote, aber ein Gebot fehlt: „Du sollst nicht um jeden Preis auffallen!"

Jackson Square im French Quarter

Auf der Strasse schlug den Glarnern eine barbarische Hitze entgegen. Der Naturbackofen animierte die zwei Sattbäuche nicht gerade zu Höchstleistungen. Hardy machte den Vorschlag, im Kino fertig zu verdauen. So schlenderte man zum Mississippi River und setzte sich ins *IMAX-Theater*. Die kühlende Klimaanlage und das Eis des Mount-Everest-Streifens kühlten die erhitzten Poren ab. Anschliessend spazierten die beiden Richtung Moon Walk. Über die Schienen des niedlichen *Riverfront Streetcars*, der gemäss Fodor's über zwei rollstuhlgängige Wagen mit Hebebühne verfügt, flüchteten sich die Glarner in den Schatten des French Markets. Ein quälendes Durstgefühl drängte Christel wieder in die Gassen, wo überall Jazz- und Bluesbands dem wunderbaren Sonntag ein Ständchen brachten. Diese musikalischen Leckerbissen waren zu verlockend, als dass man an den schattigen Lauben oder Innenhöfen vorbeigegangen wäre. Beim Jackson Square begutachtete das Paar die Strassenkünstler und bemitleidete die Pferde, die in dieser Hitze die Touristendroschken durch die Strassen zogen. Im grossen Virgin Megastore-New Orleans an der Decatur Street verweilten Hardy und Christel in kühler Umgebung bei den CD. Hardy liebt alten Jazz und Blues, weshalb er glücklich zwischen den Gestellen hin- und herrollte. Es war kaum Kundschaft anwesend. So hatte er freie Sicht und alle Zeit der Welt. Christel war froh. Sie hatte zwar schon wieder Durst, verspürte aber keine Eile, in die Hitze zu gelangen. Aus Neugierde hörte sie sich die eine oder andere Scheibe an, die ihr unbekannte Musikrichtungen vorstellten. Besser Bescheid wüssten wohl die mehreren hunderttausend Besucher des 10-tägigen New Orleans Jazzfestivals, das jeweils am letzten Aprilwochenende beginnt und eine absolute Unterkunftsnot verursacht.

Es hätte noch viel zu sehen gegeben. So zum Beispiel das im westlichen French Quarter liegende *The Old Mint-Museum* mit Sammlungen zu Jazz und Mardi Gras (Fasching), der im Februar oder März stattfindet und jeweils eine Million von Karnevalliebhabern in die Stadt lockt. Der Mardi Gras wird als die „greatest free show on earth" angepriesen und lässt seine Besucher im French Quarter und dem Central Business District ausflippen. Am Rosenmontag findet ein ausgelassener Maskenball auf der Spanish Plaza statt. Der Blick auf das bunte Treiben von der rotierenden Aussichtsplattform des 33-stöckigen World Trade Centers ist sicher toll. Ganz närrische Touristen können mit der Canal-Street-Fähre über den Mississippi setzen und im Vorort Algiers die *Blain-Kern's Mardi Gras World* besuchen. Dort nämlich werden die bekannten Umzugswagen hergestellt. Laut Fodor's ist die Benützung der Fähre hindernisfrei, anderes gilt für den Shuttle Bus, der die Leute ab dem Landungssteg transportiert. Aber vielleicht hat sich dies zwischenzeitlich zu Gunsten der Rollstuhlfahrer geändert. Ebenfalls sehenswert wäre das *Musée Conti Wax Museum* im French Quarter gewesen, wo kostümierte Wachsfiguren Szenen aus der Stadtgeschichte wiederaufleben lassen. Die Hitze machte schlapp und träge. Die Schweizer verspürten das Bedürfnis, sich ausgiebig auszuruhen, und verzichteten darauf, diese Sehenswürdigkeiten zu besuchen.

Jeden Abend regiert Ramba Zamba die Strassen des French Quarter – ansteckende Lebensfreude

Am Abend wollte Hardy unbedingt die *Preservation Hall* (726 St. Peter St) aufsuchen, die für ihre Livemusik berühmt ist. Der Saal war stickig und zudem mehr als nur überfüllt, weshalb man es bei einem Blick durch die Tür beliess. Im Restaurant TGI Friday's New Orleans, das mit der Motelhalle verbunden ist, genehmigten sich die Glarner einen kräftigen Schlummertrunk. Auf dem Weg ins Zimmer lachte ihnen der Bellman vom ersten Tag entgegen. Das freute Hardy natürlich sehr. Der nette Kerl gab Hardy stets die Hand zum Gruss und fragte nach dessen Befinden. Es war klar, wer hier der Master war. Hoffentlich ist seine Masterin zuhause auch so nett!

WEEK 29/2000

17. bis 23. Juli

Montag, 17. Juli 2000: New Orleans – Pensacola (FL)

(6 1/2 Std./192 Meilen: über I-10 east, Hwy 29 south)

Im verschwenderisch grossen Badezimmer schrubbte Christel den Rollstuhl. Das war längst überfällig. Eingeseift wurden auch die Zapfen des Roho-Sitzkissens, das Hardy während mehr als 20 Jahren nie im Stich gelassen hat. Nicht auszudenken, was geschehen würde, wenn die luftgefüllten, zehn Zentimeter hohen Gummizapfen dauernd leckschlagen oder Hardy nicht mehr vor Druckstellen bewahren würden. Ein Ersatzkissen und Veloflickzeug[270] sind zwar immer dabei. Doch verzichtet Christel gerne auf Notfallübungen. Zum guten Glück hatte Hardy Vollgummipneus an seinem Gefährt montieren lassen. Die bisherigen Reiseabenteuer hätten nämlich schon manches Loch im Schlauch verursacht. Die Krankendüse[271] war nach der sorgfältigen Inspektion von Hardys metallenen Beinen froh, dass sich diese in einem gutem Zustand befanden. Na, ja, ohne Schraubenzieher gings auch diesmal nicht. Die lahmen Bremsen mussten fester angezogen werden. Zudem blockierte Strassendreck eines der Vorderräder, was ein Zerlegen desselben in seine Einzelteile erforderlich machte.

Nach dem arbeitsintensiven Morgen checkte das Paar aus. Die Holiday-Inn-Kette wirbt damit, für Reklamationen jeder Art dankbar zu sein. Christel wollte diesen Dienst testen und begab sich mit Hardy zusammen zur Reiseangestellten in der Lobby. Es war Christel ein Anliegen, der Dame die erlebten Missgeschicke mitzuteilen. Diese traute ihren Ohren nicht. Wider Erwarten nahm sie die Kritik ausserordentlich ernst. Christel zeigte der sichtlich schockierten Frau ihren blaugrün-violett verbeulten Unterarm und betonte, dass es ihr nicht um eine Genugtuung ginge. Vielmehr wolle sie dazu beitragen, dass zukünftige Rollstuhltouristen sichere Verhältnisse und ausgebildetes Personal vorfinden würden. Offensichtlich erleichtert über die in den prozessverrückten USA höchst bescheidenen Ansprüche, offerierte die Dame eine vollständige Rückerstattung der Auslagen für die Plantagenbesichtigung. Zudem versprach sie, die Sache mit dem Treppenlift auf dem Jazz-Dinner-Schiff selber zu kontrollieren. Diese New Orleans Tours knöpfe sie sich persönlich vor. Die gute Frau schien sehr bestürzt; sie entschuldigte sich wiederholt und erst noch mit Hundeaugen.

Um besser einladen zu können, wendete Christel den Wagen in der Hoteleinfahrt, wobei sie Hardys Blickkontakt suchte. Sie interpretierte seinen Gesichtsausdruck so, durchaus die Wahl zu haben, noch ein Stück weit zurückzusetzen. Das tat sie auch. Bumm! – „Um Gotteswillen!", fuhr die Lenkerin entsetzt zusammen: „Was war das?" Aufgeregt hetzte sie ums Auto herum nach hinten, wo tatsächlich ein anderes Fahrzeug stand. Ja war sie denn blind gewesen? Dasselbe fragte sich wohl auch der betroffene Fahrer. Ein altes dünnes Ami-Männchen humpelte empört zu Christel und schimpfte wie ein Rohrspatz. Er ignorierte alle Entschuldigungsversuche. Obwohl von aussen kein Schaden sichtbar war, stampfte der Alte wie weiland das Rumpelstilzchen wütend hin und her und wollte der Polizei telefonieren. Sein Auto, ein Mietauto wohlbemerkt, sei beim Aufprall einen halben Meter hoch in die Luft gestemmt worden! Die unsanfte Landung hätte den Motor bestimmt total zusammengestaucht, ereiferte sich der Mann. Wild gestikulierend demonstrierte er Christel den Vorfall aus seiner Sicht, wobei er gefährliche Zischlaute zwischen seinen energisch zusammengepressten Zähnen, natürlich ein Gebiss mit Durchzug, hervorstiess.

Froh darüber, den zeternden Greis nicht verletzt zu haben, liess Christel diesen geduldig gewähren. Ihre Unachtsamkeit verdiente schliessliche eine Schelte. Inzwischen waren die Ehefrau des Opfers und ein befreundetes Paar hinzugetreten. Während die schüchterne Frau gehorsam jeden Befehl ihres keifenden Mannes ausführte und die Personalien austauschen musste, versuchte der Freund, das echauffierte Männchen zu beruhigen. Dieses bemerkte bald einmal, dass Hardy zur Täterin gehörte. Der Anblick des hilflosen Glarners stimmte den Alten plötzlich milde. In einem ganz anderen Ton versprach der Mann, dass er dem Autovermieter nichts mitteilen würde. Das Ganze sei wohl doch nicht so schlimm. Dummerweise steckte ihm seine Ehefrau die ausgetauschten Autopapiere entgegen, woraus hervorging, dass Hardys Autoversicherung nur noch bis Ende Monat gültig war. Das Rumpelstilzchen pressierte zur Hotelrezeption und alarmierte den Manager. Dieser konnte aber keinen sichtbaren Grund erkennen, die Polizei zu benachrichtigen, weshalb der Alte Christel unbedingt zum Polizeiposten schleppen wollte. Die Krankenschwester musste nun handeln. Sie gab der Gruppe höflich zu verstehen, dass der arme behinderte Hardy eine bereits bezahlte Sumpftour verpassen würde, was doch sicher niemand wolle. Zuvorkommend erklärte sie dem wieder ruhiger gewordenen und sich interessiert nähernden Männlein sämtliche Knöpfe und Funktionen des Behindertenfahrzeugs. Brav erduldete sie jede Frage. Dann zog die Nurse ihren Joker. Mit berufserfahrenen Augen hatte sie die Leiden des alten Mannes sofort erkannt und konnte das Gespräch erfolgreich in eine andere Richtung lenken. Das Männchen fühlte sich verstanden und geborgen. Es legte keine Opposition mehr ein, als ihn seine Freunde vorsichtig ermunterten, das Paar doch endlich ziehen zu lassen. – Uff, geschafft! Ein ungutes Gefühl blieb zwar. Was wäre wohl geschehen, wenn Christel dem Zwerg die Beine eingeklemmt hätte oder der arme Alte vor lauter Aufregung tot zusammengebrochen wäre? Noch einmal Glück gehabt!

Die *New Orleans Swamp Tours* bietet Sumpfbootsfahrten für Rollstuhlfahrer an. Das abgebildete Floss auf der Broschüre vermittelte den Eindruck eines unproblematischen Zustiegs. Voller Vorfreude zirkelten deshalb Hardy und Christel zur I-10 east. Über die Ausfahrt Bayou Sauvage (Exit 251) gelangten sie zum Parkplatz der New Orleans Swamp Tours. Der Kartenverkäufer lud Hardy zu einer Gratisfahrt ein, presste aber den Zeigefinger vor den Mund und flüsterte, der Tourführer brauche davon nichts zu wissen. Pssst – Ehrenwort, klar doch! Nach und nach fanden sich weitere Personen ein. Der kurlige[272] Kapitän mit rötlichem Vollbart und ruhigem Gemüt stiess Hardy höchstpersönlich den Weg zum Floss hinunter. Wegen der langen Trockenperiode führte der Kanal kaum Wasser. Das Boot befand sich daher gut und gerne einen Meter tiefer als gewöhnlich. Der empfindliche Höhenunterschied hätte selbst mit einer steilen, mobilen Rampe nicht überwunden werden können. Der starke Bayou-Wikinger sah aber deswegen nicht gleich rot. Zusammen mit seinem Kumpel hob er Hardy als ersten Passagier aufs Deck hinab und versprach ihm eine unvergessliche Fahrt. Das grosse Floss glitt auf dem Bayou (kleiner Wasserlauf) dahin. Die Augen der Passagiere schweiften konzentriert über die Wasseroberfläche, um die erwartete Hauptattraktion der Fahrt nicht zu verpassen: Alligatoren. Nach wenigen Minuten peilte ein Motorboot das Floss an. Später eingetroffene Tourteilnehmer mussten den Umstieg inmitten des Sumpfes wagen. Der Mann wusste vieles über das Leben im Sumpf zu berichten. Langeweile kam daher nicht auf, obwol die Fahrt nur sporadisch etwas zu sehen gab. Die Alligatoren waren jedenfalls selten anzutreffen. Der Kapitän gestaltete seine knapp zweistündige Fahrt zudem lehrreich. Anhand von Reptilienschädeln erläuterte er die Unterscheidungsmerkmale zwischen Alligatoren und Krokodilen. Ein mitgeführter kleiner Alligator durfte sogar gestreichelt werden. Der Sumpfmann legte aber besonderen Wert auf die Feststellung, dass er zufälligerweise zu dem Kleinen gekommen sei. Er hätte nämlich kein Verständnis für diejenigen Leute, die Tiere in freier Natur füttern oder sonst eine übertriebene Tierliebe an den Tag legen. Als Beispiel verwies er auf die menschengemachte Alligatorenplage in Florida.

Der bärtige Naturbursche erzählte vom *Cajun Country*, der Heimat seiner Vorfahren. Das sumpfige Schwemmland an der Golfküste von Louisiana besteht zu etwa 60% aus Flüssen, Seen und Bayous. Ausgewanderte Bauern und Fischer aus der Bretagne hatten sich im 17. Jahrhundert in Kanada niedergelassen. Als das dortige Acadia hundert Jahre später unter britische Herrschaft kam, mussten sich die Französisch sprechenden Einwohner zwischen dem Beitritt zur anglikanischen Kirche und der Suche nach einer neuen Heimat entscheiden. Viele Acadianer fanden im Süden Louisianas eine neue Existenz als Fischer oder Trapper. Durch das Schaffen von Deichen und Dämmen gewannen sie Ackerflächen für Zuckerrohr, Reis und andere Landwirtschaftsprodukte. Aus dem Namen Acadia wurde zuerst Cadien, das als englische Version Cajun bis heute überlebt hat. Die Kultur der Cajuns und die französische Sprache gingen mit der Zeit beinahe verloren. Die während des Zweiten Weltkrieges in Frankreich stationierten Cajuns besannen sich wieder auf ihre Wurzeln und leiteten ein Umdenken ein. Abgesehen von New Orleans ist Cajun Country der meistbesuchte Teil Louisianas.

Nachdem der Flosskapitän die Herkunft der kreolischen Einwohner, den Mulatten, geklärt hatte, spielte er ab Band „seine Volksmusik", Cajun-Gesänge, den Gästen vor. Obwohl die Glarner aktiv mithorchten, konnten sie nicht behaupten, Französisch gehört zu haben. Mal ein Wortfetzen hier, mal ein Brocken da – aber konnte das wirklich die Trikolore-Sprache sein? Wer sich intensiver mit der Cajun-Kultur im Cajun Country befassen möchte, der sollte sich in *Lafayette* das Acadian Cultural Center ansehen. Das sich beim Center befindende idyllische *Museumsdorf Vermilionville* zeigt altes Handwerk und erzählt von damaligen Zeiten, das „Einwohner" in traditionellen Trachten zudem inszenieren. Cajun-Tanzmusik und -Küche fehlen dort ebenfalls nicht. Einen Nostalgieanfall sondergleichen kriegt der Besucher des Museums *Acadian Village*, das mit Seerosenteichen und Pionierhäuschen lockt. So jedenfalls schwärmt der USA-Special-Bildband „Impressionen von Las Vegas bis New York" von Manfred Braunger und Peter Mathis.

Die Sumpftour war unterhaltsam – kein Passagier wurde leider von einem Alligator gefressen

Nach der Sumpfexkursion verliessen die hungrigen Schweizer die I-10 east bald einmal. Neugierig auf die Restaurantkette „Applebee's" folgten sie dem Schild in Slidell. Die reichhaltige Speisekarte von Applebee's versprach für einmal eigentliche Menüteller, was für die Glarner ein Stück vertraute Heimat bedeutete. Sie genossen die aufmerksame Bedienung, die sie mit gesunder Küche kulinarisch verwöhnte. Um 3.30 p.m. war der Van erneut auf der I-10 east, wo er den 74 Meilen breiten Südzipfel von Mississippi durchquerte und anschliessend die 70 Meilen des südlichen Alabamas hinter sich brachte. Kurz nach der Grenze, mittlerweile in Florida, verliessen die Reisevögel die Autobahn und suchten in Pensacola eine geeignete Unterkunft. Das Paar wurde zum neu eröffneten Motel Pensacola Suites (6703 Pensacola Blvd) verwiesen. Das von einer indischen Familie betriebene Motel weist zwei Behindertenzimmer auf. Christel durfte beide anschauen und entschied sich für den Room 113 mit Rollstuhldusche.

Südstaaten-Kenner fragen sich womöglich, weshalb Christel und Hardy der Golfküste nicht vermehrte Beachtung schenkten. Die Antwort auf die berechtigte Frage lautet simpel und einfach: Prioritätensetzung. Zugegeben, der alternative *Küsten-Hwy 90* wäre sicher reizvoller als die Interstate gewesen. Diese attraktive Panoramaroute lockt unter anderem mit den zehnjährigen Spielkasinos der Mississippi-Golfküste sowie Promenaden und hölzernen Bootsstegen. Die der Küste vorgelagerten Inseln *Gulf Island National Seashore* mit dem Fort Massachusetts können nur per Boot erreicht werden. In der historischen Stadt *Biloxi* findet jährlich im Mai die Segnung der Flotte statt. Die pittoreske Prozession startet jeweils in der Fischerkirche St. Michael's. Sumpfige Uferlandschaften mit künstlich angelegten Sandstränden begleiten den Küsten-Hwy 90, an welchem sich zudem feudale Grundstücke mit wunderschönen alten Südstaatenvillen präsentieren. Diese Prachtsbauten erleben im „Magnolienstaat" Mississippi zweimal jährlich Renaissance. Im Frühling und Herbst auferstehen die Plantagenkönigreiche und Pflanzerdynastien als Touristenspektakel während den so genannten *Pilgrimages*. Vornehme Anwesen aus der Nachbürgerkriegszeit und andere historische Privathäuser können besichtigt werden. Zur stilgerechten Atmosphäre während den Besichtigungszeiten tragen die Damen und Herren des Hauses bei, die die Gäste in historischen Kostümen durch die Räumlichkeiten begleiten. Gleichzeitig mit den Pilgrimages finden historische

Feste statt, bei denen typische Südstaatenbräuche und -traditionen aufleben. Dazu gehört beispielsweise das Frühjahrsfest in *Port Gibson*, der auf Höhe von Jackson am Mississippi River liegt. Beim *1800's Spring Festival* trifft man sich im Garten einer historischen Villa und setzt einen Maibaum, um den junge Damen in Reifröcken und Rüschenkleidern tanzen. Männer mit Säbeln und Litzen sind ebenfalls zugegen. An „Vom Winde verweht" erinnert zudem die Wahl eines Königpaares.

Auf dieser alternativen Reiseroute nach Pensacola hätten die Glarner kurz nach der Grenze zu Alabama einen Abstecher an die westliche Mobile-Bucht gemacht. Die Strassen 188 east 193 north bringen Romantiker nämlich in die märchenhafte Gartenanlage *Bellingrath Gardens & Homes*. In der Stadt Mobile, in würdigem Rahmen, hätte das Glarner Paar in Alabamas historischem Radisson Admiral Semmes Hotel (251 Government St) genächtigt. Das 1985 renovierte Herrenhaus kann nebst Marmorfussboden, imposantem Kronleuchter und geschwungenen Treppen sogar Handicapped Facilities anbieten. Sicher wären Christel und Hardy dem Charme der „Grossen alten Dame", wie die Einwohner ihr Stadt gerne nennen, erlegen. Nicht umsonst eilt ihr der Ruf voraus, die schönste Stadt Alabambas zu sein und genau zu wissen, wie sie ihre Besucher festzuhalten vermag. Für die alternative Weiterreise nach Pensacola kann man sich auf den Golf von Mexiko wagen, da die Strasse 193 south auf der Insel *Dauphin Island* aufhört. Eine Fähre verbindet das dortige Fort Gaines mit dem Fort Morgan auf der östlichen Landzunge. Ende April sucht der Reisende anschliessend den Weg zum Old Hwy 98, wo die *Country Kneipe Florabama* (liegt direkt auf der Staatsgrenze, deshalb der Name) von sich reden macht. Dort findet jährlich das Spektakel Mulett-Toss statt, ein Wettwerfen mit toten Fischen. Why not? Der direkte Weg (180, 182, 292) führt an wunderbaren Sandstränden mit türkisblauem Wasser entlang.

Dienstag, 18. Juli 2000: Pensacola – Tallahassee – Waycross (GA)
**(7 1/2 Std. [4. Zeitzone; Eastern Time]/339 Meilen: über I-10 east,
Hwys 319 north, 84 east, 82 south, US-1/23 south)**

Die Handwäsche vom Vorabend war trocken. Eigentlich wollte Christel Waschmaschine und Tumbler des Motels benützen. Genug Kleingeld dafür hätte sie gehabt. Leider verkaufte das Haus kein Waschpulver. Normalerweise können Portionenbeutel an einem Automaten oder an der Lobby bezogen werden. Selbst die Fernsehfernbedienung musste Christel am Vorabend an der Rezeption verlangen, wo zuerst die Batterien eingelegt wurden. Sparen und Ordnung halten waren offensichtlich das bestimmende Motto in diesem Motel. Die Verantwortlichen waren zudem sehr darauf bedacht, dass Christel mit dem Rollstuhl und dem Gepäck nirgends anstiess. Gegessen werden durfte nur ausserhalb des Zimmers im Aufenthaltsraum. Das kleine Morgenessenbuffet war ausreichend. Die übertriebene Sorgfalt war für amerikanische Verhältnisse untypisch, für ordentlichkeitsliebende Schweizer aber nichts Besonderes und für Deutsche sowieso ein Muss. Während Christel die Sonne beim Verstauen des Gepäcks schon wieder erbarmungslos auf ihrem Buckel spürte, wartete Hardy geduldig in der kühlen Lobby und studierte die Strassenkarte. Die Glarner verliessen Pensacola, das die Touristen mit seinem kleinen *Seville Quarter* anzieht, in dem der alte Charme der französischen und spanischen Vergangenheit mit Kneipen, Restaurants und einigen weiteren Gebäuden aus dem 19. Jahrhundert spürbar ist. Die Stadt mit der grössten Marinebasis am Golf von Mexiko (mit dem *National Museum of Naval Aviation*) bietet dem Besucher ausser der schönen Bucht auch den beliebten *Pensacola Beach*. Da die Glarner beabsichtigten, ihre Route in nordöstlicher Richtung fortzusetzen, folgten sie der Golfküste nicht.

Eine halbe Stunde vor Tallahassee, der Hauptstadt Floridas, begann die vierte Zeitzone. Christel korrigierte die Autouhr eine Stunde nach vorn. Den Glarnern wurde unweigerlich bewusst, dass sie sich mit Riesenschritten dem Ende ihres USA-Abenteuers näherten. Christel täuschte die traurige Globetrotterin vor. Theatralisch schob sie ihre Unterlippe nach vorn. Hardy reagierte prompt und um einiges heftiger. Er holte tief Luft und plärrte herzzerreissend vor sich her. Sein Szenario animierte Christel zur Nachahmung. So heulten die beiden wie einsame Wölfe über die Strasse und gaben sich untröstlich. Die Futtersuche vor der Hauptstadt verlief ebenfalls niederschmetternd. Ausgemergelt und schwach hatten es die zweibeinigen Heuler auf ein Steak House abgesehen. Mit hängenden Zungen mussten sie aber wieder von dannen ziehen, da das Restaurant geschlossen war. Halb blind vor Hunger musste man einen anderen Futtertrog[273] suchen. Als im nächsten Taco Bell zwei klitzekleine Burritos den gefrässigen Wölfen vorgesetzt wurden, mussten die Angestellten um ihr Leben bangen.

Dem Ende der Reise, Florida, wurde vorerst der Rücken zugewandt. Noch 20 Meilen bis nach Georgia. Das motivierte und erinnerte Hardy an eine besondere CD. Bald einmal tönte „Georgia, … Georgia on my mind …" aus den Lautsprechern. Gemütlich bewegte sich der rote Van durch die landwirtschaftlich genutzte Gegend. Die Feldfrüchte zu erraten, wurde zum schwierigen Quiz. Viele Fragen blieben ungeklärt, weil die Schweizer das sichtbare Kraut keinem der ihnen bekannten Gemüsesorten zuordnen konnten. Wie sehen Erdnussstauden aus? Was sind Pecannüsse, für die dauernd Schilder am Wegrand warben? Wachsen diese Nüsse auf Bäumen, in der Erde oder an Stauden? Christel dachte an ihren Biolehrer aus der Sekundarschulzeit, der die grossen und kleinen Wunder dieser Erde mit viel Liebe und Engagement erklären konnte. Bestimmt hätte er einiges zu erzählen gewusst.

In Thomasville führten einen die Highway-Schilder praktisch um den ganzen Ort herum. Das sei unlogisch und pure Fopperei, meinte Hardy verärgert und ungläubig zugleich. Vielleicht war es wirklich eine grosszügige Umfahrung des Ortskerns. Vielleicht hatte man aber auch nicht aufgepasst und war der Extrabeschilderung für Lastwagen gefolgt. Da bis Thomasville nur vereinzelte Tankstellen vorhanden waren, ging Christel auf Nummer sicher und hielt an der erstbesten Zapfsäule. Obwohl es schon kurz vor fünf Uhr war, wollte Hardy unbedingt weiterfahren. Es ginge ihm gut, er sitze bequem. Die Gegend dem Hwy 84 east entlang schien verlassen. Vereinzelt fuhr man an kleinen Läden vorbei, die wohl nur das Nötigste zum Verkauf anboten. Unbewohnte Bruchbuden und ehemalige Shops zeugten nicht gerade von einem umtriebigen Landstrich. Den Gegensatz dazu boten schöne Anwesen mit grossem Umschwung, wo meistens Schwarze mit Gartenarbeiten beschäftigt waren. Nach 40 Meilen erreichten die Glarner *Valdosta* (42 000 Einwohner), das Durchreisende mit einem adretten Ortsbild willommen heisst. Am Hwy 84 east befindet sich das Motel Days Inn (1827 West Hill Ave), das – wie die anderen zwei Days Inn der Stadt – über Handicapped Rooms verfügt. Hardy wollte immer noch nicht verweilen, sondern weitere 50 Meilen eilen. Dies war wegen der tiefen Geschwindigkeitslimiten nicht unter einer Stunde möglich. Christel freute sich ob dem langsamen Tempo, konnte sie so doch die Gegend besser anschauen. Auffallend war vor allem die Forstwirtschaft. Grosse gerodete Flächen wechselten sich mit Baumbeständen jüngerer, mittlerer und älterer Generationen ab. Dichter Bepflanzung folgten Lichtungen. Das Ganze hatte irgendwie System – nur welches?

Die Strecke zog sich dahin. Um 7.30 p.m. drehte Christel den Zündschlüssel in Waycross vor dem Holliday Inn (1725 Memorial Dr). Die Dame an der Anmeldung musste erst über die Frage nach einem Zimmer mit Rollstuhldusche nachdenken. Dann drückte sie Christel den Schlüssel zum „grossen Zimmer" Nr. 183 in die Hände. Sie solle sich selbst ein Bild machen und über die Tauglichkeit und den Preis von 80 Dollar entscheiden. Christel suchte das Zimmer anhand des Motelplans und schloss auf. Eine vollständig rollstuhlgängige Wohnung! Erfreut eilte die Nurse zurück und regelte die Formalitäten. Danach überraschte sie ihren Mann mit dem ungewöhnlich grosszügigen Nachtlager. Schnell lud Christel das Gepäck aus dem Auto. Danach fuhren sie und Hardy zum nahen Lebensmittelmarkt Winn Dixie. In der Zwischenzeit heizte der Raum auf. Der Vorgänger hatte sich wohl Ferien in Grönland gewünscht. Die Klimaanlage war auf „unter null" eingestellt gewesen. Nach der Rückkehr war die Temperatur einigermassen so, dass Hardy einem Striptease zustimmen konnte. Zwei Decken bis zur Nase hochgezogen – so fiel Hardy nach einem anstrengenden Tag in den Tiefschlaf und träumte von hübschen Eskimodamen im Iglu.

Mittwoch, 19. Juli 2000: Waycross – Savannah

(7 1/2 Std./129 Meilen: über US-1/23, Hwys 84 east, 119, 17 north, I-16 east)

Nach einem ausnahmsweise üppigen Breakfast mit Kartoffeln, Eierspeisen, fetten Grillwürsten und Speck begaben sich Hardy und Christel acht Meilen südlich zum *Okefenokee Swamp Park*, einem 2500 km^2 grossen Wildschutzgebiet im Sumpf. Nur ein Bruchteil davon ist für Besucher zugänglich, die die unberührte Sumpflandschaft über Holzstege erwandern oder mit Kanus durchstreifen können. Man konnte nur erahnen, unter welch schwierigen Umständen sich die ersten Siedler hier niedergelassen hatten. Die Hitze war unerträglich; zudem lauerten überall gemeine Stechmücken und fressgierige Alligatoren. Trotz Insektenschutzmittel mit unzähligen Stichen versehen meinte Christel, dass das Wohnen am bzw. im Sumpf wohl ihr Todesurteil bedeuten würde. Während Christel die juckenden Rötungen eifrig mit Spucke beschmierte, schilderte sie Hardy erneut, wie ihre Beine nach einer dreimonatigen Rucksackreise durch Indien ausgesehen hatten.

Im Okefenokee Swamp Park

Als Erstes liess sich Hardy durch den parkeigenen „Zoo" schieben. Gesicherte Wege mit teilweise stark gekrümmten Brücklein führten die Besucher zu Gehegen mit allerlei Sumpftieren. Im kleinen Naturcenter beobachteten sie durch eine grosse Scheibe Bären und nahmen an den Tierschauen teil. Das Walt Kelly Museum begeisterte mit der Zeichentrickfigur Pogo vor allem die kleineren Sumpfgäste. Ein weiterer Ausstellungsraum bot Einblicke in die Entstehung des Schutzgebietes. Der Okefenokee Park diente mehrfach als Filmkulisse, was alte Fotos bezeugten. Die Filmtitel waren den Glarnern aber gänzlich unbekannt. Dafür beeindruckte sie ein ausgestopfter Riesenalligator. Was für ein Monster – gut und gerne an die zehn Meter lang! Beim Bootssteg musste Hardy unverrichteter Dinge wieder umkehren, da die sicher erlebnisreiche Fahrt mit kanuartigen Booten im dichten Sumpf für Rollifahrer unmöglich ist. Die Dame am Eingang hatte auf die Unmöglichkeit hingewiesen und deshalb ein ermässigtes Billet verkauft. Hardy tröstete sich damit, die *Everglades* in Florida zu besuchen. Die 5660 km^2 grosse Sumpflandschaft im Südzipfel von Florida soll gemäss Fodor's Reiseführer für Touristen im Rollstuhl eher geeignet sein. Körperlich tüchtige Rollifahrer finden dort sogar erleichterte Möglichkeiten, die verschlungenen Wasserwege mit dem Kanu zu erforschen. Dem Holzsteg zum Bahnsteig der rollitauglichen Parklokomotive entlang nahmen Christel und Hardy mehrere gut getarnte grosse Alligatoren wahr. Allerdings meist erst im letzten Moment, was doch zu einem gewissen Nervenkitzel führte. Unglaublich, wie „blind" die zwei Sumpflaien durch die Gegend strolchten.

Die Glarner waren im Besitz von Billetten für die Mittagsfahrt mit dem Parkzug, der vier Mal täglich eine Runde dreht. Die Sonne brannte erbarmungslos auf die Häupter der Wartenden. Sogar Hardy musste sich mit seinem Frottéband am Handgelenk den Schweiss von der Stirn wischen. Halb mitfühlend, halb belustigt beobachtete er seine Frau, die wie ein tänzelnder Boxer unablässig mit den Insekten kämpfte. Die Geplagte fragte sich leicht gereizt, ob sie die stichwütigen Biester vielleicht wegen dem T-Shirt für eine farbenprächtige Sumpfblume hielten. Endlich hörte man die schnaubende Lok. Der ältere Lokomotivführer wollte sich höchstpersönlich um Hardy kümmern und schob ihn als Ersten über die Rampe ins vorderste Wagenabteil. Nachdem alle quirligen Kinder einen ihnen genehmen Sitzplatz gefunden hatten, setzte sich der rote „Märchensumpfzug" in Bewegung. Über Lautsprecher weihte der Lokführer die Fahrgäste in die Naturgeheimnisse des Parks ein. Das primitive Holzhaus und das sich im Bau befindende Indianerlager gehörten zur zukünftigen historischen Route, auf der der Parkbesucher hautnah die Vergangenheit erleben wird. Im geschichtsträchtigen, gut erhaltenen Siedlerort Pioneer Island durften sich die Passagiere 20 Minuten umschauen. Der Lokomotivführer bestand darauf, Hardy über die Wurzelstöcke zu fahren und ihm in die alten Holzhäuschen zu helfen. Trotz heftigem Keuchen liess sich der Alte von Christel nicht ablösen. Er äusserte wiederholt seine Dankbarkeit, gesund zu sein. Es sei seine christliche Pflicht, sich Hardy anzunehmen. Die Glarner erfuhren durch diese Privatführung von den schauerlichsten Tatsachenberichte über Siedler, die von Tieren, aber auch von Menschen, gefressen worden sind. Was mussten das für Zeiten gewesen sein! Ganz ohne Shopping ging's im Poineer Island aber nicht. Hardy war darüber nicht unglücklich. Eine Klimaanlage und eine Tiefkühltruhe mit Icecream sorgten für innere und äussere Abkühlung. Christel erstand eine karamelisierte Erdnusswaffel. Dafür hatte sie schon in Indien eine Schwäche gehabt. Die Bücher handelten vor allem von Georgias Kochkünsten. Es blieb bei einem Kartenkauf.

Um 3.30 p.m. verliessen die Glarner Sumpfkenner den Park, wobei sie die mörderische Autoinnentemperatur fast gar grillte, bis die Klimaanlage endlich für Linderung sorgte. Bei Walthourville entschieden sie sich für eine Abkürzung und die Strasse 119. Hardy, der Kartenleser, schlug vor, auf dem Hwy 17 north in Savannah einzufahren und nicht auf der parallelen I-95. Christel nahm lange kein Strassenschild mehr wahr und befürchtete bereits, vom Weg abgekommen zu sein. Hardy beschwichtigte seine Chauffeuse: „Du bist doch nirgends abgebogen, du kannst gar nicht falsch sein." Vor dem Stadtzentrum Savannahs schliesst sich der Hwy 17 north der I-16 east an, die in der Montgomery-Street im *Historic District* (Altstadt) abrupt ein Ende findet. Der Montgomery Street folgend kommt man zur Bay Street, die oberhalb des Savannah Rivers verläuft. Den Fluss selbst nimmt man kaum wahr, da teure Hotels die Strasse säumen und den Blick aufs Wasser verdecken. Unter anderem befindet sich dort das Hyatt Regency (2 W. Bay St), das der Fodor's Führer als einziges Hotel mit Rollstuhlduschen auflistet. Von dieser Strasse erfolgt auch die Zufahrt zum eleganten Historic Hotel River Steet Inn (115 E. River St), dessen antik möblierte Zimmer mit Sicht auf den Fluss kaum mehr an das ehemalige Baumwoll-Lagerhaus erinnern. Es verfügt über drei Handicapped Rooms. Geeignete Zimmer vermuteten die Glarner auch im Holiday Inn (E. Bay Str). Dort und noch in sieben anderen Hotels und Motels beschied man ihnen, ausgebucht zu sein. Vor dem etwas heruntergekommenen Quality Inn (300 W. Bay St) stach der leere Behindertenparkplatz ins Auge. Das Zimmer 127 war zum Glück noch nicht vergeben.

Savannah

Christel versuchte mit aller Kraft, den am Bettrand sitzenden Hardy zu strecken. Sein müdes Rückgrat verlangte danach. Sie hielt aber – ebenfalls entkräftet – den Dehnzustand, der jeweils mit einem grossen Kraftaufwand verbunden ist, nicht lange aus. Es erstaunte sie einmal mehr, was für eine Kraft verspannte Muskeln hervorbringen können. Die Mär, dass Gelähmte nur Lampiarme und -beine[274] haben, trifft nicht zu. Bei Querschnittgelähmten können Streckspasmen der Beine mitunter sogar zu spontanen Knochenbrüchen führen oder einen aus dem Bett katapultieren. Ein unvorstellbares Potenzial an „gelähmter" Energie! Hardy war froh, ausruhen zu können. Wer ihn kennt, weiss, dass es sich dabei nur um den Körper handelt. Der immer noch wache Geist verlangte nach Nahrung. Zusammen mit Christel studierte er die Informationen über den schönen Ort. Man fand heraus, dass die nostalgischen Stadttrams der *Old Town Trolley Tours* inzwischen teilweise mit Hebebühnen und Verankerungsvorrichtungen ausgestattet worden sind. Einer Stadtrundfahrt am nächsten Tag stand somit nichts im Wege. Die Dame am Telefon wollte eine ungefähre Zeitangabe haben, damit die ausgerüsteten Fahrzeuge geschickt eingesetzt werden könnten. Alles okay? Nicht ganz. Christel verbarrikadierte die Zimmertüre mit Hardys Rollstuhl, da das

Türschloss defekt war. Das geöffnete Fenster hinter den zugezogenen Vorhängen war ebenso einladend. Ein Zustand, den viele Gäste nicht kontrollieren – manchmal mit unschönen Folgen. Die Absteige war nicht 1A. Das enge Badezimmer entsprach ebenfalls nicht gerade einem Rollistandard. Wenn man schon so naiv ist, unvorbereitet und ohne Zimmerreservation in einen äusserst beliebten Ort mit grosser historischer Vergangenheit einzufahren, muss man eben nehmen, was noch übrig ist. Selber schuld!

Donnerstag, 20. Juli 2000. Savannah – Charleston (SC)

(2 1/2 Std./132 Meilen: über I-16 west, I-95 north, Hwy 17 north)

Als Erstes nahm Hardy eine Zimmerreservation vor. Denn nach der *Trolleytour durch den Historic District* sollte die Reise weitergehen. Die anschliessende kurze Fahrt endete beim Visitor Center (Martin Luther King Jr. Blvd). Die grosse, gebührenpflichtige Parkanlage war unbewacht. Das Auto schlängelte sich über den Platz bis zu den Behindertenparkplätzen beim Gebäudeeingang. Die Tour- und Ticketbüros im Obergeschoss erreichten Hardy und Christel mittels einer offenen Hebebühne. Den Glarnern wurde eröffnet, dass ihre gewünschten Rundfahrtbillette direkt auf dem Busplatz, vor dem Eingang, verkauft würden. Zurück auf der Höhe des Parterres wagte Christel den Weg über die verborgene lang gezogene Rampe. Potz Blitz! Das Gefälle zog beide mächtig nach unten. Ohne gehörige Muskelkraft ein nicht ungefährliches Unterfangen. Draussen kamen und gingen die unterschiedlichsten nostalgisch getrimmten Tourvehikel. Man musste regelrecht aufpassen, beim richtigen Bus einzusteigen. Endlich erschien die Fahrkartenverkäuferin der orange-grünen Linie, der *Old Town Trolley Tours*. Über Funk informierte sich die Dame nach dem momentanen Standort des rollstuhlgängigen Trolleys. Sie meinte höflich, die Glarner möchten auf das übernächste Fahrzeug warten, das nach 20 Minuten vorfuhr. Auf der Hinterseite liess sich eine Türe öffnen. Zwei Männer zauberten einen versteckten Lift zutage. Fachgerecht befestigten sie den Rollstuhl. Dann verschwanden sie wieder. Eine gut funktionierende Organisation, besser als in New Orleans.

Im Trolley durch Savannah

Im Wagen befanden sich schon einzelne Passagiere. Der Chauffeur begrüsste die Zusteigenden, während er die Billette kontrollierte. Hardy und Christel erfuhren, dass auf der 90-minütigen Altstadtrundfahrt an zwölf Haltestellen ein- und ausgestiegen werden kann, wenn man nicht im Rollstuhl sitzt. Kinder kriegten zu ihrer Freude eine Schaffnerkelle, die Erwachsenen nach Belieben eine Mütze. Der Trolleyfahrer forderte seine Gäste auf, Fragen zu stellen. Er machte dem Klischee alle Ehre, dass die Tourfahrer über ein breit gefächertes Wissen verfügen und stolz auf „ihre" geliebte Stadt sind. Mit den geschichtlichen Hintergrundinformationen des Chauffeurs in den Ohren folgte der niedliche Trolley der festgelegten Route. Die Kombination Hören, Sehen und Filmen war eindeutig zu kompliziert. Nach Christels Empfinden ging die Fahrt zu schnell. Sie hätte es sehr geschätzt, wenn man bei jeder Sehenswürdigkeit kurz angehalten hätte. Da die Altstadt leider nicht verkehrsfrei ist und viele andere Trolleys ebenfalls auf Achse sind, fuhr der Chauffeur mit flottem Tempo von Haltestelle zu Haltestelle. Es blieb Christel nichts anderes übrig, als die Kamera wegzulegen und zu versuchen, so gut es eben ging, den rasanten Ausführungen des Fahrers zu folgen und sich Savannah in einer früheren Zeit vorzustellen.

Savannahs Geschichte beginnt 1733, als der britische General James Oglethorpe an der steilen Felsküste des Savannah Rivers anlegte, um eine 13. Kolonie zu gründen. Georgia war ein britischer Aussenposten und ursprünglich als Puffer gegen die Spanier in Florida gedacht. Mit Hilfe des Yamacraw-Häuptlings Tomochichi erschuf Oglethorpe eine moderne Stadt im Herzen von Georgias Wildnis. Die Stadt ist schachbrettartig aufgebaut, jede Strassenkreuzung weist einen Park auf, der bei einem möglichen Strassenkampf verbarrikadiert worden wäre. Savannah hat im historischen Viertel 22 solcher Squares. Jeder Platz ist anders gestaltet, erinnert aber oft an eine berühmte Persönlichkeit. So zum Beispiel der Wright Square, der die letzte Ruhestätte von Tomochich beherbergt, oder der Chippewa Square mit der Bronzestatue von Oglethorpe. Beide Plätze liegen mit drei anderen an der Bull Street, die im Norden bei der City Hall beginnt und im Süden im schönen, brunnengeschmückten Forsyth Park endet. Die Gärten des Parks wurden speziell für Sehbehinderte angelegt, die sich an verschiedensten Düften orientieren können.

Oglethorpe richtete in Georgias erster Kolonie einen Experimentiergarten, genannt Trustees' Garden, ein. Nach dem Modell von Londons Chelsea Botanical Garden entstand ein 450 Aren grosses Gebiet, das im Norden vom Fluss und im Süden von der Broughton Street begrenzt wurde. Im Osten reichte der Garten bis zum Old Fort Wayne und im Westen bis zur E. Broad. Eigens aus England herbeigebetene Botaniker pflanzten Maulbeersträucher für die Seidengewinnung und Reben für den Weinanbau an. Die Pflanzen gediehen aber nicht, weshalb das Unternehmen scheiterte. Immerhin gelang es, Pfirsichbäume und Baumwolle anzupflanzen. Letztere etablierte sich schliesslich als die Handelsware schlechthin. Cotton was king – im frühen 19. Jahrhundert herrschte „König Baumwolle". Der Handel florierte und machte Savannah zu einer wohlhabenden Stadt. Prachtvolle Häuser wurden gebaut. Savannah, als eine der vornehmsten Städte Georgias, konnte sich an Luxusgütern aus der ganzen Welt erfreuen. Die River Street war überfüllt mit Frachtschiffen, die mit Baumwolle beladen wurden. 1818 brach der Markt zusammen. Savannah fiel unter eine strikte Quarantäne, die als Folge einer Gelbfieberepidemie verhängt wurde. Die Schiffe wurden vorübergehend umgeleitet. Viele von ihnen kehrten aber nie mehr zurück. 1864 eroberte General Sherman die Stadt und schenkte sie zu Weihnachten Präsident Lincoln. Während des Bürgerkrieges blieb Savannah wenigstens das Schicksal des Abfackelns erspart, das so viele andere Südstaatenstädte erlitten hatten.

1950 waren bauliche Stadtveränderungen angesagt, wozu eine Zahl architektonisch bedeutende Häuser, unter ihnen der alte City Market, abgerissen wurden. Erhitzte Gemüter diskutierten darüber, ob die Plätze dem öffentlichen Verkehr zugänglich gemacht und geteert werden sollten. Als das Daveport House am Columbia Square bedroht war, setzten sich sieben ortsansässige Frauen für die Erhaltung ein und gründeten die Historische Savannah-Stiftung. Sie wurde allmählich zu einer bedeutenden politischen Kraft für Savannahs Wiederbelebung. 1966 wurde der Bezirk von E. Broad Str zur Martin Luther Kings Jr. Blvd und vom Savannah River bis zur Gaston Street zum *Historic District* erklärt. Mit seinen 2,2 Quadratmeilen und den vielen architektonischen Meisterwerken gehört er zu den grössten und bedeutungsvollsten historischen Gebieten der USA. In den 70er Jahren beschlossen lokale Landbesitzer, Städteplaner und die City, Geschichte und Glanz der alten River Street wieder aufleben zu lassen. 1977 war die neue Wasserfront, ein Sieben-Millionen-Dollar-Projekt, fertig. Die Umwandlung der leer stehenden ehemaligen Baumwollbörse in ein zeitgenössisches Geschäftshaus brachte einen enormen ökonomischen Aufschwung. Heute beherbergt das unverwechselbare, restaurierte Gebäude 70 Geschäfte, Läden und Restaurants. Weitere Renovationen und Restaurationen folgten in den 90er Jahren. Heute präsentiert sich das ganze Historische Viertel weitgehend restauriert. Es widerspiegelt den herrschaftlichen Glanz und die Schönheit vergangener Zeiten. Einige Häuser können besichtigt werden; viele derselben sind aber für Rollstuhlfahrer nicht oder nur teilweise zugänglich.

Einen touristischen Aufschwung sowie internationale Aufmerksamkeit erlebte Savannah durch den Bestseller „Midnight in the Garden of Good and Evil" von John Berendt. Das 1994 veröffentlichte Buch erzählt eine wahre Mördergeschichte, die sich 1981 in Savannah zutrug. Nur wenige glaubten an einen Erfolg des Buches, noch weniger an eine überregionale Beachtung. Die Bewohner von Savannah waren geteilter Meinung. Die High-Society empfand die Enthüllungen der schmutzigen Geheimnisse als beleidigend und geschmacklos, während die meisten Savannahians die überschwänglich dargestellte Exzentrizität der Reichen und Schönen genossen. Entgegen aller Erwartungen stand das Werk fünf Jahre lang zuoberst auf der Bestsellerliste der New York Times. Es brach alle vorangegangenen Rekorde und wurde unter dem gleichnamigen Titel mit und von Clint Eastwood verfilmt. Der bekannte Regisseur und Schauspieler musste sich wohl sofort in die Stadt verliebt haben, da er ihr ein beachtliches filmisches Potenzial zugesprochen hatte: „Savannah is very photogenic. I think it will be easy to film because the city has great character. I want to capture the color of the city. I'am always trying to capture the atmosphere of a place." Die meisten Szenen wurden an Originalschauplätzen gedreht, was wiederum eine Reklame für die Stadt war. Die Tourismusbranche passte sich dem neuen Boom kreativ an. So bietet die *Hospitality Tours of Savanna* (135 Bull Street) nebst informativen Bus- und Spaziergängen eine „By the book tour" an. Pat Tuttle, eine Einheimische, offeriert zweieinhalb Stunden Erlebnis pur. Sie erzählt über alle Menschen und Häuser, die im Buch vorkommen. Ein obligater Souvenir Shop rundet die Tour der Buchfans ab.

Wieder beim Visitor Center angelangt schlenderten Hardy und Christel zum angegliederten *Savannah History Museum*, einem grossen Lokschuppen aus dem 19. Jahrhundert. Einer der Wagen wurde zu einem Speiserestaurant umfunktioniert. In der kleinen Imbissbude nebenan löschten die Glarner ihren höllischen Durst. Nun wollten sie hinunter zum *Savannah River*. Die Zufahrt erfolgte über eine alte, steile und mit sehr grossen abgerundeten Steinen gepflasterte Strasse. Angeblich sollen diese Steine als Ballast mit den ersten Segelschiffen in die neue Welt gekommen sein. Die unebenen Bodenverhältnisse sorgten für ein gehöriges Durchschütteln der wenigen Personenautos. Die meisten Unternehmungslustigen waren entweder per Trolley oder zu Fuss unterwegs. Letztere ungeachtet der mörderischen Hitze. Am Fluss begrüsste einen eine schöne Uferanlage. Die Glarner blickten zum anderen Flussufer, zur Hutchingson Island, und bestaunten die Savannah Bridge. Den schmalen Gehsteig den Gebäudemauern entlang teilte sich Hardy mit höflichen Spaziergängern. Die Eingangsbereiche der Läden und Restaurants waren nicht alle hindernisfrei zugänglich. Hilfsbereite Leute halfen Hardy aber über Tritte[275] oder hohe Schwellen und hielten die alten schweren Holztüren auf. Im Harley Davidson Shop erstand sich der Rolliraser eine coole Kopfbedeckung. Enge Raumverhältnisse wies die Spanky's Pizza Gallery auf, wo sich die Schweizer mit feinem Sea Food verwöhnen liessen, für den die Stadt bekannt ist. Viele Schrimpskutter sind im Hafen von Savannah zu erkennen, das im Film „Forrest Gump" ebenfalls vorkam.

Natürlich hätte es noch viel zu sehen gegeben. Ein Durchschnittstourist bliebe drei Tage im schönen Savannah, meinte eine Broschüre. Die Schweizer verzichteten auf den Besuch der Museen, geschichtsträchtigen Verpflegungsstätten und der Inseln *Wilmington* und *Tybee Island*, die durch die Panorama-Brücke 80 east mit dem Festland verbunden sind. Auf Tybee Island findet der Rollitourist im Super 8 Motel (16 Tybrisia St.) Handicapped Rooms. 400 Feet trennen das Strandmotel vom Pier am Atlantischen Ozean. Die Waving-Girl-Statue winkte den Glarnern nach, als sie die Stadt verliessen. Das Paar wählte die Interstate-Route, weil man einen Wal Mart anfahren wollte, der gemäss Werbung die erstmalig produzierte 1-Dollar-Münze auf Vorrat hat. Wie immer stimmte die Werbung auch dieses Mal nicht. Ein total genervter Verkäufer bezeichnete die Frage als Schnee von gestern. Er könne das Gewünschte nicht aus seinen Hosensäcken zaubern … „Ist ja gut", dachten sich die Glarner und ärgerten sich, auf ein falsches Werbeversprechen hereingefallen zu sein.

Charlston – Perle der Südstaaten

Die Fahrt auf dem Hwy 17 north bis zum historischen Zentrum von Charlston bot eine spektakuläre Aussicht auf und von der Ashley River Memorial Bridge. Statt auf der in dieser Fahrtrichtung fehlenden Ausfahrt zur Meeting Street im *Historic District von Charlston* befanden sich die Glarner bald einmal auf der zweiten Brücke. Etwas konnte da nicht stimmen. Ein richtiger Stadtplan musste her. Auf dem Rückweg war die Ausfahrt gut beschildert. Bald bog Christel rechts auf den Parkplatz des Motel Days Inn Charlston Historic (155 Meeting St) ein. Der Van musste gehörig leiden. Ein hinterlistiges Bodengefälle mit einer einseitigen Vertiefung küsste den Autobauch mehr als nur gut hörbar. Nach der Anmeldung quälte sich der Wagen abermals über diese gemeine Falle, um zum zweiten Innenhof der Motelanlage zu gelangen. Vor dem Handicapped Room 101 musste der Wagen „unkorrekt" hingestellt werden, damit der Zugang mit dem Rolli überhaupt möglich war. Das grosszügige Bad mit Wannenvariante tröstete über den ungemütlich engen Schlafraum hinweg. Hardy schlug vor, im nahen, charmanten Mills House Hotel (Holiday Inn, 115 Meeting St) nachzufragen, ob ihr einziges Behindertenzimmer noch frei sei. Hardy hätte seinem Weiblein auch das historische The Westin Francis Marion Hotel (387 King St), an der Parallelstrasse gelegen, gegönnt. Das im National Register of Historic Places verzeichnete und im Führer „Historic Hotels of America" aufgeführte Gebäude repräsentiert mit europäisch klassischem Interieur die stilvolle Gastfreundschaft Charlstons. Auch das zweite 1853 gebaute Historic Hotel, das King's Courtyard Inn (198 King St), bietet Handicapped Facilities an. Die verschwitzte Christel zierte sich und meinte, ohne entsprechende Garderobe nicht in nobler Umgebung ein Jahr älter werden zu wollen. Einmal mehr siegten fehlgeleitete Hormone.

Freitag, 21. Juli 2000: Charlston

Christels Geburtstag. Frau-o-Frau, wie die Jahre dahinsausen! Die 34-jährige alte Schachtel übte schon für den Jahrhundertschlaf. Nach vierzehnstündigem Durchkrösen[276] zuckten endlich die Augenlider. Die aufgezogenen Vorhänge verleiteten die Reinigungsfrau zu einer sonderbaren Zimmerinspektion. Sie verliess sich nicht etwa auf das Türschild „Besetzt", sondern drückte ihre Nase an der Scheibe platt und schirmte mit den Händen das Gesicht ab. Eine Minute lang gaffte die Frau durchs Fenster, geradewegs in Christels Gesicht, ohne diese jedoch zu sehen. Das war Situationskomik pur! Christel und Hardy spazierten irgendwann um die Mittagszeit auf der Meeting Street nordwärts zum grossen Visitor Center. Dort bezogen sie den Behindertenführer von Charlston. Die tabellenartige Erfassung über die Zugänglichkeit der öffentlichen Gebäude und Anlagen liess zwar viele Fragen offen. Dennoch vermochte der MUSC Rehab's Accessibility Guide ein generelles Bild zu vermitteln. Die Geschichte von Charlston reicht, wie diejenige von Savannah, weit zurück. Die Stadt ist aber redlich bemüht, behinderten Personen den Zugang zu historischen Gebäuden und zum öffentlichen Verkehr zu erleichtern.

Im Visitor Center informierte man sich anhand der halbstündigen *Dia Show über die Stadtgeschichte*: 1670 landeten englische Siedler am sumpfigen Ashley River. Sie liessen sich am Westufer nieder. Zu Ehren von König Karl II nannten sie die Siedlung Charles Towne. Einfache Holzbauten dieser Pioniersiedlung *Charles Towne Landing* können heute noch besichtigt werden (US-17 und 171 north). Angeblich sollen viele britische Kolonisten zuerst nach Barbados oder auf andere karibische Inseln gegangen sein, um den speziellen Hausbau für das warme und feuchte Klima zu erlernen. Nur wenige Jahre später zogen die Siedler auf die günstigere, östlich des Ashley Rivers gelegene Halbinsel, die von drei Seiten von Wasser umgeben ist und einen natürlichen Schutz gegen Angriffe bot. Mit dem Bau einer Stadt wurde bald einmal begonnen. Religiöse Streitigkeiten waren gesetzlich untersagt. Die Stadt wollte ein Hort religiöser Toleranz sein. Diese hat bis in die Gegenwart Spuren hinterlassen. In Charlston existieren 136 Kirchen für mehrere Dutzend unterschiedliche Bekenntnisse. Charlston wuchs zunehmend zu einer wichtigen Hafenstadt heran, deren Wohlstand sie dem Handel mit Häuten, Reis und Indigo verdankte. Die Pflanzer im Landesinnern suchten zudem in der Stadt Abwechslung, was es mit sich brachte, dass das erste Dramentheater, das erste Museum und das erste College von Nordamerika hier entstanden. 1773 wurde Charlston als „reichste Stadt im Süden Nordamerikas" bezeichnet. Luxuriöse Villen und Prachtsresidenzen reihten sich aneinander. Die Fassaden der noblen Villen wurden mit Säulen im neugriechischen Stil – dem Nonplusultra der damaligen Architektur – geschmückt. Von überdachten Veranden im viktorianischen Stil aus konnte die erste Gesellschaft ihre Blicke über die zauberhaften Gärten und blumengeschmückten Innenhöfe schweifen lassen.

Nach dem Unabhängigkeitskrieg verliessen die Briten 1781 endgültig die Stadt. Charles Towne hiess fortan Charlston. 80 Jahre später begann mit der Beschiessung von Fort Sumpter in der Hafeneinfahrt von Charlston der Sezessionskrieg. Die Bausubstanz litt im Krieg empfindlich. Zudem wütete 1861 ein Grossbrand, der der Stadt erneut arg zusetzte. Schwer wiegende wirtschaftliche Folgen hatten der Zusammenbruch der Plantagenwirtschaft und das Erdbeben von 1886. Es dauerte bis zum Zweiten Weltkrieg, ehe die Stadt als Marinebasis wirtschaftlich wieder Fuss fassen konnte. Auch heute ist das Militär nebst dem Tourismus ein wichtiger Wirtschaftsfaktor. Damals wie 1989, als der Hurrikan „Hugo" über Charlston fegte, wurde die Stadt wiederaufgebaut. Seit dem wirtschaftlichen Aufschwung unternehmen die Bürger grosse und teilweise kostspielige Anstrengungen, ihrer Heimatstadt einen besonderen Glanz zu verleihen. Vor allem von Mitte März bis Mitte April strömen Besuchermassen zur *Pilgrimage*, wenn viele Privathäuser und -gärten zur Besichtigung geöffnet werden. Diese bieten Rollstuhlfahrern aber nur einen limitierten Zugang. Hilfestellungen werden zwar gerne geboten. Einzelne öffentliche Häuser können das ganze Jahr über besichtigt werden, sind aber für Rollifahrer ebenfalls grösstenteils ungeeignet. Der rollitaugliche Spaziergang der *Charlston Tea Party Walking Tour* zum Beispiel endet in einem Privatgarten, der nur über einen gepflasterten Zugang erreicht werden kann. Ein anderer kultureller Höhepunkt findet von Ende Mai bis Anfang Juni statt. Das *Spoleto Festival USA* und *Piccolo Spoleto* lassen mit ihren Hunderten von Musikern, Artisten und anderen Schaustellern die Strassen von Charlston vibrieren.

Hardy und Christel starteten ihre individuelle Altstadtbesichtigung beim nahen *Charlston Museum*, in dem alte Fossilien und Artefakte sowie elegante Kostüme und Charlston-Silber aus der jüngeren Vergangenheit bestaunt werden können. Ein Trostpflaster für Rollifahrer, denen die Besichtigung des historischen und vom Museum verwalteten *Joseph Manigault House* (350 Meeting St.) nebenan nicht ohne weiteres möglich ist. Hernach wollte man den Südzipfel der Downtown-Halbinsel erkunden. Mit der grünen Linie der DASH (Downtown Area Shuttle), einem rolligängigen Altstadttrolley, wollten die Glarner zur *The Battery* gelangen. Diese Parkanlage erhielt ihren Namen von den Kanonenbatterien, die früher die Stadt schützten. Die Glarner eilten zum abfahrbereiten Nostalgietrolley mit der Hebebühne seitlich hinter dem Fahrer. Dieser hebelte hilflos an allen Knöpfen herum. Erfolg- und kopflos kombinierte er die drei Funktionen „Lift ausfahren", „Hebebühne senken" und „Rampe aufklappen". Endlich setzte die Plattform auf dem Boden auf. Christel blieb vorsorglich auf der Strasse stehen, bis alle vier Rolliräder sicher im Bus waren. Vorschriftsmässig machte sich der Fahrer an die Montage der Fixiergurten. Diese befanden sich in einer nigelnagelneuen[277] Sporttasche, in der der Driver unschlüssig herumwühlte. Seine zaghaften Versuche, die vier Radgurte und den Bauchgurt sinnvoll anzubringen, schlugen allesamt fehl. Die allmählich ungeduldig werdenden Passagiere reckten die Köpfe. Das Christel vertraute Verankerungssystem war in ihren Augen verkehrt eingebaut worden. Ein hoffnungsloser Fall! Der verzweifelte Fahrer holte einen Kollegen. Die Männer zerrten am brandneuen Material herum, bis sie schliesslich genervt die Gurtenhaken in die zu kleinen Verankerungslöcher hineinstampften. Vor dem Bauchgurt kapitulierten die Männer. Christel fragte eine Dame hinter Hardy, ob sie den Platz tauschen würde, damit sie von hinten die Schultern des instabilen Tetra-Bodys zurückhalten konnte. Nach einer halben Stunde setzte sich die Karre endlich in Bewegung.

Ein stehender Playboy-Tourist spielte den starken Mann. Er übernahm ungefragt Christels Haltefunktion mit seinen zwei braungebrannten Holzfällerpranken. Als sich Hardy erstaunt umdrehte, fand er seine Nase in der schweissnassen Achselhöhle seines Bushelden wieder. Das war zu viel. Bei der Market Street wollte Hardy – zum Leidwesen des Fahrers – aussteigen. Christel hastete hinten aus dem Bus, während Hardy auf die Plattform gestellt wurde. Ohne die Rollibremsen angezogen zu haben, wurde der Lift nach unten in Bewegung gesetzt. Christel gelang es gerade noch rechtzeitig, ein Wegrollen bzw. Hinunterrollen zu verhindern. Sie rief dem Chauffeur zu, dass er zu weit vom Gehsteig entfernt sei und nicht parallel dazu angehalten hätte. Der Lift zwischen Bus und Gehsteig würde so nur eingeklemmt. Keine Reaktion. Wie vorhergesehen verkeilte sich ein Teil der Plattformrampe und liess sich nicht mehr nach unten kippen. Nichts ging mehr. Der überforderte Chauffeur war unfähig, sinnvoll zu handeln. Er blieb einfach sitzen. Christel hätte Hardy alleine hochheben und auf den hohen Gehsteig zerren sollen. Zum Glück kam ein junger Mann des Wegs. Er half Christel kopfschüttelnd aus der gefährlichen Situation. Der engagierte Stadtbewohner versprach, die Verantwortlichen des DASH mit dem Vorfall zu konfrontieren. Es ärgerte ihn ebenfalls, dass das Personal trotz gut ausgerüsteten Verkehrsmitteln offensichtlich nicht in der Lage ist, Behinderte gefahrenfrei zu transportieren. „Keine gute Werbung", meinte er, als er auf dem Absatz kehrte. Und Hardy meinte höchst erbost: „Maitä, iich garantiir dir, dass das mini allerletscht Busfahrt z'Amerika gsi isch!"[278]

Die Glarner folgten der Market Street ostwärts zum eigentlichen Herzen der Stadt. Hinter dem Hauptgebäude des *City Market*, dem heutigen Confederate Museum, erstrecken sich die Markthallen. Eifrige Hände wühlten in den Souvenirständen, deren Artikel, abgesehen von den geflochtenen Körbchen der schwarzen „Basket Ladies", immer etwa dieselben waren. Geschäftiges Treiben herrschte auch im Old City Market, wo heute Restaurants und Shops um Kundschaft buhlen. Die Glarner mussten einmal mehr die Strassen mit den Pferdekutschen teilen, die in den verkehrsarmen Quartieren vor den historischen Gebäudekulissen ein wirklich romantisches Bild abgaben. Im Zickzack bewegten sich Hardy und Christel der südlichen Spitze Downtowns zu. Das Schieben des Rollstuhls fuhr Christel gehörig in die Knochen, da die Gehsteige löchrig oder schräg abfallend waren. Trotzdem genossen die Spaziergänger den Weg vorbei an den gepflegten, überaus eleganten Häusern und ihren Gärten. Am Ziel angekommen erholte sich Christel in der kühlen Meeresbrise.

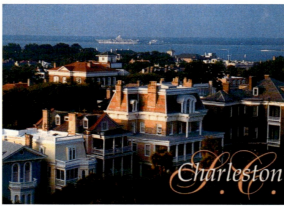

Die Postkartenansicht trifft für einmal zu

Vorbei an fischenden Leuten gelangten die Sightseeer an die East Bay Street mit der parallel verlaufenden, erhöhten Uferpromenade. Die Zugangstreppe umging das Paar via den nördlichen Aufgang. Hardy genoss den hindernisfreien Blick auf *Fort Sumpter* sehr, das per Boot (Rampen vorhanden) ab Marina Bay besichtigt werden kann. Im Fort kann der Rollifahrer alle Levels über drei Lifte erreichen. Hardy war jedoch auf den militärhistorischen Ort nicht neugierig. Am Ende der Promenade blickte das Paar nochmals zur wunderbare Villenstrasse zurück. Wie zutreffend hatte doch der Baedeker-Reiseführer geschrieben: „Wer also eine fast unverfälschte ‚Southern Belle' und den Duft des alten weissen Südens kennenlernen will, der muss nach Charlston. Die Stadt hat wie kein anderer Ort in den Südstaaten die luxuriöse, fast aristokratische Atmosphäre der vergangenen Pflanzerherrlichkeit, erkauft mit dem Schweiss und der Not der Sklaven, bewahren können." Die Historic Charlston Foundation (40 East Bay St) organisiert unter anderem die Besichtigung des *Nathaniel Russel House* (51 Meeting St.), dessen erster Stock für Rollifahrer über eine Eingangsstufe zugänglich ist. Kaum geeignet ist das stufenreiche *Aiken-Rhett House* (48 Elisabth St.), das 1995 von der Stiftung adoptiert worden ist. Diese „Stadt-Plantage" aus dem frühen 19. Jahrhundert mit Originalgegenständen gehörte einst dem erfolgreichen Reispflanzer Governor Aiken. Dieser hatte mit seiner Frau „die grosse Reise" nach Europa unternommen, von wo sie mit wundervollen Kerzenleuchtern, klassischen Skulpturen und Gemälden heimkehrten. In ganz Charlston kann man nur in diesem Haus eine „Kopfhörertour" machen und sich von wichtigen Zeitzeugen in die Vergangenheit zurückversetzen lassen. Musikalische Preziosen runden das Bild ab.

Im *Waterfront Park* amüsierten sich die Glarner über die spielenden Kinder, die – mit oder ohne Badehose – das kühle Nass der Fontäne genossen. Die schwarzen krausköpfigen und vor Lebenslust quietschenden Lausbuben waren besonders niedlich anzuschauen. Über den Cooper River spannt sich die grandiose Doppelbrücke, die die Besucher zum Mount Pleasant führt. Dort liegt, deutlich sichtbar, der Flugzeugträger USS Yorktown, der 1968 die Besatzung von Apollo 8 geborgen hatte. Er gehört zum *Marinemuseum am Patriot's Point*, dessen andere Hauptattraktion der mit Atomstrom angetriebene Frachter USS Savannah ist. Gemäss Fodor's Reiseführer ist die Yorktown das einzige für Rollstuhlfahrer zugängliche Schlachtschiff. Allerdings erfolgt der Zugang mit einer Treppenraupe, die nicht mit allen Rollstuhltypen funktioniert, weshalb eine vorgängige Kontaktnahme erforderlich ist. Hardy wollte seine Ehefrau zu einem feinen Geburtstagsessen ausführen.

Bubba Gump – eine Werbung wert ...

Die hereinbrechende Abendstimmung war viel versprechend und warb für ein *Dinner im Freien*. Dies war einfacher gewünscht als gefunden. Im renommierten Planter's Inn Hotel (112 North Market St.) aus dem Jahre 1849 studierte das Paar die Speisekarte. Leider besetzte eine geschlossene Gesellschaft das Gartenrestaurant, weshalb man mit dem eleganten Speisesaal hätte Vorlieb nehmen müssen. Das stilvolle Gebäude ist bekannt für sein museumsträchtiges Interieur. Die ungewöhnlich grossen Zimmer und Suiten mit hohen Decken bieten anspruchsvollen Gästen Mahagoni-Himmelbetten mit Baldachin sowie Marmorbäder zum Verwöhnen an. Das Frühstück wird auf einem silbernen Tablett ans Bett gebracht. Die meisten Räume weisen einen Kamin und eine Terrasse mit herrlichem Blick auf den ruhigen Innenhof auf. Das exklusive Haus bietet ebenfalls zwei Behindertenzimmer mit Badewannen an.

... nicht nur wegen der viel zu vielen Köstlichkeiten

Der Zufall führte das Geburtstagskind und Hardy zum Gartenrestaurant Bubba Gump (99 South Market St.). „Ideal für mein Birthday Dinner!", freute sich Christel. Hardy, der Schrimps sowieso über alles liebt, gierte bereits beim Anblick der Speisen auf den Tischen. Die jugendliche Empfangsdame vollzog ein Begrüssungsritual, das nur Bubba-Gump-Kennern verständlich ist. Christel guckte wohl etwas blöde aus der Wäsche, denn die Dame reagierte sofort und erklärte die für Bubba-Gump-Gäste geltenden Regeln. Die beiden kriegten eine papierne Tellerunterlage vorgesetzt, die wie eine gewöhnliche Zeitungsseite aussah. Bei näherem Hinsehen entpuppte sich die Zeitung als plastifiziertes Gedeck, auf dem Artikel über Forrest Gump, dem lieblichen Schrimpsfischer aus dem gleichnamigen Blockbuster, berichteten. Jemand aus der realen Welt entwickelte die Shrimps Story zu einer speziellen Seafood-Kette weiter. Aufmachung und Präsentation des Gastrobetriebs nehmen denn auch stets Bezug zu den bewegenden Erlebnissen von Tom Hanks in der Rolle von Forrest Gump. Die fantasievollen Menübezeichnungen erinnern an die verschiedenen Filmsequenzen. Der beidseitig beschriftete Tischständer mit „Forrest Run" oder „Stop" signalisiert dem Kellner, wenn er am Tisch (nicht) erwünscht ist.

Unbekanntes birgt neue Erfahrungen! Mit leichtem Entsetzen sahen die Schweizer dem Riesenberg von Crevetten entgegen, der ein rundes Ofenblech[279] abdeckte und als Vorspeise gedacht war. Die Hauptspeise war ebenfalls üppig und lecker. Hardy kriegte frittierte Meerestiere in einem kleinen Fischerkübel mit einer Netzdekoration. Christel bat die Angestellte, ein Foto zu knipsen, und erwähnte beiläufig, aber bewusst, Geburtstag zu haben. In Amerika wird nämlich einem Geburtstagskind in einem Restaurant meistens eine besondere Geste zuteil. Christel erhielt prompt eine Nachspeise offeriert, die sie aber beim besten Willen nicht mehr hinunterwürgen konnte. Bevor Christel und Hardy den Ort verliessen, füllten sie brav den Umfragebogen aus. In ganz Amerika bestehen erst zehn Bubba Gump Restaurants. Die kritikfähigen Geschäftsinhaber scheinen aber auf Expansionskurs zu sein. Die erheiternde Art, Gäste anzusprechen, verfehlte ihre Wirkung nicht. Vielleicht war eine heimliche Inspiration von Forrest Gump mitserviert worden. Im Film angesprochen, was der Zweck seiner Lauf-Odyssee quer durch Amerika sei, meinte er nur: „to give people hope!". Ja, Hoffnung schöpften auch die voll gestopften Glarner – Hoffnung auf das baldige Nahen des Nachtlagers.

Samstag, 22. Juli 2000: Charlstons Plantagen – Brunswick (GA)

(7 Std./294 Meilen: über Hwys 17 und 61, Weiterfahrt über Hwy 57 south, 17 south, I-95 south)

Im Osten der Stadt, auf dem Mount Pleasant, befindet sich Amerikas meistfotografierte *Boone Hall Plantation*. Die Schweizer wurden an der Long Point Road von einem Tickethäuschen abgefangen. Kein einziger Blick auf die 332 Hektar grosse Anlage war ihnen ohne Eintrittsgebühr vergönnt. Auf der Zufahrt, eine Naturstrasse, waren kaum Autos anzutreffen. Christel und Hardy erlebten bald den majestätischen Empfang der langen, altehrwürdigen Eichenallee mit ihren 88 mächtigen Bäumen und den moosbehangenen Ästen. Endlich war der Herrensitz zu erkennen, der im Hollywoodfilm „Vom Winde verweht" als Vorlage für den fiktiven Landsitz „Tara" diente. Der sandige Platz neben der schlichten Villa, die 1934 das originale Haus ersetzte, ist für die Autos gedacht. Den Besuchern ist es untersagt, die verworrenen Wege des Anwesens mit dem Privatauto zu erkunden. Dafür steht ein offener Bus (rolliuntauglich) zur Verfügung. Christel half Hardy aus dem Auto, was angesichts der sandigen Unterlage ein schweisstreibender Akt war. Ein Rollstuhlsignet beschilderte den schmalen Seitenzugang zur Villa. Er endete zur Enttäuschung der Glarner an der kurzen Treppe zum Eingangsportal. Hardy verzichtete auf das Sammeln von starken Männerarmen für die eineinhalbstündige Führung durch das Eingangsgeschoss.

Nach der Rüttel-Passage über das Wurzelwerk der Eichenallee konnte Hardy einen Blick in die Sklavenhäuschen werfen, wovon neun der ehemals 27 noch stehen. In der Nähe befindet sich ein kleines Smoke House, das zum Fleischräuchern benützt worden war. Gegenüber der Allee steht ein altes Schulhaus. Man behauptet, dass die Sklaven von Boone Hall unter den ersten waren, die eine Schulbildung geniessen durften. Boone Hall sei eine löbliche Ausnahme im Umgang mit Sklaven gewesen, meinte die Broschüre selbstkritisch. Stallungen sind ebenso vorhanden wie das Cotton Gin House, wo früher egreniert (die Baumwollfasern von den Samen trennen) wurde. Im Erdgeschoss befindet sich heute ein enger Souvenirshop. Über zwei Aussentreppen verwöhnt das Plantation Kitchen Restaurant die Besucher mit Breakfast oder Lunch Menus.

Boone Hall Plantation – hier lebte es sich gut ...

Der sandige Boden hatte die Nurse geschafft. Mit Mühe brachte sie Hardy zum Auto zurück, wo er sie ermunterte, den Weg hinter der Villa abzufahren. Die obrigkeitshörige Christel zögerte zuerst. Privatverkehr sei doch untersagt! Hardys Gegenargumente siegten. Die Umgebung erschien den beiden wie ein unverfälschtes Naturschutzgebiet für Wasservögel. Bald wurde die Strasse unwegsamer und drohte, sich in einem undurchsichtigen Waldstreifen zu verlieren. Das Paar entschied sich zur Umkehr. Die immer noch produktive Plantage hat über die Jahre verschiedene Erzeugnisse kultiviert. Erdbeeren, Tomaten, Kürbisse, Pekannüsse sowie Pfirsich- und Weihnachsbäume haben die Baumwolle abgelöst. Auch der botanische Bereich wird gepflegt. Wildblumen und alte Rosensorten ergänzen die Kamelien und Azaleen der früheren Gärten. Das Plantation Dock House, wo früher Frachten auf Boote verladen wurden, steht heute unbenutzt am Fluss. Die Rückfahrt durch die wunderbare Allee führte am Grab von Kapitän Thomas Boone vorbei, der die ersten Eichen anpflanzen liess. Thomas war der Sohn von Major John Boone, der 1681 als Mitglied der „Ersten Englischen Siedler von South Carolina" die Plantage gegründet hatte. So jedenfalls wusste es die Broschüre zu berichten, die Christel am Eingang in die Hände gedrückt worden war. Zu spät sah sie darin den Hinweis, dass das Autoradio auf 91,9 FM hätte eingestellt werden können, um zu einer geführten Tour des Boone Hall Radios zu kommen. Übrigens: Das vielerorts anzutreffende Ananas-Signet ist ein typisches Südstaatensymbol für Gastfreundschaft.

... wenn man nicht Sklave war

Nordwestlich von Downtown Charlston, am Ufer des Ashley Rivers, haben andere Plantagen als historische Sehenswürdigkeiten überlebt. Sie sind über die geschichtsträchtige Ashley River Road 61 north zu erreichen. Als Erstes gelangt man zur *Drayton Hall*. Das Haus wurde zwischen 1738 und 1742 gebaut und hatte als einziges der Ashley-River-Plantagenhäuser sieben Generationen, zwei grosse Kriege, mehrere Hurrikans und Erdbeben unbeschadet überstanden. Das nahezu im Originalzustand vorhandene Haus repräsentiert heute (als einziges im Süden der USA) die einzigartige Architektur dieser Zeit. Immer noch ohne fliessend Wasser, elektrisches Licht oder Zentralheizung vermittelt der Bau seinen Besuchern einen Hauch von Zeitlosigkeit. Das Haus blieb unmöbliert, um die Besonderheiten der eingearbeiteten Ornamente und der anderen baulichen Raffinessen und Zierden besser hervorzuheben. Der Rollstuhlfahrer gelangt mit einem Lift zum Eingang und kann sich das Meiste des Plantagenhauses ansehen. Zugänglich sind zudem die Toiletten, der Museumsladen, der Marsh Walk sowie der River Walk. Letztere erkundet man ohne Führer. Tourunterlagen für Europäer sind in Spanisch, Französisch und Deutsch erhältlich.

Drayton Hall

Eine Meile weiter westlich von Drayton Hall befindet sich der Gartenzauber *Magnolia Plantation and Gardens*. Die ausgedehnte Gartenanlage erfreut die Besucher mit einer der grössten Ansammlungen von Azaleen und Kamelien in ganz USA. Leider ist das wunderbare Anwesen für Rollstuhlfahrer ungeeignet. Die eng konzipierte Villa mit ihren 13 Eingangsstufen ist unzugänglich. Auch wenn man nur das Basisticket „Garden and Grounds" kauft, stösst der gehbehinderte Besucher unweigerlich auf Hindernisse. Schmale unebene Natur- und Kieselsteinwege erschweren den Spaziergang.

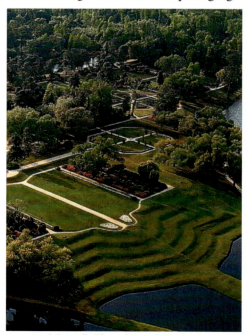

Magnolia Plantation and Gardens

Der angegliederte 27 Hektar grosse *Audobon Swamp Garden* kann über Stege bestaunt werden, die aber Stufen aufweisen. Der Anblick von im Wasser stehenden Zypressen ist famos.

Audobon Swamp Garden

Vier Meilen nordwestlich dieser Garten- und Sumpflandschaft liegt *Middleton Place*, eine sorgfältig erhaltene Plantage aus dem 18. Jahrhundert. Sie war einst das Zuhause von Henry Middleton, Präsident des Ersten Kontinentalen Kongresses, und von seinem Sohn Arthur, einem der Unterzeichner der Unabhängigkeitserklärung. Heute umfasst diese historische Sehenswürdigkeit den ältesten landschaftsgärtnerisch gestalteten Park, das Middleton Place House und die Plantagen-Stallungen mit dem Freiluftmuseum. Authentisch kostümierte Handwerker zeigen dort ihre Fertigkeiten im Spinnen, Schmieden und in anderen Dingen, die auf den Plantagen erforderlich waren. Middleton Place erweist sich insgesamt als rollstuhlfreundlicher. Zugänglich sind der Hof, die Stallungen und Teile des Gartens. Je zwei Stufen weisen der Eingang zum Middleton Place House und zur Restaurant Lobby auf. Zwei weitere Stufen führen zum Speisesaal. Ein Anlageplan mit Kennzeichnungen zur Zugänglichkeit sind an der Front Desk erhältlich.

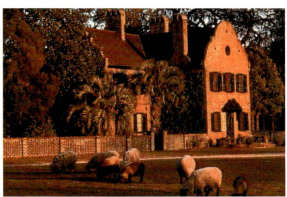

Middleton Place

Unter dem einsetzenden Nachmittagsregen setzten die Glarner ihre Reise fort. Sie fuhren den historischen Hwy 61 zurück, wo sie eine Friedhofsanlage, für einmal ohne Kreuze oder Grabsteine, kurz besichtigten. Auf der I-95 south, kurz vor der Grenze zu Georgia, nennt sich doch tatsächlich ein Kaff[280] Switzerland. Hätte es nicht geregnet, hätten sich die Glarner vergewissert, ob der Ort die helvetische Benennung überhaupt verdient. In Brunswick endete die Tagesetappe im Motel 6 (403 Butler Dr), wo die Ulknudel an der Rezeption lernen musste, dass der Room 117 eine Roll-in Shower hatte. Christel bezog ausserdem wieder eine Telefonkarte, was sich bis anhin als problemlose und kostengünstigere Möglichkeit zu telefonieren bewährt hatte.

Sonntag, 23. Juli 2000: Brunswick – Daytona Beach (FL)

(6 Std./137 Meilen: über I-95 south, 9A, Hwy 10 west, I-Alt 90 south, Hwy 115 south, I-95 south, Hwy 92 east, A1A)

Ein herrlicher Tag grüsste durch das Fenster. Beschwingt erhob sich Christel, die meinte, ausnahmsweise vor Hardy wach zu sein. Das war natürlich ein Irrtum. Aufgeweckte Augen und ein verschmitztes Lächeln begrüssten die Nurse, die ins Bad huschte. Igitt, igitt! Das Tageslicht entlarvte Ekelerregendes. Putzen und Instandstellen schienen nicht die Stärken des Hauses zu sein. Auch die Eismaschine draussen stand in einer riesigen Wasserlache. Eis spuckte sie schon lange nicht mehr heraus. Daneben spulte eine Waschmaschine gierend ihr Programm ab, wobei der Abwasserschlauch aus einem grossen Riss leckte. Der Snackautomat funktionierte zwar, war aber kaum bestückt... Bloss weg von hier! Eiligst stoben die Glarner über den Parkplatz. Die Küstenstadt *Brunswick* (16 000 Einwohner) bietet laut Reiseführer nichts Besonderes, abgesehen von einer 900-jährigen Eiche mit einem Stammdurchmesser von vier Metern, der Lover's Oak, und den Goldenen Inseln. Bei diesen handelt es sich um vier von insgesamt 13 Sandbänken, die in der Nähe von Brunswick der Küste vorgelagert sind. Vornehmlich Politiker und Geschäftsleute verkehren dabei in den exklusiven Hotels mit Strand und Golfplätzen.

Christel und Hardy begaben sich direkt auf die Interstate Richtung Süden. Schon bald passierten sie die Grenze. Die Endstation Florida war erreicht. Am nördlichen Stadtrand von Jacksonville wurde Hardy auf die Restaurantwerbung von Applebee's (574 Busch Drive) aufmerksam. Erneut freuten sich die Glarner über die ausgewogenen Menüs. Angela, die Bedienung, verrichtete ihre Aufgaben hirnlos, dafür ausgesprochen sexy. Die Verwechslungen und sonstigen Todsünden einer Servierdüse verziehen ihr die Glarner nachsichtig. Dem Paar wurde es dann aber doch zu blöde, sich stets zu wiederholen und erst noch Rechenmaschine zu spielen. Hardy bezahlte diskussionslos den Betrag, der zu seinen Gunsten ausgefallen war. In Jacksonville nutzte Hardy die Gelegenheit, in der grossen Buchhandlung Barnes & Noble der Regency Square Mall (Atlantic Bvld) herumzustöbern. Obwohl es Sonntag war, sass im Buchladen-Café Jung und Alt über ihre Bücher und Hefte gebeugt.

Hardy suchte nach einschlägiger Literatur über die Sklavenzeit, während Christel zwei Neuerscheinungen zum Fall Jonbenét Ramsey kaufen wollte. Seit der Ermordung des sechsjährigen Mädchens im Elternhaus in Boulder, Colorado, wird das ungelöste Verbrechen publizistisch in klingende Münze verwandelt. In den zwei im Frühling 2000 erschienenen Bücher brechen einerseits die Eltern ihr Schweigen und schildern, unter welchen Strapazen sie die letzten Jahre durchlebt haben. Andererseits meldet sich ein früherer Polizist zu Wort und erläutert alle Ungereimtheiten zur Mordgeschichte. Sein Buch enthüllt Details zur Fallbearbeitung und beschreibt das mangelhafte Vorgehen der Untersuchungsbehörden. Auf Grund aller Beweise und Erfahrungen glaubt der Polizist zu wissen, wer die grausame Tat verübt hat, ohne dafür je einsitzen zu müssen. Die zwei Bücher gegeneinander auszuwerten, erachtete Christel als spannende Möglichkeit, die englische Sprache zu pflegen. Die Zeit verging wie im Flug. Sicher eineinhalb Stunden schmökerten Hardy und Christel herum. Mit ihnen genossen viele andere Leute die bibliotheksähnliche, angenehme Umgebung. Das Regenwetter verleitete offenbar dazu, sich in die bequemen Sessel und Sitzecken zu kuscheln und die Nase in Bücher, Illustrierte oder Zeitungen zu stecken. Ein Ort der Stille – und das im Ami-Land. Kaum zu glauben!

Zufrieden mit seinen Errungenschaften lotste Hardy seine Chauffeuse zurück auf die I-95 south. Nach wenigen Meilen sprang dem Paar erneut ein Ortsschild mit dem Namen Switzerland in die Augen. „Schon gut, schon gut", kicherte Christel, „wir vergessen nicht, dass wir wieder nach Hause müssen!" Danach fuhren sie an der historischen Stätte *St. Augustine* vorbei, deren Sehenswürdigkeiten bis ins Jahr 1565 zurückreichen. Das Spanische Viertel und andere gepflegte Historien sowie das Potters Wax Museum hätten besichtigt werden können. Doch die ungestüm nach Süden ziehenden Heimkehrer drängten nach *Daytona Beach*, das bekannt ist für den kilometerlangen, für Auto zugelassenen, festen Sandstrand und die weltbekannte Automobilrennstrecke. Während des Spring Break (Frühjahrsferien von Anfang März bis Ostern) wird Daytona Beach von Scharen Jugendlicher heimgesucht. Dann beherrschen chromblitzende Motorräder, Cabrios, Beach Buggies, Jeeps und Pick-ups, Alkohol, Drogen, harte Jungs und willige Mädchen die Szene.

Um an einem gewöhnlichen Juliabend das sicher gemächlichere Treiben auf dem Strand beobachten zu können, wünschte Hardy ein Zimmer mit gutem Ausblick. Christel steuerte den Van zur hotelgesäumten Strandstrasse, die durch den Halifax River vom Festland getrennt wird. Hardy schlug vor, die Strandverhältnisse der Hauptachse A1A entlang zu studieren und dort nach Übernachtungsmöglichkeiten zu suchen. Zwischen stattlichen Hotels liegen zahlreiche kleine, teilweise unattraktive, ja gar schmuddelig anmutende Motelabsteigen. Die Glarner befragten die mitgeführten Verzeichnisse: Die vier Days Inn haben keine Handicapped Rooms. Dafür weisen zwei Motels der Ramada-Kette ein Rollstuhlsignet auf, nämlich das 1997 komplett renovierte, qualitativ hoch stehende Ramada Inn (3125 South Atlantic Ave) und das Ramada Limited (1000 North Atlantic Ave). Die Behindertenzimmer des schön gelegenen Holiday Inn (3209 S. Atlantic Ave) wiesen keine Meeressicht auf. Christel wurde belehrt, dass man kaum optimal gelegene Handicapped Rooms finden würde, da diese auf Grund von Sicherheitsüberlegungen und Bauvorschriften oft im Erdgeschoss und in eher unattraktiven Hauswinkeln liegen würden. Dafür sei die Südbrücke (Dunlawton Ave 421) zum Festland in unmittelbarer Nähe. Auch biete der nahe Sunglow Pier einen schönen Ausblick auf den Strand, der ansonsten für Rollifahrer kaum zugängliche Promeniermöglichkeiten aufweisen würde. Die Glarner suchten trotzdem weiter. Vollbelegungen und Eingangsstufen, aber auch unvorteilhafte Parkplätze hinderten das Paar vorerst an einem Zimmerbezug. Die ungepflegt erscheinenden Kleinmotels, in deren Umgebung sich Althippies und Junggammler aufhielten, kamen sowieso nicht in Frage. Man wollte keine Krätze. Die Billigabsteigen haben im Frühling wieder Hochkonjunktur, wenn etablierte Hotels junge Leute unter 25 nicht ohne Elternbegleitung aufnehmen. Welche College-Göre oder welcher Uniplayboy haut schon gerne mit den Eltern im Schlepptau auf den Putz?

Daytona Beach

Schliesslich konzentrierte sich das Paar auf die Lage der Gebäude respektive auf die normalen Zimmer mit Meeresblick. Das Best Western Aku Tiki Inn hatte eines im zweiten Stock zu vergeben. Der stufenlose Nebeneingang und der Aufzug ermöglichten Hardy den Zutritt. An der Rezeption drückte man Christel zuerst ein doppelseitig beschriebenes Blatt mit allen Hausregeln in die Hände. Knallharte Bedingungen! Das Auto musste umgehend mit einer Parkbewilligung bestückt werden, ansonsten ein kostenfälliges Abschleppen drohte. Zu viele Gäste hätten nach dem Check-out noch Parkplatz und Poolanlage benutzt. Nun sei Schluss damit, beschied die resolute Hotelangestellte. Christel musste einen Kreditkartenbetrag von null Dollar unterschreiben, der nach vorschriftsgemässem Auschecken wieder zerrissen werde. Wie vielen Zechprellern hatte man dieses Anmeldeprozedere wohl zu verdanken?

Für einen genussvollen, romantischen Balkon-Abend fehlten noch Zutaten für feine Long Drinks. Deshalb begaben sich die Glarner zum schräg gegenüberliegenden Supermarkt Winn Dixie (2200 S. Atlantic Ave) und zum Alkohol Shop nebenan. Mit Margaritha und Pina Colada auf dem Schoss musste sich

Hardy vor der hohen Doppelschwelle des Balkons gedulden, bis Christel mit Wolldeckenrollen eine notdürftige Rampe geformt hatte. So sanft es eben ging, landete Hardy im Freien. Anfangs dominierte das quirlige Leben am Motelpool die Stille des Abends. Nach und nach wurde es ruhiger. Ein wunderbares Abendrot legte sich über den fast menschenleeren Sandstrand. Statt Menschen waren nur einzelne Autos und Camper zu sehen. Ob man auf diese Art am Strand übernachten darf? Als die Sonne ihre letzten Strahlen einzog, legten Hardy und Christel ihre Unterlagen weg. Die verbleibenden Stunden gehörten alleine dem Rauschen des Meeres und dem glücklichen Gefühl, das Reiseabenteuer gesund und mit vielen Eindrücken bald abschliessen zu können.

Abendstimmung am Beach von Daytona

WEEK 30/2000

24. bis 30. Juli

Montag, 24. Juli 2000: Daytona Beach – Miami Beach

(8 1/2 Std./250 Meilen: über A1A north, US-92 west, I-95 south und I95 east, A1A south)

Hardy strapazierte einmal mehr die Telefonkarte. Ein Schweizer Anwaltskollege hatte ein paar Wochen zuvor angekündigt, dass er zur gleichen Zeit wie die Glarner in Florida sein würde. Ein Treffen in Tampa, an der Westküste, war geplant. Hardys Anruf endete wiederholt in einer Warteschlaufe, bevor endlich eine Stimme aus Fleisch und Blut mitteilte, dass der gewünschte Gesprächspartner nicht mehr dort wohne. „So, so", meinte Hardy scharfsinnig, „da hat es jemand sehr eilig gehabt. Bestimmt führt der Kollega in San Diego bereits das Eintrittsgespräch mit Prof. Slotkin." Christel tippte auf eine Notfallsituation mit Heimreise. „Typisch Krankenschwester!", lachte Hardy, „immer wollen sie einen verletzt oder tot!"

Daytona Beach wäre ein idealer Ausgangspunkt für den Besuch des 43 Quadratmeilen grossen *Walt Disney World* und der anderen gigantischen *Vergnügungsparks* in Orlando mit anschliessender Weiterfahrt nach Tampa gewesen. Da der Besuch ins Wasser fiel, diskutierten die Glarner, was sie machen wollten. Vielleicht ein Spaziergang am Daytona Beach? Nördlich des Aufgangs zur Brücke 92 befindet sich der ins Meer hinausreichende Main-Street-Pier. Die Lust der Glarner hielt sich in Grenzen, den angeblich zugänglichen Promenadensteg aufzusuchen, um dann festzustellen, dass er doch Stufen hat. In Miami Beach gibt es rollitaugliche Spazierstege am Meer", meinte Hardy und gab grünes Licht zur Weiterreise.

Auf dem Weg nach Süden sorgen Tierschutzgebiete, Museen, alte militärische Festungen und andere Dinge für unterhaltsame Fahrpausen. So begeistert beispielsweise das *NASA Visitor Center* in Titusville die Raumfahrtfans. Nicht nur die Astronauten Hall of Fame kann besucht werden. Auch Vogelliebhaber kommen bei den beliebten Beobachtungsposten der Merritt Isand und der Canaveral National Seashore voll auf ihre Rechung. Als Alternative zur Interstate oder zur Festland-Küstenstrasse US-1 south kann sich der Autofahrer für die kilometerlange und Sandbänke verbindende, meeresnahste Strasse A1A entscheiden. Der Van brauste allerings die I-95 hinunter. Die Glarner harrten trotz knurrendem Magen bis zur nächsten Applebee's Reklame aus. Erst in Jupiter lachte ihnen das Apfelsignet von einem Ausfahrtsschild entgegen. Zielsicher schwenkte die Fahrerin weg. Ohne Blick in die Speisekarte bestellten die Hungrigen umgehend, was der Waiter mit einem viel sagenden Lächeln quittierte. Nach dem feinen, nahrhaften Salat wagten sich Hardy und Christel ausnahmweise an die Süssspeisen. „Süss" war nur der Vorname. „Der helle Wahnsinn", meinte Christel, als sie in ein zuckermassentriefendes Stück Küchen oder so was Ähnliches biss. Um die Süsskraft von Hardys Eis stand es nur ein Spürchen schlechter. Christel nahm das kleine blaue Plastikschwert als Andenken an sich, das die Nachspeise so glorios geschmückt hatte. Schliesslich hätte sie den Kampf ja gewonnen und den Teller leergefegt, witzelte sie schelmisch, als sie mit dem Ding vor Hardys Nase herumfuchtelte.

Um 7.30 erreichten die Glarner Miami, das zweigeteilt ist und aus den beiden Städten Miami und Miami Beach mit der dazwischen liegenden Biscayne Bay besteht. Mehrere Dämme und Brücken verbinden das Festland mit den vorgelagerten Sandbänken. Miami Beachs neun Meilen langer Sandstrand wird von einer dichten Gebäudekette mit mächtigen Hotels und Appartements gesäumt. South Beach bietet Rollstuhlfahrern zwei erschlossene Strandpromenaden, weshalb sich Christel und Hardy für Miami Beach entschieden. Schliesslich standen den beiden vor dem Rückflug zwei autolose Tage bevor, in denen sie nicht unnötig vom Behindertentaxi abhängig sein wollten. Experimente mit den vorhandenen Buslinien kamen für Hardy nicht mehr in Frage.

Die letzte Hotelwahl stand bevor. Von den insgesamt 17 Holiday Inns (in ganz Miami) befinden sich drei in Miami Beach, wobei nur eines im Südzipfel liegt. Das Holiday Inn Miami Beach – South Beach (2201 Collins Ave) hatte ein freies Behindertenzimmer mit Rollstuhldusche. Christel parkte auf dem öffentlichen Parkplatz vor dem Hotel. Sie wollte prüfen, ob die mehrstöckige Hotelgarage für den tiefer gelegten

Chrysler überhaupt zugänglich war. Die Tempobarriere am Parkhaus wirkte nicht gerade einladend. Als Christel neugierig herumguckte, sah sie nebenan das Motel Days Inn (Collins Ave & 21st E), das im Verzeichnis auch Rollizimmer aufführt. Zu ihrer Freude entdeckte Christel ein paar Meter weiter die Südrampe zur langen Holzpromenade, die, leicht erhöht, direkt dem Strand entlang führt. Bingo! Das Parkhaus war okay. Christel fuhr vor die Hotelhalle, wo ein Gepäckträger flink zur Stelle war. Nach der reibungslosen Anmeldung konnte das Auto versorgt[281] werden. Pflichtbewusst und hilfsbereit wollte man diese Arbeit der Fahrerin abnehmen. Angesichts der erwähnten Barriere erledigte das Christel lieber selbst. Der enttäuschte und sich um ein Trinkgeld geprellt fühlende Angestellte erklärte trotzdem höflich, auf welcher Etage die blauen Parkfelder für Behindertenfahrzeuge sind. Der Handicapped Room 145 befindet sich im Erdgeschoss, im Innenhof der Hotelanlage, gänzlich ohne Aussicht. Christel und Hardy war das egal. Hauptsache, es hatte eine Roll-in Shower. Der umtriebige Gepäckträger nahm das fürstliche Trinkgeld gerne entgegen und betrachtete sich ab sofort als Leibeigener der Glarner. Mit gut sichtbaren Dollarzeichen in den Augen rang er ihnen das Versprechen ab, sich mit allen Wünschen und Problemen nur an ihn zu wenden. Motiviert besorgte er dem Paar einen Kühlschrank, was angesichts der vielen durstigen Gäste im voll besetzten Hotel ein kleines Kunststück war.

Miami Beach

Hardy loggte sich sofort ins Netz ein. Doug White von der Speditionsfirma in San Diego hatte via E-Mail den vereinbarten Abgabetermin für das Auto bestätigt. Der Van stand den Glarnern nur noch zwei Tage zur Verfügung. Wie die Pläne aussahen? Erste Priorität hatten Hardys selbst verordnete Liegephasen. Er wollte möglichst ausgeruht den langen Rückflug in die Heimat antreten. Sitzbeinknochen und die Haut des Allerwertesten sollten daher in den kommenden Tagen nicht unnötigerweise längeren Belastungen ausgesetzt werden. Schliesslich weiss man nie, ob die geplante Landezeit eingehalten werden kann. Zur Flugvorbereitung gehörte auch eine Entschlackung. Da die Rollifahrer während des Fluges kein WC aufsuchen können, ist ein leeres Gedärme ratsam, wenn nicht gar unabdingbar. Angesichts dieser Überlegungen entschied man sich, keine grösseren Sprünge mehr zu machen[282]. Der Abstecher zu den Everglades Sümpfen kam nicht mehr in Frage.

Gerade wollte Christel das Licht löschen, als der Bellman nochmals an die Türe klopfte. Mit einem Umfragebogen in den Händen stellte er ohne Schüchternheit fest, dass die Herrschaften mit ihm offensichtlich zufrieden gewesen wären. Dies schriftlich festzuhalten, würde ihm sehr nützlich sein. Um eine Verwechslung mit einem Arbeitskollegen auszuschliessen, legte der junge Angestellte einen Notizzettel mit seinem vollständigen Namen hin. Auf sein Benehmen äusserst bedacht, verabschiedete sich der junge Strebsame stilvoll und wähnte sich seinem Ziel – zukünftiger Hotelmanager – ein grosses Stück näher.

Dienstag, 25. Juli 2000: Miami South Beach

Christel und Hardy wollten sich – per pedes – ein Bild von Miami South Beach machen und erklommen via die etwas steile Zugangsrampe (in der 21. und 53. Strasse) die prächtige *Holzpromenade*, die von der 21. bis zur 46. Strasse verläuft. Bei der nächsten Sitzgelegenheit verweilte das Paar und amüsierte sich am unbekümmerten Strandleben, bis die hoch stehende Mittagssonne an einen baldigen Sonnenbrand mahnte. Das nächste Ziel der Glarner war die Hauptstrasse des *Art Deco District*, wofür South Beach bekannt ist. Das unter Denkmalschutz stehende Stadtviertel erstreckt sich von der südlichen 5th bis zur 23th im Norden und wird durch die Collins Ave im Osten und die Lennox Ave im Westen begrenzt. Zum historischen Viertel zählen mehrere hundert Gebäude, die mehrheitlich in den 30er Jahren errichtet und in den letzten Jahren restauriert worden sind. Der gezeigte Art Deco manifestiert sich durch abstrakte Formen, die der Natur (Vögel, Schmetterlinge, Blumen) und früheren Kulturen (Azteken, Mayas, Babylonier, Ägypter, hebräische Schriftzeichen) entlehnt sind, und durch eine stromlinienförmige, aerodynamische und geometrische Architektur, die ihre Blütezeit nach der Depression hatte. Der Art Deco District, der in den 60er Jahren als „Altenheim der USA" verschrien war, hat in letzter Zeit eine erstaunliche Wiederbelebung erfahren. Viele der alten Hotel- und Apartementbauten werden wieder als solche genutzt. Von farbigen Neonröhren beleuchtete Cafés und Restaurants laden zur Einkehr ein.

Christel und Hardy folgten mit dem Auto der Collins Ave, die vielfach auch „The Strip" genannt wird und an der sich ansprechende Art-Deco-Bauten befinden. Drei der grössten Art-Deco-Hotels sind in den 40er Jahren an der Collins Ave errichtet worden. Es sind dies das National Hotel, das Delano Hotel und das Erstklasshotel Ritz Plaza (1701 C. Ave, mit Handicapped Rooms). Die Stromlinien und die baulichen Details erinnern nicht von ungefähr an Verkehrsmittel, die das 20. Jahrhundert revolutioniert haben – Raketen, U-Boote und Flugzeuge. Ein Juwel am Meer ist das kürzlich renovierte Tiffany Hotel (801 C. Ave, mit Handicapped Rooms) mit 52 verschieden durchgestylten Zimmern. Es ist im National Register of Historic Places verzeichnet. Beherrschender Gebäudekomplex an der nördlichen Collins Ave (4441) ist das Fontainebleau Hilton (Big Blue). Das in den 60er Jahren fertig gestellte riesige Hotel hat mehr als 1200 Zimmer (19 Behindertenzimmer, Badewannen) und Suiten mit diversen Kureinrichtungen. Eine künstliche Felsengrotte mitsamt Wasserfall und eine tropische Lagune sowie Swimmingpool und Strandbar bildeten einst regelmässig eine Filmkulisse. Gert Fröbe mimte etwa in diesem Hotel den Bösewicht im James-Bond-Film „Goldfinger". Am Südeingang des Hotelareals zeigt ein riesiges Wandgemälde von Richard Haas, wie es hinter der hohen Mauer aussieht. Wer sich für Gemälde interessiert, sollte sich das Bass Museum im Collins Park, gegenüber vom Holiday Inn, anschauen. Das an die Architektur der Maya erinnernde Gebäude aus Korallenkalk zeigt schöne Reliefs. Im Museum selbst sind Gemälde alter und neuer Meister ausgestellt.

Rollitauglicher Strandweg

Drei Theater liegen nahe beieinander und können gut zu Fuss vom Holiday Inn aus erreicht werden. Christel und Hardy spazierten auf der 17th St am rollitauglichen Jackie Gleason Theater of the Performing Art vorbei, um zwei Strassen nördlich im Visitor Center (Meridan Ave) weitere Informationen bezüglich eines allfälligen Theaterbesuchs einzuholen. Der Spaziergang führte hernach in die Lincoln Road Mall, eine als Fussgängerzone konzipierte Einkaufsstrasse. Im Osten der Fussgängermall befindet sich das Lincoln Theater, im Westen das von R. A. Benjamin 1934 konzipierte Colony Theatre (Rollstuhlplätze).

Letzteres ist ein Musterbeispiel für den Art Deco in Miami Beach. Das Theater wurde 1976 mit grossem Pomp wiedereröffnet und ist heute einer der Brennpunkte des kulturellen Lebens der Stadt.

Die eingangs der *Fussgängerzone* liegende Bank of America kam gerade recht. Die restlichen Dollar wurden vom Konto bezogen. Die Aufhebung des Kontos müsse Hardy telefonisch via Customer Service erledigen, informierte die Bankdame. Die Glarner schlenderten den Läden entlang, die mit musikalischer Animation nicht geizten. Die trendigen Geschäfte wurden aber nicht lange besucht, zu laut war die Musik. Stattdessen lud ein französisch anmutendes Strassencafé zum Verweilen ein. Die Glarner liessen sich an einem sonnengeschützten Tischchen nieder. Mit auffällig femininer Gestik reichte der Kellner die Speisekarte, wobei er Hardy mit seinen himmelblauen Augen musterte und darob ganz erfreut schien. Christel merkte spätestens während der Bestellung, unerwünscht zu sein. Hardys Wünsche wurden demgegenüber charmant und zuvorkommend entgegengenommen. Sein Salatteller wurde sorgfältig platziert. Der andere schlitterte zu Christel herüber. Erstaunt suchte sie im Gesicht des Flegels nach einer Erklärung. Mit einem alles ignorierenden Blick strich sich der Mann eine Haarsträhne aus der Stirn, wendete sich ab und liess sich lange nicht mehr blicken. Mit wiegenden Hüften kam der Waiter endlich dahergetänzelt, um die Kaffeebestellung entgegenzunehmen. Dasselbe Spiel wiederholte sich: Christel flop, Hardy top. Mittlerweile war alles klar: Der schwule Kellner mochte Christel – die Frau neben dem Mann – eben nicht!

Die Fussgängerzone mündete im Osten in die lange, verkehrsreiche Washington Ave, der Hauptgeschäftsstrasse von Miami Beach. Die bemerkenswerten Art-Deco-Bauten an dieser Strasse fuhren die Glarner per Auto ab. Dabei warfen sie einen kurzen Blick auf das erste Strandhotel, George Washington Hotel, (534 Washington Ave). Auf der Höhe der 5th Street, an der Südspitze des Lummus Parks, fand der Van einen Parkplatz am historischen *Ocean Drive*. Diese meeresnahe Parallelstrasse zur Collins Ave wird ebenfalls von schönen Art-Deco-Bauten gesäumt. Viele der Fassaden sind aus Werbespots und Spielfilmszenen bekannt. Wer Genaueres darüber wissen will, kann sich beim Art Deco Welcome Center im Lummus Park informieren. Durch diesen führt eine rollstuhlgängige Promenade (5th bis 14th St), die an einen breiten Kalksand-Badestrand mit erstaunlich festem Untergrund angrenzt. Der Strand ist das ganze Jahr über belebt und bietet mehr als genügend Möglichkeiten für das Sehen und Gesehenwerden. Vorbei an einem Filmteam, das gerade mit Bademode beschäftigt war, stiess Christel ihren Mann über einen trittfesten Strandwall. Dahinter wurde der Boden sandiger, die Aussicht dafür besser. Die Glarner gesellten sich zu einem anderen Rollstuhlfahrer, der ebenfalls nicht weiter gekommen und im Sand stecken geblieben war. Robby, ein Para, wartete geduldig auf seine Frau, die sich ein Bad in den Fluten des Atlantiks gönnte. Der Miami-Kenner erzählte, wie sich die Stadt in den letzten Jahren verändert hatte. Als seine Badenixe zurück war, halfen die beiden Frauen ihren rollenden Männern wieder zurück zu festem Untergrund, wo man sich verabschiedete. Die Glarner liessen sich am Ocean Drive in einem Gartenrestaurant nieder und schlürften genüsslich einen Schlummertrunk. Besonders unterhaltsam waren die vielen Möchtegernstars, die sich mehr als nur auffallend benahmen und selbst den Beweis dafür lieferten, elende Nieten zu sein. Na ja, die Psychotherapie auf der Strasse kostet immerhin weniger als eine Sitzung, die auch nicht viel mehr bringt.

Mittwoch, 26. Juli 2000: Miami Beach

Nach dem Vollwertfrühstück war Office Work angesagt. Drei Telefonate musste Hardy erledigen: Den Flug bei der Swissair rückbestätigen, die Spedtitionsfirma „asi" in Miami kontaktieren und das Behindertentaxi vorbestellen. Im Gegensatz zu den beiden letzten Gesprächen verlief das erste eigenartig. Im Telefonbuch fand man relativ schnell die Nummer des zuständigen Swissair Office in Miami. Wie gewöhnlich meldete sich das obligate Sprechband, das einen einlud, Tastenkombinationen zu drücken, bis einem der Kopf wirr war. Irgendwann musste man auf Anweisung der Stimme Name, Flugdatum und -nummer eintippen. Dann bestätigte die Computerstimme, dass der Rückflug automatisch registriert worden sei. Für behinderte Personen, die auf Flughafenassistenz angewiesen sind, weiss der Telefoncompi keinen Rat. Hardy wartete deshalb, bis die Stimme sagte, welcher Knopf gedrückt werden sollte, um mit dem Operator verbunden zu werden. Natürlich klappte es x-mal nicht. Eine Ewigkeit verstrich, bis Hardy endlich eine Dame vom Dienst am anderen Ende des Drahtes hatte.

Hardy erklärte, dass er eben den Flug bestätigt hätte und nun nur noch Essen und Assistenz bestellen wolle. Die Dame verneinte, dass der Flug bestätigt sei, kümmerte sich aber selber darum. Erneut musste

Hardy alle Angaben mitteilen. Ebenfalls ein paar Anläufe brauchte die Änderung des Speiseplans – Vegimenü statt Fleisch. Als Hardy auf seinen Rollstuhl zu sprechen kam, wollte die Frau wissen, wer Hardys behandelnder Arzt sei. Hardy gab zu verstehen, dass er nicht krank sei und schon mehr als zwanzig Jahre im Rollstuhl sitze. Die Frau beharrte darauf, worauf Hardy sichtlich genervt das Schweizer Paraplegikerzentrum Nottwil nannte. Natürlich musste er den Namen mehrfach buchstabieren und wusste anschliessend weder Telefon- noch Faxnummer auswendig. Die vierstellige Postleitzahl passte zudem auch nicht in die Computermaske. Die Dame wollte sichtlich genervt eine amerikanische Arztadresse – nur ein richtiger Doc könne einen korrekten Krankenbericht faxen. Hardy wiederholte, nicht krank zu sein und demzufolge auch keinen Arzt in den USA zu haben. Der Zapfen war nun endgültig ab. Ob er eigentlich noch bei Trost sei, meinte der weibliche Operator, so schwer behindert auf Reisen zu gehen und erst noch ohne Notfalladresse im Koffer. Es tue ihr Leid, ohne Formular des behandelnden Arztes ginge bei ihr gar nichts. Unter diesen Umständen könnte sie nichts machen – Hardy könne nicht nach Hause fliegen. Punkt und Stille am anderen Ende!

Nun war Hardy stinkesauer. Er verlangte, unverzüglich mit dem Supervisor zu sprechen. Beredt legte Hardy der Vorgesetzten dar, nicht todkrank zu sein, sondern nur nicht gehen zu können. Für medizinisch ungebildete Telefongumseln[283] muss es wohl sehr schwer sein, eine Lähmung nicht mit Krebs gleichzusetzen. Allmählich verstand die Managerin, worum es ging, und meinte nun plötzlich nett, die ganze Sache sei wohl ein Missverständnis. Der Formularkrieg sei nur für kranke Fluggäste erforderlich, die medizinisch betreut werden müssten. In solchen Fällen sei eine Begleitperson erforderlich und müsse ein minuziös abgefasster medizinischer Bericht vorgelegt werden, damit die Flugzeugcrew gegebenenfalls wisse, was vorzukehren sei. Die Managerin kontrollierte nochmals alle Einträge. Hardy durfte ein drittes Mal alles aufsagen. Es stellte sich heraus, dass die erste Tante zwar den Flug bestätigt, das vegetarische Menü jedoch nicht vorgemerkt hatte. Die Managerin holte das Versäumnis nach und erkundigte sich, ob Hardy spezielle Platzwünsche hätte. Das war das erste Mal, dass Hardy wählen konnte. Vielflieger wissen, dass die erste Reihe der zweiten Klasse bzw. die Sitze in der Nähe der Notausgänge am geeignetsten sind, da sie viel Beinfreiheit bieten. Im Normalfall dürfen die Rollifahrer bei den Notausgängen nicht sitzen, weil sie in einem Notfall im Weg sind (echt wahr!). Die erste Reihe wird gewöhnlich nicht vergeben und dient den Zuspätgekommenen. Fluggäste mit Laptop oder Mütter mit Kleinkindern können unter Umständen auch einen Sitz in der ersten Reihe reservieren, aber bitte keine Lahmen! Die sollen sich gefälligst auf engen Sitzen eingeklemmt den Hintern wundsitzen und ihre Knie am vorderen Sessel aufscheuern, auch eine Art Kundenservice. Die Managerin war für einmal nett und fragte, ob sie zwei der Sitze in der ersten Reihe reservieren solle. „Yes, of course, I can do that. Don't worry, it's o.k.!", schloss die Managerin das zwanzigminütige Gespräch. Erschöpft knallte Christel den Hörer auf die Gabel und massierte ihren mittlerweile gefühllos gewordenen Arm. Sie traute der Sache ganz und gar nicht. Vorsichtshalber notierte sie die versprochenen Sitzplatznummern und den Namen der Managerin – nur für den Fall ...

Nachdem die drei Anrufe erledigt waren, setzten sich die beiden unternehmungslustig ins Auto und erforschten die 17 Inseln im Norden von Miami Beach. Kaum zu glauben, was sich auf dem schmalen Sandbankstreifen alles aneinander pfercht. Die baulichen Highlights befinden sich zwischen der 25th und der 87th Strasse. In Bal Harbor guckten die Glarner kurz in die Mall. Schnell stellten sie fest, dass sich die extravaganten Boutiquen vornehmlich an den Gästen der umliegenden First Class Hotels und den Bewohnern der Luxuswohnungen orientieren. Die Rückfahrt zum Hotel verlief teilweise am Indian Creek entlang. Der schmale Lagunenstreifen wird oft als Filmkulisse für dramatische Verfolgungsjagden zu Wasser und zu Lande genutzt. Er trennt die von Hotel- und Apartmenthochbauten gesäumte schmale Nehrung, die im Norden von Miami Beach liegt, vom exklusiven Wohnbezirk der Alton Road. Folgt man dieser, kommt man in die Nähe der künstlichen Inseln Star Island, Palm Island und Hibiscus Island, die zwischen MacArthur Causeway und Venetian Causeway liegen. Auf diesen Inseln wohnten schon so manch berühmte und illustre Persönlichkeiten, wie zum Beispiel Al Capone und Liz Taylor.

Donnerstag, 27. Juli 2000: Bettruhe

Hardys Bettkur beinhaltete Wellness und Schönheitspflege. So schlüpfte Christel zuerst in die Rolle des Figaros und griff zur Schere. Hardy gab die Arie des Figaro inbrünstig zum Besten, als Haare und Bart gestutzt wurden. Die musikalische Begleitung, nicht unbedingt ein musikalischer Leckerbissen, fand eine

Fortsetzung beim ausgedehnten Duscherlebnis. Das Sängerkelchen wurde mitunter durch (absichtlich) verirrtes Wasser zum Glucksen gebracht. Die thermale Entspannung wirkte in liegender Position weiter, als duftende Hautcremes und wohlriechende Massageöle den abgespannten Körper beruhigten. Diese Anwendung verfehlte die Wirkung nicht. Der Glarner Kurgast fiel in einen Tiefschlaf, endlich sang er nicht mehr.

Inzwischen bekämpfte die Krankenschwester die Wasserlachen im Bad. Da ein Duschvorhang fehlte, war alles klitschnass. Nach den guten Reklamationserfahrungen im Holiday Inn in New Orleans beanspruchte Christel diesen Hausservice auch in Miami. Der herbeibefohlene Bellman versprach ergebendst ein Wunder, das der ebenfalls anwesende Serviceman relativieren musste. Am Schluss liess der Manager höchstpersönlich die Seifenblase platzen. Es gebe keinen Vorhang, auch nicht vorübergehend. Begründung? Es hätten sich in der Vergangenheit immer wieder gefährliche Situationen für Rollstuhlgäste ergeben, deren Rollstühle sich mit dem Duschvorhang verheddert hätten. Deshalb habe sich das Ausstattungsteam des Hotels veranlasst gesehen, Vorhänge in Rollstuhlduschen zu entfernen. Und schnell angefügt, das sei zudem in allen Holiday Inn so vorgeschrieben. Ob das der Wahrheit entspricht? Der dem Englischen kaum mächtige Mann vom Unterhaltsdienst rang nach Worten, während sich der karrieregeile Bellman heimlich aus dem Staub machte. Christel erlöste den stotternden Mann aus der beklemmenden Situation und sagte: „¡Usted puede hablar español!" Der höflichen Aufforderung, in seiner Landessprache zu sprechen, kam der gute Mann erleichtert nach. Er begriff die Ausrutschgefahr auf dem nassen Boden. Dem turbosprudelnden Spanisch musste Christel jedoch entnehmen, dass der pflichtbewusste Señor ihrem Wunsch nicht nachkommen konnte, wollte er seinen Job behalten. Er könne dafür jeden Tag Hardys Transfer übernehmen. „Lo siento mucho, señora, no puedo hacer más!", entschuldigte sich der Mann und ging. Sprachen verbinden Völker. El Señor kam retour mit einem Riesenstapel Handtücher für einen Frotteewassersperre zur Dusche. – Muchas gracias!

Fernseh schauen – einmal etwas anders

Die Bettruhe für Hardy dauerte an. Da Hardy jeweils umgekehrt im Bett liegt, um seine Füsse an der Wand abzustützen, konnte er nur mit Hilfe eines Spiegels auf dem Bauch Fernseh schauen. Christel mühte sich in der Zwischenzeit mit dem Rollstuhlgestänge ab. Der „Goldfurz" mitsamt Rahmen musste losgeschraubt werden, damit der Rollstuhl wieder faltbar und so besser für den Transport im Flugzeug geeignet war. Das schwere Eisengestänge wurde im Auto verstaut, wodurch unnötiges Übergepäck vermieden werden konnte. Hardy amüsierte sich über seine Maid, die er nicht alle Tage dreck- und ölverschmiert halbnackt am Boden herumkriechen sieht. Nach einem ausführlichen Werkzeugstudium und einigen gehörigen Flüchen schaffte es Christel schliesslich doch noch, die ungeliebte Mechanikerarbeit zu einem Ende zu bringen. Als Nächstes wurde das Reisegepäck für den Heimflug zusammengestellt und die restlichen Sachen im Auto verstaut. Zum Schluss überprüfte Hardy die erforderlichen Papiere für die bevorstehende Autoabgabe. Ein Fernsehkrimi beendete den Tag.

Freitag, 28. Juli 2000: Miami

Der Ruhetag hatte Gelegenheit gegeben, die Geschichte Miamis zu studieren: Nach dem Abzug der Spanier 1821 kamen die ersten amerikanischen Siedler in den Süden, um Baumwolle und tropische Früchte anzupflanzen. Im Jahre 1871 wurde an der Mündung des Miami Rivers (Mayami = indianisch für Grosses Wasser) ein Handelsposten errichtet. Fünf Jahre später erwarb eine Yankee-Dame aus dem Norden einen grösseren Landstreifen nördlich des Miami Rivers und erreichte, dass Miami um 1900 herum durch die East Coast Railroad erschlossen wurde. Der Spanisch-Amerikanische Krieg machte die Stadt zur Gewinnerin. Die Erschliessung der vorgelagerten Strandinsel Miami Beach wurde in Angriff genommen. Während des Zweiten Weltkriegs war das sonnige Miami Lazarett- und Erholungsort. In der Folgezeit setzte ein Bauboom ein, der bis heute anhält. Die im Winter günstigen klimatischen Bedingungen verursachten eine stürmische Entwicklung des Fremdenverkehrs. Rund acht Millionen Touristen kommen jährlich in den Grossraum Miami, das zudem Standort des weltweit wichtigsten Hafens für Kreuzfahrtschiffe und eines bedeutenden internationalen Flughafens ist. Wie man auch an den mehr als 600 grösseren Hotels, Motels, den mehreren tausend Restaurants, Cafés und den vier Dutzend ausländischen Konsulaten erkennen kann, hat der Geschäftsreiseverkehr ebenfalls eine wichtige Bedeutung. Durch die Änderung der Bankengesetzgebung und dem damit verbundenen Zustrom von Kapital aus Lateinamerika und Saudi-Arabien entwickelte sich Miami zu einem erstrangigen Finanzplatz. Darüber hinaus sind im Grossraum Miami führende Betriebe der Luft- und Raumfahrtindustrie sowie der Lebensmittelindustrie angesiedelt. Auch die Filmindustrie und biomedizinische Forschungsstätten spielen neuerdings eine wichtige Rolle.

Im südlichen Miami liegt *Little Havana*. Der kubanische Bezirk mit seiner eigenen Atmosphäre wird von der spanischen Sprache beherrscht. Die Castro-Revolution veranlasste viele Kubaner, ihrer Heimat den Rücken zu kehren und sich in und um Miami niederzulassen. Die kubanischen Flüchtlinge hatten einen wesentlichen Anteil an der weiteren Entwicklung. In den frühen 80er Jahren spülte eine weitere Fluchtwelle tausende von Kubanern nach Miami. Dazu gesellten sich zahllose Bootsflüchtlinge aus Haiti, die heute als Underdogs ihr Dasein fristen. Die Hauptschlagader von *Downtown Miami* ist der Südabschnitt des palmengeschmückten Biscayne Boulevard, der von stattlichen Hochhäusern gesäumt wird. Der Hafenpromenade entlang gibt es grosse Shoppingzentren und Vergnügungsanlagen. Der Bayfront Park, der sich östlich des Biscayne Boulevard erstreckt, ist vor einiger Zeit völlig umgestaltet worden. Im fraglichen Park bieten ein elektronisch gesteuerter Springbrunnen, ein Amphitheater und ein Turm für Laser-Lichtspiele mannigfaltige Unterhaltung. Die wunderbare, rolligerechte Uferpromenade ist etwa 12 Blocks lang. An den Bayfront Park grenzen der Bayside Market Place und der moderne Yachthafen Miamarina (einst Pier 5, bekannt aus der Fernsehserie „Miami Vice" als Liegeplatz von Sonny Crockett's Boot). Schmucke Geschäfte und gepflegte Restaurants locken viele Touristen an. Eine besondere Attraktion des Yachthafens ist die H.M.S Bounty, eine Nachbildung eines Dreimasters aus dem 18. Jahrhundert, auf dem 1962 die „Meuterei auf der Bounty" gedreht worden ist.

The Taxi Driver

Die letzte Fahrt im Van führte die Glarner über die MacArthur Causway zum Festland zur asi-Spedition. Über eine hohe Eingangsstufe im Parterre erreichte Hardy das zweckmässig eingerichtete Büro, das sich als kleine deutsche Oase entpuppte. Ein junger deutscher Angestellter nahm das Zustandsprotokoll des Autos auf. Kai Jaeger, der im Büro eine Art Logenplatz einnahm, telefonierte kurz mit Doug in San Diego und liess einen prüfenden Blick nach unten über die Köpfe der Anwesenden schweifen. Kai gab seinem Mitarbeiter grünes Licht und kümmerte sich nicht mehr weiter um die wartenden Glarner. Ein Notfall platzte herein. Ein Italiener hatte vor einer Woche eine machina splendida gekauft und sie zur Verschiffung angemeldet. Nun war er nicht in der Lage, den notwendigen Originaleigentümertitel vorzuweisen. Ganz nach italienischer Art regte er sich darüber auf und wusste nicht, wer diesen nun haben könnte. „Si, si, ... I mean yes, yes, it's really my car!", ereiferte sich der Italo und blitzte trotzdem ab. Ohne dieses Papier geht gar nichts. Die italienische Aufregung schuf Gelegenheit, Hardys Auto zu filmen. Mit der Kamera glitt Christel dem Autolack entlang. Hardy hatte mittlerweile den wenigen Papierkram bewältigt. Zum guten Glück hatte Doug in San Diego alles bereits vororganisiert. Hardy erhielt eine Empfangsbestätigung, während Christel schweren Herzens den Schlüssel des Vans überreichte. Das Paar wartete im kühlen Büro auf das Rollstuhltaxi. Der Fahrer, ein älterer Mann, nahm sich Zeit und befestigte Hardy im Kleinbus. Leider verstand der kleine, weisshaarige Herr kaum ein Wort Englisch. Mit dem Finger fuhr er über einen Computerauszug, auf dem sämtliche Fahrten des Tages aufgelistet waren. Bei Hardys Name liess er den Finger ruhen, zog seine Augenbrauen fragend in die Höhe und murmelte ein „Yes?". Christel antwortete in Spanisch. Der Fahrer, der sichtlich bemüht war, einen korrekten und kompetenten Eindruck zu machen, entspannte sich bei den vertrauten Lauten. Ein Problem blieb trotzdem: Der gute Señor wollte oder konnte die Auffahrt zur Brücke nach Miami Beach einfach nicht auf Anhieb finden.

Wieder im Hotel wollte Christel vom Chauffeur die Taxifahrt vom Sonntag zum Flughafen bestätigt wissen. Das betreffe nicht ihn, liess er verlauten, weil er dann frei hätte. Erneut hielt er sich den Einsatzzettel unter die Nase. Die gewünschte Fahrt war eigenartigerweise doch vorgemerkt. Ein erleichtertes Lächeln huschte über das Gesicht des Mannes. Hoffentlich klappt es! Nach einer Siesta schlug Hardy vor, die Italianità vom Mittag fortzusetzen, und suchte mit seiner Signora das Hotel-Restaurant „La dolce Vita" auf, wo eine feine Pasta gereicht wurde. Die aufkommende Wehmut wurde mit einem vollmundigen roten Tropfen in Allegria umgewandelt. Es war das letzte Abendessen vor dem Rückflug, sozusagen die Henkersmahlzeit. Das Paar trat anschliessend an die wunderbare Abendluft hinaus. Auf dem langen Holzpier spazierend sogen die Bergler gierig die frische Meeresbrise in sich ein. Eine Sitzbank bot Gelegenheit, die Wellen zu beobachten, bis sie und ihre Umgebung von der einbrechenden Dunkelheit verschluckt wurden. Ein grosses Flugzeug bahnte sich den Weg durch den Nachthimmel. Christel und Hardy verstanden: Es war Zeit!

Samstag, 29. Juli 2000: Bettruhe

Ruhe vor dem Flug war angesagt. Hardy schonte erneut seine Sitzbeinknochen und den Rücken. Diätetische sowie entschlackende Massnahmen standen auch diesmal wieder auf dem Programm. Weitaus angenehmere Unterhaltung bot der TV. Die eine oder andere Krimiserie werden die Glarner vermissen. Christel nutzte den Tag für das Sortieren der gesammelten Reiseunterlagen und Postkarten. Da das Reisetagebuch in den letzten Wochen nicht mehr nachgeführt werden konnte, sammelte man einige Stichwörter. Schliesslich sollten die abenteuerlichen Berichte am Ende in Buchform erscheinen, bespickt mit Informationen und Tipps für den reisenden Rollifahrer.

Sonntag, 30. Juli 2000: Miami – Glarus

Es ist so weit! Um 5.15 p.m. wird das Flugzeug abheben. Mindestens zwei Stunden vor Abflug wollten Christel und Hardy einchecken. Das Rollstuhltaxi war für 2 p.m. bestellt worden. Hardy hatte vom Hotel die Erlaubnis erhalten, das Zimmer erst dann verlassen zu müssen. So legte sich Hardy nach der letzten Erfrischung in der Roll-in Shower nochmals hin. Christel beschriftete alle Gepäcksstücke und den Rollstuhl mit dem Namen und der Flugdestination. Wie immer befanden sich im Handgepäck ein zusammengerolltes Bettfell und die notwendigsten Pflegeartikel. Für unvorhergesehene Hotelübernachtungen wären die beiden gerüstet: Lieber dabei haben und nicht brauchen als umgekehrt.

Kurz vor 2 p.m. meldete sich das Taxi. Die Glarner wiesen einen Kofferträger (ihr Leibeigener hatte frei) an, das Gepäck in das Rollstuhltaxi einzuladen. Christel schaute dem Burschen nach, wie er den Wagen durch den Hallenausgang schob. Auf Grund der vielen Abreisenden dauerte die Abfertigung an der Hotelrezeption ewig. Hardys Rechnung musste korrigiert werden, weil dem Computer niemand gesagt hatte, dass die Garage seit zwei Tagen nicht mehr benutzt worden war. Endlich verliessen die Glarner die Hotelhalle. Wo war das Rollstuhltaxi? Bereits unterwegs? Womöglich mit einem anderen Behinderten? Nein! Der Fahrer hatte aus Platzgründen abseits parkieren müssen. Als er das Paar umherschauen sah, steuerte er das Auto heran. Der junge Schwarze lud Hardy ein. Bevor der Fahrer die Türe schloss, schoss es Christel heiss durch den Kopf: „Wo um Himmelswillen ist das Gepäck?" Der Fahrer schüttelte den Kopf – er habe nichts eingeladen. Christel sprang aus dem Auto und suchte den Gepäcksburschen. Dieser versicherte, dass er das Gepäck auf den Gehsteig geschoben habe. Der Gehsteig war aber leer. Dann sei das Gepäck jetzt sicher im Taxi, kombinierte der Jüngling scharf. „In welchem Taxi?", erschrak Christel abermals heftig. Sie eilte mit Riesenschritten in die Empfangshalle, um ihr Gepäck als vermisst zu melden. Zufällig sah sie einen anderen Bellman, ihren Gepäckwagen langsam vor sich herschiebend. Als Christel auf ihn zuhastete, freute dieser sich und fragte geschäftig: „In welches Zimmer, bitte?"

Die Fahrt konnte losgehen. Der ortskundige, aber wenig gesprächige Chauffeur bretterte Richtung Flughafen. Christel sah, dass auf dem Armaturenbrett der Angestelltenausweis mit Passfoto und Identifikationsnummer des Drivers angeheftet war. Darüber stand in grossen Lettern der Hinweis, dass man einer allfällige Beschwerde rund um den Transport die ID-Nummer dazusetzen solle. Begreiflich. Schliesslich kostete die Flughafenfahrt 63 Dollar (die Fahrt am Donnerstag zum Hotel war mit 43 Dollar vergleichsweise günstig). Auf dem Flughafenareal wollte der Driver die gewünschte Fluggesellschaft wissen respektive, ob ein International Flight bevorstünde. Kaum hatte der Fahrer angehalten, drängte sich ein Gepäckträger auf. Den Glarnern war es recht, da sie eine rollenlose Aluminiumkiste mitführten. Eifrig schleuderte der Mann den Rollkoffer und die Kiste auf seinen Wagen. Er streckte die Hand nach weiteren Gepäcksstücken aus, erhielt aber nichts mehr ausgehändigt. Christel trägt ihr Handgepäck immer am Rücken, Hardy seines immer auf den Kofferträgern des Rollstuhls über seinen Füssen. Das Roho-Ersatzkissen blieb ebenso auf Hardys Knien. Der kurze Weg zum Check-in Schalter war schnell zurückgelegt. Der Mann lud die zwei Gepäcksstücke ab. Christel hatte kein Kleingeld. Der Mann gab höchst widerwillig das Herausgeld und strafte Christel mit einem verächtlichen Blick.

Am leeren Check-in-Schalter gaben weder der grosse, ein wenig übergewichtige Rollkoffer noch die Alukiste Anlass zu Beanstandungen. Als der Angestellte sich nach den Sitzplatzwünschen erkundigte, wurden die Glarner hellhörig. Das war doch bei der Rückflugbestätigung telefonisch abgemacht worden. Das Paar nannte dem Mann die ihnen zugesagten Sitznummern. Ja, ja, meinte dieser, die Menüänderungen wären ersichtlich. Reserviert seien aber zwei mittlere Sitzplätze in einer der hintersten Reihen. Keine Plätze mit Beinfreiheit zuvorderst! Hardy verlangte den Supervisor. Der Vorgesetzte erschien tatsächlich und liess sich die ganze Geschichte erzählen. Wer denn diese Darlene sei, die solche Sachen am Telefon versprochen hätte? Er würde keine Mitarbeiterin mit diesem Namen hier am Flughafen kennen. Hardy erklärte, dass er die gebührenfreie 1-800er Telefonnummer der Swissair gewählt und mit einer Vorgesetzten verhandelt hätte.

Der Supervisor bestritt die Tatsache, dass eine Sitzplatzreservation eingegangen sei, und hielt fest, dass die gewünschten Bulkhead Seats nicht reserviert werden könnten. Christel wurde sauer. Es wollte ihr nicht in den Kopf gehen, dass verschiedene Swissair-Büros mit Kunden direkt verkehren, der Flughafenschalter aber am Schluss nichts davon weiss. Sie erkundigte sich nach einem Korridorsitz mit aufklappbarer Armlehne. Der Supervisor bejahte. Noch einer sei übrig, der Platz daneben jedoch besetzt. Wunderbar! Wie kann Christel Hardy behilflich sein, wenn sie nicht neben ihm sitzt? Der Supervisor machte keine Anstalten, eine Umplatzierung von Fussgängern vorzunehmen. Das sei unfair, meinte er. Hardy und Christel blieben standhaft. Sie ignorierten die unlogischen, diskriminierenden Vorschläge des Supervisors und rührten sich nicht von der Stelle. Sie beharrten darauf, dass Hardy eine Möglichkeit zugebilligt bekommen hatte, die Beine zwischendurch strecken zu können. Ob es die blauen Hundeaugen von Hardy waren oder die in Christels Gesicht geschriebene Fassungslosigkeit oder vielleicht die Menschenansammlung hinter dem Rücken des Paares, blieb ungeklärt. Der Supervisor machte nach einigen Tippattacken auf dem Computer den Vorschlag, dass das Paar eine Dreierreihe für sich erhalten würde. Somit könne Hardy im Notfall liegen. Der Supervisor versprach, den dritten Sitz gesperrt zu haben. Ein neues Versprechen, ein anderer Vorgesetzter, die gleiche Swissair! „Es ist zum Kotzen", regte sich Hardy auf, „jeder hat die gleichen Arbeitsvorschriften, jeder glotzt in eine Kiste, die vernetzt ist, und trotzdem behauptet jeder wieder etwas anderes!"

Das Paar schleuste sich durch die Handgepäckskontrolle, wobei Christel den Vorgang viermal wiederholen musste, weil ständig der Alarm losging. Endlich liess man sie ziehen. Christel schnappte schnell das Handgepäck, das durch die Verzögerung schon das Förderband staute, und eilte zu Hardy, den man nach der obligaten Spezialdurchsuchung einfach irgendwo stehen gelassen hatte. Zusammen suchten sie den Weg zum Abfluggate. Christel konnte einen Kaffee gebrauchen. Hardy deckte sich im Kiosk mit Fluglektüre ein, bevor sich beide in einem Schnellimbiss Ruhe verschafften. Im Geist liess Christel die Aufregungen des Tages nochmals vorüberziehen. Statt sich zu entspannen, zuckte die Gute abermals zusammen. „He Hardy, wo hämmär 's anderi Rohochüssi?", fragte sie aufgeregt. Das zweite Sitzkissen musste bei der Handgepäckskontrolle liegen geblieben sein. Christel und Hardy hasteten zurück durch die Flure, Etagen und Lifte. Bei der Handgepäckskontrolle wurden sie von einer Aufsichtsperson harsch gestoppt und zum Rückzug gedrängt. Schliesslich sei dies der verkehrte Weg. Hier komme man nicht weiter – one way! Christels Hinweis, dass sie einen Gegenstand vermisse, stimmte die uniformierte Person nicht milder. Christel drängte sich an ihr vorbei, was eine Blitzreaktion von weiteren Kontrollposten zur Folge hatte. Wenigstens hörte man Christel endlich zu. „Aha, meinen Sie etwa das hier?", rief jemand und winkte mit dem Kissen. Wenigstens ein Mensch mit Hirn unter den uniformierten, zweibeinigen Maschinen, dachte Christel erleichtert. Man kehrte zum Gate zurück. Noch eine Stunde bis zum Take-off. Christel installierte Hardy das Laptop. Als das Bodenpersonal Stellung bezog, meldete Christel vorsichtshalber nochmals die notwendige Transferhilfe für Hardy an. Ja, ja, alles klar! Es dauere schon noch eine Weile, beruhigte man Christel, die sich aufatmend zur Toilette begab. Als sie zu Hardy zurückkehrte, wurde sie bereits aufgeregt erwartet. „Komm, schnell! Der Lautsprecher hat uns schon zweimal ausgerufen. Wir müssen einsteigen!" Christel ärgerte sich. Die Angestellte von vorhin konnte unmöglich fünf Minuten mit „eine Weile" gemeint haben. Koordiantion gleich null!

Statt wie üblich vor der Flugzeugtüre wurde Hardy vor den neugierigen Augen aller Wartenden auf die Transferkarre gehoben. Christel hinderte die Sanitäter am Lospreschen und hiess sie zu warten, bis sie Hardys Rollstuhl gefaltet und in abnehmbare Teile demontiert hatte. Diese nimmt Christel jeweils mit dem Handgepäck in die Kabine mit. Die Verantwortlichen am Gate verweigerten – wie sonst auch – ein Mitführen des Rollstuhls in der Kabine. Christel ermahnte die Sanitäter, dafür besorgt zu sein, dass der Rollstuhl in den Frachtraum gelangt. „O.k., o.k., M'am, no problem!" Schon wieder ein Versprechen! Los gings zum Flugzeug, wo das Paar mit „Grüezi!" begrüsst wurde. Christel schritt vor der Sanitätstruppe her, um das Kissen auf dem richtigen Sitz zu platzieren. Wie erwartet hatte die Sitzreihe keine flexible Armlehne. Hardy musste einmal mehr über die Lehne gehoben werden. Christel polsterte das Hindernis, um Hardy vor Verletzungen zu schützen. Die Sanitäter schwitzten und wollten gehen. Christel hielt sie zurück. Sie mussten Hardy auf den mittleren Sitz platzieren. Das war offensichtlich ein eigenartiger Wunsch an die Jungs. Aber sie gehorchten, wenn auch erst nach Absprache mit der Dame vom Kabinendienst. Hardy erinnerte seine Maid daran, das Ventil des anderen Rohokissen zu öffnen, damit es während des Fluges nicht platzt. Christel turnte um die Sitze herum und verhalf Hardy zu einer bequemen Position. Kaum sass sie selber, füllte sich der Vogel mit den übrigen Passagieren.

Ciao Van, hoffentlich sehen wir uns bald Zuhause

Die Maschine hob ab. Christel kuschelte sich an ihren Mann. Das Paar wünschte sich einen guten Flug. Christel warf einen Blick zurück. Hardy hatte keine Mühe, sich mit dem Flugzeug in die Zukunft katapultieren zu lassen. „Alles hat ein Anfang und ein Ende", pflegt er jeweils bei Veränderungen zu sagen. Die Flugbegleitung bahnte sich einen Weg durch den Korridor mit dem Getränkewagen. „Was hettät Sie gärn z'trinkä?"[284] – Es bestand kein Zweifel. Der Weg führte Hardy und Christel ins „Schwiizerländli". Home again!

KULTURGRAMM

Culturgram United States of America for the international visitor, 1996

Die Brigham Young University stellt Amerika den ausländischen Besuchern vor.

KULTURGRAMM

KULTURGRAMM

WILLKOMMEN

Willkommen in den Vereinigten Staaten von Amerika! Wir hoffen, dass Ihnen Ihr Besuch in diesem Land gefällt und Sie einige seiner Wunder erfahren können – egal, wie lange Sie bleiben. Diese kleine Einführung wird Sie mit dem amerikanischen Volk und seiner Art zu leben bekannt machen. Weil sich in den meisten Staaten die US-BürgerInnen selber als Amerikaner bezeichnen, benützen wir hier diesen Ausdruck ebenfalls.

Wenn Sie dieses Kulturgramm lesen, erinnern Sie sich bitte daran, dass die Vereinigten Staaten von Amerika (nachfolgend USA genannt) nicht nur ein grosses Land sind, sondern auch ein Land von Unterschiedlichkeiten. Es ist schwierig, die vielen unterschiedlichen Bräuche zu beschreiben. Wir müssen auf die herkömmlichen und im Allgemeinen charakteristischen Sitten von Land und Leute beschränken.

HINTERGRUND

Land und Klima

Die USA decken den grössten Teil von Nordamerika ab, einschliesslich Alaska und Hawaii, und sind das viertgrösste Land der Welt. Auf Grund seiner Grösse und Lage hat das Land viele verschiedene Klimazonen und eine Vielfalt von geografischen Merkmalen. Ausgedehnte Berge, weite Wüsten, wilde Canyons, Hügel, Prärien, Tundra, weit reichende Küsten, Wälder, tropische Inseln, Feuchtgebiete, Sümpfe und vieles andere können vorgefunden werden. Jenseits der kalifornischen Strände und Berge gehen die westlichen Rocky Mountains allmählich in eine breite Zentralebene über. Das zerklüftete und vulkanische Hawaii ist üppig und ganzjährig grün. Alaska hat hoch aufragendes Gebirge, weite Täler und Gletscher.

Das Klima des Landes ist so abwechslungreich wie das Erscheingungsbild selbst. Die Luftfeuchtigkeit ist im Osten und Südosten oft höher als im gemeinhin trockenen Westen. Die meisten Landesteile kennen die vier Jahreszeiten mit warmen Sommern und kalten, schneereichen Wintermonaten. Südwesten und Südosten sind klimatisch weniger stark ausgeprägt und kennen im Winter selten Schnee. Die verschiedenen Regionen werden von Naturkatastrophen wie Überschwemmungen, Erdbeben, Wirbel- und Winterstürmen heimgesucht. Die natürlichen Bodenschätze bestehen aus Bauxit, Kohle, Kupfer, Gold, Eisen, Blei, Quecksilber, Erdgas, Nickel, Petrol, Phosphat, Silber, Uran und Holz.

Geschichte

Die Geschichte Nordamerikas, vor der Zuwanderung der Europäer, ist unvollständig dokumentiert. Bekannt ist, dass die Ureinwohner grosse Reiche und fortgeschrittene Zivilisation kannten. Vom 17. Jahrhundert an wurden die Einheimischen von Siedlern aus Europa zunehmend zurückgedrängt, die auf der Suche nach Reichtum und Ehre in die „neue Welt" gekommen waren. Britische Kolonien (die 13 Kolonien) wurden an der Ostküste von Nordamerika gegründet. Spanische und französische Entdecker eroberten ebenfalls grosse Gebiete der heutigen USA.

Mitte des 18. Jahrhunderts verlangten die Kolonisten ihre Unabhängigkeit von Grossbritannien. Die Amerikanische Revolution von 1776 führte schliesslich zur Unabhängigkeit und einem lockeren Staatenbündnis. Die Verfassung von 1787 bildete die Grundform der Regierung, wie sie heute noch existiert. Entdecker und Pioniere rückten allmählich westwärts und besiedelten ausgedehnte Landgebiete. Die Vereinigten Staaten erwarben im Verlauf des 19. Jahrhunderts zusätzlich Territorien von Frankreich, Mexiko und Spanien und erweiterten so ihre Grenzen vom Atlantischen Ozean bis zum Pazifik.

1861 brach der Bürgerkrieg zwischen den Vereinigten Staaten im Norden und den konföderierten Staaten im Süden aus, weil man sich über grundlegende Fragen (Sklaverei, Staatsrechte, Sezession) uneins war. Unter Präsident Abraham Lincoln besiegten die Vereinigten Streitkräfte 1865 die Konföderierten und vereinigten das Land.

KULTURGRAMM

Amerikanische Truppen waren im Ersten Weltkrieg nur in den letzten Jahren involviert. Die USA waren aber im Zweiten Weltkrieg einer der wichtigsten Kombattanten und entwickelten sich seither zur stärksten wirtschaftlichen und militärischen Kraft der Welt. Die amerikanischen Werte und Errungenschaften verstreuten sich auf der ganzen Welt. Einige Nationen hiessen diese willkommen, andere nicht. Amerikas Vorsprung nahm in den 70er Jahren wegen der Niederlage in Vietnam ab. Dieser Trend hielt in den 80er Jahren an, als andere Nationen, vor allem in wirtschaftlicher Hinsicht, stärker wurden. Aber die USA blieben ein wichtiges Mitglied in der Weltengemeinschaft und nahmen eine Schlüsselrolle im Zusammenhang mit der internationalen Hilfe ein.

Die USA wurden nie von einem Diktator regiert und kannten immer freie Wahlen. Amerikaner betrachten sich sowohl als Welthüter der Demokratie und Freiheit als auch als Friedensförderer. Obwohl die amerikanische Führung nicht immer im besten Interesse aller Parteien involviert gewesen ist, hatte sie eine zentrale Schlüsselstellung im Golfkrieg von 1991. Die Mitwirkung der USA ist gegenwärtig unerlässlich für den erfolgreichen Abschluss des Friedensprozesses im Mittleren Osten, die Friedensbemühungen im ehemaligen Jugoslawien, die Demokratisierung von Haiti und anderen Nationen sowie das Zustandekommen eines internationalen Freihandelsabkommens.

VOLK

Bevölkerung

Die Bevölkerung der Vereinigten Staaten (ungefähr 264 Millionen) ist die drittgrösste in der Welt, China und Indien folgend. 80% der US-Bevölkerung ist weiss und schliesst Leute aus Europa, dem Mittleren Osten und solche mit lateinamerikanischer Herkunft ein. Die andersrassigen Gruppen bestehen aus Schwarzen (12%), Asiaten (3%) und Eingeborenen (1%). Die Lateinamerikaner bilden eine ethnische Minderheit und machen 9% der gesamten Bevölkerung aus. Lateinamerikaner (Hispanic) ist ein künstlicher Ausdruck, der nicht durchwegs akzeptiert wird. Die meisten Lateinamerikaner, oder Latinos, benennen sich gemäss ihrem Ursprungsland, z.B. Mexican American. Der Ausdruck Hispanic wird hier nur zur Identifizierung einer Gruppe gebraucht, die aus vielen, meist unterschiedlichen Völkern besteht, um diese anderweitig aufzulisten. Tatsächlich werden alle Minderheiten durch viele kleinere Gruppen repräsentiert, die aus nahezu allen Ländern der Welt stammen. Die Asiaten sind die schnellstwachsende Minorität in den USA.

Obwohl sich überall im Land Angehörige von jeder ethnischen Gruppe finden lassen, unterscheidet sich die Zusammensetzung je nach Region. Die weisse Bevölkerung von Kalifornien macht beispielsweise nur 57% aus, während die Einwohner von New Hampshire zu 98% weiss sind. Lateinamerikaner residieren meistens im Westen und Südwesten, während die Schwarzen in der Regel im Osten und Südosten leben. Mehr als 60% der Bevölkerung von Hawaii sind Asiaten. Weisse leben gewöhnlich in ländlichen und vorstädtischen Gebieten, während Minderheiten in Stadtzentren wohnen. Nahezu 80% aller Amerikaner leben in Metropolen. Der Ausdruck „American" wird benutzt, um Bürger oder Produkte der USA zu beschreiben – auch ausserhalb des Landes.

Der Bevölkerungs-Entwicklungs-Index (Human Development Index) von Amerika steht mit 0,937 an zweiter Stelle von 174 Ländern. Die meisten Amerikaner haben Zugang zu Bildungseinrichtungen und angemessener Gesundheitsvorsorge und verfügen über die erforderlichen ökonomischen Mittel, um ein selbst bestimmtes Leben führen zu können. Mit 0,901 steht der Bevölkerungs-Entwicklungs-Index für Frauen an fünfter Stelle von 130 Ländern.

Das Bevölkerungsmosaik der USA kommt der Nation zugute und fordert sie heraus. Rassenspannungen, speziell in grösseren Stadtgebieten und in einigen Südstaaten, haben immer wieder zu Gewaltausbrüchen geführt. Die Bürgerrechtsbewegung der 60er Jahre machte auf die Ungleichheit zwischen der weissen Bevölkerung und anderen ethnischen Gruppen aufmerksam. Seither wurde die Gleichberechtigung nachhaltig gefördert. Die Amerikaner stimmen im Allgemeinen aber zu, dass diesbezüglich noch viel unternommen werden muss.

Wenn Sie von einem Land stammen, in dem nicht so viele Rassen nebeneinander leben wie in den USA, können Sie anlässlich eines Besuches sowohl die positiven Auswirkungen einer mehrrassigen Gesellschaft beobachten als auch die Schwierigkeiten kennen lernen, die ein Land zu bewältigen hat, um ethnische Spannungen zu bewältigen. Er könnte auch eine Möglichkeit bietet, sich mit Personen verschiedenster Rassen vertraut zu machen.

Sprache

Das amerikanische Englisch unterscheidet sich von den anderen Formen des gesprochenen Englisch. Wenn Sie Englisch als eine zweite Sprache gelernt haben, haben Sie wahrscheinlich eine britische Variante gelernt. Als eines der ersten Dinge, die Sie bei Ihrem Besuch in Amerika bemerken, ist, dass das amerikanische Englisch nicht immer strikt regelkonform ist. Sogar unter gut ausgebildeten Amerikanern ist das gesprochene Englisch sehr flexibel und weist zahlreiche Redewendungen auf. Ein Beispiel von amerikanischer Ungezwungenheit.

Um das amerikanische Englisch zu verstehen, hören Sie sorgfältig zu, entspannen sich, vergessen aber nicht, dass Redewendungen oft benützt werden. Zum Beispiel: Ein Amerikaner grüsst Sie vielleicht mit *Howya doin'?* – eine Art, um Hallo zu sagen. Andere bekannte Ausdrücke umfassen *Shape up* (Hilf dir selbst), *Suit yourself* (Mach wies dir gefällt) und *Knock it off* (Hör auf mit dem, was du gerade machst). Wenn Sie einen Ausdruck nicht verstehen, erbitten Sie eine Erklärung.

Im ganzen Land existiert nur eine kleine Anzahl von verschiedenen Dialekten. Abgesehen von einigen Unterschieden in der Aussprache sprechen die Amerikaner eine einheitliche Sprache. Dies ist weitgehend auf die Mobilität der Amerikaner, die Massenmedien (speziell Fernsehen) und auf das Bildungssystem der Nation zurückzuführen. In Gebieten wie New England (im Nordosten) kann das „r" am Ende eines Wortes ausgelassen werden. Im Süden wird Englisch in einem langsameren Tempo gesprochen, was zu unterschiedlichen Vokalbetonungen führt. Im Allgemeinen ziehen die Amerikaner ihre Laute lieber in die Länge, als knappe, abgehackte Silben zu benützen. Einige ethnische Gruppen, besonders in städtischen Gebieten, verwenden ein eigenes Englisch. In vielen lateinamerikanischen Gemeinden ist Spanisch üblich. Die Uramerikaner sprechen eine Auswahl von amerikanisch-indianischen Sprachen. Viele Einwanderer der ersten und zweiten Generation fahren fort, ihre Muttersprache zu sprechen.

Religion

Obwohl die Vereinigten Staaten nie eine offizielle Staatskirche gehabt haben, bekennen sich ungefähr 95% der Bevölkerung zu einem religiösen Glauben. Die frühen europäischen Siedler waren in erster Linie Christen. Verfassung und Gesetze basieren denn auch auf christlichen Werten und Prinzipien. Die Verfassung sieht jedoch eine Trennung von Kirche und Staat vor. Die meisten Amerikaner (80%-85%) sind Christen. Im ganzen Land bestehen viele unterschiedliche christlichen Kirchen. Ungefähr 24% der Bevölkerung ist römisch-katholisch. Baptisten, Methodisten und Lutheraner machen die grössten protestantischen Gruppen aus. Mehr als die Hälfte aller Amerikaner gehört zu diesen oder anderen protestantischen Organisationen, während 3% bis 5% anderen christlichen Konfessionen angeschlossen sind. Zwischen 40% und 50% der Christen nehmen an wöchentlichen Gottesdiensten teil. Juden (2%), Moslems, Buddhisten und andere Nichtchristen weisen aber auch beträchtliche Anhänger in den USA auf. Schätzungsweise 10%-15% der Amerikaner haben keine religiöse Zugehörigkeit, aber vielleicht immer noch einen spirituellen Glauben oder eine Überzeugung.

Religion ist für die Amerikaner im Allgemeinen eine persönliche Angelegenheit. Sie müssen ihren Arbeitgebern nicht sagen, welchen Religionen sie angehören. Sie sind nicht verpflichtet, jedermanns Glaube zu akzeptieren. Aber sie können ihren Glauben öffentlich zum Ausdruck bringen, wenn sie es wünschen. Leute mit einem aktiven Interesse an Religion diskutieren oft ihren Glauben in der Hoffnung, dass andere ihn akzeptieren.

Während Sie in den USA weilen, sind Sie herzlich eingeladen, Ihre Religion zu praktizieren. Vielleicht finden Sie andere Leute, die Ihren Glauben teilen. Die meisten Amerikaner verstehen es, wenn Ihre Religion Ess- und Trinkverbote kennt, und werden von Ihnen nicht erwarten, diese Prinzipien zu verletzen. Sie werden ebenso das Bedürfnis für Betzeiten verstehen. Falls Sie spezielle religiöse Bedürfnisse haben, erklären Sie diese Ihren Gastgebern. Diese werden sehr wahrscheinlich versuchen, Ihnen zu helfen.

KULTURGRAMM

Generelle Einstellung

Während die meisten Amerikaner stolz auf ihr Land sind, kritisieren sie vielleicht gleichzeitig öffentlich die Regierung (oder sogar den Präsidenten). Die Meinungsäusserungsfreiheit wird sorgfältig duch das Volk und die Verfassung geschützt. Amerikaner legen Wert auf Humor und lieben es, über sich selbst und die Schwächen des Landes zu lachen. Tatsächlich wird ein guter Sinn für Humor geschätzt. Amerikaner teilen offen ihre Meinung zu unterschiedlichen Themen mit. Sie stellen Fragen und fordern die Meinung anderer Leute heraus. Öffentliches Kritisieren wird nicht als unrichtig betrachtet, es sei denn, dass es sehr persönlich ist.

Amerikaner schätzen Innovation, hartes Arbeiten und Unabhängigkeit. Die Unabhängigkeit ist ein eigentlicher Grundwert in den USA. Junge Leute arbeiten, um finanzielle Unabhängigkeit von ihren Eltern zu erlangen. Grossfamilien leben üblicherweise nicht zusammen. Die Aussenpolitik der Nation basiert auf der Überzeugung, dass jedes Volk Freiheit und Unabhängigkeit haben sollte. Politische Debatten im Lande konzentrieren sich oft auf die Rechte des Individuums.

Angehörige anderer Kulturen glauben, dass eine Gruppe, Gemeinde oder Gesellschaft wichtiger ist als das Individuum. Die amerikanische Kultur ist anders. Sogar wenn die Amerikaner als Team arbeiten (Sport, Geschäft usw.), betrachten sie sich gewöhlich lieber als einer von mehreren ausgeprägten Individualisten als ein Mitglied einer Gruppe. Obwohl populäre Trends das Verhalten zu einem grossen Teil beeinflussen, sind althergebrachte Pflichten weniger wichtig als individulle Vorlieben. Wenn Ihre Kultur die Gruppe mehr als den Einzelnen betont, kann der amerikanische Individualismus schwer zu akzeptieren sein – nicht nur wegen der Art, wie sich Amerikaner verhalten, sondern auch, weil vielleicht von Ihnen dasselbe Benehmen erwartet wird.

Fürchten Sie nicht, anderer Meinung zu sein, selbst in Anwesenheit anderer Leute. Es ist oft ein Zeichen von Stärke, Ambition und Intelligenz, Fragen zu stellen oder Meinungen herauszufordern. Vielleicht bemerken Sie, dass Amerikaner manchmal respektlos gegenüber Führungspersonen, Eltern oder Vorgesetzten sind. Dies ist oft so, weil sich die Leute durch den Status der betreffenden Person nicht eingeschränkt fühlen. Obwohl soziale Klassen existieren, glauben die meisten Amerikaner an die soziale Mobilität, die es einer Person erlaubt, sich von einer ökonomischen Klasse zu einer anderen zu bewegen.

Die Chance auf Mobilität wird oft „The American Dream" (Der amerikanische Traum) genannt. Er bedeutet nichts anderes, als dass jedermann durch Arbeit und persönliches Streben etwas erreichen kann, das normalerweise von seiner Herkunft her nicht vermutet wird. Die Kehrseite des „amerikanischen Traumes" ist jedoch das Risiko zu scheitern. Im Vergleich zu anderen Staaten sichern die Vereinigten Staaten die Grundbedürnisse der einzelnen Bürger wenig bis gar nicht. Ein Teil der Bevölkerung hat deshalb keine Arbeit, kein Zuhause oder keinen Zugang zu medizinischer Basisversorgung. Der Reiche kann arm werden, der Arme kann arm bleiben oder reich werden. Um ältere Leute kümmert sich niemand. Die Regierung mischt sich in die Gesellschaft kaum ein, da Amerikaner im Allgemeinen das Gefühl haben, dass die Regierung nicht in ihr Privatleben eingreifen sollte.

Persönliche Erscheinung

Obwohl Modetrends Auswirkungen auf die generelle Kleiderordnung haben, fühlen sich Amerikaner gewöhnlich frei zu tragen, was immer ihnen gefällt. Einige gebrauchen Kleidung, um eine gesellschaftliche oder persönliche Aussage zu machen. Amerikaner legen zwar Wert auf Sauberkeit, können aber in der Öffentlichkeit trotzdem ausgetragene oder legere (casual) Kleidung tragen. Ungezwungene Garderobe (casually) ist zwar am Arbeitsplatz gängig, aber in manchen Büros sind immer noch Anzug und Krawatte für Männer und Hosenanzug oder Rock für Frauen geboten. Formelle Kleidung wird für gewisse Gelegenheiten getragen. Kurze Hosen und Freizeitkleidung werden in der Öffentlichkeit oft getragen. Im Allgemeinen ist das Erscheinungsbild für den Amerikaner wichtig. Sie sollten sich aber – formelle Anlässe ausgenommen – in ungezwungener Kleidung immer wohl fühlen können und können der Kleiderordnung der Sie umgebenden Leute folgen. Falls Sie es vorziehen, sich mehr traditionell zu kleiden, werden die meisten Amerikaner nichts gegen die Kleider Ihres Heimatlandes einzuwenden haben.

KULTURGRAMM

SITTEN UND HÖFLICHKEITEN

Begrüssung

Beide, Männer und Frauen, lachen gewöhnlich und schütteln sich die Hände, wenn sie sich begrüssen. Der amerikanische Händedruck ist oft fest. Gute Freunde und Familienangehörige umarmen sich vielleicht, wenn sie sich treffen, vor allem nach einer langen Abwesenheit. Bei zufälligen Treffen winken die Leute oft einander nur zu. Ebenso winken Freunde einander zu. Amerikaner können Fremde auf der Strasse sowohl mit einem *Good morning* oder *Hello* grüssen als auch ohne Grusswort vorbeigehen.

Ausgenommen bei formellen Anlässen begrüssen sich Leute, die sich kennen, mit dem Vornamen. Ein Titel (Mr., Ms. oder Dr. zum Beispiel) kombiniert mit einem Familiennamen zeugt von Respekt. Dies ist die beste Form, neue Bekannte anzusprechen, bis sie Sie ersuchen, den Vornamen zu gebrauchen, was Sie beim ersten Treffen machen können.

Wenn die Amerikaner das erste Mal jemanden grüssen, sagen sie üblicherweise *Nice to meet you* oder *My Pleasure* oder *How do you do?* Ein einfaches *Hello* oder *Hi* ist ebenso geläufig. Freunde grüssen einander oft mit *How are you?* und antworten mit *Fine thanks*. Amerikaner erwarten nicht wirklich eine Antwort auf die Frage *How are you?*, da sie eine Form ist, Hallo zu sagen. Viele Ihrer amerikanischen Freunde werden eifrig bemüht sein, von Ihnen einige gängige Grussformeln aus Ihrer Heimat kennen zu lernen.

Gestik und Kommunikation

Wenn sich Amerikaner unterhalten, stehen sie im Allgemeinen mindestens zwei Fusslängen auseinander. Diese Distanz nennt sich *personal space* und ist wichtig für die meisten Amerikaner. Händehalten in der Öffentlichkeit stellt ein Zeichen von romantischer Zuneigung dar. Freunde gleichen Geschlechts halten gewöhnlich keine Hände. Um auf ein Objekt oder eine Person zu zeigen, streckt man den Zeigefinger. Will man etwas oder jemanden heranlocken, erfolgt dies durch ein Winken mit allen Fingern oder dem Zeigefinger, wobei die Handinnenseite nach oben gedreht ist. Um seine Zustimmung auszudrücken, benützt der Amerikaner entweder *thumbs up*- oder *okay-Zeichen*. Das „Daumen-nach-oben-Zeichen" erhält man, indem man mit einer Hand oder beiden Händen eine Faust macht und den (die) Daumen nach oben streckt. Das „Ist-in-Ordnung-Zeichen" ergibt sich aus der Berührung von Daumen- und Zeigefingerspitzen, welche sich zu einem Kreis formen, während die anderen drei Finger gestreckt nach oben zeigen.

Während der Dauer der Konversation ist direkter Augenkontakt nicht nötig. Das Vermeiden von Augenkontakt könnte aber als Anzeichen dafür verstanden werden, dass der Sprecher nicht aufrichtig oder der Zuhörer nicht interessiert ist. Amerikaner nehmen beim Sitzen eine ungezwungene Haltung ein. Sie stützen ihre Füsse vielleicht auf Stühlen ab, platzieren den Knöchel eines Beines auf dem Knie des anderen, kreuzen die Beine bei den Knien oder sitzen mit voneinander gespreizten Beinen da. Schlechte Haltung ist nicht angebracht, aber nicht unüblich. Amerikaner übergeben jemandem Sachen oft nur mit einer Hand und können sogar einem guten Freund Sachen zuwerfen.

Einige dieser Gesten mögen in Ihrer Kultur vielleicht nicht üblich sein und werden sogar als verletzend betrachtet. Wenn ein amerikanischer Freund Sie zufällig verletzt, sollten Sie ihm erklären, weshalb die Geste in Ihrem Land als unhöflich betrachtet wird. Es gibt auch viele Finger- und Handzeichen, die in den USA verletzend sind. Falls Sie während Ihres Besuches solchen Gesten begegnen sollten, vermeiden Sie, diese zu benützen.

Besuche und Einladungen

Obwohl Amerikaner ungezwungene Leute sind, haben sie ein geregeltes Leben. Zeitplanungen sind gewöhnlich wichtig. Deshalb lässt man sich am besten einen Termin geben, um Behörden aufzusuchen, und telefoniert, bevor man Freunde besucht. Sind Sie bei jemandem Zuhause eingeladen, sollten Sie pünktlich ankommen, vor allem, wenn Sie zum Essen eingeladen sind. Generell wird zuerst das Essen serviert, und Gäste unterhalten sich nachher mit ihren Gastgebern. Gehen Sie von einem ungezwungenen Besuch (legere Garderobe) aus, es sei denn, Ihre Gastgeber sagen Ihnen, sich formell zu kleiden. Werden während eines flüchtigen Besuchs Erfrischungen angeboten, ist ein Annehmen höflich, aber nicht nötig.

Kulturgramm

Es wird nicht erwartet, dass Gäste Geschenke mitbringen. Aber ein kleines Zeichen wie Wein, Blumen oder eine Handarbeit wird immer geschätzt. Ein kleines Geschenk oder ein Dankesschreiben ist angebracht, wenn Sie für ein paar Tage bleiben. Während eines längeren Aufenthaltes werden Sie vielleicht um ein bisschen Mithilfe im Haus gebeten, indem Sie Ihr Zimmer sauber halten, Ihr Bett machen oder das Geschirr waschen. Wenn Sie für mehrere Wochen bleiben, werden sie gewöhnlich als Teil der Familie betrachtet. Es wird erwartet, dass Sie wie jedes andere Familienmitglied im Haus helfen.

Essen

Da Amerikaner von vielen verschiedenen Kulturen abstammen, sind Essstil und -gewohnheiten ebenso unterschiedlich. Allerdings essen die meisten Amerikaner mit einer Gabel in der Hand, mit der sie schreiben. Sie brauchen ein Messer zum Schneiden und zum Bestreichen. Andernfalls legen sie es auf den Teller. Wenn ein Messer zum Schneiden gebraucht wird, wechselt die Gabel in die andere Hand. Die Leute essen einige Gerichte wie Pommes Frites, Sandwichs, Hamburger, Pizzen und gefüllte Omeletten von Hand. Normalerweise werden Servietten auf den Schoss gelegt. Auf dem Tisch ruhende Ellenbogen werden in der Regel als unhöflich betrachtet, aber einige Leute kümmern sich nicht darum. Falls Sie eine andere Essensart vorziehen, fühlen Sie sich nicht gezwungen, den amerikanischen Stil zu gebrauchen. In lockeren Situationen werden Sie eingeladen zu tun, was Ihnen am Bequemsten ist.

Auswärts essen

Amerikaner nehmen viele Mahlzeiten ausserhalb von Zuhause zu sich; teils, weil es ihnen gefällt, und teils, weil ein geschäftiger Lebensstil ein Kochen Zuhause erschwert. Deshalb wird ein „Essen-während-dem Gehen" in der Öffentlichkeit nicht als ungehörig betrachtet. Essen im Auto während des Fahrens ist eine allgemein verbreitete Sitte, und Sie werden die Popularität der Drive-in- und Fast-Food-Restaurants bemerken. Solche Plätze ermöglichen, billig und schnell zu essen.

Die USA kennen viele Gaststätten, die keinen Schnellimbiss servieren. Diese offerieren sowohl traditionell amerikanisches Essen als auch Gerichte aus aller Welt. In einem Restaurant, in dem Sie von einem Kellner oder einer Kellnerin bedient werden, sollten Sie ein Trinkgeld von mindestens 15% liegen lassen. Einige Restaurants schliessen diese Gebühr bereits in der Rechnung mit ein – die meisten machen das aber nicht. Die Restaurantangestellten sind auf Trinkgelder (als einen wichtigen Bestandteil ihres Einkommens) angewiesen, da sie keine hohen Löhne erhalten. In einem Schnellimbissrestaurant geben Sie kein Trinkgeld, dafür räumen Sie ihren Tisch ab, wenn Sie gehen. Wenn Amerikaner mit Freunden auswärts ein Abendessen einnehmen, zahlen sie für ihre eigenen Gerichte, es sei denn, dass sie speziell eingeladen worden sind. Dass jeder für sich selber zahlt nennt man *splitting the check* oder *getting separate checks*. Falls Sie zum Auswärtsessen eingeladen sind, Ihr Gastgeber Ihnen aber die Bezahlung des Essens nicht offeriert, sollten Sie darauf vorbereitet sein, dass Sie es selber bezahlen müssen, oder die Einladung ablehnen.

LEBENSSTIL

Familie

Die amerikanische Familie ist die Einheit der Gesellschaft, hat aber in den letzten Jahrzehnten einen nachhaltigen Wechsel erlebt. Vor einer Generation bestand die durchschnittliche Familie aus einer Mutter, einem Vater und zwei oder mehreren Kindern. Die Kernfamilie unterhielt oft intensiven Kontakt zu Mitgliedern der Grossfamilie. Die „traditionelle" Familie wird heute aber nur noch durch einen Viertel aller amerikanischen Familien gelebt. „Nichttraditionelle" Familien sind häufiger; sie schliessen Familien mit einem Elternteil (30%) und einem oder mehreren Kindern sowie unverheiratete Paare mit oder ohne Kinder mit ein. Jedes vierte Kind wird ausserehelich geboren. Kinder können mit den Grosseltern zusammenleben oder durch sie betreut werden, vor allem dann, wenn die Eltern jung oder nicht verheiratet sind. Mehr als die Hälfte aller Haushalte hat keine Kinder. Ein „Haushalt" kann eine Einzelperson beinhalten.

Die Rolle der Eltern hat sich ebenfalls geändert. Vor 1970 arbeiteten die meisten Frauen nicht ausserhalb des Hauses. Heute machen die Frauen beinahe die Hälfte aller arbeitenden Amerikaner aus. In Haushalten, in denen Ehemann und Ehefrau arbeiten, wird von den Männern erwartet, im Haushalt mitzuhelfen. Männer spielen auch eine grössere Rolle in der Kindererziehung. Bedingt durch die Arbeitstätigkeit beider Eltern ist das Bedürfnis nach Tagesbetreuungsstätten gestiegen. Tagesbetreuung ist speziell für allein erziehende Elternteile wichtig. Obwohl sich die Verwandten oft um die Kinderbetreuung kümmern, unterhalten einige Familien keine Beziehung mehr zur Grossfamilie und sind auf andere Formen der Kinderbetreuung angewiesen. Ältere Amerikaner, die nicht für sich selber sorgen können, leben bei ihren erwachsenen Kindern, in Alterssiedlungen oder in anderen Institutionen. Der Anteil der älteren Bevölkerung ist in der Vergangenheit stetig angewachsen. Mehr als die Hälfte der jungen unverheirateten Erwachsenen lebt bei den Eltern.

Die amerikanische Familie ist sehr mobil. Es ist üblich, infolge Ausbildung, Arbeit oder anderer Lebensumstände von einer Region des Landes in eine andere zu ziehen.

Verabredung und Heirat

Verabredungen wahrnehmen ist in den USA ein sozialer Zeitvertreib. Junge Leute mögen sich bereits ab 13 Jahren für ein Paartreffen verabreden, obwohl Gruppenaktivitäten in diesem Alter allgemein verbreiteter ist. Seriöse Verabredungen als Paar beginnen so mit 15 Jahren. Eine Person (männlich oder weiblich) fühlt sich nicht verpflichtet, nur eine Person während einer Zeitperiode zu treffen, es sei denn, das Paar hat sich aufs Erstere geeinigt. Andernfalls treffen sich Amerikaner ungezwungen mit so vielen Leuten und so oft (oder so wenig), wie es ihnen beliebt, bis sich eine seriöse Beziehung mit einer anderen Person entwickelt. Die Beziehung kann, muss aber nicht zu einer Heirat führen. Sich verabreden ist sowohl unter ledigen Erwachsenen als auch unter Jungen gebräuchlich. In jedem Alter sind Kinobesuche, Tanzen, in einem Restaurant zu Abend essen und Sport beliebte Aktivitäten.

Unverbindliche sexuelle Beziehungen sind in Amerika üblich. Viele Pärchen leben vor oder anstelle einer Heirat informell zusammen. Noch aber wird in der Mehrzahl der Fälle geheiratet. Die Hochzeitszeremonien hängen von der persönlichen religiösen Herkunft ab. Alle Paare müssen aber eine Heiratslizenz von der lokalen Behörde erwerben, bevor sie bei einer zivilen oder religiösen Behörde heiraten können. Scheiden ist ebenso üblich wie wiederholtes Heiraten. Die Hälfte aller Ehen in den USA werden geschieden.

Kost

Es ist schwierig, ein Nationalgericht zu nennen. Die Fülle von Fast-Food-Restaurants in den USA verdeutlicht, dass Hamburger, Pommes Frites, Pizza und Huhn Nationalessen sind. Diese Esswaren sind nicht nur populär, sondern werden auch üppig konsumiert. Amerikaner essen Rindfleisch, Schweinefleisch, Huhn und anderes Geflügel in ziemlich grosser Quantität, obwohl sich die Essgewohnheiten wegen Gesundheitsbedenken ändern. Ausländische Küche ist gewöhnlich ohne weiteres erhältlich. Kartoffeln, Reis und Teigwaren sind bekannte Abendessensbeilagen. Frische Früchte und Gemüse sind während des ganzen Jahres erhältlich. Amerikaner konsumieren grosse Mengen Schleckwaren, Eis und andere Süssspeisen. Die meisten Amerikaner versuchen gerne neue Gerichte.

Freizeit

Baseball, Basketball und amerikanischer Fussball (Football) sind die populärsten Zuschauer- und Mannschaftssportarten im Land. Fussball (Soccer), in Ihrem Land vielleicht das nationale Hobby, ist nicht ein bedeutungsvoller Sport. Er gewinnt jedoch zunehmend an Beliebtheit, vor allem seit 1994, als die USA Gastgeber für die Fussballweltmeisterschaft war und ihre Nationalmannschaft ebenfalls teilnahm. Öffentliche Schulen sorgen für Mannschaftssport für ihre Jungen. Professionelle Sportarten machen einen wichtigen Teil der amerikanischen Kultur aus, und professionelle Athleten verdienen sehr gut. Amerikaner freuen sich am Radfahren, Racketball, Handball, Tennis, Schwimmen, Golf, Kegeln, Joggen und Aerobic. Körperliche Aktivität wird für ein langes und gesundes Leben als wichtig angesehen. Freizeitaktivitäten beinhalten Fernsehen, Kino, Auswärtsessen, Picknicken, Konzerte und Reisen.

KULTURGRAMM

Feiertage

Jeder Staat hat seine eigenen gesetzlichen Feiertage, und ebenso kann jede Stadt jährliche Festivitäten zelebrieren. Nationale Feiertage sind: Neujahr, Martin Luther King Jr.'s Birthday (3. Montag im Januar), Presidents' Day (3. Montag im Februar), Memorial Day (letzter Montag im Mai), Independence Day (Unabhängigkeitstag, 4. Juli), Labor Day (Tag der Arbeit, 1. Montag im September), Columbus Day (2. Montag im Oktober), Veterans' Day (11. November), Thanksgiving (4. Donnerstag im November) und Weihnachten (25. Dezember).

Viele Feiertage sind keine eigentlichen Feiertage, werden aber als solche betrachtet. Es sind dies: Groundhog Day (2. Februar), Valentine's Day (14. Februar), St. Patrick's Day (17. März), Ostern, Muttertag (2. Sonntag im Mai), Vatertag (3. Sonntag im Juni), Flag Day (14. Juni) und Halloween (31. Oktober). Die beliebtesten Ferientage liegen zwischen Thanksgiving und Neujahr.

Einkauf und Ladenöffnungszeiten

Die Geschäfte, Einzelhandel ausgenommen, sind von 8 oder 9 Uhr bis 17 oder 18 Uhr geöffnet. Einzel- und Lebensmittelhandlungen bleiben oft bis 21 oder 22 Uhr geöffnet. Viele Geschäfte sind sogar während 24 Stunden an sieben Tagen die Woche geöffnet. Das Sortiment der grossen Supermärkte ist in der Regel umfassend (von Lebensmitteln über Schulmaterial bis hin zu Elektro- und Sportartikeln; oft sogar rezeptpflichtige Medikamente).

In Vorstadtgebieten wird der Einkauf gewöhnlich in grossen Einkaufskomplexen (Malls) erledigt. Eine Mall umfasst Dutzende von Geschäften mit unterschiedlichen Artikeln (Kleider, Computerzubehör, Schmuck, Bücher, Musik- und Unterhaltungsartikel etc.) und Schnellimbiss-Restaurants. Fachgeschäfte, die manchmal an Malls angegliedert sind, führen Kleider, Haushaltartikel (wie Kochutensilien und Bettwaren), Eisenwaren, Gartenausrüstung und hunderte von anderen Produkten. Wenn Sie auf der Suche nach einem spezifischen Artikel sind, sollten Sie entweder einen amerikanischen Freund fragen, welche Ladenkette die gewünschten Artikel führt, oder in den Gelben Seiten des lokalen Telefonbuches nachschlagen. Die Yellow Pages sind nach versciedenen Subjekten (Automobile, Eisenware, Reise etc.) geordnet und führen Werbungen von Geschäften auf, die mit diesen Artikeln handeln.

Wenn Sie einkaufen, seien Sie sich bewusst, dass viele Staaten neben der Einzelhandelssteuer eine Verkaufstaxe kennen. Diese Taxe ist im Preis der Ware, die Sie gerade erwerben, nicht inbegriffen. Deshalb werden Sie für einen 20-Dollar-Artikel mehr bezahlen müssen. Die Höhe der Verkaufstaxe ist in jedem Staate unterschiedlich, beträgt durchschnittlich aber 7%.

Geld

Die Währung in den USA ist der US-Dollar ($). Falls Sie vorher noch nie in den USA gewesen sind, haben Sie vielleicht Schwierigkeiten mit der Währung. Da die meisten Leute bereit sind, Ihnen beim korrekten Kleingeld für den Kauf zu helfen, fragen Sie ruhig. Das US-Dollar-System kennt Papiergeld und Münzen. Die Dollarnoten haben alle die gleiche Farbe und Grösse. Die Nennwerte betragen 1, 5, 10, 20, 50, 100 und höher.

Die Münzen weisen keine Zahlen auf, um den Wert zu bezeichnen. Der *Quarter* ist die grösste Münze und 25 *Cents* wert (1 Dollar hat 100 Cents). Die vom Mass her nächstgrössere Münze ist der *Nickel*, ist aber nur 5 Cents wert. Die drittgrösste Münze ist der *Penny* oder Ein-Cent-Münze und ist kupferfarbig. Die kleinste Münze ist der *Dime*, der einen Wert von 10 Cents aufweist. Wenn Sie sich mit diesen Münzen vertraut machen, sollten Sie beim Einkaufen keine Probleme haben.

Falls Sie überall im Lande herumreisen sollten, seien Sie sich bewusst, dass Busstationen, Bahnhöfe und sogar Banken in einigen Teilen des Landes keine Geldwechselmöglichkeiten anbieten. Grössere Hotels werden für ihre Gäste einen Währungsumtausch vornehmen, herkömmliche Hotels bieten diesen Service aber selten an. Es ist nicht klug, grössere Mengen Bargeld auf sich zu tragen. Vor einer ausgedehten Reise sollten Sie daher für den Bezug von Reisechecks (Traveler's Checks) besorgt sein.

GESELLSCHAFT

Regierung

Die Vereinigten Staaten von Amerika sind eine demokratische, föderalistische Republik. Die einzelnen Staaten sind souverän und haben Rechte, die nicht der Bundesregierung vorbehalten sind. Jeder Staat hat seine eigene Gesetzgebung und einen direkt vom Volk gewählten Gouverneur. Der Präsident wird vom Volk indirekt gewählt. Die Wähler eines Staates bestimmen durch Mehrheitsbeschluss, wen sie als Präsidenten wählen. Dann senden sie Delegierte nach Washington, die gemäss dieser Wahl abstimmen. Die Stimmen der Delegierten entscheiden, wer Präsident ist. Präsidentschaftswahlen werden alle vier Jahre abgehalten. Die nächsten Wahlen sind für 2000 geplant. Das vom Volk direkt gewählte Bundesparlament (Congress) hat zwei Häuser, das Repräsentantenhaus, dessen Mitglieder eine zweijährige Amtszeit kennen, und den Senat, dessen Mitglieder eine sechsjährige Amtszeit kennen. Das Stimmalter ist 18. Es besteht ein separater gerichtlicher Zweig.

Wirtschaft

Die USA haben die grösste, vielfältigste und technologisch fortgeschrittenste Wirtschaft der Welt. Das Bruttoinlandprodukt pro Kopf beträgt 23 760 Dollar. Der Durchschnittsamerikaner besitzt daher eine grössere Kaufkraft als andere Leute in anderen Ländern. Die amerikanische Gesellschaft ist als Ganzes gesehen zwar wohlhabend, doch besteht eine immer grösser werdende Lücke zwischen reichen und armen Leuten und auch zwischen denen, die einen komfortablen Verdienst haben, und anderen, die sich abmühen müssen, ihre Grundbedürfnisse decken zu können.

Die wirtschaftliche Stärke des Landes basiert auf dem Industrie- und dem Dienstleistungssektor, Auslandinvestitionen, dem Dollar als einer der bedeutendsten Weltwährungen und der Konsumgesellschaft und dem Export. Der Dienstleistungssektor beschäftigt mehr Leute als der Industriesektor, der aber immer noch der ausschlaggebendste Teil der Wirtschaft ist. Die USA exportieren Investitionsgüter, Autos, Konsumgüter, Lebensmittel und Maschinen. Ebenfalls exportiert werden Popkultur (Film, Musik, Fernsehen, Modetrends, Sport). Die USA nehmen eine Schlüsselrolle in der Weltwirtschaft ein; die wirtschaftliche Entwicklung hat Auswirkungen auf die globalen Märkte und das internationale Wirtschaftswachstum.

Transportsystem und Kommunikation

Die USA haben ein ausgedehntes Netzwerk von geteerten öffentlichen Strassen; das Privatauto ist das primäre Transportmittel. Wenn Sie vorhaben, Auto zu fahren während Ihres Aufenthaltes in den USA, sollten Sie einen internationalen Führerschein haben und mit der Verkehrssignalisation vertraut sein, die nicht immer Ihrem nationalen Standard entspricht. Ebenso sollten Sie jemanden um Hilfe fragen, dass man Ihnen die Grundregeln des Verkehrsgesetzes verständlich macht, um Unfälle oder andere Probleme zu vermeiden. In den USA herrscht Rechtsverkehr. Wenn Sie wünschen, eine Fahrzeug zu erwerben, sollten Sie mit dem Versicherungsrecht vertraut sein. In den USA müssen alle Fahrzeuglenker eine Versicherung haben für den Fall eines Unfalls.

In grösseren Städten stehen öffentliche Transportmittel (Busse, Züge und Untergrundbahnen) zur Verfügung. Viele Leute bewältigen lange Reisestrecken per Flugzeug. Zugsreisen sind beschränkt auf kurze Pendlerdistanzen und verhältnismässig wenig Querfeldeinstrecken, obwohl Güter häufig per Zug transportiert werden.

Das Kommunikationsnetzwerk ist ausgedehnt. Die meisten Haushalte haben zumindest ein Telefon, einen Radio und einen Fernseher. Es gibt hunderte von Radio- und Fernsehstationen im ganzen Land; die meisten sind im Privatbesitz. Pressefreiheit ist garantiert. Obwohl Zeitungen überall erhältlich sind, liest nur etwa die Hälfte aller Amerikaner täglich eine. Die andern ziehen das Fernsehen als Informationsquelle vor.

Kulturgramm

Masse

Im Gegensatz zu den meisten anderen Länder gebrauchen die USA nicht das internationale Masssystem zur Bestimmung von Grösse, Gewicht, Distanz und Temperatur. Falls Sie viel mit Massen zu tun haben, sollten Sie sich eine Umrechnungstabelle anschaffen. Nachstehend sind die üblichsten Masse aufgeführt, denen Sie wahrscheinlich begegnen werden. Die meisten Amerikaner werden nicht in der Lage sein, Ihnen das entsprechende Metermass für eine amerikanische Massangabe zu nennen, obschon in den Schulen das Metersystem gelehrt wird. Die Amerikaner haben bisher einer Abschaffung ihres einzigartigen Masssystems standgehalten.

U.S.-Masse	Metrische Äquivalente
1 mile	1,6 km
1 yard (3 feet)	0,91 m
1 foot (12 inches)	30,48 cm
1 inch	2,54 cm
1 acre	0,41 ha
1 pound (16 ounces)	0,45 kg
1 ounce	28,35 g
1 gallon (4 quarts)	3,79 l
1 quart (4 cups)	0,95 l
1 cup	0,24 l
32 °F	0 °C
68 °F	20 °C
95 °F	35 °C

Um die Fahrenheit- in Celsius-Grade umzurechnen, muss man von der Fahrenheit-Zahl 32 subtrahieren, dann mit 5 multiplizieren und das Resultat durch 9 dividieren.

Bildungswesen

Jeder Staat kann das Bildungswesen regeln. Trotzdem bestehen einige nationale Gemeinsamkeiten. Die Schulausbildung für Schüler im Alter von fünf bis sechzehn Jahren ist obligatorisch und kostenlos. Die meisten Schüler beenden die *High School* mit 17 oder 18 Jahren, können aber die Schule mit 16 Jahren verlassen. Besonderes Gewicht wird auf die Basisfächer gelegt. Die Schulen sehen daneben Fächer für Freizeitgestaltung, Mannschaftssport, Musik und Kunst etc. vor. Das vielseitige Schulsystem unterscheidet sich vielleicht von demjenigen in Ihrem Land und kann weniger streng erscheinen als das Ihrige. Falls Sie in den USA eine Schule besuchen, werden Sie die Vor- und Nachteile und die amerikanische Einstellung gegenüber dem Ausbildungswesen selbst feststellen können.

Nach der High School gehen viele Studenten arbeiten oder bemühen sich um eine berufsbezogene oder technische Ausbildung. Andere treten in eine *University* (Universität) oder ein *Junior College* (Hochschule, Fachhochschule) ein und streben nach einer höheren Bildung. Nach der High School müssen Studiengebühren bezahlt werden; einige Schulen sind sehr teuer. Deshalb entschliessen sich viele Studenten, zu arbeiten und die Schule bloss teilzeitlich zu besuchen. 99% der Bevölkerung können lesen und schreiben, der Analphabetismus ist aber für viele Erwachsene ein Problem.

KULTURGRAMM

Gesundheit

Die Gesundheitsprobleme der Amerikaner unterscheiden sich von denjenigen in einigen anderen Ländern. Eine sitzende Lebensweise und risikobehaftetes körperliches Verhalten sind bei den Erwachsenen die zwei häufigsten Ursachen für Gesundheitsprobleme. Nahezu alle Kinder werden gegen Krankheiten geimpft. Obwohl die Regierung Armen einige Hilfeleistungen gewährt, kennt die USA kein nationales (öffentliches) Kranken- und Unfallsystem. Da die Krankenversorgung teuer ist, sind die meisten Amerikaner auf eine private Krankenversicherung angewiesen, um die medizinischen Kosten zu decken. Ärmere Leute sind oft nicht versichert. Die medizinischen Einrichtungen sind – mit Ausnahme von bestimmten ländlichen Gegenden – allgegenwärtig und modern ausgestaltet. Die USA sind in der medizinischen Forschung und Ausbildung weltweit führend. Die Kindersterblichkeit liegt bei 8‰. Die Lebenserwartung liegt zwischen 73 und 80 Jahren.

Wenn Sie während Ihres USA-Aufenthaltes gesundheitliche Probleme haben, sollten Sie wissen, dass die zum Teil hohen medizinischen Behandlungskosten bar bezahlt werden müssen, wenn keine Versicherungsdeckung (Versicherer Ihres Landes, Reiseversicherung) besteht. Falls Sie spezielle Medikamente benötigen, suchen Sie einen Doktor auf, der Ihnen ein Rezept ausstellt. Es kann sein, dass Medikamente, die in Ihrem Land ohne weiteres erhältlich sind, nur eingeschränkt zur Verfügung stehen.

Reisen

Wenn Sie vorhaben, in den USA herumzureisen, sollten Sie sorgfältig planen, vor allem, wenn es Ihr erster Besuch ist. Sie können ohne Einschränkungen überall hingehen. Buchen Sie Flug und Hotel im Voraus. Jugendherbergen sind in den USA nicht so bekannt wie in anderen Ländern. Seien Sie sich bewusst, dass Kriminalität in den grösseren Städten ein Problem ist. Tragen Sie keine grösseren Summen Bargeld auf sich, vermeiden Sie nächtliche Alleingänge, lassen Sie Ihre Sachen nicht unbeaufsichtigt und verschliessen Sie die Türe zum Auto, Hotel oder zur Wohnung. Die Kriminalität ist nicht so alltäglich, wie Sie sie vielleicht im Fernsehen oder in amerikanischen Filmen sehen; aber sie ist in grösseren Städten immer noch ein ernsthaftes Problem, weshalb Sie aufpassen sollten.

Wenn Sie reisen, werden Sie erkennen, dass die USA mehr als nur grosse Städte zu bieten hat. Sie werden riesige Gebiete antreffen, wo Häuser oder Städte durch mehrere Kilometer getrennt sind. In kleinen Städten ist das Leben gelassen und freundlich. Wir laden Sie ein, diesen Teil der USA ebenso wie die berühmten Städte zu erfahren.

KULTURGRAMM

INFORMATIONEN

INFORMATIONEN

INFORMATIONEN

CHRONOLOGIE DER EREIGNISSE

Januar 1998: Surfen im Internet

Hardy surft im Internet, um sich ein Bild über die **Law Schools** in den USA zu machen. Per E-Mail fordert er Unterlagen an und bittet um folgende Informationen: Anforderungen und Inhalt des LL.M.-Programmes, Rollstuhlgängigkeit der Universität, interne und externen Wohnmöglichkeiten für Rollifahrer, Studiengebühren und Anmeldefristen (siehe z.B. http://lawcrawler.findlaw.com/ und http://stu.findlaw.com/schools/ und http://radbruch.jura.uni-mainz.de/DARM/). Ebenfalls via Netz verschafft sich Hardy einen ersten Überblick über die Angebote von amerikanischen Firmen, die **Pflegeartikel** und **Hilfsmittel** verkaufen und vermieten. Erstes Fazit: Es gibt keine Stehbetten in Amerika. Folglich muss ein höhenverstellbares Pflegebett und eine Stehmöglichkeit für Tetraplegiker gesucht werden (siehe zum letzteren http://www.easystand.com/). Erste Erkundigungen werden eingezogen bezüglich **Behindertenfahrzeugen** (siehe z.B. http://www.braunlift.com/, http://www.ims-vans.com/, http://www.riconcorp.com und http://www.vantageminivans.com).

Februar 1998: Visabestimmungen abklären

Eine erste Kontaktnahme mit der amerikanischen Botschaft in Bern ergibt, dass Hardy als Student ein F1-Visum erhalten kann, das für die gesamte Dauer des Studiums gültig sein wird. Christel wird die gleiche Aufenthaltsdauer mit einem F2-Visum nur dann bewilligt, wenn sie mit Hardy verheiratet ist. Der Botschafter erwähnt – basierend auf einer alten Einreisebestimmung – die eventuelle Möglichkeit, als Ehepaar zusätzlich eine Drittperson (Domestic Servant) mitzunehmen. Er verspricht, Abklärungen vorzunehmen und schriftlich Bescheid zu geben. Hardy formuliert sein Anliegen, worin die Notwendigkeit einer Drittperson zum Tragen kommt, zusätzlich in einem Brief und bittet um baldige Antwort. (Adresse: Botschaft der USA, Jubiläumsstr. 93, 3005 Bern, Tel: 031/357 72 30 und Fax: 031/357 73 98, Öffnungszeiten der Visaabteilung: Mo-Fr, 9 bis 11.30, Rollstuhlfahrer können eine Hebebühne benützen).

März 1998: Englischkenntnisse/TOEFEL-Test, Dokumente übersetzen

Die US-Universitäten verlangen als Nachweis für ein ausreichendes Sprachniveau den TOEFEL-Test, je nach Universität eine besonders hohe Punktzahl. Hardy beginnt sein TOEFEL-Training mit den individuellen Vorbereitungslektionen an der H.B.S.-Sprachschule, Kniestr. 31, 8640 Rapperswil. Die kompetente Lehrerin hilft, die erforderlichen Anmeldeunterlagen für Amerika (Lebenslauf, Maturitäts- und Lizentiatszeugnis, Anwaltspatent, Doktoratszeugnis und weitere berufliche Auszeichnungen sowie Empfehlungsschreiben und ärztliche Atteste zum Gesundheitsstatus) ins Englische zu übersetzen. Die aktuellen Vorbereitungsunterlagen für den TOEFEL können via Buchhandel bezogen werden (siehe z.B. http://www.buch.ch search „Toefel").

Juni 1998: Visabestimmungen

Bern antwortet endlich. Zuständig für die Visaabklärung ist die Vize-Botschafterin. Sie entschuldigt sich für die verspätete Antwort. Hardys Brief sei wohl irgendwie untergegangen. Sie glaubt, dass Hardy eine Drittperson mit einem B2-Visum (beschränkt auf ein Jahr) mitnehmen kann. Sie könne jedoch nicht garantieren, dass die Drittperson tatsächlich ein volles Jahr bleiben darf. Dies würde der Immigration and Naturalization Officer bei der Einreise entscheiden.

Diese Auskunft ist Hardy zu vage. Er fährt mit Christel und seinem Betreuer zur US-Botschaft. Nach strenger Eintrittskontrolle und längerer Wartezeit wird Hardy zur Vize-Botschafterin vorgelassen. Es stellt sich heraus, dass sie in drei Wochen die Schweiz verlassen wird. Hardy bittet deshalb um ein Bestätigungsschreiben bezüglich der Mitreise-Möglichkeit einer Drittperson und der Vorgehensweise zur Erlangung der Visa. Das B1-Visum (Business) für die Drittperson verlangt nämlich bestimmte Voraussetzungen. Die Vize-Botschafterin beendete die Audienz mit dem Hinweis, dass Hardys Reisegruppe einen Monat vor Abflug die Visa schriftlich beantragen und die erforderlichen Unterlagen beilegen soll. Hardy und Christel werden das viel früher erledigen – persönlich und nicht per Post!

Mai 1998: TOEFEL-Test und Anmeldung für LL.M.-Programm

Hardy besteht den TOEFEL-Test und möchte am liebsten ins warme Kalifornien. Sicherheitshalber meldet er sich an 15 Universitäten gleichzeitig an (die Anmeldeunterlagen können auch via Internet downgeloadet werden, siehe z.B. http://www.californiawestern.edu/admissions/a_comp_law.html – Adresse der nachmaligen Law School, die Hardy schliesslich ausgewählt hat). In der Regel müssen die Diplome der letztbesuchten Schule (Maturitätszeugnis) und die Universitätsdiplome eingereicht werden. Zusätzlich sind berufliche Diplome (in Hardys Fall die Rechtsanwaltszulassung) und Empfehlungsschreiben dazuzulegen, natürlich übersetzt in Englisch. Da Hardy die Diplome bereits übersetzen liess, wurden die Bestätigungen der Kantonsschule, der Universität Zürich, der Anwaltskammer etc. innert nützlicher Frist zugestellt. In Hardys Fall kamen noch ein Arztzeugnis und eine Bestätigung hinzu, auch in den USA gegen Krankheit versichert zu sein.

Dezember 1998: Wir werden nach San Diego gehen!

Die **California Western School of Law** (siehe http://www.californiawestern.edu/) bestätigt Hardy die Aufnahme für das LL.M.-Programm im August 1999. Die zuständige Professorin bestätigt die Rollstuhlgängigkeit der Gebäude mit Ausnahme des Aufenthaltsraumes im 4. Stock. Behinderten Studenten wird bei Prüfungen Extrazeit gewährt. Zudem können sie bei Bedarf eine Hilfsperson mitnehmen. Die Schule hält fest, weder medizinische Unterstützung noch Betreuungspersonal für behinderte Studenten zur Verfügung zu haben.

Die Law School will eine Reservation Fee, nichts anderes als ein Depot für den reservierten Studienplatz. Nach dem Eingang des Depots wird die Schule nähere Informationen über die vorhandenen Wohnmöglichkeiten, eine Liste mit den angebotenen Fächern und ein I-20-Formular der Einwanderungsbehörde (notwendig für die Visabeantragung) zusenden.

Weihnachten/Neujahr 1998/1999

Reise planen: Die Reiseroute New York – San Diego wird vorbereitet (ca. 5-6 Wochen, Abflug Ende Juni 1999). Der ungefähre Zeitplan wird mit Hilfe des informativen „Amerika-Reiseatlas 98/99" von Rand McNally erstellt (siehe für weitere Infos http://www.randmcnally.com/).

Literatur/Behindertenführer organisieren: Mobility International Schweiz, Reisefachstelle für Menschen mit einer Behinderung, Froburgstr. 4, 4600 Olten (http://www.mis-infothek.ch, E-Mail: info@mis-ch.ch); Schweizer Paraplegiker Vereinigung, Kultur & Freizeit, Kantonsstr. 40, 6207 Nottwil (http://www.paranet.ch; E-Mail: kf.spv@paranet.ch). Einen sehr guten, umfassenden Überblick bietet das 600-seitige Handbuch (nur in Englisch, absolut empfehlenswert) von Fodor's: Great American Vacations for Travelers with Disability (siehe für weitere Reiseinformationen für Behinderte auch http://www.fodors.com/, search „disabled").

Flugreservationen: Erforderlich ist ein Direktflug nach New York, um die „Sitzzeit" möglichst tief zu halten (Dekubitusgefahr). Das Reisebüro reserviert drei nebeneinader liegende Sitze (Liege-/Entlastungsmöglichkeit für Hardy), eine rollstuhlgängige Übernachtungsmöglichkeit in New York und im Grand Canyon (Stosszeit im Juli). Das Reisebüro kann kein Mietauto oder Rollstuhltaxi reservieren (siehe auch Behindertenfahrzeug).

Januar 1999: Heirat, Wohnungssuche, Betreuungsdienste, Autoerwerb

Dokumente/Versicherungen/Banken: Nach der Heirat organisieren Hardy und Christel Folgendes: neue Pässe und IDs, internationale Heiratsurkunde, neuer Führerschein, internationaler Führerschein. In Englisch müssen Versicherungsbestätigungen der Krankenkassen, ein ärztliches Gesundheitsattest für Hardy, ein Physiotherapie-Übergaberapport und eine Vermögensbestätigung einer Bank (wird bei der Einreise verlangt) beschafft werden. Hardy klärt ab, welche Banken (Schweiz-USA) problemlos zusammenarbeiten, und beantragt Kreditkarten mit langer Gültigkeit. Alle Versicherungen und Vorsorgeeinrichtungen werden überprüft und nötigenfalls angepasst. Christel holt Offerten für eine Reiseversicherung ein.

INFORMATIONEN

Wohnung in San Diego: Es sind keine schulinternen rollitauglichen Wohnungen vorhanden. Geeignete und zudem noch günstige Mietwohnungen in Downtown San Diego sind rar. Die Uni-Professorin verspricht, sich auf dem Wohnungsmarkt nach rollstuhlgängigen Wohnungen umzusehen. Parallel dazu erforscht Hardy das Internet: http://www.smartpages.com/ (search San Diego und Apartment bzw. rental service), http://www.apartmentsearch.com/, http://www.sandiegovacationapts.com/, http://www.forrent.com/ und http://www.apartmentnet.com/.

Mobiliar: Umzugsfreudige Amerikaner veranstalten überall regelmässig private Flohmärkte (Yard sales). Also kein Problem, um billig zu Einrichtungsgegenständen zu kommen. In den USA ist der Hausrat auch mietbar.

Die Uni-Professorin mietet in Hardys Namen ein **Pflegebett** (Geschäftsadresse: Professional Medical Supply, 700 North Marshall Ave, El Cajon, CA 92020). Hardy findet im Internet eine geeignete Stehtrainingsmöglichkeit. Er bemüht sich um den Erwerb des **Easy Stand** (Geschäftsadresse: Mobility Solutions, 7895 Convoy Court Ste 11, San Diego, CA 92111, http://www.mobility-solutions.com/)

Betreuung: Erkundigungen werden bei Betreuungsfirmen in San Diego eingeholt, falls Hardy notfallmässig auf fremde Hilfe angewiesen sein sollte. Internet: Gelbe Seiten (http://www.smartpages.com/; search „Home Health Service", „Caregivers", „Homecare", „Nurses", „Aides" etc.). Weitere Adressen: Affordable Home Care Inc., 3900 5th Ave/Suite 140, San Diego, CA 92103; AccentCare, 8080 La Mesa Blvd, San Digo, CA 91941 (siehe http://www.accentcare.com/) und Aall Care In Home Supportive Services, 7801 Mission Center Ct, San Diego, CA 92108 (siehe http://www.aallcare.com/).

Behindertenfahrzeug: Das Reisebüro kann keine Mietautos vermitteln, die für den Transport von Behinderten geeignet sind. Mietautos könnten nur für Selbstfahrer gemietet werden. Hardy sucht und findet im Internet Anbieter, die Vans mit Lift und Befestigungssystem anbieten (siehe z.B. http://www.wheelchair-getaways.com/ und http://www.wheelerz.com/). Da die Miete pro Monat zwischen 2000 und 2500 Dollar kostet, entschliesst sich Hardy, ein Behindertenfahrzeug (Chrysler, Umbau durch Vantage mit EZ-Lock) zu kaufen. Das Fahrzeug bestellt er bei der Personal Mobility Inc., 191 Tilghman Street, Allentown, PA 18102, die genaue Massangaben von Hardy und dem Rollstuhl verlangt. Das Fahrzeug wird via die PITRE Chrysler Playmouth Jeep, In The Scottsdale Auto Park, 6460 E. McDowell Road, Scottsdale, AZ 85257, erworben und durch die Vantage (siehe http://www.vantageminivans.com) umgebaut.

Hardy will vom **Strassenverkehrsamt** (Departement of Motorvehicles, DMV), Customer Communications Unit, M/S C 165, P.O. Box 932345, Sacramento, CA 94232-3450) von Kalifornien wissen, was mit einem Autoerwerb alles verbunden ist. Das DMV hat zum Thema **Vehicle Registration Requirements** zwei Broschüren abzugeben: „Fast Facts" und „How To". Infos finden sich unter http://www.dmv.ca.gov/ (search „disabled").

Das **Reisebüro** bekundet Mühe, Anworten und Infomaterial von den USA, speziell von den Nationalparks, zu erhalten. Hardy greift einmal mehr zum Internet. Der National Park Service bzw. http://www.nps.gov/ hilft weiter.

Februar 1999: Stellenausschreibung, Pflegematerial, Fluggepäck, Wohnungssuche

Der vorgesehene Betreuer fällt unverhofft als zukünftiger Reisepartner aus. Der Stellenausschreibung folgen Vorstellungsgespräche. Die Zeit drängt.

Sämtliches Pflege- und Lagerungsmaterial für 18 Monate wird zusammengestellt. Bezugsadressen z.B. SKS Rehab AG, Rehabilitationsgeräte, Wyden, 8762 Schwanden (siehe http://www.sks-rehab.ch/), Schweizer Paraplegiker Zentrum, Orthotec, 6207 Nottwil, oder Orthopädie Zentrum WWB, Lautengartenstr. 23, 4025 Basel (siehe http://www.orthowwb.ch/, E-Mail: orthopaedie@WWB.ch).

Die beiden **Rollstühle** („Quicky"-Festrahmen und „Proaktiv"-Traveler; letzterer ist zusammenlegbar und hat in einer Reisetasche Platz) müssen reisetauglich gemacht werden: Gummipneus montieren, austauschbare Räder und Radachsen (!) für beide Modelle sowie Werkzeug und Ersatzteile besorgen. Hardy wird sehr gut zuhause beraten und betreut von der Firma Gelbart AG, Reha-Center, Tribschenstr. 64, 6003 Luzern (siehe http://www.gelbart.ch/html/index.html und E-Mail: info@gelbart.ch).

INFORMATIONEN

Die **Roho-Luftsitzkissen** und das dazugehörige Flickzeug werden kontrolliert (ein Kissen mit Hochprofil, 10 cm, und eines mit Niederprofil, 5 cm, das als Ersatzkissen und für den Flug dient, damit Hardy nicht zu hoch sitzt und die Knie am vorderen Passagiersitz wundscheuert).

Hardy erstellt eine **Adressliste** von Firmen, die Quicky- und Roho-Produkte in den USA anbieten, und fragt **Arzneimittelfirmen** an, unter welchem Namen in den USA spezifische Medikamente erhältlich und ob sie dort rezeptpflichtig sind.

Fluggepäck-Informationen einholen: Als **Freigepäck** für Erwachsene und Kinder ab zwei Jahren für USA und Kanada gelten zwei Gepäckstücke (pro Stück max. 32 kg und 158 cm, Gesamtmass für Länge, Breite und Höhe). Gepäck, das diese Limiten übersteigt, ist gebührenpflichtig. Es gibt keine Spezialregeln bei einem längeren Auslandaufenthalt. Günstige Transportmöglichkeiten für grössere Mengen Übergepäck bieten die Fluggesellschaften mit der Luftfracht an. Das **Handgepäck** muss in der Ablage über dem Sitz und unter dem Vordersitz Platz haben. Unterschiedliche Regeln gelten für die verschiedenen Klassen (First Class zwei Stücke, total max. 20 kg; Business Class zwei Stücke, total max. 18 kg, Masse 55x40x20 cm für das erste Stück und 20 cm Dicke für das zweite Stück; Economy Class zwei Stücke, total max. 10 kg, total für zwei Stücke 55x40x20 cm). Es empfiehlt sich, den Messrahmen am Flughafen zu benützen. Damenhandtaschen, Mäntel, eine Duty-Free-Tasche und eine kleine Fotokamera dürfen immer zusätzlich mitgenommen werden. Sperrige Gepäckstücke, insbesondere **Spezialgepäck und Rollstühle,** müssen bereits bei der Buchung vorangemeldet werden. Der eigene Rollstuhl wird als Gratis-Gepäckstück in den Frachtraum gebracht. Die Gebühr für einen Zweitrollstuhl beträgt 190 Franken. Beim Elektrorollstuhl müssen vorgängig der Transport der Batterie (Nasszellbatterien!) abgeklärt und entsprechende Vorkehrungen getroffen werden. Der zusammengelegte Traveler-Rollstuhl (58x35x17 cm und 12 kg Gewicht) entspricht knapp den Massanforderungen des Handgepäcks. Die Räder werden separat in eine passende Rundtasche verpackt. Ob man den Traveler-Rollstuhl als Handgepäck mit in die Kabine nehmen kann, hängt von der Auslastung des Fliegers und vom Entgegenkommen des Check-in-Angestellten ab.

Voraussendung per Post: Hardys Verwandte in San Francisco ist bereit, Kisten zwischenzulagern. Das einzelne Gepäcksstück darf max. 30 kg wiegen, was bei einer normalen Spedition ca. 200 Franken kostet. Eine zweisprachige Inhaltsliste mit Wertdeklaration muss beigefügt sein. Schwerere Sachen müssen als Frachtgut aufgegeben werden. Der Einkauf von leichten, abschliessbaren Aluminiumkisten in drei verschiedenen Grössen erfolgt bei Kaiser + Kraft AG, Gewerbestr. 5, Postfach 526, 6330 Cham (siehe http://www.kaiserkraft.ch, E-Mail: verkauf.zg@kaiserkraft.ch). Nach gelungenem Probeversand werden nach und nach alle Kisten verschickt (Lagerungskissen und Fusskeil haben Platz in der grössten Aluminiumkiste, 405x680x490 mm). Zwei leere Kisten bleiben zurück bei den Eltern für eventuelle Nachlieferungen in die USA.

Die **Wohnungssuche** gestaltet sich schwierig. Es gibt anscheinend keine offiziellen Verzeichnisse von rollstuhlgängigen Mietwohnungen. Die angeforderten Grundrisse weisen zwar allesamt stufenfreie Zugänge zu den Wohnungen auf. Die Bad- und Balkontüren sind aber (zu) schmal und letztere weisen oft hohe Doppelschwellen auf. Tiefgaragenplätze sind meistens vorhanden. Zufällig trifft Hardy auf einen Bekannten, der San Diego gut kennt und dort einen Freund names Mark hat. Dieser erklärt sich liebenswürdigerweise bereit, Hardy bei der Suche zu unterstützen, bekundet aber ebenfalls Mühe, in der Nähe der Schule etwas zu finden. Die Strassen rund um die Schule seien nicht eben und würden von Downtown her ansteigen; zudem sei die Wohnqualität rund um die CWSL nicht die von Beverly Hills. Mit Glück findet Mark eine freie Wohnung in einem neueren Wohnhaus (Pacific Vu Apartments, 1958 Second Ave, San Diego, CA 92101), das nahe der Schule liegt und einen Lift aufweist. Mark fotografiert das Two-Bedroom-Apartement, rechnet alle Inch- in cm-Masse um und erkundigt sich bei einer **Furniture Rental Company**, welches die Monats-bzw. Jahresmiete von Möbeln, Haushaltartikeln, Fernseher und Musikanlage ist. Ein mindestens einjähriger Mietvertrag ist Voraussetzung und kann erst 30-60 Tage vor Bezug (!) definitv ausgestellt werden.

Die Professorin der Law School findet eine angeblich rollstuhlgängige, ebenfalls unmöblierte Mietmöglichkeit im flachen Süd-Downtownbezirk. Die Zimmeranordnung und die Wohnungsgrösse entsprechen eher den Vorstellungen der Glarner. Die Managerin ist in der Lage, frühzeitig einen befristeten Mietvertrag abzuschliessen. Das zukünftige Heim lautet also: Cityfront Terrace, 500 West Harbour Dr, Apt # 1211, San Diego, CA 92101.

März 1999: Gesundsvorkehrungen, Arbeitsvertrag mit Betreuer

Arzt- und Zahnarzttermine werden wahrgenommen. Rezeptpflichtige Medikamente für die Notfallapotheke müssen besorgt werden. Hardy und Christel lassen sich im Impfzentrum der Universität Zürich, Sumatrastr. 30, 8006 Zürich, gegen Hepatitis A impfen. Christel wird zusätzlich gegen Masern/-Mumpf/Röteln geimpft.

Arbeitsvertrag mit Betreuer: Hardy ist gegenüber der Einreisebehörde für den Betreuer verantwortlich und muss den Nachweis erbringen, dass die Drittperson den USA finanziell nicht zur Last fallen wird. Der zukünftige Betreuer Andi bringt folgende Unterlagen mit: gültigen Pass, Schweizer Wohnsitzbestätigung für die Dauer des Aufenthaltes, Auszug aus dem Zentralsstrafregister (Bundesrain 20, 3003 Bern), Versicherungsbestätigung in Englisch der privaten Krankenkasse und den Führerschein (eine Driver License aus den USA ist vorteilhaft).

Der befristete Arbeitsvertrag regelt Beginn und Auflösung (auch fristlose), Arbeitsleistung, Lohn, Ferien, das gemeinsame Wohnen, Reise- und Verpflegungskosten, das Verbot von Drogenkonsum und -besitz, den Versicherungsschutz des Betreuers, die Bezahlung von Versicherungsprämien (Alters-, Unfall- und Kranken- sowie Reiseversicherung) sowie die Erlangung des erforderlichen kalifornischen Führerscheins zur Einlösung des Vans.

April 1999: Anfordern der Visa

Jeder Antragsteller für ein **Nichteinwanderungsvisum** muss den Beweis erbringen, dass er nicht beabsichtigt, in den USA leben oder arbeiten zu wollen. Er muss glaubhaft machen können, dass er nur für eine befristete Zeit in die USA einreisen will, über ausreichend finanzielle Mittel für die gesamte Dauer seines Aufenthaltes verfügt und einen Wohnsitz ausserhalb der USA hat, und sich verpflichten, die USA nach Beendigung seines Aufenthaltes wieder zu verlassen.

Für alle drei Antragssteller wird zunächst ein Betrag von 68 Franken auf das PC-Konto der Botschaft einbezahlt, wobei Andi deutlich als Domestic Servant von Hardy ausgewiesen wird. Hardy, Christel und Andi gehen nach Bern mit folgende Unterlagen: Quittungen der drei Einzahlungsscheine, drei ausgefüllten Antragsformularen (dreifach, OF-156), den gültigen Pässen (abgelaufene Pässe mit U.S.-Visa mitnehmen), pro Person zwei Passfotos (37x37 mm), Krankenkassenbestätigungen (in Englisch), drei jeweils an sich selbst adressierte, frankierte Briefumschläge (falls die Visa wider Erwarten per Post zugestellt werden müssen), internationale Heiratsurkunde von Hardy und Christel, Formular I-20 „Certificate of Eligibility" (Bestätigungsschreiben der Law School in San Diego bezüglich der befristeten Studiendauer von Hardy), Vermögensbestätigung der Bank (Deckung der Lebenskosten für drei Personen während 12 Monaten in den USA), Schreiben der Vize-Botschafterin (Juni 1998) bezüglich Drittperson, Arbeitsvertrag (Englisch) und Schweizer Wohnsitzbestätigung von Andi.

Um 16 Uhr können die Visa abgeholt werden. Hardys (F1) und Christels (F2) sind bis April 2004 gültig. Dank genauer Kontrolle findet Christel einen Fehler. Sie wird als Mann (!) ausgewiesen. Es muss ein neues Visum eingeklebt werden. Andis Visum verfällt genau ein Jahr nach der Ausstellung. Er müsse halt in den USA rechtzeitig (mindestens drei Monate vor Ablauf) um eine Verlängerung ersuchen, war die Antwort der strengen Beamten.

April/Mai 1999: Reisebürobestätigung und Autokauf

Hinflug/Rollstuhltaxi: Der Hinflug mit einer Boing 747 am 28 Juni 2001 wird bestätigt. Das Reisebüro hat sich vergeblich bemüht, die erste Economy-Sitzreihe (Nr. 31, volle Beinfreiheit) zu reservieren. Die Sitze befinden sich schliesslich in Reihe 33 (HJK) mit aufklappbaren Armlehnen für den erleichterten Transfer. Nicht organisieren konnte das Reisebüro ein Rollstuhltaxi für den Transfer vom Flughafen JFK zum Hotel. Hardy holt sich Rat bei der Personal Mobility Inc., 191 Tilghman Street, Allentown, PA 18102, die ein Rollstuhltaxi organisiert. Die Upward Mobility bietet in New York einen Rollstuhltaxiservice an (siehe http://www.brainlink.com/~phil/index-um.html).

Die Bezahlung des Kaufpreises für den Van erfolgt an PITRE Chrysler Playmouth Jeep, In The Scottsdale Auto Park, 6460 E. McDowell Road, Scottsdale, AZ 85257. Ebenso werden die Umbaukosten für den Van an die Personal Mobility Inc., 191 Tilghman Street, Allentown, PA 18102, bezahlt. Der EZ-Lock wird erst nach der Montage an Ort und Stelle bezahlt. Hardy klärt ab, ob das Gestänge mit dem Verankerungsbolzen überhaupt an das deutsche Rollstuhlmodell „Traveler" passt. „Quicky" ist eine amerikanische Marke und für das Vorhaben daher problemlos geeignet. Die Umbauorder enthält den genauen Beschrieb und die Feststellung, dass der EZ-Lock erst mit Hardy zusammen definitiv montiert wird. Die Vorrichtung für die Gurtenfixierung soll zudem bestehen bleiben. Die Personal Mobility Inc. teilt mit, dass der umgebaute Van nach Allentown geliefert und von dort nach New York gebracht wird. Der Umbau dauert mindestens 8 Wochen.

Mai/Juni 1999: Autoversicherung und Registrierung

Autoversicherung: Die Personal Mobility Inc. empfiehlt die Royal & Sunalliance, 1045 James Street, P.O. Box 4977, Syracuse, NY 13221-4977 (siehe http://www.royalsunalliance.com/ und http://www.royalsunalliance-usa.com), weil diese eine **Adaptive Insurance** anbietet, die speziell auf die Bedürfnisse von Behinderten und deren Fahrzeuge zugeschnitten ist. Hilfe bei einer notfallmässigen Miete eines Ersatz-Behindertenfahrzeuges oder Notfallkosten (Übernachtung, Taxifahrt etc.) sind beispielsweise im Angebot enthalten. Hardy teilt der Versicherung seine Deckungswünsche betreffend Haftpflicht und Kasko mit. Er muss die Angaben vom internationalen Führerschein des Fahrers bekanntgeben (Andis Arizona-Driver License ist eine Erleichterung) und seine aktuellen Autoversicherungsverhältnisse darlegen. Für Letzteres genügt die Kopie der aktuellen Police. U.U. wird eine englische Übersetzung und eine Bestätigung über die Anzahl der unfallfreien Jahre verlangt. Die Bezahlung der Jahresprämie vom 25.06.1999 bis 25.06.2000 muss umgehend erfolgen. Im Kaufpreis für den Van ist eine Roadside Assistance (**Pannendienst**) enthalten, der kostenloses Abschleppen, Auftanken, Aufschliessen, Überbrücken und Reifenwechel beinhaltet. Hardy kriegt einen Pannenausweis mit der Autoidentifikationsnummer.

Autoregistrierung: Da die definitve Anmeldung des Autos erst in Kalifornien erfolgt, ist die Personal Mobility Inc. um eine temporäre Registrierung besorgt, die das DMV (Departement of Motor Vehicles) sechs bis acht Wochen nach den Kaufdatum zustellt. Erst mit dem Versicherungsausweis der Royal & Sunalliance kann jedoch ein Temporary Registration Certificate für Pennsylvania mit der maximalen Gültigkeit von 30 Tagen (29.6 bis 28.7.1999) vom DMV erhältlich gemacht werden. Bei dessen Ablauf befindet sich der Van erst beim Grand Canyon in Arizona. Die Personal Mobility Inc. organisiert deshalb ein zweites Nonresident Registration Plate Certificate für Arizona (29.7. bis 28.8.1999) und schickt es zur Maswick Lodge im Grand Canyon. Dort werden die Glarner vom 20. bis 22.7.1999 sein.

Juli 1999: Erledigungen während der Hinreise nach San Diego

20.7.99: Post abholen in Grand Canyon Village (Autoregistrierung, Kamerazubehör)

29.7.99: Zweite temporäre Autoregistrierung (gültig vom 29. Juli bis zum 28. August) an der Heckscheibe-Innenseite anbringen.

August 1999: Erste Erledigungen in San Diego

Post: Beim Postboten wird das „Welcome Kit" bezogen, das Infos zum neuen Wohnort enthält.

Law School: Schulbeginn 16. August

Auto einlösen: Am 28.08.1999 läuft das zweite temporäre Autonummernschild ab. Der Van muss in Kalifornien angemeldet werden. Infos und ein Theoriebuch für die Fahrprüfung (California Driver Handbook) werden beim lokalen DMV besorgt.

Arzttermin: Andi (wegen Fahrprüfung) und Hardy (zwecks Erhalt eines Bestätigungsschreibens für den Chrysler-Behindertenrabatt, die Autoregistrierung und die Physiotherapieanmeldung) suchen am 18. August einen Arzt auf.

Andi absolviert am 20. August die **Autofahrprüfung** beim DMV. Am Van muss hernach ein **obligatorischer Abgastest** durchgeführt werden (San Diego Smog & Auto Repair, 4664 Park Blvd, San Diego, CA 92116). Am 25. August wird der Van registriert, nachdem die Jahresgebühr bezahlt worden ist.

INFORMATIONEN

Visum Andreas: Es muss ein Visumsverlängerungsantrag gemacht werden, da Andi bei der Einreise in New York nur ein Besuchervisum für drei Monate zugebilligt bekam.

Verkauf und Vermietung von Behindertenautos, Rollstühlen, Scooters, Hilfsmitteln: Hardy benötigt Hilfsmittel. Diese können im Ability Center, 7151 Ronson Road #B, San Diego, CA 92111 (siehe http://www.abilitycenter.com/, E-Mail: info@abilitycenter.com; langjährige Erfahrung, Schauräume, Umbaugarage, Bezug von neuen Pflegeartikeln und umgebauten Behindertenfahrzeugen) und Robert Jardesten, 4831 Aberdeen Street, San Diego, CA 92117 (der ein grosses Lager an gebrauchten Artikeln, insbesondere gut funktionierende Pflegebetten [Electric Hospital Beds], zu sehr günstigen Konditionen anbietet, weshalb Hardy bei ihm ein Pflegebett für 700 Dollar kaufte). HEALTH 'N' HOME, 4829 Clairmont Dr, San Diego, CA 92117, ist integriert in die Sav'on-Drugs-Apotheke. Angeboten werden Rollstühle, Gehhilfen, Messapparate, Verbandszeug, Medikamente etc. sowie eine professionelle Beratung. Andere Adressen von HEALTH 'N' HOME: Park Blvd Pharmacy and Medical Supply, 3904 Park Blvd (at University), San Diego, CA 92103. Hilfsmittel können ferner in San Diego z.B. unter http://www.mobility-solutions.com/ und http://www.yesican.com/ bezogen werden. Weitere Umbaufirmen für Autos, Wohnmobile, Trucks sind im gelben Telefonbuch zu finden (siehe http://www.smartpages.com/, search „Van Conversions" und „Accessories").

Mobiliar/Haushalt: Der Haushalt wird mit neuen und gebrauchten Gegenständen bestückt. Letztere findet man via Uni-Aushänge (abreisende Studenten bieten ihren Hausrat feil), San Diego Union Tribune (grösste Zeitung abonnieren und bei Classifieds „Garage/Moving Sales" nach günstigen Schnäppchen Ausschau halten, siehe http://www.uniontrib.com/). Das Buch „San Diego's Deals & Steals" enthält sodann viele Spartipps.

Möbel: In den gelben Seiten (siehe http://www.smartpages.com/) unter „Furniture Dealers-New", „Furniture Dealers-Used" oder „Home Furnishings" nachschauen. Neuwertige Ausschussware, so genannte Clearance Items, bietet z. B. Jerome's Furniture (14th & E, Downtown) an. Büromöbel findet man unter „Office Furniture & Equipement-Used". Für Bürobedarf oder Papeterieartikel sucht man unter „Office Supplies". Tipp: Die Office Depots (siehe http://www.officedepot.com/) bieten alles an; das nächstgelegene Office Depot befindet sich in Downtown (Kreuzung Broadway/Pazific Hwy). Die Kette Home Depot (z.B. 3555 Sports Arena Blvd) bietet alle Arten von Heimhandwerkergegenständen an (siehe ferner die Home-Base-Geschäfte, http://www.homebase.com/).

Warenhäuser mit preiswertem grossem Sortiment (Haushaltsartikel, Kleider, pharmazeutische Produkte), so genannte Discount General Merchandise Stores, sind der Wal Mart (3382 Murphy Canyon, near Aero Drive (siehe http://www.walmart.com/), der K-Mart (8730 Rio San Diego Dr, Mission Valley, siehe http://www.kmart.com oder http://www.bluelight.com/home/index.jsp) und die Target Stores (3245 Sports Arena Blvd). **Haushaltgeräte/elektrische Geräte** („Appliances & Electronics") können bei Fry's Electronics (beim Wal Mart, 9825 Stonecrest Blvd) gekauft werden. **Lebensmittelmärkte**, so genannte Groceries oder Supermarkets, finden sich fast überall, meistens in der Nähe einer Mall oder eines Wal Mart bzw. K-Mart. Öfters eingekauft wird im Ralph's (Downtown 101 G) oder beim Von's (beim Wal Mart, 3550 Murphy Canyon Road, mit integrierter Apotheke). **Apotheken** sind in den Sav-on Drugs (333 E Washington St, Hillcrest), Rite Aid (402 Broadway) oder Long Drugs (Horton Plaza) zu finden.

Konzessionen: Ohne Konzessionen läuft gar nichts. Im Telefonbuch (White Pages, die verschiedene Telefonbücher sind z.B. unter http://www.syp.com/ erklärt) sind die Telefonanbieter aufgeführt. Der lokale Telefonanschluss wird via die Pacific Bell (siehe http://www.pacbell.com/) erstellt. Für Telefongespräche ausserhalb des Ortskreises wählt Hardy die National ComTel Network Inc., PO Box 570938, 18340 Ventura Blvd, Suite 218, Tarzana, CA 91357 (siehe dazu die diversen Anbieter in den gelben Seiten, http://www.smartpages.com/, search Telecommunications Carriers). Der Internetzugang wird via America Online (AOL, siehe http://www.aol.com/ problemlos realisiert. Der Fernsehanschluss wird via den Anbieter Cox Communications, PO Box 659004, San Diego, CA 92165-9004, sichergestellt. Betreffend Strom und Gas muss mit der San Diego Gas & Electric (SDGE), PO Box 129831, San Diego, CA 92112-9985, E-Mail: info@sdge.com, ein Liefervertrag abgeschlossen werden.

Bankkonto eröffnen: Bei der Bank of America, 450 B Street, San Diego, CA 92101, werden ein Konto eröffnet und Checks bezogen (siehe http://www.bankofamerica.com/).

September 1999: Autorabatt anmelden

Anmeldung des Chrysler-Mobility-Rabattes (1000 Dollar). Die Personal Mobility Inc. schickt Hardy das Anmeldeformular und eine Kaufquittung. Hardy muss sich von einem kalifornischen Arzt bestätigen lassen, dass ein Behindertenfahrzeug (Wheelchair Accessible Van) gebraucht wird. Anmeldeformular, Arztzeugnis, kalifornische Autoregistrierung (alles Kopien) und Kaufquittung werden an Automobility Program Headquarters, P.O. Box 3124, Bloomfield Hills, MI 48302-3124, gesandt.

Februar 2000: Ferien auf Hawaii

Flug, Hotel und Behindertenauto auf der Insel Maui werden organisiert (eigene blaue Parkplaquette nicht vergessen). Die Verwaltung des Cityfront Terrace wird angewiesen, die Post zurückzubehalten. Für den Flug wird der EZ-Lock vom Rollstuhl weggeschraubt.

Mai 2000: Versicherungen, Verträge, Konzessionen regeln und Speditionsfirmen suchen

Wohnung: Der Mietvertrag wird aufgehoben und der Auszugstag mit der Verwaltung festgelegt, da die Laderampe nur für zwei Container Platz hat. Ebenso geregelt wird die Rückerstattung der Kaution. Eine Liste mit verkäuflichem Mobiliar/Haushaltsgegenständen wird im Eingang des Cityfront Terrace aufgehängt. Die Konzessionen für TV, Telefon, Gas und Strom werden aufgehoben und die Schlussbeträge geleistet. Der Internetzugang bei AOL und das Bankkonto lässt Hardy weiterhin bestehen. Ein Hotelzimmer für den Auszugstag wird reserviert. Beim Postboten wird die Umzugsagenda „Mover's Guide" bezogen und der vorgeschriebene Adresswechsel vorgenommen. Informiert wird insbesondere die Schweizer Bank, damit die Kreditkarten- und Kontoauszüge nicht weiter in die USA geschickt werden.

Physiotherapie: Schlussabrechnung und -bericht werden angefordert

Auto: Die Versicherungspolice bei der Royal & Sunalliance läuft per 25.6.2000 aus und muss bis zur Verschiffung Ende Juli 2000 verlängert werden. Die Versicherung ist nur in den USA gültig und bietet keine Deckung während der Verschiffung oder des Transportes. Für Schäden während des Transports kommt eine spezielle Transportversicherung auf. Um den Van nach seiner Ankunft in der Schweiz zu versichern, nimmt Hardy mit dem Schweizer Versicherungsagenten Kontakt auf. Die Jahresgebühr für die Registration des Auto wird nicht erneuert, da die Schilder bis Anfang August 2000 gültig sind. Eine offizielle Abmeldung beim DMV Renewal, P.O. Box 942894, Sacramento, CA 94294-0894, unterlässt Hardy.

Spedition: Hardy sucht via die gelben Seiten eine Speditionsfirma. Das United States Departement of Transportation empfiehlt, den Namen der Firma vorgängig zu überprüfen, und bietet eine Broschüre „Your Mover's Rights" an. Nach telefonischen Offerten entschliesst sich Hardy für die AFL International, Doug White, 684 Anita Street, Suite A, Chula Vista, CA 91911 (siehe http://www.aflonline.com/, E-Mail: doug@aflonline.com). Die AFL organisiert die **Verschiffung des Hausratcontainers** (ab San Diego) und bereitet die **Verschiffung des Vans** (ab Miami) in Zusammenarbeit mit der asi international group, Kai Jaeger, 49 NE 22nd St., Miami, FL 33137 (siehe http://www.autoshipment.com/, E-Mail: info@autoshipment.com) vor. Für den Weitertransport der Ware ab den Häfen Antwerpen (Hausrat) und Basel (Auto) nach Glarus sucht Hardy eine **Schweizer Speditionsfirma** (Settelen AG Transporte, Türkheimerstr. 17, 4055 Basel). Für den Umzug werden folgende Unterlagen benötigt: Passkopien (Ausländer: Niederlassungs-/Aufenthaltsbewilligung), Ameldung Schweiz/Wohnsitzbestätigung, Kopie eines Miet- oder Kaufvertrages (Wohnung/Haus in Schweiz), Kopien aller Chrysler Autopapiere, zweisprachige Inventarliste des Hausrates und das je zweimal unterzeichnete Formular 18.44.

Auto: Hardy erkundigte sich bei der Chrysler Jeep Import AG in der Schweiz betreffend **Garantie in Europa und den Einfuhrbestimmungen**. Daimler Chrylser gewährt in Europa in der Regel keine Werksgarantie für direkt von den USA importierte Fahrzeuge. Eine Ausnahme besteht, wenn das Fahrzeug Übersiedlungsgut ist. In einem solchen Fall wird nach dem erfolgten Import gegen den Nachweis der Übersiedlung eine Garantiezusage geleistet. Übersiedlungsgut liegt dann vor, wenn der Autoeigentümer entweder 6 Monate (ohne Wohnsitz in der Schweiz) oder 12 Monate (mit Wohnsitz in der Schweiz) im Ausland gewohnt hat.

Beim Consulate General of Switzerland in Los Angeles wird das **Zollformular 18.44** (Abfertigungsantrag für Übersiedlungsgut) bestellt und ausgefüllt dem Spediteur übergeben. Bei der Direktion des II. Zollkreises, Bahnhofstr. 62, 8201 Schaffhausen bzw. beim Zollinspektorat Fahrzeugverkehr, Freilagerstr. 47, 8043 Zürich, können die für die Einfuhr von Hausrat bzw. Autos geltenden Bestimmungen sowie ein **Merkblatt** „Voraussetzungen und erforderliche Unterlagen für die Abgabenbefreiung eines Motorfahrzeuges für Invalide" bezogen werden. Zuhause muss das Fahrzeug dem kantonalen Strassenverkehrsamt zur Kontrolle vorgeführt werden. Die Anmeldung dazu muss innerhalb von 12 Monaten ab Einfuhr erfolgen. Das „Informationsblatt für selbstimportierte leichte Motorfahrzeuge" listet u.a. alle erforderlichen Nachweise für die Zulassung und Fahrzeugprüfung auf. Erforderlich ist in jedem Fall das **Formular 13.20**, das den Prüfungsbericht und die technischen Daten des Zollamtes enthält. Von Vorteil ist, wenn man ein leeres Formular vor der Einfuhr studiert und checkt, ob die Autopapiere (Hersteller, Verkäufer, Umbaufirma) und Zertifikate (Verankerungsvorrichtung), die Aufkleber am Auto sowie das Betriebshandbuch mit **allen technischen Daten**, insbesondere Gewicht, Hubraum, PS etc., beinhalten, die das Schweizerische Strassenverkehrsamt benötigt.

Ein **Flugticket** für den Heimflug ab Miami wird besorgt, als das Verladedatum für den Van feststeht.

Juni 2000: Besuch, Packen, Auszug aus Wohnung

Christel und Hardy besorgen sich in einem U-Haul Center (3820 Midway Dr, 9650 Camino Ruiz oder 4311 El Cajon Blvd, siehe sonst http://www.smartpages.com, search „Moving Equipment") **Verpackungsmaterial.** U-Haul Centers vermieten an sieben Tagen pro Woche Autoanhänger, Pick-ups, Umzugsautos und Wohnmobile in diversen Grössen. Ebenso kann man Schachteln und anderes Verpackungsmaterial erstehen. Christel verpackt den Hausrat und schreibt die Schachteln nach ihrem Bestimmungsort (Wohnung, Keller, Elternhaus, Geschäft) an. **Helfer für das Beladen des Containers** werden organisiert. Die zum Verkauf ausgeschriebenen **Haushaltsgegenstände** werden verkauft oder mangels Nachfrage verschenkt. Christel nimmt die **Wohnungsreinigung** Zimmer um Zimmer vor. Der Termin für die Wohnungsabnahme wird vereinbart.

Juli 2000: Erledigungen während der Heimreise

Hardy meldet sich bei der AFL International und der asi international group, um sich zu vergewissern, dass der **Verschiffungstermin des Vans** nicht geändert wurde. Am 28. Juli wird das Auto zur asi international group gebracht. Wichtig: Ohne Original-Eigentümertitel (!) kann kein Fahrzeug verschifft werden. Der Zustand des Vans wird auf Film festgehalten. Für den Autoabgabetag und den Flughafentransfer wird frühzeitig ein **Rollstuhltaxi** organisiert (Adresse: Handi-Van Inc., Non-Emergency Transport Service, PO Box 530963, Miami Shores, FL 33153, siehe http://home.fuse.net/handi-van/). Die **Flugrückbestätigung** mit Bekanntgabe der Menü- und Sitzplatzwünsche erfolgt drei Tage vor dem Abflug. Es wird darauf hingewiesen, dass Hardy einen Aisle Chair (Transferschubkarre) benötigt. Ist während des Flugs eine medizinische Betreuung erforderlich, sind ärztliche Atteste beizubringen. Frühzeitig wurde im Hotel die Erlaubnis eingeholt, später auschecken zu dürfen. Das **Bankonto** bei der Bank of Amerika wurde aufgehoben und die neue Adresse für die Zustellung des Kontoauszugs mitgeteilt. Der **Internetzugang** bei der AOL wurde telefonisch aufgelöst.

Reiseinformationen für behinderte Touristen in den USA

Gesetzliche Ausgangslage

Seit den 60er Jahren wurden in den USA zahlreiche Gesetzesbestimmungen auf Bundes- und Staatenebene verabschiedet, die Behinderte vor Diskriminierungen schützen. Die Bundesgesetze umfassen u.a. folgende Erlasse:

- *Air Carrier Access Act* of 1986: 49 U.S.C. § 41705; Vollzugsbestimmungen 14 CFR Part 382

- *Americans with Disabilities Act* of 1990: 42 U.S.C. §§ 12101 et seq.; Vollzugsbestimmungen 29 CFR Parts 1630, 1602 (zu Title I; zuständige Vollzugsbehörde: Equal Employment Opportunity Commission [EEOC], siehe http://www.eeoc.gov/), 28 CFR Part 35 (zu Title II; zuständige Vollzugsbehörde: Department of Justice, siehe http://www.usdoj.gov/crt/ada/adahom1.htm), 49 CFR Parts 27, 37, 38 (zu Title II, III; zuständige Vollzugsbehörde: Department of Transportation, siehe http://www.fta.dot.gov/office/-civ.htm), 28 CFR Part 36 (Title III; zuständige Vollzugsbehörde: Department of Justice) und 47 CFR §§ 64.601 et seq. (Title IV; zuständige Vollzugsbehörde: Federal Communications Commission [FCC], siehe http://www.fcc.gov/cib/dro/)

- *Architectural Barriers Act* of 1968: 42 U.S.C. §§ 4151 et seq.; Vollzugsbestimmungen 41 CFR Subpart 101-19.6

- *Civil Rights of Institutionalized Persons Act*: 42 U.S.C. §§ 1997 et seq.

- *Fair Housing Amendments Act* of 1988: 42 U.S.C. §§ 3601 et seq.; Vollzugsbestimmungen 24 CFR Parts 100 et seq.

- *Individuals with Disabilities Education Act*: 20 U.S.C. §§ 1400 et seq.; Vollzugsbestimmungen 34 CFR Part 300

- *National Voter Registration Act* of 1993: 42 U.S.C. §§ 1973gg et seq.

- Section 501 of the *Rehabilitation Act* of 1973 (as amended): 29 U.S.C. § 791; Vollzugsbestimmungen 29 CFR § 1614.203

- Section 503 of the *Rehabilitation Act* of 1973 (as amended): 29 U.S.C. § 793; Vollzugsbestimmungen 41 CFR Part 60-741

- Section 504 of the *Rehabilitation Act* of 1973 (as amended): 29 U.S.C. § 794; Vollzugsbestimmungen u.a. 34 CFR Part 104 (Department of Education), 45 CFR Part 84 (Department of Health and Human Services), 28 CFR §§ 42.501 et seq. und 28 CFR Part 39 (Department of Justice)

- Section 508 of the *Rehabilitation Act* of 1973 (as amended): 29 U.S.C. § 794d

- *Telecommunications Act* of 1996 47 U.S.C. §§ 255, 251(a)(2)

- *Voting Accessibility for the Elderly and Handicapped Act* of 1984, 42 U.S.C. §§ 1973ee et seq.

Für reisende Behinderte sind vor allem der **Americans with Disabilities Act** (ADA), der **Air Carrier Access Act** (ACAA) und der **Architectural Barriers Act** (ABA) von Bedeutung.

- Titel II des ADA ist auf das öffentliche Transportwesen anwendbar. Er untersagt grundsätzlich jedwede Diskriminierung von behinderten Personen und verpflichtet dazu, beim Erwerb von neuen Fahrzeugen oder Rollmaterial nur behindertengerechte Einheiten anzuschaffen. Die öffentlichen Transportunternehmen sind zudem verpflichtet, alte, nicht behindertengerechte Vehikel in „guten Treuen" durch neue zu ersetzen, die den gesetzlichen Anforderungen entsprechen. Für den Vollzug und individuelle Beschwerden im Zusammenhang mit Verstössen gegen Titel II ist das Office of Civil Rights des Department of Transportation zuständig (siehe http://www.fta.dot.gov/office/civ.htm).

- Titel III des ADA ist auf private Anbieter von bestimmten Dienstleistungen und Angeboten anwendbar. Dazu gehören im Reisesektor u.a. Übernachtungsmöglichkeiten, Verpflegungsstätten, Unterhaltungsorte (Museen, Vergnügungsparks), Versammlungsorte (Parks, Konferenzzentren, Auditorien), Verkauf- und Vermietungsgeschäfte, Dienstleistungsbetriebe, Zusteigplätze im öffentlichen Verkehr (Bus- und Zugbahnhöfe, Kreuzschifflandestege), öffentliche Gebäude (Ausstellungsräume, Bibliotheken, Museen), Schulen, soziale Dienstleistungsbetriebe und Sportareale oder Erholungsorte sowie private Transportunternehmen. Ähnlich wie Titel II verbietet auch Titel III grundsätzlich jedwede Diskriminierung auf Grund einer Behinderung. Der Nichtdiskriminierungsgrundsatz wird im Einzelnen durch ein umfangreiches Regelwerk konkretisiert. So müssen neue Gebäude behindertengerecht gestaltet werden, während bei älteren Bauten „reasonable modifications" zu treffen sind. Für den Vollzug und individuelle Beschwerden im Zusammenhang mit Verstössen gegen Titel III ist die Disability Rights Section des Department of Justice zuständig (siehe http://www.usdoj.gov/crt/ada/adahom1.htm). Im Gegensatz zu Titel II kann der diskriminierte Behinderte im Rahmen von Titel III selbständig gegen private Anbieter klagen.

- Der ACAA ist auf in- und ausländische Fluggesellschaften und Flughäfen in den USA anwendbar. Er untersagt ebenfalls die Diskriminierung von behinderten Flugpassagieren und verpflichtet dazu, beim Bau von Flughäfen auf die Bedürfnisse der Behinderten Rücksicht zu nehmen und bestehende bauliche Barrieren zu entfernen. Für den Vollzug und individuelle Beschwerden im Zusammenhang mit Verstössen gegen den ACAA ist die Aviation Consumer Protection Division des Department of Transportation zuständig (siehe http://www.dot.gov/airconsumer/). Das Department of Transportation hat seit 1991 diverse Empfehlungen verabschiedet (siehe dazu die *Guidances Regarding Aviation Rules and Statutes*: October 29, 2001: security screening; June 14, 2001: updated version of Part 382; May 4, 2001: boarding assistance on aircraft with 31 or more seats; May 18, 2000: Applicability of the Air Carrier Access Act to Foreign Air Carriers; March 4, 1998: seating accommodations cabin stowage of electric wheelchairs, general obligation to avoid discrimination; May 23, 1997: accessibility of aircraft with 19 through 30 seats, accessibility of airports, communicable diseases; March 16, 1993: Accessibility lavatories, movable armrests, stowage space in cabin for passenger wheelchair, Airline aisle wheelchair in passenger cabin during flight und December 20, 1991: wheelchair reservation codes).

- Der ABA ist auf Bauten anwendbar, die mit Bundesmitteln geleast, gebaut oder umgebaut werden. Der ABA wird auf gliedstaatlicher Ebene durch ähnliche Bestimmungen ergänzt (siehe dazu die Übersicht http://www.access-board.gov/links/statecodes.htm). Für den Vollzug und individuelle Beschwerden im Zusammenhang mit Verstössen gegen den ABA ist der Architectural and Transportation Barriers Compliance Board zuständig (siehe http://www.access-board.gov/).

Fortbewegung

Fliegen

Amerikanische Fluggesellschaften

Die Empfehlungen vom März 1990 regeln Einsteigen und Aussteigen von behinderten Passagieren in Flugzeuge. Trotz den erheblichen Verbesserungen müssen sich gehbehinderte Passagiere, insbesondere Rollifahrer, bewusst sein, dass höchstens grössere Flugzeugtypen neueren Datums über zugängliche Toiletten verfügen. Die „normale" Flugzeugtoilette, die in der Mehrzahl der Fälle angetroffen wird, ist derart eng konzipiert, dass Hilfestellungen von einer Zweitperson unmöglich ausgeführt werden können. Zudem sind die Gänge zwischen den Sitzreihen derart eng, dass man nur mit einem speziellen Transferrollstuhl zur Toilette gelangen kann. Fluggesellschaften können zudem kurzfristig auf eine andere Maschine ausweichen. Als „zugänglich" gilt eine Toilette dann, wenn die Möglichkeit besteht, mit einem schmalen Transferrollstuhl des Kabinenpersonals in die Toilette (mit Rufknopf, Haltestangen, Hebelwasserhahn) zu gelangen, und dort selbst genügend Platz für die erforderlichen Manöver und Transfers besteht. Einen Transferrollstuhl, den so genannten On-Board Wheelchair, führt die Flugbegleitung nur im Falle des Vorhandenseins einer solchen Behindertentoilette mit. Kann ein gehbehinderter Passagier andernfalls die normale, enge Toilette benützen, braucht aber für den Weg dorthin den Transferrollstuhl, muss er diesen vorher anmelden.

Behindertenorganisationen haben immer wieder die ungenügende Sitzregelung bemängelt. Insbesondere die nur für Frequent Flighers reservierten Bulkhead Rows (grosszügige Sitzgruppen, hindernisfreie Sitzreihen) sollen zukünftig Behinderten zugänglich gemacht werden. Zudem wurde eine Regelung gefordert, die das Mitführen und die Handhabung von Elektrorollstühlen klärt. Trotz Gegenwehr der Fluggesellschaften hat die Empfehlung vom März 1998 Sitzordnung und den Transport von Elektrorollstühlen klarer geregelt:

Sitzordnung: Behinderte Passagiere haben auf folgende Sitze Anspruch:

- Benötigt ein Passagier einen Transferrollstuhl (Aisle Chair), um zum Sitz zu gelangen, und kann er nicht gut über eine fixe Armlehne gehoben werden, muss ihm ein Platz in einer Sitzreihe mit aufklappbaren Armlehnen zu Verfügung gestellt werden.

- Die Fluggesellschaft verschafft dem Passagier einen Platz direkt neben der ihn betreuenden Begleitperson, wenn (a) der Behinderte auf Hilfestellungen während des Fluges angewiesen ist, wozu die Crew nicht verpflichtet ist, sie auszuführen (z.B. Essen verabreichen), (b) ein Sehbehinderter mit einer ihm vorlesenden Betreuungsperson reist oder (c) ein Hörbehinderter mit einer für ihn dolmetschenden Begleitperson reist.

- Reist ein Passagier mit einem Blinden- und Hilfshund, richtet sich die Fluggesellschaft nach den Sitzwünschen des Passagiers und stellt ihm entweder ein Bulkhead Sitz oder einen anderen Sitz zur Verfügung.

- Reist eine Person mit einem geschienten oder ruhig gestellten Bein, stellt die Fluggesellschaft einen Bulkhead Sitz oder einen anderen mit grosszügigerer Beinfreiheit als diejenigen entlang der Korridors zur Verfügung.

Es ist den Fluggesellschaften überlassen, ob sie eine gewisse Anzahl Sitze für Behinderte freihalten oder aber so genannte Priority Seats kennzeichnen wollen, die Nichtbehinderte bei Bedarf freigeben. Der Behinderte muss auf jeden Fall mehr als 24 Stunden vor dem geplanten Abflug seine Bedürfnisse angemeldet haben und mehr als eine Stunde vorher im Flughafen einchecken. Behinderte, die nicht den vorgenannten vier Kategorien entsprechen und/oder die Anmeldezeiten nicht einhalten, kann die Fluggesellschaft andere Sitze zuweisen, die ihren Bedürfnissen entgegenkommen.

Transport von Elektrorollstühlen: Der ACAA bestimmt, dass alle neueren, grösseren Flugzeuge in der Kabine einen Stauraum aufzuweisen haben, um mindestens einen (!) faltbaren Rollstuhl versorgen zu können. Die Empfehlung vom März 1998 sieht nunmehr vor, dass nicht nur der Foldable Wheelchair (zusammenfaltbar), sondern auch ein Collapsible Wheelchair (zusammenknickbar) und ein Break Down Battery-Powered Wheelchair (zerlegbarer Elektrorollstuhl) im Stauraum auf Wunsch des Behinderten untergebracht werden sollen. Ganze Rollstühle oder Teile davon können als Kabinengepäck auf Grund von Sicherheitsbestimmungen abgelehnt werden. Führt ein Elektrorollstuhl eine Batterie mit, die der Hersteller als non-spillable (nicht auslaufbar) bestätigt, oder befindet sich der mit einer spillable (auslaufgefährdeten) Batterie versehene Rollstuhl nach Vorschrift gesichert und entladen in einer aufrechten Position, muss die Fluggesellschaft die Batterie nicht entfernen und separat verstauen. Dies ist erst dann erforderlich, wenn die Batterie beschädigt zu sein scheint, ausrinnt oder nicht genügend Platz in der Kabine besteht. Behinderte Passagiere dürfen der Flugzeugcrew schriftliche Anleitungen bezüglich Demontage und Montage ihres Rollstuhls zur Verfügung stellen. Es kommt immer wieder vor, dass Rollstühle beim Transport massiv beschädigt werden oder verlangt wird, die Luft aus den Reifen entweichen zu lassen. Passendes Werkzeug und Ersatzteile sollten daher immer mitgeführt werden.

Medizinische Massnahmen: Oft herrscht Unklarheit darüber, ob die Behinderung „stabil" ist und der behinderte Passagier deshalb wie andere „passengers with special needs" (z.B. mit Menü- oder Diätwünsche) zu behandeln ist oder ob sich die Behinderung während des Flugs verschlechtert oder sogar medizinische Massnahmen erforderlich sind. Die Society for Accessible Travel & Hospitaliy empfiehlt deshalb, dass das Reisebüro die Fluggesellschaft mindestens 48 Stunden vor dem Abflug informiert und feststellt, ob der behinderte Passagier unter dem Code SSR (Special Service Request) oder OSI (Other Service Information) reisen wird. Benötigt der Behinderte eine Liegebahre, ständige Sauerstoffzufuhr oder andere medizinische Massnahmen, fallen sie unter den Code SSR, was spezielle Sicherheitsmassnahmen erfordert. Die Fluggesellschaften können in solchen Fällen eine ärztliche Verordnung und/oder spezifische schriftliche Informationen verlangen. Vorsichtshalber sollte man ein ärztliches Schreiben (auf Englisch) mitführen, das Auskunft über die körperliche Verfassung, das Assistenzbedürfnis beim Transfer zum Flugzeug (Flughafenpersonal) oder während des Flugs (private Begleitperson erforderlich) gibt und feststellt, ob ein eigener Rollstuhl mitgeführt wird und allenfalls welcher Batterietyp (mit Herstellerzertifikat) verwendet wird. Wichtige Medikamente sollten wenn immer möglich in doppelter Ausführung (im Handgepäck und im aufgegebenen Gepäck) mitgenommen werden. Behinderte sollten Direktflüge vorziehen, aber Vorkehrungen treffen, um einem allfälligen Dekubitus vorzubeugen.

Beschwerderecht: Beschwerde-Beamte, so genannte Complaints Resolution Officers, sind von Gesetzes wegen verpflichtet ist, sich der gemeldeten Verstösse gegen den ACAA anzunehmen. Beim Department of Transportation kann ein Beschwerdeformular bezogen werden. Zudem empfiehlt es sich, nach der Landung allfällige Schäden am Rollstuhl zu melden und sich bestätigen zu lassen.

Andere Fluggesellschaften

Die Rechte der behinderten Passagiere, die nicht vom ACAA erfasst werden, namentlich bei Flügen innerhalb Europas, bestimmen sich nach dem allgemeinen Luftfahrtrecht bzw. allfälligen nationalen Bestimmungen (siehe dazu die Broschüre „Travel: Airports [#580Y]", die detaillierte Informationen zu behindertengerechten Einrichtungen und Dienstleistungen von 533 Flughäfen weltweit enthält und bei S. James, Consumer Information Center 2-D, PO Box 100, Pueblo, CO 81002, bezogen werden kann). Da die europäischen Staaten in der Regel keine dem ACAA ähnlichen Bestimmungen kennen (eine Ausnahme macht z.B. das Vereinigte Königreich, siehe dazu Department of the Environment, Transport and the Regions, Consultation Draft, Code of Practice, Access to Air Travel for Disabled People, http://www.mobility-unit.dtlr.gov.uk/consult/aviation/access/index.htm, und die Guidance on seating restrictions for disabled passengers on United Kingdom aircraft der Civil Aviation Authority), sind die Rechte der behinderten Flugpassagiere ausserhalb den USA nur ungenügend geregelt.

Die **International Air Transportation Association** (IATA, siehe http://www.iata.org/) hat zwar Empfehlungen verabschiedet (siehe Passenger Services. Conference Resolutions Manual. Resolution 700. Guidelines and procedures relating to acceptance and carriage of incapacitated passengers, 21. Auflage, 2001), doch sind diese nicht verbindlich. Die **European Civil Aviation Conference** (ECAC, http://www.ecac-ceac.org/) fordert ebenfalls (unverbindlich) im Rahmen eines neuen, kontinentweiten und vollintegrierten Flugverkehrmanagements (ATM) die respektvolle Behandlung von behinderten Passagieren. Sowohl die Organe der **EU** als auch die des **Europarates** haben in jüngster Zeit verschiedentlich auf die Problematik der Diskriminierung behinderter Passagiere aufmerksam gemacht und vereinheitliche Regeln angeregt (siehe z.B. für die EU Communication vom 12. Mai 2000 from the Commission to the Council, the European Parliament, the Economic and Social Committee and the Committee of the Regions. Towards a Barrier Free Europe for People with Disabilities COM[2000] 284 final, und für den Europarat European Assembly, Resolution 1217 [2000]. European air transport policies – the need for a truly „One sky Europe", und Committee on Economic Affairs and Development, Report vom 7. Juni 2000. European air transport policies – the need for a truly „One sky Europe", Doc. 8759).

Behindertenfahrzeuge

Das Reisen innerhalb der USA ist grundsätzlich problemlos. Am einfachsten ist es, wenn ein geeignetes Fahrzeug gemietet oder gekauft wird. Bei normalen Mietfahrzeuganbietern können in der Regel nur Autos gemietet werden, die für behinderte Selbstfahrer geeignet sind. Die Miete von umgebauten Behindertenfahrzeugen ist mehr oder weniger problemlos möglich (siehe z.B. http://www.accessiblevans.com/, http://www.wheelchair-getaways.com/, http://www.wheelerz.com/, http://www.rainbowwheels.com/, http://azwheelchair.com/, http://accessiblerentals.com/ und http://www.ramerican.com/wheelchair/), kann aber bei einem längeren Aufenthalt teuer werden, so dass sich der Kauf eines Occasionsfahrzeuges lohnt (siehe z.B. die Angebote bei http://www.abilitycenter.com/). Zu beachten ist, dass verschiedene Umbaustandards (siehe http://www.braunlift.com/, http://www.ims-vans.com/, http://www.riconcorp.com und http://www.vantageminivans.com) und Befestigungssysteme (siehe http://www.ezlock.com/, http://www.kinedyne.com/ und http://www.qstraint.com/) bestehen.

Das Reisen mit Zug oder Bus ist ebenfalls möglich. Im Einzelfall können behinderte Reisende aber auf Probleme stossen, so z.B. wenn längere Strecken per Zug (Amtrak) oder Bus (Greyhound) zurückgelegt werden möchten oder bauliche Barrieren vorhanden sind (siehe dazu http://www.projectaction.org/).

Reisebüros und Organisationen

Abgesehen von der einschlägigen Reiseliteratur (siehe auch Literaturverzeichnis) besteht auf dem Internet ein reichhaltiges Angebot an Reisetipps für behinderte Touristen in den USA. Folgende Infoseiten bestehen etwa:

- Society for Accessible Travel & Hospitality (siehe http://www.sath.org), Travelin' Talk, PO Box 3534, Clarksville, TN 37043-3534, E-Mail: TvlnTlk@aol.com (monatliche Zeitschrift und weltweites Netzwerk von Behinderten für behinderte Reisende)

- Der Verlag Fodor's hat nicht nur einen Reiseführer herausgegeben, sondern unterhält auch eine Internetseite mit Reisetipps für Behinderte (siehe http://www.fodors.com/traveltips/disabilities/).

- Einen guten Überblick über das Reiseangebot für Behinderte bietet die Website der britischen Organisation Ability (siehe http://www.ability.org.uk/disabled_travel_usa.html)

- Nützliche Infos bietet auch der AOL Travel Dienst (siehe http://aolsvc.independenttraveler.aol.com)

Staatliche Reisebüros

Alle staatlichen Reisebüros offerieren kostenlose Reiseunterlagen, wovon viele einen generellen Überblick betreffend der Zugänglichkeit zu Attraktionen, Hotels und Restaurants bieten. Die folgende Liste enthält die Adressen solcher Reisebüros und Organisationen, die sich der Bedürfnisse behinderter Reisender annehmen:

Alabama: Alabama Bureau of Tourism and Travel, 401 Adams Ave, Suite 126, P.O. Box 4927, Montgomery, AL 36104-4627 (siehe http://www.touralabama.org/index-FL.htm, Broschüre „Alabama Accessibility Facts" erhältlich).

Arizona: Arizona Office of Tourism, 2702 N. 3rd St., Suite 4015, Phoenix, AZ 85004-4608 (siehe http://www.arizonaguide.com/home/index.asp). **Grand Canyon National Park**: Superintendent, PO Box 129, Grand Canyon, AZ 86023-0129 (Kurzinfos: „Accessibility Guide", Nr. 2/1998), Grand Canyon Association (siehe http://www.grandcanyon.org); Rollstuhlsignete und Hinweise auf Spezialdienste enthält das informative „Grand Canyon Magazin – a complete guide to the South Rim" des American Park Network (siehe http://www.AmericanParkNetwork.com). **Glen Canyon National Recreation Area**: Superintendent, Glen Canyon National Recreation Area, PO Box 1507, Page, AZ 86040-1507 (siehe http://www.nps.gov/glca/). **Monument Valley**: siehe Utah. **Wupatki National Park:** Superintendent, Wupatki, Sunset Crater Volcano, and Canyon National Monuments, 2717 N. Stevens Blvd, Suite 3, Flagstaff, AZ 86004 (kurzer Hinweis zur Zugänglichkeit beinhaltet die offizielle Visitor Map).

Arkansas: Arkansas Dept. of Park & Tourism, One Capitol Mall, Little Rock, AR 72201 (siehe http://www.arkansas.com/); Broschüre über die Zugänglichkeit der State Parks in Arkansas). Creativ Abilities Services, Inc., P.O. Box 2045, North Little Rock, AR 72115.

California: California Div. of Tourism, 801 K St., Suite 1600, Sacramento, CA 95814 (siehe http://www.gocalif.ca.gov/; erhältlich ist eine Liste mit Behindertenorganisationen. California Relay Service in San Francisco und Los Angeles organisieren Behindertenreisen. Weitere Informationen liefert: Disability Rights, Education and Defense Fund, 2212 6th St., Berkeley, CA 94710. **Death Valley**: Death Valley National Park, PO Box 579, Death Valley CA 92328-0570 (siehe http://www.nps.gov/deva/). Die Rollstuhlzugänglichkeit ist auf der Besucherkarte vermerkt. **Joshua Tree National Park**: Superintendent, Joshua Tree National Park, 74485 National Park Dr, Twentynine Palms, CA 92277-3597 (siehe http://www.nps.gov/jotr/). Der Joshua Tree Guide/Spring 2000 enthält Angaben über Zugänglichkeit. Infos sind in mehreren Sprachen erhältlich. **Sequoia National Park**: Superintendent, Sequoia and Kings Canyon National Parks, Three Rivers, CA 93271-9700 (siehe http://www.nps.gov/seki/). **Yosemite National Park**: Superintendent, Yosemite National Park, CA 95389-0577 (siehe http://www.nps.gov/yose/).

INFORMATIONEN

Die Broschüre „Yosemite Access Information Brochure" und die Parkzeitung „Yosemite Guide", vierteljährlich erscheinend, markieren zugängliche Programme und Aktivitäten mit einem Rollstuhlsignet. Ein detaillierter Behindertenführer „Access Yosemite National Park" mit Karten wird von der Northern Cartographic Inc. herausgegeben. **San Diego**: Accessible San Diego 1999, P.O. Box 124526, San Diego, CA 92112-4526 (siehe http://www.accessandiego.org/). Ein Behindertenführer der Stadt ist erhältlich.

Colorado: Colorado Travel & Tourism Authority, Box 3524, Englewood, CO 80155 (siehe http://www.colorado.com/). **Mesa Verde National Park**: Superintendent, PO Box 8, Mesa Verde National Park, CO 81330. Auf Verlangen ist zur offiziellen Visitor Map auch die „Informations on access for the disabled" erhältlich.

Connecticut: Connecticut Office of Tourism, 505 Hudson St., Hartford, CT 06106 (siehe http://www.ctbound.org/). Beim Center for Children with Special Healthcare Needs, Nweington Children's Hospital, 181 E Cedar St., Newington, CT 06111, ist eine Broschüre „Access Connecticut" mit Erholungs-Infos für behinderte Kinder erhältlich.

Delaware: Delaware Tourism Office, 99 Kings Highway, Dover, DE 19901 (siehe http://www.delaware.gov/).

District of Columbia: Washington D.C. CVA, 1212 New York Ave NW # 600, Washington, D.C. 20005 (siehe http://www.washington.org/).

Florida: VISIT FLORIDA, PO Box 11, Tallahassee, FL 32302 (siehe http://www.flausa.com/). Erhältlich ist eine Broschüre „Florida Services Directory for the Physically Challenged". **Miami**: Rollstuhltaxi Handi-Van Inc., Non-Emergency Transport Service, PO Box 530963, Miami Shores, FL 33153 (siehe http://home.fuse.net/handi-van/).

Georgia: Georgia Dept. of Tourism, PO Box 1776, Atlanta, GA 30308 (siehe http://www.georgia.org/).

Hawaii: Hawaii VCB, 2270 Kalakaua Ave, Suite 801, Honolulu, HI 96815 (siehe http://www.gohawaii.com/). Beim Hawaii Center for Independent Living, 414 Kuwili St., Suite 102, Honolulu, HI 96817, ist eine dreiteilige Dokumentation „Aloha Guide to Accessibility in the State of Hawaii for Persons with Disability" für 15 Dollar erhältlich (Teil 1: Grundinformationen 1999, Teil 2A: Strände und Parks 1997, Teil 2B: Konzertsäle und Theater 1997, Teil 2C: Einkaufszentren 1995/1997, Teil 2D: Besucherattraktionen 1995/1997 und Teil 3: Hotelbeschriebe 1996). Weiteres Infos: Disability and Communication Access Board, 919 Ala Moana Blvd, Rm. 101, Honolulu, Hawaii 96814. Behindertenfahrzeug-Vermietung: Accessible Vans of Hawaii Inc., 296 Alamaha St., Suite C, Kahului, HI 96732 (siehe http://www.accessiblevans.com, E-Mail avavans@maui.net). Helikopter mit Lift für Rollifahrer: Hawaii Helicopters, Kahului Heliport, Hangar 6, Kahului, HI 96732 (siehe http://www.hawaii-helicopters.com/, E-Mail: helitour@maui.net). Eine Übersicht über rollstuhlgängige Ausflüge sind unter http://www.maui.net/~bernhard/adventure_page.html abrufbar. **Haleakala National Park**: Superintendent, Haleakala National Park, PO Box: 369, Makawao, HI 967688 (siehe http://www.nps.gov/hale/).

Idaho: Idaho Travel Council, Box 83720, Boise, ID 83720-0093 (siehe http://www.visitid.org/).

Illinois: Illinois Dept. of Commerce & Community Affairs, Buro of Tourism, 100 W. Randolph St., Suite 3-400, Chicago, IL 60601 (siehe http://www.enjoyillinois.com/).

Indiana: Indiana Tourism, 1 N. Capitol Ave, Suite 700, Indianapolis, IN 46204-2288 (siehe http://www.enjoyindiana.com/). Erhältlich ist die Broschüre „Accessible Van Rentals & Wheelchair Getaways".

Iowa: Iowa Div. of Tourism, 200 East Grand Ave, Des Moines, IA 50309 (siehe http://www.traveliowa.com/).

Kansas: Kansas Travel & Tourism Div., 700 SW Harrison, Suite 1300, Topeka, KS 66603 (siehe http://www.kansas-travel.com/).

Kentucky: Kentucky Dept. of Travel, Dept. RMN, Box 2011, Frankfort, KY 40602 (siehe http://www.kentuckytourism.com).

Louisiana: Louisiana Office of Tourism, PO Box 94291, Baton Rouge, LA 70804 (siehe http://www.louisianatravel.com/ und http://www.crt.state.la.us/crt/tourism.htm).

Maine: Maine Office of Tourism, SHS 59, Augusta, ME 04333 (siehe http://www.visitmaine.com/).

Maryland: Maryland Office of Tourism Dev., 217 East Redwood St., Baltimore, MD 21202 (siehe http://www.mdisfun.org/).

Massachusetts: Office of Travel & Tourism, 10 Park Plaza, Suite 4510, Boston, MA 02116 (siehe http://www.mass-vacation.com/).

Michigan: Travel Michigan, PO Box 30226, Lansing, MI 48909 (siehe http://www.michigan.org/).

Minnesota: Minn. Office of Tourism, 500 Metro Sq., 121 7th Place E, St. Paul, MN 55101 (siehe http://www.exploreminnesota.com/).

Mississippi: Mississippi Division of Tourism, PO Box 1705, Ocean Springs, MS 39566-1705 (siehe http://www.mississippi.org/).

Missouri: Missouri Div. of Tourism, 301 W. High St., Box 1055, Jefferson City, MO 65102 (siehe http://www.missouritourism.org/).

Montana: Travel Montana, PO Box 200533, Helena, MT 59620 (siehe http://www.visitmt.com/). Erhältlich ist ein Reiseführer, der Behindertenorganisationen auflistet.

Nebraska: Nebraska Travel & Tourism, Box 98907, Lincoln, NE 68509-4666 (siehe http://www.visitnebraska.org/).

Nevada: Nevada Commission on Tourism, 401 N. Carson St., Carson City, NV 89701 (siehe http://www.travelnevada.com/). Governor's Commission on Employment of People with Disabilites, 628 Belrose St., State Mail Room, Las Vegas, NV 89158-3156.

New Hampshire: Office of Travel & Tourism Dev., 172 Pembroke Road, Box 1856, Concord, NH 03302 (siehe http://www.visitnh.gov/). Bei der Governor's Commission on Disability, 57 Regional Dr, Concord, NH 03301, kann eine Liste mit zugänglichen Hotels in New Hamphire bezogen werden. Weitere Informationen: Granit State Independent Living Foundation, Box 7268, Concord, NH 03301.

New Jersey: NJ Office of Travel & Tourism, 20 W. State St., Box 826, Trenton, NJ 08625-0826 (siehe http://www.visitnj.org/). Unter der gleichen Adresse offeriert die New Jersey Commission on Recreation for Individuals with Disabilities Reiseberatung und ein schriftliches Verzeichnis mit Erholungsgebieten an.

New Mexico: New Mexico Tourism, Rm 751, Lamy Bldg., 491 Old Santa Fe Tr., Santa Fe, NM 87501 (siehe http://www.newmexico.org/). Beim Governor's Committee on Concerns of the Handicapped, 491 Old Santa Fe Tr., Lamy Building, Santa Fe, NM 87501, sind „Accessibility Guides" für Santa Fe, Albuquerque und Taos) erhältlich.

New York: New York State Div. of Tourism, Box 2603, Albany, NY 12220 (siehe http://www.iloveny.state.ny.us/). New York State Office of Advocate for the Disabled, 1 Empire State Plaza, 10th floor, Albany, NY 12223. **New York City**: Beim Mayor's Office for People with Disability, 52 Chamber St., Rm 206, New York City, NY 10007, ist eine Broschüre „Access Guide for People with Disabilities" und „Access for All", herausgegeben von der Hospital Audiences Inc., erhältlich.

North Carolina: North Carolina Div. of Travel 6 Tourism, 301 N. Wilmington St., Raleigh, NC 27601-2825 (siehe http://www.visitnc.com/) Erhältlich ist ein 300-seitiges Verzeichnis „Access North Carolina for the Disabled". **Blue Ridge Parkway**: Superintendent, Blue Ridge Parkway, 400 BB&T Building, Asheville, NC 28801-3412 (siehe http://www.nps.gov/blri/). Der Park zieht sich durch North Carolina und Virginia (Behindertenführer siehe Virgina). **Great Smoky Mountains National Park**: Superintendent at Great Smoky Mountains National Park, 107 Park Headquarters Rd., Gatlinburg, TN 37738 (siehe http://www.nps.gov/grsm/). Erhältlich ist eine Broschüre „Great Smoky Mountains NP. A complete guide to planning your stay" des American Park Network (siehe http://www.AmericanParkNetwork.com/).

North Dakota: North Dakota Tourism, Liberty Memorial Bldg, 604 E. Boulevard, Bismarck, ND 58505 (siehe http://www.ndtourism.com/). Dakota Center for Independent Living, 201 Missouri Dr, Mandam, ND 58554.

Ohio: Ohio Division of Travel & Tourism, PO Box 1001, Columbus, OH 43216-1001 (siehe http://www.ohiotourism.com/).

Oklahoma: Oklahoma Dept. of Tourism 6 Rec., 15 N. Robinson, Suite 801, Oklahoma City, OK 73152 (siehe http://www.travelok.com/).

Oregon: Oregon Tourism Commission, 775 Summer St. NE, Salem, OR 97310 (siehe http://www.traveloregon.com/). Oregon Disabilities Commission, 1257 Ferry St. SE, Salem, OR 97310).

Pennsylvania: Center for Travel 6 Tourism, Forum Building, Rm. 404, Harrisburg, PA 17120 (siehe http://www.experiencepa.com/).

Rhode Island: Rhode Island Tourism Div., 1 W. Exchange St., Providence, RI 02903 (siehe http://www.visitrhodeisland.com/). PARI Independent Living Center, 500 Prospect St., Pawtucket, RI 02860.

South Carolina: South Carolina Dept. of Parks, Rec. & Tourism, 1205 Pendleton St., Columbia, SC 29205 (siehe http://www.discoversouthcarolina.com).

South Dakota: South Dakota Dept. of Tourism, 711 E. Wells Ave, Pierre, SD 57501-3369 (siehe http://www.travelsd.com/). **Badlands National Park**: Badlands National Park, PO Box 6, Interior, SD 57750-0006 (siehe http://www.nps.gov/badl/).

Tennessee: Tennessee Tourist Dev., 320 6th Ave N, Rachel Jackson Building, 5th floor, Nashville, TN 37243 (siehe http://ndweb.state.tn.us).

Texas: Texas Dept. of Economic Dev., Tourism Div., Box 12728, Austin, TX 78711-2728 (siehe http://www.traveltex.com).

Utah: Utah Travel Council, Council Hall/Capitol Hill, 300 N. State St., Salt Lake City, UT 84114 (siehe http://www.utah.com/). Utah Independent Living Center, 3445 S. Main St., Salt Lake City, UT 84115. **Arches National Park**: Superintendent, Archers National Park, PO Box 907, Moab, UT 84532 (siehe http://www.nps.gov/arch/index.htm). Erhältlich ist die Broschüre „Arches NP. Visitor Guide" mit kurzem Zugangsbeschrieb. **Bryce Canyon National Park**: Superintendent, Bryce Canyon National Park, PO Box 170001, Bryce Canyon, UT 84717-0001 (siehe http://www.nps.gov/brca/). Erhältlich ist die Übersicht „Access Guide Bryce Canyon NP.". **Canyonlands National Park**: Superintendent, Canyonlands National Park, 2282 SW Recource Blvd, Moab, UT 84532-8000 (siehe http://www.nps.gov/cany/index.htm). **Monument Valley**: Monument Valley Navajo Tribal Park, PO Box 360289, Monument Valley, Utah 84536 (siehe http://navajo_nation.tripod.com/). **Zion National Park**: Superintendent, Zion National Park, Springdale, UT 84767-1099. Die Broschüre „Zion Map & Guide" enthält einige Hinweise für Rollstuhlfahrer. Zusätzliche Infos sind im Visitor Center erhältlich (siehe http://www.nps.gov/zion/).

Vermont: Vermont Dept. of Tourism, 6 Baldwin St., Montpelier, VT 05633 (siehe http://www.vermont.com/). Bei der Vermont Division of Vocational Rehabilitation, 103 S. Main St., Waterbury, VT 05671, ist die Broschüre „Vermont's Guide to Accessible Sites" erhältlich.

Virginia: Virginia Tourism Corporation, 901 E. Byrd St., Richmond, VA 23219 (siehe http://www.virginia.org). Erhältlich ist ein 210-seitiger Behindertenführer „The Virginia Travel Guide für Persons with Disabilities", 3rd edition, 1997, herausgegeben von The Opening Door Inc.). **Shenandoah National Park** (siehe http://www.nps.gov/shen/index.htm).

Washington: Washington Tourism, Box 42500, Olympia, WA 98504 (siehe http://www.tourism.wa.gov/). Erhältlich ist eine Liste mit weiterführenden Adressen für behinderte Besucher.

West Virginia: West Virginia Div. of Tourism, 2101 Washington St. E., Charlston, WV 25305 (siehe http://www.state.wv.us/tourism/).

Wisconsin: Wisconsin Dept. of Tourism, 201 W. Washington Ave, Madison, WI 53707 (siehe http://tourism.state.wi.us). Erhältlich ist die Broschüre „Guide for the Mobility Impaired", herausgegeben vom Departement of Natural Recources, die Informationen zur Zugänglichkeit der Parks, Erholungsgebiete, Wälder und Wanderwege enthält.

Wyoming: Wyoming Div. of Tourism, I-25 at College Dr, Cheyenne, WY 82009 (siehe http://www.wyomingtourism.org). Erhältlich ist das Verzeichnis „Wyoming Travel Guide: Access Wyoming". **Grand Teton National Park**: Accessibility Coordinator, Grand Teton National Park, PO Drawer 170, Moose, WY 83012-0170 (siehe http://www.nps.gov/grte/). Erhältlich sind die Broschüren „Grand Teton Easy Access" und „Location map – recreation sites with facilities accessible to the disabled". **Yellowstone National Park**: Accessibiliy Coordinator, Park, PO Box 168, Yellowstone National Park, WY 82190 (siehe http://www.nps.gov/yell/). Erhältlich ist ein 11-seitiger Visitor guide to accessible features in Yellowstone National Park 05/1998).

Nationalparks (N.P.)

http://www.nps.gov/. Die National Parks sind mitunter nicht ganzjährig geöffnet, weshalb nach den Sommermonaten die Öffnungszeiten nachzufragen sind. Der Eintritt ist nicht frei. Die Eintrittsgebühr macht bis zu 20 Dollar pro Auto und bis zu 10 Dollar pro Fussgänger/Wanderer aus. Die Tickets sind bis zu sieben nacheinander folgenen Tagen gültig. Behinderte können einen *Golden Access Pass* beantragen. Dieser Pass ist lebenslänglich gültig und berechtigt zum Gratiseintritt (siehe http://www.nps.gov/noca/accessibilityguide/accessguide1.htm und http://www.fodors.com/parks/feesinfo.cfm). Voraussetzung ist allerdings, dass die Person im Zeitpunkt ihres Antrags in den USA lebt (Residence ist erforderlich) oder staatliche Sozialversicherungsleistungen der USA erhält. Wer diese Voraussetzungen nicht erfüllt, kauft beim erstmaligen Parkbesuch am Besten einen *Golden Eagle Pass* für 50 Dollar. Dieser Pass ist ein Jahr lang gültig und erlaubt einem Auto mit allen Insassen den kostenlosen Zugang zu sämtlichen Nationalparks.

Beim Parkeingang erhält jeder Besucher automatisch die offizielle Besucherkarte, die nebst detaillierter Topographie und allgemeinen Infos auch Visitor Centers, Restaurants, Motels, Campingplätze, Toiletten und Tankstellen verzeichnet. Nicht alle Karten enthalten behindertenspezifische Informationen. Viele Nationalparks geben jedoch auf Anfrage ergänzende Broschüren (oft in mehreren Sprachen) oder besonderes Infomaterial für geh-, seh- und hörbehinderte Besucher ab. Diese sind aber nicht immer beim Eingang oder dem Visitor Center erhältlich. Fahrverbote gelten meistens nicht für Behindertenfahrzeuge. Zudem kann oft auf Anfrage eine Spezialfahrbewilligung eingeholt werden (so z.B. beim Grand Canyon für den West Rim). Bestehen im Park selbst keine oder ungenügende Übernachtungsmöglichkeiten, finden sich meistens in der Nähe der Eingänge Motels. Nicht jeder Park verfügt über Tankstellen oder Verpflegungsstätten. Toiletten können ebenfalls nur in geringer Anzahl vorhanden sein. Sehr gerne erteilen die Parkhüter Auskunft und sind bei der individuellen Tagesplanung behilflich. Führungen und Expeditionen sind unter Umständen für Rollifahrer möglich. Am besten lässt man sich im Visitor Center beraten.

Informationen

Motels und Hotels

Ketten und Betten

Wer mit dem Auto unterwegs ist, findet praktisch überall ein Motel. Die Qualität der Motels variiert. In der Regel ist die Qualität gut, besonders bei den Motels, die zu einer Kette gehören. Jede Kette verfügt über ein detailliertes Motelverzeichnis, das auch darüber Aufschluss gibt, ob ein komplettes Frühstück oder nur Kaffee angeboten wird oder sich eine Kaffeemaschine im Zimmer befindet. Am bekanntesten sind **Best Western** (siehe http://www.bestwestern.com/), **Days Inn** (siehe http://www.daysinn.com), **Econolodge** (siehe http://www.econolodge.com), **Fairfield Inns** (siehe http://www.fairfieldinn.com/) **Holiday Inn** (siehe http://www.holidayinn.com/), **Howard Johnson** (siehe http://www.hojo.com), **Knights Inn** (siehe http://www.knightsinn.com), **Motel 6** (siehe http://www.motel6.com), **Ramada Inn** (siehe http://www.ramada.com), **Red Roof Inn** (siehe http://www.redroof.com/) und **Super 8** (siehe http://www.super8.com).

In den USA unterscheidet man drei Bettgrössen. Das in Europa bekannte Einzelbett (twin bed) wird als Kinderbett verstanden und kommt in Motels praktisch nicht vor. Ein normales amerikanisches „Einzelbett" hat die Grösse eines französichen Bettes und wird „queen-size bed" genannt. Ein grösseres Bett, ein so genanntes „king-size bed", bietet sogar Platz für drei Personen. Für zwei Personen genügt ein standard single-room, während Familien mit Kindern ein standard double-room benötigen. Die Betten sind hoch, was den Transfer in den Rollstuhl je nach den individuellen Verhältnissen erleichtert oder erschwert. Viele Motels und Hotels verfügen über spezielle Behindertenzimmer. Die Anzahl dieser Zimmer ist jedoch beschränkt. Eine Reservation ist deshalb sinnvoll. Eine solche ist entweder per Internet oder telefonisch via die einschlägigen Gratisnummern problemlos möglich. Ist man auf Auskünfte über die Beschaffenheit der Behindertenzimmer (Badezimmer etc.) angewiesen, kann man auch direkt das fragliche Motel, allerdings nicht gebührenfrei, anrufen.

INFORMATIONEN

Einzelzimmer Queen Size Bed – Einzelzimmer King Size Bed

Handicapped Rooms oder Facilities for disabled People

Die Behindertenzimmer unterscheiden sich von Motel zu Motel. Es lassen sich zwei verschiedene Badezimmertypen unterscheiden: die Badewannevariante und die Rollstuhlduschevariante. In beiden Fällen besteht in der Regel eine grosse bis luxuriöse Manövrierfläche.

Kleine Details eines Handicapped Rooms

Badewannentyp (bath): Für einen erleichterten Einstieg sorgt die niedere Wannenhöhe (lowered bathtube) und Haltegriffe (grab bars) an der Wand. Wannensitze (bath bench) oder flexible Plastikstühle ermöglichen Gehbehinderten den Transfer in die Wanne bzw. eine sitzende Duschposition.

INFORMATIONEN

Badewannevariante: meist *ohne* flexible Brause

Rollstuhlduschetyp (Roll-in-Shower, auch walk-in shower): Normalerweise trifft man die schwellenlose Variante an, mit gesenktem Abfluss, aufklappbarem Wand-Duschsitz (fold-down seat) und mit oder ohne Vorhang und Haltegriffe. Mitunter werden alte Badewannen durch begehbare Einbauduschen mit oder ohne fixe Sitzmöglichkeiten ersetzt. Das kann zur Folge haben, dass der Duschboden bis zu 7cm erhöht ist und die Breite der Einbaudusche der ehemaligen Badewannenbreite entspricht, wodurch der Rollstuhl u.U. für den Transfer schlecht positioniert werden kann.

Schwellenlose Roll-in Showers

Schwellenlose Roll-in Showers

Einbauduschen

INFORMATIONEN

Auf jeden Fall werden die üblichen fix montierten Wandbrausen durch flexible Duschköpfe mit Verlängerungsschlauch (hand-held shower head) ersetzt. Dennoch kommt es vor, dass die fixen Duschsitze unüberlegt dort montiert worden sind, wo der Behinderte unmöglich zum Schalthebel oder überhaupt zur Duschbrause gelangen kann. Die Beine der langen flexiblen Plastikbänke sind höhenverstellbar und können über den Wannenrand hinaus verlängert werden. Die Toiletten sind erhöht und weisen unterschiedliche Haltefunktionen auf. Steht die Toilette in einer Ecke, gibt es meist eine Stange an der Rück- und eine an der Seitenwand. Bei frei stehenden Toiletten fehlen oft seitliche Stütz- oder Handgriffe. Die Lavabos sind unterfahrbar. Die meisten Badezimmer sind mit Alarmsystemen ausgestattet. Oft verfügt das Haus über weitere Pflegehilfsmittel (Duschstühle, Bettbügelvorrichtung) oder technische Einrichtungen für Gehörlose und Blinde. Behinderte Gäste können zudem ihre indiviuellen Wünsche äussern.

Einseitig höhenverstellbarer Badestuhl – Kippspiegel

Hotel- und Motelverzeichnisse

Die Rollstuhlsignete in den Verzeichnissen sagen nichts darüber aus, ob die Behindertenzimmer des jeweiligen Motels mit Badewannen oder Rollstuhlduschen ausgestattet sind. Die Verzeichnisse können in drei Gruppen unterteilt werden:

1. Alle Gebäude folgender Motelketten haben Handicapped Rooms und brauchen deshalb das Rollstuhlsignet im Verzeichnis nicht mehr aufzuführen:

Motel 6: (günstigste Kette) Motel 6, P.O. Box 1054, Greenville, TX, 75403-1054 (siehe http://www.motel6.com/). Motel 6 ist eine der elf weltweit tätigen Hotelketten der französichen ACCOR-Gruppe (Adresse: Accor, Rue de la Mare Neuve 2, F-91021 Evry Cedex, siehe http://www.accorhotels.com). Accor-Hotelketten in der Schweiz mit Gebrauch des Rollstuhlsignets im Verzeichnis sind Ibis (siehe http://www.ibishotel.com), Sofitel, Novotel und Formule 1. In den USA findet man nebst dem meistverbreiteten Motel 6 auch **Red Roof Inns** (siehe http://www.redroof.com/), **Sofitel** (siehe http://www.sofitel.com/) und **Novotel** (siehe http://www.novotel.com).

Holiday Inn: Bass Hotels & Resorts Inc., 1750 Wallace Avenue, St. Charles, IL 60174 (siehe http://www.sixcontinentshotels.com). Verschiedene Hotelketten gehören zu dieser Gruppe: **Holiday Inn** (siehe http://www.holiday-inn.com/), **Holidy Inn Express** (siehe http://www.hiexpress.com/), **Crowne Plaza** (siehe http://www.crowneplaza.com/), **Staybridge Suites** (siehe http://www.staybridge.com/) und **Intercontinental** (siehe http://www.interconti.com/). In den USA haben alle Gebäude dieser Hotelketten Handicapped Rooms. Das Rollstuhlsignet wird im Verzeichnis für Hotels in Ländern/Kontinenten gebraucht, die Handicapped Rooms gemäss den lokalen Bauvorschriften für Behinderte aufweisen. In der Schweiz bestehen mehrere Hotels.

2. USA-Verzeichnisse mit Rollstuhlsignet für Handicapped Rooms. Nicht alle Gebäude folgender Motelketten kennen Behindertenzimmer:

Days Inn: Days Inns of America Inc., P.O. Box 29004, Phoenix, AZ 85038-9004 (siehe http://www.daysinn.com), **Ramada**: Ramada New Jersey, 1 Sylvan Way, Parsippany, NJ 07054-5735 (siehe http://www.ramada.com), **Super 8 Motel**: Super 8 Motels Inc., 1910 Eighth Avenue Northeast, Aberdeen, South Dakota 57401-3207 (siehe http://www.super8.com) und **Historic Hotels of America**: Historic

Hotels of America, 1785 Massachusetts Ave, N.W., Washington, D.C. 20036-6412 (siehe http://www.nationaltrust.org/historic_hotels/, teilweise exklusive, historische Gebäude. Im Verzeichnis wird markiert, wenn Behinderte nähere Informationen beziehen sollten).

3. Die Gebäude folgender Motelkette haben meist Behindertenzimmer. Das Verzeichnis enthält jedoch keinerlei Hinweise oder Rollstuhlsignete. Allfällig vorhandene Handicapped Rooms müssen jedesmal erfragt werden:

Best Western: Best Western International Inc./International Headquarters, P.O. Bos 10203, Phoenix, AZ 85064-0203 (siehe http://www.bestwestern.com/).

Auch die Hotelketten, insbesondere **Hyatt**, **Hilton**, **Marriot's**, **Radisson**, sind bestrebt, ihre Hotels hindernisfrei zu gestalten. Manchmal werden Swimming-Pool-Lifte installiert oder stehen rollstuhlgängige Hotelbusse (z.B Flughafenshuttles) zur Verfügung. Auch Seh- und Hörbehinderte können teilweise auf exklusive Dienstleistungen, z.B. eine Gebärdensprache-Übersetzung, zurückgreifen. **Embassy Suites** gelten als führend, was das Preis-Leistungs-Verhältnis in Bezug auf behinderte Gäste anbelangt. Diese Hotelkette geht freiwillig über die Anforderungen des ADA hinaus und schult das Personal.

Vergünstigungen

Werden Motels derselben Kette öfters benützt, lohnt es sich unter Umständen, eine Mitgliedskarte zu erwerben. Europäische Besucher, die Mitglied eines Automobilclubs (z.B. TCS oder VCS) sind, erhalten von diesem kostenlos die Karte der amerikanischen Partnerorganisation **American Automobil Association** (**AAA**). Die so genannte triple-A Card ermöglicht einen Preisnachlass in einigen Hotels/Motels, den man aber oft nur erhält, wenn man beim Check-in nachfragt.

Öffentliche Toiletten

In den USA sind Behindertentoiletten häufig anzutreffen, die immer nach Geschlecht getrennt sind. Sind mehrere Toiletten in einem Raum untergebracht, ist mindestens eine Kabine rollstuhlgängig konzipiert (externes Lavabo). Einzeltoiletten können immer gleichzeitig auch von Rollstuhlfahrern benutzt werden und sind daher eigentliche Behindertentoiletten (Lavabo intern oder extern). In wasserarmen Gegenden (Wüsten, Campingplätze, Bergpässe) können Lavabo und Spülung (Flush Toilets) fehlen, stattdessen trifft man auf Chemical Toilets.

Chemical Toilets im Canyonlands N.P.

Reiseliteratur

Fodor's, Great American Vacations for Travelers with Disability, 2nd edition, 1996, ISBN-Nr.: 0679032258 (600-seitiger Behindertenführer der USA, über 42 Städte, Nationalparks und andere Regionen in den USA, der umfassende Reiseangaben für Geh-, Seh- und Hörbehinderte enthält. Jedes Kapitel enthält eine/n Stadtplan/Karte und gibt behindertenspezifisch Aufschluss über Informationszentren, wichtige Kontaktadressen für alle Behinderten, Lokale Behindertenführer/-broschüren, Notfalladressen, Verbindungswege zu Luft, Wasser und Land, Lokalen öffentlichen Verkehr, Stadtführungen, Toilettenörtlichkeiten, Sehenswürdigkeiten, Übernachtungsmöglichkeiten, Restaurant-Tipps, Shopping, Freizeitaktivitäten und Unterhaltung.

Frommer's, USA, California, San Diego und Hawaii (aktuelle Ausgabe, siehe http://www.frommers.com/): Basisinformationen und weiterführende Hinweise

Linda Michel/Allen Michel, California Parks Access: A complete guide to the State and National Parks for visitors with limited mobility, heraugegeben von Cougar Pass Pub Co., 1992, ISBN-Nr.: 0963075837

Patricia Smither, Around the World Resource Guide, herausgegeben von Access For Disabled Americans Publishing, 2000, ISBN-Nr.: 1928616062 (Aktualisierte Liste mit hilfreichen Infoquellen: Publikationen, Magazine, Produktekataloge, Tourgruppen und Reiseveranstalter, Vermietstellen von Behindertenfahrzeugen, Städteführer, zugängliche Ferienwohnungen, Freizeitaktivitäten und Organisationen, Betreuungsservice, Blindenhunde u.a.)

Patricia Smither, Hawaii – A Guide for the Wheelchair Visitor, herausgegeben von Access For Disabler Americans Publishing, 1999, ISBN-Nr.: 1928616038

Patricia Smitner, Access for Disabled Americans – A Guide for the Wheelchair Traveler, herausgegeben von Access For Disabled Americans Publishing, 1996, ISBN-Nr.: 19286160003. (Für die «perfekte» Reise im Rollstuhl mit Infos zu Flugreisen, Kreuzschifffahrten, Transportsystemen zu Land und Hotels in den USA und Mexiko)

VISàViS-Reiseführer, Kalifornien, 1998, ISBN: 3894809248 (Rollsuhlsignete bei Restaurants und Hotels)

Weitere Literaturangaben siehe bei Staatliche Reisebüros

Allgemeine Reiseliteratur und im Text erwähnte Literatur:

Alvin M. Josephy Jr., 500 Nations. An illustrated History of North American Indians, New York 1994

Bobby Zane, Quick Escapes San Diego, herausgegeben von The Globe Pequot Press, 1998.

Brigham Young University, Culturgram United States of America for the international visitor, 1996

Cheri C. Madison, Southwestern Indian Tribes. 15. A., KC. Publications Inc. 1999

Clayborn Carson, The Autobiography of Martin Luther King Jr., New York 1998

Colibri, New York, herausgegeben von Compakt Verlag, 1997

Dan Murphy, Lewis and Clark. Voyage of Discovery. The story behind the Scenery, 6. A., KC. Publications Inc., 1994

Dee Brown, Bury my Heart at Wounded Knee. An Indian History of the American West, New York 1991

Donald G. Tritt, Swiss Festivals in North America, Morgantown 1999

Dumont Reisetaschenbuch, Die schönsten Autorouten durch die USA, 4. Auflage, 1996

Emily Ehrenstein/Laura Morin, The Everything Wedding Etiquette Book, Holbrook 1995

GEO special, Canyonlands USA, Nr. 6/Dez. 1998 (siehe http://www.geo.de/magazin/special/98/06.html)

Harold Haefner/Maximilien Bruggmann, Kalifornien, Silva-Verlag, Zürich 1988

Ira Berlin/Marc Favreau/Steven Miller, Remembering Slavery. African Americans talk about their personal experiences of slavery and freedom, New York 1998

Jack Utter, American Indians. Answers to Today's Questions, Lake Ann 1993

James A. Crutchfield/Bill O'Neal/Dale L. Walker, Legends of the Wild West, Lincolnwood 1997

INFORMATIONEN

John Hope Franklin/Alfred A. Moss, From Slavery to Freedom. A History of African Americans, New York 2000

Leo Schelbert, New Glarus 1845-1970. The Making of a Swiss American Town, Morrison/Glarus 1970

Manfred Braunger/Peter Mathis, USA Special- Impressionen von Las Vegas bis New York, München 1994 (Sonderausgabe)

Milton Metzler, Slavery. A World History, New York 1993

Norman S. Roby/Charles E. Olken, The Connoisseurs' Handbook of the Wines of California and the Pacific Northwest, New York 1998

Rand McNally 2000, Road Atlas & Vacation Guide

Rand McNally 98/99, Amerikas Reiseatlas Nr. 1, 10. Auflage, Bern 1998

Sally R. Gary, San Diego's Deals & Steals, Pacifica Book Etc., San Digo, 2nd edition 1999

Steve Silverman, The Electic Gourmet Guide to San Diego, Menasha Ridge Press Inc., Birmingham/Alabama 1997

William Frederick Cody, The Life of Hon. William F. Cody, known as Buffalo Bill. An Autobiography, Lincoln/London 1978

INFORMATIONEN

INDEX

1

12 Geschworene 147
13. Jahrhundert 44
18. Jahrhundert 160, 366, 368, 399, 409, 415
19. Jahrhundert 10, 20, 45, 46, 47, 135, 144, 174, 219, 290, 306, 309, 330, 344, 345, 357, 365, 368, 369, 373, 385, 390, 391, 395, 415
1-Dollar-Münze 391

2

20. Jahrhundert 46, 102, 349, 368, 405
20er Jahre 27, 46, 155, 185, 246, 361
24-Stundenbetrieb 150

3

30er Jahre 85, 100, 129, 146, 405
3D-Brillen 273

4

4. Zeitzone 58, 60, 385
40er Jahre 186, 405
4th July 13, 17

5

50er Jahre 246
5-Cents-Coffee 454

6

60er Jahre 192, 196, 369, 405, 416, 438

7

70er Jahre 135, 232, 390, 416

8

800er Nummer 29
80er Jahre 194, 242, 409, 416

9

90er Jahre 242, 390

A

ABA 438, 439
Abendshow/s 25, 63
Abenteuer 22, 40, 119, 300, 329
Abfertigungshalle 211
Abflug 53, 322, 410, 429, 430, 437, 440
Abgabetermin 123, 139, 303, 404
Abgastest 104, 434
abgesenktes Auto 204
Ability Center 107, 172, 197, 435, 442
Abraham Lincoln 15, 415
Abschleppen 15, 211, 304, 401, 434
Abschlussfeier 116, 259, 293
Abschlussnote 241
Abschlussprüfung 163, 241, 245, 253
Abstimmung 240
Abtreibung 206
Abwasser 250
ACAA 438, 439, 440, 441
Academic Award 198
Academic Success 98
Acadian Cultural Center 383
Acapella 192
Access Beach Wheelchair 215
Access Loans 92
Accessible Vans of Hawaii Inc 207, 443
Accor 450
Achterbahn 185, 186, 321, 353
ADA 438, 439, 451
Adaptive Insurance 434
Adler 160, 316
Adresswechsel 295, 436
Adventszeit 168
Aerospace Museum 108
AFL International 436, 437
Afrika 185, 203, 368
Aguanga 202, 311
AHV 146
Aids 240
Aiken-Rhett House 395
Air Carrier Access Act 438, 439
Airport Shuttle 172
Aisle Chair 212, 437, 440
akustisch/e 192
Akzent 135, 191
Alabama 68, 192, 385, 442, 453
Alarmsystem 450

INDEX

Alaska 180, 307, 415
Albuquerque 171, 444
Alcatraz 77, 78
Ale 169
Alkohol 101, 126, 142, 150, 154, 164, 206, 251, 252, 277, 400, 401
Alkoholverbot 252
All American Canal 204
Allee 348, 376, 396, 397
Allentown 4, 5, 6, 431, 433, 434
Allerheiligen 142, 143
Aloha 443
Alpen 163, 216, 235, 236, 358
Alpine 130, 156, 311
Altersheim 25, 40, 182, 339
Altersrabatt 269
Aluminiumkiste 82, 127, 411, 432
Amarone 191, 233
America Online 435
American Automobil Association 451
American Breakfast 5
American Express 286
American Indians 194, 452
Americans with Disabilities Act 438
Amisch/e .... 358, 365 ff.
Amish Country 364, 365, 367
Ampeln 9, 92, 122
Amphitheater 38, 54, 315, 337, 409
Amtrak 171, 442
Anaheim 185, 273, 276, 304
Anasazi 44
Animal Drugs 241
Anmeldeformalitäten 96, 99
Anmeldefrist 339, 429
Anniversary 196
Anprobierkabine 93

Anschlussflug 256
Anstalten 150, 193, 252, 375, 411
ansteckend 55, 256, 381
Antelope Canyon 282
Antibiotika 278
Antikfoto 187
Anwalt 32, 50, 99, 124, 143, 147, 165, 170, 182, 193
Anwaltsbüro 241
AOL 118, 435, 436, 437, 442
Apéro 221, 262
Apotheke 197, 278, 435
Appalachen 15
Appalachian Trail 22
Apple Pie 143, 174, 175, 311
Aquarium 83, 97, 189, 190, 312, 361, 362, 373
Aqueduct 73
Arbeitgeber 95, 146, 234, 35
Arbeitnehmer 28, 146, 234, 246, 295
Arbeitsvertrag 433
Arch 28, 41, 96, 259, 361, 377, 393, 398, 405
Arches National Park 40, 41, 445
Architectural Barriers Act 438
Arcola 365, 366, 367
Arizona 48, 54, 60, 95, 213, 242, 250, 330, 434, 442
Arkansas 442
Arlington 13, 14, 32, 166, 303
Armistice Day 151
Art Deco .... 405 f.
Arthur 365, 399
Arzt 99, 193, 309, 407, 433, 434, 436
Arztzeugnis 430, 436
Asheville 444
Ashley River 392, 397
Asheville 20
asi international group 436, 437

Aspen 139
Assistenz 213, 406
Assistenzdienst 3
Asthma 288
Atteste 429, 437
Atwood 365
Audobon Swamp Garden 398, 399
aufklappbar 171, 346, 433, 440
Aufkleber 225, 437
Aufregung 133, 273, 293, 321, 383, 410
Aufsichtspersonal 120
Aufzucht 36
Augenzeuge 3, 139
Auktion 140, 141
auslaufgefährdet 440
Ausnahmefahrbewilligung 70
Ausrottung der Indianer 206
Ausschussware 435
Aussenscheiben 145
Aussentemperatur 38, 40, 233
Aussichtsplattform 8, 29, 45, 307, 361, 381
Aussichtspunkt 19, 43, 50, 71, 175, 176, 214, 307
Aussichtsterrasse 8, 17, 48, 79, 141, 285, 348
Ausstellung 16, 71, 107, 258, 307, 316, 343, 348, 357, 364, 367, 368, 369, 370, 433
Austern 205
Auszeichnung 198, 365
Autoanhänger 437
Autobahn 15, 17, 26, 129, 150, 267, 330, 375, 384
Autofahrprüfung 95, 434
Automatik 9
Automuseum 108, 370
Autoregistrierung 104, 434, 436
Autositze 239
Autoumbaufirma 4
Autounfall 253

Autovermittlung 207
Autoversicherung 198, 382, 434
Autowaschanlage 151

Ä

Ärztekongresses 262
ärztlich/e 147, 429, 437, 441

B

B2-Visum 429
Babysitter 242
Back to the Future 270, 295
Backing Soda 131
Backlot Tram Tour 271
Backofen 131, 324
Badestrand 111
Badewanne ....56, 66, 243, 344, 346, 368, 395, 405, 449 f.
Badewannentyp 448
Badewannenvariante 39, 284
Badlands 349, 350, 351, 445
Badwater 65, 289
Baggage Office 61
Bahnhof 45, 46, 47, 95, 171, 257, 316
Bahnlinie 204
Baja California 180
Baker 64, 65, 290, 329
Bakery 24
Balboa Park 108, 123, 171, 259, 260, 303, 313, 314, 318
Balenberg 21, 21
Baltimore 9, 444
Bambusrohr 219
Bananenstauden 219
Bank 51, 92, 103, 118, 170, 171, 174, 191, 267, 362, 406, 430, 433, 435, 436, 437
Bank of America 92, 103, 118, 170, 406, 435

Bankkonto 118, 435, 436
Bankomat 92, 321
Bar Keeper 251
Baraboo 355
Barbecue 120, 128
Bären 314, 319, 320, 342, 346, 387
Barnes & Noble 400
Barstow 290
BART 74
Basar 8
Baseball 421
Basic Brown Bear Factory 319
Basketballspiel 233
Baton Rouge 376, 444
Batterie 51, 178, 385, 432, 440
Batterietyp 441
Bauarbeiter 200, 258
Bauboom 232, 409
Baumwollbörse 390
Baumwolle 142, 371, 390, 397, 408
Baustelle ....25, 109, 200, 258, 334, 342, 372 f.
Bay Bridge 74
Bayou 383
Bayside Skyride 97
Bazaar del Mundo 102, 293, 320
Beatty 287
Beben 271
Bed & Breakfast 102, 310
Beef Jerk 331
Befestigungssystem 431, 441
behinderte Touristen
  in den USA ....XII, 438, 442
Behinderten-Begleitservice 212
Behindertenfahrzeug 5, 404, 430, 431, 436, 441, 446, 452
Behindertenführer 16, 74, 392, 430, 443, 444, 445, 451
Behindertengesetze 195
Behindertenparkerlaubnis 99

Behindertenparkplatz ....3, 5, 38, 43, 65, 94, 100, 108, 149 f., 162, 174, 184, 186, 200, 218, 224, 246, 304, 337, 362, 388
Behindertenrecht 170
Behindertenschubkarre 3
Behindertentaxi 213
Behindertentoilette25, 38, 46, 50, 171, 218, 439, 451
Behindertenzimmer 17, 39, 40, 51, 56, 60, 66, 71, 268, 276, 281, 283, 284, 346, 359, 371, 372, 384, 392, 395, 401, 403, 405, 447, 448, 450, 451
Beinfreiheit 226, 407, 411, 433, 440
Bekehrungsversuche 332
beleuchtete Dekorationen 168
Bellagio 62, 63, 286
Bellingrath Gardens & Homes 385
Bellman 9, 61, 372, 381, 404, 408, 411
Belmont Park 100
Belohnung 35, 102
Benihana 201, 254
Benutzerhandbuch 118
Benzin 64, 225, 282
Bergbaucamp 46
Bergsee 236
Bergstation 21, 307, 311
Berkley 74
Besäufnis 239
Beschwerden 136, 411, 438, 439
Besichtigungstour 15, 314, 371
Best Western 31, 34, 51, 56, 59, 73, 191, 277, 283, 347, 359, 401, 447, 451
Best Western Bayside Inn 191
Bestattung 166
Besteck 55, 274

INDEX

Besucherkarte 442, 446
Besuchervisum 435
Betriebshandbuch 437
Betrug 206, 233, 254
Bettbügelvorrichtung 450
Bettdecke 17, 141, 341
Bettgrössen 94, 447
Bettwäsche 93, 94
Betty Bossi 82, 131
Beverly Hills 268, 432
Bewährungsprogramm 136
Bewässerung 73, 204
Bibelnarren 240
Bibliothek 11, 98, 112, 118, 164, 170, 191, 205
Bienenplage 250
Bier 120, 128, 231, 239, 277, 317, 373
Big Horn 346
Bighornschaf 203
Bike Trail 358
Bill Clinton 10, 135
Biloxi 384
Biltmore Estate 20
Birch Aquarium 189, 190
Birkenwälder 284
Bishop 68
Black Hills Mining Museum ...347
Black Sand Beach 220
Blackjack 61
Blase 47, 112, 245, 258, 278, 280, 281, 284
Blasphemie 332
blaue Zone 200
Blauröcke 32
Blinde/r 23, 192, 213, 450
Blindenhunde 61, 452
Blindenschrift 61
Blinklichtklingel 61
Blitz 51, 61, 85, 211, 257, 389
Block Party 125
Bloomington 353, 354
Blowing Rock 17, 19

Blue Ridge Parkway 14, 15, 16, 17, 19, 20, 22, 444
- Behindertenzimmer 16
Blue-Book 169
Blues-Erlebnis 362
Blumenfeld 246
Blumenstrauss 196, 301
Blutdruckapparat 197
Boardingticket 211
Bodenabsenkungsarbeiten 133
Bodengurten 5, 32, 375
Bömmel 245
Bonneville Salt Flats 332
Book of Mormon 332
Boone Hall Plantation ....396 f.
Boot Hill Museum 35
Bootsfahrt 43, 281
Bootsprüfung 114
Bordell 135
Border Bookstore 191
Border Patrol 130
Botanical Park 202
Botschaft 252, 330, 429, 433
Bouquet Toss 299
Bracket 6
Branchentelefonbuch 94
Brasilien 250
Bratwurst 125, 134
Brauchtum 144
Brauerei 206, 318
Braunbär 71
Brautführer 298, 299, 300, 301
Brautpaar 218, 297, 298, 299, 300
Breitwinkelobjektiv 8
Breitwinkeltechnik 271
Bremsen 38, 336, 382
Brettspiel 161
Bridal Shower 298, 301
Briefmarken 16, 169
Briefumschläge 433
Bright Angel Trail 53
Bright Angels Lodge 279

Broadway 4, 7, 24, 37, 94, 101, 103, 106, 135, 151, 171, 190, 234, 335, 337, 435
Brooklyn 8
Brunswick 396, 399, 400
Bryce Canyon 55, 56, 58, 281, 283, 284, 445
- Behindertenzimmer ....56 f.
Bubba Gump Shrimp
  Company 360
Buchladen 77, 146, 190, 191, 203, 400
Buena Park 269, 273, 274
- Behindertenzimmer 273
Buena Vista 14, 17
Buffalo Bill 38, 121, 186, 343, 344
Buffalo Bill Cody
  Scenic Byway 343
Buffalo Bill Historical Center ...343
Buffalo Field Campaign 342
Buffalo Joe's 313
Büffel 21, 340, 342, 349
Büffeljäger 35, 344
Bulkhead Rows/Sitz 440
Bürgerpflicht 147
Bürgerrecht 194
Büroartikel 95, 435
Bürokratie 173
Bürostuhl 93, 132
Burrito 68, 173, 305, 334
Business Class 226, 432
Bussystem 129, 171
by Night 86, 122, 289

C

Cable Car 74, 75
Cabrillo National
  Monument 175, 176
Cahokia 30
Cairo 368
Cajun 374, 383

INDEX

Calico Railroad 187
California Driver
    Handbook 434
California Western
    School of Law 86, 89, 98
Calistoga 80
Cameron 48, 50, 56, 280
Cameron Inn 50
Camper 162, 216, 402
Campgrounds 66, 70, 306
Campingbett 27, 93
Canale Grande 286
Candy 5, 142
Canyonkette 42
Canyonlands N.P. 40, 42, 43, 445, 452
Cap and Gown 245, 259, 307
Capitol 13, 27, 37, 332, 334, 442, 443, 445
Capitol Hill 13, 445
Car Pool 85, 86, 120, 267
Carlsbad 111, 171, 183, 246, 320
Case .... 98, 118, 241 f.
Casebriefings 98
Cases on point 241
Casino 63, 285, 311
Castle Rock 36
Catalina Island 173, 179
Caverns 15
Cedar City 284, 330
Cedar Street 96, 98, 127, 141
Celsius 131
Central Time .... X, 22, 350
Centre City Development Corp. 232
Cesar Salad 276
Cessna 163
Chalet 39, 355, 358
Champagner 164, 262, 301
Chardonnay 10, 196
Charles Lindberg 172
Charles Towne Landing 392

Charlston 389, 392, 393, 394, 397, 445
- Behindertenzimmer 392, 395
Charlston Museum 393
Charton Heston 273
Chateaubriand 285
Check-in 3, 225, 322, 411, 451
Check-up 278
Chemical Toilet 54, 451
Cherokee 19, 20, 21, 22, 160
Chevy's 258
Chi Chi's 353
Chicago 171, 250, 358, 359, 360, 361, 362, 364, 443
Chicken Dinner 186
Chilisuppe 283
China Town 74, 78, 269
Chinese 194, 268
Chips 178, 221, 305, 306
Chor 129, 332, 333
Chrisholm Trail 36
Christmas 167, 310
Chromium 242
Chrysler Jeep Import AG 436
Circus Circus 63
Civic Plaza 99, 106
Civil Rights Act 369, 370
Clairmont Town Square 198
Cliff Dwellings 44
Cloud 9 Shuttle 172
Clown 121, 130, 195
CNN 134
Coachella Valley 204, 307
Coaster 63, 171
Code SSR 440
Coffee Bar 37
Coit Tower 75
College .... 113, 132, 160, 250 f., 317, 393, 424, 446
Collins Ave 403, 405, 406
Collinsville 28, 30
Colony 158, 405
Colorado 36, 37, 40, 42, 43, 44, 46, 48, 53, 58, 60, 183, 203, 279, 281, 400, 443

Colorado National
    Monument 40
Colorado Plateau 58
Colorado River 40, 42, 43, 53, 60, 203, 281
Colorado River Bootsfahrt 43
Colter Bay 337
Colt 280
Columbus 130, 422, 445
Columbus Day 127, 130, 422
Comparative Law 148, 183
Comuter 257
Concierge 253, 262
Condos 200
Conductor 46
Connecticut 10, 443
Constitution 136, 153, 170
Constitutional Law 118, 163, 198
Container 243, 303, 324, 436
Convention Center 25, 166, 171, 194
Converters 244
Cop 99, 119, 139, 150, 256, 304
Copper Mine 331
Copy-Shops 140
Corn Palace 351, 352
Coronado 166, 171, 172, 258, 259, 317
Cost Plus World Market 191
Cottonlandia Museum 371
Country 5, 24, 26, 27, 163, 187, 330, 343, 364, 365, 367, 383, 385
Country Hall of Fame 27
Country Kneipe
    Florabama 385
Countryklamotten 25
Countrymusik 24, 26, 27
Courthouse 30, 105, 106

459

Courtyard by Mariott 191
Cowboy 32, 50, 233
Cowgirl 121
Cox Communications 435
Crafts 22
Crazy Horse Monument 348
Creole Cuisine 374
Crime Watch 139
Crowne Plaza 24, 450
Cruise Ship 171
Cumberland River 25
cup 131, 424
Curd Cheese 131
Custer State Park 348
Cuyamaca Rancho
    State Park 174
CWSL 86, 89, 118, 134, 140,
    155, 177, 198, 260, 432

D

D.S.T. 54
Dampfdruck 46
Dampflok 45, 187
Dänemark 245, 254
Darlehen 246
Darm 245, 356
Das Tor zum Westen 28
DASH 393, 394
Datenbanken von West Law
    und Lexis 118, 241
Datenschutz 135
Date-Rape Drug 251
Dauerparken 304
Daylight Saving Time 54
Days Inn 10, 85, 330, 343,
    350, 353, 368, 386, 392, 401,
    404, 447, 450
Days Inn Hotel 10
Daytona Beach .... 400 ff.
De Smet 352
Deadwood 347, 351
Dean 117, 141, 149, 162, 198

Death Valley 64, 65, 66,
    67, 68, 236, 282, 287, 288, 289,
    290, 329, 442
- Behindertenzimmer 66, 288
Death-Penalty 105
Deck 8, 123, 248, 373, 383
Deckungswünsche 434
déformation professionelle 229
Dekan 117, 198
Dekubitus 146, 441
Del Mar 320
Delaware 9, 443
Delphin 97
Delta 203, 371
Demo 147, 416
Denkmal 15, 151, 172
Denkmalschutz 135, 269, 287,
    405
Denver 35, 36, 37, 38, 39
Department of Motor-
    vehicles 95
Depression 146, 349, 405
Der Deutsche 55, 115, 152
Dessert 136
deutsche Aussprache 236
Deutschland 80, 142, 170, 177,
    183, 188, 198, 324, 357
Dia Show über die
    Stadtgeschichte 392
Diabetiker 197
Diagnose 149, 281, 317
Diät 440
Dictionary 115, 146
Diebstähle 135
Diktat 30
Dime 32, 61, 422
Dinner Show 273, 276
Diplom 38, 245
Dirndl 125, 236
Disability Act 195
Disability Law 170, 183, 238
Disabled Parking Enfor-
    cement Team 149

Disabled Support Services 215
Diskriminierung 146, 194,
    438, 439, 441
Disney Store 94
Disney World 86, 275, 403
Disneyland 185, 273,
    274, 275, 276
Disziplin 86, 121, 235, 312
Dixieland 334
DMV 95, 96, 104, 176,
    177, 431, 434, 436
Dodge City 32, 34, 35, 36, 47
Doktorhut 235, 245
Dokumente 103, 118, 369,
    429, 430
Domestic Servant 429, 433
Don Giovanni 99, 249
Dornenvogel 235, 236
Double Arch 42
Double Jeopardy 136
Downtown Miami 409
Downtown-Wachstum 232
Dozent 129, 147, 165, 250
Drayton Hall 398
Drehort 128, 305
Drehrestaurant 9, 75
Drehscheibe 173, 285
Dressing Order 30
Drink 25, 40, 154, 218, 251
Driver License 114, 433
Drogenabhängige 239
Drogendealer 147
Drogerie 197
Druckstelle 146, 243, 245, 382
Druckunterschiede 213
Drug Store 349
Dumont 452
Durango 44, 45, 46, 47,
    48, 187
Dürreperiode 44
Duschbrause 450
Dusche 24, 66, 90, 103, 225,
    243, 281, 305, 325, 408

Duschhilfe 197
Duschsitze 450

E

Eagle Passport 29, 32, 40, 48, 175, 216
East County Performing Arts Center 192
East Rim 55, 278
Easy Access Guide 338
Easy Stand 107, 112, 431
Economy Class 432
Edgewater Grill 137
Eerie World Cafe 363
Ehe- und Erbvertrag 133, 263
Eichenfässer 109, 110
Eifersucht 163, 181
Eigentumserwerb 232
einarmiger Bandit 61, 285
Einbaudusche 449
Einchecken 211, 225, 288, 294, 352
Einfuhr .... 436 f.
Einführungskurs 95
Einkaufszentrum 37, 78, 107, 146, 156, 197, 247, 258, 321, 352
Einladung 112, 160, 183, 248, 298, 301, 348, 420
Einöde 36, 48, 50, 60, 67, 70, 204, 307, 331
Einpackservice 150
Einreise 3, 295
Einwanderung 4, 430
Einzelbett 281, 447
Einzeltoilette 451
Eisenbahnlinie 30
Eisfeld 168
Eishalle 173
Eisproduktion 150
El Cajon 134, 192, 317, 431, 437

El Capitan 71
El Paso 203
El Pueblo 269
El Tovar 51, 54, 278, 279
Elch/e 336, 349
Elektrizitätsgewinnung 281
Elektrofachgeschäft 245
Elektrofachmarkt 94
Elektrokabel 197
Elektrorollstuhl 206, 432, 440
Elks 336, 340, 342
Ellenbogen 146, 212, 420
ELS Language Center 103
Elvis Presley 27, 370, 371
Embarcadero 74, 75, 191, 259
Embassy Suites San Diego Bay 191
Emergency Room 278
Emotional Distress 241
Empfehlung/en 439, 441
Empire State Building 7
Encinitas 171
End Note 118
Engagement Party 297
Englischkenntnisse 24, 103, 288, 372, 429
Englischkurs 105
Entdecker 277, 351
Ententanz 125
Entlastung 27, 234
Entstehungsgeschichte 43, 203, 348, 375
Epizentrum 134
Erdaufschüttung 30
Erdbeben 134, 393, 398, 415
Erdofen 221
Erfrierung 236
Erin Brockovich 241
Erlebnispark 19
Erlös 140
Erntedankfest 140, 158, 159
Erosion 40
Ersatzbatterie 9

Ersatzfahrzeug 213, 215
Ersatzkissen 382, 432
Ersatzpflicht 254
Erschiessung 147
erste Klasse 10, 213
Espresso 37, 191
Essay 163, 169
Essbesteck 8
EU 441
Europarat 441
European Civil Aviation Conference 441
Evergreen Plantage 374, 376
Excalibur 62, 63
Exerzierplatz 32
Expedition 29, 130, 190, 281, 351
Expresslift 8, 285
Extrazeit 430
EZ-Lock 6, 107, 431, 434, 436

F

F1-Visum 429
F2-Visum 4, 429
Fahrausweis 104, 110, 114
Fahrbewilligung 13, 54, 278
Fähre 8, 166, 172, 381, 385
Fahrenheit 131
Fahrprüfung 95, 198, 253, 434
Fair Housing Amendments Act 438
Fajitas 83
Fäkalien 258
Falschaussage 252
Familienzuwachs 114
Fantasienummernschild 104
Fashion Valley 96, 162, 258, 312, 321
Fasnacht 231
Fata Morgana 60, 236
FBI 16, 106

461

INDEX

Federschmuck 21, 160
Fehlalarm 76, 101, 133
Feier 262, 299, 300
Feierabend 78, 120, 322
Feldstecher 235
Felsmassiv 48, 338
Felswände 40, 43, 223, 347
Fernsehprogramm 145, 165
Fernsehreportage 246, 333
Festkalender von
  New Glarus 358
Festtag 158, 164
Festung 272
Festzelt 239
Feueralarm 132, 296
Feuerwehr .... 119, 132 f., 150, 250
Feuerwerk 17, 101, 313, 353
Fieber 123, 283, 290
Field Museum of
  Natural History 362
Figure Skating 168
Filet 233, 378
Filmkulisse 49, 172, 248, 305, 376, 387, 405, 407
Filmstudios 86, 268, 271
Finals 163
Firefighter 76, 133, 150, 250
First Class 213, 407, 432
Fischfangindustrie 129
Fish Market 101
Fixationsgurten 13
Flagstaff 50, 51, 442
Fliege 199, 298, 299
fliessend Wasser 280, 398
Flohmarkt 155
Florida 275, 329, 383, 384, 386, 387, 390, 400, 403, 443
Flower Fields 244, 246
Flucht 19, 110, 235, 252, 256, 296
Flüchtlingsproblematik 236
Fluggesellschaft .... 211, 212, 225, 226, 256, 411, 432, 439 ff.

Flughafen .... 4, 146, 178, 211, 213, 225, 233, 256, 257, 294, 321, 359, 410, 411, 432, 433, 439 ff.
Flughafen JFK 433
Flughafen San Diego 256
Flughafentransfer 172, 437
Fluglehrer 233
Flugpassagiere 439
Flugprüfung 245
Flugrückbestätigung 437
Flugschule 233
Flugvorbereitung 404
Flugzeugtoilette 439
Flugzeugtüre 212, 213, 412
Fluten 204, 406
Flyers 20, 214
Folterkammer 274
Fön 254
Fondue 39, 178
Football 299, 317, 421
Formatieren 244
Formular 13.20 437
Formular I-20 433
Forrest Gump 360, 391, 396
Forschungsauftrag 181
Forschungsprojekt 170, 183
Fort Dodge 36
Fort Massachusetts 384
Fort Rosecrans 175, 303
Fort Rosecrans National
  Cemetery – Point Loma 303
Fort Scott 30, 31, 32, 33
Fort Sumpter 393, 394
Fossilien 269, 350, 393
Fotoladen 235
Four Corners Point 48
Frachtgut 432
Frachtraum 212, 412, 432
Französisch 52, 53, 55, 137, 182, 314, 383, 398
Freigehege 203, 316
Freigepäck 432

Freiheitsgarantie 206
Freiheitsrechte 118, 169
Freiheitsstatue 8
Freilichtaufführung 20, 21
Freilichtkulisse 271
Freiluftmuseum 21, 35, 399
French Quarter 275, 371, 372, 373, 374, 378, 380, 381
Fresno 71, 72
Freundschaft 149, 262, 301
Fried Bred 280
Friedensnobelpreis 194
Friedhof 35, 166, 175, 268, 303
Front Desk 90, 133, 181, 253, 254, 399
Front Street 35, 214
frozen 154
Frühjahrsfest 385
Frühstücksbuffet 257, 358
Frühzeitindianer 30
Führerschein 176, 304, 423, 430, 433, 434
Funkgerät 226, 375
Furnace Creek 65, 66, 67, 288, 289
- Inn .... 66, 288 f.
- Ranch 66, 288
Furniture Rental Company 432
Fussball 317, 421
Fussballübertragung 129
Fussgängerstreifen 200
Fussgängerzone 37, 269, 405, 406
Fusskeil 432
Fussmarsch 96, 148, 204, 277
Fussstütze 226
Fusswege 72, 220
F-Wörter 242

G

Gaelic Football 317

INDEX

Galerien 175, 214
Gallone 42, 64, 159
Galopp 121, 338
Garagenwechsel 129
Garantie 205, 229, 436
Garlic Bread 137
Garstufe 251
Garter Toss 299
Gaskamin 253
Gaslamp Quarter 113, 133, 135, 136, 164, 166, 171, 191, 194, 196, 232, 239, 248, 250, 311, 313, 321, 325
Gay Community 123
Gebärdensprache 70, 97, 197, 314
Gebirge 337, 415
Geburtstagskind 51, 82, 83, 129, 134, 396
Geburtstagsparty 137
Geburtstagspost 129
Gedenkfeier 239
Gefangeneninsel 77
Gefängnis 9, 105, 106, 147, 161, 196, 369
Gefängnisaufseher 170
Gefrierschrank 150, 249
Gegenwind 283
Gehbehinderte 61, 222, 224
Gehörlose 70, 97, 192, 314, 450
Geisterhaus 275
Geisterstadt 67, 185, 290, 306
Geldmacherei 245
Gemütserkrankung 193
General Sherman Tree 72
Genugtuung 147, 241, 382
Georg Vanderbilt 20
Georgia 23, 386, 390, 399, 443
Gepäckaufgabe 211
Gepäckstücke 411, 432
Gepäckträger 4, 61, 256, 372, 404
Gepard 203, 316
geplatzter Reifen 329
Gerichtsdiener 254
Gerichtshaus 106, 147
Gerichtssaal 141, 253, 254
Gerichtsverhandlung 132, 233, 347
Geschädigter 135, 242
Geschenkpapier 169
Geschichte des Mormonenvolkes 330
Geschichte Miamis 408
Geschirr 140, 191, 197, 211, 322, 420
Geschwindigkeit 36, 46, 150, 284, 332, 361
Gesetzesentwurf 169
Gesundheitsstatus 125, 429
Getaway Arch 28
geteert 337, 390
Getränke 212, 251, 300, 301, 379
Getränkeflasche 212
Gewalt 46, 252
Gewaltlosigkeit 194
Geweihe 336
Gewerbegelände 107
Gewitter 28, 50, 330
Geysir 80, 81, 339, 341
Geysir Old Faithful 80, 81
Ghirardelli Square 76, 78
Ghost Town 185, 290
Giant Park 72
Gift Shop 47, 343
Glacier Point 71
Glamerland 3, 99, 124, 127, 165, 250
Glauben 67, 160, 236, 417
Gleichberechtigung 194, 369, 370, 416
gleichgeschlechtlich 143, 206, 240
Gleitschirmflieger 53
Glen Canyon 281, 442
Glücksspiel 60
Gold 27, 77, 118, 174, 288, 347, 349, 415
Goldadler 203
Golden Access Passport 446
Golden Eagle Passport 29, 32, 40, 48, 307, 446
Golden Gate Bridge 76, 79, 81
Goldfurz 6, 207, 408
Goldrausch .... 37, 47, 174 f., 347
Golf 24, 67, 85, 217, 385, 421
Golfplätze 224
Gondel 21, 22, 80
Good Afternoon Tea 262
Goofy 201
Gospel 189, 192, 373, 379
Göttin Hina 219
Gourmetführer 128, 313
Gouvernante 235
Gown 245
Grab 13, 38, 303, 397
Grab von Buffalo Bill 38
Graceland 370
Grades 146, 198
Graduation 116, 235, 259
Grand Canyon 9, 50, 51, 53, 54, 55, 59, 174, 276, 277, 278, 279, 284, 430, 434, 442, 446
- Behindertenzimmer
  Südrand 51, 277
Grand Junction 39, 40
Grand Ole Opry 25, 27
Grand Teton National Park .... 336 ff., 446 ff.
Grant Village 338, 341
Grappa 262
Grasslands 330, 349, 351
Grauwale 180
Great Smoky
  Mountains 22, 23, 444
Greensburg 34

463

Greenwood 371	206, 420, 421	108, 171, 172, 187, 271, 285,
grenzenlose Freiheit 206	Hana 219, 220	361, 374, 379, 380, 388 f., 393,
Grenzstein 48	Hancock Center 361	429
Grill 137, 178	Hand Control Rental Cars 171	Heimatmuseum 357
Grillgut 125	Handarbeit 366, 420	Heimwerker-Paradies 321
Grizzly 71, 342, 343	Handel 30, 50, 408	Heirat 63, 206, 240, 297,
Groceries 435	Handgepäck 212, 213, 322,	300, 421, 430
Grossmetzgerei 35	410, 411, 412, 432, 441	Heirat von gleichge-
Grotte 23	Handicapped Room .... 448 ff.	schlechtlichen Paaren 240
Grotto 262	Handschellen 119, 254	Heiratslizenz 351, 421, 430, 433
Grüezi 149, 192, 412	Handzeichen 256, 419	Heiratsverbot 240
Gründerväter 15, 159, 332	Hangar 52, 53, 443	heisse Quelle/n 44, 81, 340
Grundrechtsgesetz 194	Hannover 36	Helikopter 52, 53, 56, 150,
Grundsätze des Kartenlesens 10	Hanukkah 164	222, 223, 443
Guinessbuch 23	Happy Holidays 167	Helikopterrundflug 52, 222
Gültigkeitsdauer 4	Happy New Year 182	Hell Angels 151
Gummiabschrankung 225	Harbor House 239	Hepatitis A 433
Gummipneus 431	Harbor Island 250, 303	Heritage Museum 22
Gun Show 344	Hardys Geburtstag 129	Heritage Park 102, 334
Gunfight 35	Harley Davidson 70, 194,	Hernando 368, 371
Gutzon Borglum 348	351, 391	Herstellerzertifikat 441
Gymnastikbett 173, 201	Harnwegsinfekt 278	Heuschnupfenattacke 281
	Haselnuss 137	High Peak Mines 175
H	Haunted House 275	High School 130, 132, 253, 424
	Hauptspeise 55, 133, 159,	Hiker 40
Haarwaschcuvette 107	313, 396	Hiking 162
Hafenrundfahrt 373	Hausaufgaben 99, 103,	Hilfsmittel 107, 178, 192,
Häftling 170	111, 117	197, 429, 435
Haftpflicht 434	Hausboot 281	Hilfsmittelzentrum 107, 172
Haftpflichtrecht 183, 241, 253	Hausfrau 93, 131, 132, 133	Hillcrest 122, 123, 133,
Hai 270, 271	Haushalt 94, 133, 191, 435	173, 177, 178, 304, 435
Hakenkreuz 236	Hautfarbe 194	Hilton 62, 405, 451
Halbinsel 74, 171, 172,	Hawaii 141, 207, 209, 214,	Hinflug 3, 211, 225, 226, 433
175, 258, 317, 393	222, 235, 240, 248, 256, 301,	hinter Gitter 147
Haleakala National	415, 416, 436, 443, 452	Hinterräder 19
Park 216, 443	Hawaii Helicopters 222, 443	Hippotherapie 48
Half Dom 71	Health Law 117, 124, 129,	Historic District 388, 389,
Halloween 139, 140, 142,	139, 149, 162, 163, 164, 165,	390, 392
143, 301, 422	166, 198	Historic Hotels
Haltegriffe 44, 448, 449	Health-TV 99	of America 392, 450
Haltestation 74, 171,	Hearst Castle 85	Historic Living
360, 389 f.	Heart of Africa 316	Museum 332, 334, 371
Hamburger 35, 36, 124,	Hebebühne 11, 13, 32, 46,	Historic Old

464

Cowtown Museum..........33, 34
Hitlergruss..........236
Hochflorteppich..........88, 93, 253
Hochhäuser..........106, 122, 145, 232, 250, 269, 354, 364, 409
Hochprofil..........432
Hochwasser..........216
Hochzeit..........218, 297, 298, 299, 300, 301
Hochzeitskapelle..........61
Höflichkeit..........79, 240
Höhenunterschied..........39, 40, 68, 216, 278, 307, 383
Höhenweg..........58
Höhle..........23, 251, 312
Holiday Inn..........36, 191, 273, 330, 359, 364, 365, 372, 382, 388, 392, 401, 403, 405, 408, 447, 450
Holiday Inn on the Bay..........191
Holland..........366
Hollywood..........22, 24, 49, 62, 94, 149, 172, 258, 267, 268, 269, 280, 317, 321
- Behindertenzimmer..........268
Hollywood Guinness World of Records..........268
Holzpromenade..........404, 405
Holzsteg..........281, 339, 386 f.
Home Depot..........296, 321, 435
Homeless..........105, 106, 177, 233
Honeymoon..........256, 299
Hoover-Staudamm..........60
Hopi Point..........278
Hörbehinderte..........61, 192, 197, 451
Hormone..........225, 330, 392
Horton Grand..........191, 311
Horton Plaza..........93, 94, 100, 108, 119, 137, 146, 154, 168, 169, 171, 183, 191, 196, 198, 235, 244, 293, 320, 435

Hotel am Strip..........62
Hotel Del Coronado..........172, 317
Hotel Edison..........4
Hotel El Tovar..........51, 54
Hotel Furnace Creek Inn..........66, 288
Hotel Irma..........344
Hotel Mirage..........61, 286
Hotel Sheraton..........224
Hotelanlage Grand Wailea Resort & Spa..........217
Hotelanlagen..........218, 224, 329
Hotelkasino..........61
Hotelketten..........191, 359, 450 f.
Hotels Aston Maui Islander..........214
Hoteltransfer..........213
House of Blues..........373, 379
Hudson River..........8, 23
Hüften..........168, 197, 221, 406
Hula..........220
Human Rights..........117, 118, 166
Hund..........23, 68, 105, 213, 241, 251 f., 286, 300, 355
Hurrikan..........393, 398
Hyäne..........203
Hyatt..........75, 94, 101, 137, 191, 257, 267, 290, 325, 388, 451
Hyatt Regency..........75, 191, 388

I

I have a dream..........194, 370
I-20 Formular..........430
IATA..........441
Ibis..........450
Ice Cream..........37, 152, 329, 388
Idaho..........38, 332, 334, 336, 443
Idaho Falls..........332, 335, 336
Idyllwild..........309, 310, 311
Il Trovatore..........99, 199
Illegale..........236
Illinois..........27, 28, 30, 300, 359, 364, 365, 366, 443

IMAX..........53, 59, 277
Immigration..........3, 99, 103, 105, 144, 159, 219, 256, 429
Imperial Beach..........172, 316
Imperial Palace Hotel..........60 f., 284
Impfzentrum..........433
Independence Day..........13, 347, 352, 358, 422
Indian Canyons..........203
Indian Village..........21, 22
Indiana..........42, 275, 443
Indiana Jones..........275
Indianergräber..........160
Indianerkultur..........125
Indianermotiv..........50
Indianerpferd..........48
Indianerreservat..........20, 44, 49, 156, 203, 311
Indianer-Souvenirmekka..........50
Indio..........274, 276, 309
Individuals with Disabilities Education Act..........438
Infektionskrankheit..........231
Initiative..........240, 310
Inkontinenzartikel..........197
Inlandflug..........201, 257
Insekt..........233, 250, 387
Insel Maui..........207, 211, 213, 436
Interlaken..........245
International Air Transportation Association..........441
International Airport..........3, 211
International Disability Law..........170, 183
internationale Heiratsurkunde..........430, 433
internationaler Führerschein..........430
Internationales Behindertenrecht..........170
Internetzugang..........435, 436 f.
Invalidenversicherung..........197
Inventarliste..........436

Investor 288
Inzuchtschäden 333
Iowa 300, 443
Irland 143, 239
Irrenhaus 193, 255
Island in the Sky 42
Italianità 128, 410
Italienisch 182
IV 438

J

Jack of the Lantern 143
Jackson ....25, 27, 252, 336 ff.,
  361, 370, 371, 380, 385, 445
Jackson Hole Playhouse 337
Jackson Lake 337, 338
Jacksonville 400
Jahrmarktsrummel 320
Jahrtausendwechsel 178
Jambalaya 374
Japanese Food 201
Jazz 30, 373, 380, 381, 382
JC Penny 96
Jeep 280, 431, 433, 436
Jerome's 93, 95, 128, 183, 435
Jesus 189, 240, 380, 19
Jodie Foster 22
Joggen 100, 421
John Steinbeck 83
John Wayne 68, 121, 280
Jonbenét Ramsey 400
Joseph Manigault House 393
Joshua Tree N.P. 134, 303,
  305, 306, 307, 442
Judenverfolgung 206
Judge 147
Julian 173, 174, 202, 311
Jungfrau 64, 287
Junggesellenparty 298, 300
Jungwale 181
Jurassic Park 273
Jury 147

Justiziabüste 151

K

Kaanapali 222, 224
Kabel 123, 133, 197
Kaffeemaschine 57, 191,
  353, 447
Kahului 213, 222, 443
Kalksäule 69
Kalksteinlandschaft 58
Kalorien 177
Kälte 185, 193, 216, 329
Kaltwetterfront 229
Kanab 56, 282
Kanal 165, 166, 204, 383
Kanalsystem 204
Kansas 30, 31, 33, 34, 36,
  73, 128, 443
Kansas City 30, 31, 128
Kansas City Barbecue 128
Kanufahrt 273
Karl Strauss Bre-
  wery & Restaurant 177
Karrosserie 5
Kartenmaterial 10, 32
Kartoffelsalat 128, 134, 313
Käse 79, 115, 138, 152, 170,
  178, 183, 248, 356, 358
Käsefondue 178
Kasinos 60, 61, 63, 157,
  280, 284, 285, 311
Kasko 434
Kassettengerät 30, 36
Kaufpreis 229, 254, 434
Kaution 436
Kayakabenteuer 215
Kayenta 48, 51
Kellereieinrichtung 109
Kentucky 27, 187, 354, 443
Kentucky Fried
  Chicken 187, 354
Kerzenmarsch 194

Keystone 346, 347, 348, 351
Killerbienen 250
Killerwal 97
Kinderbetreuung 240, 421
Kindermuseum 184, 232
Kinderphysio 201
Kindeswohl 236
King Kong 8, 271
King Promenade 194
King Size 448
Kings Canyon N.P. 72, 442
Kinobesuch 59, 129, 137,
  139, 151, 155, 170
Kippgefahr 46
Kirchgemeinde 189
Kitsch 50, 156, 168, 280
Klappbett 282
Klapperschlange 203
Kläranlagen 250
Klassenbester 198
Klassenzimmer 116, 129,
  135, 147
Klassik 53, 147, 178
Kleiderabteilung 197
Kleiderwechsel 259, 286
Kleidung 253, 287, 333, 418
Kleingeld 32, 371, 385,
  411, 422, 32
Klima 216, 223, 229, 284, 288,
  392, 415
Klimaanlage 9, 39, 68, 206,
  283, 362, 380, 386, 388
Klippenwohnungen 44
Klopfen der Blase 112
Kloster 235, 236
Kneipe 385
Koch 10, 153, 201
Kochherd 133
Kofferraum 107, 239, 304
Kofferträger 127, 410
Kokosschalen-BH 221
Kolonialstil 32, 108, 171, 318
Komplimente 165, 254

Kongress 146, 194, 303
Königin der Nacht 236
Konkurs 106, 161
Kontamination 242
Kontoauszug 191
Kontrollblick 17, 132
Konversation 55, 130, 182, 205, 419
Konzert 25, 179, 192, 332, 367, 421
Konzessionen 435, 436
Kopfhaltung 136, 154
Kopfhörer 30, 36, 53, 95, 206, 212, 243, 364
Kopfweh 283
Kopie 63, 135, 178, 286, 434, 436
Kostenunterschiede 244
Kostüme 143, 185, 370, 377, 384, 393
Krampfadern 269
Kranken 117, 146, 281, 283, 425, 433
Krankenversicherung 146, 425
Krankheit 193, 231, 240, 430
Kreditkarte 9, 95, 257, 267, 286, 293, 372, 375
Kreditkartengesellschaft 135
Kreislauf 123, 282
Kreuzfahrtschiffe 122, 409
Krieg 183, 231, 254, 298, 393, 409
Kriegsheld 166
Kriegsrecht 252
Kriegsschiff 166
Kriegstänze 221
Kriminalistik 147
Kritik 135, 137, 147, 151, 195, 382
Ku Klux Klan 369
Kuchen ....131 f., 141, 144, 160, 174, 248, 299, 360
Kuhherden 335, 355

Kühlbox 17, 19, 27, 37, 50, 51, 68, 71, 173, 269, 351
Kühlschrank 20, 28, 34, 51, 108, 122, 150, 161, 324, 404
Kühlwasser 64
Kula Sandelwoods 216
Kumeyaay-People 160
Kundenkarte 96
Kundenservice 129, 407
Künstler 111, 240, 310
Kupfermine 331
Küstenstrasse 111, 213, 214, 215, 216, 217, 312
Kutsche 121, 142, 365

L

L.A. 85, 86, 105, 171, 201, 211, 213, 225, 226, 256, 257, 269, 271, 321, 322
L.A. International Airport 211
La Brea Park 269
La Jolla 111, 112, 173, 178, 179, 190, 251, 312
La Jolla Cove 312
La Jolla Scenic Drive 179
La Mesa 122, 125, 134, 431
Labor Day 109, 422
Ladenöffnungszeiten 150, 422
Laderampe 436
Lady of Justice 12
Lafayette 383
Lagerfeuer 333
Lagerungsmaterial 82, 93, 197, 431
Lahaina 207, 214, 215, 219, 220, 224, 226
Lahaina Fish Company 214
Lake Mead 60
Lake Michigan 359, 362
Lake Powell 281, 282
Lakeside 175

Lanesboro 354
Langzeitpflegekosten 124
Laptop 59, 139, 195, 324, 407, 412
Las Vegas 58, 60, 61, 63, 64, 250, 283, 284, 285, 286, 287, 329, 384, 444, 453
- Behindertenzimmer ....60 ff., 284
Lasso 120
Lastwagen 73, 271, 324, 386
Lavabo ....450 f.
Lavalandschaft 50
Law Schools 429
Lawfirm 165
Lead 347, 351
Lebensabend 229
Lebensmittelmarkt 92, 93, 386
Lebensmittelvorrat 178
Lebensunterhalt 169
Lederhosen 236
Lederjacke 142
Lee Vining 67, 68, 69
Leemoore 73
Legal Alien 95, 246
Legal Skills 117, 118
Legende 143, 156, 299, 346
Legoland 183, 353
Leitungswasser 173, 242
Lektion 24
Leoparden 203
Les Misérables 9
Leserbrief/e 159, 247
Leuchtturm ....175 f., 311
Lewis & Clark 29, 351
Lexis 118
Liberty Island 8
Library of Congress 11, 12, 118
License 114, 434
Liefervertrag 435
Liegepause 9, 43, 63, 308, 337
Lincoln 5, 15, 160, 194, 348, 390, 405, 415, 444, 453

INDEX

Lincoln Memorial 15, 194
Line Dance 26
Linear Park 194
Linksüberholen 150
Linville Falls 19, 20
Little Havana 409
Little Italy 129
Little San Bernardino 307
Little Switzerland 20, 356
Live-Musik 25, 130, 164, 373, 378, 381
Living Desert Wildlife
   and Botanical Park 202
LL.M. .... V, 98, 99, 132, 147, 149, 160, 170, 183, 198, 429, 430
Lobby 5, 164, 192, 284, 372, 382, 385, 399
Lobster Company 196, 308
Local Time 3, 5
Lock-downs 8, 74
Lodge 16, 51, 54, 56, 59, 71, 72, 187, 203, 304, 339
Lokalanruf 177
Lokomotive 45, 46, 60, 387, 46
Lombard Street 75
Lone Pine 67, 68
Longhorn 36
Long-Term Care 124
Lord Hornblower-
   Passagierschiff 179, 180
Los Angeles 69, 70, 85, 127, 171, 183, 200, 211, 225, 246, 256, 267, 268, 276, 294, 309, 437, 442
Lost Palms Oasis 308
Lost Sea 23
Louisiana 372, 376, 383, 444
Lower Gear 336
Luau 219, 220, 221
Luftdruck 39, 277, 350
Luftfahrtrecht 441
Luftfracht 432

Luftgondeln 314
Luxor 63
Luxushotels 217, 267

M

Mabry Mill 17
Macho 66, 249, 255, 330, 348
Magier 64, 287
Magnetstreifen 267
Magnolia Plantation
   and Gardens 398
Magnolienstaat 384
Main Street 17, 192, 290, 347, 351, 365, 368, 403
Main Street Certification 365
Maine 23, 444
Mainstage Theater 337
Mais 36, 44, 352, 367
Makadamia Nuts 225
Makena-Strand 215
Mall 37, 82, 246, 352, 353, 354, 365, 400, 405, 407, 435, 442
Mall of America 353
Mammoth Hot Springs 338, 340, 341
Mandalay Bay 62
Manhattan 4, 5, 7, 8
Maple Syroup 5
Märchenschloss 275
Mardi Gras 381
Margaritha 102, 108, 166, 286, 293, 401
Mariachi-Musik 276
Marine Corps 130, 194, 252
Marinebasis 385, 393
Marinemuseum 395
Mariott Marina 191
Maritim Museum 76, 248, 259
Mark Twain 183, 275, 337
Marmor 267
Marterpfahl 157, 310

Martial Art Turnier 330
Martin Luther King 194, 196, 368, 369, 370, 389, 390, 422, 452
Martin Luther King
   Junior-Day 194
Maryland 9, 444
Masern 433
Massachusetts 384, 444, 451
Massangaben 131, 431
Massbecher 131
Masse .... XI, 40, 72, 424, 432
Massenmörder 236
Maswick Lodge 51, 434
Maui 207, 211, 213, 214, 215, 219, 223, 224, 225, 226, 229, 436
McDonald's 94, 353
Mediation 183, 235, 238, 248
Medicaid 124, 146
Medicare 124, 146
Medien 111, 159, 166, 201, 205, 231, 240, 251, 303
Medieval Times Show 273
Medikamente 51, 178, 197, 278, 422, 425, 432, 433, 435, 441
Meditation 235
medium 251, 378
medium-rare 251
medizinische Betreuung 437
Meeresküste 111, 204
Meeresspiegel 64, 65, 216, 289
Meereswelt 190, 216
Memorial Day 303, 422
Memphis 194, 368
Menschenrechte 19, 117
Menschenschlächter 151
Merkblatt 437
Merry Christmas 167
Mesa Verde N.P. 44, 45, 46, 443
Messen 119, 332
Messrahmen 432

INDEX

Metro 10, 11, 13, 444
Metropole 37, 85, 86, 250
Mexican Cafe 162
Mexikaner 92, 105, 145, 159, 191, 194, 248, 250, 258, 286
mexikanische Grenze 171, 204
Mexiko 36, 48, 180, 233, 236, 250, 258, 276, 307, 385, 415, 452
MGM Grand 63
Miami 200, 295, 300, 303, 403, 404, 405, 406, 407, 408, 409, 410, 436, 437, 443
Michigan 359, 362, 444
Micky Mouse 201
Middleton Place 399
Midterm Exam 241
Midtown Manhattan 4
Mietauto .... 171, 207, 300, 305, 382, 430 f.
Mietparkplatz 184, 200
Mietpreise 5
Mietreduktion 184
Mietvertrag 432, 436
Mietzinserhöhung 232
Mile High City 37
Millennium 152, 182
Millenniumswechsel 141, 178
Minderbemittelte 146, 151
Minderheiten 196, 416
Minivan 5, 15, 19, 23, 257
Minnesota 112, 353, 354, 444
Mirror Lake 71
Mission Bay Park 100, 312
Mission Beach 100, 236, 250, 258, 259, 321
Mission Valley 96, 171, 191, 229, 258, 312, 435
Mississippi 28, 29, 30, 125, 184, 354, 368, 371, 373, 376, 377, 380, 381, 384, 444
Mississippi River 30, 373, 380, 385

Missouri 28, 30, 36, 351, 368, 444, 445
Missouri River 351
Mitchell 350, 351, 352
Mitgliedskarte 451
Mittagsrast 276, 281, 290
Mittelalter 144, 309, 367
Mitternacht 44, 103, 182, 226, 251, 257, 379
Moab 39, 40, 43, 44, 445
Möbel 93, 221, 288, 344, 435
Mobile-Bucht 385
Mobiliar 431, 435, 436
Mojave Wüste 203
Mokapu Beach 215
Molokai 223, 224
Mono Lake 67, 68, 69
Montage 393, 434, 440
Montana 36, 338, 342, 349, 444
Monterey 83, 84
Monument Valley 48, 49, 50, 279, 280, 442, 445
Monumentalfilme 267
Moose 336, 338, 446
Moot Court Room 141
Moräne 216
Mord 196, 360, 366
Morgenmuffel 117, 122, 177, 244, 322
Morgennebel 115, 329
Mormonen 40, 56, 240, 306, 330, 331, 332, 333
Morongo Basin 305
Morrison Clark Inn 10
Morro Bay 83, 85
Morton's Steakhaus of Chicago 250
Moses 267, 336
Motel Super 8 .... 40, 203
Motelketten .... 17, 273, 450 f.
Motelverzeichnis 447
Motelzimmer 17, 90, 203, 343, 370

Motorfahrzeugkontrolle 114, 135
Motto 93, 108, 194, 295, 385
Mount Evans 38, 39
Mount Rushmore 348
Mount Soledad 164, 178, 179, 258, 312
Mount Whitney 68
Mountain Time 54, 329
Movieland Wax Museum 273
Mozart 178, 249, 255
MS 136, 368, 444
Mt. Horeb 355
Mühle 17
Muir Woods National Monument 72
Mumpf 433
MUNI 74, 78
Muschelkette 221
Museum of Westward Expansion 28
Museum Ripley's Believe It or Not 273
Museumsdorf Vermilionville 383
Mushroom Rock 289
Music Bar 24
Music Valley 25, 27
Musical 9, 146, 155, 158, 183, 195, 235, 236, 240, 253, 337
Muskulatur 229
Mystik 219

N

n. Chr. 30, 44
Nachforschungen 170, 196, 242
Nachlassregelung 201
Nachspeise 83, 285, 299, 312, 396, 403
Nächstenliebe 240, 302

469

Nachtessen 66, 82, 201	New Deal 146	Observatorium 53, 361
Nachtfahrt 40	New Glarus 354, 355, 356, 357, 358, 359, 453	Obst 111
Nachtlager 31, 85, 386		Occasionsartikel 197
Nachtportier 169, 226	New Hampshire 416, 444	Occasionsfahrzeug 441
Nahrungsmittelindustrie 30	New Jersey 6, 9, 444, 450	Ocean Drive 406
Napa Valley 10, 79, 80, 81	New Mexico 36, 48, 250, 444	Oceanside 111, 171, 246, 320
NASA Visitor Center 403	New Orleans Jazzfestival 380	Office Depot 95, 206, 435
Nascar Café 24	New Orleans Swamp Tours 383	Office-World 206
Nashville .... 22 ff., 445	New Orleans Tours 372, 374, 377, 382	Ohio 359, 363, 445
Nathaniel Russel House 394		Ohrringe 48, 299
National Civil Rights Museum 368, 370	New York 3, 5, 6, 8, 9, 23, 51, 62, 63, 139, 151, 182, 183, 195, 200, 271, 384, 391, 430, 433, 434, 435, 443, 444, 452, 453	Okefenokee Swamp Park 386, 387
National Forest 336		Oklahoma 445
National Historic Register 347		Oktoberfest 122, 125, 126, 134
National Museum of Naval Aviation 385	Newspapers 122	Old Courthouse 30
	Nickel/s 32, 61, 415, 422	Old Faithful 80, 81, 339, 340
National Park Service 431	Nordrand des Grand Canyon 56	Old Globe Theater 108
National Voter Registration Act 438		Old Lahaina Luau 220
	North Carolina 15, 17, 19, 369, 444	Old Town 101, 102, 110, 111, 162, 171, 190, 293, 319, 388, 389
Nationalfeiertag 17, 358		
Nationalfriedhof 32	North Dakota 445	
Nationalhymne 182	Norwegen 245	Old Town Mexican Cafe 162
Nationalwälder 23	Nostalgieklamotten 34	Old Town State Park 171
Natural Bridge Wax Museum 17	Notfall 23, 38, 251, 295, 407, 409, 411, 433	Old Town Trolley Tours 171, 388, 389
Naturschauspiel 176, 223, 279, 290	Nottoway Plantation 376	Old West Miniature Village & Museum 345, 346
	Novembernebel 152	
Naturschutzgebiet 204, 306, 397	Nuggets 174	Oldtimer 61
	Nummernschild 15, 51, 82, 86, 95, 99, 104, 335	on point 241, 251
Naturweltwunder 51		On the road again 276, 329, 330
Navajo 44, 48, 279, 280, 284, 445	Nussschokolade 152	On the rocks 154
		On-Board Wheelchair 439
Navy 151, 166, 360	**O**	onze 131
Nazi .... 137, 235 f.	Oacoma 351	Oper 99, 143, 156, 195, 199, 255, 296
Nebel 175, 231, 361	Oak Alley Plantation 376	
Nebraska 444	Oakland 74	Opernhaus 99, 143
Needless Highway 348	Oase 65, 66, 287, 288, 308, 409	Opryland Hotel 25
Negotiation 117, 163	Obdachlose .... 74, 106, 159, 201, 232 f., 368	Orange County 185, 273
Nerven 3, 20, 77, 134, 135, 271		Oregon 36, 445
Neue Testament 330	Obdachlosigkeit 105	Organ Pavilion 108, 260
Neujahr .... 182 f., 422, 430	Obergatlinburg 21, 83	Orgel 333
Nevada 60, 68, 70, 72, 284, 444	Oberster Gerichtshof 12	Original-Eigentümertitel 437
		Orlando 403

INDEX

Oscar 184, 195, 269
Osterdienstag 256
Ostern 253, 400, 422
Ostküste 171, 219, 296, 330, 415
Otter Creek 17
Ourey 44
Oval Office 11
Overlook 44, 54, 214, 336
Ozeanographie 190
Ozeanum 83

Ö

Öffentlichkeit 160, 235, 418, 419, 420
Öffnungszeiten 429, 446
Ökologie 150
Ökonomie 150
Österreich 235, 357

P

Pacific Beach 190, 317
Pacific Bell 118, 435
Pacific Time 54, 61
Packer 150, 151
Page 279, 281, 282, 442
Pale 56
Palm Desert 200, 201, 202, 309
Palm Springs 200, 201, 202, 203, 241, 276, 304, 305, 307, 308, 309, 311
Palm Springs Aerial Tramway 307
Palms to Pine Hwy 309
Panama Kanal 166
Panamint Mountains 68
Pancake 5
Panda 108
Panne 329, 434
Panorama Hwy 89 Alternativ 276
Panorama ....5, 15 ff., 350, 384

Papalaua Overlook 214
Papeterieartikel 191, 435
Para 287, 406
Parade 17, 24, 130, 147, 151, 165, 166, 194
Paralegal 241
Parfüm 269
Paris 62, 63, 275
Parkanlage 232, 389, 393
Parkbusse 54, 149, 304
Parkhaus 123, 211, 217, 372, 404
Parkway 14, 16, 17, 19, 22, 315, 347, 444
Parkzeitung 42, 51, 59, 443
Parmesan 356
Party 112, 125, 142, 160, 178, 297, 298, 301, 306, 393
Pasadena 183
Pass 4, 17, 67, 69, 70, 186, 198, 212, 278, 303, 346, 351, 361, 433, 440, 446, 452
Passagierschiffe 167, 179
Passagiersitz 212, 432
passengers with special needs 440
Passfoto 433
Passhöhe 202, 284, 287, 336
Passstrasse 38, 68, 284, 309
Pastor 240, 300
Patient/en 124, 193, 201, 205, 231
Patriotismus 13, 18, 205, 352
Paunsaugunt Plateau 58
Pay-TV 95
Pazific Highway 130
Pazifik 64, 72, 77, 83, 85, 100, 311, 415
Pennsylvania 6, 242, 366, 434, 445
Pensacola 382, 384, 385
Pensionierung 133, 146, 149, 241

Performance 219
Performing Arts Center 192
Periodicals 118
Personal Mobility Inc. 4, 431, 433, 434, 436
Pest Control 231
Pets Markt 207
Pfaffentracht 259
Pferdekutschen 142, 183, 358, 394
Pferdeshows 56
Pfizer 241
Pflegebett 90, 93, 95, 243, 324, 429, 431, 435
Pflegeobhut 229
Pflegeutensilien 82
Phantom of the Opera 146, 154, 155, 195
Pharmacy 188, 278, 435
Phone Card 29
Physical Therapy 123
Physiotherapie ....124, 139, 163, 173, 178, 185, 205, 225, 434 f.
Piccolo Spoleto 393
Picknick 79, 284, 337
Pick-up 122, 168, 400, 437
Pier 8, 76, 77, 83, 84, 100, 101, 258, 259, 360, 391, 401, 403, 409
Pier 39 76
Pilgrimages 384
Pilotenausbildung 201
Pilzrisotto 140, 153
Pina Colada 224, 277, 401
Pint/s 164
Pioneer Museum 174
Pioneertown 305
Pionierdorf 334
Pioniere ....17, 36 f., 67, 357, 415
Pipestone 353
Piratenschiff 275
Pistole 11, 35
Pit Houses 44

471

INDEX

Pizza 6, 33, 112, 116, 132, 249, 364, 391, 421
Pizza Hut 33, 364
Pizzakurier 234
Planet Hollywood 24, 94
Plantage ....73, 224, 371 ff., 396 ff.
Plantagenfelder 203
Planwagen 56, 187
Platten 239, 268
Platzanweiser 219
Plaza Garibaldi 276
Pleistozän 269
Plymouth Colony 158
Pneuhaus 296
Point Loma 166, 173, 175, 176, 180, 207, 258, 303, 311, 312
Police 15, 132, 148, 150, 159, 253, 434
Polizei 101, 119, 135, 139, 147, 150, 184, 196, 233, 250, 251, 360, 370, 374, 382, 383
Polizeikontrolle 304
Polygamie 330, 333
Polynesierinnen 221
Pony Express 36
Pool 63, 66, 85, 86, 120, 155, 197, 218, 235, 267, 304, 401
Pool-Lift 62, 224
Popcorn 137
Port Gibson 385
Porterhouse Steak 262
Post Office 16, 106, 169, 245, 337
Postboten 36, 103, 127, 165, 238, 434, 436
Postfach 127, 432
Postleitzahl 137, 407
Potomac River 14
Poway 120, 130
Powell-See 56
Prämie 233, 433

Prärie 36, 333
Präsident 146, 160, 166, 269, 303, 351, 370, 390, 399, 415, 423
Präzedenzfälle 241
Preisnachlass 173, 451
Preisvergleich 93, 182, 244
Prescott 276
Prescription 278
Preservation Hall 381
Priority Seat 440
Privileg 162
Produktehaftpflicht 241
Prof. Slotkin 90, 95, 96, 99, 118, 132, 135, 160, 161, 295, 403
Promenade 76, 101, 137, 166, 172, 194, 224, 258, 394, 406
Proposition 22 240
Protestmarsch 147, 370
Prozess 253, 272, 353
Prüfungsbericht 198, 437
Psycho 271
Pub 164, 239, 317, 452
Public Restroom 106
Pulverturm 32
Pumpkin Pie 159
Putzarbeit 177

Q

Quadriplegic 99
Qualifikation 98
Quality Inn 51, 276, 388
Quark 131
Quarters 32, 61, 313, 345, 353
Quartierfest 125
Queen Size ....10, 337, 447 f.
Quellen 44, 60, 64, 81, 108, 118, 195, 340, 341, 362
Querstreben 6
Quicky 431, 432, 434
Quinter 36

R

Radachsen 431
Raddampfer 25, 373
Radfixierung 13, 171
Radio Forecast 253
Radisson 385, 451
Railroad 19, 47, 48, 409
Rainbow Bridge 281
Rainforest Cafe 363
Raisin Brans 117
Ralph's 320
Ramada 74, 268, 273, 332, 401, 447, 450
Ramona 175, 202, 311
Rampe ....5, 8, 25, 35, 93, 107, 171 f., 175, 180, 248, 274, 303, 374, 376, 383, 387, 389, 393 f., 402
Ranch 66, 288, 338
Rand McNally 244, 336, 348, 355, 371, 430, 453
Randgruppen 240
Ranger 25, 32, 179, 216, 278, 287, 306, 338, 340, 342, 349
Ranunculus 246
Rapport 282
rare 251
Rassen 118, 348, 416
Rassendiskriminierung 148, 196, 206, 368
Rauchverbot 106, 170
Reben 110, 390
Receving Line 299
Recherchieren 124
Rechnung 83, 103, 133, 173, 178, 185, 212, 283, 285, 321, 348, 369, 378, 410, 420
Rechtsabbiegen 119
Rechtsgleichheit 118, 169
Rechtsvergleichung 183
Red Canyon 56, 57
Red Rock Amphitheater 38

INDEX

Red Sand Beach 220
Rednerpult 254
Regenfälle 250
Regentropfen 21, 50, 253
Regenwald 219, 223, 316
Regenwolken 223, 338
Regierung 11, 13, 342, 415, 418, 423, 425
Regisseur 236, 391
Register of Historic Places 355, 392, 405
Rehabilitation Act 438
Rehearsal Dinner 299, 301
Reinigungsservice 145, 184
Reiseapotheke 278
Reiseatlas 20, 59
Reisebüro 207, 212, 430, 431, 433, 440
Reisefachstelle für Menschen mit einer Behinderung 430
Reiseklappvelo 154
Reisekoffer 207
Reiseliteratur 74, 442
Reiseprogramm 267, 319
Reisetagebuch .... V, 28, 30, 59, 85, 206, 410
Reiseunterlagen 148, 410, 442
Reiseversicherung 425, 430, 433
Reiterparade 130, 183
Reklamation 286, 382
Rent 239, 240
Rentner 139
Reportage 147, 192
Research Paper 117, 238, 241
Reservat 19, 21, 22, 280, 311
Reservation 16, 54, 171, 177, 215, 285, 359, 430, 447
Reservation Fee 430
Reserverollstuhl 107, 176, 324
Reserveschlüssel 177
Restaurant Benihana 201, 254
Restaurant Buffalo Joe's 313
Restaurant Cassie's Supper Club 343
Restaurant Harbor House 239
Restaurant Kula Sandelwoods 216
Restaurant Lobster Company .. 196
Restaurant Maui Onion 215
Restaurant Star of India 248
Restaurant The Julian Grille 175
Restaurant The Lobster Co 308
Restaurant Trattoria la Strada 321
Restaurantkette 360, 384
Restaurants Lahaina Fish Company 214
Restroom 218, 280
Revolution 9, 358, 365, 415
Rezept .... 131, 141, 149, 197, 278, 422, 425, 432 f.
Rhode Island 445
Rialtobrücke 63, 286
Rib Eye-Steak 251
Richter 147, 253, 254
Riesenbäume 72, 219
Rim Drive 54, 55
Rim Rock Drive 40
Rim Walk 43
Rinder .... 35 f.
Ringling Brother Circus 355
Risotto 140, 154
Riten 21
Ritter .... 108, 118, 273 f., 369
Riverfront Streetcars 380
Road-Assistance 239, 434
Rock Bottom Brewery 136, 169
Rockkonzert 148
Rocky Mountains 37, 39, 68, 351, 415
Rodeo 56, 117, 120, 121, 269
Rodeo Drive 269
Roho-Sitzkissen 212
Rollietikette 212
Rollifahrer-Transfer 3
Roll-in-Shower 71, 74, 191, 214, 276, 288, 337, 359, 399, 404, 410, 449
Rollkoffer 154, 211, 411
Rollkragenpullover 155
Rollschuhfahren 100
Rollstuhlbegleitservice 113
Rollstuhldusche .. 24, 51, 56, 60, 86, 197, 281, 285, 325, 335, 341, 346, 353, 371, 384, 386, 388, 403, 408, 450
Rollstuhlduschevarianten ...... 448 f.
Rollstuhlfreundlichkeit 149
rollstuhlgängige Anprobierkabine 93
Rollstuhlhöhe 92
Rollstuhlkabine 149
Rollstuhlparkplätze 119, 203
Rollstuhlplatz 21, 97, 100, 171, 183, 192, 219, 316, 405
Rollstuhlräder 203
Rollstuhlrahmen 6
Rollstuhlsignet ..... 37, 44, 118, 149, 275, 337, 372, 396, 401, 442 f., 450 f.
Rollstuhltauglichkeit 45, 207
Rollstuhltaxi 4, 372, 410, 430, 433, 437, 443
Rollstuhltoilette 202, 281
Rollstuhlverankerung 177, 207
Rollstuhlzugänglichkeit 41, 357, 442
Romantikhotel 10
Röntgenapparat 225
Roosevelt 146, 268, 348
Rosenparade 183
Rotes Kreuz 141
Röteln 433
Rotlicht 119
Rotwein 10, 140
Royal & Sunalliance 434, 436
Rubys Inn 56
Rückenlehne 107
Rückenschmerzen 233, 288

473

Ruhephase 214, 274
Ruhestand 246
Ruinen 45, 50
Rules of Engagement 252
Rummelplatz 100, 353
Runaway Bride 100
Rundfahrt .... 24, 27, 32, 38, 40, 48, 50 f., 76, 187, 224, 271, 280, 316, 338, 341, 346, 349, 365, 367, 377
Rundumblick 4, 8, 53, 71, 75, 97, 137, 179, 334
Ryman Auditorium 26

S

Sackmesser 82, 147, 248, 249
Sacramento 36, 431, 436, 442
Sake 254
Salatsauce 141
Saloon 26, 60, 187, 280, 347
Salt Lake City 330, 331, 332, 334, 445
Saltair Beach 331
Salton Sea 203, 204, 307
Salzburg 236
Salzsäule 256
Salzsee .... 64 f., 204, 290, 331 f.
Same-Sex Marriages 240
San Antonio 171
San Bernardino National Forrest 311
San Diego
- Balboa Park 108, 123, 171, 259, 260, 303, 313, 314, 318
- Bankomat 92
- Basic Brown Bear Factory 319
- Bay 175, 191, 257
- Bazaar del Mundo 102, 293, 320
- Birch Aquarium 189, 190
- Cabrillo National Monument 175, 176
- California Western School of Law 86, 89, 98
- Cedar Street 96, 98, 127, 141
- Centre City Development Corp. (CCDC) 232
- Civic Plaza 99, 106
- Clairmont Town Square 198
- Cloud 9 Shuttle 172
- Collins Ave 403, 405, 406
- Columbus Day 127, 130, 422
- Coronado 166, 171, 172, 258, 259, 317
- Cost Plus World Market 191
- County 175, 185, 198
- Downtown-Wachstum 232
- ELS Language Center 103
- Embarcadero 74, 75, 191, 259
- Fashion Valley 96, 162, 258, 312, 321
- Flohmarkt 155
- Flughafen 256
- Fort Rosecrans National Cemetery – Point Loma 303
- Gaslamp Quarter 113, 133, 135, 136, 164, 166, 171, 191, 194, 196, 232, 239, 248, 250, 311, 313, 321, 325
- Halloween 139, 140, 142, 143, 301, 422
- Harbor House 239
- Harbor Island 250, 303
- Heritage Park 102, 334
- Hilfsmittelzentrum 107, 172
- Hillcrest 122, 123, 133, 173, 177, 178, 304, 435
- Horton Plaza 93, 94, 100, 108, 119, 137, 146, 154, 168, 169, 171, 183, 191, 196, 198, 235, 244, 293, 320, 435
- Hotel, siehe *rollstuhlgängige Hotels*
- Imperial Beach 172, 316
- Kindermuseum 184, 232
- King Promenade 194
- La Jolla 111, 112, 173, 178, 179, 190, 251, 312
- La Jolla Cove 312
- La Jolla Scenic Drive 179
- Labor Day 109, 422
- Lobster Company 196, 308
- Lord Hornblower-Passagierschiff 179, 180
- Martin Luther King Junior-Day 194
- Memorial Day 303, 422
- Mission Bay Park 100, 312
- Mission Beach 100, 236, 250, 258, 259, 321
- Mission Valley 96, 171, 191, 229, 258, 312, 435
- Mount Soledad 164, 178, 179, 258, 312
- Office Depot 95, 206, 435
- Old Globe Theater 108
- Old Town 101, 102, 162, 171, 190, 293, 319
- Old Town State Park 171
- Old Town Trolley Tours 171
- Opernhaus 99, 143
- Organ Pavilion 108, 260
- Pacific Beach 190, 317
- Point Loma 166, 173, 175, 176, 180, 207, 258, 303, 311, 312
- Restaurant
  – Anthony's 205
  – Benihana 201, 254
  – Buffalo Joe's 313

INDEX

– Chevy's 258
– Edgewater Grill 137
– Fish Market 101
– Flavur Thai 152
– Harbor House 239
– Kansas City Barbecue 128
– Karl Strauss Brewery & Restaurant 177
– Lobster Company 196
– Montana 304
– Morton's Steakhaus of Chicago 250
– Old Town Mexican Cafe 162
– Star of India 248
– The Fields 164
– Trattoria la Strada 321
– Rock Bottom Brewery 136, 169
– Steakhäuser (Übersicht) 250
– Steak House Ruth's Chris 233
- rollstuhlgängige Hotels 191
– Best Western Bayside Inn 191
– Courtyard by Mariott 191
– Embassy Suites San Diego Bay 191
– Holiday Inn on the Bay 191
– Hotel Del Coronado 172, 317
– Horton Grand 191, 311
– Hyatt Regency 75, 137, 191, 257, 267, 325, 388
– Marriot Marina 191, 224
– Motel 6 191
– Motel Super 8 191
– US Grant Hotel 191
– Westin Horton Plaza 191
- River 96
- Santa Fe Depot 171
- Scenic Drive 171
- Scripps Institut 190
- Scripps Mercy Hospital 123
- Sea World 97, 101, 194, 313, 314
- Seaport Village 101, 108, 137, 151, 166, 171, 172, 239, 257, 320
- Shelter Island 166, 167, 303
- Sports Arena 155, 190, 321, 435
- Sprachschule .... 103 ff.
- Spreckels Organ Pavilion 108
- St. Patrick's Day 239, 422
- Stadtbesichtigung 171
- Star of India 248, 259
- State University 113
- The Padres 232
- Thanksgiving 149, 158, 159, 160, 162, 422
- Transportsystem 171
- Travel Shop 244, 293
- Trolley 171
- University of California 111
- Uptown 123
- Valentinstag 207
- Veterans Day 149, 151
- Vietnam-Gedenkstätte 303
- Vorverkauf Rollstuhlplätze 183
- Weihnachtsparade 166
- Westfield Shoppingtown UTC 173
- Westgate Hotel 262
- Whale Watching 179, 180, 214
- Wild Animal Park 314, 315, 316
- Zoo 108, 171, 313, 314
San Francisco 70, 72, 73, 74, 75, 76, 77, 78, 79, 81, 82, 90, 135, 248, 304, 319, 432, 442
San Pasqual Valley 315
San Simeon 85
Sanddünen 64, 67
Sandstrand ..... 172, 215, 218, 400 ff.
Sangria 274
Santa Ana 273
Santa Claus 165, 167, 168, 173
Santa Fe 36, 171, 444
Santa Fe Depot 171
Santa Fe Trail 36
Santa Rosa Mountains 202, 307, 309
Santa Ysabel 175, 202, 311
Santee Town Center 171
Sarah Brightman-Konzert 112
Sauerkraut 178
Sausages 130
Savannah 386, 388, 389, 390, 391, 392, 395
Savon Drugs 197
Scarlett O'Hara 275
Scenic Drive 36, 59, 75, 76, 171, 179
Schabernack 142, 144
Schadenersatz 15, 241, 253
Schaubuden 48, 279
Schaufelgeweih 336
Scheidung 240, 263, 302
Schiebetüre 239
Schiedsspruch 242
Schiessbefehl 252
Schiesserei 35, 139, 280, 290
Schiffe 123, 166, 167, 179, 180, 248, 360, 390
Schifferromantik 259
Schifffahrt 77, 78
Schiffscontainer 254
Schiffstaufe 166
Schlachtfabrik 35
Schlafbedürfnis 122, 137
Schlafsack 183
Schlafwagen 171
Schlafzimmer 160, 168
Schlägerei 147
Schlagzeug 148
Schlangestehen 95, 136
Schlittschuhe 21
Schloss 3, 85, 90, 103, 236, 275, 287, 288, 360
Schlucht .... 43 ff., 282, 336
Schlummertrunk 9, 173, 239, 277, 360, 381, 406

INDEX

Schlussabrechnung 436
Schlussnote 140
Schlussprüfung 238
Schmalspurbahn 46
Schmerz 33, 70, 120, 154, 239, 241
Schmuck 22, 48, 214, 279, 422
Schnee 119, 155, 168, 169, 185, 236, 283, 284, 336, 391, 415
Schnellzug 171
Schnitzereien 22, 144
Schnorcheln 215, 224
Schokolade 34, 51, 178, 248, 254
Schreibtelefon 61
schriftliche Arbeit 115, 117, 124, 139, 166, 238
Schuhplattler 125, 236
Schulbibliothek 118
Schulbroschüre 205
Schuldner 288
Schulen46, 233, 312, 364, 366, 421, 424, 439
Schulweg 105, 106, 127, 238
Schummerlicht 10, 233, 251
Schusswaffeneinsatz 150
Schwägerin 254, 255
Schwangerschaft 301
Schwarzbär 342
Schweden 245
Schwefeldampf 339
Schwein 164, 221, 222, 313
Schweizerdeutsch 55, 82, 349, 357, 358, 367
Schwert 274
Schwester 114, 125, 166, 170, 173, 201, 242, 254, 255, 294, 359, 375
Schwiegertochter 257, 284, 288
Schwimmbad 61, 224, 243
Scotty's Castle ....287 f.
Scripps Institut 190

Scripps Mercy Hospital 123
San Diego State University 113
Sea Level 23
Sea World 97, 101, 194, 313, 314
Seafood 84, 101, 205
Seaport Village 101, 108, 137, 151, 166, 171, 172, 239, 257, 320
Sears Tower 361
Seaside Hotel 172
Seattle 171
Second-time Bride 300
Security Stuff 7
Seebad 331
Seefahrer 175, 219
Seehunde 76, 111, 180, 312
Segeln 100, 112, 136, 167, 248
Sehbehinderte 192, 197, 390
Seilbahn 21
Sekt 55, 182
Selbstfahrer 207, 431, 441
Selbstfindung 240
Selbststudium 105, 146
Semester 96, 103, 122, 140, 238, 241
Sequoia National Park 72, 442
Serie 25, 147, 376
Sessellift 22
Settelen AG 436
Seville Quarter 385
Sex 139, 177, 206, 315, 334
Shedd Aquarium 362
Shelter Island 166, 167, 303
Shenandoah Caverns/Park 15
Sheriff 47, 186, 320
Shooting Show 345
Shoppingassistenz 93
Show 21, 61, 183, 184, 186, 189, 272, 273, 274, 286, 287, 344, 345, 362, 379, 392
Shuttle 54, 172, 381, 393
Sicherheit 178, 440

Siedler 28, 36, 158, 159, 160, 174, 203, 309, 386, 388, 392, 397, 408, 417
Siegfried & Roy 61, 286
Sierra Nevada 68, 70, 72
Signalisation 9
Signature 267
Sikestone 368
Silberdollar 47
Silhouette 26, 284
Silverton 46, 47
Silvester ....178, 181 f.
Sinagua-Indianer 50
Singing in the Rain 271
Sioux Falls 350, 352, 353
Sirene 133, 296
Sitte ....64, 160, 299, 300, 377, 415, 419 f.
Situationsplan 61, 64, 211, 314, 332
Sitzhaltung 107
Sitzkissen 39, 412
Sitzlift 222
Sitznummer 219, 225, 411
Sitzplatz100, 136, 212, 232, 387, 440
Sitzreihe ....32, 136, 171, 212, 219, 270, 272, 375, 412, 439 f.
Skelett 142, 269
Sklavenhändler 160
Skyline 4, 8, 15, 24, 63, 360
Skyline Drive 15
Sleeping Pill 238
Small Claim Court 253
Small Talk 47, 148, 149, 152, 251
Smoky Hill Trail 36
Snake River 336, 337
Snowscootern 336
Soap Opera 100
Social Security Act 146
Social Security 95, 96
Social Worker 112

476

INDEX

Society for Accessible
   Travel & Hospitality 442
Software 118, 154, 238
Solana Beach 171
Soldatenfriedhof 13, 166
Sommerzeit 54, 101, 244, 246
Sonnenuntergang 24, 36, 43, 54,
   60, 69, 101, 137, 168, 176, 179,
   221, 224, 276, 278, 279, 283,
   289, 335, 341
Sonoma Valley 79, 81
SOS 329
Sour Skim Milk 131
South Carolina 397, 445
South Dakota 346, 347, 349,
   351, 353, 445, 450
South Kaibab Trail 53
South Rim 51, 277, 442
South Rim Village 51
South Teton 337
Souvenir 345, 391
Souvenirshop 102, 106, 347,
   351, 358, 364, 396
soziale Risiken 146
Sozialhilfedienst 159
Sozialordnung 21
Sozialversicherung 92, 145
Spaghetti 143, 161, 279
Spanien 130, 131, 249, 415
Spannungsumwandler 243
Spare-Ribs 274
Spartakus 271
Spasmus 46, 134
Spaziergang 25, 58, 65, 136,
   169, 170, 172, 205, 258, 290,
   312, 393, 398, 403, 405
Spazierweg 54, 77, 303,
   307, 337
Spearfish Canyon
   Scenic Byway 347
Special Assistance Pass 186
Spedition 432, 436
Speditionsfirmen .... XII, 239, 436

Speisekarte 136, 251, 262,
   344, 384, 395, 403, 406
Spenden 159, 310
Spezialbegleitung 11, 97
Spezialfahrbewilligung 446
Spezialservice 92
Sphinx 62, 63
Spielerstadt 60, 284
Spielhalle 60, 61, 63, 347
Spielsachen 185
Spielzeughaus 321
Spital 99, 123, 178, 185, 201,
   205, 232, 250, 295, 313, 317,
   321
Spitalkasse 173
Spoleto Festival USA 393
Sportgeschäft 162
Sports Arena 155, 190,
   321, 435
Sprachschule .... 103 ff.
Spreckels Organ Pavilion 108
Spring Break 400
Spring Mountains 60
Springdale 59, 445
Spülbecken 150
St. Augustine 400
St. Joseph 36
St. Louis 26, 27, 28, 29, 30,
   32, 351
St. Patrick's Day 239, 422
Staatsanwalt 147
Staatsgefängnis 204
Stadtbesichtigung von
   New Orleans 377
Stadtbesichtigung von
   San Diego 171
Stadterkundung 257
Stadtführung 268, 311
Stadtplan 10, 11, 86, 112,
   361, 392, 451
Stadtrundfahrt 24, 26, 27,
   378, 388
Stadtteil 123, 129, 135, 232,

   269, 373
Stadtverkehr 5
Stämme 72, 119, 160, 306
Stammesgeschichte 160
Stammesleben 219
standard double-room 447
standard single-room 447
Standing Ovation 199
Star of India 248, 259
Starbucks 77, 305, 309, 313
State Capitol 37, 332
State Historic Park 101
State Park 171, 174, 220, 343,
   348, 371, 442
Staten Island 8
Statue of Liberty 8, 9
Stau 3, 17, 64, 85, 173, 222
Staudamm 281, 343
Stauraum 440
Steak 30, 128, 136, 169, 222, 233,
   250, 251, 262, 279, 283
Steak House 128, 233, 250,
   262, 320, 385
Steak House Ruth's Chris 233
Steamboot 29
Stehbarren 324
Stehtraining 107, 132, 146,
   170, 258
Steinwüste 202
Stellenausschreibung 431
Sterben 9, 133, 229, 232,
   240, 357
Sternzeichen 33, 119
Steward .... 212 f.
Stimmbeteiligung 240
Stinktier 203
Stockwerk/e 8, 32, 86
Stockwerkeigentum 200
Stossdämpfer 229
Strafgebühr 211
Strafgericht 147
Strafprozess 119, 145, 147
Strand 100, 111, 215, 220,

301, 400, 401, 402, 404, 406
Strandpromenade 216, 218, 222, 224, 236, 321
Strandrollstuhl 215
Strassenguide 94, 141
Strassenkontrolle 204
Strassenverkehr 150
Strassenverkehrsamt 95, 104, 431, 437
Stratosphere Tower 285
Stress 211, 241, 319, 324
Stretchlimousine 80, 143
Strom 17, 51, 280, 281, 358, 366, 435, 436
Stromadapter 244
Student Handbook 198
Studentenausweis 103
Studienplatz 132, 430
Stukkatur 286
Stundenplan 117, 127
Stunt Show 186
Sturgis 351
Sturm 253, 352, 377
Sucht 240
Südrand 50, 56
Südstaatenvillen 275, 384
Sue you 161
Sugarcane Train 224
Sumpf 204, 383, 386, 387, 415
Sumpfgebiet 100, 204
Sundance 346
Sunrise Point 58, 59
Sunset Boulevard 267
Sunset Crater 50, 442
Sunset Point 58, 59, 284
Sunset Strip 267
Super 8 Motel 203, 304, 330, 353, 371, 391, 450
Superapotheke 197
Superior Pass 198
Supermarkt 27, 51, 111, 152, 173, 197, 258, 318, 401
Supervisor 286, 407, 411

Supreme Court 12, 27, 146, 164, 368
Surfbrett 165, 211
Süsswasserpool 224
Swan Valley 336
Sweat-Shirts 155
Sweetwater 22, 23
Swimming Pool 155, 235, 451
Swiss Historical Village 357
Swissair 3, 256, 294, 322, 406, 411
Switzerland 20, 89, 92, 145, 205, 245, 356, 399, 400, 437
Symphony Orchestra 129

T

Tabernacle 332, 333
Taco Bell 17, 329, 334, 371, 385
Taco Salad 276, 293, 371
Tagesausflug 174
Tagwache 211
Take-Over 200
Tal des Todes 64, 282
Tampa 403
Tankstelle 9, 27, 43, 51, 283, 287, 350, 364, 386, 446
Tanz 126, 134, 187, 194, 219, 239, 299
Tara 141, 160, 396
Target Stores 435
Targhee National Forest 336
Tassel 245
Tauchen 119, 215
Taufe 177, 365
Taxi 5, 177, 213, 263, 409, 410
TCS 451
Teamarbeit 153
technische Daten 437
Teddybär 310, 322
Teenager 48, 196

Telecommunications Act 438
Telefonanbieter 90, 118, 435
Telefonbeantworter 117, 135
Telefonbuch 435
Telefonieren 29, 118, 243
Telefonkarte 29, 399, 403
Telefonkopfhörer 206, 245
Telefonnummer .. 29, 135, 256, 411
Temecula 109, 110, 111
Temperatur 17, 48, 64, 68, 131, 276, 386, 424
Temple Square 332, 333
Temporary Registration Certificate 434
Tennessee 19, 21, 24, 27, 445
Tentakel 273
Terminal 3, 171, 211, 257, 294
Termiten 231
Terrorismus 256
Tessiner 111, 127, 130, 133, 137, 153, 162, 194, 201, 254, 262
Tetraplegiker .... V, 8, 151, 169, 215, 275, 287, 316, 353, 429
Teufel 118, 143, 289
Texas 36, 250, 445
Texmex-Food 17
Thai 152
Thai-Essen 133, 152, 170
Thanksgiving 149, 158, 159, 160, 162, 422
The Fields 164
The Julian Grille 175
The Lobster Co. 308
The Mirage 63
The Old Mint-Museum 381
The Padres 232
The Sound of Music 235
The Strip 60, 405
The Sturgis Motorcycle Rally 351
Theatre District 9
Theorieprüfung 104, 434

478

INDEX

Thesis 164
This is the Place Heritage
  Park 334
Thomas Edison 172
Thomas Guide 94
Thomas Jefferson 11, 15,
  17, 351
Thomasville 386
Ticket 9, 80, 180, 183, 314
Tiefgarage 60, 86, 151,
  324, 360, 364, 432
Tiefschlaf 27, 57, 98, 281,
  296, 386, 408
Tiefseetauchen 190
Tierschützer 120, 342
Tijuana 171
Timbuktu 163
Time-sharing 214
Tintenfische 169
Tioga Pass 69, 70
Tirol 236
Tischkultur 160
Tischreservation 201
Titusville 403
Toasting 299
Todesanzeige 150
Todesstrafe 105, 115, 164
Toefel 429
Toleranz 240, 313, 393
Tom Hanks 170, 396
Tomahawks 21, 50, 125
Top Gun 128
Tornados 28
Tortilla Chips 178
Torts 183, 241, 253
Tortur 147, 341
Toscana 109
Totalschaden 213, 253
Tötung 147
Tourbus 26, 271
Touristenort 45, 214
Tow Away 211
Tower Records 27, 178

Towne Pass 67
Trading Post 50, 287, 345, 346
Tradition 143, 159, 219, 221
Trail 22, 36, 50, 53, 59,
  284, 350, 351, 355, 358
Trails West Shop 320
Trainingscenter 151
Tramlinie 171
Transferrollstuhl 213, 439, 440
Transfertechnik 173
Transformer 244
Transportsystem 168, 171, 423
Transportversicherung 436
Transportwesen 438
Transsexueller 240
Trattoria la Strada 321
Travel Shop 244, 293
Traveler 422, 434, 452
Treasure Island 63
Treibstoff 283
Trick 64, 271
Trick-or-Treating 144
Trimester 163, 183, 250, 253
Trinkwasser 64, 242, 353
Trockenfleisch 338
Trockenhefe 131
Trolley Tours 32, 171, 388, 389
Trolleybusse 32, 37, 108, 171
Tropfsteinhöhle 16
tropisches Klima 229
Trottoirabschrägung 127, 206
Truck 23, 229, 284, 324
Truthahn 149, 150, 158, 159
Tumbler 385
Turbulenzen 53, 223
Turkey 158, 159, 160, 161, 323
Turnier 330
Türöffner 238
Tuscola 364, 365
Tweetsie Railroad 19
Twentynine Palms 305, 306,
  307, 442
twin bed 447

Twin Peaks Hill 77
Twin Size 94
Two Park Ticket 314
Tybee Island 391

U

U.S. Mint 37
U.S. Navy 151, 166
U-Haul Center 321, 437
Ulalena 219
Umbau 437, 441
Umweltschutz 232, 250
Umzugsagenda 436
Unabhängigkeitstag 13, 17, 32,
  422
Uncompaghre River 44
Unemployment Benefits 146
Unfall 146, 253, 290, 295, 433
Ungeziefer 231, 232, 233, 234
Uni-Buchladen 155
Uniform 11, 139, 180, 236,
  286, 374
Union Tribune 95, 146, 158,
  300, 303, 435
Universal Pictures 155
Universal Studio 86, 268, 269,
  270, 271, 289
Universität 112, 135, 190, 424,
  429, 430, 433
University of California 111, 190
University of California
  San Diego 111
Unsere kleine Farm 352
Unterhaltung 22, 26, 128, 186,
  213, 236, 299, 310, 360, 378,
  409, 410, 452
Unterkühlung 236
Unterricht 105, 140, 231
Unterwasserwelt 190
Unze 131, 343
UPS 9, 51, 83
Uptown 123

479

Ureinwohner 219, 415
Urteil 170
Urwaldvegetation 219
US Grant Hotel 191
US-Astronaut Hall of Fame 403
US-Nationalparks 29
US-Postamt 137
US-Recht 118, 124
US-Regierung 49, 175
USS Yorktown 395
US-Sozialrecht 124
US-Strafrecht 147
US-Trockenfleisch 331
US-Verfassung 153, 205, 368
Utah 40, 48, 56, 60, 330, 332, 445
Ute Indianer 44

Ü

Überfall 139
Übergepäck 3, 408, 432
Übergewicht 211
Übernachtungsmöglichkeit 25, 49, 51, 81, 268, 401, 439, 446, 452
Überraschungsbesuch 130
Übersetzung 325, 434
Übersichtsplan 171, 269, 361
Übersiedlungsgut 436, 437
Überstunden 109, 127

V

Vail 37, 39
Valdosta 386
Valentinstag 207
Vandalismus 166
Vanille 127, 131, 141, 245
Vantage 238, 431
VCS 451
Vegetarier 50, 134, 212, 279
Vegetation 202, 218, 223
Venenkompressions-

strümpfe 197
Verankerung 46, 375
Verbrechen 132, 145, 147, 150, 370, 400
Verdauungsspaziergang 76, 284, 308, 320
Verdi 128, 178, 199, 255
Verdunstung 204, 273
Verfassungszusatz 164
Verfolgungsjagd 270, 284
Vergehen 147, 304, 314, 340
vergewaltigt 255
Vergnügungspark 86, 186, 195, 273
Verhaftung 147, 347
Verheiratete 189, 206
Verkehr 17, 93, 96, 198, 329, 340, 342, 359, 364, 390, 392, 439, 451
Verlobte 127, 263, 297, 301
Verlobungsparty 297
Vermieter 240
Vermillion Cliffs 56
Vermögensbestätigung ... 430, 433
Vermont 240, 268, 445
Verpackungsmaterial 169, 321, 437
Verschmutzung 250
Versicherung 14, 26, 233, 239, 253, 303, 332, 423, 430, 434, 436
Versicherungsbestätigung 430, 433
Versicherungspolice 436
Versicherungsschutz 146, 433
Verspätung 3, 26, 46, 182, 189, 225, 256
Verstopfung 333
Verteidigung 44, 147, 252
Verträge 117, 163, 200, 436
Vertrauen 170, 242
Vertuschungsversuche 241
Verunfallter 146

Verunsicherung 200
Verzögerungstaktik 242, 370
Veterans Benefits 146
Veterans Day 149, 151
Vibrationskissen 61
Videokamera 51, 53, 57, 120, 123, 165
Vieh 31, 33
Viejas 156, 311
Viejas Indianerreservat 156
Viejas Outlet Center 156
Vielweiberei 40, 283, 330
Viersaison-Klima 174
Vietnam-Gedenkstätte 303
Villa 110, 153, 178, 179, 235, 236, 376, 385, 393, 396, 397, 398
Virgin River 59
Virginia 16, 17, 166, 445
Visa 3, 95, 429, 433
Vis-à-Vis 135
Vista Point 202
Visumsverlängerungsantrag 435
Vogelliebhaber 204, 403
Vorauszahlung 185
Vorbereitungszeit 3, 297
Vorderrad 206, 382
Vorfahren 354, 355, 383
Vorort 28, 123, 353, 381
Vorsicht 135, 244
Vorspeise 10, 205, 378, 396, 55
Vorstellungsgespräch 431
Vortrag 140, 165, 211, 244
Vortritt 149, 212
Vorverkauf Rollstuhlplätze 183
Vorwahl 16
Vulkan 50, 63, 81, 216, 219

W

Waage 131, 225
Wachablösung 14
Wachsfigurenmuseum 27

INDEX

Waffen 186, 274
Waffenstillstandstag 151
Wahrzeichen 8, 28, 71, 75, 76, 239, 248, 310
Wahweap Marina 281
Waianapanapa State Park 220
Wailea 215, 216, 217, 218, 220
Waiter 76, 251, 363, 403, 406
Wal Mart 17, 94, 142, 391, 435
Waldgrenze 69
Waldindianer 21
Walk of Fame 268
Walk-in Shower 449
Walking Tour 361, 393
Wall 151, 348, 349, 350
Wallet 135
Walt Disney World 403
Wampanoag Häuptling 159
Wandbrause 450
Wandern 3, 22, 53, 148, 204, 216, 250, 284, 446
Wandervögel 23, 204
Wannenhöhe/-sitze 448
Wanted 16
Wapiti Valley 343
Warenhäuser 93, 435
Wasatch Mountains 332, 333
Waschanlage 233
Waschmaschine 32, 385, 400
Washington 9, 10, 11, 14, 15, 29, 151, 166, 194, 196, 314, 334, 348, 370, 406, 423, 435, 443, 445, 446, 451
Washington D.C. 9, 10, 11, 14, 151, 166, 314, 334, 443
Wassererosion 41
Wasserfall 19, 44, 219, 336, 352, 405
Wasserkanister 243, 282, 315
Wasserparadies 281
Wasserverbrauch 69
Wasserversorgung 242, 245
Waterworld Show 272

Watt 244
Wax Museum 17, 273, 381, 400
Waycross 385, 386
WC 216, 245, 404
we did it 205
Wedding 297, 298, 452
Weiberfussball 317
Weichkäse 152
Weideland 36
Weihnachten .... 154, 166 ff., 173, 198, 240, 358, 390, 422, 430
Weihnachtseinkauf 159
Weihnachtsferien 173
Weihnachtsgirlanden 125
Weihnachtsstern 246
Weihrauch 330
Wein 55, 79, 81, 109, 110, 143, 196, 285, 297, 420
Weingut .... 20, 79, 80 f., 109 f., 354
Weisse Hai .... 270 f.
well done 251, 283, 378
Wellen 215, 216, 258, 281, 317, 410
Weltenbummler 19, 244
Weltladen 191
Weltmarkt 219
Weltpolizist 252
Weltuntergang 178, 182
Werksgarantie 436
West Law 118, 241
West Maui 213
West Publishing Company 98
West Rim 54, 278, 446
West Thumb Geysir Basin 341
West Virginia 166, 445
Western Cattle Trail 36
Westernfilm 46
Westernstadt 31, 33, 305
Westfield Shopping-
    town UTC 173
Westgate Hotel 262
Westin Horton Plaza 191

Westward Expansion 28
Wettwerfen mit toten Fischen .. 385
Whale Watching 179, 180, 214
Wheelchair Lift 74
White House 10
Wichita 33, 35
Wild Animal Park 314, 315, 316
Wild Bill's Wild
    West Dinner Show 273
Wild West 186, 273, 345
Wildhorse Saloon 26
Wildwest 110, 344
Wilmington 391, 444
Winchester 130, 345
Wind 179, 290
Windjammer 248
Windmühle 246
Winery 109, 110
Winterklima 233
Winterlager 29
Wintermonate 42
Winterolympiade 332, 334
Wintersport 336
Winterzeit 145, 176, 203
Wirbel 94, 415
Wirbelbruch 288
Wirbelsäulendehnung 124
Wirtschaftslage 200
Wisconsin 354, 446
Witwe 130, 142, 348, 372
Witwer 235
WMATA-Busse 11
Wochenendausflug 246
Wohnqualität 432
Wohnsitzbestätigung 433, 436
Wohnungsabnahme 437
Wohnungseinrichtung 92
Wohnungsmarkt 431
Wohnungsreinigung 437
Wohnungssuche 430, 431, 432
Wohnungstür 3, 134, 238
Wohnzimmer 86, 88, 253

Wolkenkratzer..................8, 11, 122, 348, 361
Wolldecke..................141, 162, 166
Working Ranches..................346
Wunde..................146, 197, 317
Wupatki Sunset Crater..................50
Wurm..................123, 238, 241
Wüstenebene..................64
Wüstenschildkröte..................203
Wüstenstadt..................242, 276
Wüstenzoo..................203
Wut..................108, 129, 139, 212
Wyatt Earp..................35
Wyoming..................335, 336, 349, 365, 446

Y

Y2K..................178
Yacht Club..................167
Yavapai..................278
Yellowstone N.P...........336 ff., 341, 342, 446
- Behindertenzimmer..................341
Yosemite N.P...........69, 70, 71, 72, 442
- Behindertenzimmer..................71 f.

Your Honor..................254
Yvapai Observation Station..........53

Z

Zabriskie Point..................67
Zahnarzt..................34
Zähne..................211, 235, 269
Zahnprothese..................192
Zauberflöte..................236
Zauberkünstler..................63, 286, 391
Zebras..................203
Zeitlimite..................120
Zeitungskritik..................137
Zeitverschiebung..................5, 182, 213, 238
Zeitzone..................22, 24, 35, 36, 54, 58, 60, 329, 351, 385
Zellengenosse..................170
Zeltplatz..................13, 21, 42, 59, 120, 204, 304, 309
Zepter..................236
Zeremonie..................151, 245, 298, 299, 300
Zertifikat..................116
Zeuge..................164, 201, 253, 254, 338

Zigaretten..................155
Zigarettenanzünder..................17
Zigarettengestank..................170
Zigarre..................262
Zimmersuche..................39, 45, 85
Zion National Park..........58, 59, 445
Zirkusfans..................355
Zoll..................4, 82, 127, 295, 437
Zollformular 18.44..................437
Zoo..................108, 171, 313, 314, 315, 357, 387
Zootelefon..................314
Züchtungserfolg..................246
Zucker..................117, 131, 219, 366
Zuckerrohr..................213, 376 f., 383
zugängliche Toiletten..................439
Zügeltag..................324
Zumutung..................170, 225, 301
Zürich..................3, 190, 245, 295, 365, 367, 430, 433, 437, 452
Zweiter Weltkrieg..................235
zweite Klasse..................212, 213, 407
Zweitrollstuhl..................6, 95, 432
Zwischenprüfung..................253
Zwischenverpflegung..................201

1. Sinngemäss: Auch das dümmste Huhn fährt heutzutage Auto.
2. Verlangen.
3. Pfadfinder.
4. Eine Aneinanderreihung von kleinen Männern, die im Begriff sind, in dieselbe Richtung zu marschieren.
5. Sankt Nikolaus.
6. Anheimelnd.
7. Slippers von Jesus, am besten ohne Socken getragen.
8. Bedächtig.
9. SUVA meint die Schweizerische Unfallversicherungsanstalt.
10. Ballenberg, Ortschaft in der Schweiz (wo sonst), wo sich ein Freiluftmuseum befindet. Alte Häuser und so ...
11. Kleines Geschäft. Der Laden ist nicht zu verwechseln mit dem Hosenladen, auch Hosenschlitz.
12. Dunkel- oder knallrot.
13. Immer lockt das Weib.
14. Müde sein.
15. Getreideflocken, nicht zu verwechseln mit den Schneeflocken.
16. Schmale, aber nicht rundliche Teigwaren.
17. Geldbörse. Seckel wird auch zur Bezeichnung des besten Stücks des Mannes benutzt.
18. Kleingeld.
19. Platt.
20. Arbeitsfreie Zeit am Morgen, die zu allerlei benützt wird, meistens, um auf Kosten des Arbeitgebers zu telefonieren.
21. Eine der vielen Bezeichnungen für einen Mann, meistens verniedlichend gemeint. Kleines Männchen, oft Spielzeugfigur.
22. Unruhiges Kind, mit oder ohne POS.
23. Lokomotive.
24. Arbeitskleidung eines Schaffners.
25. Ein Spiel, entweder kennt man es, oder dann eben nicht.
26. Du hast wohl eine geile Mietze ge...
27. Schokolade.
28. Siehe N 21.
29. Vorgehensweise, die sich durch ein kopfloses Gezerre und Gefluche äussert.
30. Kinofilm.
31. Vorspeise.
32. Französische Küche – Fremdsprachen sollte man können.
33. Ablage-Rollwagen.
34. Arbeitnehmer.
35. Scheisse.
36. Pfadfinder.
37. Möchtest du kosten?
38. Zimmer.
39. Bergbauer, Figur aus dem Roman „Heidi" von Johanna Spyri.
40. Schweizer Mann.
41. Reissen.
42. Einmischen.
43. Hardys Kosename für seine Ehefau, in Anlehnung an ein Mädchen mit einem dicken Hintern.
44. Gewöhnliche.
45. Schokoladengeschäft.
46. Zufrieden.
47. Schweizerdeutsch für Stier.
48. Kusine 2. Grades.
49. Verlangen nach Käse.
50. Kleiner Hügel, in Norddeutschland ein Berg.
51. Französisch für Schloss – Fremdsprachen sollte man können.
52. Arbeitskleider anziehen.
53. Schweizer Mädchen.

54 Stofffetzen, die beim Geschirrtrocknen zum Einsatz gelangen.
55 Schweizer Kochbuch-Autorin.
56 Bezeichnung für Mädchen im Kanton Bern.
57 Der Türke in Deutschland.
58 Restaurant.
59 Geschluder meint ein unansehnliches, gallertartiges Etwas, bei dessen Anblick einem schlecht wird.
60 Mobiltelefon, Handy, Cellphone.
61 Einkaufsliste.
62 Kleiner Krüppel.
63 Hand eines Tetraplegikers, gleicht einer Hundepfote.
64 Christels Kosename für Hardy, der Wortstamm erinnert an Bacchus, der wie Hardy gerne ins Glas schaute.
65 Brigittli = Christels Schwesterherz.
66 Zur Rede stellen.
67 Wimpel, Fähnchen.
68 Neugierde.
69 Hausaufgaben.
70 Trösterli kommt von trösten.
71 Nicht ein Düsenjet, sondern eine Kellnerin.
72 Zügeln hat nichts mit Bahn fahren zu tun, sondern meint Umziehen.
73 Dauerschwätzer.
74 Motorrad.
75 Schnuller.
76 Kindergarten.
77 Fahren, in Anlehnung an den Wagen fortbewegen.
78 Kopf, hier Brummschädel.
79 Arbeitsfreie Zeit am Nachmittag, während der erneut auf Kosten des Arbeitgebers telefoniert wird. Oft wird dabei sogar zu Lasten des Chefs Kaffee getrunken.
80 Banknote, von denen die Schweiz genügend hat.
81 Arbeit.
82 Schalter.
83 Schnorren.
84 Schweinerippchen.
85 Geburtstagsgeschenk.
86 Chefschneiderin.
87 Karottenkuchen.
88 Weiber.
89 Sinngemäss: Als ich das Zimmer fluchtartig verliess, nahm ich doch keinen Schlüssel mit.
90 Sinngemäss: Hör mal Christel, hast du irgendwo meinen Geldbeutel gesehen?
91 Motorrad.
92 Zufrieden.
93 Geld, umgangssprachlich für einen Franken.
94 Oberlippenbart.
95 Verniedlichend für Franken.
96 Dickes Buch.
97 Verweichlichte Justiz, in Anlehnung an alle Sonderpädagogen, die sich mit Heilandsandalen (siehe oben N 7), Wollpullover und dem nimmer enden wollenden Satz „Spürst du es?" identifizieren.
98 Sich tüchtig die Meinung sagen. Chropf bedeutet auch einen dicken Hals.
99 Sinngemäss: Schau mal, schau mal, was ist denn das?
100 Schweizerisches Grusswort.
101 Raser.
102 Advokat.
103 Kekse.
104 Sinngemäss: Das ist recht so, du einfältiges Frauenzimmer, die sollen uns nur noch mehr schicken.
105 Verlangen nach Eis.
106 Verniedlichend für Fotografie.
107 Bauchschmerzen.

108 Steifer Hals.
109 Traditionelle Kopfbedeckung des heiligen Nikolaus.
110 Füsse, kommt von Flossen.
111 Ein weissbärtiger Mann, der im Dezember sein Unwesen treibt und wie ein gemeiner Dieb durch den Kamin in die Wohnung schleicht.
112 Kartoffelpüree.
113 Karottenkuchen.
114 Spielsteine.
115 Liebling.
116 Glarner Dialektausdruck für Mädchen.
117 Champagner, Sekt.
118 Schweizerisches Kosewort für Italiener.
119 Behältnis aus Jute, in dem der weissbärtige Mann im Dezember seine Geschenke verpackt.
120 Schweizer Fahne.
121 Schokoriegel.
122 Sinngemäss: Öffne die Augen, du Pisser.
123 Apfelkuchen, für Hobbyköche sei festgehalten, nicht mit Mürbe-, sondern mit Blätterteig gefertigt.
124 Sinngemäss: Fast wie Mutters Küche.
125 Elegante Schnur.
126 Proviant.
127 Blumentee.
128 Feuerfestes Behältnis für die Zubereitung der berühmten Schweizer Käsesosse.
129 Lupfen meint Lasten hochheben.
130 Muskeln.
131 Aktenkoffer.
132 Siehe N 59.
133 Stück um Stück, wie bei einer guten italienischen Wurst.
134 Finanziell ausgebeutete Menschen.
135 Sattsam bekanntes Schweizer Grusswort.
136 Blumenstrauss.
137 Schwingen ist ein typisch schweizerischer Kampfsport; Ringen im Sägemehl.
138 Überraschungspaket.
139 Neugierde.
140 Siehe N 64.
141 Zug, Bahn.
142 Ass im Ärmel.
143 Umgehend.
144 Niedlich.
145 Sinngemäss: Der macht mich noch wahnsinnig.
146 Schelte.
147 Korken, hier sinngemäss für „das Fass zum Überlaufen bringen".
148 Jacke.
149 Siehe N 43.
150 Schweizer Berg des Alpsteins.
151 Langsam hinterherfahren.
152 Niele meint Liane, die man rauchen kann.
153 Kleine Maschine.
154 Schweinchen.
155 Kohl.
156 Telefonieren.
157 Wenig schmeichelhafte Bezeichnung, etwas weniger streng als Betrüger.
158 Mit Haut und Haar.
159 Hochheben, hier transferieren.
160 Obermacker.
161 Patenkind.
162 Etwas auf Umwegen, gerüchteweise erfahren.
163 Spanner, ewig geiler Bock.
164 Trinkwasser vom Wasserhahn.

[165] Ekelhaft, grausig.
[166] Reden.
[167] Kopf.
[168] Wie spät ist es?
[169] Grosses Stück.
[170] Fleischstück.
[171] Postbote.
[172] Kleines Schokoei.
[173] Sinngemäss: Was für ein Reinfall.
[174] Kleiner Korb.
[175] Marmelade.
[176] Würstchen.
[177] Kartoffeln.
[178] Wer es immer noch nicht weiss, hat Pech gehabt.
[179] Essbares Pendant zum Schlummertrunk.
[180] Mutter.
[181] Verblöden.
[182] Sinngemäss: Geil, es dauert noch eine Viertelstunde.
[183] Stillstehen.
[184] Nicht wahr.
[185] Märchentante.
[186] Kerl.
[187] Stark.
[188] Ausgestossene, arme Seelen.
[189] Patin.
[190] Winterpneus.
[191] Weder Wäschebehälter noch Würfelspiel oder sogar Bordell, sondern bloss ein Stoss.
[192] Volkslied, das daran erinnert, dass nach jedem Regen die Sonne wieder lacht, ähnlich einem Psychopharmakon, das einen Depressiven zum manischen Heuler macht.
[193] Sinngemäss: Wir waren zuerst da.
[194] René, schau, wer da kommt.
[195] Dieses Berner Dialektwort, dessen Tonfall am Ende in der Gurgel erstickt, spricht sich aus wie eine Verbindung zwischen „Uhu" und dem französischen „oui" und heisst ebenfalls „ja".
[196] Sinngemäss: Kann man das wirklich essen?
[197] Sinngemäss: Verklausulierte Aufforderung zum Kauf.
[198] Sinngemäss: Ich mache alles, wenn man es mir sagt.
[199] Was willst du? Jetzt schon? – Sicher nicht!
[200] Berner Dialektausdruck für einen stämmigen Mann.
[201] Klitschnass.
[202] Schnell, schnell.
[203] Eigenartig.
[204] Sinngemäss: Ich komme um vor Durst.
[205] Sinngemäss: Ich gebe mein Bestes.
[206] Grüss euch.
[207] Grüss euch.
[208] Sinngemäss: Geh ruhig schauen.
[209] Sinngemäss: Soll ich dich wirklich alleine lassen?
[210] Was will ich überhaupt?
[211] Frauen aus dem Kanton Thurgau, Most meint Apfelsaft.
[212] Sinngemäss: Gut zu wissen.
[213] Sinngemäss: Seid ihr mir nun böse gesinnt?
[214] Sinngemäss: Ja, wenn du so dumm fragst.
[215] Modellautosammler.
[216] Sinngemäss: Seid ihr mir nun böse gesinnt?
[217] Sinngemäss: Ja, wenn du so dumm fragst.
[218] Essen.
[219] Von wegen.
[220] Nur keine Hast. Lieblingsredewendung eines Berners.

221 Schon zurück?
222 Man wollte uns nicht mehr.
223 Sinngemäss: Wahrhaftig, trotz schönem Wetter schloss man früh die Tore.
224 Sinngemäss: Sexentzug führt zu Haarausfall.
225 Trifft das zu, René?
226 Ja, das stimmt.
227 Sinngemäss: Kein Wunder, bei solchen Frauen.
228 Sinngemäss: Männer können sowieso alles besser als Frauen.
229 Klar doch.
230 Das ist nicht dasselbe. Ein richtiger Teddybär stammt aus den USA.
231 Sinngemäss: Willst du einen in unserem Container nach Hause schicken?
232 Sinngemäss: Entscheide dich endlich.
233 Sinngemäss: Unsere Wohnung ist zu klein.
234 Sinngemäss: Im Scheisshaus hat es immer Platz.
235 Ich möchte auch einen haben.
236 Sinngemäss: Auch ein Teddy braucht Gesellschaft.
237 Berner Dialektausdruck für Frau.
238 Sinngemäss: René fährt, Ruth lässt sich fahren.
239 Sinngemäss: Macht es euch was aus?
240 Nein, es gefällt uns.
241 Sinngemäss: René, weisst du, was eine FA 18 ist?
242 Sinngemäss: Mir tut alles weh.
243 Umzugstag.
244 Umzugsmannschaft.
245 Kinder.
246 Mädchen.
247 Lüstern, sexhungrig, geil, scharf etc.
248 Sinngemäss: Ich glaube, mich laust der Bison.
249 Sinngemäss: Endlich im Bett.
250 Füdli meint Hintern, Gesäss oder Arsch.
251 Glarner Kräuterkäse.
252 Spazieren, Tschumpel wird auch abwertend als Schimpfwort gebraucht.
253 Abkürzung für Monica.
254 Motorrad.
255 Gehörigen Umweg fahren.
256 Sinngemäss: Was für eine schlechte Beschilderung.
257 Beschwingt.
258 Gemütlich.
259 Aufwärts.
260 Frühstück.
261 Siehe N 251.
262 Kleines Geschäft.
263 Niedlich.
264 Glarner Dorf.
265 Brummschädel.
266 Pullover.
267 Sinngemäss: Geschafft, auf der richtigen Spur.
268 Menschliche Körper, voll von Religion, aber ohne Leben.
269 Hier Reiseführerin.
270 Reparaturwerkzeug für das Fahrrad.
271 Krankenschwester.
272 Eigenartig.
273 Futternapf.
274 Lampiarme und -beine hängen schlaff herunter.
275 Stufen.
276 Ununterbrochen schlafen, Dauerschlaf.
277 Funkelnagelneu.
278 Sinngemäss: Ich scheiss auf diese Busse.

[279] Backblech.
[280] Kleines Dorf.
[281] Abgestellt.
[282] Nichts mehr unternehmen.
[283] Nicht unbedingt nette Bezeichnung für eine Frau.
[284] Was würden sie gerne trinken?

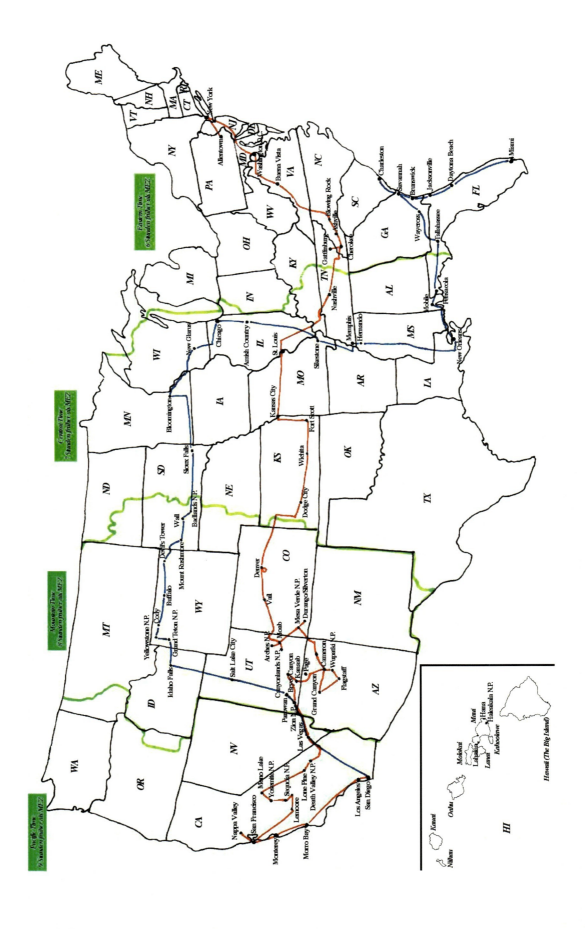

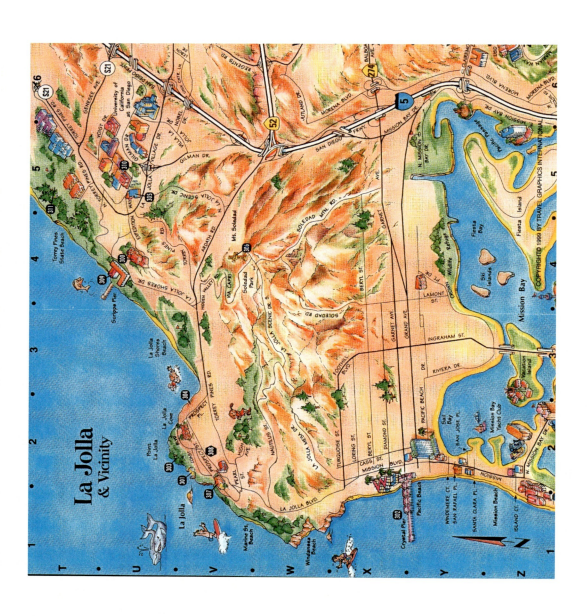

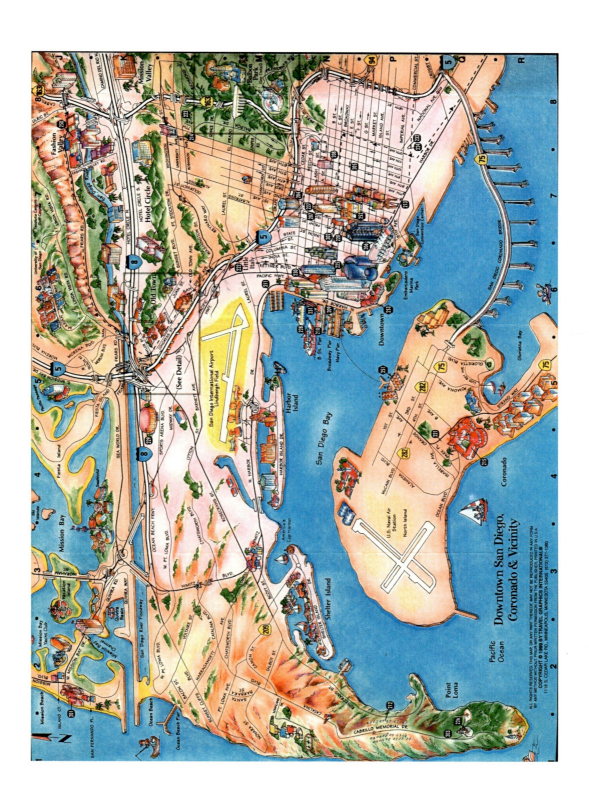